拿破仑传

NAPOLEON

[德国]埃米尔·路德维希 —— 著
梁锡江　龚艳 石见穿 —— 译

译林出版社

图书在版编目（CIP）数据

拿破仑传/（德）埃米尔·路德维希著；梁锡江，龚艳，石见穿译．—南京：译林出版社，2020.6（2021.5重印）

ISBN 978-7-5447-8190-9

Ⅰ.①拿… Ⅱ.①埃… ②梁… ③龚… ④石… Ⅲ.①拿破仑（Napoleon, Bonaparte 1769—1821）–传记 Ⅳ.①K835.655.2

中国版本图书馆CIP数据核字（2020）第046747号

拿破仑传 ［德国］埃米尔·路德维希 / 著 梁锡江 龚 艳 石见穿 / 译

责任编辑 王 蕾 王瑞琪
封面设计 水玉银工作室
校 对 孙玉兰
责任印制 单 莉

出版发行 译林出版社
地 址 南京市湖南路1号A楼
邮 箱 yilin@yilin.com
网 址 www.yilin.com
市场热线 025-86633278
排 版 南京展望文化发展有限公司
印 刷 上海中华商务联合印刷有限公司
开 本 652毫米×960毫米 1/16
印 张 31
插 页 2
版 次 2020年6月第1版
印 次 2021年5月第2次印刷
书 号 ISBN 978-7-5447-8190-9
定 价 68.00元

拿破仑未能找到道德,却获得了权力。

——歌德

目　录

第一章 岛

1. 科西嘉的抗战 …… 1
2. 拿破里奥尼　宗族 …… 2
3. 贫穷　独来独往的男孩 …… 4
4. 第一把剑　喜欢阅读的少尉　洞穴里的想象　大炮 …… 6
5. 绝望　革命的战鼓　最初的自我 …… 10
6. 红帽徽　挫折　古罗马英雄 …… 12
7. 85法郎　强才是善的　红色中尉 …… 14
8. 暴动　逃兵　在巴黎这只大锅里 …… 16
9. 阴谋家的岛屿　在科西嘉的最后一搏　放逐 …… 18
10. 流亡　土伦城前　外行指挥官　首战告捷 …… 20
11. 入狱“请砸断我的锁链！” …… 23
12. 失业　忧郁　孤独　人生如梦 …… 25
13. 峰回路转　在战争指挥中枢　巴黎骚乱　与民为敌的将军　街头决战 …… 28
14. 政府军统领　两次失败的求爱　约瑟芬　自信　结婚的原因“致命运” …… 31

第二章 溪

1. 危险的预言　衣衫褴褛的部队　进军意大利　上帝应许之地 …… 38
2. 无产者出身的将军们　担负解放使命的部队　理想与抢劫　推翻王公贵族　历史与荣誉 …… 41
3. 将军成了危险　主宰世界的感觉苏醒了　专制或引退　首次入城仪式“我想要这样” …… 45

4. 约瑟芬不来 “我很绝望” 痴狂与干劲 “小白脸”与丈夫 …………49
5. 战地情书 危机 吃醋 危险与绝望 胜利与失望 一段自白………51
6. 政府开始害怕 拉拢政府 向“蛀虫”宣战 ……………………………56
7. 与罗马的谅解 福音书与共和国 第一个和平提议 外交家 国家交易 眼望东方 “欧洲不过是鼹鼠挖出的一堆土!” ………………59
8. 在司令部 小朝廷 母亲 科西嘉的地位变得平常 身材与神态 致学者们的话 发号施令的天性 婚姻生活 ………………………64
9. 威胁巴黎 塔列朗 治国纲领 进军世界的计划 ……………………70
10. 面对外交官们 向民众吹号角 “民众需要一位首脑” “半页篇幅”… 72
11. 国民的爱戴 威胁性的演讲 斯塔尔夫人的评价 一个德国人的评价 … 75
12. 骑士姿态 深居简出 “我不能待在这里” 婚姻的裂痕 进军埃及的计划 计算与幻想 ……………………………………………………78
13. 舰队出发 船上的科学院 星空下 ……………………………………82
14. 狮身人面像 安拉就是真主 东方式的手段 不忠的约瑟芬 “我已到了万事的尽头” ……………………………………………………84
15. 法国舰队的毁灭 印度之梦 埃及艳后 继承人问题 ………………88
16. 探索与发现 梦想与数学 雅法战俘 不落的要塞 鸦片与黑死病 大败土耳其 返回法国 …………………………………………………91
17. 在敌人间穿行 又见科西嘉 在祖辈的火炉旁 向巴黎前进 …………97
18. 法国欢迎波拿巴 约瑟芬的作战计划 丈夫包围战 危险的亲戚 政府在颤抖 局势紧张 谋划政变 阴谋 ………………………… 100
19. 雾月十八日 将军与元老院 政府被包围 一袋金币 合法的外衣… 106
20. 后室 愚蠢的演说 撕打 “有人要谋杀我!” 吕西安的伟大演出 最后一轮舞 “晚安,布里昂!” ……………………………………… 109

第三章 江

1. 渐渐平息的锣鼓声 智慧与剑 平等,而非自由 参议院《拿破仑法典》婚姻与离婚 为了家庭 为了孩子 每天工作十八小时 整治与建设 “革命已经结束” …………………………………… 117
2. 新的汉尼拔 马伦哥 新的和平提议 政治家和统帅 巴黎方面说什么? 和平政策 欧洲的和解 与罗马的和解 ………………… 126

3. 终身执政 一条猎犬 虚假的民主 给波旁王室的信 对待保王党人
为了无产者 荣誉军团 …… 132
4. 暗杀 政治后果 独裁统治 …… 137
5. 弟弟成了竞争者 与吕西安决裂 兄弟姐妹 家庭剧的开始 无子
的悲剧 寻觅继承人 私情 休养 …… 139
6. 间谍 反击阴谋策划者 当甘公爵之死 判决的后果 为判决辩护 145
7. 仓促的提议 称帝的动机 失去理智 天才与平民 自白 评论法
国人 虚名 第四个名字 …… 149
8. 旧政权 宫廷里的无产者 冲锋般迅疾 他的简单生活“我们的
先父”兄弟们的贪婪 钻石和债务 母亲的告诫 …… 154
9. 迟到的赐福 金色月桂叶的王冠 纯真 飞翔的雄鹰 …… 159
10. 木乃伊 瘸子 英国的敌对 在海上没有把握 皇帝与海军上将
蒸汽船 查理曼大帝 …… 163
11. 靠急行军赢得的胜利 特拉法加 奥斯特利茨战役前日 印度和
摩拉维亚“用我的名字给你们的孩子起名”两个皇帝 欧洲的
联合王国 …… 169
12. 新的王国 找国王的青蛙 家族里的国王 诱惑 保持本色的母亲… 174
13. 腓特烈大帝 与柏林的紧张关系 不平静的普鲁士 对普鲁士的
最后警告 耶拿 两位德意志女性 腓特烈大帝的剑 英国被封锁
无忧宫里的幻想“我有儿子了!”…… 178
14. 波兰伯爵夫人 徒劳无功的求爱 孤独的人 报复 没有胜利 俄国
的警告 秘密的田园爱情 东方的使者 从远方统治 戒指 …… 185
15. 沙皇 诱惑 瓜分欧洲 女对手 两种评价 …… 192
16. 巴黎在说什么?“上帝在人间的化身”节俭 背叛原来的基本思想
新的世袭制 忧郁 满足后的悲哀 惊人的计划 威胁罗马 路德的
语言 对罗马的印象 …… 196
17. 为了德意志人民 荒唐的热罗姆“你年轻得可怕!”半个拿破仑
完整的拿破仑 …… 203
18.“陛下,您的弟弟吕西安来了!”政治与尊严 科西嘉人 长久的
妒意 步步紧逼 愈来愈焦躁“我可不要悲剧!”真正的目的 供
选择的王冠“我会活到九十岁”以子女为诱饵 伟大的一幕

兄弟间的仇视 地毯 …………………………………………………… 206
19. 西班牙王朝 墨西哥梦想 回顾欧洲 坐满国王的剧院 舞台上的政治 灾难的预言者 塔列朗的背叛 塔列朗的重要性 饮茶作为中间人的塔列朗 徒劳的求婚 脆弱的友谊 …………… 216
20. 对德意志天才的敬意 与维兰德的谈话 赢了诗人耶稣与恺撒 与歌德会面“好一个人才!”皇帝的攻击 诗人的计策 无法收买的人 225
21. 腓力二世的幻想“我一生中最大的蠢事”约瑟夫制造困难 亲信们的阴谋 宙斯大发雷霆 塔列朗的微笑 沙皇的背弃 旅途中 罢黜教皇 第一次吃败仗 革出教门与获得胜利 再会波兰情人 战线拉长的危险 向对手袒露心声“我要刺杀您”不可战胜的德意志人… 231
22. 约瑟芬皇后昏倒了 离婚 渴望与计算 在假面舞会上 选择哪位公主? 多产的哈布斯堡家族 写给未婚妻的情书 破除传统礼仪夜晚的进攻 继承人“先救母亲” …………………………… 243

第四章 海

1. 幻想与数字 贸易战 西班牙困境 逃亡的国王们 家族阴谋 贝尔纳多特的胜利 子嗣的诅咒 幼子 第二位妻子 教皇 君命天授… 252
2. 世界征服计划 宿命之战 政治因素 表面缘由 威胁 欧罗巴合众国 未来蓝图 …………………………………………… 261
3.“只有我有钱”压迫与镇压 愤怒的农民 普鲁士将如何 灵魂的火焰“女孩子气的口角” ………………………………… 266
4. 贝尔纳多特展翅 尴尬的盛宴“太远了,陛下”对敌人的过高估计敌人在哪里 困境“工于计算的人”考察俘虏 四颗牙齿“战争将持续三年”小说 俄国荒原上的李尔王 咖啡与糖“幸运之神犹如娼妓”… 270
5. 莫斯科 大火 燃烧的街道 第三个信使 最后一封信 沙皇宫殿里的心情 ……………………………………………………… 281
6. 帝国男爵施泰因 双雄对比 施泰因的决定性影响 狮子的建议“您必须掉头” 桦木手杖 ………………………………… 286
7. 巴黎政变 皇帝受惊 窃窃私语 别列西纳河 最后的公报 步行去华沙 拿破仑变成冒险者“歌德先生好吗?”………………… 290
8. 借口 正统主义的诅咒 皇朝的矛盾 运气来了 德意志精神 正义

与悲剧 …… 296

9. 焦虑的莱蒂齐娅 兄弟姐妹 教皇陛下永远正确 法兰西国王 第四幕心情 …… 300

10. 波拿巴将军“我的命星黯淡”迪罗克之死 小人 正统主义者 危险的兄弟们 伟大的会面“你们有多少国家?”帽子 悲剧性认识 奇妙的对局 犹豫“我的棋局乱了” …… 304

11. 大战开始 战争进行中 战败 歌德的总结 德意志的评论 …… 313

12. 火炉旁的莱蒂齐娅 约瑟夫的宫殿“一切都面临崩溃”法兰西的天然边界 革命的界河 盲目的兄弟 …… 318

13. 战争的运气 250个人 构想与警示《安德洛玛刻》强烈的冲动 朋友的背叛 寻死 三个人 塞纳河畔 …… 322

14. 沙皇在巴黎 塔列朗主政 马尔蒙背叛 坚决反对波旁家族 让位给儿子 叛徒的危害 法国青年 疲惫的元帅们 彻底退位 继任者窃取财宝 从容不迫 向近卫军告别 军旗之吻“干掉他!”狂欢节 … 329

15. 活力与小岛 内在积累 神秘的国王 母亲的宴会 熔炉 浪漫的相会 内心的倦怠 儿子的画像 奇异的装束 波旁国王 总结历史 维也纳的争吵 会议的信息 筹划“听从命运对你的安排吧”启程 … 340

16. 千人队伍“你们认出我了吗?”宣告 内伊元帅“必须安于现状”新的纲领 进军巴黎 玛丽·路易丝的背叛 寄希望于哈布斯堡 盲目 … 352

17. 诱鼠者 拉普 铁笼子 帝国双奸 贡斯当入阁 民主认识“我们必须忘记”忧虑 悲哀的困境 刺向独裁者心头的尖刀 …… 360

18. 郊外草地 恺撒的马车 警告 速度 计算失误 病痛与活力 滑铁卢 … 368

19. 议会反对拿破仑 要求退位的呼声 工人的皇帝 拿破仑二世 富歇 马尔梅松的梦 熟悉的炮声 四处碰壁 去美国 新的疑惑 犹豫不决 还是美国 提米斯托克里斯 …… 373

20. 在英国军舰上 无助的人 现代薛西斯的答复“永久的耻辱”再见,欧罗巴 …… 383

第五章 岩

1. 肉体 神经 …… 389

2. 三种动力 自信 自负 纯真 不慕虚荣 谁令他赞叹 感恩 …… 391

3. 革命 过渡 正统化这一缺陷 贵族的强烈影响 爱人 法国人的怀疑 历史感“我是一个罗马皇帝”棋手 荣耀 …………… 397
4. 计算 速度 记忆 勤奋 环境 真怒 假怒 ……………… 404
5. 勇气 人性 兵法 将军和国王 最前线一律平等“战争是时代的错误”… 409
6. 蔑视人类的人 心理学家 问题与谈话 金钱 将军的爱恨 巨大成功 坦诚 反动政治 关于德国人 反大众 ……………… 413
7. 幻想 欧洲 欧罗巴合众国 ……………………… 420
8. 毫无感情 感情奔放 财产 女奴隶 ………………… 421
9. 不信邪 自然观 命运 迷信 生与死 孤独…………… 424
10. 死火山 致命的气候 长林 车辆 杠头 宫廷内讧 虚荣 最忠诚的人 … 429
11. 羞辱 束缚 看守 恶魔 碰撞 “跨过我的尸体”…………… 433
12. 日程 读物 书柜 回忆录 造假 来访者 三呼万岁 消磨时光马来人多比亚斯 皇帝与奴隶 ……………… 437
13. 母亲的呼唤 行星的轨迹 车辆的命运 最后的愿望 脱逃计划殉难的代价 震撼 ……………………… 444
14. 礼节与模仿 恐怖的一刻“请您想想他们的负担”持犁的皇帝 … 449
15. “没有人需要为我的垮台负责”认识所有错误 王朝的自我批判华盛顿 无赖还是英雄 总结 苏格拉底 ……………… 452
16. 普罗米修斯 欧洲 “拿破仑宝藏”最幸福的时刻 奇迹的闪光… 456
17. 浮士德 园丁 严寒与酷暑 科西嘉再次浮现 没有祖国 忠诚的背叛 … 460
18. 遗嘱 作为继承人的士兵 遗赠 作为继承人的儿子 姓名的命运政治遗嘱 敦促谅解 未来国王的使命 欧罗巴合众国 ……… 464
19. 梦境 正式死亡 死亡辩白 最后困窘 公开的数字 最后命令 长逝 … 470
20. 收场 硕果累累 复活 ……………………… 474

后 记…………………………………………… 478

拿破仑年表…………………………………… 481

第一章　岛

在我看来，拿破仑的童话恰似《约翰福音》，每个人都感到其中还隐藏着一些东西，只是不知道那究竟是什么。

——歌德[①]

1

科西嘉的抗战

一个少妇身裹毯子坐在帐篷里，一边给孩子喂奶，一边听着远处的轰隆声。太阳都下山了，难道还在交火？会不会只是秋天的雷雨声在这布满岩石的荒山里回荡？或者是风吹过四周狐狸和野猪栖身的原始森林，使冬青栎和松树发出阵阵涛声？她坐在缭绕的烟雾中，披肩半掩着白皙的胸脯，看上去像是一个吉卜赛女人。今天外面的战况如何？她猜测着，却无法作出明确的判断。突然，一阵“嘚嘚”的马蹄声向帐篷靠近。是他吗？他说过要来的，可是这儿离战场那么远，而且现在雾气弥漫。

帐篷的门开了，一名男子带着一阵清新的空气踏了进来。这是位二十多岁的贵族军官，穿一身彩色军服，扎着带羽饰的头巾。他体形瘦长，动作敏捷，亲热地向少妇打招呼。少妇急忙站起身，把婴儿交给女佣，端来了葡萄酒。然后，她摘下头巾，走到他的面前。只见她栗色的鬈发下露出光洁的额头，一张漂亮的嘴巴急切地提着问题。她的下颌修长，显示出旺盛的精力；鼻子又高又尖，在火光的映衬下透出一股魅力。她的腰际垂着一把闪闪发光的短剑，在这山区她从未将它卸下过。这位美丽的女中豪杰给人的印象是，她出身于坚毅有为的古老家族。而事实确也如此，她的祖先与青年军官的祖先一样，早在几百年前就已是领袖人物和战士。他们原本在意大利，后来搬到这个多山的海岛。

现在，为了赶走法国侵略者，全岛的人都团结起来。这名十九岁的女子也随丈夫来到这片最荒凉的山区，为祖国而战。此时此境，没有人希望她是一个在去做礼拜的途中吸引众人目光的耀眼贵族，因为在这里，荣誉和勇敢才是高贵的证明。

她那机敏而充满活力的丈夫把最新消息全告诉了她：敌人已被赶到海边，无路可退。今天他们派代表与保利谈判，明天我们就停火。莱蒂齐娅，我们胜利了！科西嘉将重获自由！

每一个科西嘉人都希望多子多孙。因为这里的风气是受到侮辱当场复仇，动辄兵戎相见，宗族间的仇杀绵延不断。在这样的氛围里，这位年轻的军官跟别人一样想要许多孩子，以确保家族永远后继有人。他的妻子则从母亲和其他女性长辈那里认识到：孩子意味着荣誉。十五岁那年她就生下了第一个孩子，但直到今年才有了第一个男孩。

自由又活生生地展现在科西嘉人面前。因为这位军官是民众领袖保利的副官。今后，我们的孩子不会再成为法国的奴隶！

拿破仑的母亲玛丽亚·莱蒂齐娅·波拿巴（1750—1836）

2

拿破里奥尼 宗族

然而翌年春天，形势的变化令大家的心为之一沉。敌人的增援部队登陆了，科西嘉的儿女们再度武装起来。少妇又追随在丈夫左右，肚子里怀着孩子——这是在去年秋天的风雨中怀上的。“那些日子，我经常离开山上的藏身之处，悄悄到外面打听消息，有时一直走到战场。我清楚地听到子弹的呼啸声，但我相信圣母。”后来她这样回忆道。

到了5月，他们战败了，开始了可怕的撤退。有孕在身的莱蒂齐娅骑在骡背上，臂弯里抱着一岁的孩子，与大队男子和少数女子一起，穿越丛林和悬崖峭壁，向海边行进。6月，战败的保利不得不带着数百随从逃往意大利。7月，他的副官与一小队使者向占领者投降。岛民们的骄傲不复存在。8月，他的妻子却生下了一个复仇者。

她叫他拿破里奥尼（Napoleone）。

与战场上表现出的勇敢和男子气概不同，在紧邻海边沙滩的大房子里，她是一位聪明、节俭的家庭主妇。能不这样吗？她那年轻的丈夫总是沉湎于空想，没有什么收入。在长达几年的时间里，他一门心思想要打赢一场遗产继承官司，无暇顾及别的。在比萨上大学期间，虽然他自称波拿巴伯爵，过着优裕的生活，却没学到多少东西，直到现在第二个儿子出生后，才匆匆结束了学业。他拿什么养活自己和家人呢？艰难的时光令人变得现实，他只好与占领者妥协，更何况法国人为了在岛上站稳脚跟，对当地贵族采取了许多优惠政策。

不久，他当上了新成立的法院的陪审推事，并成为一片苗圃的监管人。法国国王意欲通过这片苗圃在岛上推广桑树。当科西嘉的元帅前来造访时，他不惜花最多的钱招待这位贵宾。另外，他在山上有羊群，在海边有葡萄园。他的哥哥是主教堂的大司祭，家产丰厚。他妻子的同父异母兄弟也是司祭，善于做生意，不愧是商人之子。

拿破仑的父亲卡洛·马利亚·迪·波拿巴（1746—1785）

他那美丽而骄傲的妻子三十多岁时，身边已有五男三女共八个孩子。这充分体现了科西嘉居民的家庭观念。对他们来说，竞争和族间仇杀乃最高道德。要把八个小孩养大成人,是件艰难而费钱的事,因此孩子们在家里成天听到父母在谈论钱。后来,父亲终于想出了办法。有一天,他带着十一岁和十岁的两个男孩坐船去法国。他们先到土伦,然后前往凡尔赛。

在科西嘉元帅的推荐下,主管头衔、等级和徽章等事务的铨叙局确认了波拿巴的贵族地位,路易国王赐予这位效忠法国已达十年的官员2 000法郎,并让他的两个儿子和一个女儿免费就读贵族学校。毕业后,两个儿子中的一个将成为神职人员,另一个则当军官。

3

贫穷 独来独往的男孩

布里埃纳军校的花园内,一个矮小、腼腆、寡言、喜欢独来独往的男孩坐在那儿看书。学校把花园划成小块分给学生,男孩把属于自己的一块连同旁边属于同学的两块,一起用篱笆围了起来。除了那两位同学,他不准任何人闯入这块领地。谁若胆敢擅入,他会气势汹汹地冲上去。就在不久前,几位被焰火烧伤的同学碰巧逃到这里,也被他挥舞锄头赶了出来。

拿破仑在布里埃纳军校(1779—1784)

对此,任何处罚都不起作用,老师们只得听之任之。“这个男孩是花岗岩做的,里面埋藏着一座火山。”一位老师这样评价他。是的,这个小王国尽管有三分之二是强占来的,但他不允许任何人侵犯。他对个人自由的感觉就是如此强烈。不久,他在给父亲的信中说:“我宁愿在工厂工人中排名第一,也不愿成为科学院院士中最末的一个。”这句话他是不是在普鲁塔克[②]的书中就已看到过呢?普鲁塔克描写的许多伟人，尤其是罗马英雄的生平，令男孩热血沸腾，神往不已！

没有人看见男孩露出过笑容。在同学们眼里，这个意大利人犹如半个野人，至少是个奇特的外国人。他几乎不会法语，这是他的敌人的语言，他似乎不愿屈尊去学。多么古怪的小矮个，多么古怪的名字！他的外套太长，身边总是没有零花钱，什么都买不起，却宣称出身贵族！那些来自达官显贵家庭的同学嘲笑他：科西嘉的贵族算什么呀！还有，要是你们真的英勇善战，为什么会被我们战无不胜的军队打败？

"我们是以一敌十。"男孩怒不可遏地喊道，"你们等着！等我长大后，一定会好好教训你们这些法国佬！"

"你爹不过是个小小的中士！"

男孩勃然大怒，提出决斗，结果受到禁止外出的处罚。他写信向父亲求助："我已厌倦了解释自己的贫穷，听够了外国小子们的嘲笑。他们只不过比我有钱而已，精神上远远不如我高贵。难道我真的必须向这些只会吹嘘自己如何奢侈的家伙低头？"但父亲从岛上回信说："我们没有钱，你必须待在那里。"

他一待就是五年。如果说，每遭受一次歧视都会增强他心中的革命情绪，那么对别人的蔑视则加深了他的自信。他的老师们均为修士，他与他们处得不错。功课方面，他只是擅长数学、历史和国别地理。对于精确的思维、探究的眼睛和一个被征服者的怒火，这三门课有着某种吸引力。

因为他的目光总是离不开科西嘉。在内心里，他谴责父亲与法国人为伍，并且下决心接受国王赠予的学习机会及其他好处，以便将来用这一切去对付法国。他有一种模糊的预感，觉得自己总有一天会解放科西嘉。然而，他现在还只是个十四岁的少年，什么都做不了，只能让家人给他寄些关于家乡的书籍和研究报告——要想创造历史，就得先研究历史。与此同时，他如饥似渴地阅读伏尔泰、卢梭以及伟大的普鲁士国王去世前夕就解放科西嘉所写的文字。

这样一个孤独、叛逆、胸怀大志、以怀疑的目光审视一切的少年，首先会成为什么样的人呢？一个早熟、知人、充满优越感的人。当他的哥哥约瑟夫打算把职业目标由神职人员改为军官时，这位少年写道："第一，他缺少面对战场危险的勇敢精神……他可以成为一名出色的卫戍部队军官，英俊，幽默，喜欢说些轻佻的恭维话，在社交场合应付自如。但在战场上呢？第二，现在改行太晚了。作为神职人员他可以拿到丰厚的薪水，这对家庭多么有利啊！第三，他加入什么军种呢？海军？1. 他不懂数学。2. 他缺乏所需的毅力。而炮兵那种长期单调的工作，也是他那追求轻松的个性所无法承受的。”这就是一个熟知人心的十五岁少年的思考。他认为自己具有约瑟夫所没有的个性特点，同时恰如其分地描述了约瑟夫的性格，后者与父亲有着相似之处。

拿破仑自己呢？他从父亲那里继承了想象力和稳重，从母亲那里继承了骄傲、勇敢和对精确的追求。此外，父母共有的宗族观念也传给了他。

4

第一把剑　喜欢阅读的少尉　洞穴里的想象　大炮

“只有腰带属于法国，剑是属于我的！”——第一次系上佩剑时，他这样想。当时他十六岁，刚刚成为少尉。在后来的生涯中，他只有寥寥几次脱下军服。他是在巴黎军官学校获得这一军衔的。在这里学习的一年中，他像在布里埃纳时那样如饥似渴地阅读。学校里那些法国高等贵族的礼仪，令这位斯巴达人般俭朴刻苦的少年感到格格不入和反感。然而，他天生比别人更强烈地感觉到自己是世界的中心，因此很快从逆境中总结出一条规则。他在一份报告中阐述说，富裕的生活不利于培养未来的战士。他不喜欢负债，因为他太了解家里的贫穷。父亲去世后，这个意大利人对家庭产生了强烈的责任感。从现在起，几乎还是个孩子的他开始省钱接济母亲。

他以不好不坏的成绩通过了毕业考试，在成绩单上获得如下评语：“他内向，勤奋，不爱娱乐，喜欢各种类型的钻研，喜欢优秀的作家……他沉默寡言，独来独往，比较情绪化，高傲，十分自私。回答问题时，他总是简洁有力；参加辩论时，他表现得机智敏捷、胸有成竹。他很自我，在各方面都争强好胜。”

这个矮小的少尉穿着新军服，奉命前往驻扎在瓦朗斯的某团。因为经济拮据，他有一半的路程是步行的。一路上，他感到年轻的心中有三个志向：蔑视和利用那些大多没有思想却狂妄自大的人；摆脱贫穷；多多学习，以便统治别人。这条道路的手段和目标则是：在科西嘉的战斗中成为领袖，然后成为海岛的主人。

驻地的生活多么无聊啊！他必须学习跳舞，参加有趣的社交活动。他作了这方面的尝试，但很快又放弃了，因为像他这般骄傲的人总要掩饰自己的贫穷。如果跟普通市民交往，与律师和商人打交道，就可以听到巴黎那些青年贵族似乎毫不知晓的新鲜事。是真的吗？伏尔泰、孟德斯鸠和雷纳尔著作中的思想已经传播到外省的小人物之中？这些预言家们呼唤的运动就要来临，我们真的面临着一场革命？

各种书籍都在发出呐喊。阅读就像呼吸一样不必付钱。在读完了租书店里的书后[3]，他还可以偶尔用省下的两个法郎买本新书。虽然隔壁房间打台球的声音很烦人，因为他住在一家咖啡馆里，但搬家比这更烦人。在生活习惯方面他比较保守，不喜欢变化。

他的情感方面怎样呢？可想而知。因为他与同时代所有其他青年一样，没有什么比国家和社会更能令他激动的了。他孤独地坐在台球室的隔壁，面色苍白，沉浸于自己的精神世界。同事们在结束短暂的执勤后纷纷外出寻欢作乐，有的去赌场，有的找女人，这个贫穷的少尉却坐在陋室里，凭着坚定的直觉研读并且只研读那些将来对他有用的东西：炮兵的原理和历史，攻坚战的法则，柏拉图的《理想国》，波斯、雅典和斯巴达人的宪法，英国历史，腓特烈大帝[4]的征战，法国的财政，鞑靼人和土耳其人的国家与风俗，埃及和迦太基的历史，印度概况，英国人关于当代法国的报告，米拉波[5]、布丰和马基雅维利，瑞士的历史与宪法，中国、印度和印加帝国的历史与宪法，贵族的历史，贵族的罪行，天文、地理和气象学，繁殖规律，死亡率统计。

对这些书籍及其他许多资料，他并非一目十行地匆匆浏览，而是深入研读，并用几乎无法辨认的字体在笔记本里作了详细的摘录，其中仅后来在报刊上登载的就达四百页。这些笔记的内容有英国七个撒克逊王国的完整手绘地图及三个世纪中的各位国王、古代克里特岛的赛跑形式、古希腊在小亚细亚的要塞一览以及二十七个哈里发的基本资料，如他们的骑兵数量及嫔妃们的恶行。

最多的摘录是关于埃及和印度的，其中包括大金字塔的尺寸和婆罗门的各个教派。例如他曾摘抄了雷纳尔的一段话："看到埃及的地理位置在两海之间，名副其实地位于东西方交界处，亚历山大大帝[6]产生了一个计划，要把其世界帝国的首都放到埃及，使之成为世界贸易的中心。这位最开明的征服者意识到，如果有什么东西能把他所有的占领地联合为一个国家，那么这只可能是埃及，它能把亚非两洲与欧洲连接在一起。”三十年后，他还清楚地记得这段话。可见他读了不知多少遍。

同时，他自己也开始动笔，在几年内写了十几篇文章和提纲，内容涉及大炮的架设、自杀、王权和人类的不平等，其中最主要的是科西嘉。他那客观和现实的笔触，令当时最受欢迎的作家卢梭相形见绌。在摘录卢梭关于人类不平等的起源的观点时，他不时地插入自己的评语："所有这些我一个字都不相信。"在接下来的几页纸上，他阐述了相反的看法。他认为，人类最初并非过着孤独的游牧式生活，而是幸福地散居着，因为当时他们为数不多，不必紧挨在一起居住。随着人口的增多，"想象从长期禁锢它的洞穴里钻了出来，自信、激情和骄傲应运而生。脸色苍白、胸怀大志的人们也来了，他们抢占各种事务，把那些衣着光鲜、成天泡在女人堆里的好色之徒踩在脚下"。

我们是否已经听到，他在囚禁他和他那非凡想象的黑暗洞穴里，咣当咣当地试图挣脱锁链？我们是否看到他一脸苍白，以仇恨的目光瞪着军中那些春风得意的好色之徒？

离这些人远点，他们是法国人！科西嘉才是他一直注视的目标，并且他已把新的国家观应用于此。他写道："宣称不得反抗篡权者的压迫是上帝的旨意，这是何等的荒谬！照此说来，每一个弑君篡位者都立刻受到上帝保佑，而事实上他一旦失败就会掉脑袋。因此，民众有充分的理由推翻入侵的统治者。这一点岂不是很适合科西嘉人？……所以，我们可以挣脱法国的枷锁，就像以前挣脱热那亚的枷锁一样。阿门。"

年轻的心灵想要感受自己的存在。在仇恨法国的情绪支配下，他开始创作以科西嘉为题材的一部长篇和几则中篇小说，但均没有完成。与此同时，受贫穷、激情和"有想象才能统治世界，但只有大炮才能把想象变成现实"这一认识的激励，他在职业方面也不断学习。"除了工作，我没有别的慰藉。我每周才换一次衣服，卧病在床以来一直睡得很少……我每天只吃一顿饭。"

他研究大炮和弹药，思绪总是围绕着数字，以至于大家都说他是个数学天才。现在，除了那些别出心裁的文章提纲，他还在科西嘉地图上标了很多点：哪儿架设大炮，哪儿挖战壕，哪儿驻扎部队，等等。要是他大权在握该多好！除了给科西嘉披上一张文学想象之网，他还在地图上布下了第二张网，上面用十字符号表示大炮。地图，地图！在喧闹的咖啡馆隔壁，他又重新研究一切可以计算的东西，抄录英国国会的完整演说词，把地球上最遥远的地方都作了扼要的记述。他最后一本笔记的结尾是："圣赫勒拿，大西洋中的一座小岛。英国殖民地。"

这时，母亲从家乡来信了。信中说，他们强有力的保护神、科西嘉的元帅不幸去世，家里随之失去了一大靠山，约瑟夫没有工作，她也被桑园辞退，只好向次子求助。拿破仑马上告假，坐船返回那寄托了他的梦想和计划的海岛。他是作为一个不为人知的胜利者衣锦还乡的吗？请看他的日记：

> 回家的路上，我一直感到孤单，身边有人时也是如此。我之所以回家，是为了能够沉浸于孤独的梦幻和忧郁。今天这种忧郁通向何方呢？是死亡。但我明明站在生命的门口，期望能够长命百岁。离开祖国六七年，现在很快就能见到家人，这是件多么高兴的事啊……那么，是什么魔鬼驱使我自我毁灭呢？……既然除了不幸还是不幸，没有什么令我高兴，为什么我还要忍受这种一败涂地的生活？……家乡是怎样一番景象啊！同胞们戴着锁链，亲吻着那只毒打他们的手……他们曾经充满骄傲和自信，过着幸福的生活，白天为国家工作，夜晚躺在爱妻的怀抱里——大自然和柔情把他们的夜晚变得如同仙境。失去自由后，这些幸福的时光也如美梦般一去不复返了。法国人啊，你们夺走了我们最宝贵的财富，现在还在败坏我们的风气！眼看着祖国走向毁灭却无能为力，还不得不赞美所憎恨的一切，这难道不是逃离这个世界的充分理由吗？……如果只需杀死一人便可获得解放，我会立刻采取行动！……生命于我已是一种负担，我没有任何享受，只感觉到痛苦……并且，由于不能按自己的方式生活，一切都令我无法忍受。

5

绝望 革命的战鼓 最初的自我

他在科西嘉过得很沉闷，不是为钱烦恼就是为家事操心。一年后，绝望的他不得不返回驻地。这一次他的驻地是奥松，不是瓦朗斯，但这种改变又有什么意义呢？

终于有人重用这位十九岁的少尉了。新将军发现他有点才华，就命他带人在训练场构筑几个“需经过复杂计算”的工事。“就这样，从十天前开始，我带着两百人从早到晚不停地忙碌。这次不同寻常的重用招致了上尉们对我的敌视，他们责问这么重要的工作为什么不交给他们，却让一个少尉去做。”

于是他又退回到起点。照此情形，他只能艰难地往上升，等到成为上尉时，他也该退役了，然后回到家乡，在岛民们鄙视的目光中领取法国的养老金，最后被埋在故乡的泥土里——这是他们唯一不能从我们身上夺走的。难道那些书中宣告的自由都是泡影？如果强大的法国自己都不能摆脱贵族的压迫，摆脱贪污受贿和裙带风，小小的科西嘉又怎能从法国的统治下解放出来！

这位年轻作者的日记里写满了新的提纲。要是这本窄窄的本子落到上司手里，他的下场可想而知，因为里面有如下言辞：“关于王权的报告提纲。详述今日欧洲十二个君主国国王篡夺来的王权。他们当中只有寥寥几个可以不被推翻。”在缄默的日记本里，他咬牙切齿地写下这样的文字，而在外面庆祝每一个王子的命名日时，他却不得不穿着盛装高呼“国王万岁！”

在沉闷的执勤中，青年时代的又一年过去了。他沉默着，等待着，专注于写作和数学。

终于，决定性的一年来到了。即使在沉睡着的省份的偏僻角落，人们也预感到战鼓即将擂响。这是1789年6月。忧郁的少尉觉得复仇的时刻不远了。那些人污辱他这么久，现在他们的骄横会令他们自我毁灭吗？成千上万民众的呼喊，不也是他为科西嘉战斗的口号吗？他找出他的《科西嘉信札》，寄给流放中的保利，他的偶像。信中写道：

将军：我来到这个世界时，祖国正遭受着毁灭。我的摇篮周围全是垂死者的喘息和绝望者的眼泪……所有的希望都破灭了。我们的屈服换来了被奴役的结局。卖国贼们为了替自己辩解，对您大肆污蔑……当我读到那些肮脏的文字时，只觉得血往上涌，当即决定驱散这些阴霾。现在，我要用刷子蘸上耻辱的墨水，把所有出卖我们共同事业的叛徒涂得漆黑……公开谴责当权者，揭露所有的丑事……假如住在首都，我会找到其他办法……由于还年轻，我这样做可能显得鲁莽，但热情以及对真理和祖国的热爱会助我一臂之力。将军，您曾看着我来到这个世界，如果您愿意在这件事上给我鼓励，我会信心百倍……我母亲莱蒂齐娅女士托我问您，是否还记得在考尔特度过的时光。

这是一种新的音调，一部由全新的音调所组成的交响曲：时代的澎湃激情，杀死暴君的姿态，闪光的文字。我们看到的不再是日记中那种风格，而是一切都以效果为重的特点。还有一点也是新的，新得让人害怕，为他所独有，那就是信开头那个起决定作用的“我”，一个面向世界提出的重大命题。现在，无限的自信首次乘风破浪地前进，因为新时代的第一阵战鼓已经擂响，宣告重要的不是出身而是才能。于是，曾经不可克服的唯一障碍消失了，一个前所未有的要求在心中产生，并且再也不肯安息。在信的最后，他却几乎献起了殷勤，显然希望得到提携。这个一向粗鲁、令人捉摸不透的半大孩子，在所有的信里都表现得那么老练，那么具有骑士风度。

来自另一个时代的保利却不喜欢他的高傲。他礼貌地回复说，年轻人不应谱写历史。

四周后，年轻人开始创造历史，这是百年来的第一次：他们攻打巴黎的巴士底狱，发出了伟大的信号。法国匆匆拿起武器。在波拿巴的驻防地，也发生了抢劫事件，直到有钱人和军队联合起来。年轻的波拿巴站在街头的大炮边，向着人群开火。这是他第一次实弹射击，虽说是奉王家军官的命令，但肯定也是甘心情愿的，因为他对民众的鄙视绝不亚于对贵族的鄙视。

然而，在他的心灵深处，这一切都显得很陌生：这是法国人斗法国人，关他什么事！他只有一个念头：现在该着手解决科西嘉问题了！不管正在发生的事是怒火还是激情，是理想还是一个提示语，都应该蔓延到科西嘉！赶快请假回乡，在这场新运动的纷乱中脱颖而出！

红帽徽 挫折 古罗马英雄

波拿巴少尉在科西嘉登陆，就像一位先知带着新教义来到外国海岸，因为他第一个把象征自由、平等和博爱的红帽徽带到岛上。这里本来不是生活着自由的山民吗？他们曾经实行自治，但二十年来却遭受着占领者的压迫，后者懂得利用贵族和教会，却不理解民众。

直到昨天为止，这个年轻的雅各宾党人还靠祖先的贵族身份生活，并且完全凭借这个身份才获得国王资助，得以接受教育，但他管这些干吗！国王又关他什么事！我们不是终于认识到，各民族都有权实行自治吗？如果刚觉醒的新法国如此，那么被旧法国戴上镣铐的科西嘉也必须宣布自由！同胞们，时候到了，快拿起武器！让我们每个人都戴上新时代的帽徽，像巴黎那样组建国民自卫军！我们要夺取国王军队耀武扬威的工具！我对大炮比较在行，我会做你们的领头人！

二十岁的波拿巴急匆匆地奔走在小城阿雅克修的街头。这里的人都认识这个小伙子。他脸色苍白，蓝灰色的双眼透射出冷峻，不停地慷慨陈词。跟在他身后的人渐渐增多，有的是渴望自由，有的是渴望变化。最后，他来到广场上，像个不折不扣的古罗马护民官站在众人面前，心里充满了热烈的希望。在这个半东方式的民族，在这些好斗的家族，“很早就可学会洞察人心，”他后来说。

但是他出师不利。山里的援军迟迟不见踪影，正规军却来了。革命者被驱散，并在几小时内全被缴了械。出于谨慎，正规军没有实施逮捕。拿破仑再次感到失望：他想做殉道者都不能，只能成为一个被打败的民众领袖，这几乎显得可笑。然而，发烧的人会寻找一切手段给自己降温。他给巴黎的国民公会写了份申诉书，先以当时盛行的风格歌颂新自由，然后提出了一大堆申诉和恳求，例如：绞死替国王效力的官吏！武装科西嘉的公民！一个委员会很快随他在申诉书上签了字。

接下来是几个星期的等待。巴黎方面会作出怎样的决定呢？他猜测着。有一天，信使终于送来了答复：科西嘉是拥有一切平等权利的法国省份；根据米拉波的提议，保利和其他自由战士都将被召回国内。少尉惊呆了：省份？如此说来，尽管有了新思想，甚至恰恰因为这些新思想，科西嘉人仍要做法国人？这是一种多么怪异的自由！然而，为了替巴黎方面的这一决定祈福，由各机关领头的游行队伍已浩浩荡荡地向教堂行进。波拿巴当即决定随大流。他写了火热的告同胞书，在新成立的政治俱乐部里寻找支持者，并帮助他的哥哥入选市议会。与此同时，他继续撰写他的科西嘉史，并把某些章节读给母亲听。

这就是伟大的保利？当心目中的这位英雄在被流放二十年后，终于在人们的欢呼声中回到科西嘉时，波拿巴问自己。他的言辞和目光多么中规中矩，活脱脱是一个政客，根本不像一个战士。可是必须跟他搞好关系，因为国民自卫军也要归他指挥了。他陪着这位父亲当年的上司，在山里度过了一段时间。

这一老一少两个科西嘉人，一个久经考验，另一个正朦胧地追求着什么。每当他们坐在一起或骑马并行时，拿破仑总是激动地讲述用武力让科西嘉摆脱新法国统治的计划。这时保利会用一种介于骄傲和恐惧的眼光注视他。他觉得，这位《科西嘉信札》的作者确确实实有一种张扬自我的欲望。他身上附有魔鬼，更严重地说，是脑子里附有魔鬼，因为那里只闪耀着剑的光芒。保利摇着头说："你身上没有一点现代气息，拿破里奥尼，你来自普鲁塔克时代！"

帕斯卡·保利(1725—1807)，科西嘉革命者、政治家

年轻的少尉生平第一次有种被了解的感觉，因为普鲁塔克笔下的英雄才是他的理想。保利是第一个发现波拿巴与古罗马英雄相似的人。

他终于听到一句能增强自信心的话。当他受保利委托在乡间起草一篇宣言时，他飘飘然地以“共和二年1月23日于米迪里我的小房间”一语收尾。这是怪异还是自大？不管怎样，在完成这个专制的落款当天，他不得不赶回驻地，因为他的假期虽一再延长，但还是到期了。难道要他放弃这最后的依靠？为了什么呢？现在他留在岛上还有什么意义？第一把交椅已经被人占据了。

7

85法郎　强才是善的　红色中尉

> 我正坐在一间破旧的茅屋里给你写信。之前，我与几个在此屋逗留的人闲聊了很长时间……现在是傍晚四点，空气清新，徒步旅行使我感到很惬意。这儿没有下雪，但已有下雪的迹象……到处都是神态坚毅的农民，他们看上去都准备着为新宪法牺牲生命……只有女人们是保皇分子，这不足为奇，因为自由是个令她们相形见绌的美女。多菲讷的神父们都已宣誓效忠宪法，他们嘲笑那些主教……所谓的高等社会，四分之三的贵族，扮演起了英国宪法的拥护者。科西嘉人特雷蒂确曾用刀子威胁米拉波，这使我们脸上无光。我们俱乐部应该送一套我们的民族服装给米拉波：方形帽、马甲、裤子、弹药袋、三刃匕首、手枪和猎枪，那样肯定会取得良好的效果。

这封写给在家乡做神职人员的舅舅的信，体现出长于观察和计算等政治家的素质。天气与国家，徒步旅行与强者的安抚，以及人的动机，均成为他思考的对象。虚荣和贪婪是人们抓住不放的弱点，而从他这几周在一封公开信中抨击对手的话，我们可以洞察到他的心灵深处：“作为一个真正了解人心的人，您知道个人激情的价格：对您来说，性格的差异不过是多几个金币或少几个金币的事！”

金币！要是有金币多好！当他作为正式授衔的中尉，带着十三岁的弟弟路易回到瓦朗斯时，两人总共只有85法郎。这点钱既要供两人吃穿，还要供路易上学。他们只好自己刷洗衣服。

钱啊，钱！对他来说，钱是为了自我发展，不是用来享受的！他鄙视那些贪图享受的人。里昂的科学院正在举办有奖征答活动，奖金高达1 200法郎！这笔钱可以武装半个科西嘉岛。“哪些情况和感受最能使人幸福？”看到这个题目，中尉不禁笑了：这个我最拿手了。他先去拜访了出题的院士，那些卢梭的学生。动笔时，他先赞美了一通大自然、友谊和休闲的快乐，这三者他既不了解也不看重。接着，他突然把话题转向政治，抨击国王，主张人人都应自由地享受财产和权利。然后，仿佛他就站在镜子前，几年前那个脸色苍白的形象又游魂般地出现了：“胸怀大志的人脸色苍白，带着肌肉痉挛引起的假笑，视犯罪如儿戏，以阴谋为工具……如果他有朝一日大权在握，众人的歌功颂德很快便会使他厌倦……胸怀大志的大人物们寻找过幸福，得到了荣誉。”

多么杰出的预感，恰似普鲁塔克笔下的英雄。接着，他作了更清楚的表述：斯巴达是我们的典范，勇敢和力量是了不起的美德。“斯巴达人的行为是充满力量的男子汉的行为。由于他们按照自己的天性生活，因而过得很快乐。只有强才是善的，弱意味着恶。”接着，预感再次闪耀：“真正的伟人就像流星，他们燃烧自己以照亮地球。”

科学院的评委们无法接受这样的言论，他们认为这篇文章“不值得重视”。波拿巴得不到名也得不到利，再度陷入失望。但他继续埋头创作那部关于科西嘉的小说，并开始撰写一篇爱情对话录。

什么？他那暗淡的青年时代，“爱情”这个词也会闪光？我们会听到卢梭式的宏论吗？这位二十二岁的中尉写道：“我也一度陷入情网，对爱情有足够的了解。我不屑于给爱情下定义，因为那样只会造成混乱。我不认为爱情有存在的必要，甚至觉得它对社会和个人幸福是有害的。如果能从爱情中解放出来，那简直是上天的恩赐。”

号角声，来自巴黎的号角声打断了这位政治型作家的思考。国王被抓，人民胜利了，革命趋于尖锐。在攻打巴士底狱两周年纪念日，这位红色中尉送给爱国的人们一篇祝酒词。这时科西嘉岛上的狂呼乱叫也传到他的耳边，那里已陷入无政府主义。因为这几年，巴黎的动荡已经波及边远地区，科西嘉也面临着内战。赶快回去，再作一次拼搏！

8

暴动 逃兵 在巴黎这只大锅里

现在中尉要成为古罗马大将科里奥兰那斯，尽力拉人、拉选票。因为自人民当家做主以来，我们便需要人民的拥护。刚巧伯父在这个时候去世，留下一笔遗产，家里的日子好过了一些。波拿巴动员家族的另一个神职人员——舅舅费什加入自己所在的雅各宾俱乐部。哥哥约瑟夫可以在市议会帮他说话。这个岛上还有谁学过如何指挥炮队？领导国民自卫军可是实权。但如果他不能当选呢？

这一次，假期到元旦就结束了。当心！他写信给上司："紧急情况迫使我延长在科西嘉逗留的时间，无法如期归队。但我是无可指责的，因为我要履行更神圣、更有意义的义务。"切勿把他开除！没有回音？他还是得冒这个险。

选举国民自卫军指挥官的时候到了。亲戚到处都是，但这还不够。于是他的母亲成天在家设宴招待他的党内朋友，山里来的人也常到这里过夜，他就这样替自己拉票。"当时，"一个伙伴写道，"他时而默默地沉思，时而友好地恭维大家，与每一个人交谈，拜访对他有用的人，争取每一个人的支持。"当特派员到来时，他把其中一位强行扣留在自己家中。他还派人殴打竞争对手的支持者。这就是科西嘉的选举日。

激动人心的一天过去了。到了晚上，他终于如愿以偿，当选为自卫军的中校副司令。

现在，他这个意大利人会脱离法国吗？当心！统帅们的书告诉他：千万不要自断退路。"面对这样艰难的局势，"他写信到瓦朗斯，"一个合格的科西嘉人应该报效祖国。这正是亲朋好友们留我在岛上的原因。但我又不懂得在职责方面讨价还价，所以我打算辞职。"但他根本没有提交辞呈，反而去信要求支付欠发的薪俸，还在信中称法国为"贵国"。于是法国革除了他的军官职务。

就这样，他一下成为孤注一掷的冒险家，比他希望的还要快。他没有了依靠，除国民自卫军的革命权利外一无所有，而任何一个打击都可以使这支队伍土崩瓦解。现在请你露一手给大家瞧瞧！他得利用阿雅克修市民与自卫军之间潜在的内战，煽风点火，然后在混乱中成为救星。国王的正规军驻守的护城堡垒不是很大的威胁吗？腓特烈大帝和恺撒[7]不都是先进攻护城堡垒的吗？必须抓住正规军的指挥官，赶走这个贵族笨蛋，一举把科西嘉从法国手中解放出来。而现在法国正忙于战争，根本无力反扑。于是，他便可以成为科西嘉的主人，而老保利将成为一个传说。

拿破仑作为科西嘉国民自卫军中校（1792年）

战斗在1792年复活节那天打响。是自卫军寻衅滋事吗？市民们充当了同谋吗？是谁先动的手？这是些永远具有讽刺性的问题！唯一可以确定的是，波拿巴率领人马，企图攻占堡垒。但守军毫不畏惧，用大炮将他击退，并向巴黎控告他叛乱。有关他叛国罪的起诉即将开始。他那空洞的辩护说服不了谁。甚至连保利也急忙宣称忠于法国，将他老朋友的这个儿子撤职。从一开始，他就对这个放肆的同胞缺乏信任。

"你不愿站在我这边，保利，"波拿巴想，"那我就要跟你作对！你给我小心，我会赶去巴黎！那儿毕竟是革命的发源地，我会找到机会的！"

夏天，这个一败涂地、无钱无业的冒险家游荡在巴黎的街头。他在法国或多或少是个开小差的中尉，在科西嘉是个被撤职的中校，面临着最严厉的审判。他衣衫褴褛，明天便将挨饿。他唯一的希望是那些激进分子，于是加入了罗伯斯庇尔一派。因为只有旧王朝垮台，只有发生彻底的变革，他才能获得拯救。

赤日炎炎，巴黎的物价又贵。终于，他把表送进了当铺，接着又做了件出生二十三年来一直避免的事——欠债，欠一个酒商15法郎。之后，他向朋友布里昂建议一起做房产经纪人。他羡慕那些统治者吗？不，他只是鄙视他们。"如果仔细观察这一切，就不得不承认，竭力博取各国人民的好感是不值得的。这里的人也许更卑下，更热衷于诽谤……激情只是激情，法兰西民族已经衰老。每个人都在一味追求自己的私利，千方百计往上爬……野心毁坏了一切。我们唯一能做的便是为自己和家人平静地生活，拿四五千法郎的养老金，前提是宁静的想象不再折磨人。”

然而，那些遭受想象折磨的人可没法平静地生活！在这个动乱的时代，在巴黎这只大锅里，有什么不寻常的事不会发生呢！因为他是个外国人，一个纯正的意大利人，他可以极度冷漠地观察并利用这些法国人的命运。雅各宾党已经占据优势。

当激进分子冲向杜伊勒里宫时，波拿巴就站在旁观的人群中。这个穷困潦倒的人说了些什么呢？“谢天谢地，我又自由了。”但作为军官的他又怎么说呢？“看到士兵受平民胁迫，我感到震惊……如果国王骑着战马现身，那么胜利就属于他，这就是早上的情景。”几天前，当国王被迫戴上象征自由的红帽出现在公众面前时，他说：“真是头蠢驴！他应该用霰弹击倒几百个歹徒，那么剩下的便会四散奔逃。”

不管怎样，他感到自己获得了解放，敌人已经垮台。第二天，他写信给舅舅：“别为你的外甥们担心，他们会照顾好自己。”新政府真是值得夸奖，他们不仅接纳了这个开小差者，还马上将他提拔为上尉。现在他会服从命令，赶往东部战场寻找他的队伍吗？普鲁士国王在摩泽尔河畔，这关他什么事！法国的战争又关他什么事！我永远是科西嘉人！再见，我要回科西嘉去！

阴谋家的岛屿　在科西嘉的最后一搏　放逐

这可能吗？永远清新的海风，甚至山中纯净的空气，都未能驱散随处可见的思想争斗熏陶而成的党派思想？诽谤、腐败和无政府主义，这就是科西嘉岛上各种思想的表现形式。由于波拿巴家族成了保利的敌人，科西嘉派驻巴黎的国民公会代表、保利的死对头萨利切蒂便与他们交好。阿雅克修的雅各宾俱乐部分裂了，大多数成员似乎属于激进派，保利这个岛上唯一清廉的人，因为采取温和立场而被他们骂作“叛徒”。

掌权的是谁呢？谁都是，又谁都不是。人与人之间相互猜忌，处处设防,因为在巴黎,人们发明了断头台,砍下了国王的脑袋,谁也不知道明天执政的会是谁。所有的人都带着武器,而不仅仅是山里人。沿海的政令到了内地,就变成一纸空文。每个人都是自己的国王,自己的复仇者。对这个已没有什么可以失去的冒险家来说,难道还有比这更好的地方吗?他第三次尝试成为科西嘉的主人。

波拿巴家族成了反对派的聚集地,哥哥约瑟夫、弟弟吕西安以及在教会的舅舅费什都有各自的追随者。但直到拿破仑回来,这些力量才汇集在一起,因为他带着国民公会代表萨利切蒂的信任。萨利切蒂需要一名出色的炮兵军官在科西嘉替他撑腰,以便在下一次政变中保全自己。俱乐部也试图拉拢他。如果指控保利叛国,情况会怎样呢?他享受了英国二十年的款待,难道就没有把我们出卖给英国的企图?假如吕西安去马赛,把这些怀疑悄悄告诉特派员们,萨利切蒂马上便可向国民公会报告。科西嘉这个小岛是一所培养阴谋家的大学。由于这里的公共生活被几个家族把持,因此家庭生活完全消融在公共生活中。

不久,国民公会派代表到科西嘉,未征求保利的意见便任免了一批军官,在法国重获任用的波拿巴上尉也很快成为科西嘉部队的指挥官。由于他既老练又受士兵们欢迎,之前他已再次夺取了军队的领导权,此次的任命不过是批准一个既定事实而已。他的机会在增加。

这时,巴黎下了一道可怕的命令:逮捕保利。但是,由于对手们做得过分,岛民们的心又偏向这位老英雄,他们联合起来拥护保利,于是保利拒绝服从命令。

年轻的波拿巴深感意外。他一直留意着大众的心声,但不是像恋人那样,而是像一名医生和研究者。现在他试图赢得时间,转走中间路线。他公开替保利叫屈,同时也拥护英明的国民公会,虽然后者对他也有猜忌,准备将他一并逮捕。保利一眼看穿了他的两面派手法,对他颇为不满。他的追随者在一份呼吁书中说:“波拿巴兄弟支持诽谤,与委员会沆瀣一气,跟这样的人来往有损科西嘉人民的尊严。他们应该为自己的行为感到后悔,并受万众唾骂!”

对手们杀气腾腾地冲进波拿巴家,大肆抢劫。若不是躲到委员会那里,波拿巴兄弟早被打死了。

或许这正是拿破仑所希望的？现在他可以向来自巴黎的实权人物表明，他是一个多么坚定的革命者。果然，他重获信任。一年前，他曾率领科西嘉志愿军对抗政府的炮兵；而现在，他被政府任命为炮兵指挥官，负责剿灭科西嘉志愿军。大炮！虽然最佳的据点被别人占据着，但他终于获得了一点权力，享有全权甚至奉命保障沿海的安全。来吧，保利，让我们一决高低！

然而，凭借民众的支持，老保利在战场上也享有优势，占据着护城堡垒。年轻的波拿巴以法国人的身份向堡垒发起了第二次进攻，但同上次一样归于失败。他又从周围的岛屿出发作了最后一击，结果仍是徒劳！

现在，科西嘉岛已没有他和家人的容身之地了。一个人民委员会宣布放逐他们，并宣布他们不再受法律保护。以自己家族深感自豪的母亲，她的两个儿子、两个女儿和哥哥——所有的人都因为上尉的暴动失败而无家可归，不得不在几个小时内逃离科西嘉。二十四年前，她曾在森林里躲避法国人；而如今，她在法国人的保护下穿过这片寂静的森林，向海岸逃去。除了身上的衣服，她一无所有，财产全都落入敌人手中。

他们登上了一艘驶往土伦的帆船。二十三岁的上尉站在甲板上，看着科西嘉岛在6月的晚霞中渐渐远去。那里的每一个山头、每一道山脊，他都了如指掌。他曾三次想要以解放者的身份占领该岛，现在却作为法国人而受到自己同胞的驱逐。仇恨和报复欲在他心中产生：法国的胜利会给他东山再起的机会，有朝一日他仍将成为科西嘉的主人。

然而，当这位冒险家朝西转身，望着法国的海岸越来越近时，他却感到一种四处为家的自由，这是一个失去祖国的人的幸福和命运。

流亡 土伦城前 外行指挥官 首战告捷

“她们的衣服已穿得多么破旧啊！”看到两个半大不小的女儿从外面买些廉价的生活必需品回家时，四十岁出头的莱蒂齐娅·波拿巴在心里叹道。这个骄傲的女人与孩子们住在马赛一幢没收充公的房子的五楼，房主是个被处决的贵族。孩子中有三个开始挣钱，最小的两个留在科西嘉岛的亲戚家里。作为“受迫害的爱国者”，他们从当地司令那儿领取一部分口粮。但莱蒂齐娅从不抱怨，她保持着原有的骄傲。

不久，拿破仑在旅途中办成了一件事：通过关系卖武器给他哥哥。舅舅费什脱下神父的长袍，做起了丝绸生意。长得一表人才的约瑟夫不仅外貌酷似父亲，而且因为是长子而像父亲年轻时那样自称波拿巴伯爵。他娶了马赛一位已故丝绸商的女儿为妻，很快过上了富裕的生活。拿破仑也开始琢磨如何把富商的另一个女儿，即他嫂嫂的妹妹德西蕾娶回家。

这个夏天他东奔西跑，忙个不停。时而在尼斯他所属的团，时而在罗讷河畔，时而在土伦。但不管身在何方，他那军人的目光和炮兵的头脑都在留意山川地形，如这狭长的海滨每个据点的工事。很快他便会用到这些。与此同时，他还写些政治对话，其中一则甚至由政府出钱印成传单。

这则政治对话中的工厂主属于很常见的一类人。在土伦，有钱人担心自己像其马赛的朋友们那样，被罗伯斯庇尔砍头或没收财产，因而内心愈来愈倾向可怜的、被驱逐的王室。为了保全自己的财产，他们向祖国的敌人求助，把舰队的剩余部分交给英国人，英国人则答应保护他们。

这对年轻的法兰西共和国无疑是个可怕的打击。反动势力从各个方向的进攻已使它疲于应付，比利时沦陷了，西班牙人正翻山越岭而来，波旁王朝的势力在旺代增强。偏偏在这节骨眼上，土伦的富豪们出于恐惧，竟把舰队出卖给自己的死敌！现在，政府把所有的男子都发动起来，还征募妇女入伍，把全国变成一座巨大的军营。那些有一技之长的人，更是大受欢迎。

在土伦城前，人们摩拳擦掌，准备赶走英国人。至于如何作战，国民公会委托画家出身的指挥官全权负责。这名指挥官只有革命热情，对军事一窍不通。

这时，年轻的波拿巴上尉正好从阿维尼翁运弹药回来，顺便拜访他的同乡萨利切蒂。萨利切蒂把他介绍给画家将军。饭后，两个军事外行陪波拿巴散步，从一门离海有好几里的24磅炮旁边经过。外行们开始眉飞色舞地讲述他们的作战计划，波拿巴却认为他们的计划一无是处。他放了四炮，证明炮弹根本打不到海里。外行们目瞪口呆，把他留下来帮忙。

总算看到了绳子的一头，抓紧它，别松手！这位孤独、坚强的上尉想道。他以惊人的干劲把远离海岸的大炮拖到海边。六周后，海边已聚集了一百多门重炮。

现在，年轻的上尉还会向我们展示他的指挥才能吗？他的计划是怎样的呢？

土伦的海湾被一个岬角分成两部分，波拿巴准备在岬角上布置炮队，以切断敌舰的出海通道。这样，英军元帅肯定不愿待在死胡同里挨打。他会下令炸毁弹药库，把部队撤离土伦城。

“真是异想天开！”外行们讥讽道。然而波拿巴在国民公会也有朋友。这名二十四岁的上尉向国民公会状告其上司，并把长达数页的炮轰土伦计划寄往巴黎，其中也有如下一般性的建议：“必须永远集中火力。只要轰出一个缺口，敌方就会乱了阵脚，所有抵抗都将是徒劳的，阵地就会归我方所有。生活需要分散，战斗需要团结。没有统一的指挥就无法取胜。时间就是一切！”

在巴黎，他有一位强有力的朋友——小罗伯斯庇尔。尽管其兄大权独揽，气氛令人窒息，但小罗伯斯庇尔依然可以在他耳边吹吹风：“如果你哪天需要一个善于巷战的钢铁战士，”他说，“那肯定是一个年轻的男子，一个新人，那肯定就是这个波拿巴。”之前曾有人提议请波拿巴领导这些恐怖分子的卫队，出于谨慎，波拿巴没敢接受。现在，他的计划获得批准，画家将军被召回。谁来接替他的位置呢？

波拿巴气得咬牙切齿：来的又是个外行！新任命的将军是位医生，一上任就到处查找有没有贵族阴谋叛乱，结果让敌人抢先占据了那个宝贵的岬角。与此同时，一群穿着华丽军服的男子坐着金色的宫廷马车从巴黎抵达军营，慷慨激昂地表示要一举夺回土伦。波拿巴带他们来到几门没有掩蔽的火炮前。当敌人向他们开火，这帮人大声问掩蔽工事在哪里时，波拿巴一本正经地说：“没有了，我们用爱国主义来代替。”这个长着蓝灰色眼睛的年轻男子喜欢实干，不喜欢空想。他再次向巴黎表示不满，于是指挥官再度更换。这次派来的是一位行家，他马上任命波拿巴为营长，并下令按后者的计划赶走岬角上的英军。

终于，部队根据他的计划发起冲锋。在战斗中，他的坐骑中弹倒下，他的小腿肚被英军的长矛刺中。这是他第一次也几乎是最后一次负伤。这也是他的第一次胜利，虽然他不是正式的指挥。这是一场对英国的胜利。敌人连夜逃到军舰上，点燃弹药库，撤离土伦。一切都如波拿巴预言的那样。

大火，死亡，战斗，恐惧。成千上万背叛祖国的土伦市民试图逃命。在这个烈火熊熊的12月之夜，透过浓烟和惨叫，在成堆的尸体上方，在即将溺死的市民的咒骂和趁火打劫的士兵的狂呼声中，拿破仑一举成名，像一颗新星升上天空。

11

入狱 “请砸断我的锁链！”

为庆祝土伦解放及北线和东线取得的新胜利，巴黎举行了盛大的民众集会，波拿巴的名字顿时家喻户晓。他被提拔为准将。司令官在报告中称他是土伦战役作战计划的制订者，并带着钦佩和惧怕的心理加上了令人惊讶的一句话：“即使国民公会里的人排挤他，他仍会闯出一条自己的路。”然而，与波拿巴一起出名的还有另外五个年轻人。当他在政府公报《通报》（*Moniteur*）上第一次看到自己的名字时，他一定为未能独享威名而烦恼。要想出人头地多不容易啊！

不过，已经有几个年轻人在那天夜里注意到这颗新星的升起。两个默默无闻的青年军官马尔蒙和朱诺表示愿意与他共命运，他任命两人及自己十六岁的弟弟路易为副官。这样，他便有了自己的一帮人。

大炮！国民公会交给他一项任务：加强从土伦到尼斯整条海岸线的防御。科西嘉的宿敌热那亚不就在那一带吗？必须拿下热那亚，那样科西嘉就在掌握之中。热那亚不是到处都是外交官和间谍吗？那里营造着中立的气氛，耳聪目明的人可以获得很多情报并三缄其口。波拿巴设法获得了一个人民特派员的职务，并以几个边界问题为借口，求见热那亚的首脑人物。

事实上，这是外交官波拿巴采取的第一个行动步骤。他与各种类型的间谍建立联系，留意着当地的法国代表是真革命还是假革命，同时察看何处有大炮。当他返回尼斯写报告时，却突然被捕。

原来，罗伯斯庇尔已被推翻并被送上断头台。所有人立刻与他划清界限，并声称当初跟这位暴君交往纯属被迫。为了表明自己的清白，他们四处寻找替罪羊。那些不在巴黎、无法攻击别人的人，成了最理想的人选。快点找，否则自己就要被指控为罗伯斯庇尔一派的了！瞧那位波拿巴将军，他不是刚去属于敌方的热那亚执行秘密任务吗？把这个卖国贼抓起来！他与罗伯斯庇尔密谋消灭我们的南线部队，把他押到巴黎受审！

就这样，波拿巴被关进了尼斯附近的卡雷要塞，所有的证件都被没收，那天正好是他的生日。今天我满二十五岁了，他想，一边透过铁窗望着大海。假如能从窗口探出身去，他大概还能看见科西嘉的海岸。有哪个奋斗中的青年像我这样屡战屡败，以一连串的灾难构筑青春？普鲁塔克会怎么说？在我们自己的岛上先后遭到革职、放逐，被宣布为不受法律保护的人，现在又带着满脑子的雄才伟略成为法国的阶下囚，也许一周后就会在军营的空地上被几十发子弹射死。怎么办？

忠诚的部属劝他逃走。他用一种在他总共六万封书信中罕见的感动语气作了回复。他先对部下的情谊表示感谢，然后告诉他们说："别人可以对我不公正，但只要我是清白的，就不必介意。我的良心是我审判自己行为的法庭，它现在并无不安。所以你什么都别做，否则只会使我身败名裂。"在这封伤感的殉道信里，只有最后一句话才是真的。他对狂热的朱诺作了点拨，朱诺这才明白他的用意。由于他与罗伯斯庇尔的联系缺少证据，因此他其实只是不想令自己身败名裂，而逃跑等于承认自己有罪。

他从狱中写信给一位有影响力的外交家说："小罗伯斯庇尔的惨死使我有些难过。我喜欢他，认为他是纯洁的。但如果他想成为一个暴君，那么就算他是我的父亲，我也会一刀刺死他。"这岂不像一个罗马人说的话？在给国民公会的信里，他表现得更为机智："虽然我无辜遭受诽谤，但无论委员会作出什么决定，我都绝无怨言……但现在恳请你们听听我的话！请砸断我的锁链，重新给予我这个爱国者应得的尊重！如果恶人们想要我的残躯，我一小时内便可赴死。我并不看重生命，我已有了太多出生入死的经历。只是因为心中存有报效祖国的念头，我才一直平静地承担着生命的重负。"

一周后他被释放了。诬告他的是他的同乡萨利切蒂。最初的恐怖过去后，他觉得自己平安无事了，这才担保波拿巴。这个阴险的科西嘉人在担保书末尾所说的一句话，无意中预言了波拿巴今后的军事成就："此外，军队需要此人。"

12

失业 忧郁 孤独 人生如梦

所有的人都躲避他,有权有势的朋友对他一封又一封的长信不理不睬。为了迫使一个担任要职的朋友给他回信,他甚至不得不借口向他要些小东西,如“一台部队用的高质量测量仪”。

这时科西嘉又有消息传来,老保利向英国人求助。现在应该替法国拯救科西嘉了!到巴黎去,把火煽起来!那里已决定开战,他惴惴不安地请求担任指挥,但两周后舰队已大败而归,返回土伦。他再次感到失望。要是让他指挥就好了!他不是占领过土伦,在沿海设防,并制订了与科西嘉作战的计划吗?

然而反动势力正在反扑,上面不信任他,试图派他去旺代担任要职,以此将他与手下隔绝。同时他还被当作冗员调入步兵。对一个受过全面训练的炮兵来说,这等于是降级处分。

他本就苍白的脸色变得更苍白了。没门!他向主管战争事务的人民特派员提出质疑。当对方称他“太年轻”时,他盯着这位几乎没上过战场的大人物的眼睛说:“一个人在战场上成熟得很快,而我就来自战场!”他默默地拒绝从命,等待着政府的垮台,就像三年前那样。

怎么办?称病?告假?这位失业的将军思索着。还是待在巴黎吧,这儿毕竟是世界的中心。马尔蒙和朱诺未经请假便来陪伴他,他们也没有钱。布里昂在干什么?做投机生意?你也可以试试,可是纸币在急剧地贬值。上次的政变你们搞得多糟!没有大炮你们就想夺权?萨利切蒂如今也受到严重的指控,躲在一个要好的科西嘉女人家里。波拿巴写信给他说:“你要明白,你那样害我,我本来可以报复的……你我扮演过的角色,谁的不光彩呢?我可以复仇的,但我没有那么做……你走吧,去找个可以学习更好地思考祖国的避难所。我永远不会透露有关你的一切。好好反省自己,珍惜我的动机,它们是高尚的、宽容的,值得你珍惜。”

这些自我陶醉的言辞后隐藏着怎样的企图,他那标榜的高尚里笼罩着怎样的阴影!这种假装的宽容大量,只是为了给无所事事的日子注入一些生机。

因为在这个夏季，生活的波涛伴随着沉闷的响声，沉重地拍打着海岸。他被诗人莪相，被他作品中那种忧郁的激情深深地吸引了。莪相戏剧的悲剧性结局也感染着他，为了不至于被悲剧结束后加演的滑稽短剧败兴，他会急匆匆地离开剧院。“简直是瞎闹！《保罗和维尔琴》在一出新歌剧里竟然变成维尔琴获救，以大团圆收场！”听到这番话的一位女士问他：“你说什么是幸福呢？”

“幸福？”波拿巴回答说，“就是充分发挥我的才能！”

然而，现在他的才能恰恰没有用武之地，这令他无法忍受。他变得越来越忧郁，心中莫名地恼怒。一位朋友的妻子讲述说：在观看一出喜剧时，所有的人都在大笑，只有波拿巴冷冷地坐在那儿。有时他会离开一会儿，然后阴沉着脸出现在正厅前座的另一头。有时他的嘴角也会露出笑容，却显得不自然、不合时宜。他能把战场的趣闻讲得有声有色，但之后的笑声却很粗鲁。经常可以看到他拖着两条短腿在街上游走，一副面黄肌瘦、烦躁不安的样子，“举止笨拙不稳，戴一顶圆形旧帽子，下面露出两只扑粉扑得很糟的耳朵，形状与狗的耳朵相似，衣领上全是头屑。他的手又长又瘦又黑，没戴手套。他的靴子一看就知道不合脚”。

他开始与国外做图书生意，往巴塞尔寄去一箱书，但这第一次尝试就失败了。

有时他去参加上流社会的聚会，因为据他在给哥哥的信中说，“这里所有的人都在寻消遣……女人无处不有，剧院、公园、图书馆里，到处都是。最漂亮的女人在学者的书房里。是啊，这里理应是她们的天下，因为男人都为她们痴狂，他们通过女人而活，并且为女人而活”。

他也去巴拉斯家参加过聚会。这位督政官的排场和对女人的爱好，令巴黎人议论纷纷。波拿巴走进他家，就置身于最漂亮的女人堆里，如塔丽昂夫人和雷加米埃夫人。由于矮小、阴郁、笨拙，波拿巴只能通过他的机智和神情引人注意，但即便如此，他依然显得与别人格格不入。

他仍处于孤独之中，只给兄弟们写些长信。弟弟路易的教育由他负责，他评价说：“他是一个好兵。我特别喜欢的是，他集中了一切优秀的品质：热情，机智，健康，天赋，可靠，善良……他肯定会成为我们四兄弟中最出色的人。当然，我们其余几个谁也没有受过像他这么良好的教育。”现在，拿破仑打算把最小的弟弟热罗姆也接到巴黎来生活。他与吕西安的关系却有些紧张。这位天才的弟弟总想要超过他。吕西安与他一样知人识人，是第一个完全了解拿破仑的人，而且在十七岁时就已非常了解这位二十三岁的哥哥。他在给约瑟夫的信中说："我在拿破仑身上看到一种野心，它虽然算不上自私，却超过了他对公众幸福的爱。在一个自由的国家里，他大概是一个危险人物。我觉得他有明显的暴君倾向。如果他是国王，他就会成为一个暴君。至少，对于后世和敏感的爱国者，拿破仑将会是一个可怕的名字。"这些伟大的预言对吕西安来说不只是想象。他本人的强烈野心使他感到，在这样的时代、这样的国家，拿破仑大权在握是完全可能的事，因此他现在已经在为这位哥哥即将超过自己而难受。

拿破仑却是一副垂头丧气的样子。连通过财富和乐观走向自立的约瑟夫，也使他羡慕不已。他向约瑟夫提供推荐信和证书方面的各种帮助，还建议他用贬值的钱购置地产。但在给约瑟夫的信中也有这样的话："你那封谈论政治的信太过枯燥，你应该学习另一种写法。"

一个家！他希望像约瑟夫那样，拥有一个自己的家。在给哥哥的每一封信中，他都敦促他采取行动，帮他追到美丽富有的德西蕾。她给他写充满柔情的信已经很久，却迟迟下不了决心嫁给他，于是他要求一个明确的答复。他看到了一位朋友和约瑟夫的美满婚姻，看到了一些同龄的伙伴已经登上显赫的职位，只有他自己无所事事，孑然一身，徒有雄才大略。

他写信给约瑟夫说："如果你出门旅行较长时间，请给我寄一幅你的画像。在一起生活了那么久，我们的心已合为一体，因此你最清楚地明白，我的心是完全属于你的。当我写下这些话时，心里有一种前所未有的感动。我感到我们不会很快再见，于是再也写不下去。保重，我的朋友！"

他变得多愁善感，有时甚至有些绝望："一步一步往上爬，这有点像冒险家和竭力追求幸福的人。"最后他写道："人生就像一场虚无缥缈的梦。"

13

峰回路转 在战争指挥中枢 巴黎骚乱
与民为敌的将军 街头决战

情况突然出现了转机。

军务部长[8]换人了，新上任的部长急欲改变意大利前线的战局。有没有新人能够担任那儿的指挥？这个问题传了下去。传到第四个人时，波拿巴的名字被提了出来。他马上被召到军务部。几年来，他的大脑和眼睛早就在留意意大利的边境和海岸，凭着对阿尔卑斯山各处通道的熟悉，凭着对这些地方的气候、地形、农业生产、行政管理及居民性格等的了解，他当场讲述了进军意大利北部、与撒丁和奥地利开战的完整计划。在占领伦巴第后，必须在2月和7月间从奥地利手里夺取曼图亚，接着挥师北上，在蒂罗尔与驻扎在莱茵河畔的兄弟部队会合，然后直逼维也纳，迫使奥地利皇帝缔结和平协定，从而使法国获得早就梦寐以求的东西。

部长被这一连串的奇思妙想惊呆了，过了好一会儿才回过神来说："将军，你的计划精彩又大胆，我们必须认真研究。请你给委员会写份报告，不用着急，尽管从容一些。"

"我的计划已经完成，半小时内就可以写出来。"

计划在公安委员会作了宣读。委员们听后说："很不错的计划，虽然无法实施。"无论如何，这样的人才应该安排到参谋部门。几天后，他已坐在决定一切作战事务的军务部参谋本部。

这是一个重要的时刻，是他青年时期一个决定性的日子。现在，他终于站在了通向成功的门槛上。在这个火山爆发般的时代，突如其来的事情比比皆是，就像他突然受到召见。他还不满二十六岁，从今天起，整整二十年时间，他将带着一系列的思想和行动，不懈地朝着同一个目标前进。二十年后的今天，这些思想和行动才戛然而止。

拿破仑的工作开始了。为了取得最大的成就，他连最小的事也不马虎，以火一般的干劲投身他的"业务"。帷幕拉开了，共和国各种最机密的军事报告他都能看到。同时，由于每天都与非军界的要人打交道，他获得了某种权威。他开始具有个人影响力。

他最先替自己争取的是什么呢？既不是旺代也不是莱茵部队的指挥权，这些都是容易实现的目标。这里，在所有战线的中心，最吸引他的莫过于一个他想象中的指挥权。尽管相应的战场还不存在，但他准备马上去开辟，甚至在十七年后，他还想要开辟这个战场。这就是亚洲。上任伊始，他就迫切强调发动土耳其的重要性，要求把炮兵和现代战术输送到博斯普鲁斯海峡，以便日后对付俄国和奥地利。他仿佛看到自己已在苏丹身边，让国内那些阴魂不散的共和党人再也无法对他指手画脚。在土耳其这个黑暗、落后、未被任何自由思想唤醒的国家，他还可以随心所欲，大显身手。在进军务部的第十三天，他要求调往土耳其。

然而申请未获批准。强劲的对手们已经害怕他，想把他排挤出军务部，调往前线。这时，他用一种完全不同于以往的口吻提出抗议。他搬出还存在于胸中、尚未发生的成就，开始发号施令："波拿巴将军在最艰难的情况下指挥炮兵，为一项又一项巨大的成就立下了汗马功劳。他希望委员们主持正义，恢复他的职位，以免他为自己的职位落入小人之手而痛苦不已。这些小人一向袖手旁观，躲避着危险，现在却跳出来抢夺胜利果实。"

第三人称，钢铁般的史书风格——又是罗马式的。

抗议全是徒劳。这个桀骜不驯的人再次被除名，再次被迫屈服。但他感觉到一个属于他的时代即将来临，因此再没有什么能动摇他的斗志。政府面临着更迭，他在信中告诉哥哥，新的政变还会发生。他与各位党派领导人关系不错，他们将掌握军中的任免大权。"展望未来，我只看到光明。即使没有光明，人也得生活在现实里。勇敢者蔑视未来。"

因为他蔑视未来，未来为他所用。同样，因为他蔑视民众，他在民众那儿也取得了成功。

写此信两周后，政府与保王分子支持的温和派之间的矛盾爆发了。与三年前一样，街道再次成为战场。国民自卫军的力量是政府军的四倍。不知是因为谨慎还是胆怯，国民公会的将军与对手展开了谈判。他被称作卖国贼并遭到逮捕。出于种种原因，左翼和右翼激进分子联起手来，失去了保护的国民公会惊慌失措，乱成一团。

晚上，波拿巴匆匆赶往国民公会，因为那儿要决定由谁接替被逮捕的将军。听到下面大厅里报出几个竞争对手的名字时，他没说话，心却跳得厉害。他也会获得提名吗？如果获得提名，他该不该就任，去做罗伯斯庇尔执政时他曾拒绝的事情呢？任何与人民为敌的首脑，不都遭人憎恨吗？而且恰恰因为成功才遭憎恨。“任命波拿巴！”——是他的名字。他考虑了“将近半个小时”。这项任务不会带来荣誉，但会带来权力，他想。最后，他接受了委员会的任命。此时已过午夜，而早晨民众就会发起进攻，他必须在几小时内把一切准备就绪。

在这种形势下，他要求不受任何非军方的监督。这在革命领域是不同寻常的事，因为革命的新观念之一就是对军队这个潜在的危险实行有效的监督。“既然你们任命了我，我就对你们负有责任，我就必须能够自行决定一切。把前将军逼上绝路的，正是那些人民委员。难道你们指望民众会允许我们向民众开枪？”他只愿意和巴拉斯分享指挥权。巴拉斯是目前最有影响力的领导人，并且在他的掌握之中。时间紧迫，已经没有别的选择，于是，在他被除名两周后，人们把保卫政府的重任交给了他。

七年来，每当巴黎的民众采取行动时，碰到的总是些仓促上阵的对手，因此革命才得以蓬勃发展。波拿巴是第一个认真准备开战的人，他连夜把国民公会变成一个堡垒，甚至给议员们也发了武器。这些议员本已惊慌失措，听到波拿巴说要准备大炮，更是心惊肉跳。

一名年轻的骑兵军官接受了从郊区运回四十门大炮的任务。他叫缪拉，今天与他的长官一起开始飞黄腾达。到了街上，他碰到了同样在找大炮的民众。如果没有大炮，波拿巴就无法保卫国民公会，因此这几个小时的形势极度紧张，而波拿巴还得镇静地将那支小小的部队分成几队。清晨五点钟，他终于听到轰隆隆的声音，那是他的老朋友——大炮运来了。由于缪拉和部下骑着马，他们赶在民众前头抢到了大炮。马上行动！两个小时内所有的大炮都必须就位。

大队全副武装的民众黑压压地向杜伊勒里宫逼近，而在宫内，国民公会的律师们瑟瑟发抖，讲台在演讲者的喧哗中摇晃，人们纷纷要求与民众谈判，撤回部队。天亮以后，民众的阵势看上去更为可怕，那些文职人员吓得斗志全无，士气有些动摇。下午，一部分士兵开始退缩，想要与对手讲和。夜幕渐渐降临，波拿巴面临着抉择：要么现在就打，要么永远都别打了！他该让民众获胜吗？当初他曾嘲笑路易国王的软弱，现在他身边就有大炮，难道还让人骂他软弱不成？

开火的命令估计是波拿巴下达的，也可能是他敦促巴拉斯下的，尽管他在报告里发誓，并且后来又发誓说，他的对手们应对这一“对法兰西人民犯下的罪行”负责。不管怎样，枪炮声响起，马路很快被鲜血染红，群众四散奔逃。两个小时后，街上空无一人，大炮取得了胜利。夜里，他写信给约瑟夫说：“终于，一切都过去了，我的第一个愿望就是把这个消息告诉你……我们在杜伊勒里宫前严阵以待，敌人发起进攻，被我们打死一大批。我方的代价是死三十人伤六十人。我们缴了对方的械，一切又重归平静。跟以往一样，这次我仍然毫发无伤。波拿巴准将。附言：幸运与我同在。向德西蕾和朱莉[9]问好。”

这是拿破仑的第一份捷报。敌人是法国人，战场在巴黎，罪犯是激进分子，大部分战死者属于敌方。捷报的落款在名字前加上了军衔，在此前和此后的签名中则只有名字。这一破天荒的举动，只是为了取得更好的自我展示效果。不过，其中也夹杂着他的情感：在信的附言中，他悄悄地透露了心头的两件事：运气和女人。

“我是两个人的集合体，”他后来说，“一个是有头脑的人，一个是有心灵的人。”

14

政府军统领　两次失败的求爱　约瑟芬
自信　结婚的原因　“致命运”

年轻的骑士波拿巴和他手下的军官们站在国民公会的讲台上，被雷鸣般的掌声所包围。但他对此几乎充耳不闻。无论是现在还是将来，他都不会享受这种暂时的胜利。他冷冷地扫视着大厅，心想：这些就是我们国家的决策者？听到大炮隆隆驶来时，他们抖成什么样啊！告诉你们吧，以后还会有你们发抖的时候！我接受了保护你们的任务，我会履行好自己的职责，直到所有的人都对我俯首听命。

他顺理成章地被任命为内防军司令。一大批追随者归入他的麾下，其中包括那些以前遭受排挤、现在希望与这位曾被除名的将军一起平步青云的军官，以及那些有理由害怕反动势力的文职官员——一句话，都是些从波拿巴身上看到希望的人。民众却肯定恨他入骨，因为那天晚上，数百名手无寸铁的市民（包括妇女和旁观者）被他杀害。可是他对此毫不在乎。他追求的并非受人爱戴。

他突然拥有了金钱、仆人和马车，但他自己还是什么都不要，一切都给了家人。两个弟弟都获得了好职位，母亲又开始像样地生活和存钱，约瑟夫身兼数职，甚至最远的亲戚他都安顿妥当。只是他写给他们的信越来越少，升迁后第一封信的语气就变了："我不会放过任何对你有利、帮你获得幸福的机会。"兄弟成了保护人，成了一家之主。

在这几周里，志得意满的他陷入了一生唯一的一次热恋。

德西蕾错过了时机。几个星期前，他还从参谋本部写信催促约瑟夫帮他说合，希望她尽快作出决定。"我急不可待地想要个家！"他的信中对上流社会漂亮女人评头论足的话开始增多；由于受到女人青睐的希望愈来愈大，他在社交场合的心情也开始好转。现在他结识了几个三十来岁的女人，感受到她们的魅力和美丽。他在间隔很短的时间里先后向其中两位求爱，但均遭拒绝：一位是出身贵族的科西嘉人，她母亲的朋友；另一位是漂亮的交际花，作家议员谢尼埃的情人。她们的年龄都比他大得多。虽然连碰两次钉子，这些情场老手给新沙龙带来的温馨气氛却也感染了他："亲吻这两位女士，第一位吻在嘴唇，第二位吻在脸颊。"一直以来，他的生活中几乎完全没有女人，因此他孤寂的心弦很快被拨动。

约瑟芬·德·博阿尔内（1763—1814），拿破仑的第一任妻子

上任不久，这位新司令就下令禁止民间私藏武器，并实施了全面的搜查，将查到的武器全部没收。一天，一个举止优雅的十二岁男孩走进他的办公室，请求归还从他母亲那里没收的一把剑，因为那是他父亲的遗物。波拿巴同意了。没过多久，男孩的母亲约瑟芬前来向他道谢。这是个多么迷人的少妇啊！任性、优雅，应该已过三十岁，却看不出是三十几。与其说她美貌，不如说她令人倾倒。她未穿紧身胸衣，身材苗条，举止高贵，棕色的面部肌肤显示出一种异国风情——因为她是在巴黎长大的克里奥尔人[10]。在恐怖的年代里，她学会了用妩媚作为取胜的武器。

将军到她位于偏僻郊区的小屋拜访她。他那因贫穷而变得锐利的眼睛清楚地看出，她屋子里的摆设在竭力掩饰家境的贫寒，但他并不在意。这位二十七岁的军官刚刚过上体面、自由的生活，他在乎钱，但并不敬重有钱人。平时，在男人身上他看重的是才能而不是别的。同样，对于女人，他喜欢的也是她们的才能——外表、性格，以及对此的利用。

约瑟芬对其外表和性格的利用堪称到了极点。她比一般人更需要这么做。失去丈夫博阿尔内子爵时，她也失去了位于热带家乡的一切，什么都未能救出来。她和丈夫曾长年天各一方，丈夫从海外回到巴黎后，他们才重新团聚，直到他作为保王分子被处决。她自己也在监狱度过了可怕的三个月。幸亏罗伯斯庇尔垮台，她才得以重见天日。波拿巴被投进监狱之日，正是她重获自由之时。出狱后，一贫如洗的她虽然得到了朋友们的资助，但她和两个漂亮的孩子奥坦丝和欧仁始终过着没有着落的生活。

为了用奢华掩饰贫困，她不能没有男人。何况与生俱来的风骚和享受欲，使她在任何境况中都注定是个风流女人。目前她是巴拉斯的情人，她那位漂亮的朋友塔丽昂夫人把这位强权人物让给了她，自己则投入一位富有的银行家的怀抱。不过，她与约瑟芬一样控制着巴拉斯，公安委员会成了慈善委员会，提供车马供她们使用。约瑟芬出身高贵，她组织的宴会深受欢迎，她与两个政治派别都保持着来往。只是，出入她家的伯爵和侯爵们从来不带太太。她已成为革命时期一个不折不扣的冒险家。

那么波拿巴呢？他比革命的冒险家又好得了多少？每一次新的政变都可以使他失去现在的地位。如果不久前缪拉没有搞到大炮，这位将军早就毙命了。他的处境和约瑟芬一样，都是如履薄冰。

还有什么比摆布一个腼腆、很少接触女人的男子更容易的事？布里埃纳军校的老师就已说过，这个沉默的灵魂里埋藏着火山。现在，波拿巴第一次真正拥有一个女人，而且这女人还是一个情场老手，他心中似乎真的为这个克里奥尔女人燃起了熊熊烈火。对约瑟芬来说，这样的好运几乎难以置信，因此她对他的求婚表现得十分踌躇。她在给朋友塔丽昂夫人的信中说：

> 您在我这儿见过波拿巴将军了。就是他想要成为我的丈夫和我孩子们的父亲……我钦佩他的勇气和广博的知识……但我不得不承认，我惧怕他那种试图征服一切的力量。他那审视的目光中包含着某种不可名状的奇特的东西，对此连我们的督政官们都印象深刻。他在我面前表现出的那种狂热的激情本应使我心动，我也的确有很多次想要答应他的求婚，但恰恰是这种激情使我不敢答允。我已失去了最美好的青春，还能指望长久地享有这种近乎疯狂的爱恋吗？

这个精明的女人不知道是什么在困扰着她，也许她隐隐地害怕自己成为某种力量的施展对象。这个男人要么追求一切，要么一无所求；在他得到一切之前，他是决不肯罢休的。他从未为任何人、任何事付出过自己，因为他必须赢得所有的人和事。一个这样的人如果生平第一次，也是唯一的一次付出自己，他会把自己的整个心灵都投入到他拥抱的那个人身上：

> 我在等你，我的身心全被你占据了。你的画像和那个令人心醉的夜晚，使我的感官久久不能平息。甜蜜的、无与伦比的约瑟芬，你要把我的心变成什么呀？你在生我的气吗？你是不是在伤心？是否感到不安？……可是，当我投身那份狂热，以便在你的双唇和心中吞食那焚烧我的火焰时，我自己又何尝能够平静！唉，今夜我才发现，画像永远无法取代你的真人。你中午动身，三个小时后我就能见到你。再见，亲爱的，吻你一千次！但你可别吻我，那会烧干我的血液！

他没有把自己的计划告诉她，字里行间却透露了更多的东西。“督政官们以为我需要他们的保护，恰恰相反！总有一天他们将为得到我的保护而庆幸。我会用剑实现自己的目标!”对此,约瑟芬在一封信中写道:“您对这种成功的信念是怎么看的呢?这种自信的基础除了过度膨胀的自我意识,还能是别的吗?一个准将居然宣称要保护政府首脑!我不知道,然而恰恰是这种可笑的自信使我常常认为,这个怪人想要达到的目标都是可能达到的。”

我们似乎站在一扇紧闭的铁门前,通过钥匙孔看到一颗炽烈的心在燃烧。

然而,他为什么要娶这个他已拥有的女人为妻呢?为了将她独占吗?这不符合他强烈的自我意识。即使真是如此,那也是自欺欺人。是为了获得什么利益吗?也不是。她既不能给他钱,也不能在权贵那儿替他施加他所没有的影响。当然,她对他是有用的,她的贵族出身可以使他觉得脸上有光,他也肯定考虑过,娶这个与旧政权有过交往的女人为妻,可以扫除人们认为他“只是一个科西嘉人”的最后一丝疑虑。正因为他是个科西嘉人,意大利人绵延千百年的家庭观念在他身上根深蒂固,他才想要贵族血统的混合。这个完全以自我为中心的人,必定热切地希望自我的延续。

繁衍后代——这是他在这个世界上唯一一件不能单独完成的事。他认为自己的后代必须用优良的材料制成。他并非一介平民,而是在古老家族的斗争中,在一个镶有两颗星的徽章下长大的,他一心想把这两颗星合为一颗。他之所以帮助人们打破了对平民百姓的偏见,从来不是出于人道感情,而只是出于对行动本身的喜爱。有什么可以驱使他融合平民的血统?他娶这个早已对他言听计从的女人为妻,只是考虑到她的父母双方世代都是贵族。约瑟芬名声不佳、穷困潦倒,之所以依然成为沙龙里受欢迎的人物,除了她的魅力外,也是因为她的贵族出身。巴拉斯,这个督政官中最有实权的人物,大概有意改组内阁。自上次巷战后,他就把赌注押在波拿巴身上,如今也想撮合波拿巴与自己这个风骚的女友。在这个性爱自由的世界,谁若突然计较颜面,就会贻笑大方。骑士时代毕竟已经过去,现在只有男女公民,他们想合就合,想分就分。

巴拉斯早就决定把意大利战场的指挥权交给他,如今肯定又向犹豫不决的约瑟芬保证了这一点。他也有理由把这个危险人物派到最糟的前线。那项使拿破仑得以进入参谋本部的伟大计划被送往尼斯,但很快又退了回来,上面有驻尼斯司令官的评语:想出这个计划的人是个疯子,让他自己来执行吧！这正是督政府所希望的。他们撤掉了这个司令，派“疯子”继任。

现在，既然拿破仑的地位已完全合法化，聪明的约瑟芬便不再犹豫。一位朋友充当了公证员，证明约瑟芬的出生地，那个美洲的岛屿现在已被封锁，无法取回出生证明，只能相信她自己所说的，她只有二十八岁。拿破仑则夸大了自己的年龄。由于约瑟芬少说了五岁，他的这一举动便显得颇有绅士风度。就这样，一桩婚姻带着两个假数据开始了。双方签署了财产独立协议，尽管约瑟芬除了债务一无所有，而她的丈夫则声称其全部财产只有军装等衣服。至于婚礼，他们并不需要。

在送给她的戒指上，他让人刻了“致命运”几个字。

两天后，他离开了巴黎。在沿途的十一个休息地，他给约瑟芬写了十一封狂热的情书。到尼斯后，他找到了自己的部队，开始正式行使指挥权，这一指挥权将使他跨越欧洲的边界。

时值春分时节，海上波涛汹涌。他站在瞭望塔上眺望敌方海岸。他想：那是我建功立业的起点，是我向往的地方；背后是巴黎和她的卧室，卧室里布满了镜子，这是幸福，我已经拥有；而那边，在山后面的敌国土地，则是荣誉之所在，是我所要获得的。

转过身时，他望见一条熟悉的山脉轮廓线消失在蔚蓝的远处。他已不再把它放在心上。

那是他失落的故土。那是科西嘉岛。

译注：

① 歌德与拿破仑是同一时代、不同领域的天才。本书每一章都以歌德的一段话开篇。在第三章第20节，作者还详细描写了两位天才会面的情形。

② 普鲁塔克（Plutarch，约46—约120）：对16—19世纪初的欧洲影响最大的古典作家之一。一生写了大量作品，其中最著名的是他给古希腊罗马的军人、立法者、演说家和政治家撰写的《希腊罗马名人传》。

③ 塔尔列在《拿破仑传》（商务印书馆，1976年9月第1版）第3页中称：拿破仑“在一个小

书铺里租了一间屋子，一有空就读书店老板的书”。

④ 腓特烈大帝（1712—1786）：腓特烈二世（德语为Friedrich II., der Größe），普鲁士第三代国王（1740—1786在位）。上台后不久即通过两次西里西亚战争从奥地利手中夺得西里西亚。在七年战争（1756—1763）中，他虽然也经历失败，但罗斯巴赫、洛伊滕等胜仗证明了他杰出的军事才能，也奠定了普鲁士的强国地位。1772年他参与第一次瓜分波兰，得到了埃尔姆兰和西普鲁士。在内政方面，腓特烈二世实行重商主义的经济和财政体制，组建了一支要求无条件服从的官员队伍，在军队、法制、教育和农业等领域推行广泛的改革，并积极促进科学艺术的发展。

⑤ 米拉波（1749—1791）：法国大革命初期国民议会中杰出的演说家、政治家。1791年1月29日成为国民议会议长，任职两周，但同年4月2日即病逝。

⑥ 亚历山大大帝（公元前356—前323）：马其顿国王，即位后先后征服希腊、埃及和波斯，并入侵印度，建立了一个地跨欧亚非三大洲的帝国。

⑦ 恺撒（约公元前102/100—前44）：古罗马统帅、政治家。先后征服或入侵山外高卢、日耳曼、不列颠、意大利、西班牙、希腊（法萨卢斯战役）、埃及等地，并击败主要对手庞培，获得终身独裁官、执政官等职，兼领大将军、大教长荣衔，成为名副其实的军事独裁者。公元前44年被共和派贵族刺杀。

⑧ 军务部长：德语原文为Kriegsminister（字面意思为“战争部长”），英译为Minister for War，本传记花城版中译为“陆军部长”。

⑨ 朱莉：拿破仑的兄长约瑟夫的妻子。

⑩ 克里奥尔人：指出生于美洲的欧洲人及其后裔，也指这些人与黑人的混血儿，以及路易斯安那人。

第二章　溪[1]

如此神圣的灵感总是与青春和创造力联系在一起，而拿破仑就是古往今来最有创造力的人物之一。

——歌德

1

危险的预言　衣衫褴褛的部队　进军意大利　上帝应许之地

在海湾上方，阿尔卑斯山脉的雪峰熠熠闪烁，轻蔑地俯视着蜂拥而来的法军官兵。白色的云崖峭壁上端呈锯齿状，直插清晨的蓝天。大自然在此构筑了一道不可逾越的天险，似乎在勒令新任统帅波拿巴停止前进。同时，这道天险也将他的祖国与他先辈们的祖国一隔两断。

他是个从不单纯依赖武力的人，而是常常将智谋置于武力之上。最近这些年，他为如何逾越阿尔卑斯山脉这个古老的问题绞尽脑汁，总算没有白费心机。当年汉尼拔[2]曾经翻越这座山脉，他则准备绕山而过。对于这个敌人，也要抓住其最薄弱的环节。在亚平宁山脉与阿尔卑斯山脉的交界处，有一道不很明显的山沟，从此处过山，难度大大降低，部队就不必干等着夏天来临。时间越早，积雪越结实，发生雪崩的危险也就越小。赶快行动，进入先辈们的领地！

因为停留意味着毁灭。这并不是说,敌人在紧追不放。相反,他们正在冬季营地睡大觉,奥地利人在伦巴第之东,撒丁人在伦巴第之西,还有意大利很多小共和国和公国的军队。在融雪天气到来之前,他们都不会料到敌人会采取行动。然而法军士兵正在挨饿,而巴黎正面临货币贬值导致的毁灭,只能寄给部队一些可笑的纸币,但就这点可怜的东西还被供应商中饱私囊。就在波拿巴抵达部队前,一位将军在家书中写道:"要是能够数清这里死于饥饿和瘟疫的人数,法国将会颤抖。"如果新来的统帅既不能带来钱也不能带来粮食,他能做些什么呢?

"士兵们! 你们缺衣少食,而政府一无所有,无法满足你们的要求。你们在这荒山野岭表现出的耐心和勇气令人钦佩,但这既不能带给你们荣誉,也不能带给你们面包。我会把你们带往世界上最肥沃的平原,富庶和繁华在那里等待着你们,你们将得到荣誉、享受和财富。士兵们,面对这样的前景,你们还会缺少勇气和毅力吗?"

第一次检阅部队时,他说了这番话。队伍中传来一阵稀稀落落的回应。士兵们回帐篷躺下后,其中一人对另一人说:"他看上去体质并不好,眼睛的巩膜都发黄了。什么肥沃的平原,净会说大话。要走到那里,他总得发双靴子给我们吧?"当年摩西向以色列人谈到上帝应许之地时,以色列人不也是这种感受吗? 除了抵触,新统帅从士兵们那里没发现别的反应。

这支部队的士兵里有谁了解他呢? 他们已在此地的山脊驻扎三年,四分之一的人进了医院,还有四分之一的人阵亡、被俘或开了小差。军官们呢? 不是也会像七年前奥松的上尉们那样,暗中与这个怪异的年轻人作对? 有时他坐在那儿写啊,算啊,扑过粉的头发前面在耳下呈直角剪短,后面则长及肩膀,穿一件几乎没有刺绣的上装。有时他来回踱步,一边用时常出错的法语向手下口授着什么。在参谋本部,除了三四个追随者,没有人对他怀有好感。这次赴任他把这几个追随者带在身边,其中一人说:"他要么被看作数学家,要么被当成幻想家。"

难道他就不可能是两者兼备的天才?

他首先似乎只是个会算账的人。除了用骑兵和大炮进行的征战,他还怀着同样的激情马上给督政官们写信,由此开始了另一场战争,并且取得了同样的成功:"你们要求我的是奇迹,我无法做到……伟大的目标只有通过谨慎和智谋才能达到。从胜利到失败只有一步之遥。历史经验告诉我，对重大事件起决定作用的最终往往只是些细枝末节。”对伟大的军事组织者卡尔诺，他却可以说些正式场合不想说的话：“您会相信吗？我在这里没有一个工兵军官，没有一个参加过攻坚战的人！……这里根本没有炮兵，您无法想象我有多么愤怒！”确实，他总共只有三十门山炮、四千匹病马、三十万枚银法郎、按半额配给的三万人一个月的粮食。他奉命用这些废铜烂铁去攻占意大利。

然而既然已经当此重任，他唯有利用现有的一切，尽力而为。这支可怜的部队已经毁坏，他们中的有些人甚至又开始唱国王颂歌。但是，在他雷厉风行、坚持不懈的努力下，它终于变成了一支共和国的军队。

他到达后第三天的卷宗中有这样的记录：派遣一百一十名筑路工人；平定发生在某旅的叛乱；部署两个炮兵师；就盗马事件给两位将军下达命令；应另外两位将军的请求回复关于指挥权的问题；命令土伦的一位将军率部前来尼斯；命令另一位将军集结昂蒂布的国民自卫军；命令一位将军在发生叛乱的旅物色有才能的军官；给参谋本部撰写目标描述书；用当日军令检阅部队。在最初二十天中，有一百二十三项书面命令单纯针对部队给养问题，其中有许多是痛斥贪污、缺斤短两、以次充好等行为的。所有这些命令都发布于行军途中，发布于先后变换的十二处指挥部和六次战斗之间。

刚通过狭窄的关隘，他就根据集中全部兵力各个击破的新原则，发动两次战斗，切断了敌方联军之间的联系。其实这些只是前哨战，符合法国人的性格和法军的传统。对他们来说，在疏于防守的战线采取大规模的行动还是陌生的：这种场合更重要的是指挥官的速度和大胆，而不是纸上谈兵式的谋划。

当他在双方大炮的轰鸣声中纵马疾驰，穿越隘口峡谷时，上装口袋里那枚被他吻过千百次的约瑟芬小画像表面的玻璃突然碎裂。他顿时像个幼稚的少年似的，脸色发白，勒住马对布里昂说：“玻璃碎了。我的妻子不是生病就是做了对我不忠的事。继续前进！”

一切都取决于能否实现他对官兵们许下的大胆诺言。他知道，如果这次他能说到做到，部队就会相信他的话；而一旦他们相信他的话，他们马上就会对他产生信赖。果不其然，在他作出预言十四天后，自下山时起就一路凯旋的部队站在了最后一个山丘上，将士们禁不住欢呼起来。像蜗牛似的在山谷中走个没完，忽然看到皮埃蒙特平原就在他们脚下，一望无际，繁花似锦，能够提供他们长期匮乏的东西。波河及其他河流在远处流动，冰雪世界终于被抛在身后，“这道巨大的屏障魔术般地消失了，它曾经像另一个世界的边境似的显得不可逾越”。

现在这一切都是你们的了！因为统帅已经迫使两个对手之一的撒丁国王订立停战协议，交出其土地上生长的一切。这是波拿巴的第一个停战协议，是他通过战争诡计和虚张声势取得的。他拿可怕的军事力量威胁撒丁国王，而实际上他根本就没有这种力量；即便有，在敌人的两面夹击下也无法施展。不管怎样，士兵们为之惊讶：这是个守信的人！仅仅两个星期时间，他就不折不扣地实现了自己的诺言！

从这一天起，士兵们对波拿巴心悦诚服。由于这场战争使意大利成为敌国，因此自签署作战的第一份文件起，他就去掉了Buonaparte（波拿巴）这个姓氏中的字母u，使它不再是意大利的姓氏。

不久以后，他将再次改名。

2

无产者出身的将军们　担负解放使命的部队　理想与抢劫　推翻王公贵族　历史与荣誉

他为什么能够取得胜利，并且在此后几周里捷报频传？他的秘诀在哪里呢？

首先在于他的年轻和健康。无论怎么骑马行进，他的身体都不会疲倦；无论什么时候，他都能想睡就睡。他的脾胃能够吸收任何食物，从不挑三拣四；他的眼睛能够洞察一切，并且去粗存精。

一个二十七岁的年轻人，能在精力最充沛的时候成为统领，开始独揽大权的尝试，这只能归功于革命。平等的新观念注重的是一个人的才能而不是出身。只有在这种氛围里，像波拿巴这样年纪轻轻资历不深的人才有可能脱颖而出，成为领袖人物。

他的对手们怎比得上他？英俊的卡尔大公长着一只哈布斯堡家族典型的热衷于颓废事物的鼻子，凭他所受的教育，当然不可能像波拿巴那样吃苦耐劳公正待人。奥地利军队的统帅博利厄就更不是对手了：他已七十二岁，而波拿巴才二十七。科利将军患有足痛风，战争期间一直要人抬着。阿尔文齐六十多岁，撒丁国王更是老态龙钟。老实巴交的维尔姆泽将军双耳失聪，反应迟钝，行事谨小慎微，而波拿巴的口号是“时间就是一切”，他可以每天变换指挥部，而且身边围着的全是年轻人。

他身边年龄最大的四十二岁，就是那位听话的贝尔蒂埃。由于他熟悉意大利的情况，波拿巴在其前任走后将他留任。此后二十年里，他一直担任波拿巴的参谋总长，对他如奴隶般忠实。热情似火的马塞纳当过见习水手，接着四处流浪，然后在波旁王朝军队里服役，十四年还升不了中士。而现在，短短几周时间他就成为将军。爱吹牛的奥热罗曾经在三支军队里开过小差，是个冒险家和大盗。一句话，这些人都是社会渣滓，而他们的头目，最年轻的波拿巴，很快使他们成为英雄和将帅，后来又封了亲王和公爵等头衔。

在每一份报告里，他都建议提拔并且只提拔那些骁勇善战的人。有一个掷弹兵在三场战役后即升为上校，后来继续晋升。与此相反，对那些留任的将军，他则断然拒绝提拔：“从来没打过仗，坐坐办公室还差不多。”谁若吃了败仗，他不一定会追究：“亲爱的马塞纳，战场的运气每天都在变，等明天或以后，我们必将赢回你失去的一切。”有一个师因为表现很糟，被他集合起来大骂一顿，还打算在他们的军旗上配上讥讽的文字。士兵们当即向他表示：“明天我们来打头阵！”第二天，他的队伍里就多了一千来名热血沸腾的士兵。部队胜利后，他会在当日军令里称呼他们“战友们！朋友们！”他就是这样领导着人民的子弟。

他领导的是一支人民的军队，这是他频频获胜的第二个原因，也是革命的功绩和形式。敌人的队伍由雇佣兵组成，花费巨大，不易补充，不得不加以爱惜。这些雇佣兵来自很多民族，其数量超过了德意志皇帝所统治的民族。他们共说六门语言，没有一种思想能将他们维系在一起。而法军则全部来自一个拥有三千万人口的民族，这个民族斗志昂扬，在今后二十年里一直锐意进取。

法军为什么而战？为了把新获得的自由，把与此相关的几种朴素的思想传播到全世界。他们要的是世界革命，没有别的。然而，他们绝不是在理想的推动下走出国门的，而是不得不保卫自由的财富。因为周边国家那些号称正统的统治者已经联合起来对付法兰西共和国，这与其说是为了保护被推翻的波旁王朝，毋宁说是为了保护他们自己。这些君主们想要阻止人民效仿法国人，于是蓄意侵入法国，将新思想斩草除根。由此可见，法国人民保卫自由的斗争不是在边境能够完成的，他们自动转为进攻。在这种情势下被迫以自由的名义攻占他国，就是正义的复仇行为。

这是波拿巴成功的第三个因素。当他在伦巴第和意大利替法国攻城略地时，自第一天起就在一系列宣言中向当地人民宣布，他的目的是帮他们摆脱哈布斯堡皇朝和撒丁王朝的压迫，把他们从王公贵族的统治下解放出来。一切不满于现状的人，岂能不为这些令人鼓舞的号召所动？那些饱受压迫的民众，不是早就在盼望王侯总督们被赶下台？况且，革命的思想早就越过邻国法兰西的边境，在这里的许多城市引发了大学生和市民暴动。毕竟这里也有追求自由的青年，有呼唤意大利统一的群众领袖。反抗虽然仍被压制着，却有一触即发之势。这些进步人士都相信法军的崇高使命，对后者的到来表示欢迎。

对他们来说，法军统帅的意大利纯正血统，他的姓名、他的母语，都说明他根本不是在替法国而战，反而像个自由和平等的使者。在他每一封信的上方，都写有这两个危险而伟大的词语。如果发现来的只是一个压迫外族的侵略者，他们将会感到可怕的失望！波拿巴明白一切都取决于民意，并马上看到了自己的两难境地：他能否管束住早已一贫如洗的士兵，使他们犹如刚来自给养充足的驻防地？

“抢劫事件在减少，”他在给国内的信中写道，“这支一无所有的部队最初的饥渴已经缓解。这些可怜的人其实情有可原，他们在边境的阿尔卑斯山脉上待了三年，现在突然来到了富得流油的地方……饥寒交迫的士兵难免胡作非为，他们的行径简直不是人做的……我将重整纪律，否则我就成了强盗头子……明天我会下令处决几个偷窃教堂花瓶的士兵。三天后可望恢复纪律。意大利人将惊叹我军的克制，而不再仅仅钦佩我军的勇敢。唉，那真是些可怕的事件，令我不寒而栗。幸好敌军撤退时的所作所为更加严重。”

他希望士兵们看重自己的名声。在最初的一份公告中，他呼吁道：“请向我发誓：你们会爱护你们正在解放的人民。如果不这么做，你们就是人民的祸害，你们的胜利、你们的勇敢和荣誉，还有阵亡弟兄们的鲜血，都将毁于一旦，我和将军们将会因为领导一支没有纪律的部队而脸红！”然而，尽管他三令五申，却仍然难以做到令行禁止。整个战争期间，他都拖着惩戒抢劫的沉重负担，不断向将军们发布新的命令，要他们处决每一个二十四小时内拒不交出强占物品的士兵，哪怕强占的是马和骡子。

其间也曾发生暴动和敌人反击的情况。僧侣、贵族、王侯们的密探煽动某个城市进行反抗。他毫不留情地下令枪杀占领区内胆敢反抗的任何人，并焚烧该地的房屋。不过，由于城里的知识阶层懂得启发市民对新秩序的理解，此类事件日渐减少。波拿巴熟悉意大利人的语言，善于利用他们的名言、范例和历史上的名字唤醒他们古老的激情，而这是他成功的又一个源泉：“意大利各民族的人民：法兰西军队来到这里，是为了打碎你们的锁链！我们是你们的朋友。请信赖我们！你们的财产、风俗和宗教将得到尊重！”然后，他向他们讲起雅典、斯巴达，讲起古罗马。

可以说，是历史给了他灵魂。在他自己快步走进历史的同时，历史也给他的精神插上了翅膀。少年时代他已仔细阅读过普鲁塔克的著作，成为少尉后又研究了各个时代的历史，现在他随时都在利用这些知识。由于他熟知这里每一个地区以往的统治者，由于他熟知他所推翻的政府的组建过程，因此，他可以对每一个地区都用不同于以往的方式进行管理。由于那些不朽的形象总是在他眼前浮现，而他决意要赶上和超过他们，因此，对自己所做的一切，他马上会用历史的眼光看待，并把这种感受强加于他的军队、他的国家，甚至整个欧洲。其实，他最初赢得的只是几次较大的遭遇战，但被他用文字渲染后，马上成了战役，这些战役又被他夸大为历史性事件，而其中一半的效果是通过文字取得的。他总是启发他的士兵和他解放的那些国家说，他们所做的一切都是靠自己完成的，并且是为了自己。

在米兰，他对士兵们说：“战士们，你们像一股湍急的溪流，从亚平宁山脉直冲而下……现在米兰是你们的了……我们是所有民族的朋友，那些布鲁图、西庇阿[3]及其他伟人的后裔尤其是我们的朋友。重建古罗马的朱庇特神殿,在那里竖起英雄们的雕像,唤醒因遭奴役而昏睡了数百年的罗马民族——这就是你们的胜利果实,后世将对此惊叹不已!你们给这个欧洲最美丽的国家带来了全新的面貌,这是你们不朽的荣誉……等你们回到家乡,同胞们会指着你们说:瞧,他参加过解放意大利的战争!”

拿破仑在阿科拉桥上指挥战斗

有哪位统帅曾向自己的部队和合作者,向敌人和交战国民众发表过如此动人的讲话?有谁曾经像他这样懂得对人们的想象施加影响,而不是简单地要求服从?在阿科拉,他对士兵们呼喊道:“让世人看看,你们究竟是懦夫还是洛迪大捷的勇士!”几个月后,他又拿阿科拉的胜利鼓舞他们。“我们已经越过波河,第二次战役已经打响。”他向督政官们报告说。在给巴黎的每一份报告中,他都使用了完美的措辞技巧。虽然他讲述的都是事实,但经过巧妙的渲染,一经政府向报界公布并传到国外,这些事实马上变得不同凡响。

波拿巴就是这样用笔给他用剑取得的成就锦上添花。

3

将军成了危险　主宰世界的感觉苏醒了　专制或引退
首次入城仪式　“我想要这样”

“我已收到你们与撒丁的和约。军队已批准此条约。”

读到这个句子,督政官们心惊肉跳,恐慌的程度远远超过了巴黎愈来愈多的缴获军旗带给他们的快乐。历史上有哪个将领胆敢这样跟他的政府说话?“光凭这封信,这个年轻的英雄就该被枪决!”他的政敌们喊道。然而，攻克伦巴第等一个又一个的胜利已使他英名远播，在民众心目中确立了不容触动的牢固地位。不久前，当他的科西嘉同乡、政府特派员萨利切蒂来到军营时，他就曾不由分说地打断他的话，自行与撒丁签署了停火协议。这是他第一次扮演外交家的角色。当对方试图讨价还价时，他拿出表宣布了下一次进攻的时间，劝对方尽快作出决定，因为“我可能打败仗，但从来不会因过于自信而失去几分钟”。通过这份停火协议，他首次把一位国王赶下台。接着，他又与大公们、与托斯卡纳谈判。下一步他会不会独自与教皇谈判？该怎么对付这个危险的胜利者呢？

“给他派个搭档。”想到这个主意，督政官们禁不住微笑。他们决定让克勒曼与他共同行使最高指挥权，由萨利切蒂接管政治事务。

波拿巴在洛迪接到了这项命令，就在发生战斗的次日。

洛迪之战是他赢得的第一次真正的战斗。通过虚张声势和大胆出击，他向阿达河上的那座桥梁发动进攻，击溃了惊慌失措的奥地利军队。今后，他还会获得许多比这更大的胜利，但在他心灵的历史上，这次胜利有着最为重要的意义。

这一仗之后，整场战争第一部分的胜败已成定局，他以极小的损失换来了极大的收获。桥上一个小时的激战，使他成了大片领土的主人。这天晚上，他第一次感觉到梦想与现实、模糊的计划与明确的战事如何交织在一起，意识到他的力量将给予他不可限量的机会。就是在这个时候，他第一次谈论这些目标。他对朋友马尔蒙说：“我感到，有一些当今人们意想不到的事业等着我去完成。”很久以后，他又回忆说：“直到洛迪那个晚上，我才觉得自己是个不同一般的人，产生了干一番大事业的雄心。而在此之前，这些大事业在我脑海里只是一些虚无缥缈的幻想。”

正是在这种情绪下，巴黎的决定送到了。什么？他心里已在酝酿占领几个大洲的计划，这个时候却要与克勒曼分享指挥权？他紧闭着嘴在房间里走来走去，然后口授给政府的回复：

> 如果你们替我设置各种障碍，让特派员的意见左右我的行动步骤……那么就别再指望我有什么好事……在这方面，给予指挥官充分的信任是绝对必要的。如果我得不到这样的信任，我将毫无怨言地奔

赴其他任何岗位，并努力在新的岗位赢得你们的尊重。每个人都有自己的作战方式。克勒曼将军经验比我丰富，会比我干得更好。但是，他跟我两个人一起指挥，只会把事情搞砸。只有在你们给予我充分、专一的信任的前提下，我才能替祖国效劳。我感到，给你们写这份报告需要很大的勇气，我很容易被指责为傲慢、有野心。但是，我有责任把自己的感受说出来……我无法与一个自视为欧洲第一号统帅的人共同指挥。而且，一个蹩脚的将军胜过两个优秀的将军。作战就像执政，根本上是领导者是否合拍的问题。

看来这位统帅根本不愿让点位置给别人。如果巴黎方面坚持要他分权，他难道不会一意孤行，继续向前挺进，凭他的天分获取一个又一个胜利，然后反过来与法国为敌，像个雇佣兵头目那样推翻政府？所以这件事还是别坚持为好。督政官们看完他的报告，苦笑着作了让步。这是他第一次战胜政府，胜得悄无声息。从此，他感到自己成了主宰，行事基本上像个独断专行的国王。不过，在给养和兵员的补充及某些条例的审批方面，他往往需要反复恳求才能达到目标。经年累月，他都以属下的口吻继续写他的报告，只提出建议，而不敢威胁。而在其他场合，他的所作所为实际上已经与东方的苏丹无异，他那专横的性格使他对苏丹的一切充满向往。

派往巴黎的信使已经上路，他的第一声“不”正在途中。还要在军营里度过一个辗转难眠的夜，明天我们便可开进米兰。

他处处模仿着古罗马凯旋的统帅：前面是俘虏，只是不像古罗马时代那样戴着铁链；后面是五百名骑兵。米兰的市民们习惯了漂亮的军装，看到破破烂烂的衣服、瘦弱不堪的战马、有气无力的士兵，还有骑在一匹不起眼的白马上的瘦小统帅和他那帮憔悴的随从，不由得大为惊讶。在这个春光明媚的中午，这一切显得多么灰暗！当年迈的大主教率领伯爵和公爵们在城门口欢迎他时，他没有留在马上，而是跨下马，但没有走近欢迎的人群，只是带着强装的礼貌表情倾听着。所有的人都在猜测，他会如何回应。只见他狭长的嘴唇紧闭了几秒钟，然后说了句“法国对伦巴第人怀着善意”，跨上马，向大家问了声好，便继续向前行进。

这一举动给在场的人留下了深刻的印象。没有人感到振奋，但每个人都感到惊讶。这位胜利者身上没有一丝傲慢，只有坚定和一个令人不能不服从的意志。他还从未经历过类似的情景，如果这种印象是他预先算计好的，如果这些都是“演戏”，那就更显出他对人心的了解，对统治艺术的精通。

尽管如此，他今天还是有些心不在焉，总觉得少了些什么。

现在，人们开始放松自己，于是街上响起了一阵阵的欢呼。他们好奇地望着统帅身后一千来名士兵开进城来。这些士兵神色憔悴，几乎没有秩序可言，穿着打满各色补丁的军装，也没带帐篷。在衣着方面，他们看上去比俘虏们还差。

统帅在大主教的宫里休息，他在洗澡。这是他唯一的奢侈。随着时间的推移，他对这一习惯愈来愈执着，洗澡的时间愈来愈长，洗澡水愈来愈热，直到去世为止。没有什么能阻止这一习惯，这是他放松神经的唯一方式。晚上是招待活动。“你们将获得自由，比法国人还安全。米兰将成为这个五百万人口的新共和国的首都。你们将得到五百门大炮和法国人的友谊。我将从你们中间选出五十人，代表法国治理这个国家。请你们接受我国的法律，并根据你们的风俗习惯作些修改……有了聪明和团结，一切都会顺利。我想要这样。假如哈布斯堡家族再来侵犯伦巴第，我在此向你们发誓：我将与你们站在一起，永远不会丢下你们不管！如果这个国家毁灭，我也不会苟活于世！斯巴达和雅典也是灭亡了的。”

自普鲁塔克笔下的英雄们以来，从来没有一位统帅说过这样的话。这是波拿巴为组建议会发表的第一次演讲，其中包含了今后二十年他在口头和书面两方面影响欧洲精神的一切元素。一切都很简单，一切都已确定，人人都因这高度的确定性而乐于服从。你们是附庸，但你们是自由的。我是你们的主人，但我会保护你们。五百门大炮和法国的友谊。我想要这样。一切就这样结束了。

在5月的这个夜晚，富庶的米兰城热闹非凡，到处都是烟花和音乐。住进塞贝洛尼宫的这位年轻统帅正站在窗口。宴会已经结束，少年时代幻想的入城仪式也已举行，第一个非凡的时刻就这样飞逝而过。他在回想过去，还是展望未来？他在考虑些什么？

他问副官马尔蒙：“你说，巴黎人在怎么想我们？他们会满意吗？”当马尔蒙按常人的想法回答时，他却望着他，继续说：“可是巴黎什么也没看到！

将来我们会取得更辉煌的胜利。幸运女神之所以眷顾我，并不是因为我不屑于接受她的恩惠。她赐予我愈多，我向她索要的也愈多。几天后我们将抵达阿迪杰河，届时意大利便在我们脚下。或许我们会离开意大利继续前进。我们这个时代还没有人作出了不起的建树，我要开这个先例。”

4

约瑟芬不来 “我很绝望” 痴狂与干劲 “小白脸”与丈夫

波拿巴躺在塞贝洛尼宫一张王侯的睡床上。这辈子他从未躺得这么舒服过。只是这张床对一个人来说实在太宽了。约瑟芬在哪里呢？没有她在身边，入城仪式、胜利、烟花和彩旗又有什么意义呢？她为什么没来？她真的病了吗？会不会有了情人？他在床上辗转反侧，难以入睡。

从第一天起，在公务之余跟人聊天时，这个令资格最老的将军们都不得不尊敬的年轻统帅，总喜欢拿出约瑟芬的画像给对方看，从而使别人对他的尊敬大大降低。“你很快就来，对吧？”他在几乎每日都有的情书中写道，“你必须在我身边，在我的怀抱里！快，飞过来，飞过来！”他知道她生性轻佻，随时都准备着经历新的风流韵事，委身于新的崇拜者。可是现在，现在！是什么让她脱不了身？他在这宫殿里等她，从残酷的战场走进王宫贵族们的府邸，本就是他的理想。他希望在这只有他们两人才有资格享受的王家氛围里，尽情感受她的妩媚、她的性子。

然而，这位精于计算的人意想不到的是，使他们夫妇天各一方的恰恰是他战场上的成功。经过了这么多年不够体面的风流生活，她终于扬眉吐气了。现在，她的丈夫已成为所有报纸和各界人士称颂的统帅，她要以合法的方式在巴黎展现她的光彩。难道这位矮个子将军以为，她是出于爱才嫁给他的？第一批胜利的旗帜到来时，她坐着马车招摇过市。当群众向她欢呼致意时，她觉得这比去陌生的城市与粗俗的士兵们为伍好得多。她几乎从不给他写信，而他给她的信则写得越来越迫切。有一次他说：“你是不是有了情人，比方说一个十九岁的小伙子？如果真是这样，你可要当心奥赛罗的拳头！”她看完此信后笑了，对女友塔丽昂夫人说：“这个波拿巴，真是个怪人！”

第二天，他一边忙于处理紧急公务，一边给卡尔诺写信说："我太太没来，我很绝望。她肯定是有了情人，所以才不肯离开巴黎。我憎恨所有的女人！"然而约瑟芬终于来信了。由于无法再拿军营危险邋遢作借口，她便撒谎说，她怀孕了。

这使他大感意外。莫非所有的幸运精灵联合起来赐福于他？在这功成名就之际，他唯一还希望的正在于此。命运将把他引向愈来愈高的目标，这是他的预感，也是他的意志作出的决定。如果真是这样，那么约瑟芬，我们更需要孩子。只是这个战役刚刚制订好计划，还没有取得胜利，还面临着新的危险。

他浑身颤抖：这是真的吗？孩子是他的吗？

"我错怪你了。"他在统帅的公务信笺上奋笔疾书，字迹难以辨认，"我责怪你，而其实你是病了！爱情夺走了我的理智，而且我再也无法将它找回来，请原谅。我的生活就像一场没完没了的梦，一种朦胧的预感使我几乎不能呼吸，我陷入了绝望。请写十页信给我，只有这能给我安慰。你病了，你爱我，你有身孕，而我却看不到你的一丝影踪。谁在你身边？奥坦丝？一想到这个可爱的女孩在照顾你，我对她的喜欢增加了千百倍……你的怀里即将有一个跟你一样迷人的孩子！啊，要是我能见你一天该多好！……你知道，我绝不能容忍你身边有情人，否则我会立刻将他撕碎！"

可是谁能帮她呢？这世上没有友谊，只有血缘的纽带。同一天，他写信给约瑟夫："我妻子病了，我很绝望，不知道该怎么办。可怕的预感在折磨着我的心。恳请你写信给我。血缘和爱好从小就把我们联系在一起，请你去关心她一下，替她做些事情。如果你处于她这样的境地，我也会同样热心地帮你……你了解我的爱，知道它有多么炽烈；你知道我从来没有这样爱过，知道约瑟芬是我爱慕的第一个女人……她现在的状况令我急得要发疯……如果她恢复健康能够旅行了，你叫她到我这儿来，我得把她紧紧抱在怀里。我爱她爱得发狂，没有她就活不下去。如果哪天她不再爱我，我在这个世上就再没有什么可以留恋的。啊，朋友！别让信使在巴黎耽搁超过六小时，你叫他早点带个回音给我，好让我振作起来！你高兴一点吧！我注定只能获得一些外在的胜利！"

在写这两封信的当天，他口授了如下内容：命令贝尔蒂埃占领亚历山德里亚，为急需的给养给督政官们写报告，为杀害士兵一事给热那亚元老院发最后通牒，替前往热那亚元老院的缪拉写介绍信，制订出售还在里维埃拉的大炮的计划，命令马塞纳从威尼斯的军火库采办弹药，命令拉纳停止前进，下令把所有可疑人物押往托尔托纳，下令派一个大队去土伦，通知克勒曼钱和部队已在途中。

他的信起作用了。约瑟夫说服约瑟芬与他一起前往米兰。现在她还能找什么借口呢？只好唉声叹气地收拾行李。在卢森堡宫的告别宴会上，她忍不住哭了。终于，她上了马车。不管怎样，明天是6月的最后一天，社交旺季已经结束，而且同行的人并不差：虽然坐在对面的约瑟夫是个潜在的对手，但朱诺是个干净整洁的小伙子，哈巴狗“幸运儿”跟平时一样可爱，还有就是那个年轻的伊波利特·夏尔——自从不久前跟她相识后，他就一直陪伴在她身边。他是想平步青云，还是想把她追到手？伊波利特——这名字多么动人！他穿着轻骑兵军服显得多么帅气，他的腿多么完美！另外，他会讲很多有趣的故事，对最新流行的披肩和假发了如指掌。

米兰。波拿巴不在？去维罗纳附近指挥新的战斗了？没关系，这里的情况比想象的好得多！宫殿华丽，所有的人都来向她躬身行礼。不过，伊波利特依然是无可比拟的，他带着佩剑在气派的大道上行走的样子，谁也无法企及。唯一感到遗憾的是，面对那么多好奇的眼睛，她不得不小心在意。好在伊波利特十分精明，已发现一道隐蔽的楼梯。

突然一阵喧闹，有人通报说，统帅从维罗纳回来了。此后两天两夜，她仿佛淹没在火山的岩浆之中。

5

战地情书　危机　吃醋　危险与绝望　胜利与失望　一段自白

波拿巴占领曼图亚后，德意志皇帝手下的司令官三次奉旨解曼图亚之围，因为这是个战略要地。现在，老将维尔姆泽率领新部队沿加尔达湖而下，击退了法军。为了保存自己，波拿巴不得不暂时放弃曼图亚。然而，此时敌军已切断法军往米兰的退路，形势危在旦夕。波拿巴急忙离开米兰，顶着7月的烈日疾驰在波河平原上，将部队一支支集中起来。这是些极度忙碌和紧张的日子。

“离开你之后，”这段时间的某个晚上他写道，“我的心情一直很忧伤。只有在你身边，我才会感到快乐。我不住地回忆你的吻、你的眼泪，还有你可爱的醋劲。我的无与伦比的约瑟芬，你的魅力一再点燃我心灵和感官的火焰。何时我才能不必为公务操心，与你共度所有的时光，除了爱你什么事都不做？……自从认识你以来，我对你的崇拜与日俱增，可见布里埃那句名言‘爱情是突然来临的’是多么错误！大自然的一切都有其过程，都是逐步发展的……希望你别这么美丽、这么温柔，尤其是别这么爱吃醋，因为你的眼泪会使我的血液沸腾……赶快随我而来，以便我们临死前可以说：我们在一起度过了那么多幸福的日子！给你一百万个吻，也给那讨厌的‘幸运儿’！”

赶走这条小狗的计划在此前和此后都没有成功。据他自己讲述，新婚之夜他就在妻子的床上看到它：“当时我面临着这样的选择：要么与她和她的狗一起睡，要么一个人睡。这实在可恶，但我只能接受或拒绝。最后我死心了。这家伙一点都不驯服，我腿上至今还有它留下的纪念品！”

在战争的混乱中，将军夫人被送到布雷西亚。但她几乎还来不及站稳脚跟，就不得不返回米兰。夹杂在大炮和新兵中间的她差点成为敌人的俘虏。经历了这一风险后，她以后便有了很好的借口。从此，对丈夫要她陪在身边的要求，她愈来愈多地加以拒绝。

在这几个星期，波拿巴第一次失去勇气，虽然这只是一个夜晚的事。他没有下达命令，反而召开作战会议，令将军们大为惊讶。面对严峻的形势，他准备撤到波河后面，但暴躁的奥热罗拍着桌子叫道：“我不想你声名扫地！我们必须打！”说完便冲出屋子。其他将领意见不一。

波拿巴想要一个人静一静。他走进另一间屋子，独自面对地图坐着，考虑是战还是撤。飞蛾绕着蜡烛起舞，最后却被烧死。盛夏的夜晚一片闷热。外面传来鼓声和叫喊声。我们能否保住伦巴第，明天便可见分晓，他想。也许这是我的荣誉和命运的转折点。我该孤注一掷吗？要是维尔姆泽的兵力比报告中所说的强呢？这个时候约瑟芬睡在那张大床上。也许她正在某个迷住她的小白脸怀里窃窃地笑，谁知道呢！

他选择了战。第二天，他在卡斯蒂廖内附近取得了胜利。

不久他写道:“三天没有你的信,而我每天都给你写。分离实在可怕,夜晚那么漫长无聊,白天又是那么单调!”与此同时,约瑟芬写信给女友说:“我很无聊。”他忙于战事,打了一个又一个胜仗;她则忙于参加庆典,接受人们的称颂。但两人都觉得生活单调:他是因为她离得太远,她则是因为他靠得太近。三天后他写道:“敌人打败了,亲爱的,一万八千人被俘,其余非死即伤。维尔姆泽只剩下曼图亚。我们还从未取得这么大的成功,我们替共和国保住了意大利、弗留里和蒂罗尔。几天后我们便可重逢,这是工作和辛苦的报偿。给你一千个热烈的吻!”

总司令波拿巴的每一次作战间隙,政治家波拿巴总是加以利用。在摩德纳,他召集了包括最南部的波伦亚在内的各邦议员大会。他给他们一部宪法,让他们联合组建一个国家,一个新的共和国。作为国家的缔造者,他感到快乐吗?米兰那个女人肯定有了新欢,否则她的信是不会这么写的!

“你的信冷冰冰的,”同一天他写道,“那语气就像是结婚五十年的老夫老妻,只剩下友谊和冷漠。您[4]太无理、太狠毒了!您还有什么招数,尽管使出来!不再爱我了?这早就是铁板钉钉的事实。恨我?好。这是我希望的。一切都使我尊严丧尽,只有恨不会。但我受不了那种满不在乎的态度、大理石做的心、漠然的眼神、有气无力的步态……给你一千个吻,像我的心一样温柔!”

新的危机又迫使他北上,战斗,败退。沉重的11月,一切又岌岌可危,却得不到她的任何安慰。相反,米兰几个了解内情的好友吞吞吐吐地告诉他说,统帅夫人在那儿享受得很。

卡尔迪埃罗一战失败后的次日,他绝望地请求巴黎增援。

一切似乎都乱了套,将士们丧失了勇气,七嘴八舌地围着他。那些日子,他几乎把一个脑袋当成三十个用,因为阿科拉将会有一场大战。当天晚上,他以同样的速度和绝望心情给她写信:“我不再爱你,我恨你!你又丑又蠢,一点没脑子。你不给我写信,不爱你的丈夫。尊敬的女士,您整天在忙些什么?是什么重要事情使您没时间给最爱的人写信?……哪个了不起的情人占用了您所有的时间,不让您给丈夫写信?请您小心,约瑟芬,我会在某个美好的夜晚破门而入!我是真的充满了忧虑。亲爱的朋友,赶快给我写上四页,用可爱的话语给我带来快乐和幸福!我希望不久就能抱着你,用百万个赤道般滚烫的吻把你覆盖！”

他的心七上八下，不知道还能不能信任她。假如不能信任，他将多么不幸！与外面战场上的情形一样，他的内心也是危机重重，被责任和怀疑搅得惴惴不安。今天他也许已在家里丢尽颜面，明天则可能在战场上声誉扫地，而他偏偏又是个想要统治世界的人！那几天军中发生士兵自杀的事件，他借机向部队发布命令说："军人应战胜感情的痛苦和忧郁。"

写上面最后一封信两天后，他站在阿科拉附近横跨阿迪杰河的一座桥上。敌人正在炮轰此桥，法军如潮水般后退，看来这条河难以突破。他高声督战，士兵们终于又向前冲，这时有人喊道："别再往前了，将军先生！否则你会被打死，那我们必败无疑！"走在他前面一点的马尔蒙回过身，想看看别人有没有跟上，却发现统帅倒在副官米尔隆怀里，好像受了伤。随从们马上停了下来。冲锋的士兵们见状，纷纷沿堤坝的斜坡往后退。波拿巴醒来后，一不留神滚到了堤坝下面的水沟里。马尔蒙和他弟弟路易把他拉了上来。突然枪炮声大作，人们乱成一团，米尔隆用身体掩护主人，自己却倒下了。波拿巴骑上马逃跑。

晚上，他呆呆地蹲坐在军营里。第二天，他再次发动进攻，但还是失败了。这条可恶的河似乎是不可攻克的。第三天，情况依然好不了多少。

最后关头，他想到了用计。

当战斗在河边进行得愈来愈激烈时，他召集了所有的鼓手和号兵，再配上一部分卫兵，让他们悄悄迂回到敌军背后，突然吹号、击鼓、开枪。疲惫不堪的敌军闻声大惊，有一个师开始后退。法军士气大振，很快把部分敌军的惊慌变成了整支敌军的败退。凭着勇气和计谋，新的胜利在绝望的泥潭中诞生了。从此，又一个村庄的名字载入传奇。不久后，巴黎铸造了阿科拉纪念币，画家替同时代人和后人创作了一幅纪念画像，画中波拿巴站在桥上，举着一面他从未举过的旗。

危险暂时过去了。敌人虽然解了曼图亚之围，但它很快便会被攻克。波拿巴重新部署了部队，匆匆赶回米兰。现在，他终于可以坐镇首都统治这个国家，并且真正拥有和留住约瑟芬。

然而，约瑟芬比维尔姆泽更难抓住。"我到了米兰，冲向你的住处。为了与你重逢，我把所有的事情都搁在一边。你却不在！你在各个城市间晃悠，参加一个个庆典。当我赶来时，你却跑开了！你一点也不关心你的拿破仑。当初你一时心血来潮爱上我，现在又因为见异思迁冷淡我。我习惯了各种危险，懂得如何应付生活的恶作剧……我的这些话你别在意，尽管让自己快乐。你注定要享受幸福，所有的人都乐于向你献殷勤，不幸的只是你的丈夫。”

第二天早上：“一个你不爱的男人的幸或不幸，你不必关心。而我的命运却是爱你……别理会你丈夫的不幸，他只为你而活着。要求你像我爱你一样爱我，这是不公平的，凭什么要求柔软的织物与黄金一样重！……我的过错在于大自然没有赐予我拴住你的魅力。我只配让约瑟芬稍加顾及，稍加尊重，因为我爱她爱得发疯，并且只爱她一个……保重，值得爱慕的女士！……如果已经确定她不能再爱我，我将埋藏自己的痛苦，满足于尽力替她效劳……我再次打开信吻你。啊，约瑟芬，约瑟芬！”

这是怎样的表白啊！他怀着热情和对名望的渴求奔向目标，敌人却逃之夭夭，怎么办？遭受挫折后首先该做的是保持冷静，而不是谩骂和发怒。要保持尊严，让智慧来指导行动。稍微来点嘲弄，用骑士风度加以掩饰，将会对她产生影响。第二天他想：我不能没有她。怎样让她回心转意？称颂自己的战功，对她半点效果都没有。怎样做才有效呢？巴结她，替她效劳。他是这么想的，但他打错了算盘。他敢对国王们发号施令，却看不出富有魅力的约瑟芬本来对他至少有所畏惧，虽然她不爱他。现在他这样表达对她的迷恋，反倒令她有恃无恐了。

这位深谙人心的将军之所以犯下这样的错误，其根源在于他的骄傲。他的骄傲已经达到人所能有的极限，后来他也因此犯下一生最大的错误。现在，这种骄傲不让他掩饰无法控制的激情，因为他不想这么做。在写下“尽力替她效劳”等精心选择的语句之后，愚蠢的心理又来作怪。他像一个幼稚的少年似的，再次打开信“吻你”。

6

政府开始害怕 拉拢政府 向“蛀虫”宣战

巴黎怎么样？

那里的人们欢欣鼓舞，因为经过了这么多年，他们才终于又有了一位英雄。商店里挂着波拿巴的画像，诗人们把他比作古代的征服者，演员们在庆祝新胜利的活动上称颂他的名字，卢森堡宫陈列着缴获的敌军旗帜，督政官们将他的报告删减后发表在政府公报上，歌曲、纪念币，甚至从英国传过来的漫画上也有波拿巴——这一切使大街小巷充满了欢乐和热闹的气氛。

他知道这些。他也知道，随着自己在民众心目中的地位飞速提高，督政官们开始颤抖了，因为他早就不再听命于他们。“此人这样一再获胜，我们迟早会完蛋的。”于是，他们凑在一起商量对策。人民的军队战无不胜，但如果政府不能完全控制军中将领，这支军队就是一个致命的危险！七年来，对于每一个试图自行其政的将领，政府不是都以断头台相威胁吗？谁不服从我们的命令，不把我们派驻军中的特派员放在眼里，谁就必须滚蛋，哪怕他是波拿巴！萨利切蒂对他过于顺从，他是波拿巴的科西嘉老乡，而且还因为出卖过他而对他怀有内疚。那我们就派另一人去做特派员，让克拉克去，此人聪明，还有野心。

高傲、衣冠楚楚的克拉克本身也是位将军。在赴米兰的途中，他认为波拿巴是不难对付的。他常在巴拉斯那里遇见此人，个子矮小，穿一身破军装。那帮人居然连这么一个笨拙的家伙都摆不平？但是，等他来到塞贝洛尼宫，站在波拿巴面前时，他感到很惊讶。此人个子依然没有长高，但他进门时的架势及所有人等候他、避让他的情景，令他看上去更像一个君主，而不是军人。

特派员受到了彬彬有礼的欢迎。然而，他不但未从波拿巴嘴里打探到一点秘密想法给巴黎，反而把本应保密的督政官们的计划一股脑儿告诉了波拿巴。他认为后者才是未来的主宰，于是投靠他一边，依附了更高的权力。现在波拿巴证实了自己的预感：巴黎的督政官们只是把他的胜利当作与德国人媾和的筹码，并不想保持对意大利的占领，更不想在这个国家实行革命。既如此,他决定作好一切准备以挫败政府的计划。

可是他还需要他们。“增援！增援！别以为这可有可无,别停留在纸上,我要活生生的全副武装的兵员！……我最优秀的士兵都负伤了,所有的将军和参谋人员都无力参战。新来的士兵没有战斗力,没有自信。部队损耗严重,只剩下一小拨人马,而且已经筋疲力尽。我们被丢弃在意大利中部……在力量如此薄弱的情况下,剩下的那些勇猛的战士也难免一死。也许要不了多久,勇敢的奥热罗、无所畏惧的马塞纳、贝尔蒂埃以及我自己的丧钟都将敲响。届时,那些优秀的士兵会落到什么境地？一想到这一点,我就变得小心谨慎,不敢再与死神赌气。在死亡面前,我放心不下的那些人可能会丧失勇气。”

还有比这更狡猾的吗?

有。他还有别的手段。除了以毁灭相威胁,他还诱之以利。几乎每个月,他都把签订停战协议时从王公贵族和各共和国那里索取的黄金打点好,送给贫困的、靠一堆严重贬值的纸币维持运转的政府。这是第一位不向国内要钱,反而寄钱回去的统帅。此外,他还时不时地付点小费给督政官们:“特从我找到的上等良马中挑了一百匹送上,以供诸位替换。”

当巴黎方面以国内任务需要为由,拒绝他调拨南方各省部队的请求时,他回复说:“里昂出乱子而我们保住意大利,总比反过来好。”督政官们又要求他把所有外交事务交给特派员负责,他回信说:“我们不仅只能有一位负责指挥的将军,而且他的行动不得受任何人、任何事的干扰……我的进军与我的思路一样精确……我们不得不以一支相对薄弱的部队承担众多的任务:抵挡德意志军队,攻占要塞,维持后方的通畅,保持对热那亚、威尼斯、托斯卡纳、罗马和那不勒斯的威慑。无论什么地方,我们都得保持强势。而这一切要求军事、政治和财政领导的完全统一……每当将军没有统一的指挥权时,各位总会面临危险。但愿我这么说不会被认为是野心勃勃。我的身上已堆积了太多的荣誉,我的健康糟得也许有必要请人来接替我的职务。我现在连马都骑不动了,只有勇气还在……我会把谈判继续下去！部队！部队！如果你们想保住意大利,就派部队增援！波拿巴。”

知名度越提高,他就越频繁地请求引退,而事实上他身强体壮,每天骑马都要骑得使一匹马累垮为止。要是巴黎那些督政官们真的批准他的请求，肯定不会有好结果！他一边巩固法国在意大利的权力，一边增强自己在巴黎的权力——这是他刚刚产生的念头。虽然他既不要民族自由，也不认为意大利已具备这方面的条件，但他还是不顾巴黎那些大人物的反对，强行组建“西沙平共和国”。在那些大人物中，至少卡尔诺是主张民族自由的，但他也只想把意大利当作抵押品。

这里，波拿巴首次把一些离心力量组成一个有机体，以后他还会在愈来愈大的范围内重复这一创造行为。他的目标是一个统一的欧洲。他将意大利北部六个小国合为一体，帮其制定了一部宪法，并任免了一批官员——一切都像个独裁者，但一切又都本着通情达理的原则，在具体内容上有着灵活性。他在感人的公告中宣布给意大利人自由，不管他们愿意与否；同时，他也让他们为此支付现金：

“法兰西共和国痛恨暴君，答应给各国人民兄弟般的亲情。宪法的这条原则也是我军的原则。长期奴役伦巴第的专制君主给法兰西造成了很大的损害……骄横的君主的军队一旦获胜，必定在战败的民族引起恐慌。共和国的军队虽然被迫与其敌人——国王们进行殊死的战斗，却承诺与它所解放的民族缔结友谊。尊重财产、人权和宗教，这是我们的原则。为此，伦巴第人也应给予我们公正的回报，毕竟我们是兄弟……伦巴第必须用各种手段支援我们。因为路途遥远，我们无法从法国取得给养。战争法赋予我们要求伦巴第提供给养的权利，请你们以友谊为重，尽快施以援手。我们向各省征收两千万法郎，我们需要这笔钱。对这么富庶的省份来说，这点钱微不足道。”

于是，他以税收、各州、军需库、国有土地为来源，获取所需的一切。每一次签订停战协议时，他都索取钱、牛和名画，因为他预感到名画和雕像虽然不能令货币增值，却能增强巴黎方面的自信心，而他正需要舆论的支持。在国家财政最困难的时期，波拿巴从意大利向卢浮宫提供的艺术珍品，比以往任何一个国王在最辉煌的时期提供的还要多。

在对付巧取豪夺的法国人方面，他像向意大利人征收钱物一样无情。“军队所消耗的物资比它需要的多五倍，”他在最初的报告中写道，“因为管理人员做假账……挥霍、腐败和贪污达到了惊人的地步。解决办法只有一个：成立一个三人委员会，有权在三五天内处决任何一个中饱私囊者。”当草料配给量短秤现象得到证实时，他觉得："最重要的是不让一个无赖逃脱。贪欲危害军队和国家的时间已经够长了！"在他的文件中，单纯针对这些蛀虫的就不计其数。

当妇女卖淫现象在部队蔓延时，他下令道："在本军令宣读后二十四小时内，如果还有女性未经许可在军中逗留，将被涂黑脸示众两小时。"

与此形成对照的是，在破除当时军中的野蛮习气方面，这位严厉的统帅表现出他人道的一面："殴打士兵逼其招供的可耻习惯该废除了。用拷打的方法进行审讯，只会导致这些可怜的人说些我们喜欢知道的内容。我现在禁止使用这种违背人道和理性的手段。"

7

与罗马的谅解　福音书与共和国　第一个和平提议　外交家
国家交易　眼望东方　"欧洲不过是鼹鼠挖出的一堆土！"

作为外交官，他强化了一切外交手段：恭维和威胁，欺骗和坦率，偶尔也扮演大兵的角色。在与梵蒂冈打交道时，他表现得最为机智。

作为彻底的革命者，巴黎的督政官们在废除了基督教后，还想摧毁这一宗教的大本营——教皇国梵蒂冈。这种道德上的成就加上梵蒂冈的巨大财富，比波拿巴组建的所有边境国家更具吸引力。因此，他们要求他进军罗马。自儿童时期以来，波拿巴就在想象中把罗马与权力、伟大和荣耀联系在一起，而现在，这个非同一般的地方就在他的眼前，他可以像恺撒那样，亲手从朱庇特神殿摘取桂冠，因为教皇的军队根本不是他的对手。

但他还是没有这么做。在他眼里，教皇是唯一一个无法用大炮加以废黜的统治者。波拿巴看到了那种影响法国和欧洲千年的思想，也明白殉教行为的道德冲击力。因此他决定不与教皇交战，最多只摆出要交战的样子。"罗马的影响力不可估量，与这个政权断绝关系是我们犯下的一大错误，这对他们有利。"

他挥师南下，渡过卢比孔河，但就此不再前进。提出停火建议的是处于强势的他。这也是他后来惯用的技巧。年迈的教皇接受了提议，因为波拿巴保持了足够的明智，把一切教会问题都暂且搁置。教皇答应向法国支付几百万法郎，并提供一百幅名画，另外还有花瓶和雕像。这些艺术品事先由法国成立的一个委员会挑选。只有两件是波拿巴指名索要的：朱庇特神殿里的尤尼乌斯·布鲁图[5]和马尔库斯·布鲁图[6]胸像。他就像一个来自科西嘉的罗马人：渡过了卢比孔河，没有踏入罗马，却索取两位布鲁图的胸像作为占领费。

当教皇不肯如约支付赔款并制造麻烦时，他再次朝罗马进军，但依然没有进入罗马。一次小小的交战足以敦促敌方缔结和约。他在北部战场马上又要用到部队，而且教皇倘若逃跑，会把所有珍宝一起带走，到时候他拿什么进贡给巴黎的督政官们？他甚至自作主张宽恕了那些拒绝宣誓效忠革命政府、逃到罗马寻求庇护的法国神父，到处结交教会人士，把那位公民大主教比作使徒，并在好几封致教会高层人士的信件中强调："福音书的教义建立在平等之上，因此它对每个共和国来说都是最有利的学说。"对此，废除了基督的巴黎政府不知会说些什么！

最后，他给准备逃亡的教皇带去消息，叫他不必怕他："请您转告圣父，波拿巴不是阿提拉。纵然他是阿提拉，也请圣父想一想，他可是列奥的继任者。"[7]他就是如此具有历史意识地对待最古老的御座。然而，当教皇的使节迟迟不肯签字时，这位老练而有教养的男子顿时摆出一介武夫的架势，一把撕碎协议草案，转身扔进火炉："阁下，我们缔结的不是和平，而只是停战协定。"教皇的代表们大惊失色。他借机把原来的要求提高了一倍。这一次他如愿以偿。教皇给这位"亲爱的儿子"写了封信，并向他祝福。

他从来不像当时的外交官们那样故作神秘。在他的第一个停战协定签订后一小时，他便以历史学家的超然态度看待此事。"我对科萨里阿城堡的进攻毫无意义，"就餐时他对战败的皮埃蒙特代表说，"而你们17日的行动非常正确。"

第一场战役接近尾声时，他在自信和适度方面也表现得十分出色。3月初他从伦巴第出发，月底即已抵达施蒂利亚，距维也纳只有数日路程。如果现在莱茵部队取得类似的胜利，他们便可迫使奥地利皇帝弗兰茨缔结和约。然而，恰恰现在他停止了前进，主动向战败者提出和平建议。实际上，莱茵部队尚未到达，奥地利和匈牙利正在热火朝天地备战，他本该等待并保持威慑力，这是占领者的逻辑。

但波拿巴是政治家。督政官们面临着新的选举，他们需要和平，而他还需要督政官们。如果他这个军人独自、亲手给法国带来它五年来一直寻求的和平，那会怎么样呢？难道要他把荣誉与莱茵部队的竞争对手们分享？战场的运气捉摸不定，只有鲁莽的人才敢冒不必要的风险。他再次攻击敌人，切断了对方的莱茵部队与其他部队的联系。一年来这位新统帅令整个欧洲感到畏惧，现在他该作出和平的姿态，让人们对他这位新政治家产生尊敬。他以完全平等的地位，不按宫廷礼节称呼，写信给德意志皇帝的弟弟、他的手下败将卡尔大公：

> 总司令先生：我们勇敢的战士正在浴血奋战，同时期盼着和平。这场战争不是已经持续六年了吗？难道我们杀的人、我们给悲伤的人类造成的痛苦还不够吗？到处都有人呼唤和平，几乎所有国家都放下了对付法国的武器，只有贵国还在单枪匹马地战斗。这场新战役已有不祥的预兆在先。不管它的结局如何，我们中的每一方都将给对方带来数千人的死亡，而最终我们依然会缔结条约，因为一切都有尽头，包括最强烈的仇恨……您作为皇帝的亲人，应该比感情用事的政客们和两国政府超脱，您难道不愿意获得人类造福者和德意志民族救星的称号？我相信您完全可能凭武器拯救您的国家，但届时德国也成了一片废墟。如果我的这些话能够挽救哪怕一个人的生命，我也将以此为荣，而宁愿不要可悲的战场荣誉。

这封信使卡尔大公深受感动。他受过良好的教育，从骨子里反对一切战争，只是职责所在才不得不担任总司令。有波拿巴的信在手，他可以说服维也纳的主战派和皇帝改变立场。如果他们拒绝接受，事情会怎样呢？波拿巴肯定会把自己的信连同他们的回信一起发表，并再次向欧洲大肆吹嘘法兰西共和国的人道理想，谴责德意志[8]封建国家的好战分子。然后，他会烧杀掠抢，并宣称这一切都是我们的顽固造成的。事实上信刚寄出，他的部分军队便紧跟而来，占领了累欧本城。

奥皇的使节们来了。波拿巴一直走到台阶下迎接，谈起皇帝和卡尔大公时充满了尊敬。针对波拿巴的和平呼吁，使节们提出了停火十天的请求，

卡尔·冯·奥地利—捷克大公（1771—1847）

在此期间维也纳可以继续备战。波拿巴避而不答，只邀请他们赴晚宴。饭后他同意停战五天。

维也纳的敌人松了口气，巴黎的督政官们却大为震惊。什么？这位将领打算单独缔结和约？那么以后他只需来到巴黎，轻而易举地便可把我们除去。他们礼貌地通知波拿巴，政府代表已动身前往军营，请他耐心等候，等代表抵达后再作定夺。接到命令后，波拿巴更为急促地催对方尽快决定。他知道别人在巴黎怎么评价他，毫不客气地回复督政官们说："我本人恳请你们少安毋躁。我是值得你们信赖的。可以说，我的一切行动都在拿自己的生命冒险，我为自己赢得的荣誉远远超出了一个幸福者的需要。目前我已逼近维也纳，再次把意大利的美丽平原留在身后，以便为这支国家已经养不起的部队寻找面包。我的公民生涯与军人生涯一样单纯，诽谤者却企图诬蔑我有不可告人的目的，他们的阴谋不会得逞。"

这带刺的话语背后，波拿巴正朝着他未曾道出的目标前进。

没完没了的谈判！有什么意义？你们把比利时和伦巴第交给我们，以后再在德意志帝国范围内补偿这些失去了领土的诸侯！哈布斯堡接受了这一原则，因为无论皇帝还是任何一位德意志诸侯，都已对德意志帝国失去了兴趣。它已奄奄一息，行将就木。通过这种方式，法国把手伸到了莱茵河对岸。只是失去伦巴第的哈布斯堡该怎样获得补偿，还是个未知数。

恰在此时，传来报告说威尼斯发生了杀死法军的事件和骚乱。好极了，现在我们终于可以扮演复仇者的角色了！威尼斯也已老朽不堪，也该寿终正寝了。"随着好望角的发现以及的里雅斯特和安可纳的崛起，威尼斯就开始没落。"波拿巴致信督政官们，以便使他们获得道德上的安宁，也就是说，他们可以把这些话拿到报上发表。"威尼斯已经不堪一击。我们必须把可怜、怯懦、缺乏自由潜质、无地无水的威尼斯人，交给那些得到了他们腹地的人。事先我们开走他们的船只，搬空他们的军械库，运走他们的大炮，关闭他们的银行。科孚岛和安可纳我们也会留给自己。”在将威尼斯几乎变成一具空壳后，再交给哈布斯堡。

至于那些贵族元老，他们作为几大家族强人的后代，在威尼斯统治了数百年，把它变成了世界上最反动的国家之一。对于他们，波拿巴毫不客气。“你煽动农民，”谈判期间他从蒂罗尔写信给威尼斯总督，“到处都在喊：打死法国佬！已经有数百名我军士兵成为你的牺牲品。你别抵赖，这些骚乱都是你挑起的！你以为我现在身处德意志的中心地带，就无法保护我们这个世界第一号民族的尊严？血债血偿，我会替弟兄们报仇的！要么战争要么和平！……如果你不马上把肇事凶手交给我，我将立刻宣战！”

吓唬十几个颤巍巍的年迈贵族时，他用的也是这种语气。不久，元老院的使节来到军营，他装作怒不可遏，训斥他们道：“宪法和元老院我都不想要了！对于威尼斯，我将充当阿提拉第二！[9]我不想再听什么提案！我会给你们法律！”后来，在城市移交仪式上，九十岁的总督当场昏倒，一命呜呼。他是威尼斯的最后一位总督。波拿巴一直忘不了这个情景。

现在，他在意大利的使命终于完成了吗？他不是已经拥有了一切，实现了所有的目标？

他没有目标，因为每迈出一步都会看到新的前景。威尼斯只是一块供他跃入大海畅游的跳板。他喜欢威尼斯的岛屿，而现在，亚得里亚海展现在面前，他怎能停步！不久前在安可纳强迫罗马签订和约时，他曾站在海滩眺望大海：那是爱奥尼亚群岛，那是土耳其。他写道：“从这里出发，二十四小时便可抵达马其顿，那可是我们左右土耳其帝国命运的宝地。”早在参谋本部担任准将时，他不是已经想要深入土耳其了吗？在安可纳，他派密使去简尼纳、斯古塔利和波斯尼亚，与当地有权势的帕夏[10]建立了联系。

此刻，在累欧本，他巩固了对威尼斯各岛的统治，又下令攻占科孚岛和藏德，“以便同时控制亚得里亚海和东方。再也没有谁能保住土耳其帝国，要不了多久我们便可看到它的灭亡。爱奥尼亚群岛的占领使我们有机会支持土耳其或者获得我们应有的份额”。

从现实政治的角度看，所有这一切均针对英国，因为法国很早就希望通过在地中海建立据点，切断英国与印度的联系。但在波拿巴这里，这些手段首次为他自己的目标所推动：他不是为了打击英国这个死敌而欲得到东方，而是为了得到东方而寻找对付英国的手段。他的想象总是远远超前于行动，因此刚被他抓住一只角的欧洲对他来说已经太小了。他对布里昂说：

“只有东方才出现过庞大的帝国和巨大的变革，那可是六亿人的居住地！欧洲不过是鼹鼠挖出的一堆土！”

8

在司令部 小朝廷 母亲 科西嘉的地位变得平常 身材与神态 致学者们的话 发号施令的天性 婚姻生活

一间穹顶高隆的巴洛克风格大厅，墙壁白底金饰。一名十六岁的少尉坐在一张绿色丝绒长沙发上，像个恃宠撒娇的宫廷侍童。他的左右是两个成熟女人，其中一个是他母亲。当她媚笑的目光扫过站在周围的那些衣冠楚楚的年轻军官时，她似乎更像是在想象或者提醒人们想象他们的父母在床上的情形。“我们克里奥尔女人最擅长这些了。”她想。站在她身后的英俊将军也是风流成性，他正往她胸口望进去——由于这既是时尚，又能满足女人的虚荣心，他并不觉得这一举动无礼。这位将军便是惯于冲锋陷阵的马塞纳，粗鲁，文化不高，有勇无谋。然而，每当部队处于危险时，他就像黑暗中的一盏灯。他身边总带着几个女人，这是他不可或缺的。他也不能没有钱。只要有机会，钱和女人他都会偷。

马塞纳缺乏的一切，总参谋长贝尔蒂埃全部具备。他个子矮小，却长着个硕大的脑袋，相貌丑陋，举止可笑。此刻，他正与女士们交谈，并因为赢得一位维斯康蒂女士的好感而飘飘然。谁也不明白这位漂亮的女士怎么会看上他。他整天忙个不停，属于少数几个受过理论训练的高级军官之一。他是个多面手，今天可能做行政管理工作，明天又可能冲锋陷阵。此外，他还是个看地图的高手。

打扮得像是要去演戏似的军官是缪拉。他穿着绿色丝绒衣服，手里拨弄着一顶硕大的带羽饰的帽子。与这个奇特的司令部里的大多数成员一样，他也是无产者出身。他没怎么说话，只扮演听众的角色。那个农民之子，贪婪挥霍、粗俗的奥热罗给他讲了个下流笑话，他忍不住大笑。当波拿巴夫人在大厅的另一头大声喊他的名字，说她也要听这个笑话时，这个既不怕大炮也不怕国王的猛将竟一脸尴尬。

老练的约瑟夫怕这个粗人口没遮拦，便打手势要他无论如何别说。因为他妹妹爱丽莎正坐在一个窗龛里。爱丽莎相貌平平，又不喜欢她的丈夫，因此她对一切风流韵事都特别留意。要是让她听见，她一定会马上转告母亲莱蒂齐娅，而后者早就对约瑟芬的放荡心存厌恶。

此时，花园里传来波丽娜清脆的笑声和叽叽喳喳的说话声。她马上就要成婚，新郎是哥哥波拿巴替他选择的一位将军。距结婚的日子越近，她越是贪婪地享受剩下的自由日子。如果能像现在这样与伊波利特捉迷藏，她更是加倍高兴，因为她知道这可以让约瑟芬生气。

总司令本人正从长廊缓缓走上来。他与来自巴黎的作家阿尔诺边来回散步边交谈，已经持续了两个小时。选中此人有他的用意。针对阿尔诺关于部队和战役的提问，他写了长长的一篇关于自己事迹的报告，阿尔诺必定替他广为宣传。此刻，他把话题转到持续的政府危机上。快走到大厅时，他说了最后一句话，声音很低，却带着足以引起作家注意的强调语气："我对这些危机能否解决深表怀疑，除非有一位强有力的人物出来主持局面。可是这个人在哪里呢？"

他走进大厅，所有的军官都站起身，中断原来的谈话，充满期待地望着这位二十七岁的统帅。论年龄，他们大多比他大，论个子则全部比他高。只有"宫廷侍童"欧仁坐在沙发上没动。他知道母亲才是家中真正的主人。

这是米兰附近巨大的芒泰贝洛宫，波拿巴整个春夏都在此度过，几乎完全像个政治家。他在累欧本的停火协定结束了战争，只是真正的和约尚未签订。他本可以去巴黎接受人们的欢呼，那是他从小就梦寐以求的，但他还是选择了留在此地。只有当他的胜利的政治成果变得牢不可破，那些刚组建的国家地位稳固，只有彻底解决了意大利问题，他才会去巴黎！在坐镇芒泰贝洛的近半年时间里，他的司令部更像一个小朝廷。

然而，他一点都不像个暴发户。他从不索取自己没有的东西，在任何方面他都想让人感到，他是主张平等的革命之子。他把一些平民出身的人提拔到军队的最高职位，当其中某位猛将在沙龙中做出失礼之举时，他并不担心在场的意大利王公贵族会怎么看。他也无意像暴发户那样隐瞒自己的出身。他已经成为法国人，本来很容易因此而设法掩盖他的科西嘉出身，但他没有这么做。相反，他几乎是在公开宣布他是科西嘉人：他去年即把全家请到米兰，后来又用东方式的姿态请家人来到芒泰贝洛宫，接受那些想要巴结他的人的恭敬。说起巴结他的人，那几乎是在半个意大利，因为他已被看作上天选中用来改变历史的人，他的名字已经与某种神秘的力量联系在一起。除了那些想要借他攀上好运的人，还有些人专程从遥远的外地赶来，征求这位富有智慧的男人对其家事和其他私人事务的意见，而他也特别乐于提供这方面的指导。

他那高傲、正派的母亲很难容忍约瑟芬，对她的不良名声耿耿于怀。尽管约瑟芬是他心爱的女人，他能原谅她的一切，什么都顺着她，但他还是强迫她陪伴和尊敬婆婆。一段时间后，母亲觉得这位儿媳更无法容忍了：她恭维每一个人，亲吻每一个女人，就是不生小孩。这位生了十三个孩子的科西嘉女人感到，儿媳的不育损害了儿子和全家的名声。她能从某些对手的目光里看出幸灾乐祸和讥讽，就因为她那了不起的儿子一直没有孩子！根据家族的血统，她认为责任不在于她的儿子，而在于那个放荡不羁的女人。

在他获得战场胜利后首次与母亲重逢时，她拥抱了他，然后说：

“你更瘦了！你在自杀！”

“不，恰恰相反，我真切地感觉到自己活着。”

“对后世来说是活着，对现在来说不是！”

“你瞧，我这样子能说正在死去吗？”

出门的时候，他对她说：“注意健康，母亲。如果您死了，那么就再也没人管得了我了！”可见，他那科西嘉人的家庭观念几乎与统治世界的自信一样强烈。

他的三个兄弟、三个姐妹及舅舅费什都住在芒泰贝洛宫。十六岁的迷人少女波丽娜恨死了约瑟芬，因为后者根据拿破仑的意思，破坏了她与所爱的男人结婚的计划。她被迫与勒克莱克将军成婚。拿破仑要求两人在宫里的小教堂举行婚礼时，她的大姐也补行教堂婚礼。他就是如此在意梵蒂冈对他的印象。对这一切感到陌生的莱蒂齐娅，在婚礼结束后就踏上了返回科西嘉的旅途。

“这个岛，这个省”——波拿巴现在这样称呼科西嘉，仿佛它与其他岛屿和省份并无两样。自从保利发出求救呼吁后，英国人占领了该岛。战争期间，波拿巴遥控指挥，赶走了英国人。他命令二十多人在夜幕掩护下，带着大量资金和武器在科西嘉登陆，“以鼓舞爱国人士”。他们在岛上散发了大量传单。他还派朋友和过去的对头萨利切蒂前往科西嘉。就这样，置身几百里之外，他实现了当初亲自上阵三次都未能达到的目标。

“真的不过时隔四年吗？”看到当年赶走她的岛民们前来欢迎，莱蒂齐娅女士有些恍惚。那真是令拿破仑日思夜想的护城堡垒吗？如今，根据他的命令，爱丽莎的丈夫已作为司令官进驻堡垒，吕西安早已是当地部队的军需部长。对他自己来说，遥远的科西嘉故乡就像一个祖传的城堡，带点浪漫和古朴，可以让亲戚们居住。不久前，波旁王朝那位有资格继承王位的后人给他写来亲笔信，表示如果能获得他的支持，可以封他为公爵甚至“科西嘉世袭总督”。他看后只是一笑。

在芒泰贝洛宫，波拿巴第一次将公私两种生活方式截然分开。这是这位天生的统治者从小就在学习的。

令人惊讶的是，他没有将芒泰贝洛宫的保卫工作交给法国人，而是交给了手下一支三百人的波兰雇佣军。此外，自从在战场上差点成为俘虏后，他挑选了最高大优秀的四十名士兵组成贴身卫队。他们号称“向导”，由一位勇猛的队长领导。

宫里有很多勤务兵和信使，因为各地都派使节前来造访。圣马可的狮子和圣彼得的钥匙在陌生的肩章上闪烁，维也纳、里窝那和热那亚也在此派驻了代表。根据当地风俗，他时不时地举办大型公开宴会，让好奇者在长廊观看，并尽量让他们知道，他跟他们一样，也喝“诺斯特拉诺”这种本地酒。

所有的目击者都说，在公务接待场合，这位衣着极其朴素的二十七岁的总司令一向从容不迫，保持着尊严和自然，同时又懂得与每个人保持距离。他几乎比他接待的每个人都矮，但他从不故意踮脚挺身。相反，每个与他交谈的人都微微弯曲身子，这个小动作使他们一开始就处于求助者的地位。就这样，不仅现在，而是整个一生，他都从一个先天的缺陷中获得好处，其最后的心理效应难以估量。“此人如果不死于战场，”当时一个拜访过他的人写道，“那么四年后他要么被放逐，要么就坐在王位上。”这个预言只差了三年。

作为时代的学生，波拿巴知道如何成名。他身边有一位老练的记者，是历史上首位新闻处长，他懂得如何替他造势，以对付巴黎的督政官们。波拿巴深受普鲁塔克的影响，知道谁才能真正让普通人名传后世。他常常把意大利的诗人、历史学家、学者和艺术家请进芒泰贝洛宫。早在前一年，在进入米兰几天后，他就在处理繁忙公务的同时，给一位著名的天文学家写了如下令人惊讶的文字：

“科学尊重人的创造精神，艺术美化世界并把伟大的事迹传诸后世。在一个自由的国家里，它们必须受到特别的保护。所有天才人物、所有学术界的名人都是法兰西人，不管他们属于哪个国家。”在此之前，这些人不得不深居简出，如今提倡思想自由，再也没有了禁锢和暴君，他们可以聚集在他这里，表达自己的愿望。谁若想去法国，谁就会在那儿受到热烈欢迎。“因为法兰西人民宁愿获得一位伟大的数学家、画家或其他类似的重要人物，也不愿得到最富庶的省份。公民们，请把我的这种感受告诉米兰的名流们！”

他派了一位小小的公使随员——这位随员与大多数同行那样无须动脑，无所事事——去部队，负责记录意大利各小国的收藏物。之后，他会在条约中替巴黎索要其中的珍品。

他请专家替巴黎音乐学院抄录能够搞到的所有意大利音乐作品。他写道：“在所有艺术种类中，音乐最能影响人的激情，因此立法者应特别加以关注。一首大师倾情创作的交响曲能够触动人的情感，其影响力远远超过道德教育书籍，后者虽能说服理智，却无法改变人的习惯。”成为科学院的成员后，他把这一头衔印在所有公务信笺的头上，并说：“今后，法兰西共和国的真正力量必须表现在，每一种新思想都属于它。”私底下他则说，士兵首先必须认为统帅比他聪明，比他有知识；而科学院成员这个他不明所以的头衔，恰恰最能令他们对统帅产生敬意。

这一切表明，波拿巴不仅仅是个政治家，而且还是个天生的统治者。他的每一个表情，他所说或所写的每一句话，都力图使自己的人格在民众中产生传奇效果。若私下与知心者在一起，他就会敞开心扉。

“他的个性中有一种令每个人钦佩的力量，”当时即已有人敏锐地指出，“虽然他……举止和表情有时甚至有些笨拙，但他的天性、目光和言辞中有着发号施令的威严。每个人都对他俯首听命。在公共场合，他更是尽力加深这种印象。与亲朋好友在一起时，他则表现得随意、舒适，甚至有些亲密。他喜欢说笑，而且这些笑话有趣而得体，从不伤及别人的尊严。他经常参与我们的玩笑。工作中他驾轻就熟。当时他的时间并没有严格的安排，休息的时候谁都可以接近他。但他一个人待在办公室时，则任何人未经允许都不得打扰，不管他的地位有多高……与所有用脑紧张者一样，他需要大量的睡眠，我经常见他在床上睡十至十一小时。如果有事需要叫醒他，他毫不在意，事后再补睡；有时预见到接下来的时间会比较辛苦，他也会采取提前多睡的办法。他有一种可贵的能力，随时随地都能睡，想睡多久就睡多久。他喜爱高强度的运动，经常骑马，虽然姿势不佳，但骑得很快。”

他喜欢说话，只选择政治或生活的普遍问题为话题。如果中间冷场，他会建议讲故事；若大家都不讲，他就自己来讲，他的故事总是简洁而幽默。

无数美女想要博得他的好感，但都是徒劳。他只想着约瑟芬。当然，他对她再也没有上一年那么疯狂，当时她欺骗他，令他非常失望。他那种全身心付出的激情之所以减退，责任完全在于她。现在，他的语气中多了一种感人的成分，一种温暖的追求，一种微笑，一种请求。“你感到伤心，”在交战期间他写道，“你不给我写信。你要回巴黎吗？你不再爱你的朋友了吗？一想到这一点我就痛苦不堪。我亲爱的朋友，自从知道你在伤心后，生活对我变得无法忍受。也许我会马上跟教皇缔结和约，以便尽快回到你身边。”三天后：“与罗马的和约刚刚签订，波伦亚、斐拉拉和罗马纳将移交给我们……可是我收不到你的只言片语！上帝呀，我犯了什么过错？……你应该很清楚，你是我绝对的主宰！永远属于你。”

回到芒泰贝洛宫后，他第一次享受到稳定的婚姻生活，为她在社交场合的魅力心醉神迷。有时他举行小小的爱情庆典，带她一起去马基奥湖。在湖中美丽岛的巴洛克石像下、杜鹃花丛中，当斯卡拉歌剧院的女主角格拉西妮引吭高歌，演唱蒙特威尔第“热情”风格的作品时，他拉着妻子的手静静地坐在那里，听得如痴如醉。

“在马车里，”他的副官讲述说，“他常常做出一些大胆的亲密动作，让我和贝尔蒂埃觉得很尴尬。可是他率真的天性使人感到那是真情流露，什么都可以原谅。”

9

威胁巴黎 塔列朗 治国纲领 进军世界的计划

巴黎方面是怎么说的呢?

从昨天起,那儿有了一位守门人。此前,内阁的部长们全是律师,如今这个最核心的机构里来了一位政治家——塔列朗。他出身法国古老的贵族家庭,本人是个主教,因信奉共和而被教皇逐出教会,一直在美国等待时机。现在他回到了法国,并且获得了一些权力。新近选出的议会两院以右翼分子占多数,他们早就在责骂督政官们:那个总司令妄图在整个欧洲实行革命,把战争一直持续下去;抢占威尼斯根本就是件耻辱的事。他们的责骂也许不无道理,可是传到军营时,只会令实权在握的波拿巴鄙视。他给两院写了份报告,更确切地说,是一份警告:"我向你们预言,并以八万将士的名义宣布:由懦弱的律师和只会夸夸其谈的可怜虫下令处死勇敢的士兵,这样的时代已经一去不复返了!"

那时,他已派奥热罗去保卫督政官们,就像他自己曾经做过的那样,因为保王党人和僧侣的势力日渐强大,威胁着共和国的新宪法。波旁王室兄弟俩只要有一人敢于返回法国,各路对现实不满的力量就会归于他们麾下,他们重登王位易如反掌。然而由于他们一直藏在安全的地方,督政官们才敢于发动一场小小的政变。现在他们的人数已经由三人扩充到五人,其独立性在增强。

夏尔·莫里斯·德·塔列朗—佩里戈尔(1754—1838)

在这次政变后,一位行家首次掌管法国的外交政策。他把远方的波拿巴视作唯一的竞争对手。虽然他没见过对方,但根据判断,他觉得对方将成为未来的主宰,于是他在心里甘居第二(至少暂时如此),并由此赢得了波拿巴的信任。

在各方面,塔列朗都是波拿巴的反

面。他不是做统治者的料，但善于谈判，除了贪婪什么热情都没有，冷漠，奸诈，从来没有自然和坦率的时候，总是努力表现得与他眼下利用的人一样。他那尖尖的鼻子不停地嗅来嗅去，以便尽早发现什么风吹草动。他那狡猾的、玩世不恭的脑袋立于饰有金色穗带的共和国衣领上方，以后这颗脑袋还将先后架在帝国和王室的制服上；第四次换装时，这颗脑袋下面的标志是平民国王路易·菲利普的金色藤蔓。在长达四十年的时间里，政权数次更迭，而塔列朗一直都是掌权者的左右手。他从不全身心依附于主人，因而从来不会缺少关系。他是个瘸子，所以他的父亲无法让他穿上军装，他只好穿天主教的长袍，当年黎塞留大主教就是穿着长袍帮路易十三治理国家的。从现在起，只有塔列朗才能与波拿巴匹敌，波拿巴这个命运的主人再也摆脱不了他，即使他对他已感到憎恨。当他终于让塔列朗下台时，对后者来说这正是时候：他笑眯眯地跨过被他扳倒的主子的身体，一瘸一拐地走进敌人的内阁。塔列朗是推翻拿破仑的人，但从根本上看，拿破仑是被自己推翻的。

目前，塔列朗宽广的视野和对一切原则的漠视，给远方的波拿巴留下了深刻的印象。在9月的这些日子，波拿巴刚去了乌迪，以最终签署春季已在筹备的和约。在塔列朗这个旧贵族的后裔、罗可可艺术的鉴赏者及冷漠的虚无主义者身上，他看到了一件可以利用的工具。迄今为止，他寻找和找到的都是军人。如今他已成为政治家，他需要并找到了一位政治家。在与奥地利人谈判期间，他给这位新任外长写了封长长的所谓“订婚信”，阐述了自己的治国纲领：

“法兰西人民的国家建设刚刚开始。尽管我们法国人的自我评价很高……但实际上我们在政治方面仍然相当无知。我们甚至不懂立法、行政和司法是什么……在我们这样一个国家，一切权力都从人民出发，人民是自己的主人……政府的权力必须完全被视作根据宪法执政的、国家的真正代表。”

“你说得这么坦诚，波拿巴？”一周后塔列朗读到此信时，默默地笑了。

“对一个拥有三千万人口的国家来说，到了18世纪还得依靠武器保卫祖国，实在是天大的不幸。这些暴力手段全是立法者的负担，因为一部面向人民的宪法也必须考虑人民的利益。”

“这么崇高？”塔列朗惊讶地想。看来波拿巴已经厌倦了战场的荣誉，打算用一部新宪法进行独裁统治。他继续往下念：

“我们为什么不把马耳他据为己有？……我已经让人用充分的理由查抄了马耳他骑士团的财产……有了马耳他和科孚，我们就成了地中海的主人！如果我们听凭英国人留在开普敦，就必须夺得埃及。只要有两万五千人和八至十艘第一线作战军舰，我们便可尝试远征。埃及并不属于苏丹。我希望你估计一下，如果远征埃及，土耳其政府会有什么反应……庞大的土耳其帝国日益显露出解体的迹象，这要求我们考虑与东方的贸易。”

尖鼻子外长在内阁读到这些话时，惊讶得不住扬眉。他感到波拿巴肯定是个天才，甚至可能是个魔鬼。几周后，他又收到了这样的话：

> 真正的政治无非是考虑各种具体情况和机会。如果据此确定我们的行动，我们便可长期成为强国和欧洲的裁判。我们掌握着欧洲的天平，如果命运垂青，要不了几年我们便可取得巨大的成功。今天，成功对于我们还只是狂热的想象和模糊的预感，但一个刚毅、顽强和深谋远虑的人，将会把这一切变成现实。

10

面对外交官们 向民众吹号角 “民众需要一位首脑” “半页篇幅”

这些德国外交官真是优柔寡断！双方坐在这里已经好几个星期，昼夜谈判，一个理性的人两小时便可决定的事，德方代表就是下不了决心签字。他们习惯了看维也纳的皇帝的眼色，谈判期间也要在身边放一把象征御座的带华盖的空椅子。“在我们开始前，请你们先把那把椅子拿掉。”波拿巴说，“我看到一把增高的椅子，总忍不住要坐上去。”

他写给令人捉摸不透的新任外长的那些开场白，其实只是一个焦躁者的自言自语。几个星期以来他只想着和平，而且这是欧洲盼望了几年的和平，但谈判的情形使他觉得这是在浪费时间。今天他可能失去了耐心，对奥地利人的语气变得严厉起来：“我太好说话了是不是？”他吼道，“我本该替你们来点更严厉的打击的。你们在浪费我宝贵的时间！在这里，我与那些王侯将相是完全平等的！别跟我提什么国会……凭我们的实力，两年内便可占领整个欧洲。这并不是说我们打算这么做，我们希望尽快给民众以和平……先生们，你们跟我说，这个是你们得到的指令，那个也是上面给你们的指令。要是你们的指令中说，现在不是大白天而是黑夜，难道你们也照说不误?”

最后，为了震慑对方，他装作勃然大怒，打碎了一件瓷器。终于，和约签订了，每一方都得到了拿破仑半年前在累欧本答应的条件。

得知这一消息，欧洲肯定会松一口气。然而波拿巴心里在想些什么呢？这份《坎波福米奥和约》是他独自争取到并主持签订的，它结束了法德两国间长达六年的战争。签约后的第二天，他就给督政官们写了如下这封信，似乎这是最自然不过的事:“对我们的政府来说，马上消灭英国是绝对必要的。如果不把它消灭，我们自己便会毁于这个海岛民族的腐朽和阴谋。目前的时机对我们很有利。让我们集中全力加强海军建设，消灭英国——届时，欧洲便是我们的天下！”不久，他在致海军的公告中呼吁道:“战友们！大陆已经建立和平，接下来我们将掌握海上的自由。如果没有你们，法兰西的威名就会局限于欧洲的一角。在你们的努力下，我们将纵横各大洋，我们民族的威名将遍及世界上最遥远的地区！”

他的胸中装满了宏伟的计划。在前进的征途中，过去的荣誉被他抛在身后，只有新计划带来的荣誉吸引着他。他匆匆赶回米兰，回到芒泰贝洛宫，以便为意大利下达最后的命令。因为写在羊皮纸上的和约已在手中，现在他准备回巴黎去。他以国王对臣民的口气，对新成立的西沙平共和国发表讲话:

> 你们是历史上第一个没有党派、未经革命和斗争就获得自由的民族。我们给了你们自由，请你们懂得珍惜……好好感受一下你们的力量和自由人应有的尊严……当初的罗马人如果像现在的法国人那样运用自己的力量，那么他们的雄鹰今天还装饰着朱庇特神殿，人类便可免遭十八个世纪的奴役。为了巩固你们的自由，为了看到你们幸福，我做了一件以往只有凭雄心和权力欲才能完成的事……几天后我将离开你们……你们的幸福和共和国的荣誉，将永远是我心中最操心的事。

这是一名吹奏号角的军人吗？这是一位感受着生活的欢乐，因而心里涌上一连串鼓舞全体民众的话语的诗人吗？这些日子里，他与西沙平共和国的一位外交官在芒泰贝洛宫的花园里来回散步。他的心里充满了对巴黎的期待。那位外交官是个聪明人，只是默默地听着。波拿巴这位天才像平时偶尔所做的那样，滔滔不绝地说起了心里话：

> 你以为，我在意大利获胜，是为了帮督政府的律师们……成就大业？或者你真以为，我很看重共和国的巩固？这是什么念头啊：一个三千万人的共和国！带着我们的风俗、我们的恶习！法国很快便将忘记这个幻影！法国人需要荣誉，需要满足虚荣心，但他们对自由一窍不通。你看看军队吧！我们的胜利已经使法国士兵恢复了真正的天性。对他们来说，我就是一切！假如督政官们想把我罢免，你就会看到谁是军队的主人。
>
> 民众需要一位首脑，一位凭借荣誉和胜利受人称颂的首脑。他们不需要理论和政府，不需要思想家的废话和演讲。请给他们一个玩具。如果你能巧妙地隐瞒最终的目的，他们便会以此消磨时间，听凭指引。在意大利，你更不需要费什么周折……然而时间还没到。我们还得先屈从于眼前的激动，在此以我们的方式建立两至三个共和国……和平并不符合我的利益……等到和平出现，我不再是军队的首脑，我就必须放弃我所占据的权力和地位，以便在卢森堡宫向律师们表示敬意。我离开意大利，只是为了在法国扮演同样的角色。但这个果实也尚未成熟，巴黎还不统一，其中一个党是支持波旁王朝的，我不想为之战斗。总有一天我将削弱共和党，但不是为了旧王朝的利益。

这就是波拿巴真实的计划。情况正如他自己所说的那样：“一切都如我预见的那样发生了，而我大概是唯一一个没有感到惊讶的人。将来也会如此：凡我想要的，我都能达到。”

这又是一连串的自白。当然，这些记载于回忆录中的话他会矢口否认，如果谁敢于引用的话。但波拿巴丝毫不满足于已经达到的一切。当他与布里昂坐进马车，在近两年后首次离开意大利时，他说：“再来几次这样的战争，我们便可在后世占据一席之地。”布里昂回答说：“这一点您现在已经做到了。”波拿巴取笑他说：“你在恭维我，布里昂。如果我现在死去，十个世纪后我在世界史上所占的篇幅不会超过半页！”

11

国民的爱戴 威胁性的演讲 斯塔尔夫人的评价 一个德国人的评价

今天的卢森堡宫变成了一座露天剧场。最近缴获的武器和旗帜，在墙上金色的革命口号间闪烁。这里，法国的贵族们曾经众星捧月般地围着国王。现在，巴黎五彩缤纷，人们纷纷拥到卢森堡宫，仿佛现在不是阴冷的12月，而是庆祝春天来临的五月节。权贵们漂亮、狡诈的女友们坐在最前面的位置，以便把那个巩膜发黄的矮个子将军看得更清楚一些。这热烈的场面，不都是为了欢迎他吗？

“听说他到巴黎已经一个星期了，却一直不露面。这个谦虚的人为何躲避民众的欢呼呢？”

“开始了，开始了！瞧，五位督政官出场了！”

合唱团唱起了自由的颂歌——《马赛曲》，众人一齐合唱曲尾的叠句。接着全场肃静，露天台阶那边传来了军刀和靴刺的声音，人们知道是波拿巴将军来了，纷纷从窗口和屋顶探出身子。

只见波拿巴穿着战场的制服（这样最不张扬），迈着坚定的步子，严肃而矜持地从通道走向主席台。他手上拿着一卷纸，身后跟着三位副官。紧跟着这位衣着朴素的将军上台的是一个瘸子，他穿着绣金边的衣服和长筒丝袜，脚步很轻。突然，外面传来一阵炮声，那是人们在用大炮向这位昔日的炮兵中尉致敬。接着，场内响起了雷鸣般的掌声，外面成千上万的群众也鼓掌呼应，他们等在那里，是为了在波拿巴离开时向他表示敬意。然后又是一片寂静，塔列朗开始发言。他用华丽的言辞讨好波拿巴，话中带着一些很少有人明白的背景。他赞美这位祖国的救星如何具有古典的质朴，如何鄙视浮华、注重精神世界。最后他说：“整个法国都将获得自由，也许只有他自己永远是个例外。这是他的命运。”

人们再次鼓掌欢呼。然而，在这成千上万人当中，包括那些熟悉塔列朗的人，有谁明白这最后一句话的深层含义？有谁感觉到他那极度的敏锐？

当全场重归寂静时，波拿巴走到台前。他会说些什么呢？

> 法兰西人民为了自由，不得不与国王们作斗争……两千年来，宗教、封建制度和王权先后统治着欧洲。从今天起，民主立宪的时期开始了。你们终于把这个伟大国家的领土延伸到它的自然边界。不仅如此，以科学、艺术和天才闻名的两个欧洲最美丽的国家，充满希望地看到自由的精灵从祖先们的墓穴中升起。这是两个强国崛起的基石。我有幸把奥地利皇帝批准的《坎波福米奥和约》交给你们……如果有朝一日法兰西人民的幸福建立在最好的基本法基础上，那么欧洲也将获得自由。

军人讲完了。场内静默片刻，然后响起了热烈的掌声。他们是为他的演讲内容而鼓掌的吗？他的话可丝毫没有巴黎街头张贴的那些民众演讲词或议会演讲词的魔力。所有的人都感到惊讶，有些人感到陌生，畏惧和敬仰在心中升起。掌声不是针对演讲内容，而是针对演讲人的。他在前线作过多次演讲，在科西嘉也作过不少次演讲，但从未向社会各界和政客们演讲过。

这是一位政治家的讲话。最初，在尚无评论扰人耳目时，也许除了塔列朗外，谁也不明白这番话的真正含意。他说民主立宪时代从今天开始，这首先是错的，因为英国和美国早就是民主国家了。法国为了被承认是民主国家，奋斗了近十年。现在，他手上拿的那卷羊皮纸上就是与德国的和约，它意味着欧洲大陆的和平，也意味着法国终于被承认为民主国家。

然而，演讲最后那句威胁性的话表明，事情并未就此圆满结束。督政官们也明白最后这句话的意思，知道他在与他们作对，但巴拉斯很快镇定下来，发表了一通热情洋溢的讲话称赞波拿巴，然后——是第一次也是最后一次——拥抱并吻了这位矮个子将军。以前他拥抱将军的妻子时，可比现在要热情得多。

此时此刻，约瑟芬却没有来，谁也不知道这漫长的几个星期她在哪里晃悠。在波拿巴回到巴黎一个月后，她才姗姗来迟，很开心、妩媚的样子，只是看上去有些累。回到巴黎后，她马上恢复了原来的生活，包括重拾旧欢。

此时，另一个女人走近了波拿巴，她就是斯塔尔夫人，路易十六的财政大臣内克的女儿。她相当漂亮，可是太有头脑了，使他无法喜欢她。她还是个颇有权势的人物，塔列朗如果没有她，也当不了外长。她不断地给波拿巴写信，想把他控制在手里，他却桀骜不驯，不肯听她使唤。在她终于结识他之后，他依然彬彬有礼地躲着她。尽管如此，他却无法阻止这个聪明的女人洞察他的内心。她比大多数男人更了解他，当时就描述了她对他的特别印象：

安娜·路易丝·杰曼·德·斯塔尔夫人（1766—1817）

> 他的脸瘦削苍白，看上去相当舒服。由于个子矮小，骑马比走路更适合他。在社交场合，他表现得有些笨拙，但并不腼腆。如果他留意自己的举止，他便显得有些傲慢；如果他顺其自然，他看上去就很普通。傲慢对他更为适合……他说话的时候，我不知不觉被他浑身散发出的优越感所吸引，但这种优越感完全不同于学者和上流社会成员的优越感。当他讲述自己的生平时，有时表现出意大利人的想象力……我总感觉到一种深深的讥讽，无论是崇高或美的事物，甚至他自己的荣誉，都逃不过他的讥讽……我认识很多大人物，其中不乏天性粗野者，但我在此人面前感觉到的畏惧却十分特别。他不好也不坏，不温柔也不残忍。这种独一无二的本性无法引起别人对他的好感，也不会使他对别人产生好感。他不仅仅是一个人，但又缺少作为人的某些东西。他的天性、思想和谈吐，一切都是那么特别，而这恰恰是吸引法国人的优点……
>
> 他的恨并不多于爱。对他来说，世上只有他自己，其他人全是编号。他是一名了不起的棋手，整个人类是他想要战胜的对手。他的成

就既要归功于他所缺乏的特点，也要归功于他所具备的特点……在涉及他的利益时，他就像正直的人追求道德一样：如果他的目标是善的，那么他的毅力值得赞叹……他鄙视自己的国家，却又希望得到它的赞美。他需要让人类惊叹，但这种需要中没有丝毫狂热……在他面前，我从来不能自由地呼吸。

撇开一个广受宠爱的女人在自尊心受到伤害后不可避免的偏激，这里剩下的那些形容还是值得我们深思的。她试图用每一个句子去打击他，但到了下一句又立刻向他投降。如果她不是生活在卢梭的世界里，因而津津乐道抽象的道德与善——独裁者是不关心这些的，那么她本可预见他直到人生道路的最后才显露的目标，从而成为最先发现这个天才的人。

“您想象一下，”与此同时一个德国人在给国内的信中说，“一个矮个子男人，不比腓特烈大帝高，身材匀称、柔弱、瘦削，但是肌肉结实，大脑袋，高额头，深灰色的眼睛，浓密的、深褐色的头发，希腊式的鼻子，鼻子下端几乎要触及上唇，优雅的、富有人情味的嘴，厚实的、有些前突的下巴。他的举止总是活泼而优雅。您可以看到他五六步就走下高高的台阶，但到了下面后姿态依然极为优雅。不打量特定的目标时，他的眼睛几乎总在往上看。那是一双漂亮、深邃、充满感情的眼睛，与腓特烈大帝的眼睛一样，既严厉又和善。每次望着这双眼睛，我都感到一种真正的享受。”

12

骑士姿态　深居简出“我不能待在这里”婚姻的裂痕　进军埃及的计划　计算与幻想

在赴巴黎途中，波拿巴不得不在拉斯塔特停留数日，以便与奥皇的特使商谈如何实施和约，将军队撤离美因茨。人们怀着好奇与怀疑的态度在此等候这位传奇人物。他表现得像一位国王，根据需要对两位特使时而责骂，时而安抚，还送名表和镶有钻石的帽扣给他们。“我的富裕令两位可怜的特使目瞪口呆，因为他们自己没什么钱。”

这种东方式的出手豪爽证明了他的优雅和傲慢，他以后还将保持下去。人们将把他看作一位喜欢送礼的哈里发，从他身上发现傲慢和慷慨的结合，从而洞察到他的内心深处。如果需要对真正的功绩进行奖励，这位要求在危险时刻表现出色的统帅会用一种很高雅的姿态表达感谢，仿佛他是一名高贵的骑士，而世界只是一个以荣誉为主题的游乐场。有一次，为了纪念他缴获的众多军旗，人们把阿科拉战役中缴获的一面敌旗送给他。他却把这面旗转赠给拉纳将军，并写了这样一段话：

> 在阿科拉，有一段时间形势危急，胜负完全取决于指挥官的勇气。当时，浑身是血的您带着三处可怕的伤，怀着牺牲或胜利的决心，离开了救护处。我看到您一直冲在勇士们的最前面。是您率领敢死队第一个渡过阿达河。这面光荣的旗帜凝结着您和士兵们的荣誉，您才有资格保管它。

他当然知道自己的每一句话对巴黎人产生的影响，因此所有这些事情都是公开进行的。即使涉及的是仇恨、报复、撤职和谴责，他也熟练地公开行事。这就是手腕。

现在，他希望自己的表现能让整个巴黎（包括他所有的对手）和新闻界说：这个名人多么谦虚啊！他还得参加两个庆祝活动，其中一个是塔列朗为他举办的。回巴黎的第一天，他就去拜访了塔列朗，但两人都没有提及他的最后计划。面对这位来自贵族世家的外长，波拿巴马上谈起了自己的出身。"您是生活在波旁王室的莱姆斯大主教的侄子，"见面不到半小时他就说，"而我也有一位任副主教的伯父，他资助过我的教育。您知道，科西嘉的副主教与法国的主教差不多。"如此一说，贵族后裔塔列朗便不能再把他看作暴发户，他面对波拿巴唯一的（出身方面的）优势也不复存在。可见，波拿巴一开始便把塔列朗视作对手。

现在，他与终于回来的约瑟芬一起，住在一幢小房子里。这房子是她以前租住的，后来他把它买下了。他在此深居简出，只跟自己的兄弟及几个来去匆匆的朋友交往。他经常身着便服独自出门，躲避着任何一个党派，对一切都随遇而安。当别人在戏院向他欢呼时，他会躲进自己的包厢，而之前在芒泰贝洛宫，他表现得几乎像个国王。“如果他们在戏院见到我三次，就不会再注意我。”他私下对人说，“你以为我该高兴吗？要是我上了断头台，这帮人一样会挤过来看我的！”

他喜欢邀请学者，科学院的大部分会议他都参加，有时他还宣读论文。正餐后，他会与数学家、天文学家拉普拉斯讨论数学，把意大利计算星球轨道的新方法演示给他看。他还与作家议员谢尼埃争论诗学，甚至（如果有必要的话）形而上学问题。

与此同时，他默默地留意着愈来愈无能的督政官们的一举一动。他躲避着这些潜在的敌人，让兄弟们监视他们。他还了解各政党的力量强弱，考虑相应的对策。“巴黎没有记性。这是一个荣誉层出不穷的地方。一有新人成名，过去的名人随即被人遗忘。如果我长期无所作为，我便完蛋了。我不能待在这里。”他经常倒背着双手在花园里来回踱步，心里想：

> 太早了。应该先让这些大人物越搞越糟，直至自己垮台。现在大厦越来越面临倒塌的危险，难道我还要去当一名督政官？我还不满法律要求的四十岁，这是件好事。想象！现在应该抓住民众的想象！用什么办法呢？欧洲已经获得了和平。对手们已不足为患。谢天谢地，最危险的奥什已经死了。他也是约瑟芬的情人，长得很英俊。她对他的死一点都不觉得伤心，看来她天生是个水性杨花的女人。卡尔诺已被排除，莫罗被击败。奥热罗现在成了莱茵方面军的统领，他出于嫉妒而恨我，我得设法削弱他的权力。那些老资格的科西嘉人依然没有多少影响力。但是，不久前前来提醒我谨防有人投毒的那个女人，第二天就被人谋害，倒在了血泊中。看来有阴谋。现在时机还不成熟，我还得离开这里。
>
> 着手对付英国？可惜海军当初被那帮笨蛋给毁了！自土伦战役以后，我写了多少份报告提醒他们啊！这五年的海战，我们败了六仗！登陆——要是能登陆就好了！谁打败英国，谁就是主宰。我得去沿海，研究各种情况，如果不行，就回地中海：只有在那边，只有在东方，我才可以随心所欲，才可以不断激起法国人的好奇心。必须去埃及，那儿有亚历山大大帝留下的足迹，我可以在那儿打击英国！

在长期的准备工作后，将军去了北部沿海，不停地计算、考察，向各种各样的人打听情况，包括渔夫和黑市商人。当他突然回来时，约瑟芬吓得手忙脚乱，匆匆写了张便条交给老情人巴拉斯的秘书，而波拿巴什么也没察觉。在战场上，数以百计的间谍向他提供秘密情报，要是他知道自己的妻子今晚写过这样的纸条，不知会怎么说："波拿巴今晚回来了。请你向巴拉斯转达我的歉意，我不能与他共进晚餐了。你叫他别忘了我。你比其他人更明白我的处境……拉·帕杰丽—波拿巴。"

婚姻存在着这么大的裂痕，他却一点都没起疑心。巴拉斯对这位强有力的统帅怀着仇恨和猜忌，约瑟芬则放荡不羁地穿梭于社交场合，从女人们的闺房到男人们的卧室。尽管她肯定对波拿巴也怀有好感，但她在偷情的便条上签名时，却在波拿巴的姓氏前写上了她出嫁前的名字，仿佛她还能自由地选择。

这天晚上，因为波拿巴的不期而归，巴拉斯气得大骂。第二天，他与其他几位督政官却收到了波拿巴一篇长长的报告，报告的开头是这样的："不管怎么努力，我们也要几年后才能在海上占据优势。在英国登陆是最大胆、最艰难的冒险，只有突袭才可能成功……登陆需要在夜长的时节进行，也就是冬季。因此，作战要明年才有可能。在此期间，大陆很容易出现障碍。也许伟大的时刻已经永远消失。"

如此干脆的放弃出人意料，但用来弥补这一缺憾的计划更出人意料：他提出打八场海战，从西班牙到荷兰，把一切政治条件和后果都考虑在内。如果缺少军舰和资金，那么不如打击英国的贸易，从埃及开始。秋季他便可回来，然后直接与英国开战。

督政官们一听到埃及两个字，便批准了他的计划，并答应提供指挥权和各种帮助。这个危险人物走得越远越好，最好在战场上被打死。

进军埃及的计划并不新鲜，几年前就已提出。塔列朗在谈及波拿巴的那封信时曾宣传过这一计划，不过他在报告里却写下了这样的话："指挥这一战役的人不需要特别的统帅天赋。"这是为了把波拿巴留在国内，还是纯粹出于恶意？一个确定的事实是，当波拿巴这位具有特别天赋的统帅很久以后看到这句评语时，在旁边写了一个词："疯话！"现在，他亲自起草了任命自己为东方军总司令的委任书，其任务是攻占马耳他和埃及，将英国人逐出红海,挖通苏伊士地峡,从而确保法国对红海的占领。

他狂热地投入这一新行动的准备工作。对相关的情况他早已了如指掌。地中海是他的家乡。还在孩提时候,他就时常注视科西嘉徽章上的摩尔人头像。他还经常看到帆船从非洲海岸开来。后来,他夺取了热那亚和威尼斯的舰队,并与突尼斯人、希腊人、阿尔巴尼亚人和波斯尼亚人建立了联系。这些准备工作都是在亚历山大的精神影响下进行的,这位大帝曾把埃及看作其世界帝国的中心。

在这几个星期的等待中,波拿巴天性中的各种元素第一次在他内心发生碰撞。无边的想象产生的一个愿望,一颗只以古代杰出人物为榜样的心灵怀有的计划,被善于计算的大脑分解、思考、衡量,然后略加改变,接着又被衡量,逐渐达到现实的平衡。如今,在准备开赴埃及时,波拿巴力图把善于计算的自己与善于梦想的自己合为一体,却没看到剩余的部分永远是无法计算的。他那英雄的想象迫使他忘记,我们已不再生活在古典时代,哈里发和占领者也不再拥有数百万奴隶,包括非洲在内的各国人民都在觉醒。波拿巴面临着这样一个无法解决的巨大矛盾,而且他愈迷失于其中,便愈是固执地想要把它解决。

现在,这个晚生了两千年的天才已陷入厄运的怪圈,开始用他那半神半人的手勾勒自己命运的轨迹。

13

舰队出发　船上的科学院　星空下

"我即将去东方,"他写信给兄弟,"带着能够确保成功的一切。如果法国需要我……如果战争爆发并且进展不利,我将马上回家,那时公众舆论会比现在更支持我。如果共和国在战争中运气不错,另一位像我这样的新统帅脱颖而出,成为人们的希望,那好,我也许会留在东方,替世界作出比他更多的贡献。"布里昂问他:"我们要去多久?"他回答说:"六个月或者六年。"

到了最后的时刻,命运似乎还要给他一个警告。在拉斯塔特,奥地利拒绝割让莱茵河左岸地区。在维也纳,法国特使贝尔纳多特的挑衅,使新的战争一触即发。他不该留下来吗？可是，督政官们却认为情势已是箭在弦上，催他立刻动身，他只好服从。于是，5月的一天，在进驻米兰两周年之际，四百艘帆船在土伦海面集结待发。约瑟芬站在岸上招手，内心里她大概更牵挂随丈夫出征的儿子欧仁。随着波拿巴的一个动作，强大的舰队缓缓启动。此时，官兵们才被告知此次航行的目的地。他们全站在甲板上，望着欧洲的海岸渐渐远去。他们的统帅伫立在“东方号”的上甲板上，紧挨着主桅旁的几门八磅炮。只有他没有回头，而是望着东南方向。

与此同时，纳尔逊与另外三位英国海军上将正站在军舰的甲板上，用望远镜搜索着对手的踪影。他们断定波拿巴的动身时间就是这几日，目标估计是西西里岛。哪儿才能找到他呢？昨天，纳尔逊的舰队被风暴吹散，重新聚集起来需要几天时间。然而，正是这场风暴使波拿巴在土伦耽搁了一天，从而拯救了法国军队。他们赶在英军之前抵达马耳他，通过奇袭夺取了这个重要的岛屿。当猫赶到时，老鼠已经走了。纳尔逊赶到埃及，却没发现法军的踪影，因为他追过了头。在叙利亚，他依然一无所获。他匆匆赶到西西里岛，结果又扑了个空。“魔鬼有魔鬼的运气。”纳尔逊气急败坏，大骂自己和敌人。

在海上航行的四个星期里，为了预防晕船，波拿巴大多待在床上。这也是个比喻：一个晕船的统帅能战胜英国这个海上强国吗？这一次他算是侥幸逃脱了。因为心神不宁，睁着眼无法休息，他让布里昂为他朗读。

这支舰队不仅拥有两千门大炮，还几乎携带了一所大学：天文学家、几何学家、矿物学家、化学家、古董商、桥梁和道路专家、东方学家、国民经济学家、画家和诗人，总共一百七十五名平民学者，还有他们所带的数百箱仪器和书籍。波拿巴希望把神奇的东方的一切都研究透彻，以便给法国赢得一块殖民地，替自己树立非洲的威名。士兵们以海员的简洁风格称这些学者为“驴子们”，波拿巴则处处保护他们，如果发现有谁对这些“游手好闲的人”流露出不满，他会用目光和咒骂加以惩罚。这些学者是他亲自挑选出来的，他替他们此行的一切制订了具体的计划。他费了很大的周折向国家印刷厂要来了一套阿拉伯铅字，并亲自确定和筹备其他带往埃及的设备，特别是设在旗舰上的资料室。小说对军官们有益，但看到军官们在看小说时，他总是取笑他们。他自己依然只读《少年维特之烦恼》和莪相的作品，他喜欢那种激情。不过此次出门，他几乎还没碰过它们。

他要布里昂朗读的，是从各处，甚至包括罗马收集来的埃及游记，普鲁塔克、荷马的作品，阿利安的《亚历山大远征记》，以及与《圣经》和孟德斯鸠一起、顺理成章地归入政治类书籍的《古兰经》。

饭后，他喜欢举行"科学院"会议。他使用这个名称时带着玩笑的口气，但在讨论时他从不马虎：他亲自提出论题，并确定辩论的正反双方。他依然集计算家和幻想家于一体，数学和宗教是他喜欢的主题。参加讨论的有著名的数学家蒙日，他长着鹰钩鼻和厚实的下巴，已开始谢顶。好几年来，波拿巴对他比对别人更为器重。坐在蒙日旁边的是德塞将军，刚被波拿巴从莱茵方面军调来，长着大鼻子、厚嘴唇，一张和善的脸有点像黑人。从这两人的眼睛看，很难确定谁更聪明一些。克莱贝尔将军一副果断和无所畏惧的样子，他旁边的拉普拉斯严肃而艰难地从眼罩下抬眼打量别人，再旁边则是长着绵羊脑袋的化学家贝托莱。当克莱贝尔大骂几何学，其中一位学者准备替精神世界辩护时，波拿巴作了个"算了吧"的手势，并笑着指了指角落里拿着《少年维特之烦恼》睡着了的参谋长贝尔蒂埃。

天气很快变热，波拿巴常在甲板上躺到深夜，以享受夜晚的凉风。亲信们围坐在他身边，谈论其他星球上有没有生命的问题。不管是持肯定还是否定态度的，每个人都提出合理的理由。话题自然而然地转到万物的创造上。这些革命之子，伏尔泰的门徒，无论是教授还是将军，在有一点上是一致的：他们都认为万物是以高度理性的方式产生的，解释宇宙无须烦劳上帝，只需一位出色的自然科学家即可。波拿巴躺在那儿一言不发。突然，他抬起胳膊，指着天上的繁星说：

"你们爱怎么说就怎么说。可是，上面这些东西又是谁创造的呢？"

14

狮身人面像　安拉就是真主　东方式的手段　不忠的约瑟芬
"我已到了万事的尽头"

波拿巴骑马缓缓穿越沙漠来到狮身人面像前。石头的双眼与钢铁般的双眼相遇。同这巨大的石像一样，他也知道沉默的力量。但实际上，此时的他内心却是思绪万千：

> 亚历山大大帝曾经站在这里。恺撒也曾经站在这里。他们与这石像完成的时代相距两千年；而我，距离他们也是两千年。这个信奉太阳神的帝国广袤无垠，延伸在宽阔的尼罗河两岸。数百万人服从于一个人的意志。统治者想要什么，就由千百万的奴隶用双手去完成。对他来说，没有不可能的事情。国王乃是众神之子。因为他是最早的征服者的后裔，所有的人都对他俯首听命。因为当初第一个征服者自称为王，自命为众神之子，大家也就相信了他。在东方，只要有人敢于对人们说“我是你们的神”，所有人都会相信。与这里相比，欧洲就是个鼹鼠丘。

不久后，在距离这里不到几英里的地方，拿破仑正在准备投入战斗。八千名马穆鲁克[11]士兵，世界上最强悍的骑兵，正准备消灭外来的入侵者。拿破仑策马急驰到队伍前面，手指着远处的金字塔，喊道：“士兵们，四千年的历史在注视着你们。”马穆鲁克骑兵首先发动攻击，但被炮火击退；他们的营地很快落入了波拿巴之手。他们逃到尼罗河边，乘船或泅水过了河。由于人们知道他们经常随身携带黄金，所以法国士兵们穷追不舍，战斗在河岸、在水中又持续了几个小时，直到胜利者缴获了对方的财富才算罢休。拿破仑将马穆鲁克骑兵打得四处溃逃。

在开罗，波拿巴利用埃及的方式来争取帕夏和酋长们的支持。他声称，他热爱和敬仰土耳其人以及他们的苏丹，他只打击那些与苏丹敌对的马穆鲁克士兵。编造种种借口，到处鞠躬作揖，在谈判中使用高雅的词句和浅显的比喻——对于他这样一个地中海出生的半个东方人来说，这一套并不陌生，运用起来也游刃有余。与欧洲外交家们的简捷典雅相比，这里的人说谎技巧更为烦琐。他在所有形式上都遵循这里的习俗。还在船上时，他就向翻译口授了致埃及帕夏的信，信的开头是这样写的：

> 虽然你的地位在所有的贝依中应当是最崇高的，然而，据我所知，你在开罗既无权力又无威信；你会欢迎我的到来。你一定知道，我不会做任何反对《古兰经》或苏丹的事情……因而请来支持我，与我一道

来谴责那些亵渎神灵的贝依们!

拿破仑就像个魔术师,为了要把自己的信条说得接近于伊斯兰的信仰,他竟然玩起了基督教三位一体的概念。他首先声明,他曾击败过教皇和马耳他骑士团,同时他承认,《古兰经》与《圣经》一样,都是上帝的谕旨。不过,后来,当前来驱逐法军的部队开始登陆时,拿破仑又号召帕夏和酋长们与他并肩作战,这时他说:"安拉就是真主,穆罕默德是他的先知。开罗政府是由最能干、最富才学和最开明的人士组成的,向你们致敬。愿先知的祝福与你们同在!"他允许这些船登岸,为的是把他们一网打尽,"那对开罗来说将是无比壮观的景象"。那些船上有些是俄国人。"俄国人仇恨所有像你们和我这样只信任一个上帝的人,按照俄国的神话,他们说有三个神。但他们很快就会知道,只有一个上帝,那就是胜利之父,他总是仁慈地为善良一方而战。"

在这个宗教信仰的大杂烩里,最终他不知不觉地流露出了异教徒的味道。后来,他一直把非基督教的法国作为政治手段,说法国的宗教与穆罕默德教义特别接近。他到处声称《古兰经》是他的思想基础。这本在船上流动图书室中编入政治类的圣书为他带来很多好处。当他把开罗一名危险的法官免职时,他在《古兰经》中找到了为此举辩解的理由:"所有的善来自神,是他让我们胜利……凡是经我辛苦劳作的,必定成功。凡是称我为朋友的,必定兴旺。凡是支持我的敌人的,必定毁灭。"

要是他有幸出生在四千年前的埃及,仅凭他善于启发人的能力,就可以获得胜利。可是如今即便是黄褐肤色的人也都不相信这些了!他蔑视他们,虽然他用最动听的形容词颂扬他们。而在另一方面,他严肃军纪,一旦自己的士兵伤害了当地人,必定遭到严惩。每日军令的第一条是这样规定的:"我们现在所接触的人对待妇女的做法,不同于我们本国。不过,任何伤害妇女的人在这里,也如同在欧洲一样,将被视为恶棍。抢掠,只能使少数人大发不义之财,蒙羞的却是全体官兵。抢掠,会从根本上破坏我们与当地人的关系。如果从我们自身的利益出发,我们应当将当地各民族争取过来做我们的朋友,让他们帮助我们,而抢掠只会让他们仇视我们。"任何人都不得进入清真寺,任何部队都不得在清真寺门口集结。用奉承和恫吓,用宽容和诡计,用真主和剑,用一切东方式的手段,波拿巴在几个星期之后就站稳了脚跟,获得了权威。

是的，他终于可以认为自己是东方的主宰了。但是，他现在感觉更幸福吗？

朱诺接到了一封来自巴黎的信，里面提到了约瑟芬。要是这信，跟其他成百封信一样，被英国人截获该有多好！至少，埃及的人们就会一无所知，免除烦恼！但是实际上，朱诺却认为，作为司令的老朋友，有责任告诉他全部真相，告诉他关于伊波利特·夏尔和约瑟芬的事。拿破仑早就把那个年轻人从军队里撵了出去，但约瑟芬却为他找到了军队承包商的工作。虽然两人有一段时间再没见过面，但现在她又遇见他了：在一个高雅时髦的舞蹈教师那里。两人旧情复燃，他的腰部依然那么美妙，舞姿依然那么潇洒！而且风趣幽默，逗人喜欢！如今他又增加了财富的魅力。约瑟芬在巴黎附近买了一座美丽的庄园，叫作马尔梅松。现在那个花花公子就和她在那里双宿双飞，俨然是一家之主。

波拿巴在沙滩上一边听朱诺叙述，一边踱来踱去。他的脸色变得越来越苍白，面部肌肉不停地抽搐，有两三次，他痛苦地以拳击额。忽然，他转向坐在帐篷前的布里昂，说道："你不是真正的朋友！这些娘们！约瑟芬！你早该告诉我！朱诺，他才是真正的朋友！约瑟芬！我与她相隔六百英里，她怎么可以这样欺骗我！该死的纨绔子弟，该死的小白脸们！我要把他们都干掉！我要离婚！没错，大张旗鼓地离婚！我现在就写信。我什么都知道了！如果是她的错，那就再见吧！我绝不做巴黎街头游手好闲者的笑柄！"

布里昂竭力抚慰他，最后谈到了他的声誉，说这比什么都重要。"哼，我的声誉？只要朱诺的信息是假的，我什么都愿意付出：我太爱这个女人了！"

但是考虑到英国人可能会截获并公开他的家信，所以在给哥哥约瑟夫的信中，他也只能暗示私生活上的不幸。正是他的这种自我掩饰才让这封信显得与其他信件格外不同，有一种动人的魔力。这位天才的厌世情绪已达到了顶点。在刚完成了一则激昂的报捷公文之后，他写下了这封给兄长的家书：

> 世界上没有哪个国家能像埃及这样盛产小麦、大米、蔬菜和肉类，但这里的野蛮也登峰造极。没有钱，连给军队发饷的钱都没有。两个月后我将返回法国。我知道你很关心我，我家中出了很多麻烦，帷幕已经完全揭开，真相毕露……如今这个世界上我只剩下你了。你的手足之情对我

弥足珍贵。只有一件事能够让我对人类彻底绝望，那就是连你都失去，连你也背叛我。我所有的感情竟只集中在一个人身上，多么可悲，我想你能够理解。请为我留意一下，让我回家时可以在巴黎附近或勃艮第有一座小别墅，一个我可以在冬天离群索居的去所。人类让我感觉恶心。我需要休息和孤独。伟大的东西无聊得要死。我的感情之泉已经枯竭。我只有二十九岁，但已感到名声只是虚荣。我已到了万事的尽头。留给我的唯一出路就是成为绝对的利己主义者。我要保住在巴黎的住房，不让给任何人，无论是谁！我已一无所有。我从未待你不公，这一点你该承认，虽然我有时会想对你刻薄一点。我想你能理解。吻你的妻子与热罗姆。

波拿巴

这种愤世嫉俗的厌世情绪，这种渴求报复、要求得到满足的心境，突然演化成一首悲怆的忧郁交响乐。在他十七岁的时候，这悲怆的音符在他日记中也曾奏响过，不过从那以后就消寂无声了。这颗对待别人一心一意的心，虽屡遭欺骗依旧痴心不改，如今彻底被刺伤了。胜利，荣耀，成为亚历山大大帝二世——所有这一切都变得微不足道。如果一个人燃烧自己青春的火焰全身心地爱过某人，却发现自己在这件最不该受骗的事上受了欺骗，那么，伟大对他又有什么意义呢？他以稻米蔬菜开始此信，却以孤独和沮丧结束。人世间除了哥哥，他还剩下什么？“我已到了万事的尽头。”

15

法国舰队的毁灭　印度之梦　埃及艳后　继承人问题

一个意外的打击，使他很快恢复过来。

第二天，他从沙漠骑马回来，进入马尔蒙的帐篷，发现所有的人都异常紧张惊慌。发生什么事了？法国舰队已被摧毁。前一天，在尼罗河口阿布基尔，重返埃及的纳尔逊向他们发动攻击。除了四艘军舰逃出，法国舰队其余的船只不是被击沉，就是被俘获。

军官们一言不发，神色忧郁地站在一边。每个人，甚至连营帐前站岗的步兵都知道这一挫败意味着什么。拿破仑脸色发白，但他马上就意识到，此时只有他可以让大家的士气恢复起来。沉默了片刻，他说出了一番激动人心的话："我们看来是被堵在埃及了。好啊，我们必须要努力坚持，经得住大风大浪，大海很快又会平静的……可能我们命中注定要来改变东方的面貌。我们必须留在这里，或者像古代先贤那样光荣地离开。"

多么糟糕的失败啊！巴黎会怎么说？他不是舰队司令，尼罗河口之战他并不在场，可是这场灾难肯定将影响他的威望。我们将如何回国呢？有谁能够确保我们的安全？乘坐土耳其的船只？但土耳其的苏丹还会保持中立吗？这位苏丹一直在俄法之间摇摆不定，现在会不会针对战败的法国？还有英国！十三艘战舰竟然全都灰飞烟灭！这要等多少年以后，我们才能在海洋上与英国抗衡！至少要十年。安拉就是真主，可是，我的命星究竟藏在哪一片云层后面呢？

不！不是我的命星！因为当他汇报这一失败的消息时，他并未隐瞒什么。不过，在公文中，他详尽地解释了，他如何受到了幸运女神的眷顾，一直到法军已在埃及站稳了脚跟，纳尔逊才率领英国海军匆匆赶来。

一连几个星期的不安和举棋不定。波拿巴的生活中出现了新的情绪：无所事事，除了等待还是等待，等待有公文送到，或者至少有书信或报纸送到，可以让他了解欧洲的局势。如果英国严密监督，可能连一封信都无法越海而来。他生平第一次感到无聊，不知该如何打发这难挨的时间。因为管理东方军、弹压骚动、拆除倾圮的要塞——这些都只能算是休闲活动而已。度日如年！他变得比过去更神经质、更好幻想了。布里昂想抚慰统帅，说："让我们等一下，听听督政府的建议。"

"督政府？狗屎一堆！督政官们恨我，他们就希望我干脆在这里烂掉！"

要是能外出骑马该有多好！可是天气酷热难忍，穿制服骑马更受不了，此前波拿巴曾想穿阿拉伯长袍骑马，但是脱下来很麻烦，只得作罢。有时他不顾炎热骑马外出，回到营帐时，得知仍然没有任何邮件，他就会想入非非。

"布里昂，你知道我在想些什么？……要是我还能看到法国，我最大的雄心是能在巴伐利亚低地指挥战斗。我要在那里打一场大胜仗，以雪霍希施戴特战役[12]之耻。然后我将退隐山村，过安静而又心满意足的生活。"他的内心之火依然炽热！当年在波河平原，他梦寐以求的是去东方；如今到了埃及，却又要去德意志的巴伐利亚。他所想到的都是战争。

他的前途茫茫，回国的全部归路可能都已被切断；与遥远的欧洲也不复有夫妇恩爱的纽带。于是他与英国的仇敌波斯国王以及印度蒂普苏丹谈判，要求波斯准予他前往印度的过境权。他与蒂普则愿结为联盟，帮助印度从“英国的铁枷中”解救出来。追寻当年亚历山大大帝的足迹，不断奋进的前景又浮现在眼前。但当他真正作实际打算时，却又开始怀疑其可行性：“只有在这里留下一万五千人，而我另有三万兵力可供调遣，我才敢进军印度。”

虽然这一切都只是构思，但这个时候也是他最快活的时光，因为在想象的世界里，可以有无比庞大的计划供他做思维游戏。四年后，他曾宣称：“只有在埃及，我才感到摆脱了文明的种种束缚；在那里，我似乎拥有实现我一切梦想的手段。我看到自己成了一个新宗教的创始人，骑着大象，头上缠着头巾，手中拿着的是记载着我自己的训条的《古兰经》。然后我就向亚洲进发。我的计划是把两个世界的经验融合起来，让历史为我服务，在印度进攻英国的势力，并通过我在那里的征服，再度打通与欧洲的联系。”

说这些话的是一位诗人吗？或者说，世界征服者与诗人本来就是近亲？在埃及，他为自己起了个非常浪漫的名字，“凯必尔苏丹”，实际上他多多少少一直保持着一点苏丹的作风。这是他的第三个名字，同整个征服印度的计划一样虚幻。

欧仁·德·博阿内尔（1781—1824）

他丰富的想象力，加上对妻子不贞的愠怒，还有炎热的气候，以及无所事事的现状，这一切合力把他推向了爱神。有个中尉的妻子，女扮男装，从土伦随法军来到埃及。她是一个厨娘的私生女，婚前是个女裁缝，非常迷人，是个媚眼如丝的金发女郎。他把她夺来占为己有，把中尉则派回国去出差。她很快就大胆且娇媚地扮演起小埃及艳后的角色：为他的宴席增光，与他同车出游。而她的对手之子欧仁，这位随身副官，却必须侍奉左右。这场面对谁都很尴尬，于是这位年轻人被获准休假。

欧仁完全知道了自己母亲的丑闻，波拿巴本人告诉他的。多么痛苦、尴尬的处境！他的母亲，三十多岁了，竟然还喜欢卖弄风情，公然与一个比儿子大不了几岁的纨绔子弟同居，让他那身为民族英雄的继父成了众人的笑料。而他的继父，拥有无上权力的总司令，法国新殖民地的总督，也带着自己的情妇在开罗的大街上招摇过市。欧仁自己身为继父的副官，还必须随车侍奉。这个娇小的女裁缝，可能感觉这位年轻的副官比他的继父更对胃口，快活地对他笑着，露出雪白的牙齿。她以为自己是凭借魅力取代那个克里奥尔女人的位置的，所以喜欢夸耀平等的新精神。而拿破仑·波拿巴则一直采取中间立场，他对这年轻女子的全部要求就是能为他生个孩子。

没错。几年以来，他日思夜盼，一直希望得到一个继承人。他说，只要她能给他生一个儿子，他就娶她为妻，因为他肯定会和约瑟芬离婚。建立一个家庭的想法在他的脑子里已经根深蒂固。孩子的母亲出身低下？他的大部分将领也是如此嘛！只要孩子是合法的，是波拿巴的血统，其他一切他都不管。他坚持认为，世界上所有有才干的人一律平等；但他也同样坚持合法正统的必要性。国王权力世袭的时代已经结束了。才智之士拥有王位继承权的时代开始了。这当然是他的谬论。

不久以后，他粗声粗气地对他的一个亲信埋怨道："瞧这傻女人，竟然不会生孩子！"这话传到了她耳朵里，她反唇相讥道："那可不是我的过错，你知道的！"波拿巴听到这一回答后，脸色阴沉。他没有反面的证据，有的只是一种空前强烈的要求子嗣的渴望。

这是一个精神上可以拥抱整个世界的男人。如果大自然拒绝给予他生殖繁衍的能力，一切行动的基础将被摧毁。他的自信也将崩溃。

16

探索与发现　梦想与数学　雅法战俘　不落的要塞
鸦片与黑死病　大败土耳其　返回法国

在科学院里，总司令与院士们并肩而坐。在辩论中，他从不凭借官职，而是很理性地讲事实摆道理。不过，这里有许多讨论题目，也涉及军队的实际问题：如何滤清尼罗河水，如何竖立风车，寻找制造火药的配料等等。有一次，拿破仑很激动，怒气冲冲。贝托莱则平心静气地说道："您错了，朋友，因为您说话变得粗鲁了。" 一个船医表示赞同。波拿巴喊道："我算看出来了，你们这些人都是一伙的。化学就是医学的厨房，而医学就是杀人犯的科学！" 医生马上反问道："那么，将军公民，您又该怎样定义征服者的艺术呢？" 在这个学术共和国里，这位独裁者很高兴这种平等的作风；而在其他的场合，几乎没有人敢反驳他。

一连几个星期，军中日志每天的最后一行都是："法国无消息。" 一切都停顿下来，人们都心神不宁，议论纷纷。而那个流动大学倒是做了很多颇有意义的工作。几乎所有的活动波拿巴都要参加，先是跟别人学习，然后再提出建议，当然他的工作主要集中在二线上。对他来说，这个等待的时期是从事研究的良机。他们开始在这个国家进行全方位的调查，进行地理勘察和测量。而有关尼罗河的鱼类资源、红海的矿产、尼罗河三角洲的植物群以及沙漠地区的构成等课题，都是首次被如此大规模地加以研究。他们还考虑过开发咸水湖以及尼罗河泥土。学者们还研究东方黑死病以及沙眼的病因。在埃及，沙眼是一种很可怕的眼疾，曾经有一半的埃及人因此失明。此外，他们还印刷了一部词典和一本语法。上埃及一些埋藏在地下的寺庙被发掘了出来，他们甚至发现了摩西井。一天，一位天才的军官从罗塞塔带回了一块花岗岩石碑，在上面人们首次发现了同时用埃及象形文字、通俗体文字和希腊文三种文字书写的碑文。解开象形文字之谜的钥匙终于找到了！

不过，总司令最感兴趣的是经苏伊士地峡开凿运河的可能性。他冒着遭阿拉伯人袭击的风险，在沙漠中长途跋涉。他追踪古代国王开凿的运河的遗迹，设计着新运河的走向和路线。他所有的推断和设想，半个世纪后都为负责开凿苏伊士运河的法国工程师莱塞普斯所证实。他并不像个遭到挫败的冒险家，而是以世界征服者的精神，谋求着分开陆地，联结海洋。

消息终于到了！有些商人乘坐小型战舰冲破了英国的封锁线。从他们那里，拿破仑获悉了因法国舰队在阿布基尔被摧毁而引发的局势变动：土耳其苏丹已与俄国结盟，两国已向法国宣战。土耳其统帅阿克梅特，正取道叙利亚向埃及进军。开罗的不满人士受到这些消息的鼓舞揭竿而起，起义被炮火镇压，人头被插在长矛上示众，以示警告。“这将收到可喜的效果。仁慈在这里毫无用处。”

总的说来，总司令的心情是解脱多于震惊。如果土耳其再向南进军，这样更好。他终于有机会在战争中击败他们。

但是，他对大多数亲信都没有提及令他焦虑不安的根本原因。当他离开法国前来征服埃及时，他本来的目标在于得到一个中转基地，有助于他去征服印度。“用舰船，我们可以横渡海洋；用骆驼，我们可以穿越沙漠。”他本来预计花费十五个月时间来征服埃及，并且巩固在那里的权力，同时为远征印度作种种准备。要远征印度，他需要四万兵力以及同样数量的骆驼、一百二十门野战大炮。他曾提出要大量增加舰船、火炮和士兵，从法国经海路来支援他的部队。

但是阿布基尔海战粉碎了他美妙的计划。英国封锁着海岸，根本没有增援部队，土耳其苏丹成了敌人，埃及人也深怀敌意。好在拿破仑善于调整计划以适应形势的改变。在他看来，一切皆可为我所用。土耳其军队将与英军联合登陆？这是生死存亡的问题！好吧，我们只有进攻，不然就是毁灭！夺取土耳其人所有的军火库和港口，武装叙利亚的基督徒，煽动德鲁兹[13]教徒！一旦我们占领了阿克要塞，开罗的舆论必然转向我们这边。到6月，我们就可到达大马士革，将前哨基地推进至托罗斯，再用两万六千名法国士兵、六千名马穆鲁克骑兵和一万八千名德鲁兹教徒向东挺进。德塞将直接从埃及赶来。到那时，苏丹就会知道观望才是最佳的选择。然后波斯国王再同意我们取道巴索拉和希拉兹。那么到3月的时候，如果真主赐福，我们将饮马印度河。

拿破仑再次在困境中编织起美丽的梦。他开始向叙利亚进军。

根本就无道路可言。有时，他在十五个小时里才骑马前进了七十公里，而且总是在晚上，没有水，几乎总是跟先锋部队在一起。雅法陷落时，有三千名土耳其士兵投降。他该如何处置他们呢？留着他们？他自己的军队口粮都很短缺；而且，他还得派出数千名法军来看守这些俘虏。送他们回国？他没有船只。交换战俘？土耳其又没有法国俘虏可换。释放他们？他们就会增援下一个要攻下的要塞阿克。他到底该怎么办？举行军事会议！

与会者都赞成杀掉俘虏。就在几天前，土耳其人不是把我们的一个使者砍了头吗？如果为了供养这些家伙而造成军队给养短缺，军队的情绪将会失控。波拿巴犹豫不决，考虑了足足三天，最后才勉强同意。这些俘虏将被赶到海里然后处决。后来的军事评论家，尤其是德国人，都一致认为拿破仑当时别无选择。

只有阿克要塞还在阻挡我们的前进，在那里我们将得到大量崭新的武器。然后我们将向北挺进！在这几个星期里，伟大的梦想又复活了。土耳其已经宣战。拿破仑被完全孤立，被迫进行一场殊死战斗。什么事情都可能发生，因为形势所迫，无论采取什么手段都是必要的。不过，他一直在不停地斟酌，此时他的脑子里又形成了另一个计划。他对一名亲信说："在占领阿克后，我将向大马士革和阿勒坡挺进，一路增加兵力，因为我将向人民宣布，专制的酋长们已被推翻。然后，以压倒兵力占领君士坦丁堡，推翻土耳其，重建一个伟大的新帝国。这将带给我不朽的名声。或许在摧毁了哈布斯堡家族之后，我将取道亚德里亚堡或维也纳回国。"

他一直胸怀这样的梦想。因为这一次的形势更加危急，所以他的梦想也更加强烈。

他兵临阿克，要塞并不大，却配备有新式武器，并由英国军官和炮兵守卫。一连几次猛攻都无成效。同时，英国战舰赶来支援，直接威胁着进攻者。

最终，在八个月以后，他接到了直接来自巴黎的消息！但是这消息他简直不忍卒读。塔列朗并没有去君士坦丁堡与苏丹会谈。这个骗子是不是在逃避责任？不过战争肯定是要爆发的，不然我们也不会出现在这座石头要塞前！法兰西共和国已与那不勒斯和撒丁交战。波拿巴的竞争对手莫罗与奥热罗负责指挥军队。苍天！凭什么我们要蹲在这烤人的沙漠上无所作为？冲锋！攻下这要塞！难道我们要在这个石头堆前折戟沉沙吗？谁是这要塞的指挥官？

菲利波，有才能的工程兵军官，拿破仑当年在巴黎军校的同学；他逃亡国外，参加了英国军队。今天波拿巴要与他正面交锋。为什么不强攻呢？波拿巴可没有耐心作持久战的准备。围困敌人迫使其投降，这种设想不适合他那急性子。要塞，就像女人，必须强攻得手，要么就作罢。他可不想乞求为她效劳或苦苦追求，他更不可能等待。时间紧迫，不能等了，猛攻！

士兵们开始口出怨言，甚至军官也变得动摇，这是兵变的前奏。“让我们拥戴克莱贝尔做领袖，他比较人道，而且温文尔雅。”

波拿巴坐在帐篷里，默默筹划。多可怕的时刻！难道英国真是不可征服的？就算在陆地，甚至在东方也是如此吗？这场攻城战要拖上几个月？不可能！欧洲到处都在兵戎相见。无功而返？这可是前所未有的啊，那时肯定别有一番滋味上心头。可是，别无选择，必须放弃攻城，马上撤回埃及！如果说阿克挡住了他进军印度的道路，此话只说对了一半。谁能说，要是攻下了这座要塞，他会容忍巴黎的不利消息，容忍意大利的战事，而径自冲到印度去？一切都未确定，到时还要看他那难以预料的情绪。同时发生的这一切都富有象征意义：在阿克，在波河，法国都是与同一个王国联盟作战。只有革命之子才能挽救危局。与他往常的习惯相反，这一次，波拿巴并没有骑马冲在前头，而是一连几个小时都站在一处高地上，满怀悲愤地注视着这座久攻不下的要塞，直到夜幕降临。

狼狈撤退。没有道路，没有水，穷追不舍的只有黑死病。波拿巴的命运难道将毁于沙漠与黑死病之手？他神色平静地看望了医院中的病人，尽可能地鼓励他们。医生告诉他，有五十个病人已救治无望。看着他们在痛苦挣扎，拿破仑断然决定帮他们一把。带着一种高贵的责任感，他下令给这些人服用鸦片，但遭到医生的反对。至今我们也不清楚，是否另外有人执行了这一命令。“在这种情况下，”他后来说道，“我连自己的儿子也会下令毒死。”

两千名病员与六千名仍然健康的士兵在沙漠中缓慢疲惫地穿行。由于没有足够的马匹，每四个人要合抬一名重病士兵。参谋部的军官们也必须一律步行！这是拿破仑的命令。当第二天马厩总管问他要骑哪一匹马时，波拿巴给了他一鞭子。终于，开罗城出现在他们眼前。入城时，法军还故意展示缴获的军旗，列队进入，并发表通告，俨然凯旋，徒劳地试图蒙蔽埃及人。

巴黎在说些什么？他该告诉巴黎些什么呢？我们未能占领阿克，而且必须从当地撤离，因为那里黑死病到处蔓延！拿破仑在科学院任命了一个委员会，来帮助证实自己的说法。有个医生站起来，当着上百名学者的面，拒绝在这个编造的故事上签名。司令官面色阴沉，但还是作了让步，而且对这个勇敢的人很是欣赏，后来，这个人多次得到提拔。

土耳其人已从海上逼近，意在消灭法军。整个远征军的生存再次面临威胁。土军把登陆地点选择在了阿克基尔湾，时间恰好在尼罗河口海战一周年之际。虽然土军人数两倍于法军，波拿巴仍先让土耳其军队登陆，然后再予以重创。战斗结束后，缪拉遇到波拿巴，情不自禁地拥抱他，说："将军，您像世界一样伟大；可惜对您来说，这个世界太小了。"而波拿巴则亲自致函开罗当局说："你们肯定已经获悉了发生在阿布基尔的战役，那是我生平所见到过的最辉煌的一次！登陆的敌军全部被歼，没有一个逃脱。"

这时，他在参加法军的马穆鲁克兵中注意到有一个高个子的漂亮小伙，一双湛蓝的眼睛，名叫卢斯塔姆，是个格鲁吉亚人，曾五次被卖为奴，一眼就看得出是个忠诚本分的人。拿破仑给了他一把华丽的佩剑，让他做贴身侍卫。此后十五年，卢斯塔姆一直都睡在主人卧室的门口。

在阿布基尔胜利后，拿破仑与封锁海岸的英国舰队司令进行谈判。表面上，他想与英国人讨论交换俘虏；实际上，他渴望得到情报，报纸现在比皇冠还宝贵。有人设法搞到了一些他梦寐以求的报纸。当一名副官把报纸拿到帐篷里时，总司令已经入睡。"报纸来了。坏消息。"他一骨碌坐了起来。"发生了什么事？"

"舍雷尔被击败了。我们几乎又失去了整个意大利。"拿破仑跳下床，夺过报纸，按照副官的说法，他整整读了一个通宵，不时因为愤怒而喊出声来。清晨，他召见舰队司令；两人在屋里密谈了两个小时，然后他去了开罗。

"我决定回法国去，"他悄悄向忠实的马尔蒙透露说，"我想带你一起去。我们在欧洲的军队已被击败。天知道，敌人此刻已经前进到哪里了。意大利丢了。这些无能的掌权者都是干什么吃的？愚蠢，腐败！我曾独自承担了全部重担；由于我的不断胜利，支撑起了一个政府；要是没有我，政府早就站不住脚了。我一离开，就全都垮了。如果我即刻启程，我可以与最近这次捷报同时抵达巴黎。我的出现可以恢复军队的信心，也可以重新鼓舞起公民们的希望，让他们坚信会有一个幸福的未来。"

"当然是我的未来。"马尔蒙一走，他就想道，"他们会说，我把部队遗弃在了埃及。在克莱贝尔的统帅下，他们过得会更好。我来这里本为建立一个殖民地。它已建立了起来，土耳其军队也已被击败。援助只能来自法国；除了我，谁也不会派援军来。在这里，我再也没什么可赢的了；一切都必须在欧洲战场上取得。我已三十岁了！还得几天才能离开这里？舰队司令说去土伦尚无顺风，英国战舰正云集地中海。真恨不能乘热气球飞往巴黎！巴黎是世界的中心。我必须冒这个险，越海归国。”

17

在敌人间穿行 又见科西嘉 在祖辈的火炉旁 向巴黎前进

船趁着夜色航行，他们不敢点灯。这是两艘在威尼斯缴获的小型战舰。载着总司令的那艘叫“米尔隆”号，之所以如此命名，为的是纪念在阿科拉之战中，以身体掩护波拿巴而中弹身亡的那个中尉。十五年后，他甚至用救命恩人的名字作为自己的化名。邦角到了，这是最为危险的地段。他们几乎是在英国舰队之间穿行；从灯光中可以辨认出英国船只。该死，西北风竟然减弱了！8月的夜晚，他们坐在星光下的甲板上，默不作声，情绪低沉。为振作精神，我们打牌吧！玩的时候，波拿巴作弊了，他很高兴，未被人发现。翌日凌晨，他幸灾乐祸地讲述了昨晚作弊的实情，并归还了所有不该赢的钱。

这次航行与十五个月前南下时的壮观景象多么不同啊！那时有四百艘船浩浩荡荡地行驶，如今却只有两条小船。当时的一半兵力现在已经埋骨沙场。埃及这个神话般的国度虽然还在法国手中——但这又能持续多久呢？想有效地打击英国的希望已成泡影！在多佛登陆的计划如今又如何了呢？占领印度的梦想已付诸东流！他不得不偷偷地离开埃及。如果军队知道他要离开，很可能会爆发兵变。克莱贝尔还是在拿破仑登船离岸之后才被任命为总司令的，最后的军中日志也写得枯燥而简单。科学家们事先被派往上埃及，因为他担心知道内情的蒙日与贝托莱会把消息不小心泄露给同事。这两个人现在和他一起在船上。而诗人们则是个麻烦。其中一个竟看出了此中奥妙，偷偷地跟上了船，目的地没有人知道。好吧，就让这家伙上船吧。他们这类人是声誉名望的批发商、歌功颂德的鼓吹手，咱们也少不了他们。在最近这次胜利后，巴黎一定会站在我们这边。

一连几个星期，这两艘船都一直航行在危险之中。“要是碰上了英国舰队，你们准备怎么办？交战？不可能。投降？你们都和我一样不愿意。唯一的办法只有炸船。”大家都默不作声。坐在总司令旁边的蒙日脸色发白。

拿破仑掉头转向蒙日，向他恶作剧地微笑，然后加了一句："我把这个任务交给你。"几天后，他们见到了一艘船，误以为是英国战舰。这位数学家马上就消失不见了。事后发现蒙日正守在火药舱门口。

这件事证明，波拿巴拥有极高的威信。

在地中海航行了六星期后，在10月的一个晴朗的早晨，一座海岛进入人们的视线；地平线上有一抹熟悉的山脉。舰长拿出航海图准备查对。这时，波拿巴毫不犹豫地说道："那是科西嘉岛。"他会命令海员张起满帆驶向该岛吗？恰恰相反，他首先得搞清楚那里是否仍属于法国。但风势逐渐增强，把船朝着海岸方向吹去，人们费了九牛二虎之力才把它停下来。他的思绪顿时起伏不定。

"……那里还属于法国吗？过去的我，经常会提的问题是：'那里已经属于法国了吗？'这中间又发生了多少人世沧桑？整整六年过去了，那时我二十四岁。对我来说，主宰科西嘉，是我人生最大的目标。几年来，意大利臣服在我脚下，埃及已被征服，巴黎也张开笑脸迎接我。这一切就像是自然的安排。"风力愈加强劲。"岸上的答复会是什么呢？"信号旗显示出这个港口里没有任何船只。这个没有祖国的人成长的小岛，又一次成了他的家。

他们登陆了。阿雅克修的居民万人空巷地拥向港口，成百上千一度诅咒过波拿巴的人，如今急切地前来欢迎他。他冷冷地望着眼前的人群，许多人亲热地称他为你，每个人都要和他攀亲。他无动于衷地和别人握手。忽然，他听到一声："孩子！亲爱的孩子！"是卡米拉，他的乳母在喊。这是位体魄健壮的农妇，还不到五十岁。只有她的出现，才激起了他的情感。

拿破仑回到祖宅，母亲已把它修葺一新，而且刚刚离开。他召见了那些能够提供所需信息的人。在祖辈的壁炉边，他获悉，他过去所获得的所有战果，这三个月来已经尽落敌手。三年前他战功赫赫，攻城略地，如今曼图亚和米兰，乃至整个意大利都已易手。热那亚仍为法国所控制，但也岌岌可危，很难保住。马塞纳被迫从瑞士撤回了法国！英国人已在荷兰登陆！首先该做什么呢？去尼斯！立即抓住主动权！速战速决，将一切都夺回来！什么？强行罢黜两名督政官？难道只有使用这种策略，才能保住这个风雨飘摇的政府吗？穆兰将军是督政官之一？穆兰到底是什么人？还有谁可以合作？西哀士？一场新的政变将要发生，很可能是一场关乎国家命运的政变。马上就去巴黎！上船！快！再拖上一艘大驳船！

向土伦方向航行了两天。晨曦中，海岸遥遥在望。瞭望哨报告说发现英舰。“掉转航向！”舰长下令道。“继续前进！”波拿巴向他咆哮道，“必要时我们可以划着大驳船上岸！”他的命运之神又一次帮他蒙蔽了敌人。英国军舰没有发现任何异常，与他们的船擦肩而过。夜幕降临。无法在土伦登陆？那就去弗雷居斯！那里有位置不明的暗礁？暗礁哪里都有！前进！我们已经航行了七个星期，现在终于见到了法国的海岸，我们必须不顾一切风险上岸！

这个意大利人真的热爱这块即将踏上的国土吗？对他来说，那只不过是一把小提琴，他能用它奏出比地球上其他乐器更优美的乐曲。

第二天，在弗雷居斯，波拿巴的名字传遍了整个小城。为什么港口到处都是前来观瞻的小船？为什么民众如此欢腾？他在非洲究竟做了什么，竟使小城居民有如欢迎凯旋的罗马大将军般兴奋？有个官员嘟囔着要进行检疫。“我们宁要黑死病也不要奥地利人，那些奥地利人已经快打到我们家门口了！”民众大声喊道，簇拥着波拿巴乘坐的马车走过街头。

波拿巴坐在车里，一边向民众挥手致意，一边想道：“法国看来情况很糟。好像这里每个人都在等着我，盼望着我回来。我既不能回来得太早，也不能回来得太晚，现在正是时候。”

他驱车继续前行。在埃克斯待了八天时间，他向碰到的每一个人都不停地问这问那，因为在这里他收到一封信的抄件，那是一封没送到的信：“将军，督政府在等候您，等候您和您英勇的战士们！”这些惊慌失措的统治者们已到了山穷水尽的地步，急于要找个救星！他该怎么做呢？先在原地等几天，再给巴黎写封信，然后出发。“埃及完全是我们的了，不会遭到敌人的侵袭——7月底以前，我一直读不到任何报纸。不过当我获悉您所处的窘境时，我立刻启程回国。关于会遭遇什么危险，我没有时间多想，因为我生命的坐标就是在最需要我的地方。我归心似箭，即使找不到快艇，我也会把自己裹在斗篷里，登上第一只能找到的小船……有克莱贝尔统率，埃及可保无虞。当我离开时，整个埃及都是一片水乡泽国——这是五十年来尼罗河水量最为丰沛的一年。”

他先将这封措辞谨慎的信件送往巴黎，让它作先锋探探路，好让那里的人知道是谁回来了。他北上的行程有如凯旋之旅，到处鸣放礼炮。在瓦朗斯，他从路旁欢迎的人群中认出了当年的咖啡店老板娘，他曾寄居在她那里，隔壁是台球房。他送给她一件东方的纪念品。在里昂，他不得不抽出两个小时，观看了临时编排上演的剧本《英雄的凯旋》。事事处处都昭示出他的名字所具有的巨大魅力。最明显的例子莫过于波丹的猝死。波丹是最好的议员之一。听到拿破仑归来的消息，他高兴得欢呼起来，因兴奋过度，倒地而死。这个天才所辐射的光芒如此之强，竟能引起死亡。

距离巴黎越来越近。他仍忙于收集信息。只不过在私生活方面，他绝不会询问任何人有关约瑟芬的消息。他算不算是个离了婚的人呢？他的几个兄弟又在哪里？巴黎人昨天就知道他将到达的消息了，为什么他们中竟然没有一个人来接他？她又在何处？她会在那个满是镜子的房间里，微笑着准备迎候他吗？清晨，他驶过市税征收亭，沿着市郊大道前去，再转入他自己居住的小巷。他的房子就在眼前了。一个妇女独自伫立在门口。她是谁？

他的母亲。

18

法国欢迎波拿巴　约瑟芬的作战计划　丈夫包围战　危险的亲戚
政府在颤抖　局势紧张　谋划政变　阴谋

> 波拿巴登陆了，真是一个令人难以置信的消息。一夜之间，消息传遍各大剧院和社交场合。即使在最偏僻的酒馆里，人们都举杯庆祝他的归来。如果不是他已经活生生地出现在我们眼前，人们一定会把这当作是一个梦……人人都迫不及待地向他欢呼，因为他带给我们新的希望……每个人都相信，光荣、和平与幸福，一定会随他而至。

第二天早上，波拿巴浏览报纸时，上述的文字映入他的眼帘。每天，他都能读到大量真假参半的，有关他的容貌、举止、神情和服装的报道。甚至反对派的报纸，他们虽然没有被蒙蔽，但也寄希望于他："他的埃及远征失败了，但这又有什么关系呢？能够进行这场战役，他就已经心满意足，很难说他那股莽撞劲会把他引向何方。尽管如此，他那勇往直前的事业，毕竟恢复了我们的勇气。”所有人都欢迎他归来,他的计划也逐渐明确。

可是他的妻子却不在。当他进入法国的消息传来时,她正与五位督政官中的第一督政官戈伊埃共进晚餐。她和她的东道主同样惊慌,两人的良心都感到不安,但是原因却不同:他们发现自己正坐在危险的火山上。不久前,巴拉斯(他在此期间偶尔仍受到她的青睐和眷顾)曾劝她与几乎失踪的冒险者离婚,嫁给英俊的伊波利特。她一直没有收到拿破仑的信。即使他写了信,也一定无从投递或遗失了,谁知道呢。但是她的大伯约瑟夫那敌视的神情,已表明到底出了什么事。巴拉斯说得对,她应该抢先采取行动——可是这时拿破仑大胜土耳其军的消息又让巴黎大为振奋。可能还是留在她目前的避风港里更安全吧?轻浮风骚的她现在变得犹豫不决,最近几周又想到了要与丈夫和解。她揽镜自照,风韵犹存,仍可使男人们神魂颠倒;她对重温旧情满怀信心。

在戈伊埃的餐桌上,她强打精神;她的东道主也竭力装作若无其事。他们一起微笑,一起为将军的归来举杯。然后,她急忙赶回家中,带上一切能美化她的化妆品和首饰,乘上马车驶出城门,她暗自思忖:“兵贵神速,出其不意地袭击敌人——这不正是他能取得胜利的秘诀吗?在归途中,我将日夜与他厮守在一起;要抢在那些恶毒的告发者前面,把他争取过来!”

可是她没有迎到他,发现他已经走了,失之交臂。她于是急忙折返巴黎,但她失去了宝贵的三天时间;这期间,他的家人们早已把所有的丑闻告诉了他。虽然也有几个亲信劝他不要离婚,因为他妻子的丑闻会让全巴黎耻笑,但是他很坚决地说:“不行,她必须离开我。我现在这情形还在乎什么议论!不出三天,闲话就会烟消云散。”他让人把她的箱子和首饰收拾好,放在看门人那里,这样她就不用进屋来了。还能有什么比这个更明显地表明他害怕自己的弱点呢?

她来了,冲破了第一道防线,进入了堡垒。他把自己锁在房里。她在门外叫他,向他求情。因为在旅途中,她愈是认识到他英名远扬、万众拥戴,她要与他重修旧好的愿望就愈加炽热,她的自尊消失得也愈快。可是堡垒坚固,久攻不下。最后她决定去搬救兵,作最后的挣扎。她让奥坦丝和欧仁必须来帮她一把。他们呼号、恳求、哭泣,就这样整整折腾了一夜。

任何清醒的观察者都不难看出,约瑟芬制造这场滑稽剧的真正动机。

善于洞察人性的拿破仑会被这女人迷惑吗？

他躺在那里，长期出国征战归来，脑子里满是征服国家的种种计划。他在想："所有人都在骗我。政府、各个政党、我自己的战友，趁我不在就千方百计地排斥我，剥夺我的权力，因为他们认为我对他们构成了威胁。只要我远在异域，没有人盼望我回来，我的兄弟们也是如此。这个反复无常的女人，我从未约束限制过她的任性。难道要这样的女人在一年多的岁月里，饱受相思之苦，对不在身边的丈夫保持忠贞吗？而且她丈夫的回归，随着时光推移已日见渺茫，很难因此责备她。当我在这里时，她很迷人。趁着目前这个有利的局势，我可以宣布停火，然后迫使她答应我所有的条件，同时确保她以后可以恪守妇道。她的声音多美！她一定娇媚不减当年，否则也不会有这么多追求者。埃及的那个女孩，比起她来，简直是个蠢货，而且她也没能给我生个孩子。我到哪里才能找到比约瑟芬更完美的情人和妻子呢？而且，她不是已经生过两个孩子了吗？可能还会生一个。"

他打开房门，沉默不语，以示其英雄气度，忍着没说出满腹的谴责之辞。在这方面，正如在其他方面一样，他一旦决定就决不后悔。第二天，她供认说自己欠了200万法郎的债务。他一言不发地付清了账。

按照波丽娜的说法，他的兄弟们，特别是他的几个妹妹，都很不情愿地看到他和那个"老女人"又和好了。但是没有人敢再说一个字。

而且现在也不是争论这些事情的时候。形势逼人。他在国外时，兄弟们也都没有闲着。原来担任罗马公使的约瑟夫，如今已是巴黎的议员。吕西安才二十四岁，虽尚不到法定年龄，却已是反对党的领袖。他是位卓绝的演说家，人们都害怕他的辩才。他又是个急性子，好作戏剧性的表演，野心勃勃，但过于鲁莽，不大适合于建设性的工作。不久前，他与西哀士曾策划过政变，但缺少军队所拥戴的伟大将领。如今这位将领回来了，吕西安将把自己的野心埋藏在心里。后来当他想要自己上台时，一切却已为时已晚，而他也将会因此仇恨自己的哥哥。他，也是个了不起的波拿巴啊。

危险、深不可测而且狡猾的，是约瑟夫妻妹的丈夫贝尔纳多特。他长着一个傲慢的鼻子，有着放肆而又奸险的面容。他并不急于来看望波拿巴。当他终于到来后，波拿巴谈到了共和国的危急局势，贝尔纳多特反驳道："法国的力量足以对付国内外的敌人。"他死死地盯着对方，就好像他自己是波拿巴一样。两人傲慢的眼光在空中碰撞出火花。波拿巴很好地控制住自己的情绪，想把话题转向政治问题，再次谈到局势的危急，并严厉抨击雅各宾俱乐部。贝尔纳多特即刻插话道："是你的几位兄弟组织了这个俱乐部。"

让—巴蒂斯特·贝尔纳多特（1763—1844）

波拿巴仍然不愿生气，答道："可是，将军，我宁愿住在森林里而不愿生活在一个没有安全的国度。"

贝尔纳多特讥讽地说道："天知道，您会缺少什么样的安全？"波拿巴再也按捺不住，眼看就要发怒，约瑟芬忙上前调停，避免了一场不愉快。实际上，在某种意义上说，约瑟芬是纷争的原因。因为贝尔纳多特娶了德西蕾，当年拿破仑曾追求过她，没有得到她的青睐，后来就放弃了。他不能原谅自己，也无法宽恕贝尔纳多特。终其一生，波拿巴不断对德西蕾施以恩惠，以抚平自己青年时代的伤痛，尽管对此女方至少要负一半责任。为了她的缘故，他不断提拔贝尔纳多特，而后者却不断地出卖他。

几位兄弟和友人向他描述了他出国期间巴黎的一切：政府腐败，极度无能。这一切都促使波拿巴迅速将自己的预感转化为采取行动的决心。执政者的人数必须减少，他们的任期则应延长。政府是个高原，而他们必须成为顶峰：建立任期十年的三巨头政治，这是下一步方案。

在卢森堡宫，所有人都惴惴不安，因为他回来了。五位督政官中没有人信任他，他们之间也同样都彼此怀疑。他们当中，谁会同情波拿巴呢？西哀士与吕西安交好，巴拉斯与约瑟芬关系亲密，戈伊埃则与吕西安及约瑟芬都是朋友。迪科倾向于哪边呢？穆兰将军可靠吗？回到巴黎后，波拿巴马上就赠给穆兰将军一把饰有钻石的大马士革弯刀；穆兰碍于情面，无法拒绝这件礼物。

督政官们一个个就这么暗自猜想着。看看波拿巴第一次来向我们致意时的穿戴，有谁见过哪个将军这么打扮的？倒像个冒险家！便服，身着绿色外套，手上拿着一顶圆帽，腰佩马穆鲁克宝剑。很明显，这个人想使巴黎人目眩神迷，以为他是个伊斯兰帕夏。但是，他现在的头发很平整，原来的长发不见了，显然他是要用简朴来争取民心！可是他今天来拜访时却又大摆威风：将军骑在马上，随从们尾随其后，都穿着漂亮耀眼的制服。全巴黎为之轰动。这种服饰和阵势的改变，必定大有文章。看他坐在那里，向他的五个上司提问的派头，简直是在审问犯人。

波拿巴的反对者们愤怒地责问督政官们："为什么听任这个人操纵你们？他的埃及远征彻底失败了！你们要做的其实很简单，逮捕他，因为他擅离职守！他肯定心怀叵测，图谋不轨！"

与此同时，波拿巴会见雅各宾派领袖，也接见了波旁王朝的使者，他给他们提出种种忠告和建议，但不向任何人透露心中的真实想法。他的言谈举止如同一个刚从远方回来的高贵人士，正强忍住不耐烦，礼貌地倾听亲戚们讲述彼此之间的钩心斗角。他回来已有两个星期，形势日益紧张。国家大政几乎停滞。那五位本应治理国政的督政官，却正在忙于密谋。在这一片混乱中，两院完全丧失了威信。新宪法在疾风中飘摇，但没人知道风来自何处。谁是国内真正的掌权者？也就是说，谁控制着军队？穆兰将军？波拿巴将军？

就在谁也说不清拿破仑与政府间的关系将如何发展的时候，他去科学院作了一个报告，讲述苏伊士古运河的遗址，并展示了刻有象形文字的罗塞塔石碑。11月1日，政府举行国宴以庆祝马塞纳获得的胜利。波拿巴在哪里呢？他很可能不愿为战友的胜利庆祝！

当天晚上，他在吕西安那里与西哀士神父密谈。塔列朗终于设法让他与督政官中最聪明的一位联系上了。西哀士和波拿巴，一个再次发现了宪法，另一个再次发现了权力。这两个人相对而坐，他们在野心与才智上都棋逢对手。"是我让这个国家变得伟大。"将军说。"那是因为我们首先缔造了国家，使你有机会让它伟大。"神父反驳道。

他们商讨了有关政变的细节。到了那天，他们将散布谣言，说雅各宾党人正在阴谋夺权。元老院与五百人议会害怕之余，一定会把会议从巴黎移至圣克卢宫举行。"为了保险起见"，波拿巴还被任命为巴黎卫戍司令。西哀士已与迪科达成协议。至于另外三位督政官，可以通过劝说、威胁或金钱等手段迫使他们辞职。巴拉斯会接受金钱的。戈伊埃怎么办？“快刀斩乱麻！用武力解散两院！”吕西安建议道。不过到了夜间，当拿破仑独自一人时，重新又考虑了整个计划：

武力！四年前动用武力就已经很愚蠢了！看它会把我们引到什么地步！最高的艺术是维持合法的外衣。不用大炮，不用流血，也不需要逮捕谁，或打击什么政党，这就是最理想的政变之奥妙所在。不然，武力得到的政权最多能维持一年，然后又会出现问题。在经历了十年革命之后，共和国已经厌倦。共和国有如一个亚马孙女战士，多年来一直在吃力地保护自己，她已经累得筋疲力尽。如今她只想投入一个强有力的男人的怀抱，让他来领导她。

我能信任西哀士吗？他那光秃的前额显得思虑重重。十年来，他创立了宪法，但他只是个理论家；他现在需要一个强有力的将军，利用完之后一定会甩开我。我要是不回来，他就会与莫罗联手。我将利用这两个人。贝尔蒂埃、布里昂、缪拉、马尔蒙和勒克莱克，这几个人我可以完全信赖。吕西安忠实吗？暂时是可靠的。贝尔纳多特呢？他那敌意的眼神流露出他的真实想法，但他还不至于站到敌对的一方去。塔列朗呢？一个危险人物。也正因为这一点，我必须让他站在我这一边。穆兰？不能浪费时间了，巴黎的将军太多了。要小心！

第二天晚上，他去塔列朗家，同这个阴谋家再次谈判。他们讨论了整个计划，一直谈到很晚。忽然，街上有响动。门口传来马蹄声，是巡逻兵！“波拿巴的脸色陡然发白，我想我也如此。”塔列朗后来写道。两人都以为他们将遭到逮捕，他们熄了灯，踮起脚尖来到走廊的窗边，想要看个究竟。虚惊一场！原来是酗酒者闹事，警察前来干预。两个密谋者总算松了口气。为什么督政府不把这两个可疑的人物加以逮捕呢？因为，波拿巴已经名声显赫，碰不得了！

11月6日，在卢森堡宫举行宴会。波拿巴与莫罗都在被邀之列，莫罗被安排在贵宾席，这件事说明主人们对波拿巴的信任程度。而波拿巴也同样怀疑东道主们，他什么也不吃，只吃由一个心腹仆人递过来的鸡蛋与面包。半小时后，他中途告辞，回到他的同谋者那里，继续讨论如何把刚才招待他的那些人拉下马。第二天晚上，塔列朗、罗德雷和西哀士在波拿巴家用餐，需要拉拢过来的儒尔当和贝尔纳多特也应邀参加。餐后，他问儒尔当，会发生些什么事。这一简单的提问充分显示出当时危机的严重程度。两位从未亲切交谈过的将军相遇，相互盯视。“将发生什么事？”其中的一位将军问道。另一位则意味深长地紧握剑柄。现在，他们争取到了动摇者。同谋者们商定，在四十八小时内采取行动。亲信们的任务也已派定：缪拉、拉纳和马尔蒙负责通知三军军官，贝尔蒂埃则通知参谋总部。

吕西安负责掌握五百人院。他刚好当选为本月的议长，这是由于庆祝他哥哥回国而当选的。元老院的议长也是同谋者。印发开会通知单的会议仆从事先得到指示，要给某些人故意漏发通知。等到波拿巴被任命为巴黎卫戍司令，他就把杜伊勒里宫交给拉纳负责，将波旁宫交给缪拉把守。由约瑟芬邀请戈伊埃夫妇早上八点共进早餐。波拿巴则将与巴拉斯共进午餐，使他放松警惕。约瑟夫的任务是稳住他的连襟贝尔纳多特，即使不参加，至少也得保持缄默。罗德雷负责起草布告，他的儿子有个朋友是印刷工，他将秘密排字付印。

“当年刺杀恺撒的布鲁图的心境不够高尚吗？”波拿巴暗自思忖，“不过，说真的，我们倒也真想谋杀一个人——无政府主义！一个新的时代，一个新的世纪，竟然要用这种卑鄙可耻的手段来开创！军营生活要干净多了！”

雾月十八日　将军与元老院　政府被包围　一袋金币　合法的外衣

11月9日清晨，浓雾笼罩着城市狭小的街道：法历雾月十八日来到了。波拿巴的住宅前有人在活动，军官们有的骑马，有的乘车而来。终于决定动手了吗？大部分军官们在意大利的时候就和他相识。他家中容纳不下这么多人，因而他们在花园中等候，顺便活动活动，讨论一下成败的机遇。人人活泼而又高兴，仿佛当年在莱茵河上。还是要保持安静，注意影响；不能让人说，穿制服的军官们这么早就活动起来了。一切进展顺利。信使们前来报告，证实一切已按计划在进行：两院在上午七时召开会议，他们不喜欢的议员并未接到通知。最先到的是同谋的朋友，达到法定人数后，吕西安在五百人院，他的同谋则在元老院，建议为任命拿破仑为巴黎卫戍司令投票。

信使来了！送来了委任状，盖有正式的公章！一切都绝对合法！这位将军与忠实的追随者同行。一切进行得有如在军营一样。扈从如云，他骑马招摇过市，市民对此惊讶不已，好在他们对政治已失去了兴趣。当年随拿破仑参加意大利战役的龙骑兵团未等团长下令，就来到玛德莱娜大道；其他的军官则追随着迪科和马尔蒙。马尔蒙很早就召集他们前来。正当他们准备为自己缺乏马匹而道歉时，马尔蒙已经把从一个跑马场借来的马匹送到他们面前了。

杜伊勒里宫的花园里十分拥挤。许多人仍留在马背上。不过，波拿巴下了马，进了元老院。他来到这个黑暗、陌生的大厅里，是为了向他所蔑视的那些人发表演说吗？为什么他不直接对着那个他即将摧毁的宪法宣誓呢？法律规定，被委任新职的将军应当宣誓。他想避不履行这项手续。在讲坛上，他发言道：

"共和国面临覆灭的危险……你们已认识到这一点，并通过了一项法律去拯救它。在历史中，人们根本找不到束缚你们行动的理由或事例。没有一个时代可以与18世纪末相比，而在18世纪末，也没有任何时刻可以与现在相比……我们要的是一个建立在自由和平等之上的共和国。我们会得到它的。凭借一切自由之友的帮助，我将拯救这个共和国。以我个人以及我战友们的名义，我向你们发誓一定能做到！"

"我们发誓一定能做到！"从大厅洞开的门外传来的宣誓声，回荡耳际。议员们在座位上不安地扭动着身体。战友们是什么意思？但波拿巴已离开了大厅，他长舒了一口气，这些律师们的眼睛，这些闪烁的眼镜！这些衰老的家伙！他并没有注意到，他的发言，简直像在阅兵场上训话，他们很反感他的语调。

到了外面，波拿巴再度上马，号召他的军队拯救共和国。这时他的语言和声音已完全不同了。吕西安送来了报告，已把五百人会议延迟到第二天。但是，这是什么意思？督政官们的卫队正往这里行进？他们是朋友还是敌人？"是西哀士派你们来的吗？"队长否认。两人都笑了。

实际上，脸色苍白的西哀士这时仍站在卢森堡宫门口。过去两个星期以来，我们聪明的神父一直在学习骑马。他曾幻想着能骑马率领卫队，与他的新同僚的部队会合，然后从马鞍上倾斜身子拥抱他们每一个人，在全世界的面前作出平等的姿态。可是，卫队没等他下令就出发了。队长把他们领到了杜伊勒里宫，他们骑的都是快马，神父根本追不上。无人关注、垂头丧气的西哀士只得乘着马车尾随其后，性格随和的督政官迪科坐在他身边。一个同谋就这样被人耍了，那么其他三个督政官的命运就可想而知了。

穆兰用军人的观点来看待此事，他估计对手在杜伊勒里宫有八千兵力，而他的副官又告诉他，城里所有的重要据点都已落入波拿巴手里。于是，他给波拿巴写了封信，表示"随时听候阁下的吩咐"。

老实的戈伊埃待在家中，此时只能枉自咆哮发怒。虽然他认为上午八点的早餐邀请有点古怪，所以只让妻子应邀。此刻，戈伊埃夫人作为某种意义上的人质，正与约瑟芬一起饮茶，而波拿巴则正在欺骗她的丈夫，当然不是与他妻子偷情，而是窃取法兰西。当最早的消息传来时，戈伊埃忙又把信息捎给同僚们，并召集他们举行会议。没有人应命前来，穆兰已经加入西哀士和迪科一伙了。而巴拉斯则说，他正在洗澡。

当塔列朗，这个命运的使者拜访巴拉斯时，这位督政正在刮胡子。看来他似乎要把这一整天时间都用在洗漱上。不过，在了解他底细的塔列朗的扫视下，他决定妥协，仅仅要求保障他的自由与安全。当他的秘书把这一要求告诉拿破仑时，将军在杜伊勒里宫的花园里，当众谴责这位秘书道："你们都对法国做了什么？当初我留给你们的时候是多么好的局面！我给了你们和平，回来却只看到战争……你们对十万法国将士，我光荣的伙伴们又做了些什么？他们全都牺牲了！不能再这样下去了！三年内它会导致专制独裁！而我们要的是建立在平等和自由、宽容和道德之上的共和国！"

小秘书吓得瑟瑟发抖。实际上，波拿巴心里很平静，只是他认为当着这么多人，佯作义愤填膺，对他有好处。不出两个小时，全巴黎都会知道此事。

戈伊埃来了。他并不缺乏勇气来当面警告这位被卫队所簇拥的强权人物。戈伊埃提醒拿破仑对督政府应尽的义务。

"督政府已不存在了！"波拿巴吼道，"共和国形势危急，我要拯救它。西哀士、迪科、巴拉斯都已辞职。"就在他们谈话时，有人呈上穆兰的信。"你不是和穆兰是一伙的吗？不？你看，这是他的辞职书，你是最后一个，我想你也不会坚持太久。”

戈伊埃仍固执己见，出于对法律的执着而拒绝让步。他回到卢森堡宫，在那里，他和他的朋友被五百名士兵监视，直至一切结束。巴拉斯则在家中焦急地等候答复。要是波拿巴报复怎么办？约瑟芬又太任性乖张。塔列朗终于又来了，带来了通行证和一袋金币。至于那袋钱，谁也不知道巴拉斯是否收下。也可能塔列朗把这些当作使者的报酬中饱私囊了。

就这样，共和国的五位首脑被波拿巴将军夺去了权柄。这还只是第一天。明天，在圣克卢宫，可能还要面临更大的麻烦。波拿巴家里并不平静。吕西安始终参与此事，了解情况，他理直气壮地喊道：“整个事情本该在一天之内完成！你们给了他们太多的时间！五百人院已经在叫喊，他们被欺骗了！明天一切都不好说！我们必须派人去肃清两院，逮捕最危险的议员。”

没错，明天将会有种种的麻烦。贝尔纳多特就曾要求雅各宾党人任命他为反对派将军。“但是这些人都是懦夫！”必须拘禁反对政变的将军！波拿巴的同党和下属一再这样劝说他，但波拿巴仍然坚持维持合法的外衣：

> 人们也许会说我害怕这些将军，但没有人有权控告我们不合法。不要党派，不动武力！全体人民必须经由他们代表的投票来参与决定国家大事。不要打内战！凡是以公民的血而开始的事业，最终只会落得可耻的下场！

不过到了夜间，为了以防万一，波拿巴还是在床边放了把上了膛的手枪。

20

后室 愚蠢的演说 撕打“有人要谋杀我！”吕西安的伟大演出
最后一轮舞 “晚安，布里昂！”

翌日清晨，街上车水马龙，望不到头的豪华马车和双轮小车、骑马者与步行者，都拥向圣克卢宫，好像去参加盛大的检阅活动。波拿巴也决定乘车而去，不骑马，也不要大群的随从，以免惹人非议。在这件事情上，他已经决定始终坚守宪法的形式，直到废除的最后一刻。有谁能说昨天的事有任何违宪之处？出于安全的考虑，两院难道无权在城郊开会，并且委任一名新的巴黎卫戍司令吗？督政官们难道无权辞职吗？难道会有人硬要说，造成这次开会地点改变的雅各宾党危害之说纯属子虚乌有吗？今天，两院将举行公开投票，修改宪法，任命三位临时掌权者。借用当年古罗马的头衔，他们可以称为三巨头，或者最好称为执政。然后，两院将休会。每件事不都是严格按法律程序走的吗？

但是议员们的观点却大不一样。他们像低垂的乌云，在这座偏僻的宫殿的山谷中来回穿行。他们争论形势，提出抗议。由于大厅需要临时修葺布置，会议直到下午一时才开始举行；他们有充分的时间酝酿他们的愤怒。

在面朝花园的一间小屋里，坐着三位明天将会成为执政的人。西哀士和迪科一直坐着，而第三位却不耐烦地来回踱步。他的亲信们则不时地进来汇报。他在想："这些个文官效率真低！安排几张长椅竟要一个上午。议员们还要一一宣誓，我们的新兵可都是集体同声宣誓的，两分钟就可以结束！干吗我非得在这狭窄的后室里，等候那些律师在大厅里商量的结果，真是有失身份！"

这时，元老院在楼上的阿波罗厅集会，五百人院会议则在楼下橘厅举行。也有旁听的观众，都是可靠的人。在全体都宣誓之后，讨论终于开始了，吕西安是主席，负责主持会议。反对派理由充分，论证有力，赢得了越来越多的支持。发言者指责大厅外咄咄逼人的军队，他们高喊："不要独裁！这个克伦威尔将给我们套上枷锁！"几乎所有的议员都鼓掌喝彩。后室里的人接到的汇报愈来愈不妙。军官们不耐烦了："把这些人赶出去！外面有我们的军队！"

波拿巴的唯一答复就是冷冷的一瞥。挂上佩剑，他一声不响地上楼进入元老院会议厅。几名忠诚的亲信跟随其后，对上司的举动摇头不止。难道他又要像昨天一样，只发言而不开枪？议长既惊讶又好奇，让他登上讲坛。他今天应该会比昨天讲得好些吧？他今天应该能讲到点子上，而不只是长篇大论讲述自己了吧？

> 昨天，我正安静地坐在家中，你们派人召我前来……而今天，我却受到众人的诽谤……自从我回国以来，各政党都在尽力争取我……元老院必须尽快作出决议。我不是阴谋家，你们了解我。难道我对国家的忠心还需要进一步证明吗？……反法联盟都未能击败我，难道我会在一小撮捣乱分子面前发抖？如果我是个狡猾的阴谋家，你们尽可以全部充当布鲁图的角色！

令人不安的骚动、微笑。为什么他只说话而不行动呢？他似乎并不清楚自己是在议会，而不是在军营，因为他接着说道："全法国都应该知道我们所经历的事情……每个政党都想利用这场危机，从中获利。每个政党都想把我拉到他们一边。而我却支持两院。如果你们犹豫不决，如果自由被倾覆，你们就必须对整个世界，对后人负责！"他说得愈来愈语无伦次。元老院的议员们围着讲坛，打断他的话，要他说出人名来。突然，他转过身来，向大门挥手，好像是在指示外面的部队。他似乎在寻找出口，对着那些看不见的士兵呼唤道：

> 你们，我的同志们，我知道你们正团结在我的左右。举起你们的刺刀，我们曾用这些刺刀一起走向胜利，举起刺刀对准我胸膛吧！要是有哪个领外国津贴的议员敢宣称你们的将军为不受法律保护的人，那就用你们的雷霆之怒把他打得粉碎！战神和幸运女神与我同在……

一阵哄堂大笑。这笑声会不会埋葬这位演讲者连同他的政变？终于，布里昂匆忙从后面走出来，扯扯他的胳膊，在他耳边低声说："别说了，将军，您已经不知道自己在说什么了！"他迅速跟着布里昂走出会场。一个忠于他的议员忙起来发言，尽量将此事搪塞过去。

到了大厅外，他长长地舒了口气。他刚才到底是怎么回事？乌云怎么会遮蔽了他敏锐的头脑？在硝烟弥漫的战场上，他很冷静，作出的决定面面俱到，十分完善，有如光滑的大理石球面。为什么在决定一切的关键性时刻，他却智穷力竭了呢？

因为他长于下命令，统率人，而不知如何去请求。虽然他会奉承、恫吓、佯作迟疑、说谎，他在这方面的手法，远比他的谈判对手高明；但是，这一切背后却隐藏着他强硬的态度：如果我在对手那里得不到想要的东西，那我就用炮火说话。除了向人求情，除了承认并非自己所制定的法律以外，他什么都能忍受。他讲求秩序与合法性，但并非他创建秩序与法律以前的那种秩序与合法性！

他已经预见到，通过巨大的努力，他可以把这个国家引上正轨。在十年的动荡混乱后，他将重建国家秩序。没有人会由于出身卑微或贫穷而处于劣势，因为人人机会均等。可是今天在这座大厅里，这堆律师们，十年来他们腐化堕落，老朽不堪，被宗派意识支配了头脑，被党派政治的尘垢所污染。就是这样一些人，他必须向他们请求，向他们发誓，恳请他们发发慈悲，赐予自己以及他人那早就属于他的权力。他手下的士兵就是他的权力，他们已经等不及要动手了。

在科学院的时候，他可以安静地坐在学者中间，一边学习一边提问。但他对眼前的政体的情绪却缺乏了解，实际上他自以为已经获胜了。他给约瑟芬捎去信说一切进展顺利，同时向他的追随者们说了一些鼓舞的话。他很快又下楼去五百人院，准备把同样的戏剧再表演一遍。幸而他的朋友们很谨慎，采取了预防措施，派了四名士兵跟随他进入会场。这四个人都是彪形大汉，他们的忠心与体力完全可以信赖。

雾月政变

派人护卫，这并不符合他决心严格遵守议会规则的做法，但也顾不了这么多了。于是，在士兵的护卫下，他手持礼帽和马鞭，进入五百人院会议厅。“波拿巴！”听到喊声，所有人都马上转向门口看去。雅各宾党人喊道：“打倒暴君！大厅里有武器！把他干掉！”有些强壮的议员则扑过来打他，卫兵忙上前保护，把他护在中间，用他们的手臂和肩膀挡住愤怒的雅各宾党人的拳头。双方推推搡搡，扭打成团。

大厅里一片混乱,人们的喊声、咒骂声响成一片。——波拿巴与四名战士正一步步地退向正门。总算出来了！在他的支持者的包围下,他却大失常态,站在门口,一时说不出话来。不过,很快他又恢复过来,走回后室。

在意大利战役中,有好几次,他率领士兵冒着炮火冲在最前线。在洛迪,他曾命悬一线,幸好得到救助。但是今天在这里,他第一次卷入了一场混乱的扭打中,既不能开枪,又不能拔刀。这样的情景,他在事业的末期还会遭遇。在这种时刻,他根本不可能抽出剑来,因为他的对手手无寸铁,尽管实际上他们中的一些人是有武器的。而且如果使用武力的话,他这次政变的基本原则将会遭到彻底颠覆。

最终他不得不放弃这些原则。虽然他刚才躲过了那些人挥舞的拳头,但是他们的拳头却粉碎了他想坚持的原则和主张。有人对他动武了。他愤怒地在房里踱来踱去,他的自尊受到了伤害。愤怒中,他用手把自己的脸抓得流血——血？他马上就冷静下来。还有什么比这血更有用的东西？议会里竟有人企图谋杀！他必须将这展示给他的士兵看,让他们知道这些坏蛋是如何粗暴地对待巴黎卫戍司令的。是对方首先破坏了法律。这一借口使他摆脱了他自己确立的原则。

在五百人议会大厅里,吕西安则在为他而斗争。“剥夺他的公民权利！宣布他不受法律保护！”大多数议员都在这样喊。吕西安则用喊声和铃声来制止喧闹。徒劳无功。有人正式提议,就剥夺波拿巴公民权利一事投票表决——在革命的巴黎,每个人都知道这意味着什么。由于没有其他解决办法,今天负有捍卫法律和秩序之责的议会主席吕西安,大模大样地脱去议长的长袍,一怒冲出了会场。他高喊:“情况紧急！”

他看到哥哥正与部队在一起。波拿巴接到汇报,说要投票宣布剥夺他的公民权利,顿时脸色发白。然后,他跑到窗前向部队喊道:“枪上膛！”然后他跑下楼来,骑上马,但很快注意到士兵们并无响应,他还没有完全掌控士兵。夜幕降临,大家都在静观事态的发展。吕西安出来了。他跳上马,和他的哥哥一起来到士兵面前。在栅栏外面,西哀士和迪科正坐在马车里朝这边观望,他们随时准备今天逃逸,或明天成为法国的统治者,就看形势如何发展。看来已是群龙无首。

只有吕西安抓住了时机。虽然是个新手,但他对士兵的讲话远胜过拿破仑对议员们的发言：

> 士兵们！作为五百人院的议长，我谨告各位：在会场里，大多数人正受到一小撮手持武器的雅各宾党人的胁迫。这些无赖，他们拿了英国人的钱，竟敢宣布将你们两院委任的将军剥夺各项权利！他们实际上还想刺杀他！请看这伤痕！请用你们的刺刀来捍卫他吧，挡住他们的匕首，以便有关国家利益和安全的讨论得以和平进行。那些跟着我走到你们中间的人，才是真的议员！把其他待在里面的人都统统赶出去！

拿破仑紧咬嘴唇听着弟弟的发言。吕西安讲完后，轮到他说话了，他喊道："任何敢于反抗的，杀！跟我来，我是战神——"吕西安害怕他再说话，向他嘘道："看在上帝的分上，闭嘴！"

"波拿巴万岁！"士兵们喊道，因为他们把这一对兄弟看作是文武权威的结合。但是仍没有一个人行动。要是他们不即刻进军，一切都要完蛋！吕西安使出了最后一着：他很潇洒地夺过了一个军官的佩剑，对准兄长的胸膛，向士兵们说道："我在这里庄严发誓，要是他胆敢威胁法兰西的自由，我就用剑刺穿我自己的哥哥！"

吕西安·波拿巴（1775—1840）

这句话收到了预期的效果。缪拉随即命令吹响总进军号，让士兵跟着他，并高声喊道："小伙子们，把所有的暴徒都扔出会场！"终于，士兵们笑了！刺刀出鞘，但态度平和，未伤及一人就把敢于反抗的议员拉了出去。在微弱的光线下，全场骚动，议员们的红袍和四角帽与卫兵们的小帽混作一团。最后一批议员跳窗而逃。

同时，立了大功的吕西安忙上楼去了元老院，他大肆夸张地叙述了他哥哥如何受雅各宾党人的殴打。他劝诱惊慌失措的元老院任命三位执政，并一直开会到深夜。然后各位议员来到一家小酒店用餐，因为这时他们全都已经饥肠辘辘了。

当天夜里，议员中最可靠的一些人在圣克卢宫空旷的大厅里聚集。在烛光的照耀下，三十名留下代表法兰西人民的议员奉命投票。人家怎么说，他们就怎么投。大约有一百多位名流、漂亮女士和她们的情人不无讥讽地目睹了这一午夜盛典。一切都顺利进行，社会普遍没有受到惊扰，无产阶级也平平静静。永不疲惫的吕西安坚持，必须隆重庆祝这一政治弥撒。凌晨二时，在鼓乐声中，三位执政宣誓就职。“共和国万岁！”一些疲惫的声音喊道。

凌晨三时，执政波拿巴与布里昂一起驱车返回巴黎。他的双眼直勾勾地望着前面，一言不发。直到进了家门，约瑟芬也在场，他才开口：

“布里昂，今天我好像讲了一大堆蠢话？”

“是讲了不少，将军。”

“那些笨蛋快把我逼疯了，我不善于在公共场合讲话。”接着，他不谈政变，也不庆贺自己惊人的胜利——因为从明天起他将统治整个法国——他只提到了个人恩怨。这才是让他痛心的事情！

“贝尔纳多特那个家伙！他想出卖我！他的妻子——他的妻子很能左右他。我对他难道还不够好？你当时也在，你是知道的，真不该那么迁就他。他必须离开巴黎。只有这样才能抚平我受伤的心……晚安，布里昂。顺便说一句，明晚我们将睡到卢森堡宫去啦！”

译注：

① 原文为Der Sturzbach，指山间湍急、落差较大的溪流。本章第2节临结尾处：“士兵们，你们像一股湍急的溪流，从亚平宁山脉直冲而下……”

② 汉尼拔（公元前247—前183/182）：迦太基人，古代最伟大的军事统帅之一。公元前218年春率军从迦太基远征意大利，在连续行军作战五个月后，历时十五天翻越阿尔卑斯山，与罗马军队交战并将其重创。公元前183年或公元前182年，因多次战败而服毒自杀。

③ 西庇阿：古罗马著名统帅。

④ 在法德等语言中，家人（包括夫妻）、亲朋好友之间通常以非尊称的“你”相称，而尊称“您”常表示双方地位的差距或关系的疏远。拿破仑在此信中对约瑟芬用了这两种不同的称呼，体现了他对她爱恨交加的感情。

⑤ 即布鲁图·阿尔比努斯（Decimus Junius Brutus Albinus，？—公元前43），古罗马将军。曾参与刺杀独裁者恺撒，并率领共和派军队与马可·安东尼领导的恺撒派军队作战，后被安东尼下令处死。

⑥ 即布鲁图（Marcus Junius Brutus，公元前85—前42），古罗马政治家，刺杀独裁者恺撒的主谋。后逃往希腊，率军对抗安东尼、屋大维联军，因战败自杀。

⑦ 公元452年，匈奴王阿提拉率军侵入意大利北部，西罗马帝国皇帝瓦伦丁尼三世束手无策，教皇列奥一世亲赴曼图亚向阿提拉求和成功，保全了罗马。

⑧ 自15世纪初开始，“德意志民族的神圣罗马帝国”的皇帝称号及德意志王位实际上由哈布斯堡家族（1740年以后为哈布斯堡—洛林家族）的奥地利王室世袭，因此作者有时称德意志为奥地利。

⑨ 在西方，匈奴国王阿提拉被视为残暴的象征。

⑩ 帕夏：旧时奥斯曼帝国等东方国家高级文武官员的称号。

⑪ 马穆鲁克（Mameluk）：伊斯兰国家统治者的雇佣兵。

⑫ 霍希施戴特战役：发生在1704年西班牙王位继承战争中的一次著名战役，英国名将巴尔伯勒公爵率领英、荷、葡联军，在巴伐利亚的这个小镇上，歼灭了法国—巴伐利亚联军。这是法军的一次空前惨败。

⑬ 德鲁兹：中东的伊斯兰教派，人数不多，崇尚武力，散居于叙利亚、黎巴嫩和约旦。

第三章　江[1]

以明晰的理智探索历史
潜心思索数个世纪，
渺小之物转瞬即逝，
唯沧海桑田历久弥新。
——歌德

1

渐渐平息的锣鼓声　智慧与剑　平等，而非自由　参议院
《拿破仑法典》婚姻与离婚　为了家庭　为了孩子
每天工作十八小时　整治与建设“革命已经结束”

椭圆形的会议桌旁围坐着二十多个人，其中有年轻人，也有老年人。他们的目光中有的显露出勇敢无畏的精神，有的闪烁着学者的睿智。他们的打扮大多很朴素，不戴假发、不在衣服上镶花边——这是1800年的时尚，少数几个穿军装的也未佩戴金色穗带和勋章。这是怎样的一群人啊？！他们有的是实干家，有的是理论家；有的是坐办公室的，有的是在乡下工作的；有的来自战场，有的来自实验室。有一点把这些不同的人联合起来：在经历了长达十年艰辛的革命后，他们聚集在这里，以结束这场革命。环绕着他们的是辉煌而冷寂的杜伊勒里宫。在这座宫殿里，波旁王朝的最后几位皇帝实施了他们的统治。丝绸和地毯泛出的金红色光泽，似乎与这些与会者

身上具有的平民特质格格不入，因为被棱镜漫射开来的烛光显得格外柔和，使人想起灯红酒绿、纸醉金迷的景象。

督政官们曾经在王宫里为他们漂亮的女友举办盛大的庆典。不过那是在卢森堡宫，他们之前的贵族议员们举行会议的地方，杜伊勒里宫则仿佛为不幸与幽灵所占据。如今，独裁者波拿巴扫除邪气，在雾月政变发生两个月后，与另两位执政迁入了这座古老的宫殿，因为这里对他有着神秘的吸引力。但是，与其说这是一次隆重的迁入，不如说更像是一出滑稽剧。在最后一位国王被捕的七年之后，共和国的第一位平民统治者入住这座宫殿。那些租来的马车上的编号被草草地用纸糊起来，却被巴黎人看出了马脚，他们禁不住大笑。这象征着时代报复的荒唐的一幕。这位执政的心情也与此次具有象征意义的迁入相似，显然准备不足。他如同孩子般好奇地东张西望，对一位朋友说："我们已经进了杜伊勒里宫，现在重要的是在这里待下去。"

如今围坐在椭圆形会议桌旁的人之中，也有一些曾经头戴假发、身穿镶有花边的衣服、脚蹬皮舞鞋，在这里战战兢兢地等候着国王陛下的召见。他们在卢森堡宫也曾经坐在类似的会议桌旁，所不同的是来自那张会议桌的法令都不长命：法律颁布后又很快被废除，紧急条例、非常条例和过渡性规定一个接一个，三部宪法频繁地替换，此上彼下，如焰火般短暂、辉煌。在整整十年时间里，人们试图使各种新思想变为现实。然而，这十年在巴黎恰似一个彩灯闪烁、锣鼓喧天的夜晚，转瞬即逝。巴黎就像一座军营，没有前线，没有战役，各武装政党你方唱罢我登场，旧秩序与新理想争辩不休，激进思想的光芒照亮天空，希望落空的迷惘与称霸天下的野心令人无所适从，这一切仿佛一场由自由、平等与欺骗交杂而成的闹宴——在这一切之上，从云端向下观望的是卢梭与伏尔泰的灵魂，卢梭目光中流露出厌恶，伏尔泰嘴角带着冷笑，而恰恰是他们的著作引发了这一切。

忽然，一切都沉寂下来。身穿绿色旧将军服的矮个子男子坐到了这张椭圆形会议桌的主席位。他是参议院的主席，实际上也是国家的首脑。从此，各党派偃旗息鼓，有的心甘情愿，也有的心怀不满，但不管怎样都沉默了。充斥着腐败、朋党结社、恐怖与煽动的法国，犹如一个厌倦了爱情冒险的女子，最终回到那个唯一能掌控她的男人的臂弯。

波拿巴不再需要战斗了。他正是法国所寻找的那个人,一个能够发号施令的人,一个从未执掌大权的人,一个不隶属于任何党派的人,而且还必须是个受到民众拥戴的人。也就是说,他应当是一名军人,一个常胜将军。莫罗本来算得上是个对手,可惜他既不够自信也不够老练。其他将军不是战死沙场就是名望不够。文官中更无人能与他匹敌。波拿巴战功彪炳,本可轻而易举地掌握国家大权,偏偏他执意遵从宪法程序,结果可笑地失败了。

这一自找麻烦的做作之举恰恰显示出波拿巴与生俱来的政治天赋。他手中紧握利剑,心中却清楚武力的威力和局限所在。当时他曾说:"你知道我在这世界上最欣赏什么吗?在建功立业方面,武力没有什么作用。世界上只有两种力量:智慧和剑。从长远看,剑总是被智慧所战胜。"这位当时最伟大的统帅,无论是在巴黎还是在休战调停或结盟会议上,从来都没有以武力胁迫的习惯。这也显露了他的政治天才,对他而言,剑只不过是他所有武器中的一种而已。不仅是现在,而且在将来的十五年里,他的耳朵从来没有被斗争所蒙蔽,他总是能听到民众的心声。这是无从计量的声音,即便是精于计算的波拿巴也无法估算。这民众的心声触动了他骨子里富于想象的一面。

任第一执政的拿破仑

比起剑来,波拿巴更信任智慧的力量,正因为如此,他追求秩序与和平更甚于战争与征服。今后十年的历史将会证实这一点。

对他而言,秩序意味着平等,却无论如何都不等同于自由。这两样革命的财富,他只能选取前者纳入他的独裁统治。除了偶尔的摇摆不定,他自始至终都捍卫平等,尽管表面上看并非完全如此。那么自由呢?何谓自由?"无论是野蛮人还是文明人,都需要由一个主人、师傅和魔术师来遏制他的想象,对他进行严格的管教,给他系上链子,阻止他不合时宜地乱咬,痛打他,带他去打猎：服从是他的天职，他不配得到更好的待遇，并且他没有权利。”这饱含着威胁意味的话语只不过让人窥视到了他内心思想的一半而已。因为在他统治的时期，他只任命能干的人，赋予他们统治成千上万人的权力。正如他自己一样，依靠自己的才干与勤勉，依靠先天与后天赢得的优势，获得了统治千千万万人的权力。是的，他是革命之子，无论他采用何种方式进行统治，他永远都是革命之子。

他那神秘的影响力在此可以找到部分解释。他的势力范围越大，人们就越是相信，在这个制度下，所有能力卓越的人都可以实现自己的愿望：地位、权势和财富。因为领导这一切的那个人，跟大家一样出身贫寒。如今，他的第一个举措就表明了这一点。西哀士在宪法草案里设立了国家总统一职，其职责只是代表国家和签字。波拿巴以士兵式的语言撤销了这个职位：“这种好吃懒做的肥猪必须滚开！”他取而代之的是独揽大权、任务繁重的第一执政之职。作为军队最高统帅、外交政策制定者，所有的大臣、公使、参议员、省长、军官和法官都由他来任命。三十名被任命的参议员选出他们的同僚。但是，无论参议院、立法院和护民院都无权提出法案。这些机构的设置，只不过是为政客们的发言提供一个论坛，同时使参议员们拿着高额的薪金，以维持奢靡优渥的生活。

波拿巴独掌大权，因此在选拔人才上，他不以个人的姓名、出身、相貌或是党派为准来任命军政职位。不管是要职还是次要职位，全是有才干与能力者居之。这就是选拔参议员的标准。

这些有着聪慧头脑的人是由独裁者亲自选定的。其中有拉普拉斯。为了表示对科学院的尊崇，波拿巴还任命他为内政部长。这位学者担任此职一直到他退出政坛，重新致力于天体力学的研究。除了拉普拉斯，这群人之中还有罗德雷。他身兼两职：既是官员又是记者。他是拿破仑二十年来所见过的所有人中最为独立和可贵的会议记录者。当时最伟大的法学家之一特隆歇也是参议员。在参议院里，所有人都是公民，而且彼此以公民相称。这里，保王党人与雅各宾派成员并肩而坐，人人享有平等的地位，因为这里人们尊崇的是理性。

当官方的会议记录呈交给这位“公民执政官”时，他说道：“详细记录法学权威们的观点是极为重要的。这些观点举足轻重，而我们军人或是富商的意见则微不足道。我情绪一激动就会失言，但话一出口我就意识到错误。我不想故作高明。”当他发现参议员们只是随声附和时，他说：“先生们，我请你们来不是当我的应声虫，而是表达你们的意见的。因为我想比较一下我的想法与你们的想法孰优孰劣。”

这样的会议通常在晚上九点才开始（因为此时执政官才能处理完当天的紧急公务），有时要延续到次日清晨五点。如果某位参议员甚至参谋部长打瞌睡，他会摇醒他们，对他们大声说：“我们要保持清醒，公民们！现在才不过两点。我们得卖力干活才有薪水拿。”当然，身为会议主席的他也是与会者中最年轻的，他年方三十。可是，在三次战役中，他已经学会了如何照管几十万人。指挥一支军队翻越阿尔卑斯山，漂洋过海，一直深入沙漠腹地，这岂不是学习如何管理国家的最佳机会吗？当时，他已不得不设法搞到军饷与粮食，考虑权利、奖惩、休养、服从和纪律。

在政变之夜，他委派两个委员会负责起草一部法典，这是他开始独裁统治后的第一个举措！混乱始于无法可依。一直到革命爆发，法国都没有一部统一的法典。大革命承诺制定一部法典，但时至今日，革命爆发后的第十一年，这一诺言仍未实现。此年夏天，他委派三名大法学家着手编纂。四个月后，一部之后被称为《拿破仑法典》的民法法典草案出炉。该法典被提交参议院审议。一年半后，法典经参议院投票通过。

在一个多世纪后，法典中所确立的一切在法国仍然有效。直至1900年，在拿破仑所征服的国家，包括在德国，这部法典都被采用。今天，这部法典的准则仍是几乎所有欧洲国家民法的立法基础。在这部法典中，所有新的、在道德上具有决定意义的部分，都包含着革命性法律的成分。波拿巴这位独裁者花费数月仔细研究这部法典，并对其中争议之处作出裁决。法典明确了革命初期提出的合乎理性的原则，经行家的整理提炼，最终成为一部提倡人权的法典。根据这部法典，世袭贵族不复存在，所有子女享有平等继承权，所有父母有抚养子女的义务，犹太人与基督教徒也享有同等权利，婚姻关系可以缔结也可以解除。

因为他的科西嘉家庭观念，在对通奸以及其他有关家庭法律的条款作出决定时，他考虑良久：“我们都知道，通奸并非罕见现象，而是经常发生的，比如在任何一张沙发上都可能发生……有些女人或是因为贪图富贵，或是受诗歌迷惑，或是因为对方长相俊美而对丈夫不忠，对这样的人应该加以管束。”

秩序意识促使他竭力保护婚姻。他个人甚至认为，当丈夫被流放时，妻子也应该跟随而去。“因为如果妻子坚信自己的丈夫是无辜的，谁能禁止她跟随前往呢？难道她因为这个信念，就该失去享有合法婚姻的权利和妻子的荣誉称号，沦为丈夫的情妇吗？许多男人只是因为他们的妻子才犯罪的，现在人们却要禁止这些造成不幸的女人去分担这些不幸吗？”他非常推崇古罗马时期的风俗，即在婚礼上郑重宣布由新郎从岳父手中接过对新娘的监护权。“这很适用于巴黎，因为这里的女人为所欲为。也许不会对所有女人起作用，但至少能影响一部分人。”

因此，他赞成离婚，同时主张增加离婚的难度：“如果夫妻一下子形同陌路，那么这人世间最紧密的联结会怎样呢？如果我们不增加离婚的难度，年轻女子就可能会为了时尚、舒适或住所等，而嫁给一个不适合她的男子。我们必须通过法律来预防此类情况的发生……只有三种情况允许离婚：谋杀、通奸和性无能。”

这便是这位熟知人性者的直观想法；同时，数学天赋使他得以将事实纳入概念之中。这是一个天生适于思考法律的头脑，因为它保持着理论与实践、干劲与怀疑的平衡。想到约瑟芬以前的不贞与现在的忠贞时，他的内心产生了激烈的冲突。据知情者说，约瑟芬积极地、有时是惴惴不安地参与了这些婚姻条款的制定。当他考虑有朝一日可否以国家利益的名义休掉一直不育的约瑟芬，因而不得不在法律中替自己预留后路时，约瑟芬却因为担心离婚而对立法施加影响，希望加强婚姻在法律中的地位。

个人情感因素驱使他避免丑闻，拯救名声。他反对法庭对婚姻的干涉，赞成通过双方的相互谅解来解决矛盾，以避免家丑外扬。“这表明离婚是必要的。如果双方没有达成谅解，并且有强烈的意愿，法庭所要做的就是宣布离婚这一裁决。”强烈的家族意识使他补充了一条：虐待、通奸和不道德的行为应该避而不谈，只说明是双方自愿离婚即可。离婚由家庭会议决定，法庭所要做的事情不过是对此加以确认。

为此，他在法律中引入了一个新概念：半离婚，即分居。但这应该只是私底下达成的共识。因为如果夫妻俩公然互不理睬，之后就很难再达成谅解了。他全力维护家庭生活。这是他作为秩序的维护者而非革命者所追求的目标。他有着强烈的社会意识,主张如果女子犯了通奸的话,除非受到离婚的裁决,否则就要以刑法处罚。正是出于对这一主张的贯彻,他提出结婚的法定年龄由革命时期的女子十三岁和男子十五岁提高到女子十五岁和男子二十一岁。

后一个世纪针对儿童所逐步实施和完善的一切,在此法典中都作了规定。凡婚生子女,他们的地位在出生前就得到了保障。可是,“父亲如果离家超过十五个月(这个数字是波拿巴提出的)并且参加过马伦哥战役”,“他可以不承认这个孩子是自己所出”。但是,作为一个有身份的人,同时也是一个深通世故的人,他得出的结论是:“我可以为了真相而牺牲名誉,但没必要在对任何人都没有好处的情况下牺牲自己妻子的名誉。如果丈夫对孩子的出生日期有所怀疑,也应该保持沉默:孩子的利益高于一切。”

有人曾提议限制孩子长大后的抚养权,遭到他的反驳:“难道父亲可以赶走他十五岁的女儿吗?难道他可以拿着六万法郎的年薪对自己的儿子说:‘你长大了,应该可以离开家去自谋生路了?’……如果限制这种权利,无异于引导孩子产生谋害父亲的念头。”更有人提出允许以革命的速度领养子女:只需公证员公证一下即可。对此他也表示反对:

> 这里涉及的不是普普通通的法律手续。人类是有想象力的,否则人就不成为人,而是野兽了。新颁布的法律的最大缺陷在于,它没有一点符合人类的想象力。士兵浴血奋战不是为了每天五个格罗申的军饷,也不是为了一文不值的勋章。只有赢得他们的心,才能真正鼓舞他们!公证人不会为了十二法郎而产生这种影响力,因此我们需要采取立法行动。何谓领养?这是对自然的效仿,是圣礼的一种方式:孩子作为某个人的骨肉,在社会意志的作用下成为另一个人的骨肉。还有比这更伟大的行为吗?因为有了这一行为的存在,两个素不相识的人被爱紧密联系在一起。这样的行为来自何处?它犹如闪电来自天上!

“在历次参议院会议上,”罗德雷说,“第一执政显示出他惊人的专注力和精确的分析能力。他可以连续十个小时全神贯注关注一个议题,或是对各个不同的议题提出意见，从来没有出现过记忆或思维混乱。”

他极为敬重八十岁的特隆歇，对他思维的逻辑性和深度很是推崇。而特隆歇也很佩服这位年仅三十的执政所具有的分析能力和法律理念。波拿巴对每条法令都会提两个问题：“它公正吗？它实用吗？”他不厌其烦地询问以前类似的问题是如何解决的，特别是罗马法和腓特烈大帝时代法律中的解决方案。

这张会议桌旁不仅讨论了三十七部法律，执政还提出了各个方面的问题：我们如何制造面包？我们如何铸造新币？我们如何创造新的安定？他要求每个部长写出详细的报告，这令他们体力透支。而执政似乎视而不见。他们常常一回到家便看到他的信件，并且要求第二天一早给予答复。“他处处领先，”他的一位同事写道，“治理、管理、谈判，他有着聪明的脑袋，每天工作十八小时。他在三年里所处理的事务比那些国王在一百年里所处理的还多。”他用专业术语与各个领域的专家交谈，因此没有人能托词说不理解他的问题。他的问题中所体现的技术精确度令最为死板的保王党人也感到吃惊。

从未出现谬误的记忆，是他用以保卫头脑要塞的炮兵。塞居尔在考察北部海岸防务回来后呈递了一份报告。“我读了你的形势报告，”第一执政说，“没什么问题，但是你遗漏了东边四门大炮中的两门，就在城后的公路上。”塞居尔在核实后非常吃惊，因为几千门大炮分散于该地区的各处，而他确实遗漏了两门。

庞大的国家机器已经停止运转十年了，甚至有倒退的迹象；不过现在重新开始慢慢地、有规律地运转起来。过去几年，各省呈递上来的报告中纷纷抱怨治安太差、卫生问题严重、社会秩序紊乱。一个金路易原本可以兑换二十四个法郎，现在猛涨到八千多法郎。前执政内阁为了稳定金路易所采取的措施宣告失败。暴发户收购国有资产、教会的土地以及旧贵族的地产。没有人缴纳税金。这位新独裁者会采取什么措施呢？

在政变发生后短短的两个星期里，他就在全国各省设立了征税机构。对此他是这样解释的：“一个国家，只有它的税率保持稳定，才会拥有安全与财富。”两个月后，法兰西银行成立；次年，新的海关管理机构、土地和林业管理机构也成立了。他不像他的前任们那样挥霍无度，他用剩余的国家资产来偿还国债，库存由七上涨至十七。他继续偿还债务和利息，恢复商会，整顿交易所，禁止凭借货币贬值从事投机活动，制止军火供应商和军官的欺诈行为。通过这一系列的整顿治理，他挽救了生产力已经下降了四分之一甚至二分之一的工业。

他用了什么魔法？

他不屈不挠，坚定不移。尽可能任命才能卓越、勤勉而勇敢无畏的人为部长、省长。他废除了世袭制和容易舞弊的职位。不问出身和党派，唯有能力者居之。所有官员，下至市长，均由上级任命并发以薪俸。正如他自己所描述的那样："这个等级制度宛如微型的金字塔，每一层都有一个第一执政。"

政治上已经没有对手。"不可能会有什么反对意见，"他作出了这样的预言，"因为我既没有依靠任何一个政党的信誉，也没有依靠它的支持，因此我不欠任何人的人情……这些不久前还是犯罪高手的聪明人，现在为我所用，在替我建造一座新的社会大厦。他们之中不乏好手，麻烦的在于他们都想当头头。这是典型的法国人的特点：每个人都相信自己有能力来治理国家！"为了使各党派都感到满意，他把两个最令人垂涎的部长职位分别给了两个无赖，他们在政治上互相敌视却又能力非凡（后来两人的性格暴露无遗）。这样，他便可以说："雅各宾党人富歇担任了警务部长，还有哪个革命党人会对这样的社会制度没有信心？在塔列朗担任外交部长的国家里，哪个贵族会无法生存？他们是我的左膀右臂。我开辟了一片广阔天地，每个人都能找到合适的立足之地。"

他向所有的省长和将军下达了命令：不准再成立俱乐部和党派。"请尽可能经常告诫国民自卫军和公民们，如果少数野心勃勃的人仍然心怀不满，那么请他们明白，国家大权现在掌握在善于克服障碍的人手中。"政变发生几个星期后，为了让民众接受新宪法，他颁布了一则重要通告。通告以简练而自豪的语句结束："革命已回到开始时的基本原则。革命已经结束。"

2

新的汉尼拔 马伦哥 新的和平提议 政治家和统帅 巴黎方面说什么？和平政策 欧洲的和解 与罗马的和解

战争却尚未结束。

“在离开欧洲一年半之后我又回来了，发现法兰西共和国与陛下又一次开战了。法兰西的民众委任我为国家元首。”在发动政变后不久，与奥军再次正式交锋前，他给奥地利皇帝写了一封信，骄傲的口吻俨然是个国王，仿佛他在离开欧洲前就已是国家元首。他还带着一种自然而然的威严，这种威严是他成功的因素之一。这是他的技巧，陷对手于不义。可是奥皇却不动声色。波拿巴的计划酝酿已久，现在所要做的只是将之付诸实施。

首先他让一支近卫军保护自己，这支近卫军的每一个成员都经历过四次战役：既不比他们的司令官多，也不比他少。然后他派遣莫罗前往莱茵河附近，自己则积极筹备进军意大利的冒险计划。如果他还像四年前那样沿着海岸前进，那么敌军这次必定严阵以待。一定要想出新的办法！他故意在奥地利间谍的注视下，召集最年轻的新兵组成可怜的后备军，对他们进行体格检查，以沉默的微笑回应维也纳报界的冷嘲热讽。与此同时，他组建了一支由三万两千人组成的军队，数量不多，却是精锐之师。没人知道，这支军队何时会进行一次英勇的行军，正如当时进军埃及一样。汉尼拔不是翻过了阿尔卑斯山脉吗？他不是征服了高山吗？现在，有一位将军要拖着大炮翻山越岭！他们砍伐山上的树木，制成巨大的雪橇，以便把炮管置于其上，滑下山去！

就这样，在政变发生后的第一个春天，一支军队翻过了大圣伯纳山。这是两千年来的第一次。修道院里年迈的僧侣们简直难以相信眼前的事实。一个牧羊人为这位陌生的司令官领路，边走边说着自己的愿望与烦恼。不久后，如在童话里一般，一个陌生人送了他一份家产。士兵们也感受到这次行军的传奇色彩，争先恐后地拖着大炮前行。他们有一位值得信赖的领袖，他将带领他们回到四年前被他们视为上帝应许之地的伦巴第。这些想法、回忆与局势的紧迫性更坚定了士兵们在这次行军中的意志。敌军则完全被蒙在鼓里。他们的司令官在给帕维亚的女友的信里写道:“你完全不必离开。”结果,十二个小时后拿破仑就进驻该城。

拿破仑翻越阿尔卑斯山

但是,波拿巴似乎并未觉得这次行动已经获得了成功。6月中旬与奥地利军队对决时,敌军以强大的兵力将他击退,承诺派出援兵的德塞和他的后备军却不见踪影。全军溃败的局面似乎即将出现。司令官在路边用马鞭神经质地抽打地面,一时间尘土飞扬。溃退的军队从他面前经过。他大喊:“站住!等等!援军很快就到!只要一个小时!”但是士兵们溃不成军。运气也会逃走吗?德塞终于出现了,向惊愕的奥军大举进攻,轻骑兵也加入战斗,敌军开始败退。马伦哥之战,波拿巴五点时战败,德塞在七点钟的时候挽回败局。不过,德塞本人未能看到这场胜利便战死沙场。

波拿巴留在战场上,心情低落。他最优秀的一位将军阵亡了。更为糟糕的是:德塞打赢了这场战役,他却战败了。或许能让他稍感宽慰的是,他独自筹划了行军路线和作战方案,而德塞只需按照计划准时提供救援。也许他会想起,这一仗开始了这场战役,也结束了这场战役。他赢得这一仗,就如同他赢得雾月十八日的胜利一样。那次他也是先战败,然后由别人来帮助他赢得胜利!

可是如果重新考虑一下全局的话,这些说法都不能成立。因为距他当晚向布里昂口授作战总结报告的地点一里之遥处,就是他四个月前在地图上用大头针标出的地方,当时他对布里昂说:“我想我们可以在这里打败敌人。”

现在并不是比较的时候。直到他越过阿尔卑斯山脉的最后一刻,这位国家元首兼司令官仍然派人与维也纳进行谈判,“因为战争与谈判必须同时进行”。他从战场给奥地利皇帝写了第二封信:

> 如果没有狡诈的英国人从中作梗，陛下肯定会考虑我提出的简单而坦率的提议。战争终于还是爆发了。成千上万的法国士兵和奥地利士兵战死沙场……这种惨烈的情景令我十分心痛，因此我再次决定直接给尊敬的陛下写信……马伦哥战场躺着一万五千具尸体，见此情景我深感忧虑，再次请求陛下能倾听人道的呼声……我置身战场，比远在千里之外的您体会更深。您的军队已赢得足够的荣耀。您君临数国……请您赐予我们这一代以安宁与和平。如果后人蠢蠢欲动，相互开战的话，在经历多年战争之后他们也会变得聪明，学会和平相处。

这封长信——这里只引用了几句重要的话——就像他此次作战计划一样令人拍案叫绝，像他的胜利那样富有成果。信中第一次流露出他渴望和平的思想。在取得决定性的胜利后，他还将写出半打这样的信。司令官波拿巴是个和平主义者吗？

绝对不是，但他也并非好战分子。他的神经对战争场面极其敏感，他的头脑对绝对的胜利也表示怀疑。他熟悉并且热爱军营生活，就如他热爱统帅的棋弈，但他更像一名政治家。在同样的地方，在这片伦巴第平原上，他的政治家意识被唤醒。那时他第一次与国王和国家练习另一种棋弈，谈判的棋弈，即已体会到智慧较量的快乐。他从未放弃利剑，也从未让剑锋变钝。在作战方面，他已被公认为欧洲的英雄，他仿佛已经赢得了冠军的金杯，不想每年再冒输掉的风险。

他也深知，法国虽然永远需要荣耀，但眼下需要的却是安宁。最重要的是法国需要他。他的后方仍有敌人。现在，作为独裁者他不能像以往那样长年在外。出于诸多考虑，他以胜利者的口吻给奥地利皇帝写了那封绝无仅有的信。然后，他急匆匆地赶往米兰。

巴黎方面是怎么说的呢？

它终于满足了吗？会不会像约瑟芬，即便全世界的财富堆在她脚下，她仍会索取更多？巴黎对它的新主人并无热情。“十一年来，”罗德雷在日记中写道，“巴黎人起床后第一件想起的事情就是：什么时候我们才能摆脱暴君？现在，他们每天早晨会想：现在一切都好。我们所开始的工作，所投入的资金，所建造的房屋，所种植的树木，所有的这一切，如果那个人死了，会怎样呢？……他的最高职责所在，不是将军，而是政治家。他的赫赫战功吸引了所有人的目光，而唤起了人们希望的却是他的政治才能。”巴黎人便是以这种忐忑不安的心情观察着他。唯有一个人预感到了未来会发生的事，并写信给战场上的拿破仑：

> 尊敬的将军阁下，我刚从杜伊勒里宫回来。我既不向您描绘法国人有多么激动，也不向您形容外国人有多么佩服……后来的人会相信这场战役的奇迹吗？无数的人对您的凯旋致以祝愿！历史上从未有过不是建立在奇迹之上的帝国。而这里，奇迹确确实实地成为现实。

拿破仑微笑着。他心中想：这个塔列朗确实不只是个谄媚小人那么简单，他是个预言家！但是为什么他能猜透我的心思呢？难道他想像罗马人那样用皇冠来诱惑恺撒？此时，旁边还有一封来自巴黎的信。

这是富歇发来的警务报告：塔列朗最近召集了几个亲信，共同商讨第一执政如果遭遇不幸或被击败，该如何应对。马伦哥战役的消息传来时，他们正在吃晚餐！“他肯定很吃惊！”波拿巴想，“他们算是良心未泯。这就是所谓的朋友，这就是所谓的亲信！在他们所谓的担忧之下所隐藏的愿望是：除去自己的主子！”

拿破仑紧抿双唇，是嘲讽的表示还是内心伤感的表现？是时候回去了！但今晚他还要去斯卡拉歌剧院，看望美丽的女主角格拉西妮。他以前曾经坚决地拒绝过她，现在她却在他的耳边吟唱，凝视着他的双眼，只是对他没有更早召见她而觉得难过。这位美丽的意大利女子已经心属意大利的征服者。他犹豫着是否要将她带回巴黎的歌剧院，至于是作为明星还是情妇，还不得而知。

由于德意志境内的敌人也被击败，因此在吕内维尔将缔结辉煌的和约，把整个莱茵河边境区域划归法国，并承认重建的西沙平共和国。在短短几周的作战中还能获得更多的成果吗？部下和虚伪的朋友们希望将他当成英雄来欢迎，他们询问他对欢迎仪式的意见。“我会出其不意地回到巴黎，”他用恶意的双关语作为回应，“既不需要什么凯旋门，也不需要什么欢迎仪式。我的自我感觉太好，不至于看重这些形式。公众的满意才是真正的凯旋。”

不久之后，他又以更为谦逊或者说更为骄傲的语气说：“我接受为我建造纪念碑的提议，请你们选好位置。不过建碑的事我们还是留给下个世纪吧，如果到时候人们能认可你们对我的好评的话。”此时他就预感到以后会有破坏偶像的运动。不出二十年，今天的这些崇拜者将把他的鹰旗扔进垃圾堆！

这位凯旋的独裁者倾力巩固来之不易的和平。他超越了自我。以前，他靠急行军和强有力的进攻征服了其他国家；现在，他必须靠高明的谈判技巧与昔日的敌人缔结友谊，成为盟友。在他执政后两年，法国与奥地利、普鲁士、巴伐利亚、俄国、那不勒斯、西班牙和葡萄牙，最后甚至连英国都和平共处了。强硬的皮特[2]辞职后，较为理智的福克斯[3]重新得到任用，波拿巴借机邀请他访问巴黎。离开这个著名的死敌返回英国时，福克斯一脸兴奋。

九个正统国家，九位最忠于正统主义的君主，如今承认了与之交战十年的共和国的合法性。两年前还饱受内忧外患的法国，现在成了欧洲大陆上最强大的国家。

波拿巴作为第一执政，并非作为将军或皇帝，将革命引向胜利：除瑞士外，整个欧洲中部都是国王和大公们的势力范围，而他不仅在新思想与旧势力之间建立了和平，还在没有遭遇抵制的情况下迫使边境国家荷兰与意大利接受了执政体制。当他轻而易举地将势力范围扩张至皮埃蒙特、热那亚、卢卡和厄尔巴岛的时候，无论是奥地利还是英国，都不再干涉。同时，为莱茵河左岸诸侯们的补偿问题，德意志最古老王室的成员们围着这个夺走他们土地的人讨价还价，这使他更瞧不起门第、世袭、贵族和君主。

他所建立的事业只有一条裂缝，不过他会将它封上。

随着革命的开始，理智代替了基督，反基督的思想成为所有人争相追逐的潮流。波拿巴几乎是单枪匹马地对抗着这股潮流。四年前他在意大利时，曾经给予教皇种种优待，而巴黎当时是打算拒绝的。他对待僧侣们总是聪明而慷慨。当然，他很明白自己这样做的原因。现在，在他的国家与教会交恶十年之后，他急于与它重修旧好。这样做并非因为他是个信徒：“跟土耳其人在一起，我就是穆斯林；而现在，我将成为天主教徒。”他觉得，所有权力中这一最古老的权力是无法用利剑或智慧战胜的。唯一能做的就是与之融洽相处，才能为我所用。“天主教教义替我保有了教皇。”他后来说，“凭我在意大利的影响力和权势，我不会放弃迟早让他为我所掌握这一希望。那时，我该有多么大的影响力！面对欧洲我将拥有多么有力的工具！”

为了着手实施这一在巴黎最为大胆的举措，他在主教们面前甚至不惜屈身为哲学家——这是他认为最糟的职业。他说：“我也是哲学家，并且深知，一个人若不知道自己从何而来、该往何处去，那么他无论身处哪个国家，都不能算作有道德的正直的人。单纯的理性无法告诉我们这些。没有宗教，人们只能在黑暗中摸索。天主教教义则阐明了人类的起源与终结。”在罗马，人们对这些话惊讶不已。然而，每一个聪明人都能在梵蒂冈找到师辈。当红衣主教孔萨维来巴黎谈判时，第一执政竟然想在第一次会面时吓倒他。但这位睿智的教会领袖始终微笑以对。对于塔列朗而言，这就像是一幕戏剧。他站在一旁，一言不发！不过，双方最终还是在重要问题上达成了协议，例如神父不结婚，主教由罗马选举，重新实施旧的教会法等。只有一点教会作了让步：国家向教会支付薪俸。这样，国家对教会便有了决定性的影响。

在巴黎圣母院举行了盛大的协议用印仪式。第一执政和其他高级官员本来只打算为唱感恩赞美诗而来，后来也被安排听弥撒，但他不需要领圣餐及参加“其他一切可笑的活动”。当他为出席这次活动更衣时，他问他的弟弟：“今天我们去做弥撒。巴黎方面对此会有何看法？”

“人们会围观，不喜欢的话就发出嘘声。”

“那我就让卫队把他们扔出教堂！”

“如果卫队士兵跟着起哄呢？”

“他们不会这么干的。我的老部下们将会十分敬仰巴黎圣母院这个圣地，就好像当初他们在开罗时敬重清真寺一样。他们会注视我。看到他们的将军神情严肃、一本正经时，他们也会效仿，并会对自己说：‘这是今天的军令！’”

3

终身执政 一条猎犬 虚假的民主 给波旁王室的信 对待保王党人 为了无产者 荣誉军团

他的地位一直都未稳固。八年后，这位任期十年的执政也许会被对手取而代之。他依赖选举，依赖民意，他必须这么做，而他又不屑于这么做。与外国元首打交道时，他的地位又是怎样的呢？如果与美国总统的地位相仿的话，人们是不会很重视他的。在反复思量后，他给了参议院一个暗示。

参议院一向言听计从，因为它得仰仗波拿巴。现在参议院批准第一执政在十年任期期满后可以再连任一届。他对此并不满意，又作了一些暗示，于是产生了另一个模式——“终身制”。当然他与恺撒一样聪明，将这个想法交由“人民”来定夺，因为是人民赋予了他权力。全民公决的结果是，四百万人表示赞成，只有几十人大胆地投了反对票。他的权力得以扩大：他现在可以独自与其他国家缔结条约，独自任命有解散议会权力的参议员，并且还有权任命他的继任人。当他将自己的权力与欧洲头戴王冠的其他国家首脑们相比时，他用单纯的狡辩来安慰自己：“从现在起我和别的君主一样，他们也不过执政终身而已！”

全民公决中投赞成票的并非都是真心拥戴他的。当他在巴黎举行凯旋仪式进入卢森堡宫时，对他表示欢迎的掌声寥寥无几。他之后便质问警务部长：“你为什么不事先安排一下，制造一点气氛呢？”

富歇的回答是：“我们仍然是古高卢人的后裔。就像传说中的那样，既不能忍受自由，也无法忍受压迫。”

“这是什么意思？”

“因为在您这位公民执政最近的举措中，巴黎人看到了全部自由的丧失，看到了绝对专制的迹象。”

“如果我只是权力的奴隶而非主人，那么让我统治六周都不可能。”

“如果做到仁慈、强大和公正，”这个老狐狸回应道，自己却没有表现出上述三种品质中的任何一种，“您很快就能再次赢得所有人的心。”

“民众的观点总是变化无常的。我会想办法使情况好转。”说完这句话,他便转过身去。

这次两分钟的谈话足以使拿破仑下定决心。他罢免了富歇的职务,并不是因为惧怕这个过去的神职人员,而是因为他有点瞧不起富歇。他解散了警务部,将之划归司法部管辖,“这是为了向欧洲显示我的和平政策以及法国人民对我的真心拥戴”。人们必须习惯他的讲话方式,这是他政治手段的外衣。为了安抚富歇,他任命其为参议员。当富歇交给他250万法郎的储备金时,他大为吃惊,随即把一半赠给富歇,以“聊表寸心”。走出会客厅,富歇暗自得意,在脑中将这125万法郎赠款加上隐瞒没有上交的款项——他捞了一大笔!

第一执政就是这样对待危险的知情者的。至于公众舆论,他知道怎样去顺应。他不用担心欠任何一个党派或个人的人情。他执意由全民公决来批准自己为终身执政,如同当时发动政变后曾要求全民的赞同一样。这使他确信,革命已经宣告结束。“向民众求助有两个好处:不仅执政的任期可以延长,而且也明确了我权力的来源。若非如此,这个来源总是模糊不清。”这番话表明他处于革命与正统之间的微妙境地:这是一个始终使他不安的问题。他从来无法完全驾驭局势。

波拿巴要求像罗马时期的统帅那样,集国家权力于自己一身。但他的做法与后者不同,他不是依靠武力获得最高权力,而是凭着自己卓尔不凡的才能。因此,他不从拥戴他的军队那里获取权力,而是从对他感到陌生的民众那里获取权力。他希望成为专制君主,像古代或是普鲁士意义上的国王。但他希望这是基于民主基础上的,人民可以自由决定,选举他并将权力转交于他。他早已洞悉这个程序的虚伪,但是时代精神促使他作出这样的决定。无论如何,他都能毫不畏惧地沿用对他有利的革命的基本原则,即:大权应该让有才者掌控,而不应该由贵族世袭。他完全有道理这么做。这个国家里还有谁拥有超越他的才能呢?但他并没有将自己的才能看作是获得权力的唯一理由,虽然这些才能使他在战争中不断取胜,并大权在握。他在道德的驱使下选择通过全民公决来确定自己权力的来源,并且相信通过这一方式,他的权力会变得合情合理合法。如果说是波拿巴挽救了革命的话,那么也是他扼杀了共和国。

这些想法并不是源于冷静的政治理念，而只是他所推崇的古代思想所致。这也恰恰是将他引向东方的因素，更是使他在雾月政变之时面对参议院茫然无措的原因。“你就像是普鲁塔克笔下的人物。”第一位了解青年波拿巴的人（保利）是这么评价他的。所谓民众统治意义上的民主，在波拿巴看来一无是处。他渴望的是回到古代或是亚洲仍处在专制统治时期的国家中，天才无须经由两院便可发号施令。在位于圣克卢宫的办公室里，他摆放了两尊半身像：西庇阿和汉尼拔。没有什么比罗马皇帝和哈里发更适合他的了。他将追求这两个权力目标。

旧政权的人首先来巴结他了。就在政变发生后不久，波旁王室的人就天真地想拉拢他。被送上断头台的法国国王的弟弟普罗旺斯伯爵——后来即位称路易十八——找到了这位革命之子，称愿以重酬请后者帮助他登上王位。直到第三次请求时，波拿巴才作了答复：

“先生，我收到了您的来信。非常感谢您在信中对我的称颂。但是，您不应该幻想重登王位，因为这件事情的代价是要有十万人付出生命。如果您为了法国的安宁与幸福而牺牲个人利益，历史会感谢您。对于您家族的不幸，我并不是无动于衷……我将尽力使您的隐居生活保持安宁和富足。波拿巴。”波拿巴在甜言蜜语中暗藏讥讽，以这样不失礼貌的圆滑，使这位拥有继承权的王子将一切责任推到了波旁王室的身上。这位王子从此不再给他写信，并且公开表示妥协。

波拿巴对待旺代的保王党人的态度却截然不同：他想拉拢他们。在长时间的等待之后，他们终于看到有人朝他们走来，此人身着绿色旧军装，头发凌乱。他们最初竟然没有认出他竟然就是那位命运的宠儿。

“请你们站到我的旗下。我的政府是年轻的政府，理智的政府！……你们为你们的王公们勇敢地战斗……但是王公们自己却并没有为荣誉而战。为什么他们不在旺代领导战斗呢？那里才有他们的位置！”

“是政治原因使他们滞留在伦敦。”贵族们解释道。

“那他们应该登上第一艘能找到的渔船渡海而来！”他激动地大喊，并且据说这是“发自肺腑的呼喊”。是的，伯爵先生们，是发自他内心深处！这句话暗含着一桩与世界历史密切相关的事件，仍令波拿巴记忆犹新。这是只有最勇敢无畏的人才配说出的话。他曾经驾驶一艘小型的军舰，横渡波涛汹涌的地中海，躲过敌军的搜索，抵达自己国家的海岸。您听到这位年轻的奇才，这位曾经将欧洲搅得天翻地覆的人是如何谄媚与威吓的了吗？

“你们想当什么官？将军还是省长？只要归顺我，你和你们的部下将如愿以偿地得到官职！——什么也不想当？难道你们认为投向波拿巴是一件很丢人的事吗？……如果你们无法缔造和平，那么我会率领十万大军进攻，焚毁你们的城池！”

“如果您这样做的话，”伯爵以坚定的语气答道，“我们将把您的军队杀得片甲不留。”

“你竟敢威胁我！”他以“恶狠狠的语气”喊道。但在听到一个切实的答复后，他又冷静了下来。伯爵们疑惑不解，无功而返。他的外国口音使他们难以听懂，他“丰富的想象力令人摸不着头脑，无所适从”。

不过，执政还是延揽了许多逃亡到国外的保王党成员，并且以优渥的待遇解除了他们的敌意，很快便有四万余家庭回国。同样，他也接待雅各宾派成员，尽管他们的“形而上学哲学理论足以败坏二十个政府”。他觉得能得到那些民主主义的中间派的拥护，因为他们在他的庇护之下感觉到安全，因为巴黎不再像一个资产阶级的大军营，因为他像一位仁慈的君主那样为民众排忧解难。

以下是他给各级机关的训示：

“如果今年冬天出现像1789年那样的严寒，那么在教堂和市场里必须生火，以供更多的人取暖。”

“冬季气候恶劣，肉价必定上涨，必须在巴黎创造更多的就业岗位。可以着手开凿乌克运河，兴建德塞码头，铺就通向码头的街道……”

“本来应该逮捕所有的乞讨者，但这未免太过残酷和荒唐。应该收留他们，给他们提供食物和工作。我们必须在各省建造更多的收容所。”

“有这么多的鞋匠、帽匠、成衣匠和马鞍匠失业了。请采取措施，每天要生产五百双鞋。”同时，他命令军务部长为炮兵部队的设备签发特别订单。此外还要求内政部长说：“我们必须创造就业岗位，特别是在本月假日之前。请签发一张订货单，令5月和6月中有两千名来自圣安东地区的工人制造椅子、衣橱、靠背椅……明天我就要看到你的计划，这样工人们就可以马上开工了。”

他看到一个规定，其中禁止穿工作服的人穿过杜伊勒里宫花园，他马上废除了该条文，并特别强调允许他们通行。他又得知公共阅览室将要关闭，便说道："这种事我绝不会容忍！我有过亲身经历，在一间温暖的房间里阅读书刊杂志是多么有意义的事。我绝不允许像我以往那样贫苦的人们被剥夺这种享受的权利。"他还让法兰西剧场整个正厅的票价在周日下调，"以便让普通老百姓也能有机会看戏"。他在全国禁止开设赌场，因为"赌博会使人们倾家荡产，如果对其容忍，就无异于树立一个坏榜样"。

他颁布了新的教育法，在全国设立了国民学校、公民学校、高级中学和应用技术大学，共有六千个公费生名额，其中三分之一面向有功之臣的子女。三年后，全国共有四千五百所小学、七百五十所实科学校和四十五所高级中学。第一届参议院的议员有三分之一来自科学院，这表明了他对科学院的尊重。内务部奉命列出了"十位最优秀的画家、雕塑家、作曲家、音乐家、建筑师以及在其他领域才能出众的艺术家"的名单，因为"他们的才能值得我们去支持"。此外，他还下令让人绘制大型的壁画，以描绘他所领导的战役中的种种事迹。对于国家制定艺术规则一事，他是这样解释的："有人抱怨我们没有文学？这是内政部长的失职！"

如果他通过安定富足来安抚各行各业的人，那么在这个国家里还有什么地方存在荣耀呢？如果既没有战争，也没有宫廷生活，人们又如何满足他们的虚荣心呢？为此他设立了荣誉军团。

随着荣誉军团的创立，他拥有了一大批忠心耿耿的拥趸。因为只要曾经郑重宣誓反对任何封建王朝复辟的人，就绝对不会反对波拿巴。而且这个荣誉军团也非军官们的俱乐部，因为它旨在褒奖所有成就辉煌的人。他委任一位自然科学家为荣誉军团总长。当有人在参议院会议上说，现在的荣誉奖赏与被推翻的封建王朝的滥赏并无差异时，他以非常严肃的表情回答道：

> 我怀疑，哪个共和国会没有勋章。有人觉得这是小孩的玩意儿，但它能抓住成人。在大众讲坛上，我不会这么说；但是在一个聚集了贤明人士和政治家的议会里，我可以畅所欲言。我并不觉得法兰西民族是个热爱自由和平等的民族，这个民族的特性在过往的十年里没有发生任何改变。他们还是和他们的先人一样自负和轻浮，只对一种事物

敏感，那就是荣誉。因此我们需要勋章……我们必须通过荣耀和酬金来笼络士兵……这是一种新的资本，与现在的普通货币有所不同。它是取之不尽、用之不竭的。唯有这种资本才能奖赏那些无法用金钱衡量的高尚行为。

在这段意味深长的话语中，我们听到了他灵魂深处的三个声音：对人类的藐视、对民众心理的了解以及一个外国人的批判。毕竟他是一个科西嘉人，只是将法兰西选作新的祖国。

4

暗杀 政治后果 独裁统治

1800年圣诞节的夜晚，第一执政驱车前往歌剧院。约瑟芬和她的女儿坐在紧随其后的一辆马车里。在一条狭窄的小巷里，停着一辆没有套马的空车，挡住了去路。他们只得停下，将空车推到一旁，然后车夫挥鞭，马车继续前进。他们刚驶离那辆空车，里面藏着的炸药就爆炸了。大约二十名路人死于非命。坐在第一辆马车里的执政和第二辆马车里的家眷却安然无恙。好胜的车夫一心想往前赶，结果就此救了他们。执政来到歌剧院，进入包厢，平静地对周围的人说："那些家伙想炸死我。请给我一份节目单。"这天晚上上演的是海顿的新作《创世记》。执政始终显得很平静。

美妙的音乐通常能使他忘记一切计划和想法，但今天却有所不同。他不停地思考，想着这桩谋杀背后暗藏的阴谋和可能会带来的后果。谁是"那些家伙"，是左翼还是右翼极端分子都无关紧要。因为他的死敌到处都是，他深知这一点。现在的问题是：把阴谋策划者断定为哪一方对他最有利。如果这桩阴谋得逞的话，会给法国带来无法估计的严重后果。因此他作出决定，让这个失败的阴谋发挥同样大的功用。通过这个机会，他可以解决他所有的权力问题，而且此事刻不容缓。

第二天清晨，各方首脑都祝贺他在此次爆炸事件中幸免于难，并且众口一词认为是保王党人所为。他却愤愤地说，大家都搞错了："这是九月党人所为。他们都是知识分子或是革命中的下层军官,受过良好的教育,勇敢而且富于想象,与群众关系紧密,并且善于鼓动群众!”当有人在参议院里提议成立特别法庭时,他表示反对,认为这个提议过于保守。他神情激动地发表演讲:

> 你们错了,先生们!我们要么宽恕那些罪犯,像奥古斯都[4]那样什么都不做,要么就采取严厉的举措,来保障社会秩序和安定……在这件事情上,仅仅采用普通的刑罚是远远不够的,要从政治角度来考虑……必须有人为此付出血的代价!有多少无辜者死于爆炸,就必须枪毙多少罪犯。在这群凶残的野狼中必须有两百人被逮捕、流放。这些家伙总是等候着可以猎取的对象。我们所有的不幸都是这些形而上学诡辩者造成的。

年迈的特隆歇摇了摇头说,这是流亡国外的保王党人和英国人合谋干的,他们在任何地方都干这种勾当,包括在这里。

“怎么,”拿破仑怒问道,“难道我要流放贵族和神职人员吗?旺代一直平静如水。我也不想放逐世界上传播最广的宗教的信徒们。我应当罢免全体参议员,因为除了两三个人以外,其他人都相信此事是保王党人所为……你们把我们当作三岁小儿吗?难道我得宣布,我们的祖国处于危难之中吗?自革命以来,法国可曾有过比今天更好的局面,军队可曾比今天更有战斗力,国家可曾比今天更安定?有些并不热爱自由的人混在热爱自由的朋友中间,现在突然声称对自由深表关注,这实在令人发笑。请不要自欺欺人,说‘我在参议院保护了爱国主义者’。那只能在朋友聚会的沙龙上信口而言,却不能使这个由法国最睿智的人组成的议会相信这些鬼话!”他突然中断了会议。参议员们理解他的意图了吗?

他这样激动并非因为生命安全受到挑衅,因为那样的话他本该全力缉捕案犯并对他进行报复。所有这一切都是统治艺术。我们应该在国内威胁谁,在国外安抚谁?执政这样问自己,并采取相应的行动。在个人安全方面,他也认为采取严厉的措施是最有效的办法。“直到我把各大城市的那些首脑放逐到国外后,”他后来说,“我才开始能安心入睡。我并不惧怕那些清早九点起床,然后穿上干净衬衫的阴谋家!”

与此同时,一本匿名发行的小册子激怒了他,而内政部长竟没有将其列为禁书。小册子名为《恺撒、克伦威尔和波拿巴》,主张建立世袭君主制。是谁胆敢向公众泄露他心中的秘密念头,而且还是以建议的语气?当一名心腹称这本小册子过早地披露了波拿巴的意图时,后者没有反驳。但是,这两件分别针对他的肉体和精神的行刺事件,给自由带来了严重的后果。护民院和两院有五分之一的成员被罢免,即使有一个保护条款;贡斯当、谢尼埃和其他著名的民主主义者也遭到排挤。七十三家报社中有六十一家被查封,所有小册子和剧目必须经过审查。当参议院提醒他注意新闻出版自由时,他答道:

> 难道你认为在这样的情势下还能允许民众集会吗?……每位记者不都是演说家吗?每家报社不都是读者集结的会所吗?……诽谤就像是油渍一样,总会留下痕迹……在英国则是两码事。那里的政府已经有悠久的历史,而我们的政府却是新生儿!总有人会说我的坏话,比如说,我因为害怕有人下毒而几天不敢进食!……只有消除适合进行政治斗争的舞台,各党派才能安分守己。

他的理由完全正确,他的措施非常有效。但自由精神只能忧郁地在门外徘徊,用受到束缚的目光注视着这位掌权者。

5

弟弟成了竞争者　与吕西安决裂　兄弟姐妹　家庭剧的开始
无子的悲剧　寻觅继承人　私情　休养

策划甚至可能撰写了那本小册子,从而给第一执政带来严重损害的人,也是在雾月十八日对他鼎力相助,实际上救了他的人,他就是拿破仑的大弟吕西安。他是四兄弟中最有才能的,比拿破仑小六岁。吕西安的野心甚至比后者更大。虽然他扶摇直上是仰仗了哥哥的势力,但他却觊觎着最高的地位。生活在拿破仑盛名的阴影下，得到他的庇护，甚至成为他的得力助手，这些令吕西安感到不快，甚至比拿破仑以后对他的厌恶更令他不快。他眼前总浮现出政变那一天的情景，总觉得哥哥是全靠他上台的，他为什么要对他俯首听命呢?

可是他必须这么做。政变后不久，他成为内政部长，一个帮主子做事的职位而已。每次他会就领袖发布的谕令评论一番，想着自己能否做得更好。他是约瑟芬的仇敌，所以也是约瑟芬亲信的仇敌，于是他便与富歇发生了冲突。一有事情发生，富歇就将责任推到这位新任内政部长头上，例如小册子的发行。

吕西安生来就和他的二哥一样无所顾忌、不讲道德，但不如后者精于算计。他与拿破仑相似，总是眯着眼微笑，但几乎带有罪犯的特点。可以说，他在各方面都是拿破仑的翻版，但比后者多了一点冒险家的特点，少了很多政治家的素质。二十五岁的吕西安已经权势显赫，可是他仍然愤愤不平，他的固执只是使他更像一个冒险家。他的第一个妻子是某旅店老板的女儿。婚后，他出售专卖权，经营粮食倒卖生意，生活奢靡却不工作。他买下巴黎周边最漂亮的宫殿，将它布置得富丽堂皇，然后改建，重新布置。他还经常举办欢宴、表演戏剧或举办诗会：这一切都是有意无意地想压倒拿破仑。

这肯定会导致争吵，导致裂痕。吕西安当面嘲笑二哥，说后者是靠了他才赢得政变胜利的。在盛怒之下，拿破仑几乎想放逐吕西安，但最后只是罢免了他的部长一职，结束了他利用职权非法牟利的行为，并将他派往马德里担任特使一职。吕西安在新任职位上如鱼得水，靠他的机智圆滑，在反英一事上大见成效，钱也捞了几百万。不久他的妻子去世，他回国后很快另结新欢，娶了一个他喜欢的、但声誉跟当年的约瑟芬差不多的美女。第一执政对此大为恼怒，因为他需要的是一桩政治联姻。

长兄约瑟夫，这个深谙人情世故、心地善良的人，也加入了猜疑者的行列。借助拿破仑的影响，他也加官进爵，财富与日俱增。他热衷于跟斯塔尔夫人及其圈子里的人打交道，对第一执政横加批评。他已经不满足于当罗马特使，拒绝出任意大利共和国的总统，也不愿担任参议院议长。他一再提醒自己是长兄，是一家之主。

二弟路易摇摆不定，在他身上还能感觉出某种诗人的气质。多年来，他一直爱慕着约瑟芬的一个亲戚，却不喜欢约瑟芬的女儿、他被迫迎娶的奥坦丝。多年后，他对当年的爱恋初衷不改。

热罗姆是最小的弟弟，生性善良、轻佻。他受到二哥严父般的教育。"我将公民热罗姆·波拿巴送至你处，充当海军见习生。你知道，他这个人需要严格管教。请你要求他严格履行职责。"

他的妹妹们也得到了他赐予的金钱和荣誉，却不知感激，反而得寸进尺地索取。爱丽莎，还有她喜爱的吕西安，两人已经成为巴黎的话题。在业余演出中，两人身穿玫瑰色内衣登台，执政听闻后不禁大怒："简直闻所未闻！在我费尽心力想使人们重新讲究道德与尊严时，我的弟弟和妹妹竟然几近赤裸地出现在公众舞台上！"但他一转过身去，他们就在那里窃笑，继续为所欲为。

卡洛丽娜嫁给了缪拉将军，现在便已将丈夫和亲戚贝尔纳多特卷入反对第一执政的阴谋中。虽然阴谋没有曝光，但拿破仑已有所耳闻，并认为缪拉应该枪毙。

波丽娜的丈夫在一次殖民地战争中阵亡，但她并不怎么悲伤。在第二次婚姻中，她嫁给了博尔盖泽，成为侯爵夫人，住在罗马。她以矫揉造作的天真成为她哥哥最喜爱的妹妹。甚至当她的放荡使拿破仑名誉受损时，他也只是以谨慎的语气对她劝诫。

舅舅费什曾是神职人员，后来成为军队供货商。现在他参与了外甥拿破仑的政治生活，因为后者使他先后被任命为大主教和红衣主教。大家都利用权势显赫的拿破仑谋取金钱和地位，装饰他们的生活，享受拿破仑自己因为超强度的工作而无法享受的一切。

只有母亲仍过着简单的生活。她依然跟以前一样不喜欢约瑟芬，依然保持着科西嘉女人的本色，说着科西嘉的方言。政变成功后，拿破仑立刻请她到杜伊勒里宫同住，被她拒绝了。她仍然住在约瑟夫的屋子里。拿破仑第一次在王宫大院阅兵的时候，她也和国家要员们一起站在露台上。她只着一袭黑衣，但看上去却比身边珠光宝气的约瑟芬更为高傲。只有她一个人对荣华富贵看得很淡，因为生活的沧桑令她睿智。如果有人在她面前赞美她伟大的儿子和他的权势，她会用不太标准的法语回答道："但愿这一切能够长久!”

这些家庭戏剧究竟因何而起?有的以闹剧收场,有的却以悲剧告终。

它们源于拿破仑的内心。如果他仅仅是个靠革命发家的暴发户,当他的家人要求与他共享荣华富贵时,他会客气或是不客气地让家人远离他的势力范围,借此来隐藏他与法兰西共和国利益相悖的家世。可是这有什么用呢?他是法兰西共和国的独裁者,但他的母亲一开口,便会提醒所有民族主义者:他是个外国人!他的地位与国王无异,他的妹妹却在欧洲的帝王们面前穿着奇装异服登台表演。这就给了他们指责这个暴发户的家人缺乏教养的机会。他的兄弟们贪污腐败,而革命本身就是要消灭腐败!所有这一切都在巴黎发生,这个传统的嘲讽与批评之地!

然而,他不仅容忍他们,还一再赐予他们官职和荣誉,甚至让他们出任代表自己的驻外使节。

这首先是因为他的意大利血统,尤其是科西嘉岛的意大利血统。科西嘉人重视氏族的兴旺,习惯了家长制以及与岛上其他家族间的仇杀。这一传统根深蒂固,比某些王室的历史还要悠久。与王室一样,他们对荣誉的追求也超过对财富的关注。

作为征服者,应当运用智慧和命运来努力谋求一切,并将之留给自己的子孙后代。这种强烈的愿望与岛民天生的家族情结碰撞并融合在一起。然而,命运却偏偏使此人至今没有子嗣。这是真正悲剧性的命运,因为它是由他灵魂最深处的情感决定的,因而无法避免。他热烈地爱着他的夫人。这个女子曾经与前夫生育过两个健康的孩子,在第二次婚姻里却迟迟不育。如果她能生育的话,欧洲的历史将会重写。这个无法生育的弱点,当然是她的“恋爱技巧”和放荡造成的。但也正是这种恋爱技巧和放荡赢得了波拿巴的心,并一度令他为她着迷。她刚遇见他时,她才三十出头。他后来与其他女人生了三个儿子。他需要一个合法的继承人,哪怕是女儿也行。约瑟芬在这件对他至关重要的事情上无能为力,这对他事业的命运产生了决定性的影响。

作为国家元首,他的子嗣问题能不重要吗?早在他初掌大权的时候,罗德雷便提过这个重大话题:“保王党人问:‘谁会成为波拿巴的继承人?’如果您明天逝世,我们该怎么办?您必须为我们指定一位理所当然的继承人。”

“你所说的并不是个好主意。”

“如果法兰西民众知道您指定谁为继承人,他们就会安心。”

“我并没有孩子。”

“您可以过继一个。”

“这并不能解决眼前的危机。我看只有让参议院来指定我的继承人了。此人只能由我和三名参议员来选定。问题是选谁呢?”

“您最好选个十二岁的男孩。”

“为什么要孩子?”

“因为这样他能接受您的教导,由您来教育并且关爱他。”

执政最终被逼无奈,喊道:“我的继承人是法国人民。”

说此话的并非白发苍苍的老人,他才三十岁。虽然他作为执政的任期只有十年,但他分明已经看到君王的宝座在向他招手。不过,他仍然感受到时间紧迫带来的危机。后来他在寻求继承人时,只能把希望寄托在他的兄弟们身上。他们对他的馈赠所能给予的最好回报,就是送他一名继承人。那么纵然他本人没有子嗣,他兄弟们的孩子至少也有波拿巴家族的血统。他之所以对吕西安感到恼怒,并不是因为他娶了一个声名狼藉的女人,而是因为他的这个妻子并非出身名门。因此他要吕西安尽快离婚,迎娶一个有王室血统的女人。

然而吕西安断然拒绝了。这固然有爱恋妻子的原因,但主要还是因为嫉恨权势显赫的二哥。吕西安野心极大,为了达到权力的顶峰,他可以牺牲一切!两人大吵之后,波拿巴来到约瑟芬的房间,用余怒未消的音调说:“一切都过去了!我把吕西安撵走了!”

出于同样的原因,他跟路易也是不停地争吵。约瑟芬把路易看作自己家族延续香火的救命稻草。路易不喜欢她的女儿奥坦丝,奥坦丝对他更无感情,她另有所爱,但她的母亲却强迫她嫁给路易。他们的儿子倒成了拿破仑的心肝宝贝,他还将其视为继承人。他的妹妹们为此策划阴谋,到处散播谣言,说拿破仑才是孩子真正的父亲。经历了这些纷争,这个曾经让整个欧洲都羡慕不已的幸福家庭已不复存在。母亲莱蒂齐娅站在被迫结婚的这对年轻人一边,也支持被放逐的吕西安,跟着他去了罗马。在那里,她远离了那个光彩照人的儿子,生活得很幸福。在那里,她可以作为一个意大利人生活,不愁吃穿,同时受到上层阶级和教皇的欢迎。

如果波拿巴与约瑟芬离婚，结果会怎样呢？他的妹妹们讨厌这个“老女人”，尽心竭力地给他介绍妩媚动人的女子。约瑟芬已容颜老去，他对她的感情也越来越平淡，但他仍需要她的友谊。他不再像原来那么古板；他先后与几名漂亮的女伶有私情，也让他妹妹的女友来陪他过夜。

乔治小姐跟其他人一样敬畏他，不过觉得他是个“可爱体贴的男人”。他和她玩捉迷藏，帮她宽衣解带，倾心于她“幼稚的幻想”。她的教名也是约瑟芬，他却不用这个名字来唤她，为她取了个意大利名字叫乔治娜。当他让她讲述自己的故事的时候，他会用心地听，并不时地点头，因为他早已打听过她的出身，对她并没有向他撒谎而高兴。

第一执政的仆人们经常在晚上看见他穿着长袜，悄悄走过盘旋楼梯，只为去见那美丽的迪夏泰尔。她温柔、苗条，披着金色的长发，是他喜欢的那种女人。迪夏泰尔是约瑟芬的婢女。晚上，他喜欢叫上她一起玩纸牌，不时地调调情。另一张牌桌上的约瑟芬坐立不安，竭力想听清他们在说些什么。迪夏泰尔一走，他就紧随其后来到约会的地方。女主人再也忍不住了，跟着他们，敲开门。结果看到拿破仑怒气冲冲地站在她面前。第二天拿破仑就威胁她要离婚，却又被她魅惑的泪水给打动，离婚之事也就作罢。

这些卿卿我我只是一时的。他总是工作缠身，同时又警告自己不可重蹈前朝帝王的覆辙。他不沉迷女色，更不让后宫插手政事。他早已厌倦了情爱游戏。他写信给一位友人说：“我饱经沧桑的心，能洞悉人情世故。”他不过三十，却老气横秋。这不能不令人震惊！

约瑟芬忧心忡忡地注视着波拿巴的一举一动，如同以前他对她一般。她极尽奢华之事，衣饰、帽子、首饰甚至比路易十六的王后还奢侈，靠着这些打扮她依然是一个华丽美妇。现在，当他将在她那里过夜时，这位法国的第一夫人还会把此事告诉侍女们，波拿巴常常原谅她。有时她坐在这个疲惫不堪的人床边，用低柔的声音为他朗读，此时他的目光里会透出对这个红颜知己的感激之情。他生性保守念旧，几乎从来没有罢免过一位将军或官员，他又怎么会跟这个女人离婚，这个有过很多过失但他依然爱着的女人！

马尔梅松宫花园。丈夫远征埃及期间，她曾经与情夫伊波利特在此幽会。现在，波拿巴与布里昂、拉普及其他一些文人赛跑，欧仁和奥坦丝在一旁观战。当他摔倒时，他也跟其他人一起笑。之后他们驱车返回巴黎。他说：

“现在我又可以给自己戴上镣铐了。”

6

间谍 反击阴谋策划者 当甘公爵之死 判决的后果 为判决辩护

> 波拿巴几乎从来不动笔，一切都是口授的。他在房间里来回走动，让一个名叫梅内瓦尔的年轻人记录他的话。二十岁的梅内瓦尔是唯一能出入拿破仑私人书房和其他三个私人房间的人。梅内瓦尔并不是我们能期许他做些什么事的人，也没人敢让他做些什么。但是有关重大计划的备忘录，则由执政亲自动笔。这张……极为精确的地图由他亲自锁起来，而唯一的一把钥匙也由他随身携带。如果他离开书房，梅内瓦尔必须将地图放入一个固定在地板上的柜子里。如果地图被盗，人们必定会认为是梅内瓦尔和专门负责打扫书房和生火的那个仆人干的。那个男仆肯定会潜逃……波拿巴所有军事行动的机密备忘录一定能在这里找到。只要破坏他的所有计划，他的政权就会被颠覆。搞到这张地图可以毁灭他的一切。

这段话是谁写的？是波旁王朝的间谍？还是执政身边出现了叛徒？

都不是。这是那个名为梅内瓦尔的年轻人写的，而让他记录这段话的就是他的主人，也就是第一执政本人。口述的时候，执政在书房里踱来踱去。然后，他命令司法部长派密探带此信前往慕尼黑，以信为诱饵接近英国波旁王室的间谍。他还向部长嘱咐了很多必须完全遵循的细节，例如如何找到那位深受波拿巴信任的男仆，他会为此得到多少好处，他在潜逃的路上应在哪里过夜等等：司令官在筹谋一个针对自己的、完整的小型军事计划。

他完全有理由加强戒备。这年的冬天很不平静。伦敦、旺代甚至巴黎的几百名密探已经开始收网，嫌疑分子很快就会露出狐狸尾巴。“现在可以开始行动了吗？”他们一次又一次地请示。他的回答是：“等一等。”他不断地收集情报，最终获得了全部证据：他的对手中的极左翼和极右翼，即雅各宾派和保王党人，准备联手消灭他们的死敌拿破仑。皮什格鲁，这个波旁王朝的朋友，已经和反对独裁者的共和党人莫罗联手合作。两名将军都是他的对手。现在该动手了！

当这桩阴谋被揭穿的时候，整个欧洲为之震惊。所有正统统治者都对他的谨慎惊叹不已，现在他们更强烈地寄希望于他的敌人，这些敌人的数目肯定超过政府公报上公布的数字。英国的部长们颜面扫地，伟大的莫罗身陷囹圄！波拿巴此前一直犹豫不决是否要逮捕他，因为这位同伴德高望重，他本人也对他敬重有加。在执行逮捕行动那天，他不断派人去打探消息。他想起了往事吗？三年多前的一个夜晚，他躲在塔列朗家，当大门前传来骑兵的马蹄声时，他吓了一跳，以为自己会被逮捕。审判过程令人不快，莫罗被证实罪名成立，但波拿巴不敢处决他，只是将他驱逐到美国。皮什格鲁不知被谁勒死在狱中。其他十三名叛党被处死。其中一名在审讯时透露，一名波旁王室的成员也参与了此次阴谋。

执政对这条线索产生了兴趣。一个波旁王室的亲王？塔列朗在一旁强调：很久以来，当甘公爵就一直在莱茵河边境活动。他是想用望远镜观察法国的动静吗？他无所事事地待在巴登这样的地方，难道真的只是为了跟一个红衣主教的侄女恋爱吗？当甘公爵是孔代家族的后裔、波旁王室的成员。他真的靠英国人的资助生活吗？他也许就是那个与这件阴谋有染的亲王。至少他认识那些遍布南德的间谍。是的，就是他，他就是那个有嫌疑的亲王。必须拿他开刀，杀一儆百，让那些波旁王室成员不敢再来破坏法国的安宁，使法国的主人睡不安寝！

执政发布了一道很长的公文，下令进攻当甘公爵所在的位于莱茵河彼岸的小城巴登。船只的数目和士兵的口粮都计算精准，就像当年围攻曼图亚一样。三百名轻骑兵突袭巴登，俘虏了当甘公爵。四天后他被关入巴黎的一座要塞。这一切都进行得悄无声息。

两名亲信告诉执政，文件里没有证据可以定当甘公爵的罪。一心想着自己前途的塔列朗建议将他送上军事法庭，对他进行严厉的审讯。他深知此举可能带来的道德后果，希望以此给波拿巴造成不利影响。看到了危险的约瑟夫提醒拿破仑，当年他们在军校学习时，对当甘公爵的先祖孔代公爵是多么敬重。他们还背诵过歌颂这位英雄的诗句。现在非得杀死这个家族唯一的血脉吗?

“我已经决定赦免他,”执政回答道,“但仅仅这样还不够,我觉得我足够强大,可以将他招至麾下。”

约瑟夫回家后将这个消息传达给斯塔尔夫人和其他客人。他们安心地离去了。

当甘公爵比他的对手波拿巴小两岁。若非特殊的境况使后者功成名就,他不可能这么默默无闻。就在当天晚上,他被提去审讯。面对十二名参谋部军官,他面无惧色,保持着尊严和自信。一名参议员以控诉人的身份向当甘公爵提问。问题是由第一执政拟就的:

“您从未跟英国间谍商谈过吗?”

“从没有。”

“如果皮什格鲁的阴谋得逞,您会不会从莱茵河入侵阿尔萨斯?”

“不会。”

“您是不是受过英国的资助?”

“是的。”

“您是否想过找英国帮忙?”

“是的,为了解放我的祖国。”

“那您是否曾为英国效力,以获得进攻法国的武器?”

“孔代家族的人只能依靠武器回到家乡!”

公爵被判处死刑。第二天拂晓,在一名干练的军官指挥下,他被枪决了。

这个判决有一点不合法律程序:法军无权越过边境将公爵带回法国。但他一旦踏上法国国土,法国就有权处死他,因为他对试图用武力推翻法国现有政权的行为供认不讳。除了突袭巴登是无法可依的以外,其余程序完全合法。

可是,正如塔列朗日后就此事第一次发表看法时所说,这不只是一次犯罪,更是铸成了大错。在革命期间,有成千上万比公爵更无辜的人都被处死了。就算他没有参与这项阴谋,但他对波拿巴这个篡权者被刺必定感到高兴,而且可能如他自己所言,他会挥剑进军巴黎,向任何仍活着的弑君者复仇。对于军事法庭对这位年轻公爵的死刑判决，如果不是因为他是波旁王室成员，如果不是因为他是君主统治下的欧洲的象征，也不会有人提出异议。枪毙公爵成了向欧洲十几名君主挑战的信号，也是对千百万相信君权的欧洲人的挑战。这件事成了人们反对这位独裁者的导火线。实际上，在此前担任司令官和作为政治家的七年里，这位独裁者从未有过任何暴行。

枪决执行后的第二天，几个沉默而沮丧的客人围坐在餐桌边。约瑟芬极力隐藏她的恐惧，波拿巴思绪万千却又缄默不语。突然他开口了："至少他们现在看到，我们有怎样的能力。从现在起，我希望他们能让我们有片刻的安宁。"饭后他在房中踱来踱去，向客人们阐述他的理由、他的立场。所有的人都默默无语地倾听着。他一边在屋子里来回走动，一边以少见的激动谈起天才、政治家，特别是他极为景仰的腓特烈大帝：

> 一个政治家可以富于情感吗？他不该是个孤寂的人吗？尽管总是与人周旋，他的内心仍是寂寞的。政治是他的望远镜，既不该缩小也不该放大事物。在他专心观察事物的时候，他的手中必须控制着绳索。他的马车经常由互不搭配的马匹来拉动。你们说，他会有精力顾及某些平常对社会很重要的感情吗？……他不得不经常做一些似乎与整体无关的事……不要囿于你们的时代，不要动不动就指责，拓宽一下你们的想象，你们就会发现，那些被视为行为激烈和残暴的大人物只是政治家！只有他们才了解自己，对自己作出最准确的判断。如果他们真的老练，他们会懂得如何控制自己的激情，因为他们能精确地算出这些激情的影响。

突然，他中断了这番泄露灵魂深处秘密的自白，让人朗读有关这次阴谋的文件给他听。

"这就是我们握有的确凿证据。"他喊道，"这些家伙想在法国制造混乱，通过杀死我来毁灭革命！我一定要捍卫革命，找他们报仇！公爵跟其他反叛者并无二致，因此受到与其他反叛者相同的处罚……所有这些疯子都妄图谋杀我，但就算阴谋得逞，他们也无利可图，只会看到狂热的雅各宾党人将我取代……这些波旁党徒！我敢打赌，他们一旦复辟成功，第一件事必定是恢复朝仪。要是他们在战场上流血流汗，那才算有种！仅凭一封有路易签字的从伦敦发出的信，他们又如何能夺回自己的王国！何况这样的信会连累那些行事不够小心的人……我是杀了人，但我是迫不得已。也许我还要继续杀人，但这并不是出于愤怒，原因很简单，只是因为流血显得必要。我是个政治家，我代表着法国革命，我会懂得如何保卫革命的成果！”突然，他遣退了所有在座的人。

这就是他的心情、他的动机、他的希望和感情的潜流。但他却没有透露他令人吃惊的计划半分。

7

仓促的提议 称帝的动机 失去理智 天才与平民 自白 评论法国人 虚名 第四个名字

在处决当甘公爵一周后，参议院的一个委员会前来拜见第一执政，提出了一个奇特的双重申请：建立一个最高法院，同时建立世袭君主体制。这个仓促的提议是以民众意愿的形式提出的。还有什么可以比这更合乎逻辑、更简单吗？为了消除恐吓行为，保障国家首领不受谋反者的暗算，必须有一个最高法院和一名继承人。

如同他一生中所有的决定一样，是情势迫使他现在过早地作出建立帝制的决定。在他事业的关键时刻，他的人生轨迹还是如平常一样，缺乏一个按部就班地去实施的计划。当他进军意大利时，从没奢望过会当上米兰或法国的国王。当他自然而然地逐步拓展他的成就时，他登得越高，他的视野里就出现越多的景色。正如他的座右铭所说：“一开始就知道自己要去往何方的人，往往走不远。”抓住一瞬即逝的机会，是他许多行动的特点，却也使他的英雄形象蒙上了一层神秘的面纱。他在准备任何行动时都计算精准，考虑到每个细节，面临大局仍然自如应付而毫无负担，这更显示出他的天才。

当皇帝一事是个错误吗？是什么驱使他这么做？

首先是他本性里富于幻想的部分，第二次蒙蔽了他精于计算的天性。

远征埃及是第一次，入侵俄国则是第三次。他的理想驱使他走出了这一步。从他出生起，在他成长的过程中，古代英雄的形象就占据了他的心灵。他具有发号施令的天性，这个天性决定了他也要成为这样的人。他的诗人气质则驱使他把人生的各个事件编织成传说。每次战役结束后的当晚，他就觉得这场战役已被载入史册。这台被想象力所驱动的马达，这双永远向前看的眼睛，使他总是致力于创造新的荣誉：他需要一个徽记，别人无法拥有的徽记，而这个徽记的光辉曾照耀欧洲上千年甚至两千年。

这位精于计算的人需要它，这位伟大的谋略家、了解人心和藐视人类的人也需要它。作为政治家他同样需要它，因为可以不必用无休止的战争来保护国土。最后，作为具有强烈家族观念的人，他更为迫切地需要它。如果他得到的只是冒险家的奖赏，这些奖赏随着他的死去而消失，那么他会觉得自己一无所有。

"国王的称呼已经过时，毫无新意，只会让我成为继承某个死人荣耀的人而已。我无意继承或依附任何人。皇帝这个头衔要比国王伟大得多，而且还有些许无法解释之处，让人有所遐想。"这短短数语，可以窥出他心中狂野、热情、精明而又冷酷的动机。

他是否看到了危险？抑或他对危险视而不见？什么是他的灵丹妙药？"什么是御座？不过是罩着天鹅绒的一块木头而已！"成为皇帝后他不止一次这么说。他深知他能影响人们，正如他过去能用荣誉军团来影响他们一样。当然，皇位有着更大的诱惑力，所以他比建立荣誉军团时更加认真地对待。这就是他的政治手段，也即所谓的驭人之术。在现实世界里，没有人能获得神明相助。作为个人、诗人或哲人，可以祈求上苍，无须承担皇冠的重负；但作为政治家，他需要权力的象征，因为迟钝的民众只承认权力。

能够预见一切的他，难道看不见隐藏在金光闪闪的皇冠里的危机？难道他没有意识到，千百年来民众是相信君权神授的吗？如果他意识到了，他如何使这个幻想与他政治上的玩世不恭协调一致，而不至于失去平衡呢？如果皇位是有天才的人所能获得的礼物，那么无才之人怎样能继承大统呢？

然而，他却努力依照罗马皇帝制度来确保继承权。他非常清楚，才能是天生的，无法世代相传。他曾目睹世袭皇位在血污中消失，他内心深处对这种政变是赞同的。他从未指责过波旁王室成员的血统，只是瞧不起他们的胆怯，因为他们像老鼠一样龟缩在窝里。他，拿破仑·波拿巴，感觉自己是千年不遇的奇才，只把荣誉和财富奖赏给那些立下战功、勇气非凡或是有才能的人。这个反叛精神的化身站在通过八年努力所达到的位置上，相信他的血统可以传承万代，因为那是他的血统！

他熟悉普鲁塔克，也熟悉恺撒的事迹，了解法国、英国、普鲁士伟大的国王们的丰功伟绩，不过也学会了鄙弃他们的没落。现在，他要重新让这独一无二的至尊宝座得以世袭！在这一点上，而且也只有在这一点上，他，一位新的帝王，希望能将古今融为一体，正如他以后在那段具有悲剧性深度的话中所说的那样："我孑然一身，凭借一己之力来实现世界的和谐和安宁。这就是为什么我处处忍让和放弃使用武力的原因所在。"

他的这些豪言壮语足以与普鲁塔克笔下的英雄人物相媲美，可是他不仅是个英雄，而且还拥有简单的、平民的情感。当他的亲信罗德雷敦促他再婚以便生个继承人时，他激动地喊道：

"迄今为止，我管理国家一直都很公正。如果为了个人的利益，或许我会离婚。但是，如果只是因为我的地位比原来高了，而将一个好妻子一脚踢开，我怎么做得到！在过去这些岁月里，她有可能随我一起流放或进大牢。现在要我跟她离婚？不，我下不了这个狠心。我毕竟有一颗人的心，而不是老虎所生。"当然，约瑟芬一死，他就自由了。但是，他现在所期望的解决继承问题的最佳方案是怎样的呢？"我的兄弟们跟我一样出身贫寒，但他们未能通过自身的力量跻身上流社会。要统治法国，必须出身名门望族，从小就居住在王宫深苑，或者有能力使自己卓尔不凡。"

在这些想法里已经隐藏了一个无法弥补的错误，这个错误将导致最终的失败。

最初一切都进行得很平淡，就如前两次一样：为了能凌驾于各政党之上，他再次要求进行全民公决。同样是这些法国人，十二年前推翻了他们的国王，还取消了帝制，如今却要重建帝制。这一次，公众表现出来的热情超过了两年前投票确定执政终身制的时候。几天后尘埃落定：参议院里仅有他的三个死敌投了反对票，护民院里只有他的崇拜者卡尔诺有远见地坚持自由思想。之后，执政让人在5月的某一天将全民公决结果和新宪法送往圣克卢宫，并在当天公布。一切进行得简短而有条理，仿佛只不过修订了一条宪法条文。

他从来不认为他的权力得自神明或是民众。在初掌大权的某一天的晚餐后，他坐在窗边的椅子上，下颏靠在椅背上，静静地听着他的夫人与雷米扎夫人谈话（后者在回忆录中描述了当时的情景）。然后他站起身，先转向雷米扎夫人，一副悠闲和快活的表情。突然，他以一种常令身边人和后人感到吃惊的自由姿态卸下伪装，仿佛面对着历史阐述他的意图和想法：

> 你们是不是对我处决当甘公爵很不快？你们是不是总是喜欢回忆？我的记忆是从我成为大人物那一刻开始的。当甘公爵对我算得上什么呢？一个较为重要的流亡者而已，这足以成为打击他的理由……两年前，我以最自然不过的方式接过了权力……可这位公爵迫使我提前结束危机。我原本打算再当两年执政，尽管这种形式与事实相矛盾。我们，法兰西和我，原本可以再同行一段时间，因为它信任我，并且需要我所需要的一切。但在这次令欧洲大陆震动的叛乱之后，必须要使它认识到错误的存在……
>
> 我想与之和解的党派，即保王党和雅各宾派，只要他们认为某人胆怯，就不会气馁。我认为它们之间不会缔结任何条约，但我可以与它们达成对我有利的协议……现在他们被迫沉默。与我为敌的只剩下共和党人。这些固执的家伙以为，欧洲会听任他们在原来君主国的地盘上建立一个共和国……因此我选择专制君主制，因为这样人们会觉得自己生活在一个熟悉的环境里……
>
> 不久你们便会看到，宫廷礼仪对流亡国外的保王党人有着多大的吸引力：用传统的语言习惯可以赢得贵族们的心……你们法国人喜好君主制，这是唯一一个适合你们的形式。我敢打赌，雷米扎先生，如果你现在称我为陛下，而我称你为阁下，你感觉肯定要舒服百倍……你们的虚荣心受不得冷落，共和国的严厉会使你们无聊至极……自由不过是个借口，平等才是你们所关注的。如果公孙王侯是从士兵晋升上来的，人民会比较满意……现在，军队和民众都站在我这一边。如果有人在如此得天独厚的条件下仍不能统治国家，那他真是个笨蛋。

突然，他停了下来，脸上重现肃穆的表情，以独裁者的冷漠口气给雷米扎先生下了一道无足轻重的命令。

在这些自我坦白的时刻，我们默默地站在这位三十四岁的新任皇帝面前倾听，看他穿着那件绿色旧军装坐在椅子上，用乜斜的目光扫视着沙龙，或者边来回踱步边诉说内心隐秘的想法，突然又戛然中断这种倾诉。在这亲切、自然的氛围里，感受着他对命运的顺应和对现实的抗争，我们听到的比他在表面的忘情状态下吐露的还要多。在这样的氛围里，我们感觉到他对世袭贵族怀有某种蔑视，却又隐隐地希望讨好他们；我们了解到他那些可以随机应变的计划，感觉到他对愚蠢的人类的善意挖苦，以及他作为外国人的完全陌生的性格特点——正是这种陌生的性格特点，才使他能够以绅士式的严厉手段统治法兰西这个美女。

然而，这不过是他动机的一半而已。因为面对这些听众，他只谈政治问题。但事实上，在他的时代开始之初，这些政治问题就是强大的动机。对称号的改变，他最初似乎表现得极为冷静。“我兄弟对他的新头衔一点都不感兴趣，”他写信给斯塔尔夫人说，“他说一切还是老样子，可他说这话时却显得很了不起的样子。真正了不起的人很清楚，这种虚名不过是制度的需要，对朋友、家庭和社交圈并无影响。自从我被称为陛下以来，家里并没有谁觉得我变了。”

对他来说，第三次改名才算得上一件大事。这并不是因为法兰西帝国的重要人物第一次拜见他的时候，称呼他为“陛下”，称呼约瑟芬为“夫人”；也不是因为十五和二十年前在同一个地方高呼“陛下”和“夫人”的贵族们，如今为宫廷礼仪终于恢复激动不已。今天的皇帝无论在服饰、性格还是言行举止方面，都跟昔日的第一执政并无两样。

但是，过去八年里他在签署公告、大量信件、备忘录和法令时，用的都是“波拿巴”的名字，而从现在起，他会签上他十年来几乎难得听到、从孩提时候起从未用来签名的“拿破仑”[5]，不久以后，他那颤抖的手还会将这个名字缩写为“N”。约瑟芬一直称他为“将军”，兄弟姐妹们早就称他为“您”（这个称呼不是他本人，而是约瑟夫建议使用的，这与习俗相符[6]）。只有母亲偶尔会以少有的亲密口吻称呼他为“拿破里奥尼”。

名字的更新意义深刻。加上一个全新的头衔，他生平第一次签下：拿破仑一世，法国人的皇帝。

8

旧政权　宫廷里的无产者　冲锋般迅疾　他的简单生活
“我们的先父”　兄弟们的贪婪　钻石和债务　母亲的告诫

一开始，难题便接踵而至。“根据共和国宪法当选皇帝”的字样被铸在硬币上。这种似是而非、不伦不类的定义将伴随他四年。当7月攻陷巴士底狱纪念日再度来临时，他以宫廷礼仪大肆庆祝这一革命的开端。这场庆典看起来非常壮观，却只有政治意义。因为“解放纪念日”被推迟到一个星期日，不久后便被彻底遗忘；革命历也渐渐废止，逐步回到旧历。

所有的人都来投奔他。不久，十二年前赞成处死路易十六的人中，有一百三十人担任帝国官职。这无疑是对法国大革命的讽刺。欧洲冷眼旁观。看着这个通过浴血奋战的革命政体由形式到内容一步步迈入历史博物馆，它能不笑吗？

笑得最欢的是那些旧贵族们，当甘公爵的死使他们重新成为反对派。皇帝对圣日耳曼区的这些旧贵族们的关注，绝不亚于过去他对圣安东尼工人住宅区的关注。在圣日耳曼区，盛传着杜伊勒里宫新主人的奇闻轶事。自从他让人称他为“陛下”——就像过去波旁王朝的国王那样——后，所有人的目光便都紧盯着他，他成了各种非议的焦点。与生俱来的威严使这些非议无法对他本人带来不利影响。他曾在米兰当过将军，并将一切治理得井井有条。但他的家人、亲戚和手下怀着孩子般的好奇心和嫉妒心，总是在背后议论一切在宫里发生的事，结果招致人们的嘲讽，损害了他们的主人在欧洲的名誉。

从此以后，除间谍外，英国还向巴黎派出一群笔杆子。他们用滑稽的语言虚构的故事，总是令人们深信不疑。讽刺画流行一时，画的是名演员塔尔玛教那个小个子中尉如何像一个皇帝一样走路。事实上，反倒是拿破仑经常教塔尔玛如何演好高乃伊悲剧中的国王。年迈的欧洲如何能抗拒这个已经变为事实的传奇呢？唯一的办法就是把整台严肃的悲喜剧贬为滑稽剧。

皇帝知道，他需要一个宫廷。他做事总是一丝不苟，但对此事却一窍不通，只能聘请旧帝制时代的专家。于是，被处死的国王的宫廷总管不得不放下笔（他退职后专注于写作），重新执掌宫廷庆典等事宜。约瑟芬身边起初只有寥寥几个前朝宫女，对如何把曳地长裙穿得像个皇后，她茫然无知。路易十六王后的贴身宫女到哪里去了呢？她就住在巴黎，还办了所寄宿学校？那好，马上重新起用她！于是她回来了，在相同的房间里，在相同的镜子前，替约瑟芬这个克里奥尔女人整理脚边的拖裙。这双脚所跳的舞，与她可怜的王后所跳的舞完全不同。

这位新皇帝如同建立一支新军队的参谋部一样，精确而严肃地组织他的宫廷。其实他比任何人都明白这件事没有实质意义："我知道，不少人写文章反对此事。甚至是你，罗德雷，也不相信我还有一点理智。但是你应该看到，为什么我给我的新元帅们冠以'阁下'的头衔——他们可是不折不扣的共和党人。那只是为了确保我作为皇帝享有尊贵的'陛下'的称号。如果他们自己也拥有显赫的头衔，就不会对我的称号感到不快了。"在称帝之初，拿破仑已陷入了矛盾之中。

新皇帝唯独撤销的就是两位执政，他们现在分别担任帝国的大宰相和大司库。塔列朗作为宫廷大臣，把古老的方法又带回了古老的宫殿。如今对皇帝而言，选择帝王时代的绅士和贵妇们担任宫廷要职是多么容易的事啊！但是，他却选择了与他一同崛起的无产者和平民子女：贝尔蒂埃、缪拉、拉纳、内伊、达武等十四位将军。他们年轻时曾在面包店里当过伙计，或是做过马童、侍从、船夫甚至流浪汉。而现在，他们脱下旧军装，换上金麦穗边饰的法国元帅服。同时，他们还被授予宫廷职位，必须穿着镶边的绸领，脚蹬带扣的皮鞋。他们的夫人必须学会如何行屈膝礼，如何得体地站立和就座，如何搔门而非敲门。所有这一切都可以让欧洲明白，这个曾经做过中尉的皇帝是如何论功行赏，提拔他的尉官们的。请看站在那儿的马尔蒙，他的一条胳膊被子弹射伤，所以一直都用绷带吊着。他穿戴丝绸和镶金边的服饰，但象征他战功的那条被剪破的衣袖，却让他那条剪裁精致的长裤显得尤为滑稽。

皇帝很聪明地废除了两条烦琐而又有损朝臣尊严的礼仪：一是早朝时

呈献衬衫,二是向君主行吻手礼。

然而,如果一切都由这个行伍出身的皇帝统筹安排的话,那么他怎样才能重现当年旧王朝的盛景呢?虽然经过长时间的开会讨论,定下了皇后及皇室成员围猎时的着装颜色,但是终于等到捕猎牡鹿的时候,皇帝却在想着自己的事,没有人敢代替他本人开枪射击,牡鹿因此得以逃脱。各种仪式"好像是在鼓声的引导下进行的,每件事都像冲锋般迅疾,惶恐抑制了优雅和舒适……宫廷生活毫无生趣,令人觉得麻木不堪,更多的是忧伤而不是尊荣。因为每个人都要做他该做的,我们仿佛只是人们安在镀金马车上的零部件而已"。

跟那些贵妇们在一起,皇帝觉得无聊透顶。他不太文雅地问她们有几个小孩,是否亲自哺乳。他竭力使她们喜欢自己,却经常适得其反,因为他老是心不在焉。在圣克卢宫的一次贵妇聚会上,他找不出可谈的话来,人们听到他一个劲地说:"天太热了!"

每个与宫廷有点关系的人都发了财。他每年给宫廷官员优厚的俸禄,但是对那些旧贵族却很吝啬,并且还暗示他们,为朝廷工作是他们的义务。大部分人腰缠万贯,因为"野心是人工作的主要动力,人们只有努力才能升迁……我设了参议员和亲王的职位,就是为了促进人们有这样的野心,使他们依赖于我"。他这样使用荣誉和金钱来实施影响,并不是为了交到朋友,而是为了让别人追随他。

他深知金钱的价值。虽然他在面临紧急关头时总会随机应变,但另一方面,人们在他建功立业的人生经历中,也可以看到他一贯的小资产阶级的理性和头脑。皇帝自己很节俭。虽然他的收入每年高达2 500万法郎,跟路易十六一样,但后者每年的实际花销达4 500万,而他能省下1 200万。此外,尽管维持皇宫的排场需要大量开支,但其花费却不到波旁王朝的四分之一。承担一切费用的国家应当感谢皇帝的细心和精明,他以前曾靠每个月90法郎的薪俸维持生活,如今依然可以声称,每年只需1 200法郎和一匹马,他就过得很惬意了。

他在巴黎的生活方式丝毫没有改变。早晨七点,皇帝被唤醒,九点开始接见。秘书们整天都得迅速而准确地记下他以平时谈话的速度口授的内容。夜间他无法入眠时,梅内瓦尔必须在一旁随侍,以记录主人夜间的思绪。他用餐只花二十分钟,至于吃了些什么,他几乎想不起来。他的侍从们衣着光鲜,而他却总是身着简朴的服装。当皇宫举行盛大庆典,不得不身着盛装时,他总是显得很不耐烦;一卸下盛装,他就觉得轻松。当他来到修缮一新的圣克卢宫时,完全不能接受这一切,觉得这是"适合供养年轻情妇的住所,一点都不庄严"。

他对日常生活毫不讲究,床、伙食以及照明都不需要一定的样式,甚至他总拿在手上的鼻烟壶看上去也不过是个玩具。这位皇帝认为不可或缺的仅仅是壁炉、热水澡、科隆香水、红葡萄酒以及每天两件干净的内衣。

约瑟芬则挥霍无度。她有七百件衣服、两百五十顶帽子,这些堆满了她的衣柜。宝石、披肩和头饰价值上百万。虽然皇帝希望她能过着他自己所不屑的奢华生活,但有时也会对她天文数字般的账单表示不满。

皇帝的兄弟姐妹们也过着奢靡的生活。他赐予他们一切,他们却从无满意的时候。他们五对夫妇(吕西安被放逐了)和约瑟芬之间展开了可笑的竞赛,因为他们都憎恶她。六个俸禄极高的高级职位,他的兄弟、继子和姻亲就占了四个。他的兄弟们都有殿下的称呼,感到不平的姐妹们异口同声地抱怨,因为路易的妻子奥坦丝也有了殿下的称号,而她们却"什么都不是"。他看了她们一眼,然后极为巧妙地作出了答复:"如果人们听到你们这些话,肯定会认为我们的先父为我们留下了皇位和帝国!"

人们确实会这么想。他总是很痛快地答应他们的请求,对其他人则很少有这样的好脾气。十年来他一直赏赐他的兄弟姐妹荣誉、金钱、土地,他们既不谢恩也不顺从,反而一味地给他惹麻烦。人们不得不再次考虑,是什么偏见使他对他们如此纵容。他太过骄傲,太过自信,他走的是开拓者的道路。他在这方面的动机肯定跟其他事情上一样,部分是模糊的感觉,部分是冷静的考虑。

他算是半个东方人。想象力诱使他从现在起动辄赠送王冠,就像以前赏赐利剑和鼻烟壶一样。不过,这位精于计算的人尽量把权力授予他信赖的人。有什么能比亲情更浓厚?纵然是战友也比不上亲人。但是,他的亲人们却忘恩负义,最后一个亲妹妹甚至背叛了他。在这一点上,他有悖于自己的公平原则,没有任人唯贤,反而提拔了自己的兄弟和侄甥们担任高官,还从中选拔继承人。正因为如此,他不许他们自行其是,而其他将军则可以在职权范围内自由行事。他对家人和亲戚的态度，就像一位顾命大臣对待一位未成年的王子。他令他们不快，也给自己带来苦恼。

约瑟夫现在就已满口嘲讽。他让自己的女儿们依旧喊皇帝陛下为执政，在民主社团里高谈阔论，拒绝出任大臣，对亲王的200万年俸和弟弟让给他的卢森堡宫却泰然受之。他的态度终于使拿破仑忍无可忍。事情的起因微不足道，但拿破仑却怒不可遏。在这段发自肺腑的指责中，那种历尽艰难终于获得成功后的自信特别强烈：

> 约瑟夫究竟想干什么？难道他觉得，他成为亲王是为了与我的敌人坐在一起，并且身着褐色大衣，头戴圆礼帽，在巴黎游荡？我牺牲了所有个人的欢乐，才有了今天的成就。我可以跟别人一样在社交圈里出风头，可以跟别人一样想着吃喝玩乐！可是，如果我那样做，就无法治理国家。也许他想跟我争夺权力？我可住在岩石之上！……
>
> 你知道前不久他当着两位先生的面对我说了什么吗？说我的夫人不应被授予皇后的封号，因为这样他的利益受到了损害，路易的子女作为皇后的外孙子女，将比他的子女获得更多的好处！他竟敢在我面前谈论他的权利和利益！这无异于往我最脆弱的地方下手！他还不如说，他与我的情人上床了，或者希望跟她上床。我的情人就是权力！为了征服她，我付出了太大的代价，我绝不允许别人将她夺走，或者与我分享！

就这样，本来只是谈及一些琐碎小事，却引发了一座火山。他愤愤地提起他的兄弟姐妹们，并将他们与欧仁和奥坦丝进行比较。他认为后者“总是站在我这一边，每当我迷上漂亮姑娘，他们的母亲生气时，他们就会劝她说‘他毕竟还年轻，你这样对他是不公平的。当然他有错，但你想想他给了我们多少好处’”。

尽管如此，还是没有什么能阻止他一再提拔他的兄弟们。约瑟夫拒绝担任一切职务，他强迫他去了军队。“他应该有个军衔，受点小伤，博个好名声。我会让他只做最容易的事，这样他可以轻而易举地打个胜仗，然后名正言顺地居于其他将领之上。”这听起来似乎是一位伟大的父亲在教育不成器的儿子。

醉心于诗歌的路易当上了宫廷卫队的首领，这样他也有了可以炫耀的职位，战时却可以留在家中。缪拉和卡洛丽娜挥霍无度，甚至连餐具也是纯金打造的。“为了跟他的妻子，也就是我的妹妹解释清楚某些事情，所花的时间要比我在参议院里的发言更长……他们总是什么都不想，只想着我的死！老是把死摆在我面前，这实在可恶……如果不是在家中还能找到一点幸福，那我真是可怜透顶！为什么他们总是怀疑我的夫人？她比他们多拥有了什么吗？她有珠宝，也有债务……她是个好女人，从来不做对不起他们的事！她喜欢扮演皇后的角色，也喜欢珠宝、衣饰，还有一些她这个年龄的种种爱好，仅此而已。我在爱情里从来没有迷失自己。但我是公正的。就算牺牲二十万人，我也要封她为皇后！”

就这样，他与自己的家人纷争不断。他可以令他们一文不值，却无法与他们一刀两断。

只有一个人保持着廉洁。她深居简出，从不要求什么。“我们的母亲认为，”吕西安从罗马来信说，“第一执政夺取波旁王室的王位是不公平的。她有些不祥的预感，但不愿告诉我。她担心狂热分子可能会刺杀皇帝。”这位高贵的夫人虽然已五十多岁，却依然光彩照人。当她出于自己的经验和预感而远离富贵时，在杜伊勒里宫里，其他家人和亲戚却在绞尽脑汁地想，他们该有什么样的职位和头衔，他们能否坐在皇帝的右侧，他们是否该走在亲王们的前面。然后，拿破仑请“皇太后”前往巴黎。

但这是个不肯听命的母亲。她先是托故不去，直到他儿子下达了要她出席加冕仪式的命令，她才动身前往巴黎。不过她的行进速度很慢，结果未能赶上尘世间的母亲所能享受到的最隆重的庆典。她听着、读着人们的惊叹，只说了一句话：“但愿这一切能够长久！”

迟到的赐福　金色月桂叶的王冠　纯真　飞翔的雄鹰

与此同时，母亲的保护者教皇却变得顺从了。他已经在前往巴黎的途中。除此之外他还有别的选择吗？那位强有力的人向他发出请求，他总不能败他的兴吧。何况，即将加冕的还是个意大利人。正如一位红衣主教在决定此事的秘密会议上所说："不管怎样，我们将这些野蛮人置于一个意大利家族的统治之下，也算是向高卢人报了仇。我们可以满足了。"由此看出，他仍被看作外国人！但他为什么不亲自前往罗马呢？难道他不满足于在罗马涂圣油，就像查理曼大帝[7]以来西方皇帝们追求的那样？如果他在巴黎已感到足够强大，为什么还需要教皇呢？

在这件事上，他也试图使新旧事物交融。起初他对任何细节只字未提，只要求教皇"为法国第一位皇帝之涂圣油和加冕，举行最高的宗教仪式"。在几周时间里，双方书信往来频繁，庆典的性质却依然模糊不清。

庇护七世快到巴黎的时候，心中惴惴不安，脸上几乎看不到一丝祝福的表情。教皇像名医一样被召，这还是第一次。在城门口欢迎教皇时，拿破仑既没有行跪礼也没有行吻手礼来表示对教皇的忠顺。这座城市怀疑一切，民众没有坚定的信仰，对教皇也不大敬重，这使教皇郁郁寡欢。

只有约瑟芬完全不同。她告诉教皇说，她和皇帝当年并未进行宗教意义上的婚礼，按教皇的看法她算是未嫁。她想抓住这唯一的机会，来巩固她因为不能生育而显得不够牢固的婚姻。于是，教皇要求在替皇后加冕前先替她和丈夫举行宗教婚礼。加冕典礼前两天，在宫廷小教堂里，特意从科西嘉赶来的舅舅费什身着紫袍，真的为两人主持了婚礼。八年前两人结合的时候，既无神父也无官员在场。而现在，在这个补办的婚礼上，既无证婚人也无旁观者，因而也就无人取笑这一滑稽剧。与八年前一样，这场婚礼依旧存在着欺骗，因为连舅舅都不清楚会发生什么事。

12月2日，巴黎圣母院里烛光与宝石交相辉映，使这里看起来不像个教堂，更像个宴会厅。经数周时间的准备，一切都已安排妥当。一名能干的博物馆馆长甚至向皇帝呈上了查理曼大帝权杖的仿制品。专家们还特意翻阅了"太阳王"路易十四时期的羊皮纸文卷，以使这位革命者的加冕仪式的每一个步骤，都能与法国历代国王的仪式相媲美。塞居尔非常认真地研究了大典的礼仪，画家伊萨贝用玩偶预演了整个仪式过程。古老的宫殿、巴黎乃至整个法国都沉浸在狂热之中。

皇帝心情极佳。一大早他就为夫人试戴后冠。加冕队伍浩浩荡荡地前往大教堂。拿破仑身披一件古代皇帝式样的披风，手挽着皇后，大步走上主祭坛。约瑟芬的优雅气质掩盖了这种场合容易产生的不安。教皇端坐着，周围是红衣主教们。不久，祈祷声响起，管风琴奏起了乐曲。

在等候已久的时刻来临之际，所有人都注视着拿破仑，等待他向教皇行跪拜之礼。因为人们还从未见过拿破仑向谁下跪过。突然，在众目睽睽之下，拿破仑出人意表地自己拿起皇冠，转向大家，背对着教皇。他像平时一样站得笔直，在法国民众面前为自己戴上了皇冠，然后为跪在地上的夫人加冕。

拿破仑为约瑟芬加冕

只有教皇一人知道他的意图。直到最后一刻，他才被告知这一安排，但他没有勇气以离开相威胁。现在他只能替这两名罪人涂上圣油，并为他们祈神赐福。他看到皇帝的皇冠并非基督教的皇冠，而不过是用金色的月桂叶圈成的异教徒的小花环而已。所有这一历史时刻的见证人都说，皇帝脸色苍白，不过很俊美，看上去就像奥古斯都。神奇的是，从此以后，他的面貌也越来越像这位罗马帝国的第一代皇帝了。

在这个具有象征意义的时刻，拿破仑借机对他所模仿的正统主义礼节大肆嘲讽了一番。他甚至使教皇颜面无存，这令教皇终生难忘。此刻，波旁王朝的阴云一下子消散了，模仿的意味也消失得无影无踪。教堂的台阶上伫立着一位军人，一位罗马皇帝。十二年前他还名不见经传，自那以后，他便不断创造奇迹，建功立业，如今靠着这些功业，他用金色月桂叶编织成的皇冠为自己加冕。他的披风上绣制了金色的蜜蜂，这是实干的象征。

有一些事情表明，这一天占据他心头的没有别的，只有一种自己创造了命运的心情。

他端坐在镶有字母“N”的御座上，头戴月桂皇冠，面对着教皇。他用只有坐在一旁的哥哥才听得到的声音说：“约瑟夫，要是我们的父亲能看到今天该多好！”此时此刻这句话非常感人，因为他平时从未提起过父亲，这一点很符合他的本性。他的经历俭朴、单纯，很容易使他的思绪飘到他的出身上。他想起了岛上的家族世仇，想到家族的骄傲和野心，还想到了他的祖先。

他一贯只注重事物的本质，而不看重表象。这使他即便是在这加冕大典上也不至于慌乱无法。在做弥撒的时候，他想和舅舅耳语几句，就用权杖在舅舅背上轻敲了一下。当一切都结束之后，他单独携约瑟芬进餐。这时他如释重负地说道："谢天谢地，这一切终于结束了！我宁愿打一天的仗！"在吃小点心的时候，他让约瑟芬仍戴着后冠，仿佛他是诗人，她是演员。他觉得，他的这个克里奥尔小女人成了皇后之后更加娇媚了。用这个极其自然的方法，他揭下了所有的面具。人们轻松地看到这位革命之子嘲笑自己的帝国。

但是，从这些小事中反映出来的自由精神到底有多大呢？在当晚他和一个心腹的谈话中可以看得很清楚。"不，德克雷，我出生得太晚了，世上已没有什么伟业可以成就……我承认自己开创了一番轰轰烈烈的事业，但与前辈伟人们相较，简直有天壤之别！比如说亚历山大大帝，当他征服亚洲之后，他宣称自己是朱庇特之子。除了他的母亲、亚里士多德以及少数几名雅典学者外，整个东方都相信了。但如果我宣称自己是上帝之子，连卖鱼妇都会嘲笑我！再也没有什么伟业留给我去做了。"

这些话是在加冕仪式几个小时后说的，说得既简单又真实。直到此刻人们才明白，为什么他一直向往东方，而且以后还会继续向往。他生来就潜藏着巨大的能量，却也为此所累。他总是永不停滞地奋斗，永不满足。他已看到人们是多么心悦诚服地效忠于这个依靠智谋和功勋而掌权的人。他是最强大的人，伏尔泰、卢梭的启迪于他又有何益！他了解民众天性的弱点，也看透了领导者的腐败，他又怎会希望民主！他认为生活中还值得做的只有：扩大他的统治，使自己声名远扬，不至于在世界史上只占半页篇幅（几年前他就表示，不愿在世界史上只占半页篇幅），为头上金光闪闪的月桂

法兰西第一帝国纹章

花环牺牲生活，放弃享受和清闲，永不停息。

那几天，有人呈上帝国玉玺的草案，他看了一眼玉玺上那头静卧的狮子，用笔将它划去，并亲手在旁边写道："要一只飞翔的雄鹰。"

10

木乃伊 瘸子 英国的敌对 在海上没有把握 皇帝与海军上将 蒸汽船 查理曼大帝

然而君权神授的魔力，以不可抗拒的态势慢慢溢过金光闪闪的皇冠，令这位天之骄子浮想联翩。他试图将千年来凝聚在这皇冠里的力量控制在手中或是转移至他处，但一切都是徒劳。这力量反过来将他控制住，有时候迫使他丧失自制。在称帝加冕半年后，他又在米兰用伦巴第的铁质王冠为自己加冕，因为他想把周边各国也像法兰西共和国一样变成君主制国家。他在教堂中大声宣读加洛林王朝[8]国王加冕时的古老规章："上帝赐我此冠，谁若触犯，必遭惩罚！"这只是他以政治家的身份说的，连他自己也不相信，但他只能这么做。他感觉到其中的矛盾，却不是每次都懂得用当日在巴黎圣母院的那股干劲来加以解决。

首先，新的形势会给人们的精神带来新的束缚。警务部又恢复了，法兰西被分为四个区，每个区都由最忠诚的参议员带领一群密探监视人民的情绪，因为他想"有个道德统计数字"。他重新任命富歇为警务大臣，与塔列朗的关系也密切起来，结果，皇帝渐渐陷入这两个大阴谋家的网中。他知道此二人总是在他与波旁王室之间耍两面派，曾经尝试通过建立一个第二密探系统来监视其他密探，却毫无成效。

这两个阴险的人物都当过神职人员。他恨他们，他们也恨他，可他一生都未能摆脱他们。富歇出身贫寒，脸色有点苍白，神情冷漠，沉默寡言。虽然他胸佩勋章，衣服上镶着金边，但如果没有那双锐利的眼睛，他看上去就像一具木乃伊。

塔列朗无论在哪方面看起来都像个贵族。虽然他有点儿瘸，可还是有美妇向他邀宠。他的魅力就像一个不断滚动的球体的魅力，到处都是它活跃的顶点,没有哪一处表面意味着“上”,因为根据摆放位置的不同,每一处表面都可以是“上”。他贪得无厌,收受贿赂,这令他所谓背叛主人是为了法国之故的说辞很难使人相信。他暂时还在服侍皇帝,但从一开始两人就互不信任。只有一次,塔列朗算是为皇帝作了一点牺牲。某一天晚上,皇帝在旅途中召见塔列朗到床边谈论公务,说着说着皇帝就睡着了。这位大臣坐在椅子上等到第二天清早,据他自己说是为了不吵醒皇帝。但是,由于他整个天性中缺乏牺牲精神和同情心,我们可以把他的这个行为看作一个了解人心者的好奇心使然:他希望从皇帝的梦话里听到些许秘密。

但是拿破仑从不做梦。他鄙视众人,从不认为他们会有什么高尚的动机,因此,他一生都不得不花费大量精力,用赏赐来麻痹社会机体中的危险神经,或者通过刑罚将其消灭。

每年拿破仑都要多次提起斯塔尔夫人的名字。他坚持不让她和她的作品进入巴黎,其态度之坚决令人惊讶。斯塔尔夫人提起他时却说:“跟女士谈话时,他的目光无限温柔。”现在,整个欧洲的自由精神的先锋们都已离他而去,例如拜伦,他曾很敬重拿破仑,还有贝多芬,他原本打算将自己的《英雄交响曲》献给拿破仑。读到发疯的沙皇保罗对他的赞美,皇帝心里估计很不是滋味。当他还是第一执政时,保罗就曾称颂他为革命的镇压者。

马伦哥战役后,他就致力于实现欧洲大陆的和平。四年来,他用尽各种方法使和平得以维持。他希望重建君主制,以便平息一直反对法国的君主们的最后一丝怒气。但两个人的去世阻碍了他的计划。沙皇保罗一世这个英国的敌人遭到谋杀,其继任者亚历山大皇子是个理想主义者,从小就受法国启蒙思想的教育,具有民主思想,柔弱敏感,思维不大清晰,希望做个明君。亚历山大很快与英国达成谅解。在英国,福克斯出任外交大臣没多久就去世,使原本打算与法国和解的愿望消失了,过去的仇恨重新燃起。它没有如约从马耳他撤军,还突然提出了新的要求,从而首先破坏了和平。拿破仑再度面临以英国为首的欧洲联盟的威胁,这个联盟旨在帮助波旁王朝复辟。因为拿破仑这个天才的称帝,给他们国家的人民树立了一个危险的榜样。

于是,在拿破仑加冕前一年,法国与英国重新开战,而且一直延续到拿破仑这颗巨星陨落。最初并没有战事,仅仅处于一种战争状态,因此这位统帅既不能作出什么决定也不能结束战争。英国比起他的敌国，尤其是法国，有着明显的优势：它是个岛国，但它在全世界都有疆土。凭借一直保持着的历史意识，拿破仑感到英国是个新的亚历山大帝国，其版图也是从本岛和半岛延伸到亚洲、非洲。只要它联成一体，就是不可征服的。拿破仑建立一个新东方帝国的幻想与英联邦帝国发生了冲撞。

与此同时，拿破仑这位计算天才也受挫了。在阿布基尔海战大败之后，他估计重建法国海军舰队须耗时十年。如今，时间已过去了一半，英国却变得更加强大。在短暂的和平期间，法国军队远征埃及未能成功，竟然靠英国的船只被送回家乡。英国占领了好望角和其他殖民地，而法国却有着比重建海军更迫切的任务。

而且，皇帝对舰船知之甚少。他能设计大炮，铸造、安装每一颗螺丝钉，修理每一个车轮和每一具辎重车的车辕。他也知道骑兵部队的马匹何时需要重新掌钉，花费多少。他还准确地知道一个战地面包作坊一天能生产多少面包。他拥有渊博的知识，这是使他卓越不凡的秘诀之一。无论是平时或是战时，部下都害怕他在纸上或战场上随时进行检查；同时，他们对统帅的无所不知深感敬畏。这就确保了他所有的军事思想得以不折不扣地贯彻。

可是，想要了解军舰，就得长年待在军舰上，正如要想了解大炮，就得成天与大炮为伍一样。虽然海军将领们对统帅如此迅速地熟悉了海军的情况感到惊奇，称赞他的提问和命令深得要领，但他们的评价不过是专家对天才的外行所作的善意的褒奖。拿破仑很清楚这一点。他没有强大的海军，也没有杰出的海军统帅，而且他从未让别人来指挥作战。为此，他发明了一种打击英国的新型战术。他准备封锁从汉堡到塔朗托的海岸，不准英国船只进入。这样，他便可以通过贸易战消灭这个贸易大国。同时他又重新拟订入侵计划，因为他只要踏上英国的土地，便会感觉自己又成了司令官，一切都在他的掌握之中。

如同在远征埃及前一样，他现在又开始在布伦研究起航与登陆的可能性。在陆地上，他有超凡的想象力，他的计算能力借助于超凡的想象力使他无往不胜。虽然他的每一次战役都不是靠想象取胜的，但是他确实实现了他预测的结果。然而在海上，他并不是专家，而只是个外行，他第一次成了旁观者。在一个暴风雨的夜晚，炮艇挣脱了缆绳，他在海岸边给约瑟芬写信。在别的任何私人信件中人们都不曾见到过类似的字句："这是多么宏伟的场面啊：预警炮发出的火光照亮了整个海岸；大海在怒吼，波涛汹涌；人们一整晚都处于不安与惊恐之中！但是在永恒的大海与夜空之间飘荡着一个美好的精灵：所有的人都得救了。我带着这样的感觉入眠，仿佛做了一场浪漫史诗般的梦，这美好的情景能让我相信我一定是在只身静观。"

这是怎样的场面啊！可是也不过是一个场面罢了！在十五年后，莪相般的旋律又一次在他心中响起。拿破仑变得浪漫起来。这位艺术家的结束语是多么令人感动而又意味深长啊。他突然觉得被人夺取了他用以创作的素材，孤身一人置身于陌生的环境之中——在字里行间人们可以听出——他似乎有些恐慌。

这陌生的情况诱使他犯了一个错误。尽管暴风雨来袭，但他仍下令检阅海军。海军总司令布律克斯却拒绝准备该项事宜。皇帝来了，发现没有任何准备检阅的迹象，便派人找来了海军总司令。随后便发生了下面可怕的一幕！

"为什么你不执行我的命令？"

"天气这么恶劣，陛下您跟我一样都看得到。难道您想让勇敢的士兵冒生命的危险吗？"

皇帝脸色铁青，周围站着惊呆了的军官。"先生，我已经下达了命令，结果如何都与你无关。你需要做的只是服从！"

"陛下，我无法服从。"

可怕的寂静。拿破仑走上前去，手中握着马鞭，虽然没有举起，却做出威胁的手势。海军总司令退了一步，手按在剑柄之上。人们都愣住了。

"你必须在二十四小时内离开布伦，回荷兰去吧。马贡副司令将执行我的命令！"

皇帝开始检阅，伴随着的是尚未停息的暴风闪电。有二十只大舢板翻船。水手们与海浪搏击。皇帝跳上第一艘小船逃命而去，大家纷纷效仿。第二天，海岸边冲上来两百具尸体。

在拿破仑的一生中，这样的意外事故仅此一次。是失策，是暴行。一名军官不服从命令，这是一个不祥的征兆。不过还有另外一个征兆。

一年前有一个美国的发明家来到巴黎，向法国海军提供两大发明：其中之一是蒸汽轮船，由蒸汽而不是风力推动船只；另一项是可以发射鱼雷击沉船只的潜水艇。“这人是个骗子！”拿破仑这样评价富尔顿。其实当时富尔顿的实验已经初见成效，但拿破仑却将其置之脑后。如果此人献上的是机关枪或是战地电报机的设计，拿破仑肯定会毫不犹豫地买下。

拿破仑没有战胜英国，因为他在这点上缺乏胜利的信心。他的失误是无法避免的，因为他的自信在这点上很不足，因为他自身这方面知识有限，并且由于地域限制无法接近敌人。在陆地！是啊，如果能从陆地上发动进攻，夺取这个岛屿就好了！因此，现在他又打算像五年前一样，取道艾拉进攻印度。但这需要安定和时间。

首先他必须维持和平，这是他这几年来的努力所得到的结果。加冕之后他立刻在一天之内写信给六个国王。这六封信根据每位收信人的性格用了不同的体裁，字斟句酌，甚至连如何签名也煞费了一番苦心。下面是一封他写给波斯国王的信：

“由于我声名远播，您应该听说过我是谁，我做过些什么，我如何使法国凌驾于西方各国之上，我如何对东方各位国王感兴趣……东方人勇敢、聪明，却因为不懂某些技术，忽略士兵操练，因此在与北方士兵作战时总是失利……请写信告诉我您的愿望，我希望我们之间能重新建立起友谊和贸易关系……在登基的第一年，我在杜伊勒里宫里给您写了这封信。拿破仑。”在按东方习俗给此信加的标题中，他用了一个并不存在的头衔：波拿巴，法国人的皇帝[9]。这显然是为了使波斯国王明白，拿破仑与远征埃及的那位鼎鼎大名的波拿巴将军是同一个人。

当他在这封信上签字的时候，旁边还放着一封写给英国国王的信，虽然当时两国还处于交战状态。这封信他写得极为感人，但是政治味也很浓：“……士兵们流了这么多血却毫无目标，难道政府不会受到良心的谴责吗？我迈出这第一步，但我不会觉得丢脸。我想，我已经向世界证明，我并不害怕战争，也不害怕胜负难测的命运。虽然我的心向往和平，但是这场战争丝毫无损于我的声名。我请求陛下，不要错失恢复世界和平之良机！不要把这个难得的机会让给您的子女！现在是绝佳的时机，来使所有的狂热之情平息下来。一旦错过这个时机，战争将会驶向何方？陛下在过去的十年里赢得了无数的领土和财富，比整个欧洲所拥有的还多。您还能从战争中得到什么！”

如果敌人将最后几句用到拿破仑身上，他一定会哑然失笑。但这次呼吁也毫无成效。无论是英国，还是整个欧洲大陆都无法容忍这个贫民出身的皇帝和他的政权。各国君主准备第四次联合起来反对法国。

在和平的那几年里，他还算满意。马尔梅松宫的亲信们形容他是兴致高昂的。但是现在他又得重新拿起武器，并不得不认识到，“事物的天性和力量注定这种过去与未来之间的斗争将继续下去，因为敌人不断联合起来对付我们，迫使我们主动出击，以免被他们消灭”。这是事实，既无自负，也无苦涩。他自己没有创造这些事物的天性，但至少对之作了巩固。因为革命初期法国的战争纯粹是抗击国王们进攻的防御战，但后来，凭借这支人民军队的战斗力及其统帅的天才，防御战变成了征服战。

那些真实的计划大多来自他那无边无际的想象，但他一直懂得与想象保持一定的距离。如今，看到被他击败两次的对手又来挑衅，计划本身开始跨越边际也就不足为奇了。在19世纪，在西方，这位皇帝原本还会再维持十年的和平，以便在亚洲与英国一较长短。现在，在受到欧洲持续的复仇欲的刺激后，他才确定建立一个欧洲帝国的计划。这项具有最大功效的事业将第二次被尝试，也是迄今为止最后一次。最终，它将归于失败。

可见，拿破仑这个最伟大的政治理想源于他的个人防御本能。如今，在反对他的新集团形成之际，他的理想首次发生了转变：多年来，他的内心只有亚历山大大帝的形象，如今出现了查理曼大帝。[10]他到亚琛拜谒了他的陵墓。“欧洲将永无宁日，”他当时对亲信说，“直到出现一个能一统欧洲的领袖为止。各国国王成为他的臣下，他分封给将军们领地……同时授予他们官职。人们会觉得这设想是古老帝国的翻版？其实，天下本就没什么绝对新鲜的事物！”

拿破仑的理想缓慢转变，马上从历史幻想中吸取营养，并将产生不可估量的后果。因为对他而言，这种加洛林王朝的努力意味着放弃，所以他急切地向它奔去，仿佛他想得到的只是一个省份。他急于建立查理曼大帝的帝国，这是个新的理想，显示出他的狂热。他的这份狂热驱使他在原有目标尚未达到之前，又奔向新的目标。

11

靠急行军赢得的胜利　特拉法加　奥斯特利茨战役前日
印度和摩拉维亚“用我的名字给你们的孩子起名”两个皇帝
欧洲的联合王国

在北方，从春季开始就驻扎着他的军队。这支军队随时整装待发，准备实现一再拖延的登陆大不列颠岛的计划。到了秋季，当确认奥地利将发动新的进攻时，他在两天内改变计划，在两周后实施计划，令整支部队向东挺进。当敌人听到他第一步行动的消息时，法军已闪电般地越过了莱茵河。从海岸出发时，他曾向达律口授了进攻奥地利的完整作战计划。“行军的秩序和持续时间，纵队集合的地点，闪电进攻，敌人的动向与失误，所有这一切他在两个月前、在两百英里外就预见到了。”

奥地利完全有理由发动进攻。在意大利新国王的权杖上雕刻着威尼斯的象征——狮子，这件事以及对热那亚的占领，足以警告哈布斯堡皇朝别再冒险越过阿尔卑斯山，而是在德意志领土内与法军决一胜负。英国慷慨出资，俄国取之不竭的人力资源可以为联盟源源不断地输送军队，正如当年因拿破仑远在埃及，俄国军队曾取得胜利时那样。新沙皇似乎已决定，要让欧洲改变对俄国之前的偏见，因此他转变形象，拔剑指向欧洲的这位暴君。拿破仑的战术已为人们所熟悉，这次盟军将用他的战术对付他。

但是这位天才胸中怀有制胜的新法宝。他布置军队急行军，在奥地利人反应过来前，铁桶般地将他们围困在乌尔姆。法军不费一枪一弹，就迫使奥军全部投降。“我实现了我的目标，仅仅通过急行军就消灭了奥地利军队。现在我要掉头进攻俄国了。他们输定了。”

由于获得胜利已成为司空见惯的事，他已不愿多费笔墨来加以描述。“我已经超负荷工作。”他写信给约瑟芬，“一周来，我每天都淋得全身湿透，双脚冰凉。”在接受乌尔姆要塞的奥地利军队投降时，周围的元帅们身着金光闪耀的军服，第一次在国外显示他们的荣耀，拿破仑自己却穿着普通士兵的军服，披着肘部和下摆都烧破了的灰色斗篷，戴一顶没有帽徽的凹陷的帽子，背着手站在宿营地的火堆旁，没有显示出一丝皇帝的迹象。

像马伦哥大捷那天一样，他又提出议和。他派人给被打败的奥地利皇帝送去了一封私人的劝告信。信中的语气仍是那么直率，令欧洲的外交官们极为不安："您明白，如果我利用这次幸运向您提出，作为讲和的条件，您得保证不加入与英国的第四次联盟，那是很公平的……如果我能将我的人民的安宁与您的友谊联结在一起的话，我会感到无比的荣幸。因此，尽管在您的周围有许多我的强大的敌人，我还是向您提出缔结友谊的要求。"与此同时，他向维也纳进发。

在进军途中，他受到了一个新的打击。他得知，在他的陆军获胜两天后，英国海军在特拉法加附近重创法国舰队，法国海军几乎全军覆没，十八艘法国战舰被击沉。虽然敌军指挥官纳尔逊战死，但法国的海军总司令也落入敌军之手。几年前他在大漠里听到法军在阿布基尔海战中大败的消息，难道现在悲剧又要重演？振作一点！那时候的境况要比现在糟糕百倍！至少如今没有大海横亘在我们与巴黎之间，我们不需要船只。他加速进军维也纳，敌人则毫无抵抗地弃城而逃。

然而，特拉法加传来的消息坚定了奥地利皇帝弗兰茨的信心，而沙皇亚历山大的信心更为坚定。两人都努力拉拢普鲁士，普鲁士却一再拖延谈判。拿破仑试图以土耳其为诱饵来争取俄国沙皇的计划也徒劳无功。布吕恩正上演着一场大型的捉迷藏的游戏，在这场游戏中每一个玩家都想拖住别人，却又被自己的全权代表逮了出来。只有拿破仑是具有政治理想的统治者。在业已准备完毕的大决战的两天前，他写信给在布吕恩谈判的塔列朗说：

如果将威尼斯交给萨尔茨堡的选帝侯并将萨尔茨堡交给奥地利，我将不会反对。我要的是维罗纳……为了意大利王国……如果选帝侯有兴趣的话，他可以自封为威尼斯的国王……

巴伐利亚的选帝侯也可晋升为国王……我会归还大炮、弹药库和军事要塞，他们得付给我五百万……明天，我与俄国人即将展开一场相当惨烈的战役。我已经竭尽全力去阻止这场战事的发生，因为这只会导致无谓的流血。我跟沙皇互通过几次信，看得出他是个能干的皇帝，只是他被蒙骗了……请你去信给巴黎，但不要提起这场战役，以免我的夫人担惊受怕。请你也不用担心，我军占尽地利，防守固若金汤，我所遗憾的只是这无谓的流血罢了……请你写信给我的家人，我已在营房里和卫兵们待了四天了，这里只能在膝盖上写字，所以写不了很多信。

这是皇帝在那场最著名的战役前一天的心情。在察看地图时，他思考着每一座摩拉维亚村庄的名字、每条河流的宽度、每条街道的状况。他一边在近卫军的篝火边取暖，一边想着远在巴黎等候命令的大臣们，想着他也许在担惊受怕的夫人。与此同时，他在半小时之内又拟出了一份分割四到五个国家的新计划，内容包含新任国王的确立、战争赔款和军事要塞的移交。这一切都因为他两次抱怨这是无谓的流血而变得苍白无力，如同12月的某一天初升的太阳。这样一个人打败此时正在皇宫里吃喝玩乐的正统君王们，又有什么可奇怪的？

傍晚，得知敌军的动向后，他拍着双手大喊道："他们落入圈套了！他们自己送上门来了！明天傍晚之前，我们会将他们杀得片甲不留！"根据副官的描述，此时的他"高兴得全身发抖"。

然后，他跟参谋们在一座农舍里进餐。吃完后他还一反常规地在桌旁坐着，心情激动，却又若有所思的样子。那个时候他说了很久有关悲剧的本质的话，接着他提起了埃及："那个时候，嗯，要是我那个时候攻下阿克，我早就缠上了头巾，士兵们也穿上了肥大的土耳其长裤（不过，不到万不得已时，我是不会让他们去冒风险的），我已使他们成为不可战胜的军队、神圣的军队，我已联合阿拉伯人、希腊人和亚美尼亚人结束了跟土耳其人的战争。如果我不是在摩拉维亚，而是在伊苏斯打了胜仗的话，那我已经成了东方的皇帝，并经君士坦丁堡回到了巴黎。"一位在场的目击者写道："说到这最后几句时，他脸上的笑容似乎是在表明，他正沉浸在一个梦想之中。"

难道这样的场景本身不就是一场梦吗？有一个凡人，一个犹如战神的人，在欧洲横扫千军，并按自己的意愿迫使欧洲屈从，难道这真的就是一个世纪以前才发生的事吗？由两位君主的决战来决定子孙后代的命运，难道这不是发生在荷马史诗里的事情吗？如同我们在小人书里看到的传奇故事那样，在一间篱笆泥皮砌成的茅屋里，在叫不上名字的荒野上，一个三十多岁的小个子男人静静地坐在那里，穿了件满是油污的外套，一件黏黏糊糊的衬衫，将一些夹着洋葱的土豆塞进他饥饿的腹中。第二天，他将打响一场战役，重新唤醒人们对沉睡千年的查理曼帝国的记忆。他那漫无边际的幻想将他重新带回亚洲大漠，那里只有横七竖八的石头。他想起了那时被挫败的计划，他漫游的思想又跟着马其顿人的魂魄飘到了恒河。

天亮了。一年前的今天，在巴黎圣母院的台阶上，他戴上由金色月桂制成的皇冠为自己加冕。现在，他慷慨激昂地向士兵们重提这个日子。最后他宣布，今天他不上火线。

历史上从来没有哪位统帅说过这样的话。每一位都宣称他将身先士卒，视死如归。经历了二十次战役的拿破仑相信自己的士兵，他们把他看作唯一一位福星高照的首领。只有他敢于对士兵们说，他将把保护好自己的生命作为对他们勇敢的奖赏。

随后，这位皇帝痛击了他的两个强敌：奥地利和沙皇俄国，使一片原本默默无名的荒芜平原闻名千年：奥斯特利茨平原。

“士兵们！”第二天，他对获胜的士兵们说，“我对你们非常满意……你们可以用我的名字来为你们的孩子起名。要是你们的孩子中，有谁能证明无愧于我们，我将把所有的财富赠予他，并宣布他为我的继承人！”这是他褒奖军队的惯用言辞。他写给夫人的信却很简单：“我击败了奥地利和俄国的军队。有点累，因为我已经在野外宿营八天了。这里的夜晚空气很清新。今天我在考尼茨亲王华丽的别墅里，躺在一张舒适的床上，换上了一件干净的衬衫，八天来第一次换……我希望能睡上两三个小时。”

这个传奇般的事迹就这样被轻描淡写地一笔带过。第二天，被击败的奥皇请求在考尼茨亲王的府邸会见这位来自科西嘉岛的小个子中尉，这给雄壮的史诗中又添加了一个新的篇章。但是这位行动迅速、总骑着马的小个子风神早已离开了。两人最终在一个磨坊里会面。拿破仑对他很礼貌，说道：“陛下，很抱歉，只能在这独一无二的宫殿里接待您。这是两个月来我第一次进入的宫殿。”面对这位奥地利尊贵的世袭皇帝时，拿破仑这个军人是多么自信啊！他的嘴角挂着迷人的嘲讽。他知道，当胜利的消息传回他的国都时，巴黎将彩旗招展、颂歌四起。

但是高贵的奥地利皇帝思维缜密，知道如何应付这样的嘲讽。他回应道："陛下，您能从这间寓所找出如此多的优点，您肯定是喜欢上这里了。"此时，两人都面带微笑，悄悄地打量着对方。因为两人已经交战十年，却素未谋面。两人年纪相仿，都是二十多岁便执掌大权，只是他们走的道路却截然不同。但是在这一刻，两人都没有想到，拿破仑追求和平的愿望使他们走得如此之近，而奥皇的复仇之心最终会使他们相离多远。

"昨天我在军营中与奥皇见了面。我们聊了两个小时……他寄希望于我的宽容，但我还是有所保留，这种战争艺术对我而言不费吹灰之力……我们达成了共识，决定尽快缔结和平条约。奥斯特利茨战役是我打过的最漂亮的一仗。四十五面军旗，其中有俄国近卫军的旗帜，一百五十多门大炮，二十名将军，三万战俘，两万多人战死：多么可怕的场景！"哪个志得意满的胜利者用过这样奇怪的结束语？对这一系列数字，他是如此地欣喜，但其中却有死难者的数字！后来，他常提到这类惨不忍睹的景象。对于流血一事，他常用朴素和诚恳的语言加以描述。

在和平谈判的时候，他的外交大臣与他意见相左。塔列朗在奥斯特利茨一战后的次日即写信给拿破仑："现在一举消灭哈布斯堡皇朝是件多么轻而易举的事啊。不过，如果为法国着想，我们应该使他们强大起来，让他们在我们的法兰西体系里拥有一席之地！"但皇帝迫使他们执行《普莱斯堡和约》，在这份和约中，旧日耳曼帝国将被分割，奥地利必须从德意志和意大利撤出。他的真实想法到底是什么？

欧洲：一个由法国领导的国家邦联。俄罗斯属于亚洲，英国是欧洲之外的岛国。欧洲大陆必须统一。这些中小国家要置于法国鹰旗的保护之下，民主主义同时并存。在奥斯特利茨战役之后，这个新思想形成了。统一欧洲这个欧洲人的最高目标，从现在起将由他的政权来实现。

这个想法并非一开始就有的。与他达到的其他所有目标一样，它也是时势造成的。那些催生这一想法的战争并不是他一手挑起的。自马伦哥战役后，他就祈盼着和平，但当时的奥地利不愿讲和。它再度发动进攻合乎正统主义的逻辑，因为哈布斯堡皇朝和革命的法国无法并肩统治欧洲。奥斯特利茨战役再度解决了这一争端。现在，重新统一复活的查理曼大帝的欧洲有了可能。然而，那些国王和皇帝仅仅是被打败，并没有被说服；而他本人用利剑实现了一切，并不是通过说服。他们都无法用智慧实现欧洲的统一。拿破仑过去的情况迫使他用武力创建这个欧罗巴合众国。直到十年后他才明白，他赖以实现伟大目标的手段是多么错误。

当他明白过来的时候，一切都已经太迟了。他已被剥夺了权力，处于流放生活的尾声。

12

新的王国 找国王的青蛙 家族里的国王 诱惑 保持本色的母亲

“请你告诉教皇，我明察秋毫；请告诉他，我是查理曼大帝，教会之剑，他的皇帝。我希望他这样看待我。”

他就以这种威胁的口气给罗马教廷写了封信。既然他暂时不得不待在欧洲这个“鼹鼠挖出的土堆”，那么教皇就该对他俯首帖耳。自从奥斯特利茨和普莱斯堡大捷之后，他的态度有了新的变化。他用前所未闻的独裁者的口吻，从被战胜的奥地利给欧洲写信。尽管他一年前曾发出禁令，但那不勒斯女王仍然允许英国船只在海港停泊。他下达了一道军令：“波旁王朝在那不勒斯的统治已经告终。”同时他又写信给哥哥约瑟夫：“我想，我已经跟你说过，我要把那不勒斯王国划归我家族所有，让它像瑞士、荷兰、意大利和三个日耳曼王国一样，都属于我的邦联，或者说属于法兰西帝国。”

从此之后，他雄心勃勃地要将这个计划付诸实施，即全欧洲由一个皇帝来统治，每个国王都对他俯首称臣。巴黎将成为这个大陆的首都。现在，巴黎以热烈的气氛欢迎主人的凯旋，衣锦还乡的皇帝兴致勃勃：“这场战役倒使我发胖了。我想，如果全欧洲的君主都联合起来反对我的话，那我就是个可笑的大胖子了！”带着这样的心情，他致力于新的冒险，而且一发不可收拾。

在短短几个月内，他从巴黎遥控建立了如下政权：约瑟夫为那不勒斯国王，巴伐利亚和符腾堡的亲王晋升为国王，巴登亲王升为大公爵，巴伐利亚的一位公主许配给欧仁，巴登的王储将迎娶约瑟芬前夫的一个侄女，符腾堡的一位公主许配给他最小的弟弟热罗姆，德意志南部和西部的十六个诸侯国联合起来结成莱茵联邦，一概向皇帝称臣，纳贡并负担军饷。这十六个日耳曼君主争先恐后地赶往巴黎宣誓效忠，希望能从这大笔买卖中分得一杯羹。十二个小侯爵的领地被取消，成为皇帝属下塔列朗、贝尔蒂埃和贝尔纳多特的封地。

同时他又简明扼要地说："荷兰还没有行政长官，但它必须有一个。我会把路易亲王给它。我们将订立一个条约……在我这里，这已是定局，要么这样，要么并入法国……这件事刻不容缓。"为什么刻不容缓？荷兰早就失去独立，它缺的只是一个拥有国王头衔的封臣而已。"把路易亲王给它"——这句话清楚地说明了荷兰的附庸地位。荷兰人不愿意？那他们只有被吞并，因此他们很快作出了选择。路易不愿意接受这个使命，称不喜欢那里的天气，健康状况也不好。但是，"作为荷兰国王而死，胜过作为法国亲王而生"。奥坦丝必须做王后，约瑟芬极力催促此事。荷兰人必须郑重地提出呈请，皇帝将在杜伊勒里宫仁慈地倾听。对此，拿破仑一定充满了讥讽和蔑视，因为在接见结束后，他当着宫廷贵妇们的面，让人给他的小侄儿（即荷兰新国王路易的儿子）讲青蛙找国王的寓言。

下一步该怎么办呢？他的妹妹们在抱怨，在耍诡计。难道所有的王国都分完了吗？真是糟糕。那么至少得腾出几个大公的领地来！缪拉和卡洛丽娜分得克利弗，卡洛丽娜任大公爵；爱丽莎受封为托斯卡纳的大公爵；美丽的波丽娜哭了，因为她只能做瓜斯塔拉的侯爵。"什么？只是个小村庄？那为什么让我去做那里的侯爵？"但她很快在成堆的珠宝和情人中得到了安慰。

拿破仑的家族成员几乎没有一个人能胜任自己的新角色。约瑟夫国王在即位后发的第一封诏书里，将他的臣民（他们直到昨天才第一次见到他）对他的爱比作法国人民对他们的皇帝的爱，自己出洋相不说，还使皇帝大怒。路易国王长吁短叹，因为与英国的战争迫使他对国家的贸易采取强制措施。他不向法国派送荷兰兵员，却写了一大堆诉苦信。"你是在给我增添不必要的麻烦，"拿破仑训斥他说，"一切都是因为你思想狭隘、兴趣淡薄……别老说困难与不幸！……女人才会成天哭哭啼啼，男人应该果断……你统治你的国家过于手软。我不得不独自承担全部军饷……你得争取保有一支三万人的军队。你总是只想着自己，这既不明智也不大度……拿出点精神来！”

爱丽莎支配着丈夫。她在托斯卡纳颁布宪法，检阅部队，频繁地更换情人。她仿效拿破仑风格的话令后者觉得好笑：“我的臣民恭顺知足，反对势力已被消灭，陛下的命令业已执行。对参议院的表现我很满意，他们尊重我的权威。”缪拉盲目的热情也招来拿破仑与通常一样坦率的批评：“我看到了你发布的政令，真是无聊透顶。你似乎已经丧失所有的理智！……你满脑子想的就只有统治！”

波丽娜却因为艺术家卡诺瓦为她制作的大理石雕像而永留青史，这雕塑比拿破仑的任何一个王国都长久。

波丽娜·波拿巴（1780—1825）

在此期间，年轻的热罗姆曾作为海军见习生前往美国。在那里，他未征求家人意见就娶了一个平民女子。拿破仑知道后气急败坏。他拥有的王冠数超过兄弟姐妹的人数，自然不允许兄弟再少下去。他让母亲出面解除这一婚姻。当热罗姆所乘的船只停靠里斯本的时候，他们被团团围住，只有热罗姆一人被允许上岸。跟自己年轻的夫人告别时，热罗姆发誓跟她白头偕老，永不相负。然后，他只身前往巴黎。皇帝对他威逼利诱，软硬兼施。终于，为了亲王的尊荣和海军上将的职位，或者也许为了成为国王，他抛弃了妻子。他的妻子试图登上欧洲大陆，却徒劳无功。后来她去了英国，在那里生下了他们的孩子。她还在英国遇见了吕西安，她一度患难与共的伙伴。吕西安受到了英国人的礼遇，因此他携妻子和孩子迁居该岛。他写了一首诗，一首史诗，题目是什么呢？

《查理曼大帝》。

这个家族里唯一勤勉、严肃、忠诚，且大多数时候都很明理的是拿破仑的继子欧仁。皇帝很喜欢他，一有机会就当众赞扬他。欧仁现在是意大利的总督，又是巴伐利亚公主的丈夫。拿破仑写信给他说："你工作太勤奋了，亲爱的儿子。这对你来说是不错，但是你的夫人还很年轻，还有着自己的希望……为什么不抽时间陪陪她，每周去一次戏院呢？工作花不了多少时间。我的生活与你的一样，但我夫人已不再年轻……而且我要做的事比你多！"他要求儿媳务必生个男丁，因为奥坦丝的儿子只有一条命，而皇族的血统需要足够的保障。因此他写道："请别再给我生女孩了。我这里有个方子：每天喝点纯葡萄酒。可是你不会相信我！"当儿媳还是产下一个女婴时，他却说："如果头胎是女孩的话，她肯定还能生一打小孩！"

拿破仑这个修辞大师善于应付任何场合，这令人惊叹不已。他时而恫吓，时而赞美，时而鼓励，时而惩戒，时而游说。他用所有这一切方式来对付那些不听话的人，包括他的家人。

皇帝的母亲如今住在巴黎，在她儿子许可的范围内，尽可能过着严肃、低调的生活。她关注着一切，在子女间充当调和者的角色。皇帝让她入住特利亚农宫，每年给她100万法郎的生活费。没有人能理解，为什么她还是如此节俭，没多久便有人觉得她吝啬，而她也确实吝啬。对此她解释说："我们科西嘉人经历过很多次革命。如果现在所有的一切都烟消云散，那么我的孩子将会怎样？他们求助于母亲，总比向陌生人求助却没人理睬好！"有时她也会款待宾客，言行举止中流露出天然的威严，比她那些贵为国王的孩子更有王家风范。当有人为她手中的玻璃珠值多少钱而争论时，她笑着说："哦不，我不会受别人的影响。我不像我的女儿们那样喜欢摆公主的派头。"虽然她贵为法国皇帝及一群国王和公主的母亲，但她经常叹息身边没有一个知心可靠的人。她只偶尔跟老友们打打牌，或是在晚上跟自己忠实的婢女谈起"往日的快乐时光……所有的人都称我是世上最幸福的母亲，其实我每天都提心吊胆的。每次听到战报，我都会全身战栗，害怕听到皇帝死在战场上"。

按照她贵族世家的习俗，每个星期日她都会与子女们在杜伊勒里宫一起进餐。她并不总是听从皇帝的话。如果强迫她服从，她就会不悦。皇帝心中明白，她骄傲的心使她无法接受他们母子之间的这种关系。照镜子的时候，他发现自己长得越来越像母亲，尤其是额头、嘴、眼睛和双手。有时他会开玩笑地问母亲：

“您是不是觉得宫廷生活很无聊？看看您的女儿们吧！您不必把钱都存起来，应该把它花光。”

“那你就该给我两百万，而不是一百万。因为我必须节俭，这是我的天性。”

她对谄媚之徒的觉察，跟拿破仑一样敏锐。只要有必要，她就会提醒他远离那些小人。她从不替自己索取什么，但若有科西嘉人前来找她，她总会帮他们求情，特别是对她家族的世交，她更是尽心竭力。有一天，她终于提出了心中由来已久的愿望：将科西嘉的首府由科特迁到阿雅克修。这是她表现家族自豪感的方式。皇帝颁布了一道法令，满足了她的这个愿望。皇帝很能理解她。当她离开房间的时候，他说：“我的母亲天生具有治国之才。”

可是，她无法使皇帝为吕西安做任何事。“我最爱的就是他，”她说，“因为他的境遇最糟。”皇帝却不为所动。他说：“现在任何感情都必须向国家利益让步。我只承认站在我这一边的人是亲人。谁不跟我一路，谁就不是我的家人。”

13

腓特烈大帝　与柏林的紧张关系　不平静的普鲁士　对普鲁士的最后警告　耶拿　两位德意志女性　腓特烈大帝的剑　英国被封锁　无忧宫里的幻想　“我有儿子了！”

在巴黎拿破仑的书房里，有一个证人默默地注视着他的动静，那就是普鲁士腓特烈大帝的青铜像。

他是听着这位伟大的普鲁士统帅的威名长大的。腓特烈大帝去世时，他还只是个小小的尉官。与那个时代所有的将军一样，他学过这位大帝的新作战艺术。他至今仍敬佩陌生的普鲁士军队，尽管腓特烈大帝目前的继承人——普鲁士国王弗里德里希·威廉三世在指挥普军与法军交战时表现不佳。他很清楚威廉三世的愚蠢软弱，却仍一再与之结盟，并试图从普鲁士与奥地利和俄国的矛盾中渔利，其原因之一便是，对这支欧洲18世纪唯一威名赫赫的外国军队，他心中一直暗暗佩服。直到普鲁士未向他展示最强的一面——军事，而是向他展示最弱的一面——政治时，他对它的尊敬才开始减退。

去年，奥斯特利茨战役尚未打响时，他就向普鲁士提出结盟。特拉法加一战后，弗兰茨和亚历山大向普鲁士频频示好，普鲁士本可阻止奥斯特利茨战役的发生，但软弱的威廉三世举棋不定，一再试图通过中立获得好处。现在，法国已变得空前强大，普鲁士却准备向法国开战，其最先的借口是：去年拿破仑率军在安斯巴赫附近穿越了普鲁士领土。

事实上，普鲁士国王真正的动机是顾虑民主人士的情绪，担心国民的愤恨，尤其是因为他对几位好战将领的忠诚抱有怀疑。在纽伦堡，一名书商被军事法庭判处死刑，执行枪决。因为他在法国按照条约驻军的地方传播一份诽谤法军的资料。这个判决在形式上是合理的，但它引起的道德激愤更为合理。拿破仑深知这一点。为了避免战争，他建议双方撤兵，并派特使转告国王说，如果驻威斯特法伦的法军令他不快，他尽管直言。然后他亲自写信给国王："我坚定地维护我们的联盟……但如果您给我的答复显示出，您要结束这一同盟，将一切诉诸武力，那么我当然不得不应战。但无论战争结果如何，我维护联盟的态度始终如一。我认为这次战争是不义的，因此我届时仍会建议讲和。"

然而，背地里他带着恼怒与蔑视，说了普鲁士许多坏话。他怎么都不愿相信"普鲁士会如此疯狂……它的内阁无足轻重，它的君主软弱无能，它的朝政被一群乳臭未干、鲁莽的军官所把持"。

一直到开战前两周，拿破仑还是不相信战争真的会爆发。

他错了。普鲁士军队里的贵族们曾在腓特烈大帝的率领下击败过法军，但后来他们竟被法军打败。现在他们要报仇雪耻。民众怀着强烈的民族意识准备"孤注一掷"，他们关注并信赖他们的救世主——普鲁士王后。普鲁士与沙皇已经结成同盟。自从在柏林与沙皇碰面后，王后就觉得他比她丈夫更有男子气概。自此以后，这位王后便强烈地要求发动战争。奥斯特利茨一役后，亚历山大迅速退回本国，等待良机。现在时机终于到了。

据塔列朗讲述，"拿破仑心中对此次战争充满了不安"。腓特烈大帝军队的赫赫威名令他心驰神往，而他还从未与一支久负盛名的军队交战过。

“我想，对付普军要比对付奥军困难得多。”这样就更须尽快渡过莱茵河！在急行军一个星期后，他首次向敌人发动进攻：在萨尔费尔德附近，普军最优秀的一员——路易·费迪南德亲王阵亡。

普鲁士军队一片混乱，对此普鲁士国王难辞其咎。当沙恩霍斯特将军建议提前两周向法军进攻时，这位优柔寡断的君主却一等再等。担任军队总司令的是不伦瑞克公爵，但是国王不把作战指挥权移交给他，反而在最后时刻亲临前线。“我们不知道军队是由国王还是公爵领导。”本应由公爵发布命令的时候，公爵却听命于国王。等级问题使军队划分为三个部分，因为“执政的”霍亨洛厄亲王不可能在一位公爵的指挥下作战。此时敌人又一次伸出了友谊之手：在主战役打响的两天前，拿破仑充满了必胜的信心，再次写信给普鲁士国王：

> 我不想从您幕僚的愚蠢中捞取好处，他们在政治策略中所犯的错误令全欧洲都为之震惊……战争就这样开始了……为什么要使我们的臣民互相残杀？如果靠牺牲我的子民的生命换取胜利，我毫不稀罕。如果因为我一生中从未打过仗，从而害怕战争的失败，那我自然没有资格说这样的话。但是，陛下，您将被打败。您无谓地牺牲了自己安静的生活和臣民的生命，您没有任何理由可以为自己开脱……我对陛下别无所求，我对陛下一向别无所求。这场战争毫无政治意义！我知道，我的这封信也许会刺伤您敏感的自尊心，但迫于形势，我不得不把话挑明。我告诉您我的想法是怎样的……请您让您和您的国家重归安宁吧！即便您永远都不能把我看作是您的盟友，但是您应该了解……我最大的愿望就是，决不同在工商业和政治上并不与我为敌的国王进行流血战争。

普鲁士王后路易丝跟随丈夫来到前线。这个女子本性中对和平的热爱，已经超过了那些野心勃勃的将军所能忍受的程度。但即便是她，也同意将军们对拿破仑写此信的动机的嘲讽，认为他是害怕自己大难临头。难道她不知道，上天特意安排她在这个时刻走到两个男人之间，是为了让她帮助她那软弱的丈夫，从而使这场争端以人道的方式得到解决？不！在她看来，拿破仑不过是“一个从泥浆里爬上来的地狱恶魔”，明天便会完蛋！

“我的事情进展得很顺利，”“恶魔”正在给妻子写信，“一切都如我希望的那样。普鲁士国王和王后在埃尔富特。如果他们想观战的话，他们可以享受到这恐怖的娱乐。我感觉很好。虽然每天行军二十到二十五英里，但我还是胖了。我八点睡觉，半夜起来，有时我会想，你这个时候还没睡呢。”开战前的最后一夜，他不再睡觉。三点时，一名军官建议他睡一会，他喊道：“不行！我的计划在这里（额头），但还没有落实在地图上！”很快他就部署了整个计划。“你明白了吧……请你骑上马，替我找一处能纵览战场全局的地方。我六点钟过来。”然后他倒在行军床上，很快睡着了。

这天夜里，普鲁士军队的大本营得悉法军有意外的调动，却决定延迟到第二天早晨才商议对策。而此时，法国皇帝骑马巡视前线，鼓舞他的近卫军，让他们重温奥斯特利茨战役的辉煌。

然后，拿破仑在耶拿附近击败普军。在同一时刻，达武在奥尔施丹特也大获全胜。

当勇敢的不伦瑞克公爵受到致命重创后，没有人敢接过他的指挥权。群龙无首，腓特烈大帝的军队溃不成军，经萨克森向东逃逸。

“亲爱的，我对普鲁士略施小计，于昨天大获全胜，俘虏两万名敌人，缴获一百来门大炮和一些军旗……两天来我都在露天过夜。我很好。请保重身体并爱我。”

在魏玛，他遇见了临时执政的公爵夫人。她的丈夫卡尔·奥古斯特公爵二十年来积极主战，且狂热地喜爱普鲁士。他不顾那位最老的大臣的忠告，总是与拿破仑为敌。在耶拿一役中，他作为一名普鲁士将领，不得不逃之夭夭。没人知道他的去向。整个宫廷也逃离魏玛，只剩下公爵夫人和大臣歌德。皇帝一看到她就说：“我对你表示同情！公爵怎可以……”他向来反对女人执政，尤其是德意志女人。出乎他意料的是，公爵夫人的回答清楚、简洁，而且态度不卑不亢。她自豪地谈起公爵与普鲁士之间长久的友谊，皇帝听得愣住了，对这位女士变得彬彬有礼。晚上，拿破仑又来找她，与她作了一次长谈，先说明必须废除她的这个公国，但保证对她的这块领地秋毫无犯。为什么要这么做？

因为这个女子从不干涉政事，到了现在也不在这方面装模作样。只因

萨克森—魏玛公爵夫人安娜·阿玛利亚（1739—1807）

为逃跑的那个人是她的丈夫，所以她必须替他说话。她还以大方的态度为自己的国家求情。她既不谄媚，也不恼怒，态度不卑不亢，作为一个被战胜的君主来说，这种风度最合适不过了。数年后，皇帝还会想起并向人提起她，这个凭自己的内涵拯救了国家和王朝的女人。

在柏林他遇见了另一个女人。哈茨菲尔德伯爵曾代表柏林与战胜者谈判，在写信给一个败军之将时，不小心将法军实力透露了出来。这封信被截获了。皇帝勃然大怒，下令军事法庭将此人以间谍罪枪毙。迫于拿破仑的威严，贝尔蒂埃不敢从命，拉普则尽力平息拿破仑的怒气。在一次会见时，哈茨菲尔德伯爵夫人被带来见拿破仑。伯爵夫人跪倒在他的脚下。他请她到波茨坦宫去。“当我把她丈夫的信给她看时，她坦诚以告，呜咽中带着深情。她说：‘是的，这当然是他的亲笔信。’她念信时的语气深深打动了我。我很同情她。”“你看到了，”他以这句话结束了给约瑟芬的信，“我爱善良、质朴和温柔的女子。”

——爱？他是大权在握的人。伯爵夫人对他而言不过是一个女人，拿破仑都没注意到她的容貌和服饰。但是这种自然流露的感情、女人温柔的请求、她的眼泪和沉默，令他如此动容，他竟然将信扔进火炉，说道：“我手头唯一的证据已经烧毁了。现在您的丈夫安全了。”

拿破仑就这样对待两个德意志贵夫人，以及她们那曾经对抗他的丈夫，只因为她们的语气深深地触动了他。

他不太喜欢普鲁士王后路易丝，因为她过于热衷政治，策动她的夫君发动战争，促使她的夫君在可以享受荣耀与和平的时候去冒险，这是拿破仑所不能忍受的。因为她一有机会就向拿破仑挑衅，促使拿破仑决意夺去她女性的尊严。他在一份正式公告中嘲弄她说:“她是一个只有容貌没有头脑的女人……由于给自己的国家带来深重灾难,她将备受良心的谴责。她的丈夫是个为人民的幸福和安宁着想的好人。”

他迁入了柏林。他的扈从人员衣着光鲜,他却一如往常地穿戴俭朴,戴着一顶小帽子,上面别着一个大约值一便士的徽章。最令他感兴趣的莫过于无忧宫了。当他手握腓特烈大帝的利剑时,他觉得这是他有生以来得到的最宝贵的战利品,就算拿普鲁士的王位来换,他也不舍得。但他对腓特烈大帝的后人却不屑一顾,并且在公开场合攻击普鲁士王后:

> 在王后的居室里找到了沙皇送给她的画像,还有他们的来往信件……这些文件证明,那些容许自己的夫人干涉国家朝政的君主们是多么不幸。国家的文书上染上了麝香的气味,并且和梳妆室里的绣边花带及其他零碎物件摆在一起。

多么恶劣的语气!他似乎忘记了王后的爱国热情。如果人们把这些嘲讽与当时最优秀最伟大的普鲁士政治家、非普鲁士籍的施泰因男爵对王后的描写进行比较,便很能理解皇帝的情绪。即便如此,人们仍对他如此嘲讽一位女子感到不可谅解。

他在草诏中已经打算罢黜普鲁士国王,但还在权衡是否连整个霍亨索伦王室一起摧毁。出于对沙皇的顾忌,他决定保留王室。在柏林,拿破仑把欧洲当作整个世界来看待:“在易北河和奥得河畔,我们赢得了我们的印度企业、西班牙的殖民地和好望角。”这些他在柏林说出的宏伟词句不过是说明了伟大航程的开始。随着船桨的划动,他要启程进军他的好望角。在夏洛滕堡宫,他口述让人记下了他有生以来最伟大、最没有血腥味却是最危险的宣战书:这位当代的查理曼大帝将向英国关闭所有欧洲大陆的港口。如果他的武力无法踏足这个岛屿,那么英国也将无法踏足欧洲大陆!所有来自或运往英国及其殖民地的货物、邮包、信件等都被禁止,所有在欧洲大陆的英国人都成为战俘。

但是如何监督这个政令的执行呢?以前,他今天颁布什么,明天便可执行。这次他需要和各国签订协议,特别是奥地利和俄国。奥地利还占有着原波兰的领土，俄国要求这些地方归俄所有，而波兰人则既不想听命于奥地利也不想听命于俄国。现在，波兰人眼巴巴地望着拿破仑这个救世主。主张所有民族都享有自由的法国皇帝，也应该解放波兰人民。怎么办？他该如何解决波兰问题？

"波兰应该恢复王室，这个伟大的民族应该得以重生吗？万能的上帝才能解开这个谜。"他很狡猾，写的这些语句意思模棱两可。只有上帝才看到他在这一告书上签字时露出的微笑。此外他还有三步棋：第一，他要求波兰人提供军队，因为"只有拥有一支四万人的大军，你们才配享有国家的称呼"；第二，他向奥地利人建议，用加里西亚换取普鲁士—西里西亚。最后，他认为真正能解决波兰问题的关键在博斯普鲁斯海峡，他敦促土耳其苏丹将俄国人赶出摩尔达维亚，然后与他在聂斯特河上会晤。这样他不仅可以把俄国，还可以把受惊的奥地利牵制在多瑙河下游地区。

他坐在无忧宫里。腓特烈大帝书房中，古老的枝形吊灯照着他，画像中的伏尔泰朝他微笑。他独自一人玩着棋子，想象着并不存在的对手的下一步棋。他的视野变得越来越宽阔。突然间，他浮想出来的先人的样貌发生了变化，褐黄色的大胡子不见了，鼻子变得扁平了，眼神中没有信仰，慢慢又变得勇敢：原来的查理曼大帝变成了伟大的亚历山大大帝。是的，现在他要到印度去打击英国！一统天下的伟业渐渐在他头脑中清晰起来。

棋盘上又出现了一个敌手：信使带来了西班牙叛乱的消息。根据一个目击者的描述，他当时脸色铁青。整盘棋岌岌可危。他再次意识到：要想消灭英国，必须得到俄国的友谊。但要击败或赢得俄国，必须在欧洲大陆有一个坚实的支点。这个支点只能是正在起义的波兰。于是，拿破仑奔赴华沙。

一连几个星期，他的脑海中一直在考虑世界各大洲的命运，心中倍感孤寂。但他并不关心别的女人，只在信中向自己的妻子献殷勤："我是多么爱你，多么想念你……这些在波森的波兰女人都是法国人，但对我来说，世上只有一个女子。你知道她是谁吗？我本打算向你描述她的容貌，但那样我肯定得大大地恭维她，以便让你知道她就是你。事实上，我的心中除了说她好以外，确实说不了别的了。啊，这漫漫长夜，我形单影只！"

约瑟芬有着猎犬般敏锐的嗅觉，她从拿破仑描述的心情里提前嗅出了情敌的气味。她醋意大发，说要到拿破仑身边来。拿破仑回复说："你在信中的激动向我证明，你们这些漂亮女人不知天高地厚。你们想要什么，就一定要实现。而我呢？我知道我是全人类被奴役最重的人。我的主人对我毫不同情，这位主人就是事物的天性。"

他刚用这个隆重的句子结束琐碎的话题，信差就给他带来了一则消息。原来，他的一件小事产生了绝对不小的结果：去年冬天卡洛丽娜介绍了一个漂亮女子与他幽会，他动身前这个女子就已怀孕，现在已经分娩了。终于等到了这一天！事实证明，他并不缺少大自然赐予男子的能力！这是上天伟大的恩赐：一个男孩。他转身朝向他的心腹，像个天真少年似的欢呼道："迪罗克！我有儿子了！"

14

波兰伯爵夫人　徒劳无功的求爱　孤独的人　报复
没有胜利　俄国的警告　秘密的田园爱情　东方的使者
从远方统治　戒指

舞厅里灯光辉映。波兰拥有美丽的珠宝和美丽的女人。这是令人难忘的一个夜晚。在这个夜晚，在这座位于华沙的旧王宫里，人们试图向这位法国人的皇帝展示他们是怎样的一个民族。他会赞赏波兰的民族舞蹈、音乐和美女吗？那些斯拉夫女子的诱人秋波能令他心驰神往吗？那些谄媚的言辞、报纸上对他的崇拜之词，会让他凌厉的眼神变得柔和吗？在乐天派看来，这所有一切都决定了这个民族的命运。他穿过贵宾的行列，愉快地与人们交谈。现在他站在大厅的一角，一边跟别人攀谈，一边注视着那些跳舞的女人们。他正在想念巴黎，七年来他每年的1月都是在那里度过的。

突然，他的目光停住了，忘记了继续谈话。成百双眼睛都随着这位猎人的目光转移。谁是这个猎人的猎物呢？稍后不久，他就走近一群宾客，逐一问候，然后微笑着，带着一种在公开场合少有的礼貌，从这群人中将他中意的那位女子请了出来。一个温柔的金发美人，娇小玲珑，蓝汪汪的眼睛透出她温和的性情，年方十八。她比别的贵妇打扮得简单，举止文静。皇帝与她跳

玛丽亚·冯·瓦莱夫斯卡伯爵夫人（1786—1817）

了一支舞，深深喜爱她的典雅大方、她娇滴滴的声音，而更令他倾心的还要数她结结巴巴的法语。当她微笑着，心中恍恍惚惚的时候，宫中就已经传遍了她的芳名：瓦莱夫斯卡伯爵夫人。

她是谁？随后拿破仑就问他的好友迪罗克。她出身贫寒，因此不得不嫁给一个富有却年事已高的伯爵。他最小的孙女都比她大十岁。

“我的眼里只有你，”第二天清早他便写信给这位伯爵夫人，“对你，我只是欣赏和尊敬。请你尽快给我回信，以浇熄我心中燃起的爱火。——N”但是，没有回信，也没有什么消息，迪罗克一无所获地回来了。皇帝愣在那里：这可是前所未有的事！十二年前他还是准将时碰过这样的钉子，但自从做了皇帝以来还从未有过这样的事。所有的女人，不管是贵妇还是女伶，有谁不是看到他目光的召唤就迫不及待地随侍在旁呢？这位伯爵夫人对一个男人如此露骨的表白，表现得像一位少女，更令人觉得她魅力不可挡。

“我让你厌恶了吗？我希望不会。难道是你最初的热情在消退？而我的感情却与日俱增！你使我坐立不安！噢，请你赐予我这可怜的心一点快乐、一点幸福吧！难道给我一个答复是如此之难吗？你现在已经欠我两封信了。”这第二封信他没有署名。如果这封信放在一堆情书之中，有谁会猜到这是出自拿破仑之手！既不稳重，也不专横；既不动情，也不浮夸，风格倒是挺浪漫的。但是，世俗要求她对他的追求置之不理，所以这第二封信又是石沉大海。这位副官，受皇帝的委托，两次出使，两次无功而返，他处境之难可想而知了。皇帝抑制住心中的不满，想道：

“如果我的恳求和我的地位都不能对这个温柔的女子产生影响的话，那我不妨试着用一个我不一定要履行的诺言来达到这个目的。”于是他写道:“在我们的生命中,身居高位其实是一种负担。我现在尤其感觉到这一点……噢,只要你愿意!唯有你才能冲破横亘在我们之间的障碍。我的朋友迪罗克将会帮助你解决困难。噢,来吧!请来吧!你所有的愿望都将得到满足!如果你能怜惜我对你的一片心意,那我对你的祖国也会更加看重。——N”

这次,就算他没有签上代表他的“N”,人们也能看出这封信出自他的手笔了。然而,从字里行间人们也看出了这位拥有强大权力的人心中是多么的孤寂!这第三封情书,这封最终用智慧写就并且获得了成功的情书背后,呈现出的却是命运的本质,这是一个想沿着为自己设计的进程而前行的人,一个把人生的幸福全部奉献给了英雄式的狂热的人。此时他在富丽堂皇的宫殿里来来回回,倒背着双手。几个星期来他的心中充满了渴求,却也一直孤单寂寞。这几个月,他从来没接近过一个女人,而现在他坠入情网。他心神不宁,打发走他的秘书,也不接见他的将军们,拒绝会见外国使团,也不骑马外出,如同一只停摆的钟。他一手建立起来的机器停止运转了:宫廷,军队,巴黎,欧洲都在等待!他,固执刚毅,从来不屈从于事物的定式。他那位四十多岁的夫人已经不能让他这个三十七岁的男子沉迷了。如今,他深深地迷恋一位年轻女子,却两度遭到拒绝,他必须从他别的财富中找到诱饵,必须以恢复她祖国的自由来诱惑她。在他的感情沉寂了近十年之后,他第一次把感情寄托在一位年轻貌美的女子身上!

当天下午的同一时刻,她,被这个男人强烈的欲望所惊扰的伯爵夫人,与她的亲戚朋友们坐在一起。他们正在劝服她为国家牺牲,一切为了波兰的利益!带着这样的心情,她终于去见他了。晚上,与他在一起的三个小时里,她一直在哭泣。他轻轻地安抚她,使她恢复平静。她惊奇地发现眼前这个令人害怕的铁汉也是位温柔的追求者。

“玛丽亚,我可爱的玛丽亚,我第一个想到的就是你!”第二天早晨她看到了这封信,“我要在晚餐时见到你。我决不食言。请收下这束花,在人群中它将是传递我们感情的秘密使者,这样我们就可以心灵相通。当我把手放在我的心上,你就知道,它完全属于你。作为回应,请你将你的花贴近你。啊,来吧,我迷人的玛丽亚,请紧握手中的花束!”

直到三天后她才成了他的人。之后,她每晚与他相伴。除此之外,他还要求她出席所有的盛会，否则他也不参加。她对他而言是什么呢？她是这世界上第二个对他无所求的人，他的母亲是第一个。他从未遇到过这样的女人，这个女人从不向他索取世界上的财富：宝石，宫殿，王冠，金钱。她不仅对他无所求，而且还把自己的一切给了他。她，瓦莱夫斯卡夫人是拿破仑激荡的心灵所寻找的那种恬静而又可爱的伴侣。因此，他不会那么快就让她离开。“她是一个天使，可以说，她的心灵和她的容貌一样美丽。”

约瑟芬要来了吗？现在？他笑了。自从出征埃及之后，他从不在征战途中带过情妇，而他的将军们却经常闹出风流韵事。当然，这场华沙之恋肯定会被夸大其词地传到巴黎，并通过一种隐秘的方式传到约瑟芬的耳朵里。现在她等待着被召唤。他用最优雅的方式欺骗这位骗了他多年的夫人：气候恶劣，路途漫漫，治安不佳，她不可能前来！是的，“我是多么想要与你一起度过漫漫寒夜……如果你一直哭泣，那么我会觉得你没有勇气，不够刚强。我不能忍受懦弱的人。作为皇后，你必须要有勇气！”

现在轮到他骗她了。“当我看到你在信里写道，你嫁给男人是想与他长相厮守，我笑了。在我看来，女人是为男人而生的，男人是为国家、家庭和荣誉而生的。请原谅我的无知，人们总是能从漂亮的女人那里学到东西……何况我实在找不出一个可以与我书信往来的女子。如果真的有这样的一个女子，我可以向你保证，她一定美丽得像一朵刚刚绽放的玫瑰花。你在信里说的是不是这样的一个女子？”

听到了吗，这一语双关的词句令他多么快乐！他的心有时候是多么轻松，它可以变得多么风流，似乎世上从未有过革命。几周后，当他再次出征时，他答应波兰情人，他会与她再见。

现在，俄罗斯广袤无边的辽阔疆土第一次展现在他的面前：它就像是一片没有人烟的沙漠。无边无际的草原覆盖着白雪和泥浆，几乎看不到路，而他们没有粮食。几次小战之后，沙皇慢慢撤退了。可以追踪他们吗？他会把我们引向何方？谁来为军队提供粮食？这里并不像富裕的德意志，这里什么都没有，连仓库也没有。若不是有几百个精明的波兰籍犹太投机商人跟我们进行交易，部队可能在1807年初就全军覆没了。当皇帝因马车无法前行，而改为骑马向普尔塔斯克进发时，他听到了士兵们的怨言。这个他早已忘却了的声音令他想起了八年前的阿克，那时他第一次也是最后一次听到这样的怨言。将军们向他报告军中出现了自杀现象，已有上千名饥饿的士兵逃跑，并四处抢劫。皇帝听后沉默不语，因为他对此无能为力。“我了解我的士兵们，”他说，“远征对他们而言是很艰难的。法国真是太美丽了。”

在这样的情形下，当他迫使俄军交战而第一次未能获胜时，人们还会奇怪吗？虽然他在普鲁士—艾劳没有被打败，但两军都因损失惨重而后退。这是不要进攻俄国的第一个警告！战后总结报告称：士兵们争抢土豆，战马在吃茅屋上的枯草，遍地是伤兵，没有一个上校知道自己还有多少士兵。皇帝说：

“我们还要在这里停留两天，然后向后撤退数里。所有维斯瓦河上的桥梁都要派兵把守，除了伤病员之外任何人不许通过。对掉队的士兵不要盘问，对谁也不要处罚。”这种景象比以前更令他苦恼。而且，他过去偶尔犯过的胃痉挛，现在发作得更频繁了。他说道：“我身上带着早死的迹象，我会像我的父亲一样死于同一种疾病。”这是一种家族病，他将跟他的祖父、父亲、叔父，以及后来的吕西安和卡洛丽娜一样，死于这种疾病。

“我们生活在冰雪和泥浆覆盖的草原上，没有葡萄酒，也没有面包和白兰地。”他在给兄弟的私人信件中写道。在奥斯特洛特，他跟士兵在一间谷仓里同吃同住。他们给他弄到什么，他就吃什么。他与他们同甘共苦，就像当年在意大利那样。他从谷仓里向巴黎传回捷报，说俄国人已经被击溃。关于死伤人数，他只报了三分之一，并说如果一切顺利的话，法军可以在俄国驻留一年。

生平第二次，他意识到他的神经天生无法忍受等待。这里就像当年在埃及一样，让这位统帅觉得停顿是件可怕的事。在他十五年的统治生涯中，像这样在一个远离巴黎的地方等候两三个月，后来只出现过一次。在这两个时期，他一边缓慢地权衡、谨慎地谈判，一边打开封闭的心灵，用汹涌的情感和诗情画意充实生活。

芬肯施泰因，一座坚固的普鲁士城堡，此刻是他活动的场所。在这里，他等待着道路上的冰雪消融，也等待着敌人的心软化。这里有几个大壁炉，可以给他带来安慰，因为“夜晚睡不着的时候，我喜欢看火焰的跳动”。这里的厢房和庭院足够大，可以接待各国使臣和信差。有十个星期的时间，世界的一部分是由他在这里统治的。在楼上他的卧室里，他让人在那张豪华的大床旁支起了自己那张铁制行军床。

除了贴身侍从贡斯当和那个叫卢斯塔姆的马穆鲁克外，没有人知道他隔壁的房间里住着那位波兰伯爵夫人。她几乎足不出户，或者只在天黑后出来一下。她总是在静静的等候中打发时间，刺绣、看书，直到门被推开，他抛开公务走进来陪她。他每天两次与她单独用餐。这两个房间就是司令官的主要活动区域。皇帝远离皇宫，在这里寻找他梦想中的生活。这里不像巴黎，既没有改朝换代的愿望，也没有争风吃醋和购买珠宝的账单。这里只有一个请求，一个躲避尘世的请求，是从一个十八岁的温柔女子眼中默默地表达出来的。她在学着爱他。

“我知道，”他对她说，“你宁愿你的生活中没有我。是的，是这样的，我知道！但是你是那么的美好、温顺，你的心那么的纯洁！难道你要夺走你每天给予我的短暂的快乐吗？人们还把我看作是世界上最幸福的人呢！”

突然传来了一个消息，他的侄子及皇位继承人，路易国王的儿子去世了。此事对他的打击，人们可以从他写给约瑟芬的信里看出。但是他在此时此地的想法，却不能向她透露。当初他不是很希望在开罗认识的那个交际花替他生个儿子吗？如果眼前这位他爱着的美丽贵妇为他生下继承人的话，会怎样呢？他会封她为皇后吗？为什么不呢？他看了看她，一言不发。

巴黎方面怎么说呢？

他听到了经波兰草原传来的谣言：公债下跌，恶意的嘲讽在街头巷尾传开，巴黎人问：“我们那些英勇的年轻小伙子都上哪里去了？”小心！绵绵细雨可能很快转化为暴风雨，而懂得如何驱赶暴风雨的人远在国外。现在，他向被打败的普鲁士提出单独讲和，甚至建议召开会议，但是普鲁士王后却坚持与俄国沙皇结盟。奥地利也对他的请求表示沉默。

此时此地，尽管周围都是敌人，他却开始重新实施亚历山大大帝的计划。带着密函的信差从芬肯施泰因宫骑马动身，外国客人则跋山涉水赶来。万王之王的波斯使节来到了这个位于北方的军营，来到了这位西方皇帝的面前，向他鞠躬致意。第二天，双方达成协议，拿破仑将迫使沙皇将格鲁吉亚归还给波斯国王；作为回报，波斯国王将鼓动阿富汗和坎达哈人在印度袭击英国人，并为他们武装一支军队攻打印度。如果法国皇帝的军队被派往印度的话，波斯会开放边境，让其通行。

波斯使节前脚离开，后脚就来了一个威风凛凛的土耳其人。他带来了金光闪闪的礼物和一封书信。一位戴着眼镜的东方学家为皇帝做翻译。皇帝坐在波兰式的大壁炉前，将东方式的夸张归纳为简明的几条，口授给苏丹的回信："您只向我要求五百人而非上千人，对此我颇感遗憾……请明确提出您的要求，您所需要的一切我马上会提供给您。请您跟波斯国王保持联系，他也是俄国的敌人……我向您的使节提供您所需要的炮兵和军队，但他却不愿接受，因为他担心，这会伤害穆斯林脆弱的感情……我有着足够强大的权力，对您能否获胜也十分关心，不仅是出于友谊，也是出于政治因素，我不会拒绝您的要求的。"

当天，他写信给弟弟路易，因为路易从他新上任的王国发出几近绝望的请求。这封信是给国王们的训导，足足有五个印刷页。同时他给约瑟夫去信，指示他在那不勒斯该怎么做。他还写信给热罗姆，因为他在布雷斯劳不好好统帅自己的军队，却整日与漂亮的女演员厮混。拿破仑质问他为什么从来没有呈上过一份完整的报告，为什么派六百人驻在斯威尼兹、四百人驻在布里格。他要一份详细的报告。"请你事无巨细一一向我汇报，这样我才能对你的处境有一个正确的了解。"同时他又给在法国的所有主教写了一封信，让他们为皇帝的胜利举行感恩弥撒，事实上他是想用个人势力去控制教会中的每一个人，因为他知道他与教皇之间的争执使他们的良心越来越不安。

与此同时，他给富歇下了十二道命令，内容涉及斯塔尔夫人和她的影响力，涉及贵族区的沙龙。他又询问了巴黎两大剧院的状况、经费和剧目。"我的图书管理员在哪里？"第二天他问道，"他是死了还是去乡下了？这也算是工作？我曾命令他把所有新出版的书刊和文献目录寄给我，结果他却杳无音讯。"他还起草了建立一所新的历史大学的计划，这样年轻人不仅可以研究古代史，还能够研究现代史。他写信给内政部长："文学应该得到鼓励。请你给我提供一些如何促进文学的建议。"他还问到了关于建造新的证券交易所和玛德莱娜大道的情况。"在国立图书馆里有许多没有打磨过的宝石，它们应该被分给巴黎最好的雕刻家，这样既给了雕刻家们工作，也可以促进工业的发展。"如何才能好好地利用600万法郎来促进手工制造业，又如何筹措这笔开支呢？200万用于私下修建他的宫殿。他还命人在巴黎的报刊上发表文章，称是从布加勒斯特和梯弗里斯寄来的，描述俄国的绝望处境。

他又对着他安静的女友微笑。“你对我日理万机感到惊奇吗？我必须履行职责。从前我只是一粒橡树种子，现在我是一棵壮实的橡树，是统治万民的君主。人们从各个角度注视着我，因为我高高在上。每个人都有自己需要扮演的角色，不能总是保持本色。只有为了你，我愿再度成为那粒橡树种子。”如此简单的语言，说得也是如此的平静。与她再共度一晚，他就要重返战场了。因为5月已经来临，冬天过去了，火炉熄灭了，田园诗般的生活也随即结束。他会与她重逢，两人都深知这一点。但是如果他忘记了她，他可以在这枚她赠予他的戒指上看到刻在上面的话：

“如果你不再爱我，请别忘了我爱你。”

15

沙皇 诱惑 瓜分欧洲 女对手 两种评价

涅曼河的中游流经提尔西特的地方，停靠着一只大木筏。树干和木板上都铺着地毯，中间支着一座彩色的帐篷，掩映在6月的朝阳下。法国和俄国的国旗飘扬。河的两岸驻扎着东方和西方两国皇帝的近卫军。小船从两岸驶出，同时驶入了位于河流中央的用作议和之用的帐篷。十天前还在互相厮杀的士兵站在了一起，庆贺这个时刻。最靠前的士兵把道贺的话传给后面的上千名士兵。昔日的敌人互相拥抱，他们的君主已经成了朋友。

弗里德兰大捷之后，拿破仑按照他的惯例，向战败者伸出援手。在第一次预备性谈判时，因为苏丹不大听他的话，他暗示，也许总有一天沙皇会把十字架放在君士坦丁堡的圣索菲亚大教堂上。这句话的影响他已经仔细考虑过了，因为他知道，第二天听到此话的沙皇亚历山大是一个浪漫主义和神秘主义兼有的人。很快沙皇便接受了友谊之手。如今，这两位奥斯特利茨和弗里德兰战役中的敌人面对面地站着。拿破仑用他那双灰蓝色的眼睛沉静地观察着他在欧洲大陆上唯一的敌手，他看到的是一个容貌偏于女性化的青年，纤弱，面色红润，听力不佳，眼睛也不太好。看了两眼他便知道，眼前这位沙皇是可以争取过来的。

只用了两周，这两个原本敌对的人不仅结成了同盟，还成了朋友。这是怎样做到的呢?

“这是一位和蔼可亲的人,是一位小说中的英雄。”拿破仑这样评价他。由于他自己并不喜爱读小说,这句话中暗含着批评的意味。但是他又补充说:“他是一位漂亮的年轻男子,比人们想象的要聪明些。”

后来,拿破仑对他有了深刻的看法:“沙皇是一个极具吸引力的人,身材挺拔,凡是与他交往的人都会对他留下一个好印象。如果我也是一个只看印象的人,我也会从心底喜欢上他。但是他本质里有一些我无法赞同的特点。在他的言行中,总缺少一种什么东西。最特殊的地方在于,很难在具体事例中预料到他欠缺的是什么,因为他的这个特点不停地发生变化。”与沙皇的友谊对拿破仑而言十分重要,这位沙皇在拿破仑看来长得更像一名女子。他对他的评价是以恭维的态度来总结的:“如果沙皇是一名女子的话,我想,我肯定会追求他的。”

这样一个人被一个强者的诱惑俘虏,一点也不奇怪。至于后来沙皇又背弃他也不奇怪。这和当初一样,都像是女子所为。没有人比梅特涅所描述的亚历山大更贴切了:一个男性优点和女性弱点的结合物。他持有的一些观点未经深思熟虑,会突然产生冲动,之后又突然懊恼。他随便应允别人,却因为无法遵守诺言而陷入困扰。他的野心不够大,对于纯粹的虚荣,他又不够淡泊。他更像个通晓练达的人,而不像个统治者。他的热情和冷淡是周期性的,五年一个循环。在这五年内,新的想法产生了,又都被放弃了,然后又产生了新的想法。刚开始时,他追求自由,接着又仇恨法国人,然后又受其影响。

五年后的今天,新的周期结束,他们又将开战。

也许拿破仑在那个帐篷里就已预见到这一点。在那里,他们两人进行了两个小时的谈判。两人还一同进餐,一同骑马乘车。拿破仑看出自己能控制他。一开始他在他面前表现得很绅士,极力赞扬俄国人的勇敢。然后他又表示,他必须让自己的大臣们围在身旁,以免被沙皇的魅力所迷倒。吃饭的时候,为了迷惑沙皇,他谈到了他的运气——平时,这位命运的宠儿是不谈运气的。他讲了一个故事,说他在埃及的时候,有一次在一堵古墙下睡着了。墙突然倒塌,却没有伤他分毫。醒来后,他发觉手中有一块石头——后来他发现上面雕刻着精美绝伦的奥古斯都头像。有哪位剧作家能写出这位皇帝在茶余饭后杜撰出来的故事呢？皇帝用这个故事来影响那位信仰神秘主义的半理想主义者。

沙皇认真地倾听着这个传奇人物的讲述。是的，他没有拿破仑知道得多！“我觉得，我并不像您那样是个名副其实的皇帝，因为我事事依赖我的将军们。”然后他不厌其烦地问拿破仑有关战争艺术的各种问题。在骑马溜达时，沙皇很天真地问：“这里是什么地形？如何才能守住，又如何进攻呢？”“我向他作了解释，并告诉他说，如果我再同奥地利打仗的话，就让他率领三万士兵听我的指挥，这样就可以学习战术。”

有哪个女子被这样追求过？很快，一个攻守同盟成立了。

“易北河与涅曼河之间的领土，”这份条约中的秘密条款是这样叙述的，“应该是一条分隔两个帝国的缓冲地带，这样两国就可以避免因小矛盾而爆发冲突。”在这份条约里，每一方的给予都是为了得到。在这两句话中，沙皇牺牲了普鲁士，皇帝则放弃了波兰，尽管两人都分别向一名女子保证使她的祖国完整。在波罗的海边一座无名城市的一间小屋子里，两个人坐在地图边，以一种几近怪诞的从容分割着别人的国家，仿佛是在演戏。法国皇帝把考堡、梅克伦堡和奥尔登堡让给了沙皇，从沙皇那里他得到了加答罗和爱奥尼亚群岛。只是在沙皇提到要求获得博斯普鲁斯海峡时，皇帝表示反对：“君士坦丁堡？那里关系到整个世界的统治权！”在谈判的矛盾中，他们在条约的正文和附款的背后都看到了这个具有决定性的句子。人们可以感觉到，当两人瓜分世界时，最终还是会一较高低。

拿破仑与沙皇亚历山大一世、普鲁士王后路易丝在提尔西特

普鲁士国王也被召来，但是因为他缺少威望和机敏，所以这两位皇帝全然不把他放在眼里。拿破仑背后叫他呆瓜，既无才能也无性格，而且对他的一切都作恶意的评价，包括他的服装。国王因为害怕普鲁士无法继续生存，想尽

了一切办法，还请王后也来提尔西特。皇帝对他美丽的敌人很是好奇，通知她很想在这里接见她。但他又借口大家身处中立地带，不便前往招待她；不过他已准备了一间漂亮的房子，可供会面之用。他带着一批衣着光鲜的随从，自己穿着最简单的衣服，骑马前来见她。她站在台阶上迎接他。

她身穿白色丝质裙，戴着古色古香的珠宝，美丽又满含怨恨。之后用似乎是毫无恶意的话语打破僵局："陛下，希望您不介意楼梯狭窄！"

"为了能来这里，有什么不能迁就的呢！"当他这样作答，并问起她这样的丝绸是否是在西里西亚生产的时候，她庄重地说道："陛下，难道我们来这里就是聊这些琐事吗？"然后她以女主人和母亲的身份，博取他"博大而勇敢的心"。

"如果您重返柏林，您会高兴吗？"

"并不一定会。我们是否能毫无痛苦地回去完全看您的意思。"

"夫人，我将会很乐意。"但是当她想插话的时候，拿破仑突然严肃地问道："夫人，普鲁士怎么敢参加这场战争呢？"

"腓特烈大帝的威名让我们高估了自己的实力。"

"但我多次向你们要求议和！奥地利在奥斯特利茨一役之后可变得聪明了。"

"今天请您接受我们的感谢。"

"难道不就是您破坏了我对普鲁士的友谊吗？"

"您心灵高尚，光明正大，有着大人物的气度。"

"很遗憾，王后，虽然我很随和，但还是有原则的。"

"我并不懂政治。但是我认为，一个女人不应该以此为耻，如果我向您发誓……"他饶有兴趣地听她讲，而她也发现，"他嘴角带着和蔼的微笑，这让我有望获得成功。就在这时，国王进来了"。

他们两人之间的谈话虽然没有什么政治意义，却在私人感情上取得了重大进展。"很好，国王也来了，"皇帝说给沙皇听，当然有些卖弄的成分在里面，"我几乎就要应承她了……这是一个迷人的女子，让人无法摘去她的王冠。"在他和她再次谈话后，他写信给约瑟芬道："一个迷人的女人，在我面前表现得很可爱。不过，你不需要吃醋……如果我在这里拈花惹草的话，我将会为此付出昂贵的代价……她已经为她的统治野心得到了惩罚，但是她在不幸之中却表现出了许多优秀的品格……必须承认，她说了些很有意义的话。”

更令人惊奇的是拿破仑对她的影响。她过去曾一度称他为“地狱恶魔”。如今她却写道：“他的脑袋长得很匀称，外貌像一名思想者，全身看上去让人想起古罗马皇帝。当他微笑的时候，嘴角露出的表情使他看上去很和善。”

这是拿破仑获得的最大的胜利：还有哪个女人能用短短数语就将他描述得如此动人？但她还是有足够的理由恨他，因为尽管她已经卑躬屈膝，他却仍铁石心肠，不为所动。很快她就把他激怒了。最后的文件都已签署完毕，皇帝“仅仅出于对沙皇的友谊”而没有瓦解普鲁士王国，虽然普鲁士的领土小了很多，王后却趁机想再度软化他。当一切尘埃落定，皇帝送她上马车时，她再一次问，为什么一个如此伟大的人要放弃她永远的感激。皇帝礼貌而又略带嘲讽地回答道：

“您还想要什么，夫人？我是值得同情的，因为这显然是我命不好。”

16

巴黎在说什么？“上帝在人间的化身” 节俭 背叛原来的基本思想 新的世袭制 忧郁 满足后的悲哀 惊人的计划 威胁罗马 路德的语言 对罗马的印象

巴黎在说什么？

“即使我远离我的国家，也不能让那些破坏分子鼓动首都人民闹事！”他已经离开法国十个月了，如此长时间的远离可谓空前绝后。但是他对国内政权的控制反而加强了，因为他担心难以驾驭喜好责难的巴黎人。巴黎对他并无钦佩，街头巷尾传遍了意含讽刺的笑话、歌谣，现在仍在以怀疑的调子取笑他的远征。是的，他是对的，对付这些巴黎人需要用“带着绒手套的铁拳”。现在，要让那些巴黎人尝尝这两者的滋味，只是绒手套已经有点磨损了。在这里会出现怎样的一种松散的氛围呢？难道他们想回到人人都可以随意说话、随便发表意见的督政时代？

新的更为严厉的新闻检查制度建立了。历史剧只能演远古时代的，即便是拿破仑所尊崇的高乃伊，其剧本也必须进行删减。每次上演歌剧时，都必须请示他，不只是在创作后送交审查，连选题也要进行审查。宗教题材作品一律禁止，神话故事却备受推崇。虽然拿破仑厌恶耶稣会，但他仍按它的学校模式创办了一所大学。这所大学规模宏大，耗资巨大，教师可免服兵役，不过仍要求一定程度的独身。夏多布里昂受到攻击，他的《法兰西信使》被禁止发行，因为他在反对派的沙龙里批评皇帝，并且引用历史学家塔西佗的话，说已对暴君尼禄报了仇。

斯塔尔夫人要求重返巴黎的申请再次被驳回了，"因为她能让人们思想，让那些从未学会思想或是已经忘记思想的人去思想"。拿破仑命令大宰相"召见R伯爵，并告诉他，他夫人的闺房已经成了巴黎的笑柄了"。他又跟富歇说："巴黎的警察工作做得不够好，以致到处流传恶意的谣言。请您注意西第尼大饭店和富瓦咖啡店内的谈话。"为了让所有的年轻人知道谁是上帝的宠儿，法国的每个儿童都要念诵："我们必须爱戴、尊敬和服从拿破仑一世，对他忠诚，为他参军……为他的福祉热诚祈祷……因为上帝不论在和平和战争时期，都把各种才能汇集于他一身，使他成为上帝在人间的化身。"

但他这一步走得太远。历代王朝的继承人自己可能相信这些，但别人或是他们中的一部分人是不会相信的。三年前加冕的那天，他自己就说过，如果他宣称自己是上帝之子，那么连卖鱼妇都会当面讥笑他。

他不再是原来那个人了吗？难道他不是与往常一样，在个人的事情上从不铺张吗？人们打算为他的书房花钱装修，被他拒绝了。在书房里，除了一张巨大的写字桌外，就只有一张木榻。在口授的时候，如果不是来回踱步，他就在这张木榻上靠着。还有两个高高的书柜、一对枝形烛台和腓特烈大帝的半身像。在另一间陈设同样简单的房间里，则放着恺撒的铜像。他边翻账单边说："当我还是尉官的时候，这些东西都要便宜很多。我可不想比别人多掏钱。"当人们想修缮皇宫中的剧院大厅时，他说："如果我没记错的话，在我加冕的时候，花了大量金钱所购得的软垫椅和枝形烛灯，一定是放在什么地方了。"

负责主管皇帝御衣的雷米扎，因为超支了20 000法郎而被他辞退了。他的继任者收到了皇帝亲自开列的清单。"我想，我们还可以更节约些。吩咐裁缝仔细缝制。衣服做好，让我检查同意后就放入衣柜。”制服一般每个季度做一套。对此，拿破仑说：“这件衣服可以穿三年嘛……另外，48套白短裤和马甲，每套80法郎，算下来是3 840法郎；每套短裤和马甲，每周交货一套，也可以用三年……24双鞋，每两周交货一双，可用两年，算下来是312法郎。”只有衬衫是大量定制的，他每周需要12件，这足够用六年。

在个人生活上他还是原来那个人，就跟他当年领兵出征的时候一样，完全没有享受。但是宫中有繁文缛节和各种庆典，在他所摧毁的旧政权过时的排场上，拿破仑不惜大肆挥霍金钱和宝贵的时间。更为严重的是，他浪费了他个人的尊严和自由。

当那些住在贵族区的人进宫觐见他时，他不再讥讽嘲笑，而是表示由衷的高兴。人们能理解他的情绪，少年时那些在军官学校嘲笑他贫穷的贵族同学，如今纷纷加入这个科西嘉人的朝廷。锃亮的地板映射出他们的身影，似乎在嘲笑他们在这里卑躬屈膝。过去声称与拿破仑这个暴发户势不两立的蒙莫勒内家族、孟德斯鸠家族、拉泽维尔家族、诺埃尔家族、纳博纳家族、蒂雷纳家族，全部到杜伊勒里宫来了；莱茵联邦的君主王侯们身穿德意志式的制服出入宫廷；梅克伦堡人则来向皇后献殷勤；巴登和巴伐利亚的王位继承人有权列席参政院会议：所有这一切对旧贵族来说只不过是消遣，对皇帝来说，则是政治手腕。他想要这个阶层效忠于他。

这样一来，却发生了本不该发生的事。拿破仑是个清点士兵如同清点衣服一样精明的人，他只提拔那些有军功的人，而从未委任过任何无用之人，即便此人是高官的子侄辈；这位曾经当过尉官的统帅经常与军官们同住在谷仓里，与掷弹兵们围坐在篝火旁；他在他自己制定的法典中明确要废除门第特权；他以新观念对抗世袭尊位的旧观念，把整个欧洲搅得天翻地覆——而就是这同一个波拿巴，竟然册封了一批新贵族，“因为人们除了想把财产留给子孙以外，还想把荣誉传给子孙”。原先，拿破仑只册封最勇敢的元帅、最能干的参议员和大臣为亲王、伯爵、侯爵，作为最高荣誉；如今，这些新贵族的子孙，富有的胡作非为者和游手好闲者，竟可以享受一代法国人为之奋斗十年，流血流汗誓言废除的种种特权。

如今，甚至连荣誉军团也被其创立者亵渎了。最初，每个荣誉军团的成员必须是国家的有功之臣；如今，他们的子孙可以继承这一称号和财产，这些贵族后裔可以继承亲王爵位和称号。当然,这种继承并不带有特殊的公民权利,但这种新措施与《拿破仑法典》的精神相悖。在这部新法令颁布的时候,拿破仑在一封私人信件中写道:“自由只有少数天赋高的人才需要,他们才拥有较高的能力。限制自由并无危险。大多数人都热爱平等。当我赐封头衔的时候,并没有考虑到门第出身这个老问题,因而并没有伤害他们的感情。我赐予的是人人可得的平民王冠。聪明的人以其行动来鼓舞他所领导的人。我的取向是向上奋进的,所以我们的国家也要朝着这方向前进……我知道,我给那些王侯们如此高的赏赐,那是因为我想使他们独立于我,他们将依靠其等级精神脱离我。不过我比他们跑得快,很快就超越了他们!”

一个少见的极大的谬误被埋下了。就在几个月前,拿破仑还批评他弟弟在荷兰设立贵族制度。而现在,他本人也想如法炮制,理由是:荷兰人是以商贸为主的民族,法国则是军事帝国。实际上,恰恰是他本人把法国变成了一个军事帝国,这个事实就是第一个危险。第二个危险是他的皇位,有了这个皇位,他不可避免地把这个古老的具有象征性的权力传布到整个国家。

担任执政的时候,他可以随意封爵赐恩,让人们加入荣誉军团。他可以把飞轮的巨大力量分摊到国家许多小轮子上。而当他把封地分赐给最优秀的人时,就必须要有封号,而这些封号是可以承袭的。对那些二流或是三流的人,他只给封号而不给封地。这样不出一代人,就有数千名贵族,三代后,就有两万之众。这些所谓的贵族既没有功劳,也没有什么作为,有的只是优越感。他们即使没有政治特权,也可以享有社会特权,而当年正是这种社会特权激起了民众的反叛。

这里沉积着反叛和忘恩负义,拿破仑到时就会看到自己所铸下的大错。他对平等所作的毁灭性判决,其错误的严重性远远超过当日处决当甘公爵。当时,他只是杀死了一个旧朝代的后裔,而如今,他却制造了复活旧政权的一批先驱。

他心情沉重,这是拿破仑心灵上最为灰暗的一年,虽然他身上并没有发生什么不幸。“你并不了解自己的动机,”他那时曾对一个民主主义者说,“你不知道自己跟别人的区别所在。每个人的所作所为都是出于个人的利益。请你看看马塞纳,他已经声名远播,却仍然想要亲王的头衔,就像缪拉和贝尔纳多特那样;总有一天,他会为了赢得这一殊荣而战死沙场。野心正是驱动法国人前进的动力！”

现在他的态度越来越冷漠。他的兄弟如果没有得到召见，不能随便找他谈话。工作的安排也不再那么有规律了，开会常常开到十二点。即使在枫丹白露宫，在游猎欢宴之余，他也只让人演悲剧。他时常半夜起床，向秘书口授，直至清晨。他日益紧张的神经只能靠连续数小时洗热水澡来缓解。他胃痉挛的老毛病也时常犯，而且越来越厉害。

拿破仑有时候会有短暂的抑郁，就像他青年时代患病一样。他常常谈到大海的怒吼、狂风的悲鸣。听意大利歌手唱歌剧的时候，他让人把烛光遮挡起来。谁也不知道他的心里在想什么，大家都很惊异于他的表现，以为是政治上的原因使他这样忧郁。大家都不理解，现在他如愿以偿地实现了自己的抱负，却又感到了梦想破灭的失望；他所得到的与他所想的不同，而且梦想实现得也太晚。“你与旁人一般见识，”他严词训斥一位前来祝贺他签订《提尔西特条约》的大臣，“只有签订了《君士坦丁堡和约》，我才成为主宰！”

世界霸权！亚洲！他满脑子所思所想的就是这些。他不断地寻找悲剧中的英雄人物，想从他们身上看到自己的身影。其实，要洞悉他内心活动的真实写照，他应该去读读诗歌。当时德意志的诗人歌德在诗歌里描述了浮士德内心不安的情绪。而皇帝的内心更为不安，他正在更激烈地在欧洲各国制造不安。

内心焦躁不安的时期过去后不久，他又恢复了往日的平静与精明。他给另一个拥有广阔疆域的统治者沙皇写信，提起了他想象中的计划：

> 建立一支五万人的军队，由法军、俄军组成，也许还可以加上一些奥地利人，就可以长驱直入君士坦丁堡，然后再进攻亚洲。一旦军队抵达幼发拉底河，英国就得向欧洲大陆投降……一旦我们达成和解，一个月后，我们的军队就可到达博斯普鲁斯海峡，影响可远达印度……当然这一切计划只能在与陛下会晤后才可决定……所有这一切会在3月中旬以前确定。到5月1日，我们的军队就已踏足亚洲，您的军队则可抵达斯德哥尔摩。这样一来英国必定崩溃，形势也会随之改变。陛下和我确实更赞成我们这两个国土辽阔的国家共享和平……但是听从上天的安排永远是明智之举。这将使那些鼠目寸光的小人物低头，他们看

不到：现在这个时代的样板应该在历史上的遥远过去中寻找，而不能参考现在这个时代的报纸上的文章……我谨借这短短数语向陛下表达我的真心实意，陈述我所思所想。

真心实意？所思所想？不！这只不过是被切割过的宝石，为的是取悦这位糊涂的理想主义者，后者的很多理想带着七彩光芒，折射在无数的宝石平面上。不过，在这封信里也有切实可行的一面。前不久，他接见过一位曾经去过印度的将军。这位将军认为这个计划可行，皇帝没有必要忧虑。然后皇帝就用双手不停地摸将军的脸，而且"非常高兴，像孩子一般"。

拿破仑就是如此富于想象。

现实再次把他带入查理曼大帝的世界。前一年，他打算前往罗马，使自己加冕为"西方的皇帝"；同时，教皇将失去一切世俗权力，只能满足于数百万的年俸。但红衣主教们不同意他的计划。拿破仑愤然宣称："整个意大利将服从我的统治。如果圣父在世俗事务上给予我同样的待遇，那我也不会危及教廷的独立。毫无疑问，圣父在罗马是独立自由的，但我是罗马的皇帝！"他的这个恫吓行为，这个加洛林皇帝式的反抗，与他整个权力所依据的国家法律相抵触。无论在罗马还是印度，拿破仑都试图用武力来实现他幻想中伟大先驱所憧憬的事业。

越来越多的迹象表明，拿破仑的历史幻想超越了现实可能性，这最终将导致可怕的结果。

在罗马，目前他还是有优势的。可是，由于他习惯颐指气使，对自己不可征服的武力日益迷信，他忘记了十年前他用以反对专横跋扈的督政官们时的道德准则。之后他甚至还冒着丧失威望的危险，把这些准则写入《教务专约》。此刻，他竟写信给欧仁，说有一个红衣主教遗留下一本历届教皇史，"要是这部遗著试图证明教皇如何对教会、对基督教造成伤害的话，你可以立即让其出版"。

因为教皇拒绝把英国船只驱逐出港口，皇帝占领了安可纳，并在给教皇的信中说："蒙上帝保佑，我的事业荣耀无比……如果圣父想驱逐我的使臣出境，那是您的自由。如果您因为我的缘故而宁愿接纳英国人，或是君士坦丁堡的君主，我也毫不介意……因此，我祈求上帝保佑您能多主持几年圣母教会。您虔诚的儿子,法兰西皇帝,意大利国王拿破仑。”

前一年,在作出这些讽刺性威胁的同时,拿破仑还通过他的舅舅费什发出警告说,他自己的职责与当年的康斯坦丁皇帝相似,并且还提到了中古时代受爵封地之争:“对于教皇而言,我就是查理曼大帝,因为我像他一样已经是法国和伦巴第的国王,因为我的帝国远达东方……如果表现良好,我可以一切如旧,否则,我会将教皇贬为罗马主教……并将《教务专约》在意大利推广,因为所有一切使法国幸福的事物,在意大利也会卓有成效。而在一个国家对幸福没有益处的事物,在另一个国家也行不通。”

这确实是马丁·路德的语言!当此人的世俗事务迷失在历史神秘主义中时,他会常常富于幻想。而当宗教神秘主义被用来作为世俗事务的借口时,他又出奇地清醒。拿破仑的理智使他一生都倾向于路德的新教,只是出于政治策略的考虑,他没有在法国推行路德新教。他决定与教皇决裂,因为后者仍然不愿背离英国。之后,这个错误地自称意大利国王的人提出,清除分割南北意大利王国间的障碍,以便最终能拥有整个意大利。

现在,他以下达军令的方式写信给意大利总督欧仁道:“现任教皇权力过大。僧侣们并没有权力进行统治。为什么他们不把本属于皇帝的东西还给皇帝呢?为什么不停止使我的属国不安呢?可能要不了多久,我将……撇开教皇,召集德意志、意大利和波兰的教会举行会议。”为了用多数票胜过教皇,他想增加法国红衣主教的人数,但教皇不同意。为表和解,教皇表示愿意替他加冕成西方的皇帝。然而,拿破仑一年前提出的这一愿望,此刻对他自己已不再具有吸引力,因为这件事一旦具有可能性,在他眼里便算是实现了。当教皇在金钱问题上作出让步时,皇帝趁机索要更多,并且威胁道:“要把所有这些领地合并到法兰西帝国,并收回查理曼允诺的礼物。”

简而言之,他胃口大得还想吞下教皇的领地。教皇一怒之下中断了谈判,拿破仑占领了罗马。4月,教皇的领地沦为一个行省。

拿破仑曾从开罗到维也纳,又从马德里进军到莫斯科,还经常待在意大利。但不知是出于谨慎还是因为命运的安排,他从未去过罗马,从孩童时代起对这个城市的印象便无从证实。如今,他的将军们再度占领了他视为永恒之城的罗马。他身边没有一人对此表示反对,只有他的母亲看出这是一个极大的错误。她为这些事感到烦恼。过去她对儿子的一切只是充满怀疑

地说:“但愿这一切能够长久!”而如今,她却预见到毁灭。她向自己的密友倾吐心中的不安:

“我已经看到,他会给自己和整个家族带来灾祸。他应该对自己拥有的一切感到满足。他想索取的太多,最后必然失去一切!”

17

为了德意志人民 荒唐的热罗姆 “你年轻得可怕!” 半个拿破仑 完整的拿破仑

> 德意志民族所热切盼望的是:那些并非贵族出身,而是富有才干的人物,在观念和担任公职方面拥有同等的权利,以便彻底消除统治者与无产阶级之间的各种奴役关系和隔阂。《拿破仑法典》所带来的种种好处,以及审判和陪审制度,将决定你的君主制度。让我把我的想法都说出来吧:为了巩固君主制度,我对上述几点的重视程度要远远超过对战役胜利的重视。你的子民必须享受他们以前从未享受过的自由与平等!以这种方式进行统治,将是你同普鲁士之间有力的屏障,这要比易北河,比众多的城堡,比法国的保护更为强有力。人民体会到自由政府的好处之后,怎么还会甘愿受普鲁士的统治呢?

这是一封家人间的私信。在这段话里,拿破仑在他最小的弟弟热罗姆受封为威斯特法伦王国的国王之际,向他阐明托付给他的伟大使命。这是革命的基本概念第一次在德意志的土壤里扎根,是热罗姆必须完成的任务。这个国家的民族原来只知如何服从,如今要使那里的人民懂得如何自治。从历史上来看,荷兰人与意大利人对自治早已不再陌生。但是对莱茵联邦的君主们而言,虽然他们能采用新的法典,却缺乏传统和人才,国家的内部并没有什么改革。波拿巴家族最年轻的成员所要肩负的历史任务就是:通过民主政治的伟大试验,把四百万德意志人从臣民变成公民。如果这次推动成功,整个德意志民族在解放战争后,便可以不再受君主的欺凌!

然而，这个二十三岁的年轻人，在家中排行最小，自幼养尊处优，把当国王视为风流游戏，任意浪费金钱和精力。青春犹如香槟，瓶子一打开就冒泡。他欺骗他的符腾堡妻子，有着不计其数的情妇，到处留下债务、私生子和丑闻。他只知道自己享乐，而不关心臣民的快乐。他这种合法的恶习亵渎了选拔贤才的革命思想。德意志人不无道理地认为，如果非要由一位王子来执政，那他也至少应该生下来就是王子。然而，对于世人的讥讽，甚至对于兄长的忠告，热罗姆只觉得可笑。

拿破仑对这个弟弟很是偏爱，就好像父亲溺爱最年幼的儿子一样。热罗姆生活潇洒，这很符合他自己的生活节拍，而且他总是和蔼可亲，很少生气。有一次他要求拿破仑赐予他最高指挥权，他的兄长答道：

"你是拿我开玩笑吧！等你出征六次，身下的战马倒下六匹后，我们再来谈这件事吧！"即使对这样的训斥，热罗姆也不介意。热罗姆出征的时候，带着他的整个后宫随行，不过不包括王后，只是他最美貌的宫女们。他以路易十四的口吻颁布公告，对皇帝如下的申斥却不以为意：

> 我读到了你下达的当日军令，真是贻笑大方。你是国王，是皇帝的弟弟！必须具备作战的优良品质！我在军营的时候既不需要大臣也不讲究奢华。你必须与先遣部队一起宿营，日夜都骑着战马，这样才可以立即得到情报。如果你做不到的话，那不如待在家里，留在宫中！你作战的时候像东方的总督！天啊，这是你从我身上学到的吗？我作战的时候总是身先士卒，连我的外交大臣都不准跟着我……你提出诸多要求，你有一定的才干和一些好的品质，可是全都被你的胡闹行为葬送掉了。此外，你还狂妄骄傲，什么都不知道！

这位年轻的国王把拿破仑的信塞在胸前，一笑了之。皇帝呢？当他像个忧心忡忡的父亲一样对弟弟告诫时，他有否想到，把大权交给这个不称职的家人，是在摧毁权力本身？他有否想到，把这些金色的王冠和徽章赐给这样的家人，是在制造一批昏庸的皇亲国戚？他有否想到，人造小人会溜出玻璃瓶，然后嘲笑它的主人？[11]在对待家族的问题上，有时他会扮演极不寻常的角色：好好先生。虽然他一开始会向兄弟们下达命令，但最后总是以他让步了结。“我的弟弟，随信附上你王国的宪法。”他这样开始对国家要事的训令，有点像是戏剧的对白。碰到心情好的时候，他会在写完一封满是指责的信时，带着父亲般的笑容补上一句：“我的朋友，我爱你，但你真是年轻得可怕！”

他自己已不再年轻。随着他的计划不断扩大，他待人接物的态度不可避免地日益生硬。这主要是负担过重造成的。十二年前，当他作为征服者越过阿尔卑斯山的时候，他的盛名已经传遍伦巴第平原。他的青春给予了这次征程浪漫的气息，吸引着同时代的人。如今，山中湍急的溪流早已扩展为大江，装满世界各地宝藏的大船在江面上行驶。大江涌向海洋，即将与世界上所有的水汇合：他那些伟大的计划给他带来的重负已在他脸上留下痕迹，在他心中刻下了记录。他拥有的宁静时刻更少了，欢乐和好心情的时刻更是难得一见。对自己的伟大使命所持的豪迈的愤世嫉俗的态度，使他在人们心目中成为一尊雕像。

虽然他已经把他那位波兰伯爵夫人召至巴黎，为她准备了一套房子，就在当年约瑟芬使他着迷的那条街上。出于某种迷信，他一而再，再而三地让他的情人住在那里。每天他都让自己的御医去看望她。虽然大家都已获悉此事，但她还是深居简出，从来不去剧院为她准备的包厢。在巴黎，她也不常见到拿破仑。这只是田园诗般的恋情与下一次恋爱之间的插曲而已。希望她为他生个儿子，这是他的法则，而这在现在可能引起比以往更严重的后果。

因为他的第一个儿子并不为他的内心所接纳，其原因便在于孩子的母亲。很久以来，人们普遍怀疑他的生育能力，这个孩子的出生令当时正在柏林的他松了口气。拿破仑回巴黎后不久，孩子的母亲要求见他。拿破仑让人转告她，他不接见任何未蒙召见的人。在送了她一套房子和一笔钱后，他便不再与她往来。但是他让人把那个男孩带来，逗他玩，一度甚至想过要领养他。这一切都是悄悄地进行的。然而，他那无形的主宰，即被他称为“事物的天性”，偶尔也称为命运的东西，禁止他享受人类生活中最为自然的天伦之乐。年届四十，他终于有了亲生的儿子，他本可立他为继承人。但是，作为“西方的皇帝”，他不能站出来说：“这是我儿子！”不过，他至少可以把自己名字的一半送给男孩——他称孩子为莱昂[12]。

可是，拿破仑很快便正式断绝了确定莱昂为继承人的念头。也许是因为他对孩子的母亲已全无感情，也许是因为他预感到孩子的品性不良——他似乎预见到这半个拿破仑将来会成为半个罪犯和十足的二流子。

随着年龄的增长，他越来越急切地想要缔结新的婚姻。拿破仑与约瑟芬之间，理性与伤感之间，有过多次的长谈。之后，仆人们看到，脸上有泪痕的不只是约瑟芬。有一次他说："没有继承人是多么可怕啊！"然而，他对约瑟芬的眷恋有增无减。总有人催促他离婚。但他天性保守，总是执着地爱着这个他发迹前的第一个爱人。"如果我跟她离婚，"他跟劝他离婚的塔列朗说，"家里就失去了迷人的女性了。我必须重新学习如何适应年轻妻子的好恶。皇后对我很了解，我们之间很有默契。而且，如果我跟一个给了我很多帮助的女人离婚，有点忘恩负义。"这些理智、高尚、轻松和充满柔情，因而使他完全类似普通人的理由，将他维系在妻子身边。

但是困难越来越多，他必须采取决定性的措施。他想，与妻子离婚，将在法国引起道义上的影响，因为约瑟芬在法国要比他受欢迎。他的方法是制订计划，最终他提出了谁也没有想到的建议，能使他一举两得。他约见了一个早就需要，而此刻他更需要见到的人。他母亲一直都没有放弃调停他与吕西安之间的关系，为吕西安求情。如今，拿破仑在巡视意大利之际，召见了吕西安。

这是拿破仑流传下来的最有意思的一次谈话了。吕西安对这次谈话作了真实而生动的记录，把拿破仑描绘得栩栩如生。

18

"陛下，您的弟弟吕西安来了！" 政治与尊严 科西嘉人
长久的妒意 步步紧逼 愈来愈焦躁 "我可不要悲剧！"
真正的目的 供选择的王冠 "我会活到九十岁"
以子女为诱饵 伟大的一幕 兄弟间的仇视 地毯

吕西安此时已三十出头。在12月的某个晚上，他来到曼图亚宫，心情忐忑不安，因为哥哥的召见引起了他的恐惧，他担心会被逮捕。房间里烛光耀眼，他进去的时候什么都看不清楚。然后他听到卢斯塔姆轻声说："陛下，

您的弟弟吕西安来了!”

可是,拿破仑坐在一顶完全被一张欧洲地图覆盖住的大圆桌前,没有对仆人的禀报作出反应。吕西安从未见过这么大的地图。皇帝左手托着脸颊,另一只手把彩色的大头针插到地图上,用以表明师团或集团军的位置。吕西安已好几年未见这位兄长了,而拿破仑这些年的变化是如此之大,以至于吕西安都不敢肯定,眼前这位就是皇帝。他呆呆地在那里站了几分钟。终于,皇帝从地图前直起身,打了个哈欠,将背部靠在椅子上擦痒,又拿起身旁的小钟用力摇了一下。此时,吕西安才向前迈了几步。

“陛下,是我,吕西安。”

皇帝很快站起身,遣退仆人,虽有些不自然,却还是亲热地牵住弟弟的手。吕西安觉得应该拥抱他,他没有拒绝,却漠然地站着不动,似乎对这种亲密已不习惯。然后,他再次拉住弟弟的手,把他轻轻地往后推了一点,以便更好地打量他:

“真的是你吗?你好吗?家里人都好吗?什么时候离开罗马的?一路顺利吗?教皇呢?他怎么样?他喜欢你吗?”

吕西安察觉到这一连串问题背后的尴尬。他一一回答,并说看到哥哥身体健康,他感到很高兴。

“是的,我挺好的。”他轻轻拍着小肚子说,“我胖了,而且担心自己会越来越胖。”接着他目光锐利地看着吕西安,吸了一下鼻烟,继续说:“你呢?知道吗,你长得很好看。以前你太瘦了,现在我觉得你几乎算得上英俊。”

“陛下可真爱开玩笑。”

“不,这是真话。我们还是坐下聊聊吧。”他们隔着地图,面对面地坐下。皇帝摆弄着彩色大头针,吕西安则等着他开口。最终还是他先开口,说:“陛下。”此时皇帝把所有彩色大头针弄散,说道:“怎么?你有什么话要对我说?”

吕西安希望能够得到兄长的原谅。

“你是否可以得到我的原谅,这完全取决于你自己。”

吕西安表示愿意做任何事,只要这无损于自己的尊严。

“很好,不过,什么才是与你的尊严相称的呢?”

吕西安提到了天性与宗教。

“那政治呢，先生，政治与你毫不相干吗？”

吕西安否认了，说自己只不过是个普通老百姓，已不过问政治。

“一切取决于你自己。你完全可以像你的兄弟们一样当国王。”

“陛下，我妻子的尊严，我子女的地位……”

“你总是提起你的妻子。但是你很清楚，她从来都不是你的妻子，过去不是，现在不是，将来也不会是。因为我永远都不会承认她。”

“唉，陛下！”

“不，永远都不，就算天塌下来！因为你是我的弟弟，我可以原谅你的过错。但是对于她，我只送上我的诅咒！”于是他开始滔滔不绝地责骂，直到吕西安苦笑着插嘴说：

“陛下，请您克制一下！有句谚语说得好：望弥撒的行列千变万化，可是圣灵常在。”吕西安把这句话译成了法语。当皇帝继续说弟弟的妻子是个声名狼藉的女人时，吕西安有些愠怒。于是皇帝稍稍作了让步，承认有些话可能是造谣中伤，但他还是不会承认她。此外，基本法中有一条与《萨利克法典》相同的内容：皇帝家族成员的婚姻，如果没有皇帝的认可，被视为无效。但是吕西安提醒他，他结婚的日期是在他称帝以前。拿破仑答道：“是的，但是这部法典正是因为你的缘故而颁布的！”对这个拿破仑式的逻辑，吕西安禁不住笑了。

“你笑什么！我不觉得这有什么可笑的！我知道你和你的妻子，以及我的敌人们对此事的议论。我的敌人是你唯一的朋友。但是没有一个善良的法国人会认为你是对的……如果你想重新赢得公众的支持，那就像热罗姆那样，拥护我的事业。”

现在，吕西安的命运掌握在皇帝的手里，所以这回轮到他要克制自己。但他最终还是忍无可忍地跳了起来，而且之后再也没有坐下：

“陛下您搞错了！如果您的朝臣赞同您对我的态度，以这种态度来报答我过去为您的效劳，这只是出于他们的职责而已。在我这方面而言，我的仆从们也会觉得我是对的！”听到这里，拿破仑眉头紧锁，两眼闪光，鼻翼颤动：“这是我们家族的人狂怒的标志！”但吕西安不予理睬，继续说道：“国家应当如何感激我？国家欠了我多少？它应当把我看作是拯救国家的恩人……我引以为傲的是，法国拿我与您相提并论，而不是与热罗姆相比！

不，陛下，公众舆论要远比所有的帝王都强大。无论朝臣说什么，舆论都会将每个人放在应该在的位置上！”

现在拿破仑平静下来了。他没有像吕西安所担心的那样暴跳如雷。他尽力克制自己，平静地说道：

“塔列朗是对的。你谈问题的时候总是带有政治俱乐部的狂热。公民，我告诉你，这样的口才早已过时了。我完全清楚，你在雾月十九日帮了我的大忙，但如果说是你救了我，还缺少证据。这一点我记得很清楚，我为了拯救法国，要求权力的统一，可是你跟我争论，坚持己见；我和约瑟夫花了半夜的工夫，就是为了说服你在讨论这些问题时保持沉默……最终我们取得了胜利，可是你在此后反对我个人的晋升，这就使得我不再需要向你答谢。”

“可是你难道不应该感谢我吗？当你在圣克卢宫搭救我的时候，你自己不是也身处险境吗？我派了掷弹兵把你从谋杀者的阴谋里营救出来。而你，一个不义的弟弟，一个堕落的弟弟，如果想让议会通过决议，宣布我被剥夺权力的话，难道我会蠢到束手就擒吗？难道我不是蒙上帝庇护，拥有众多的拥护者，来一起捍卫我这颗注定要戴上诸多王冠的项上人头吗？”接下来的一个小时里，他谈起了那几天的事，谈起了曾帮助过他的科西嘉人。突然他与弟弟亲密起来，谈起了他的将军们和他们的忠心，谈起了兄弟们因为持不同观点而引起的政治冲突，并且表示他的观点总是正确的。最后他停了下来，改变了话题：

“不过我想够了。这些都是陈年往事了，就像你雾月十九日那个伟大的日子。不过我找你来并不是想发表长篇大论。”之后便是长时间的沉默。

“你听着，吕西安，请你仔细斟酌我说的话。我们都不要激动……我大权在握，以至于我不想再发脾气。你是怀着信任来见我的。科西嘉人的热情好客不会被法兰西人的皇帝所破坏。我们的先人和同胞的这项美德能保证你绝对安全。”皇帝在大厅里走来走去，过了良久，他又集中精神走向吕西安，紧紧抓住他的手说：

“这里就我们俩，不是吗？只有我们两个人。没有人会听到我们的讲话。在你的婚姻上我确实不对……因为我了解你的执拗，知道你的自尊——你认为除了自尊没有什么可以看作是美德，就好像我们君主每次遇到我们为之狂热的事情时，总是称之为政治——我本不该干涉你们的结合……人们在我面前诋毁你的妻子。虽然也有些人敢于说她的优点，特别是我们的妈妈。她很喜欢你的妻子，因为她说，她使你幸福，而且也是个好母亲……勒布伦甚至对她赞不绝口，以至于约瑟芬觉得，他一定是爱上她了……我觉得我妻子很有意思，她的脾气比人们想象的还要大。不过，在我面前她从未如此牙尖嘴利。其实，我并没有瞧不起你的妻子，可是我还是讨厌她，因为你对她的钟情夺走了我兄弟之中最为能干的那个。不过，她的容颜会日渐衰老，你会失望的。那时你重返政治生活，会反对我的政策。到时候我就不得不采取措施来对付你。因为我对你说过，如果你不站在我这一边，我势必采取措施来对付你。欧洲对我们俩来说太小了！”

“您在取笑我。”

“不，我是认真的，不是朋友就是敌人！……今天你作此决定，要比当日容易得多！你不要感到惊奇：我的家庭政策已经有所改变，你很快便能看到这一点。你的子女，我过去很排斥，现在对我大有用处。但是他们必须得到朝廷的承认。如果一项婚姻得不到承认，那这项婚姻的孩子也无法得到皇位继承权。请你告诉我，如果是你的话，你会怎么做？”

吕西安建议他，只需通过议会决议，便能使孩子们获得继承权。

“我知道我可以做到这一点，但是我不该做。就像你先前说的那样，公众舆论一直都有。家庭、朝廷、法国注视着我的一举一动，他们会怎么说呢！这样的出尔反尔，这对我的伤害会比我打了败仗还要严重。”

吕西安听出来，他也许无法为他在拿破仑登基前就缔结下的婚姻请求谅解。“陛下，如果您答应我的请求，我将成为您最忠实的仆人。我这一生都将感恩图报！”

吕西安说了很久，其间拿破仑不停地从烟丝罐里取鼻烟丝，却吸了三分之一都不到。他很神经质，似乎被吕西安说动了，同时又有点慌乱。最后他嚷了起来：“天哪，你逼得好紧，而我很脆弱。但我还没有脆弱到让议会作出你要的那个决议。我不会承认你妻子的！”

吕西安完全不知所措了。他激动地说：“陛下，您到底要我怎样？！”

“我要怎样？很简单，跟你妻子离婚！”

“可是您一直都说我并未结婚，离婚之事又从何说起？”

“这我早就料到了……你认为我要你离婚的目的何在呢？很明显，我可以承认你的婚姻，但不承认你的妻子。离婚对你的孩子有很大的好处。快宣布婚姻无效，跟她离婚，就像你过去一直拒绝做，而我坚持要让你做的那样。”

“这对我和我的子女将是莫大的耻辱，我绝不答应！”

“凭你的才智，难道看不出我先前的建议与现在的建议存在分别吗？照以前的建议，你的婚姻会被宣布无效，那么你的子女就是私生子！”

吕西安指出了他子女的皇位继承权和他们的民权之间的差别：“您可以分封王位给您所想给的人，陛下，您用剑赢得了一切。但任何人都不能夺走我子女对我们的父亲夏尔·波拿巴那微薄家产的继承权，因为不论按照教会还是按照法律，他们与其他人一样合法。教皇甚至用其母亲的名字为我的一个女儿起名！”

“请不要激动！……我想要你离婚，这就意味着承认你的婚姻……我也不逼迫你真的跟你的妻子分离。如果她能为我的政策、法兰西的利益作出牺牲的话，我会按她的功绩赐予荣誉。我甚至可以亲自去探访她。不过如果她拒绝的话，你们俩就会遭到谴责，因为你们为了一己之私而牺牲了子女的大好前程。你们死后，他们也会咒骂你们！”

吕西安显得很激动。拿破仑继续说：

“现在的你真是无可救药，总是把一切看成悲剧。我可不要悲剧，你应该明白！好好想想吧。”

吕西安一再强调他的尊严，并且几次想要告辞。皇帝再次提起王位的分配。他暂时把意大利封给欧仁，其实他更想把意大利赐给吕西安。他还抱怨奥坦丝。每个人都是满腹牢骚。“在看待名利方面，波丽娜是最理智的一个，因为她是时尚的皇后，而且她越来越漂亮了。约瑟芬老了，很担心离婚。”

吕西安安静地听着，拿破仑继续往下讲，仿佛在闲聊：

“你想想，每逢消化不良她就会哭，以为那些要我离婚再娶的人给她下了毒，真是可鄙。但我最终还是会离婚。我本该早点做这件事，那样的话我的孩子已经很大了。你应该知道，”他的语气突然变得很严肃，“我和她没有孩子，原因并不在我。我已经有好几个孩子了，有两个肯定是我的。”他提到了莱昂的母亲，不过没有提她的名字，还令人惊讶地提到了那位波兰的伯爵夫人："这是个迷人的女子，一个天使……你笑了，因为你看到我一副坠入爱河的样子？是的，我在恋爱，但我一直未忘记我的政治。她要我娶个公主。从个人愿望来说，我当然更愿意让我所爱的女人戴上后冠，但我不能那么做。在对待你的妻子方面，你也应该以政治为重！"

"陛下，如果我的妻子只是我的情人的话，我可以照您所说的那样做。"

皇帝此刻越来越激动，声称要坚决离婚。他后悔把巴伐利亚的公主嫁给了欧仁，欧仁不在乎她，也不是他自己娶的。之后拿破仑又说，他早该把吕西安的女儿许配给阿斯图里亚斯王子，"或者许配给另外某个亲王甚至皇帝……你必须比我先离婚，或者我们同时离婚，这样人们对我的离婚就不会有这么多的关注和议论。长期以来你一直固执地拒绝离婚，因此你离婚的话肯定会引起大家更多的注意。请你帮我这个忙！你应该这样做！"

吕西安用一种令拿破仑吃惊的眼光盯着他。后者将他上下打量了一番说："为什么不呢？"吕西安对这个无理的要求付之一笑。皇帝有些尴尬，不过并不让步。他忽然称弟弟为"亲爱的议长"，因为吕西安曾经是五百人院议长。他又以强调的语气补充说："我们必须等价交换，互助互利，而且这一次我不会不知感恩！"

吕西安觉得自己"陷入一种并非没有甜蜜的梦幻之中"，以至于他一度没有听到拿破仑说了些什么。接着皇帝悄悄地向他承认，他希望吕西安离婚，是想减少公众舆论对他本人离婚的关注。吕西安以尽可能委婉的方式提出自己的有利条件，他说自己的妻子还年轻，有生育能力。拿破仑并没有生气，说道："我不是让人通知你了吗？你的妻子——没错，你的妻子——将成为巴马女公爵，你们的长子可以继承她的封号，但没有你作为法国亲王的继承权。因为这只是我准备提升你的第一步，以后的情况视条件而定：我可以给你一顶独立的王冠。"

听到"独立"一词，吕西安不禁笑了，因为他想到了兄弟们所扮演的角色。拿破仑注意到了弟弟脸上的这个表情。

"是的，独立的。因为你知道如何进行统治……你所要做的就是选择！"拿破仑两眼发光，用手猛烈地拍击着桌上那张巨大的地图。"我并不是信口雌黄。这一切都属于我，或者很快将属于我。现在我可以发号施令。你想要那不勒斯？我会把它从约瑟夫手里拿过来……那意大利呢？这是我皇冠上最美丽的明珠。欧仁只是那里的总督。他希望能当上国王，如果他比我活得长久，但是在这件事上他会失望：我会活到九十岁，因为我需要时间来完全巩固我的帝国！而且，我与他母亲离婚后，他也不适合留在意大利。你想要西班牙？你难道没有看到，因为你所喜欢的波旁王朝的错误，它已经在我的掌握之中了吗？你曾经担任过那里的公使，难道你不想做那里的国王吗？你想要什么，尽管说！只要你比我先离婚，那么你想要的一切我都可以给你！”

吕西安为拿破仑这连珠炮似的一番话呆住了，最后他说：“就算您美丽的法兰西，陛下，也无法诱使我离婚。此外……”他犹豫了一下，而皇帝已经猜出了他的想法，以干巴巴的语调，并且“带着一种吕西安从未见过的傲慢的神情”说道：

“难道你觉得作为一个普通人，要比拥有众多王国的我更为安全吗？……难道你认为你的朋友教皇有足够的能力保护你，如果我想对付你的话？”在反复威逼利诱后，他郑重地说道：“请你确信一点：离婚的话你会应有尽有，不离婚的话你将一无所有！”

吕西安瞥了一眼房门，似乎是想向皇帝表明他的去意。但是皇帝却拉着他的手，以“一种并不明确的口吻和一种难以捉摸的态度”说：

“如果离婚的话，你不是除了我以外的唯一一个。约瑟夫也等着我离婚，因为他也想离婚。朱莉夫人除了生女孩外什么都不会，可是我要的是男孩！女孩唯一的用处就是用来缔结联盟。此外，你对我说过，你的长女已经十四岁了，正是合适的年龄。你想把她送到她妈妈身边去吗？如果可以的话，我将请妈妈为她安排个好事。你该不会是害怕你所喜爱的孩子一无所得吧？你告诉她，我们会成为好朋友，而且我不会把她当作小孩一样来拧她的耳朵……我需要更多的侄子侄女！离婚后的约瑟芬，奥坦丝子女的外婆，将是我合法的子女和养子们的敌人。”之后他似乎在自言自语：“不，一定得这样。除此之外，我没有别的办法来削弱路易和奥坦丝子女的势力。”

然后，他又谈起自己的非婚生子女，说想要认领他们，还谈到了具体细节。突然他喊道：“难道你认为，我没有力量使我的非婚生子女合法化？路易十四曾宣布他双重通奸所生的私生子们为王位继承人。”当他重新提起约瑟夫离婚的话题，吕西安对此表示怀疑时，拿破仑高兴地搓着双手说：

“是的，是的！约瑟夫和你将要离婚！我们三个都将离婚，然后在同一天再娶！”他又讲了很多开心的事。突然他又说：“可是你变得很严肃了，别人会以为你是古代的智者！你应该在我这里待上三天。我会让人在我的卧室隔壁为你搭张床！”

他一再邀请，吕西安不得不托词说有个孩子生病了。他害怕二哥的引诱。

“你想与妻子和解吗？那么我得跟我的友谊计划说再见了！”

吕西安强调，他的妻子因为皇帝不喜欢她而感到很痛苦。他担心她有一天会受不了这种焦虑和不安。

“真的吗？那我感到遗憾。不过你要当心，她可不能还没离婚就死！那样我就无法使她的子女合法化了！”

吕西安假装说，他会考虑拿破仑今天的建议。

“那好。既然你决意要走，那就请回吧！但别忘了你的诺言！”拿破仑与吕西安握手告别，并把脸颊凑过去让他亲吻了一下，不过并没有多少真诚的手足之情。吕西安走了，当他走到前厅时，听到皇帝喊道：“梅内瓦尔！”

吕西安加快了脚步，因为他害怕再次被囚禁。

没有任何人，不管是诗人还是历史学家，曾对拿破仑作过比这更生动的描述。弟弟吕西安的记录显然更为忠实。那晚，皇帝进退维谷，他需要有人帮助。这个人他不能逼迫，而且在某些方面与他不相上下。在吕西安的笔下，拿破仑的性格非常鲜明，他就在我们眼前自我表演。

为了说服对手，他极尽诱惑之能事。每一个步骤都经过周密的考虑，用以打动对方的野心。在接待他时，拿破仑先是在地图前思考欧洲事务，接着问候他，然后吓唬他，接着又恢复亲密；在谈论吕西安的妻子——他们争执的焦点——时，拿破仑先是诋毁她，继而赞扬她；他使用雅各宾派的词汇，称弟弟为“公民”，掀起一个又一个感情的波澜；他又提起科西嘉和他们共同的种族，用带有讽刺意味的口气提出挑战说，欧洲对他们两个太小了，之后又提到妈妈、波丽娜、约瑟夫和路易，都是足以唤起孩提时代记忆的名字。他就这样在吕西安身上撒下了感情的网。

可是——令人惊异的是——我们又看到他天性的流露、跳动的心和闪烁的思维。他的想象和激情再一次难以自制。虽然弟弟是他公开的对手，但他向大弟袒露心事，提起约瑟芬和波兰伯爵夫人，提起继子继女和他的将军们，谈起自己的过错和新的计划，这些计划意义深远。为什么？

因为吕西安像塔列朗一样富有才智，虽是他的对手，但也是他的弟弟，因而在家族观念甚强的拿破仑眼里是值得信赖的。他诚挚地挽留他留宿几夜，以便与他恳谈，一起把问题解决。但吕西安坚持要走，并不是因为他非走不可，只是因为他不想屈从于这个天才的皇帝。他们兄弟之间存在着潜在的竞争，他们的会面并不是为了爱情或离婚，也不是为了荣誉或王位，而涉及的是灵魂最深处的自尊。与七年前一样，今天弟弟也不愿听从兄长。吕西安心里一直认为，他可以比拿破仑做得更好。

但是，他以自己的方式爱着兄长。他报告时的每一句话，都表达出心中既爱又恨的心情。因此他拒不让步。重提雾月十九日的旧事，他们再一次认为自己有道理。身为现实主义者，他们谈话时用的都是旧日的词汇，说的都是法兰西的伟大和安全，其实这只是他们的狂热而已。我们仿佛看见他们在民众面前故作姿态。是的，两人单独在一起，在一座陌生的宫殿里，巨大的枝形烛灯照耀着，几乎要燃尽了。

拿破仑贵为西方皇帝，不仅富有四海，拥有无数王冠，而且思维敏捷，想象力丰富。但是他也陷入命运的旋涡之中，是个可怜的人。他继续编织一切，终于作茧自缚！他拥有无边的权力，可谓无所不能，却又成为那难以捉摸的公众舆论的奴隶，不能与弟弟和解，不能承认弟弟的孩子，不允许弟弟娶他心爱的女人！这个大权在握的人只能用嗟叹来表现自己的无能为力。他足够强大，可以做任何事，却又不敢做。兄弟俩阔别多年，今日重逢，分外喜悦。要是弟弟能为哥哥进行管理，这是多好的事啊！如果吕西安愿意留宿，哪怕只有三天，他们也可以达成谅解。“天哪，你逼得好紧，而我很脆弱。”

这个晚上，皇帝任其弟弟选择欧洲的任何一个王位时，弟弟不是提到了他们的父亲，一个住在偏远小岛上的落魄贵族夏尔·波拿巴的遗产吗？这个法国人的皇帝从来不愿意别人提起他是个外国人，这次却把科西嘉人的阴影引了出来。他是不是想召唤故国的神明来保护吕西安——这个敌对阵营的谈判者？这次曼图亚宫里的炉边夜谈不就是又一个传奇吗？是的，这是用这位个头小小的科西嘉少尉的生命之线编织而成的传奇。最初只是一根细细的长线，扭曲成环，配以颜色和图样，织就了一幅地毯，地毯上绘成的图案越变越大，由一根细线变成了布满国土和王位、海洋和名士的巨制宏幅。

整幅画卷以人间最自然的方式编织而成。没有奇迹，只是依靠天赋的运用，他才成为人类的主宰。今晚，他想再多赢得一个人。虽然他想活到九十岁，但时间紧迫，他不能容忍兄弟们只生女孩，或是跟他们所爱的人生活在一起。如果侄女们太多，他就需要侄子来跟她们对抗。如果有谁的妻子忧郁而死，那也应该等到离了婚再死。如果他的兄弟们最终离弃他们只会生女儿或是不能生育的妻子，他们就会在离婚当天再娶——所有这一切就都尘埃落定了。看哪，这个站在巨大地图前的小个子魔术师在谈话结束的时候，得意扬扬地搓着手！他把彩色大头针像蝴蝶标本一样钉在欧洲各国的位置上——此时，是的，此时蜡烛燃尽，天已经亮了，又是新的一天。

19

西班牙王朝　墨西哥梦想　回顾欧洲　坐满国王的剧院
舞台上的政治　灾难的预言者　塔列朗的背叛　塔列朗的重要性
饮茶　作为中间人的塔列朗　徒劳的求婚　脆弱的友谊

西班牙王朝似乎要败落了。在这次谈话之后，两国便交战了。一切就像皇帝预言的那样。一个无耻到遮掩妻子丑行的国王，一个如古罗马的梅沙林娜般臭名昭著的王后，一个不忠不义的大臣，互相仇视的父子，贿赂，腐败：西班牙的波旁王室竟堕落到如此地步。谁想要摧毁这个王室，就要以其人之道还治其人之身。在这件事上，拿破仑无所顾忌的脚步从未如此粗重，对手的腐败也从未如此令他有正中下怀之感。平时，他对待每一个人都是根据对方的个人特点。因此，对已被腐蚀一空的西班牙王室，他也愉快地使用了对方用以苟延残喘的阴谋手段。可是他忘记了西班牙的民众，他们对王公大臣的腐败堕落并无责任，他们与后者不能相提并论。以后，拿破仑将为此后悔不已。

谁支持英国，谁就是我的敌人。根据这一原则，拿破仑已将葡萄牙王室拉下王位。现在，他又要用到这一原则，因为西班牙支持英国。他谋划已久，让国王与王储鹬蚌相争，以便从中渔利。他先将王储推出来，接着又让王储退出，让其父复位，最后召集各方面人士在贝荣纳聚会，通过威逼利诱，将西班牙王位据为己有。从直布罗陀海峡到加答罗：地中海一定要归他所有，至少是它的海岸线。这是对英作战的目的所在。

一开始，他的将领们征战得十分顺利。"你知道我为什么要进攻西班牙吗？"他对梅特涅说，"我不能腹背受敌。"如果那不再是他的腹背，他可就危险了！

在最为关键的一天，他与西班牙诸位大公谈判完毕，决定将他们先软禁起来。这一天，他有些飘飘然，新的王位给予了他新的动力。他看到的不再是西班牙，而是西班牙曾经拥有的广大的殖民地。有一个目击者说："出于这个动机，皇帝滔滔不绝地说了很久，更确切地说，那是在吟诗，像莪相那样吟诗……就像一个敞开心扉的人……他绘声绘色地讲述了墨西哥和秘鲁强大的国王、他们的统治和影响力。我还从未听到过他像那天一样显示出如此丰富的想象力。他真是卓越不凡。"

因为吕西安不肯合作，现在西班牙还缺一个国王。解决的办法只能是像官场调动那样，每人都往前移一步。荷兰不能再存在了，拿破仑决定将它降级为行省，召回路易。路易表示抗议："我不是省长。国王之所以成为国王，是因为有上帝赐予神权……如果我违背了登基时向荷兰人许下的誓言，又如何要求臣民们遵守誓言呢？"这又是家族王朝带来的问题。如果拿破仑把行省交给将军和官员们管理，他便随时可以将他们召回。但是，给傀儡们穿上貂皮大衣，进行加冕典礼、弥撒和涂圣油这一系列仪式，唤醒了那些人们曾想埋葬的观念，并给了小小的路易国王现在拒绝交出王位的权利。

约瑟夫比较合作。一直到昨天，他都是那不勒斯的国王，明天他为什么不能去马德里执政呢？在贝荣纳阴谋后，国王约瑟夫一世进入西班牙首都，没有受到民众由衷的欢迎，只有礼炮和仪仗队。卡洛丽娜一直缠着二哥拿破仑要一顶王冠，于是她的丈夫缪拉这个无产阶级的儿子便成了那不勒斯的国王。这一对显赫的夫妇从此得到了耍弄阴谋的基地，以后这里又成为他们叛变的基地。

但是，西班牙事件是个大冒险，会带来严重的后果！"皇帝背后"怨声载道，因为西班牙这个骄傲的民族不能容忍未经反抗便被人侵占国土。在前方，在莱茵河的对岸，所有仇恨皇帝的人——普鲁士人和奥地利人，现在为了免遭与西班牙同样的命运而一再展开反攻。拿破仑曾经在柏林宣称，他在易北河上征服了恒河；但是他没有看到，他在西班牙塔古斯河的行为，在多瑙河畔招来了新的敌人。他知道，除非沙皇能为他牵制住奥地利，否则他就无法真正解决西班牙问题。但是沙皇性格犹疑不定，要把他争取过来，必须对他施加影响，如同两年前在提尔西特一样。皇帝很快建议在德国中部会面。这次他采取了全新的策略——会谈。以前他离开法国时总是剑不离身，用战争为和谈开路。而此次，为了避免战争，他在埃尔富特准备了会议桌。

拿破仑为会议所作的准备，不亚于平时他为军队所作的准备。每天他都召见大臣和名流，“我的这次旅行一定要搞得气派。我的总部需要大人物……我要用豪华让德意志惊叹”。因为不仅是沙皇会来：这两颗巨星会吸引所有的小星星。如何影响此次聚会呢？皇帝想。戏剧是抓住帝王心灵的法宝！因此他精心确定剧目单，仔细斟酌演员阵容，修改台词，并且提醒塔尔玛（他觉得这位演员有点像朋友）何处应该强调：一切都是为了到场的特殊观众。“你将在国王们面前表演。”

剧院每晚的演出，真的成了埃尔富特这几个星期聚会的高潮。在座的有四位国王、三十四位亲王以及竞相炫耀的仆从。坐在包厢里的是东方的皇帝和西方的皇帝。几乎每个晚上，这些身份显赫的观众倾听着传说中和故事里的国王们如何宣讲，如何争斗，如何受苦。他们听到塔尔玛扮演的俄瑞斯忒斯在表演台上大声朗诵：

> 诸神是我们时代的统治者，
> 但荣誉只能由我们的手创造。
> 为何要畏惧来自天上的恫吓？
> 树立雄心在人间追求不朽，
> 成为你们自己命运的主宰！

第二天晚上，他们观看的是伏尔泰的《穆罕默德》。皇帝特别喜爱这部戏，几乎没有离开过包厢。剧中先知的门徒喊道：

人生而平等，却命运各异，
无关出身，唯力量与功业所使。
天才人物凭一己之力成功，
并不依赖先辈余荫。
唯有这样的人，我才选为领袖，
唯有这样的人，才配拥有世界！

看着包厢里的那个人，能有谁不为之怦然心动——或者也可能出于敌对情绪？所有世袭王公贵族都不敢正视皇帝，但他们彼此环视，仿佛在寻找共识。他们不敢微笑。他们在这个叛逆的化身、身穿绿色旧军装的人面前瑟瑟发抖。他知道坐在正厅里的德意志王公贵族们所不知道的事——穆罕默德即将道出更可怕的话：

我看到罗马帝国四分五裂，
肢体脱离腐烂的身躯。
辽阔的东方从废墟中崛起，
一位新兴之神照亮黑暗！

最后，他们从台词中听出了皇帝目前和未来的政策：

是谁让他成为国王？
唯有胜利给他加冕！
征服者的名号不足慰藉，
他还想当上和平缔造者。

此刻，所有人的目光都集中在他的身上，似乎想从他那里得到答案。拿破仑微微一动，表示这的确是他的意图所在。这现实政治的一刻驱散了戏剧的幻象。第二天晚上上演的是《俄狄浦斯》，当舞台上的演员朗诵“一个伟人的友谊是诸神赐予的礼物”时，两位皇帝站起身，握手致意。

拿破仑当然知道，亚历山大并不是个伟人，他的友谊并非诸神所赐的礼物，因此他试图通过心理暗示争取这个立场不定的人。为了让沙皇保证按那封信中的设想瓜分世界，以书面的、正式的形式扩大《提尔西特条约》的内容，需要对他进行每天都不同的心理诱导。他很少让沙皇独处，在各方面都像追求女人一样对待他。唯一获准在旁协助的是塔列朗。

这位外交家还是一瘸一拐地跟在皇帝身后。而不久前人们还看到，他们之间的对立导致了严重的后果。

也是这个老练的行家，比皇帝，也比其他任何人都更早地看出拿破仑体系中的裂缝。一年前，在法俄两军损失惨重的普鲁士—艾劳战役后，塔列朗就预见到他的君主在俄国可能会战败。这是一个伟大政治家的先见之明。很快，他就从中引申出一项政治家式的叛徒的使命。拿破仑和亚历山大暗中作了一些安排，皇帝要仰仗沙皇，他有着加洛林王朝的梦想，其中夹杂着恺撒的思想。拿破仑在征服世界的计划中，有些异想天开，这是塔列朗所不能赞同的。但是他并没有离开他的君主，只不过假借冠冕堂皇的理由，辞去外交大臣一职，担任待遇优厚的帝国高官。两人认为这样一来各得其所，拿破仑希望这样能更好地监视塔列朗，而塔列朗希望可以更清楚地窥探拿破仑的内心活动，因此他仍然担任宫廷大臣。接替他担任外交大臣的香巴尼则成了皇帝嘲弄的对象。这样，即使在与君主分手后，塔列朗依然是皇帝面前的红人，通过施行阴谋诡计，他的权力更大。

西班牙的局势证实了塔列朗的怀疑。早在看出皇帝打算进行此次掠夺时，他就意识到这会带来不幸，因此他极力鼓动皇帝去冒险。他说，自路易十四以来，西班牙王冠一直属于法国统治者。当拿破仑听到这个根本站不住脚的歪理时，竟然激动难抑，最终决定占领加泰罗尼亚，“一直到与英国休战”。现在，这个阴谋唆使者转而又采取批评态度。当皇帝让他接待被软禁在瓦朗瑟宫的西班牙王子们时，他偷偷地笑了。

他要求绝对机密，以便能监视被关押的王子们。而实际上，塔列朗通过王子们获得了英国方面的情报，也通过他们向英国提供了情报。这距离反叛只有一步之遥。塔列朗走出了这一步，他的政治生涯指明他要走这样的道路。从此，他开始向沙皇的驻法大使托尔斯泰和奥皇的驻法大使梅特涅透露秘密“消息”。这种行为怎么可以与他的君主所托付的职责相称呢？他可是皇帝的重臣、高官和亲信啊。

请看这样一个场景：

“你看，”皇帝从西班牙归来后说，“他们全都进了我布下的天罗地网！”

“我想，陛下，您在贝荣纳谈判的结果所失大于所得。”

“怎么说？”

“很简单，我可以用一个例子来说明。如果一个身份显要的人做了蠢事，不善待他的妻子和朋友，人们就会谴责他，但是他可以利用财富和权力重新获得社会对他的好评。但如果这个人在打牌时有作弊行为，他一定会被逐出上层社会，人们永远都不会原谅他。”

皇帝脸色发白（塔列朗是如此描绘的），此后一整天都没有再跟他说话。但是拿破仑为什么不把他赶出亲信的圈子呢？为什么不把他放逐到西印度群岛呢？他，拿破仑，受这个落魄贵族的道义谴责，却还把他留在身边。是不是塔列朗在撒谎？他的回忆录完全真实，因为这是他二十年后写的，当时法国王朝已经复辟，他写回忆录的目的在于表明他一直在耍着两面派（当然，那是因为他同情正统王室），他对皇帝一直都是三心二意。因此，可以相信塔列朗确实说过上面的话，而且是对着一个人们几乎不敢对他讲实话，更不敢说侮辱性言语的人说的。可是为什么拿破仑还留着他？

“他是唯一一个理解我的人。”皇帝经常这样评论塔列朗。光是这一句就够了。塔列朗肆无忌惮，毫无廉耻，根本不在乎什么良心的谴责，这为皇帝在采取政策时提供了自由驰骋的余地。其他人要么讲究原则，要么有所顾虑，这一切都需要他去克服。塔列朗没有任何等级或时代的偏见，同时也缺乏像拿破仑一样有条理的头脑，会在混乱之中把握机会建立自己的王国。因此，这个只喜欢金钱的狡猾的投机分子成了另一个现实主义者最好的顾问，这个现实主义者总是不断提出新的计划来平息他丰富的想象力。

因此两人能互相理解，不过这只是表面的。拿破仑对这个叛徒的背叛行为一直没有仔细探究过。

此时，在埃尔富特，正是这个两面派出卖主子的大好时机。德意志的王公贵族们围坐在他周围，向他打探皇帝的情况，他却根本不把这些小角色放在心上。因为有人会出重金，并许以政治上的好处，来换取他的情报。

塔列朗马上向亚历山大发出了信号，而且他只需稍作暗示。因为沙皇已从他驻巴黎的使臣那里获得了不少情报，对这个法国人至少与对法国皇帝一样感到好奇。不久，人们就在图恩和塔克西（Thurn und Taxis）这位德意志公主的会客室里看到了沙皇的身影。公主每天晚上在剧院演出结束后接待各国贵宾。塔列朗几十年后在回忆录里写的这段话，读起来像是《浮士德》中的梅菲斯特所说："所有我本来打算用于争取沙皇的手段，都毫无用处：我一开口，他就知道我想说什么，而且跟我想说的一样。"

在这样的默契中，两人的交谈总是蕴含言外之意。第一天，塔列朗对沙皇说："陛下，您来这里想做什么？拯救欧洲的责任在您身上，但如果您对付不了皇帝，您就无法成功。法国民众已经开化，他们的统治者却不是；俄国的君主已经开化，他的臣民却不是。所以，俄国君主应该与法国民众联合起来……陛下不应该受唆使去对付奥地利，而应该像我的主人一样承担应有的责任。"

这只不过是短短的一席话。在这漫漫长夜里，两人或饮酒，或品茶。塔列朗也深通诱惑之道，他向沙皇灌输了所有他想用以说动他的道理和希望。为了奖赏这位外交家不惜牺牲法国利益的勾当，沙皇给了这个法国皇帝的亲信一个极大的好处：他答应将一位俄国公主许配给他的侄子，这位公主是东方最富有的女继承人。

亚历山大临行之前，家人的话已使他对这次会面怀着猜忌和谨慎。如今，在塔列朗的影响下，他终于敢对抗拿破仑。两位君主在埃尔富特尽管大多是私下会面，却都想着如何欺骗对方。当年提尔西特那种蜜月般的气氛已经消失，沙皇对皇帝的迷恋也已一去不复返。

拿破仑深感意外。他令塔列朗起草新的联盟条约，修改后亲手誊写（费了多大的劲啊！）清楚，然后交给亚历山大，并要求他当面发誓，绝不向任何人透露这份机密文件的内容。沙皇答应保密，可就在同一天晚上，他就把修改过的条约给塔列朗看，从而违背了他在拿破仑面前许下的神圣誓言。于是，塔列朗从谈判对手这里获知了主人是如何修改他当初起草的条约的。最终条约未能签署。

晚上，皇帝召见塔列朗。后者精彩地扮演了内奸与挑拨离间者的角色。皇帝说道："我跟他意见不合。他目光短浅。"

“但是他折服于您的魅力之下,陛下。”

“他这是做给你看的,你被他骗了。如果他真的喜欢我,为什么没有签字呢?”

“他还算是守信的人,”塔列朗说这话的时候心跳加速,似乎有点紧张,不过他还是继续说道,“因此他的性格会比条约更有约束力,促使他履行诺言。”

“我不会再向他提起此事了。不然的话,他还以为我对此事有很大的兴趣。我们的这次秘密会晤足以使奥地利相信,我们已经缔结了秘密条约了……我不懂你为什么那么喜欢奥地利,这个国家所有的一切都跟我们的旧政权一样!”

牵涉到基本原则时,塔列朗总喜欢发表看法:“我倒觉得奥地利的一切跟新政权的一样。恕我冒昧,我觉得那也正是您自己奉行的政策。陛下,人们信赖您,为了捍卫文明。”

“文明!……”拿破仑走到壁炉前停下,突然语调转为柔和,“为什么没有人愿意跟我直截了当地谈判?因为我没有子女,所有的事都靠我一个人。这就是原因所在。人们都畏惧我,每个人都竭尽所能想捞取好处。这是对整个世界都不利的情势,必须要改变它。”

又是几天过去了。两位统治者之间的往来看上去就像朋友一样。没有什么宫廷礼仪,可以随心所欲地出入。拿破仑悄悄地布下了天罗地网。他对沙皇说:“是的,我需要安宁,我需要一个家。但是,如果没有子女的话,又怎么谈得上是家呢?我的妻子比我大十岁。”他给约瑟芬多加了四岁。“请原谅,我刚才说的话似乎有些可笑。不过,我不想向您隐瞒我内心的激动。”他沉默了一会儿,“离晚餐还有一会儿时间。我还得向樊尚男爵告别。”

客厅里的王侯们总是讥讽拿破仑,把他说成军营里的粗人。可是,就是这个军人,在晚餐前突然巧妙地转移话题,令人无暇讨论。晚上,他令人将塔列朗叫到床前,跟他谈论,提出质疑。命令一个接一个,似乎毫无章法。终于,他说出了离婚两个字。“这是我的命运使然,法国的安宁也需要我这么做。我没有继承人。约瑟夫不够格,而且他只有女儿。我必须建立一个王朝,我必须娶一个皇室公主。亚历山大有几个姐妹,其中一个年龄正合适。你去跟鲁缅采夫谈谈。解决了西班牙的问题之后,我就要着手瓜分土耳其一事。你把这点告诉他，再找些别的理由，我知道，你一直就赞同我离婚的。”

第二天，塔列朗直接跟沙皇提及此事。沙皇还未完全摆脱拿破仑昨晚忧郁情绪的影响。“没有人能真的懂他，”沙皇动情地说，“所有由他引起的不安，是他所处的地位导致的必然结果。没有人知道他其实多么善良。你对他了解甚深，你怎么看？”

塔列朗无论如何都不愿说出自己的真实想法。不过他很聪明，知道现在应该让沙皇知道他主人的想法。“我本人很乐意促成此事，”沙皇马上表态，“但是，如果没有我母亲的首肯，我也不能擅自将妹妹许配给他。”

此后是两位皇帝之间的长谈，又是极为亲密，还邀上塔列朗一起饮茶，谈了几个晚上。不过，无论是联盟的扩大还是婚事，都未能在埃尔富特作出决定。尽管受到沙皇的敬重，拿破仑还是大失所望，因为他一无所获——既没有签订法俄条约，也没有俄国新娘。满载而归的是塔列朗，他侄子的新娘有数百万家产。

与此同时，三十八位王公贵族被皇帝及其随从或是笼络，或是恫吓，或是褒奖，或是冷落，遭遇大相径庭。“在埃尔富特，”塔列朗写道，“我看到没有人敢面对这头狮子的利爪……最后一天，那些王公贵族们簇拥在他周围。他们的军队或是被他俘获，或是被他歼灭，他们的国家存在下去的权利被剥夺。但是没有人敢提出任何请求。他们唯一的愿望就是被拿破仑看到，而且尽可能成为最后一个被看到的，这样才能使自己留在他的记忆里。”

不管怎样，拿破仑都觉得，奥地利会认为他与沙皇之间已经缔结了盟约（可惜他们并没有），从而感到恐惧，而恐惧能够完成条约不能完成的事。他不知道塔列朗已将他出卖给梅特涅：“现在只有您能将俄奥两国关系恢复到奥斯特利茨之前的亲密状态。只有俄奥两国结盟，才能挽救欧洲的独立。”这位奥地利人当然会将这句令他狂喜的话写到报告中去：“终于，我们进入了新纪元。已经有盟友在法兰西帝国内部为我们效劳了。”

是告别的时候了。皇帝当着王公贵族的面吻别亚历山大，如同兄弟一般。在场的人都为这两个统治世界的巨人间的友谊而感动。只有塔列朗，手里拿着礼帽，嘴角挂着令人难以察觉的微笑。因为在德意志公主邀请大家喝茶的时候，他已经成功地破坏了这个友谊的基础。

只要四年，他的所作所为便会开花结果，而拿破仑会受这些果实的毒害。

20

对德意志天才的敬意 与维兰德的谈话 赢了诗人 耶稣与恺撒 与歌德会面“好一个人才!”皇帝的攻击 诗人的计策 无法收买的人

虽然德意志的王公贵族们微不足道,可是德意志的精神却光芒万丈。“这里只有一样成就我可以带回巴黎,那就是:你们将会愉快地想起我。”皇帝在临行前一晚对魏玛的知识界说了这一席话。在魏玛和埃尔富特,他与这些真正的德意志王公贵族们一起度过了几个晚上。他们没有显赫的祖先,只有自己的天赋。对同样没有显赫祖先的皇帝来说,只有这些知识界的名流才让他感到亲切。虽然他在这两周里经历的一切使他更加蔑视人类,但他对日耳曼精神却赞赏有加。其实他对德意志大师们的杰作并不熟悉,只知道他们的名声及他们在德意志和法兰西帝国的地位。他就是以此为标准把他们选出来的。

早在两年前,他就在波茨坦召见过约翰内斯·冯·米勒[13]。最能体现此次会谈重要意义的,当属这位替普鲁士效力的瑞士人对此事的低调态度了。当时皇帝离开将领们,直接造访米勒。凭着善于区分所有材料的精确思维,他没有任何铺垫,直截了当地提出了令所有历史学家,尤其是眼前这一位感兴趣的问题。三分钟后,两人已在讨论最深层次的历史问题。

他谈起塔西佗,之后概述了人类文化的几个重要阶段。他热情地谈到,当罗马文化没落时,希腊文化却借助基督教而得以复兴。这需要很大的技巧。希腊一度被罗马占领,却能凭借精神力量恢复其统治地位。这一点,拿破仑在耶拿战役结束后不久曾跟一位普鲁士学者谈起过,并且得到了后者的认同。随着谈话的深入,皇帝表现得越来越和气,他向米勒提出了一个他从未向任何法国人提起过的建议:替他写传记。接着他又谈起了所有宗教的基础和宗教存在的必要性。“谈话的内容广泛,涵盖了几乎所有国家和民族……他的谈兴越浓,声音就越低,以至于我都快要贴着他的脸了。房间里的其他人很可能什么都没听到。至于我们谈话的内容,有些我永远也不会透露。”

从米勒这句令人吃惊的结束语，我们可以看出这位历史学家的严肃、谨慎，同时也可推断出皇帝在社会名流面前谈话的坦率。

如今，拿破仑在魏玛特别关注年迈的维兰德[14]，将他比作伏尔泰，同时也不客气地问他为什么将历史与小说混在一起。“像您这样一位博学多才的学者，应该知道如何区分历史与小说。如果把两者混淆的话，很容易造成混乱。”

然而他要说的并非仅限于此。因为当维兰德机智地替自己滥用历史辩解，开始谈论道德典范时，皇帝打断了他：“您难道不知道，那些在创作中颂扬美德的人会怎样吗？最终人们会认为，美德也不过是文学作品中才有的。”

之后他又谈起塔西佗。他一直都关注这位罗马史学家，似乎他现在还可以像斯塔尔夫人那样让沙龙无法安宁。在舞厅中央，他以批评为工具，发表了关于人类行为的宏论：“塔西佗没有充分研究过事物的起因和内在的动机。他对人类行为的神秘性和思想意识没有进行足够深入的调查，以至于未能给后人留下不偏不倚的评价。一个历史学家应该如实地反映人类和民族，以他们所处的时代和环境为参照，实事求是地进行评价……我听到有人赞赏塔西佗，因为他使专制君主害怕人民。但这对人民而言将是不幸的！我说的不对吗，维兰德先生？可能我让您觉得不快了，但是我们来这里并不是要谈论塔西佗。您看，亚历山大陛下的舞姿多么优美啊！”

维兰德等的就是这一刻。在一篇精心准备的讲稿中，他替这位古罗马人辩护，来反驳眼前这个新罗马人。精彩的发言使在场的魏玛名流及其他人听得出神。

皇帝认真地听完维兰德的讲话。大家都把目光集中在他身上，揣测着他会说些什么。他会彬彬有礼地退出这场辩论吗？如同在战场上一样，拿破仑沉思片刻，分析着对方出乎意料的攻击基于怎样的原因，他又该如何回应。毫无疑问，这位老先生的演讲并不是即兴而作的，但他为何恰恰在塔西佗这个话题上发动攻击呢？刹那间，皇帝想起了两年前与米勒的那次谈话，尽管这两年中他与数百人作过交谈。

“我真是遇到了劲敌，”当这位老学者发表完演说后，皇帝说，“您充分利用了您的每一个优势。也许您跟我在波茨坦见过的米勒先生通过信？”

在场的人都笑了，包括维兰德，这位偏爱智慧更甚于自己的人很坦率地承认：

“是的，我是从他那里听说的，陛下，您不喜欢塔西佗。”

“那么，我觉得我还没有输。”皇帝说。接着他回到了他对希腊和基督教的认识，这次他更大胆、更淋漓尽致地作了发挥，因为他觉得这个维兰德总是持怀疑态度。“而且，”他靠近对方，用手捂着嘴轻声说，“而且耶稣是否存在过，这还是个问题。”

征服者和诗人。他们两人中一个是正当壮年、在理性主义的废墟上进行基督教革新的统治者，不过现在与教会有些小小的不和；另一位是诗人，也是一位异教徒，被拿破仑比作伏尔泰的人，主张以理性对抗宗教。因为年老体衰，谈话过程中他一再寻找椅子靠背。皇帝跟他耳语，说世上可能从未有过耶稣。但这位老先生半个多世纪以来被公认为是德意志国家里最机智的。他向皇帝证明，在知识界，日耳曼人完全有能力跟法国人抗衡，因此他立即回答道：“我知道有些想法荒唐的人怀疑此事。但是这就跟有人怀疑恺撒是否真有其人，或是怀疑陛下您是否活着一样荒唐！”

就这样，维兰德以一个法国式的说辞，既维护了德意志的礼貌，也维护了耶稣的历史性。而皇帝对这两件事都不愿意随便表态，便把话题岔开。他拍着老学者的肩膀说：“好，妙，维兰德先生！”然后他大声向在场的听众讲述基督教在维护国家稳定方面的价值。据目击者报告，他很想与维兰德继续谈下去，但后者显然已站不住了，于是这场景不得不提前结束。假如准备两把椅子，谈话将会愈来愈精彩。

默默地倾听了这场谈话的人中，有一个就是歌德。

几天前在埃尔富特时，拿破仑曾经在一个大厅里跟歌德单独谈了一个小时。那是拿破仑用早餐、接见宾客、发布命令、进行思考和签署文件的几个大厅中的一个。这是两名智者之间的对话，也是两股力量的碰撞与平衡。两个当时最伟大的人物得以彼此观察。对话中两人并未流露出多少内心的想法，更多的只是互相敬佩。歌德从大自然中学习一切，但在人类的实际生活中，往往只能发现他所预见的图像得到证实。他把这次谈话看作平生最重要的事件之一，皇帝的评价却没有这么高。

十年来，歌德一直关注着波拿巴的奋斗旅程，并为之惊叹不已。在晚年的时候,他关于拿破仑所说的那些深刻的话,一个世纪中无人可及。另一方面,拿破仑对歌德知之甚少,更不知道后者内心对他的敬仰,因为歌德只在跟友人谈话的时候透露过这一点,在他本人面前只字未提。皇帝虽曾读过很多遍《少年维特之烦恼》,但现在的他已全然没有这种心绪,这种少年的心绪只能用来填补虚空的幻想。虽然歌德现在举世闻名,但当时看出其价值的人在德意志不出一百个,在法国则几乎是一个都没有。由于他在本国的名声并不怎么响亮,远未达到妇孺皆知的地步,因此皇帝对他缺乏了解,只知道他写过几部有影响的作品,而皇帝身边的人对这些作品都不了解。他还知道歌德在耶拿战争那年就已是卡尔·奥古斯特手下的大臣,皇帝当时对这个萨克森统治者非常愤怒。可以推断,皇帝召见歌德时,他对后者的期望肯定不如对米勒或维兰德。

但是,像拿破仑或歌德这样的天才,只需看对方一眼就能知道他的分量。那天,皇帝坐在一张大圆桌边用早餐,右边是塔列朗,左边坐着达鲁。歌德走到门口站住了,皇帝请他走近一点。当时歌德年约六十,潇洒俊逸、精神矍铄。他正处于最泰然的时期,处于一种好不容易达到的、之前未曾有过、之后又很快消失的和谐状态。皇帝看得惊叹不已,一时说不出话,过了片刻,他才几乎是自言自语地说:

约翰·沃尔夫冈·歌德(1749—1832)

"好一个人才!"

这如同一支金箭,照亮全场。这句感触颇深的赞叹之语不大像评价,更像是第一印象。这也在情理之中。因为这位世界的统治者不知道,在他面前的也是一位世界统治者。皇帝发出了过去从未对任何人发出的感叹,此后也未再作过如此评价。这两位天才似乎有着神祇般的血缘关系,仿佛两股无法抗拒的力量拨开浮云,各自伸展臂膀,直至指尖相触;接着,时间之雾又将两人重新分开。眼前的这一时刻是千年难遇的,只有亚历山大大帝与第欧根尼[15]的会面才堪与之比拟。

因为谨慎，歌德很多年后才记下这次谈话的内容，而且并不完整。在别人的回忆录里，人们也只读到些片段。

拿破仑称赞了《少年维特之烦恼》，不过补充说："您这部小说的结局我不喜欢。"

"这我相信，陛下，您不喜欢小说有结局。"

皇帝平静地接受了这近乎威胁的话语，但还是指责说，维特的爱情并非这场不幸的唯一原因，野心在这里也起了作用。歌德听了大笑（后来他在两封信里证实了这一在皇帝面前很不寻常的放肆举动），承认皇帝的批评是对的，但是他也认为，艺术家采用一些读者难以察觉的技巧，应该是无可厚非的。

皇帝对自己能在陌生的领域里取得小胜而感到满意。接着他又谈论起戏剧。他作出了"极为精彩的评价，就好像一位专注于研究悲剧的人，并且带着法官审讯案件时的精神。他对法国戏剧背离自然和真实而深感惋惜"。他并不喜欢命运剧，觉得这应该属于黑暗的时代。

"今天谈论命运还有什么用！政治就是命运！"

话音刚落，他就以自己的方式将这句话变为现实：他转向达鲁，跟他讨论征税事宜；接着又跟刚进来的苏尔特说了几句。之后，他继续跟歌德谈话，很有技巧地阻止他与别人交谈，问起他一些个人问题。然后他又转为进攻：

"您喜欢这里吗？歌德先生？"

歌德也懂得如何抓住政治机遇，回答道：

"非常喜欢，我希望这几天的日子对我们小小的国家有些帮助。"

"你们的人民幸福吗？"皇帝问道，不过并没有注意提问时的措辞，似乎这个问题是向一位君主提的，因为他经常在接见各国君主时这样发问。事实上，他眼下对萨克森并不感兴趣，他心里想的是：我如何才能使这位天才为我所用？真可惜，他不写历史书。不过作为小说家，他可以描写这次会议，或者作为剧作家，他可以描述我的罗马生活。不管是写小说还是写剧本，他肯定比我们法国人写得好。而且，如果是一个外国人写的话，会更有价值。因此他说道：

"您应该在整个会议期间待在这里，并且记录下您对这伟大一幕的观感。歌德先生，您觉得呢？”

拿破仑用这个问题结束了对这位诗人的进攻，这与他一贯的态度迥然不同。而歌德不为所动，小心翼翼地说道：

“我并没有古典作家的文笔。”

“这听起来挺有政治意味的。”皇帝暗自思量，不过他却这样说：

“你们的公爵邀请我来魏玛。他有一阵子不太高兴，不过现在他好多了。”

“如果他不高兴，陛下，那么肯定是这惩罚有些偏重。不过也许我不应该对这些事发表看法。我们无论如何都要尊重他。”

“说得好，”皇帝想道，“他比他的主子可高明多了，让我明白，他其实也知道公爵不过是头蠢驴。就这么定了，这个人一定要为我写我的‘恺撒’传！这在法国的影响肯定比赢得一场战役还重大！”而他嘴上说的却是：

“悲剧应该是国王和人民的学校，这是诗人们所能获得的最高荣誉！您应该写写‘恺撒之死’，而且要比伏尔泰写得更有价值、更为壮丽。这也许会成为您一生最伟大的杰作。写这部悲剧是要让世人知道，如果给恺撒更多的时间，他可以实现他远大的计划，从而给人们带来更多的幸福。来巴黎吧！这是我对您的邀约！在巴黎，您会有更为广阔的视野，会有最充足的材料，可以进行新的文学创作！”

诗人很有礼貌地表示感谢，并且表示，自己觉得很荣幸。

“这就表示我并无斩获，”皇帝思忖道，“如果我再坚持下去的话，”他想到不久前跟沙皇的面谈，“他肯定会觉得我对此事的兴趣过大。真是奇怪：此人对我竟然毫无所求，甚至都不想在我面前表现自己。那么，怎样可以把这个坚贞不移的人吸引过来？他应该看看我们的剧本和戏剧，这样可以激起他的好胜心，想要写出更好的剧本来。”

“请您今天晚上到剧院来！您会看到许多王公贵族。您认识大主教亲王吗？您会看到他在包厢里把脑袋枕在符腾堡国王的肩上，香甜地睡觉。您认识沙皇吗？您该写点有关埃尔富特的文字呈献给他！”

这是皇帝第三次给他暗示了。歌德最终会被打动吗？但是这位诗人还是礼貌地笑了笑，很坦率地说道：

“我从未做过这类事，陛下，以免某一天后悔。”

这让这个法国人有点挫败的感觉。不过奇怪的是，这位革命之子又提到了太阳王路易十四：

“在路易十四统治时期，我们的大作家们可不是这样做的！”

“陛下，他们没有这么做，这是毫无疑问的，但是我们无法确定，他们是否从未后悔过。”

“非常正确，”听到这个持有怀疑的回答，皇帝脑子里闪过这个念头。这算得上这个德意志人对他所作的反攻吧。因此，当歌德提出告辞的时候（这是于理不合的，而歌德本人熟谙宫廷礼仪），皇帝没有留他。会晤就此结束。

这两位天才会谈所留下的令人吃惊的印象是：对会谈感兴趣的皇帝有求于诗人，却徒劳无功；而诗人却把这次谈话视为平生最伟大的会晤。理由很简单：皇帝需要这位诗人，诗人却不需要这位皇帝。拿破仑想要歌德为他著书立说，歌德则从拿破仑的举止中窥见这位天才的内心深处。因此他不必再去巴黎。

虽然诗人并没有接受皇帝的邀请，也没有以诗歌来向拿破仑表示敬意，但是几年后，拿破仑在落魄之时，还是回忆起这位他曾用一句“好一个人才！”将他与别人区分开来的诗人。

21

腓力二世的幻想 “我一生中最大的蠢事” 约瑟夫制造困难 亲信们的阴谋 宙斯大发雷霆 塔列朗的微笑 沙皇的背弃 旅途中 罢黜教皇 第一次吃败仗 革出教门与获得胜利 再会波兰情人 战线拉长的危险 向对手袒露心声 “我要刺杀您” 不可战胜的德意志人

这次会谈之后两个月，拿破仑站在马德里腓力二世的画像前。他已经仔细地看过王宫，在宫中各处走了一遍，现在又回到了画廊。他站在这位征服者的画像前，久久没有离开。他的随从也默不作声。皇帝仿佛在与画中的这位国王交谈。“在我的国家，太阳永不落。”——他可从未有过能够说这句话的幸运。建立这样庞大的帝国需要宗教裁判所吗？在进攻西班牙之际，他已取缔了这类机构。是他太仁慈了？还是太民主了？难道不是他在自己所统治的十几个国家里束缚民众自由，让他们顺从他这个独裁者吗？也许是他说得太多，写得太多。这位眼睛深不可测的腓力二世大概总是沉默不语。他看上去并不幸福。可是，谁又是幸福的呢？

一场灰暗无趣的战争把皇帝带到了这个国家的首都。以阴谋开始的西班牙事件，如今来了报应。皇帝在去年春天废除的国王和亲王们自然没有好下场；但是，皇帝对民众的认识却是错误的。当西班牙人民为了捍卫他们的尊严而起义时，皇帝把他们看作是可笑的空谈者。“他们是堂吉诃德尊贵的同胞。愚昧，傲慢，残忍，懦弱，这就是我们眼前所看到的景象。僧侣和宗教裁判使人民变得愚昧无知……西班牙的军队跟阿拉伯的一样，只会躲在房子后面；他们的农民也不比阿拉伯国家的多，僧侣无知而又生活放纵；他们的贵族堕落腐败，既无权势又无声望。”

这个错误的想法使他忽视了一点：今天他可以征服他们，但对他们的征服也只限于今天。明天，西班牙人民在英国的支持下——这里是英国最大的基地——重新开始在自己的家园里抵御外敌。谁又能阻挡得了他们！皇帝当时就已经跟身边的亲信说过这一点。他对樊尚这位早年的战友说：

“这是我一生中最大的蠢事！你能给我出个主意，让我摆脱这个困境吗？”

“您应该放弃这个国家，陛下！”

“你说得倒轻巧！你想想我的处境。我是一个篡权者。为了达到今天的地位，我必须拥有欧洲最好的头脑和最利的宝剑。为了保住我所得到的一切，每个人都必须对此坚信不疑。我的头脑和我的利剑的威望决不允许有所削弱。在众目睽睽之下，我不能承认我的错误而撤出大军。你自己也能判断，我不可能做出这种事。请给我一个好的建议！”

他确信自己犯了个错误，却又说无法更正和弥补；向老战友坦诚失误并征求其意见，这是年轻气盛的波拿巴还是日益衰老的拿破仑？难道不正是他八天内就击溃了腓特烈大帝著名的军队吗？但是在西班牙，他耗时八个月，却毫无进展。在那些能够养活他的军队的国家，在有道路有城镇的国家，他总是能够打胜仗。但是没有道路的地方，沙漠，波兰的草原，或是安达卢西亚的山区,就与他的速度格格不入,他的数学天赋难以找到用武之地。

在这种形势下,他那个当国王的哥哥非但不支持他,反而不断制造困难。约瑟夫想当一个西班牙人,用仁慈去赢得民心。兄弟间发生了好几次争执,弄得不欢而散。他虽然贵为国王,却不得不逃跑,这件事已经让他觉得自己成为笑柄;现在他又只能躲在发动进攻的皇帝的羽翼下,愈发显得狼狈。这位强硬的皇帝因此有充分的理由向他的老朋友罗德雷抱怨:

> 约瑟夫想让西班牙人爱他,并让他们相信他对臣民的爱。国王的爱不应表现为温情,他应该让臣民敬畏……他写信给我,说要隐居到莫尔丰塔尼。在我无暇分身之际,他还要让我陷于困境……还说他宁愿终老山林,也不愿留在用非正义的流血换来的国土上……这是法国的敌人流的血!他如今是国王,是因为他想当国王;如果他愿意,当初他可以留在那不勒斯。阻拦我?我不需要家人……我的兄弟们不像我,不是法国人。但我是,只有我一个人是……荷兰国王也说什么要退隐。我们三人之中谁最合适去莫尔丰塔尼呢?是我。

为什么他不与约瑟夫决裂?他眼前这位苏尔特将军是法军驻西班牙总司令,而且也许是众多将领中最受拿破仑赏识的将军。为什么不给苏尔特一顶王冠,像他给缪拉那样?“约瑟夫写信给我说,如果我认为有谁比他强的话,完全可以让他来当国王。那是当然的!但是,我之所以让约瑟夫当国王,并非因为我对他有很高的评价。如果论功行赏来册封国王,那我确实可以选另外一个人!但我需要家人来巩固我的王朝,因为这是我的体制!”

如今在马德里,拿破仑发布了几道命令来重建秩序。此事并没有受到多大的欢迎,更别提有人喜爱了,反而受到英国的威胁和西班牙民众的痛恨。但是什么都阻止不了他。10月份他写信给在魏玛的妻子,信里提到沙皇跳了舞,而他没有跳,因为“四十岁就是四十岁”。他还经常自嘲,说自己越来越胖。可是在圣诞节的夜晚,他在暴风雪中前行,翻越瓜达拉玛山,仿佛他仍是当年在洛迪时的年轻将军。他击败了英军,但是因为道路泥泞而无法乘胜追击,正像他当年在弗里德兰无法追击俄军一样。看着敌军逃上军舰,他恨得咬牙切齿。他应该去追山里的另一支英军吗?这将使他的军队更加远离法国吗？当他在卡斯蒂利亚等候消息时，巴黎在说什么呢？

信使来到阿斯托加的军营。现在他可以知道国内发生了什么事情。在读其中一封信的时候，他突然怒火中烧，气得发抖。他一言不发，来来回回地走了一个小时。连他的亲信也不知道发生了什么事。然后他忽然下令参谋部全体回国，他自己把军队交给手下的将领，匆匆赶往瓦拉多利，从那里进入法国边境。

"腓力国王深不可测的目光确有其道理！"皇帝在回程的马车里思忖着，"我非但不应该在西班牙取缔审判异端的宗教裁判所，还应该在法国也建立这样的机制！在巴黎竟然有人搞阴谋活动，而且不是由敌人策动的！我之所以重用富歇和塔列朗这两人，是因为他们总是互相仇视、互相监视告发，但现在他们和解了，联手对付我！连缪拉也参与其中！"

这封促使他临时决定回国的警告信，是欧仁和莱蒂齐娅写来的。现在，年事已高的莱蒂齐娅不是在举行庆典时，而是在危险逼近时才活跃起来。她是科西嘉人，她要保护她的孩子们。塔列朗的阴谋进展如何，何时开始，他只能猜测。至于塔列朗曾建议奥地利驻法大使，乘皇帝无暇分身之际即刻进攻法国，这一点拿破仑就不知道了，因为没有相关的文件。即使有，他这样伟大的君主又怎会拘捕两个地位如此之高的大臣呢？不知不觉中，权力从他手中溜走，掌握在这两人的手里，现在他们反过来把他作为敌人来对付。在回国的两周旅途中，他对这两个由他一手扶植的人越来越感到愤怒。

一回到巴黎，皇帝就召开国务会议。与会的有许多参议员和所有的大臣，皇帝想让他们成为他上演的这出报复剧的观众。另外，两个主角也在场。拿破仑立刻向塔列朗发动攻击："你是个窃贼，是个藐视一切礼法的无耻之徒！你甚至连自己的亲生父亲也可以出卖！我对你恩宠有加，但你却背叛我！当初是你鼓动我进攻西班牙，如今也是你四处公开地指责我！当初也是你告诉我当甘公爵的下落，并唆使我对他采取严厉的刑罚！……我把被废除的西班牙王室成员交给你看管，你却跟他们狼狈为奸。今天，你认为整个西班牙事件是个错误。你真是厚颜无耻，竟然还说你一再告诫过我……你得把我交给你这位宫廷大臣的全部钥匙还给我……我可以把你像玻璃杯一样摔得粉碎，我有这个能力！但是你太让我鄙视了，我不屑于为你浪费精力！"

拿破仑足足骂了三十分钟。与会者听得目瞪口呆。塔列朗一言不发，鞠躬告退。“真遗憾啊,”他在外面碰到一个朋友时微笑着说,“这样一个大人物竟然如此没有教养!”而此时,皇帝又开始将矛头指向富歇,指责他没有引导公众舆论,反而支持皇帝的敌人。

举座皆惊。富歇也是深鞠一躬,但是没有告退,他留了下来。皇帝要求所有高层官员放弃言论自由,因为他们在此时仅仅是他思想的工具。他语带威胁地宣称,怀疑已是反叛的开端,持有异议则是不折不扣的反叛。皇帝的暴政就在此时日渐壮大。

与此同时,整个巴黎都相信,这两个背叛者将不是被放逐就是遭到监禁。但是两人都未被罢黜!富歇留任原职,因为他的位置无人能替。塔列朗嬉笑如常,继续出入宫廷,因为他担任的国家职位还保留着,被撤销的只是宫廷职务。他总是出现在星期日的宫廷招待会上,于是皇帝不得不经常见到他。当皇帝向他的邻座提问时,他总是抢着回答。总之,他以自己的行动证明了拉纳对他的评价:当人们同塔列朗交谈时,就算有人从背后踢他,在他的脸上也看不出任何异样的表情。过不多久,当庆典的灯光照亮杜伊勒里宫时,人们又见到他跛着脚,跟着他的主人从舞厅出来,然后一起走进书房,因为“他是我唯一可以交谈的人”。

有很多棘手的事情有待商榷。德意志已经觉醒,它在慢慢地有所行动,所有人都关注奥地利会对此作何反应。普鲁士国王像往常一样犹豫不决。一项来自马德里的命令把施泰因男爵驱逐出普鲁士。在蒂罗尔发生了与西班牙一样的兵变。奥地利重新与英国结成同盟,而且还与土耳其联合,进行第五次备战。因此,在奋力抵抗后,萨拉戈萨最终失守又有什么关系?西班牙的叛乱一日不平,法国大军就一日无法撤离。二十五万大军困在西班牙,又怎能对其他国家宣战呢?要不是出于这种形势,奥地利又怎敢重新拿起武器,与皇帝对抗呢?

只有俄国的威胁才能力挽狂澜!当俄国公使鲁缅采夫动身返回彼得堡时,皇帝赠予丰厚礼物,并许下很多诺言。为了讨好沙皇,拿破仑答应撤离普鲁士。他请沙皇向惴惴不安的中欧宣布:俄法两国将结成联盟。

但是,亚历山大却犹豫不决。维也纳、巴黎和柏林都向他作出了保证,但他本人软弱多疑,屈从于国内的诸位大公,他们都仇恨拿破仑。不过,他又下不了决心完全倒向他们。维也纳方面想为某位大公迎娶沙皇妹妹的努力也毫无收获。沙皇决定保持中立。

皇帝因为朋友的背信弃义而受到的打击，比人们想象的更为严重。他给了对方过多的信任，结果他的自尊受到伤害，他所作的努力都化为泡影。他走投无路，唯一的办法就是征募一支军队。第二年的预备兵役也提前征召，所需军饷需要用一切手段去筹措。因为西班牙事件，公债跌至原有面值的78%。奥地利方面则早就准备完毕，比他预计的早得多。4月，敌人已经开始进军的情报传来，手下在晚上十点将拿破仑从床上唤起。他下令，午夜时分即刻拔营出发。但全体人马在四个小时后才准备就绪，令他恼怒不已。

到达巴伐利亚时，他看出了奥地利军队进军中的错误，几乎无法相信自己的好运。一位在场的人这样描述道："他两眼放光，眼神和举止间都流露出兴奋，嚷道：'我逮住他们了！他们必败无疑！一个月后我就会攻占维也纳！'"他估计错了，实际上他只花了三个星期就再度进驻维也纳。他鼓励士兵们在四十个小时内行军一百多公里，并且在接连五场战役中击败敌军。后来，这五天被他称为他最出色的一次演习。在最后一天，仿佛是在驳斥他刀枪不入的神话，一颗子弹射中了他的脚，而且恰恰是阿喀琉斯的脚踵部位[16]。在此以前，他的士兵们都相信他在战场上不会死伤，连他本人也几乎相信这一点。

然后他继续前行，横穿德意志。他的马车外表并不起眼，但里面布置得很舒服，他可以在里面睡觉。白天他在马车里可以办公，处理政务，跟在杜伊勒里宫和军营里没什么区别。他第一个设计了在行进中减少摩擦的装置。虽然比不上我们现在的旅行速度，但是比前人快了很多。从德累斯顿到巴黎，他只花了五天的时间。在马车里，有许多上了锁的抽屉，里面放着报告、信函和备忘录；顶棚上挂着一盏灯，用以照亮整个车厢。在他前面还挂着一张路程表，上面列着他必须经过的地名，注明了在何处需要更换马匹。当信使到达的时候，贝尔蒂埃或其他军官必须写下最为紧急的命令，马车此时仍在不停地前行。之后，信使们就策马赶往四方。

车夫座上独自坐着的是卢斯塔姆，他的前面有两名车夫赶着六匹快马。马车的周围总是簇拥着一大群骑着马的侍从、信使和轻骑兵。人马众多，道路立刻变得狭窄。白天，尘土飞扬，热气弥漫；夜晚则烟雾迷蒙。农民们挤在道旁，目瞪口呆地望着大队人马急速而去。他们坚信伟大的拿破仑魔鬼附身。人们可从马车和随行人员的马蹄印看出他的去向。因为在行驶途中,他会扔很多纸团出来。他不仅把信封和废纸从车窗里扔出来,还把所有无用的报告小心地撕成碎片后扔出来。此外,那些他只在闲暇时浏览的报纸和书籍,也因为无处堆放而被抛入泥土之中。

无论他在何处停靠,侍从们总为他准备好热水浴。如果是夜里两点(皇帝总说是早上两点),他就会口授到四点,然后睡到七点起来。他下马车后,四名轻骑兵会呈正方形站在他周围。他白天用小型望远镜观察战场时,他们也随着他移动。如果他需要用大型望远镜,那么侍从们的身体会被他当作支架。无论他停留多久,或是在作战时,他的手边必须备有地图。在马车里、军营里或篝火旁,地图是必备的。如果随从们不能及时在地图上找出他正想研究的地方,就会遭到拿破仑的怒斥,即便是贵为纳夏泰尔亲王的贝尔蒂埃也不例外。终其一生,他的地图无论何时何地都伴随着他。地图上面插满了彩色大头针。夜幕降临的时候,地图周围摆着二三十支蜡烛,中间摆着一个指南针。这是他的圣坛,他在这里祈祷。这才是他这个无家的人真正的家。

现在他第二次未发一枪便占领了维也纳,住进了数年前住过的美泉宫的那个房间,但是战争并未结束。

因为此时在他统治下的广阔帝国里发生的一切,对他极为不利,却使敌人蠢蠢欲动。西班牙传来不利的消息,欧仁则在意大利北部作战失利。由于此时缪拉该从那不勒斯出兵,因此拿破仑对教皇不再客气,就像当年霍亨斯陶芬家族所做的那样。四年前,在同一张写字桌边,他曾下令废除那不勒斯王室。如今,他用同样的方法对付教皇。在不得不四处使用武力的情势下,他无法再顾及道德或政治后果。他发布这个危险的谕令,几乎只是为了将他在意大利的军队集合在一起。

当然也是出于恼怒。年初他在西班牙的时候,就曾对罗马表示不满:“去年,教皇给各国君主寄送了圣烛,但是竟然很无耻地没有给我们寄。写信告诉罗马,说我们不要什么圣烛,我家族里的那三个国王也不要。告诉教皇,我每年总是从我自己的神职人员那里得到圣烛。圣烛的价值,并不在于红衣紫袍,也不在于有什么权力象征。阴间也有神父,不比教皇差!我的神职人员所祝福过的圣烛与教皇赠送的一样神圣!我并不稀罕他的圣烛,我家族里的所有国王君主也都不准接受他的圣烛!”

他就这样像一个新教徒或革命者那样对付教皇。当时拿破仑正在西班牙泥泞的道路上战斗。现在,他在美泉宫剥夺了教皇的世俗权力,让他谪居于梵蒂冈,发给他每年200万的养老金。

皇帝随从中有许多人大为震惊,因为他们中有些人是虔诚的天主教徒,而且距离圣灵降临节只有五天了。他难道不是在向上帝挑战吗?那些虔诚得几近迷信的人,他们的预感很快得到了证实:五天后,也就是在圣灵降临节,拿破仑将会第一次吃败仗。

人们可以认为阿斯佩恩和埃斯林一战不分胜负,但绝不能说拿破仑打了胜仗。多瑙河上的大桥倒塌不过是个巧合,正如拿破仑当年在洛迪、利沃里、马伦哥以及其他战役一样,从上帝手中夺得胜利。在这次战斗中,他青年时代的一位战友拉纳元帅阵亡了。当他赶到垂死的元帅面前时,据说这位老战友的眼神和言语之中蕴含着对拿破仑的怨恨。当天晚上,他在饭菜前独自坐了很久,默默无语,不思饮食,也不想见任何人。

“被战胜了?可战胜的?”他沉思着,呆坐着。难道阿喀琉斯的脚踵真的被击中了?那个射手难道比塔列朗射得更准?不,是我自己的原因。让自己的大军暴露在敌军面前强行渡河,这太冒险了!拉纳说得对,他已经渡过一半了。巴黎在说些什么?怎么向巴黎通报此事?他心情烦躁地回到了美泉宫——敌人国土上一座庞大而空寂的宫殿。他的波兰情人!要是美丽的瓦莱夫斯卡在他身边该多好!她现在也独坐在一座波兰的宫殿里,思念着他。去年她想生个孩子的希望落空了。

他派人把她接来。

罗马传来了意想不到的消息。就在拿破仑发出谕令罢黜教皇之时,教皇以牙还牙,即刻下令将拿破仑逐出教门。皇帝会为此吃惊吗?他对此付之一笑。他嘲笑天主教的中世纪作风。他,作为一名军人,一个主宰自己命运的人,心中想道:

> 难道这是对我当年在巴黎圣母院加冕时,从他手中夺走王冠的报复?什么是神圣的?耶稣是否存在过,这是令人怀疑的。唯一能肯定的是,人们需要他。但是,在这文明的时代,只有无知妇孺才害怕诅咒。雾月十九日,以及在科西嘉,我不是曾被宣布不受法律保护吗?可是这

种闹剧却给我带来了好运！

这些想法使他精神振奋。他开始准备向马齐费尔德的敌军发动反攻。在瓦格兰姆，拿破仑再次获胜，就像他在过去的三十场战役中一样。虔诚的天主教徒卡尔大公，敌不过拿破仑这个被逐出教门的人。战斗进行了两天，一切都很顺利。这位总司令疲惫不堪，他让卢斯塔姆给他在战场就地铺下熊皮，在二十分钟后叫醒他。他一躺下就睡着了，二十分钟后醒来，又是精神奕奕。战争宣告结束，应该商谈停战协议了。第二天，他在写给妻子报捷的信中添了一句："太阳把我晒黑了。"他已彻底恢复，心情很开朗。

他回到了美泉宫，他的波兰情人已经在那里等候他了。过去，曾经有多少美丽的女子穿过这里秘密的小门和僻静的房间，在哈布斯堡皇室成员面前承欢侍宴！如今，这位来自地中海的冒险者，每晚派人把住在附近的伯爵夫人接入宫来，还关照仆从说，路不好走，小心翻车。两人第二次共同生活了三个月。在芬肯施泰因跟她暂时分手时，他曾向自己和她保证，他还会与她在一起，至于何时何地，就不是他所能决定的了。

几个星期后，她感觉自己怀孕了。这一次她会给他带来期盼了十二年的礼物吗？他只有一个儿子。从此，田园诗般的爱情有了新的内容。8月15日的午夜时分，他躺在她的怀里等待着自己四十岁生日的到来，想着次日清早，在法国全境和他统治的各国境内，都将鸣钟庆祝他的寿辰（这一天由教皇定为拿破仑日）——多么美妙啊，第一个祝贺他生日的是这个年方二十的美人。他会的意、法两种语言，她都说不好，但她的眼神比言语更能传情。也许此时他的思绪又回到了十年前，当时他从埃及回国，在海上听天由命，英国海军可以轻而易举地俘获他。如今的他已不可同日而语，但他并不感觉比以前更幸福，因为他是"事物的天性"的奴隶。

他跟两年前在芬肯施泰因的时候也有所不同了。他不再是世界帝国的缔造者，不再是东西方各国国王争相顶礼膜拜的君主了，他现在必须反攻为守，对他所获得的胜利也不敢作过高的估计。

在瓦格兰姆获胜之日，拿破仑获悉他的属下做了件蠢事。"我很生气，你竟然逮捕了教皇。这件事简直愚蠢之至！你们应该逮捕大主教，而让教皇在罗马过安稳日子。"虽然他曾讥讽过"逐出教门"的象征意义，因为那只是一句空话，虚无缥缈，法国的主教们完全可以将之驱散。但是作为政治家，他马上就感觉到逮捕和驱逐教皇的严重性。这个愚蠢的行为将陷他于不义，因为一个被流放的教皇要比一个流放别人的教皇更为强大。

此外还有来自西班牙的信件，说英国已经弥补损失，恢复了实力。在丛林中，看得见和看不见的西班牙人与英国联合，拿起武器保卫家园。与此同时，从巴黎传来消息说，富歇越权行事，到处召集国民自卫队，显然想在法国掀起害怕英国的恐慌情绪，煽动新兵的不满。

拿破仑处境困难而又危急，涉及面越广，困难和危险就越大！从罗马和巴黎写来的信件写于一周以前，而来自西班牙的则有十六天之久。在他从美泉宫发布新的命令送达巴利亚多利德时，整个局势可能会发生变化。如果他能把命令迅速发至前线的话，他完全可以在这个屋子里统治世界！现在他必须加紧谈判。在英国和匈牙利的鼓动下，奥地利故意拖延谈判的时间达几个星期之久。当胜利者要求奥地利割让三分之一的国土和九百万人口的时候，遭到了拒绝；现在他不得不另起炉灶。他以旧式外交所难以理解的坦率，在一次长谈中——这次拿破仑与维也纳的巴布纳伯爵谈了七小时之久——向对手说明了自己的困境：

"阿斯佩恩一战的失败，责任在我自己，我为此受到了惩罚，但士兵们的信心丝毫没有动摇。"接着，他概述了自己在战场上的战术："我也要告诉您贵军常犯的错误……你们在开战前一天制订作战计划，对对手的行动一无所知，也不知道该占领什么样的阵地。而我呢，在作战前我从不发布命令，在战斗前夜会分外小心……天刚亮我就派人侦察地形，只要心中还没谱，决不分散兵力……然后我冲向敌人，只要地形有利，就开展攻击。您认为我使用大炮造成大量伤亡，说得没错。但是我该怎么做？我的士兵异常疲惫，他们渴望和平。所以我必须尽量避免白刃战，而比以往更多地使用枪炮。"

之后他又谈到了盟国的情况："如今，我可以信赖沙皇，但谁能向我保证这种情况会维持下去？我早就知道普鲁士在你们和我之间摇摆不定。"说着说着，拿破仑突然同意割地要求的数量可以减半，取消了他的大臣当初提出的要求，并提议建立法奥同盟。他这么做实在是出于无奈，因为他必须返回巴黎，必须为谈判提出新的基础。奥地利割让部分土地给莱茵联邦，再割让部分土地给俄罗斯，通往巴尔干的通路听凭拿破仑使用。谈判又持续了好几周。尽管拿破仑有些焦躁不安，但只要看到他的波兰情人那双美丽的眼睛，心情便会得到缓解。

10月，他在美泉宫举行大规模阅兵仪式。一个年轻人挤了进来，因为举止异常而遭到拘捕。在他身上搜出了一柄厨房用刀和一个年轻女子的画像。在守卫室审讯时，他拒绝作出任何回答，说只有见到皇帝才肯作答。于是这名十八岁的金发青年立即被带去见皇帝。他神情严肃，一脸坦率，勇敢而又不失礼貌。他名叫弗里德里希·斯塔普斯，是个新教牧师的儿子。拿破仑用法语向他问话，拉普充当翻译。

“是的，我想刺杀您。”

“你真是疯了，年轻人，要不就是病了。”

“我既没有疯也没有病，我一切正常。”

“那你为什么要刺杀我？”

“因为您在毁灭我的祖国。”

“你的祖国？”

“我的，以及所有德意志人的祖国。”

“是谁派你来的？”

“没有人指使我。我的良心告诉我，杀了您可以为德意志、为欧洲作出贡献。”

“你以前见过我吗？”

“在埃尔富特。那时我认为，您不会再发动任何战争了。那时，我是您最忠实的崇拜者。”

皇帝召来了医生，希望医生说他是个精神病患者而替他开脱。医生替他检查并进行询问——这个年轻人一切正常。

“您看，我跟您说了，我一切正常！”

此时皇帝十分不安，一会儿恢复了常态，之后又是焦躁不安。他不忍心将这个坦率勇敢的年轻人处死。他的心里想的是什么？这里，他面对的不是一个党派成员，不是一个想摧毁一项原则的阴谋家，也不是一个理论家，只是一个理想主义者。德意志派出了几名手持厨刀的布鲁图。

“你过于偏激。你毁了你的家庭。你应该请求我的原谅，并承认自己悔不当初，那么我就饶你不死！”拿破仑从来没有这样说过话，至少没有对一个谋杀犯这样说过话。但这个年轻人不为所动。难道拿破仑失去了感染力？

“我不需要您的原谅！而且我一点也不后悔。我只是遗憾我没有成功。”

这时皇帝怒了：“见鬼了！难道犯罪对你而言根本不算一回事？”

“刺杀您并不是犯罪，而是一项功绩！”年轻人说道，仍然彬彬有礼，很有教养。

“这是谁的画像？”

“是我所爱的女孩。”

“她会赞成你的冒险行为吗？”

“她会遗憾我没有获得成功。因为她跟我一样仇恨您。”

“多么漂亮的女孩，”皇帝看着手中的画像，心中想道，“难道我真的要输给这个年轻人？不，我要挽救他，我要宽恕他。就算他仇恨我，又于我何损呢？”他再次望着斯塔普斯，手中握着他的那卷画像，说道：“如果我宽恕你的话，这个姑娘会高兴吗？”

年轻人睁大了他那双深蓝色的眼睛，坚定地回答道：

“就算这样，我总有一天还是要杀死您！”

皇帝转过身去，让人把年轻人押走。然后他跟在场的香巴尼谈了许久关于光明会[17]的事。突然，他毫无预兆地转换了话题：

“我们必须讲和。你马上回城，召见奥地利人。在主要问题上我们差不多已达成协议，只是战争赔款还是个麻烦。我们之间的出入有5 000万。把我们的赔款要求减半。你决定吧。我对最后那份草案比较满意。你补充一些你认为比较合适的条款。我很信任你，你负责讲和吧。”

这个年轻人给他的触动非常强烈。虽然谈不上惊骇，但说成警告却过于温和。他的心灵蒙上了一层阴影。在谈判进行了三个月后，皇帝让他的大臣负责讲和事宜，只是为了省下一天的时间！同时，他让人再次审讯斯塔普斯，但是这个狂热分子却仍不改口。第二天清晨六点，他的大臣带回了前夜谈妥的协议。皇帝将和约握在手中，很是满意，赞赏了他的大臣。

也是在这一天早晨，刺客被枪决。

军队开拔前，皇帝又谈起了这个话题：“这真是史无前例啊！一个年轻的德意志人,新教徒,受过良好的教育,却犯下如此的罪行!他临死前说了些什么?”回答是:他面对枪口喊道:“自由万岁!杀死暴君!”皇帝听后沉默不语。

然后,他下令把那把德意志厨刀带回巴黎。

22

约瑟芬皇后昏倒了 离婚 渴望与计算 在假面舞会上
选择哪位公主? 多产的哈布斯堡家族 写给未婚妻的情书
破除传统礼仪 夜晚的进攻 继承人“先救母亲”

约瑟芬皇后昏倒在地。拿破仑召来宫廷内侍长,令他把皇后抬回她的房间,自己秉烛走在前面。因为楼梯狭窄,皇帝把蜡烛交给一个侍从,与内侍长一起抬约瑟芬。他小心翼翼地把她安置在床上,情绪激动地离开了房间。他刚走开,约瑟芬就睁开了眼睛,原来哭闹、昏倒都是假装的。后来宫廷内侍长透露了此事,因为当时他抱皇后下楼时,她向他低语道:“抱得太紧了,我有点疼。”

不过,她的惊慌和痛苦倒是丝毫不假,因为她被要求离开杜伊勒里宫。十年来,她一直是这里的女主人。这天晚上,皇帝向她摊了牌。不能再这样下去了,所有人都巴不得他死,外有拿着厨刀的德意志人行刺,内有富歇与英国人勾结。他需要一个儿子,而且必须由一位皇室公主所生。从美泉宫回来后不久,他就跟约瑟芬摊牌了。也许这是一个理想的报复,因为他无法册封怀有他孩子的波兰情人为皇后。可以确定的是,现在他还不知道他的新娘会是谁。

很快,他的母亲、妹妹和兄弟们都面无表情,默默地围坐在桌边召开家庭会议,约瑟芬也在场。她可以察觉到这些见证人难以自禁的喜悦,他们今天终于得偿所愿:这个老女人不得不离开了。由于激动,皇帝的声音有些异样:皇后生子的希望破灭了,仅仅出于这个原因,他才不得不跟她离婚,因为“只有上帝知道,我走出这一步是多么艰难……但是为了法国的利益,一切都可以牺牲……十五年来,皇后使我的生活十分美好。她的后冠是我亲自替她戴上的。我决定让她保持皇后的身份和头衔,但最重要的是,我希望她能永远把我看作她最好的朋友”。约瑟芬很镇定，她让国务秘书代她宣读同意离婚的声明。

接着大家在离婚协议上签字。拿破仑的签名有力且容易辨认，比平时，包括公文上的签名清楚得多；他将最后一笔拖得很长，仿佛给整个名字加了下划线——他就这样颇具男子气概地解决了一件极为严肃的事。约瑟芬握笔的手有些颤抖，她在右侧紧靠拿破仑名字的地方签了字，似乎想再次寻求他的保护。皇太后写“M”的手[18]跟她儿子的“N”相似，最后一笔也与儿子如出一辙。

晚上，约瑟芬出乎意料地来到他的床前，面带泪痕，头发披散。第二天，她由皇帝亲自搀扶着，哀伤地离开了杜伊勒里宫，坐上马车前往马尔梅松宫。临行前，她向梅内瓦尔提了个愚蠢的请求：尽可能经常在皇帝面前提起她。

仿佛是为自己的婚姻举行葬礼，皇帝独自前往空着的特里亚农宫住了三天，什么也不做：不接见任何人，不做任何口授，既不阅读也不记录什么。一个由自己的力量推动的巨大轮子，十五年来第一次停止了转动。这件事情的非同寻常，就好比一位佛门高僧做了三天拿破仑平时的工作。世上恐怕没有哪个男人如此隆重地哀悼过死去或永无再见之日的爱人。不久，他去马尔梅松宫看望离异的妻子。回来后他写道：

“我觉得你今天的心情比我想象的还要糟糕，我的朋友……你不应该忧伤过度。请多注意自己的身体，我非常关心你的健康。如果你爱我，就请坚强起来。不要怀疑我对你的眷恋之情。也请你相信，如果你不幸福，我也不会幸福……回到杜伊勒里宫时，我心情惆怅。偌大的宫殿显得空荡荡的，我感到很寂寞……请好好地生活，亲爱的朋友，保证良好的睡眠，并请记住，这是我所希望看到的。”在共同生活了十五年后，这名四十岁的男子真情流露，心怀感激，只是从他的话中也可隐隐感觉到一个发号施令的意志。

之后是没完没了的账目：他将给她每年300万法郎，另外再替她支付红宝石首饰的费用，“这笔费用大概得40万法郎，不过事先我会找人估一下价，以免受那些珠宝商的骗……在马尔梅松宫的柜子里还有50到60万法郎，这笔钱归你了，你可以用来添置银器和衣物。我为你定制了一套精美的瓷制餐具，不过他们会来听取你的吩咐，以便做得更精美……今天早晨看到一个侍从,他说你又哭了。我会独自一人用餐……难道你去了马尔梅松宫后,真的失去了所有生活的勇气了吗？那里可是我们幸福和情感的见证,这份情感永远不会改变,也永远不许改变,至少对我来说是如此……我很想来看你,但我首先必须知道你是否坚强。我自己也有些脆弱,而且很痛苦。请你好好地生活,约瑟芬,晚安”。

他的语调重归感伤。在米兰担任统帅期间,他曾给留在巴黎对他不忠的妻子写过很多充满激情的信。现在他的感伤给人的印象,仿佛当年的澎湃激情转变为哀伤的小调,仿佛当年那首乐曲由管弦乐团的合奏变成了大提琴的独奏,回荡在冷寂的杜伊勒里宫。

不久以后,大宰相举办了一次假面舞会,宾客中有曾经担任过奥地利驻法大使的梅特涅的夫人。一个穿连帽化妆斗篷的人抓住她的胳膊,将她拉到一边。大家都知道他是谁。虽然没有人能完全了解不戴面具的拿破仑,但戴了面具的拿破仑却一眼就能被认出,这真是这个天才的悲喜剧。在说了几句玩笑话后,他问她,奥地利公主是否会接受他的求婚。

“这我不知道,陛下。”

“如果您是奥地利公主的话,您会接受我的求婚吗？”

“我肯定会拒绝！”这位来自维也纳的夫人笑着说。

“您可真不友好。请您写信给您的先生,问问他对此事的看法。”

“您最好向施瓦岑贝格亲王提出此事,陛下,他现在是驻法大使。”

就这样,拿破仑回到了大革命时期直截了当的作风,开始了他离婚后的求婚。这天晚上,他委派欧仁于第二天早晨去拜谒奥地利大使。哈布斯堡家族里没有人能理解这种快速简单的作风,虽然皇帝认为这很自然。沙皇一直没有回音,而在四次战争中都被击败的维也纳,最终必须予以安抚。还有什么比这个解决方法更直截了当的呢？如果不立刻尽最大的努力去实现无法实现的事,那又何必离婚呢？如果迟迟不再婚,他对孩子的渴求将很快成为笑柄。

他的科西嘉家族观念又一次作祟。这个很少召开军事会议的人,却在离婚前和再婚前举行了家庭会议。他们像六个星期前一样围坐在桌边,所有的皇亲国戚和达官贵人都来了。据一个与会者的回忆,在场的人都有些窘迫。皇帝宣布他想要个继承人,然后提出了问题：

如果可以按照个人意愿行事的话，我会在荣誉军团成员的家族中，在法国英雄的女儿中选择我的新娘，让最值得尊敬的人成为皇后。但是，每个人都必须适应所处时代的风气，与其他国家的习俗相协调，以配合政治上的考量。有些国王想与我结盟，而且我并不认为有哪个欧洲王室会拒绝我的求婚。现在有三个王室可供考虑：奥地利、俄国、萨克森。我想听听你们的看法。

这样，正统主义的想法又占据了这个独裁者的头脑。这个正统主义的想法是一块礁石，他会在上面撞得粉身碎骨。为什么不能选择他所爱的瓦莱夫斯卡伯爵夫人呢？如果非得是一个法国人的话，为什么不选择某个被他册封为亲王的英雄的女儿呢？是他彻底摧毁了旧世界，亲自把两顶皇冠戴在自己头上。他常常让世袭君主在前厅等候，他曾废除过一个世袭国王，让一个旅店老板的儿子坐上王位。他所做的这一切，难道只是为了今天这样，离开自己心爱的、熟悉的女人，为了拥有继承人而去"适应所处时代的风气"，去适应他这个半神半人以前所打破的习俗吗？

但是在这个冷漠的帝王厅室里，不会出现这样的言论。所有的人都受了他的影响，反对他娶法国女子。欧仁和塔列朗赞成娶奥地利公主，缪拉却提醒说，路易十六的王后玛丽·安托瓦内特也是奥地利公主出身，她可给法国带来了不幸。有几个人赞成娶俄国或是萨克森的公主。皇帝听取了众人不同的意见，然后宣布会议结束。紧接着，他按自己此前已经作出的决定开始行动，当晚就给维也纳送去信息。参加家庭会议的人中只有一位大臣看得最清楚，他急切地表示应该与俄国联姻，至于理由他却只敢私底下说："不出两年，我们势必会跟此次没有联姻的两个国家开战，而奥地利是这三个国家中最好对付的！"

皇帝派人通知彼得堡，俄国让他等得太久了，而且在杜伊勒里宫安置东正教神父也不方便。最后他还听说"安娜公主年方十五，尚未发育成熟。女性从青春期到完全成熟尚需两年时间。这有悖于皇帝再婚的目的。他无法等三年后再生育"。借着妇科学的理由，皇帝结束了当年始于埃尔富特向俄国求婚的篇章。

哈布斯堡家族子孙众多，因此不必担心生育问题。当他获知这位被选中的新娘的母亲生育了十三个子女，还有祖辈分别生育过十七个甚至二十六个孩子时，他不禁喊道：“这就是我要娶的人啊！”弗兰茨皇帝无疑会接受他的求婚，他那十八岁的女儿也会顺从。在梅内瓦尔的协助下，他亲笔写了第一封信，有些地方字迹难以辨认：

“亲爱的表妹，你才华非凡而又天生丽质，让我对你如此倾慕，愿终生为你效劳，与你同享荣华富贵。因而我致函你的父皇陛下，请他将你许配于我。但愿我这诚挚的爱慕之情能为你所接受。希望你对终身大事的决定，并不只是因为父母之命……只要你对我有一丝好感，我会竭尽全力培养这一感情，想方设法让你心情愉悦，希望终有一天能得殿下的垂青……”

有哪个天才写过这样幼稚可笑的信？其实他很清楚，她接受求婚只可能是出于父母之命，对他这个魔鬼她根本不可能有什么好感。在她小的时候，他就掠夺了她父亲一个又一个的省份，以至于她一听到他的名字就在胸前画十字。但他知道，他还有其他更为重要的事去做，犯不着去讨好这个女孩。除了有幸生于哈布斯堡家族以外，她一无可取之处；既不漂亮，也不聪明；既不勇敢，也不热情——但是矛盾的处境迫使这个从不求人的拿破仑写了这样一封信！

他的朋友贝尔蒂埃将代表他去维也纳参加婚礼。拿破仑以苏丹式的奢侈，委托他给新娘带去爱情的信物：镶在钻石里的拿破仑画像和价值150万法郎的珠宝。在霍夫堡举行的婚礼上，代表拿破仑的是新娘的叔叔卡尔大公，他曾在十二次战役中被拿破仑击败。

皇帝本人则抛开国事，越来越关心婚礼筹备事宜，精心挑选家具和材料。他给玛丽·路易丝的聘礼价值500万，而她自己的嫁妆不过50万。他仔细研究了当年玛丽·安托瓦内特嫁到法国时的行程路线，以免失礼而被哈布斯堡家族的人嘲笑。他让裁缝为他缝制时尚的礼服，向鞋匠定制带扣的鞋。他还外出打猎、骑马，好让自己瘦下去。他甚至开始重新学习跳舞。

在去巴黎的路上，玛丽·路易丝收到一封难以辨认的信，她所能看懂的只是信末的签名“N”。每天都会有鲜花送至。明天，在贡比涅，她将跟那个可怕的人见面，他会携家人在那里迎候。

然而，拿破仑忽然觉得青春涌动，革命者的坚定意志打破了古老礼节的樊篱。他将新制的礼服脱在一旁，换上旧军服，叫上缪拉，跳上一辆没有纹章的双马四轮马车，迎向新娘的队列。途中他们遇上了倾盆大雨，接着换上马匹继续前行。他本想给新娘一个意外的惊喜，结果被马车夫认了出来，喊了一声："陛下驾到！"他上了她的马车，坐在她身边，屏退婢女，吻了一下新娘，然后大笑，因为他全身都湿透了。尴尬中她说了句恭维之辞："陛下，您本人跟画像中一样漂亮！"

奥地利公主玛丽·路易丝（1791—1847）

"她并不漂亮。"他心中想道，"她脸上有雀斑，嘴唇有点厚，眼睛呈水蓝色，胸部在这个年龄算是丰满的了。但不管怎样，她有着青春的活力。"

当晚，宫廷司仪们准备了几个星期的欢迎典礼全被打乱了。大家看到皇室家族并不拘泥于礼节，任意走动；献花的女孩子不得不缩短她们的祝词，因为每个人身上都湿透了，冷得发抖。晚餐是临时准备的，卡洛丽娜陪同这对新人一起用餐。凌晨一点，所有人都上床休息了，皇帝却把他那个当红衣主教的舅父拉到一旁，问了一个不易回答的问题：维也纳的婚礼后，玛丽·路易丝是否已是他的妻子。"是的，陛下，根据民法，她已经是您的妻子。"这位神父回答道。他已预料到将会发生什么。

第二天早上，皇帝让人把两人的早餐送到皇后的床边。一小时后，所有人都知道了这件事。

拿破仑以这个夜间发动的突袭，如在战场上一样征服了正统主义的世界。他攻下了哈布斯堡的堡垒，这与一个征服者的身份相称。

第二天，他以尖刻的双关语写信给岳父，后者对刚刚发生的一切一无所知："她满足了我全部的希望。我们不断地互诉倾慕之情，我们情投意合……请允许我感谢您赐予我这可爱的礼物。"直到他们隆重地进入巴黎之后，皇帝的舅父才为他们主持正式婚礼。拿破仑过去与约瑟芬的正式婚礼晚了八年才补办，而这次才延误了两个星期。

皇帝觉得他的新娘很迷人。“你们应该娶日耳曼女子，”他对自己的亲信们说，“她们温柔、善良，像玫瑰般娇艳。”她与家人相处融洽，这令他很高兴，“家庭和睦”对他而言是件新鲜事，他经常跑到她的梳妆台前，爱抚地摸着她的脸颊，亲昵地称她为“我的小东西”。

几个星期后从波兰传来消息：在美泉宫怀上的孩子已经出生了，是个男孩。拿破仑心中升腾起一种不可名状的感觉：他的妻子也来自这座宫殿（在那里，他在主人不在时住过几个月），可是她尚未有怀孕的迹象。他动摇了，命人把他的波兰情人接到巴黎。没过多久，玛丽·路易丝也怀孕了。“皇帝的喜悦之情难以形容。”梅特涅向维也纳方面汇报说。在皇后怀孕初期，这个消息便正式向参议院和全国宣布，大家都要为这个未来的皇位继承人祈祷，并决定举行隆重的庆典。

美丽的瓦莱夫斯卡到达巴黎之后，他给了她想要的一切，看望并抱了他的儿子，封他为帝国伯爵，并让宰相做他的监护人。但是除此之外，这对恋人之间就没有更多的往来了。拿破仑成了一个安分守己的丈夫。

在各个方面，拿破仑的事业似乎都超越常规，超越传统。与他有感情纠葛的女子之间也产生了新的关系。以前，约瑟芬恨不得挖掉波兰伯爵夫人的眼睛，如今却邀请她去马尔梅松宫。瓦莱夫斯卡把拿破仑的儿子带给约瑟芬看。约瑟芬正是因为未能替拿破仑生子，才沦落到离婚的境地。两人站在阳台上，一个已人老珠黄，出生在西印度群岛，曾度过铁窗岁月，后来又贵为法国皇后；另一个则青春貌美，出生于没落的波兰贵族家庭，被迫嫁给一个年迈的富翁为妻，因为拿破仑在一次舞会上的偶然一瞥，从此有了另一番境遇。她们中间是一个男人的儿子，这个男人先后爱过她们，最后又抛弃了她们。为了使自己名垂青史，他娶了哈布斯堡皇室的一个蠢丫头。其实，他早已使自己千古不朽了。

到了皇后临产的时候，他面临着艰难的抉择。巴黎，乃至整个法国都知道，这位少妇即将分娩。所有人都等待着皇太子的降生：他的敌人在他的孩子尚未出生前就害怕起来，习惯于忠君的普通老百姓则在此刻都祈祷母子平安。拿破仑整宿守在妻子的床边。在他刚离开的片刻时间里，医生带来了一个坏消息：胎儿的胎位不正，母子俩都有生命危险！

他计划中的整个皇朝大厦似乎摇摇欲坠。当医生问起是保大人还是保孩子时，这个具有钢铁意志的人该如何回答？他会说先保孩子吗？除了他以外，还有无数的人在等婴儿呱呱落地！玛丽·路易丝又算什么！她的使命就是为他生一个健康的男孩。他能有别的选择吗？

"你们就当是在为一个普通女人接生吧。先保母亲！"

两个小时后，婴儿诞生了，母亲也平安无事。全巴黎的人都一心一意地数着礼炮声。19，20，21——如果炮声到此停住，那就是位公主，但当第22声炮响传出时，巴黎全城欢庆[19]。人们围着波旁王朝的旧王宫狂热欢呼，这个昔日的炮兵少尉则站在窗边，机械地根据炮声的高低来判断大炮的口径。他俯身看着外面的人群，回首往事，更想到遥远的未来。

他的贴身侍从看到，他那冷峻、灰蓝的眼睛里噙着泪水。

译注：

① 关于本章及第四章标题的含义，可参考本章第17节中间的一段话："如今，山中湍急的溪流早已扩展为大江，装满世界各地宝藏的大船在江面上行驶。大江涌向海洋，即将与世界上所有的水汇合……"

② 皮特（William Pitt，1759—1806）：英国历史上著名的首相（1783—1801；1804—1806），反法联盟的核心人物。得知拿破仑在奥斯特利茨获胜的消息后突发中风，于两个月后去世。

③ 福克斯（Charles James Fox，1749—1806）：英国政治家，曾任国务大臣、外交大臣等职。对法国大革命持同情态度。

④ 奥古斯都（Augustus，公元前63—公元14）：古罗马帝国第一代皇帝。原名屋大维，系恺撒的义子和继承人。恺撒遇刺身亡后，屋大维通过战争逐步打垮安东尼等对手，并将埃及并入罗马版图。公元前27年获罗马元老院授予的"奥古斯都"称号。其在位期间（公元前27—公元14）为罗马帝国的和平与黄金时期。

⑤ 按照西方习俗，拿破仑·波拿巴称帝后只使用教名"拿破仑"，不再使用原来的姓氏"波拿巴"。

⑥ 在法、德等语言中，地位差距较大的人之间彼此往往用尊称，拿破仑执政后与兄弟姐妹及下属之间即用尊称相称。考虑到汉语的习惯，我们在翻译时大多将拿破仑对兄弟姐妹和下

属的称呼译为“你”而不是“您”。

⑦ 查理曼大帝（约747—814）：德语为Karl der Größe，法兰克王国国王（768—814）和查理帝国皇帝（800—814）。统治期间对外进行了五十多次战争，使法兰克王国成为控制西欧大部分地区的大帝国。公元800年圣诞节被罗马教皇加冕为“罗马人的皇帝”，史称查理大帝或查理曼大帝。

⑧ 加洛林王朝：8世纪中叶至10世纪统治法兰克王国的封建王朝。因其家族惯用名字加洛尔（拉丁文为Carolus，即查理）而得名。公元751年，矮子丕平在罗马教皇支持下废墨洛温王朝末王自立，建立加洛林王朝。其子查理经连年征战，控制了西欧大部分地区，并于800年加冕称帝，史称查理曼大帝或查理大帝。参看注释⑦和⑩。

⑨ 按惯例该用“拿破仑，法国人的皇帝”。参见注释⑤。

⑩ 查理曼帝国限于西欧，而亚历山大大帝创建的则是一个横跨欧亚非三洲的庞大帝国。

⑪ 欧洲中世纪炼金术士曾试图制造霍蒙库鲁斯（Homunkulus），即人造小人。歌德《浮士德》中的瓦格纳在玻璃瓶中造出了霍蒙库鲁斯。

⑫ 莱昂（Léon）系拿破仑（法语为Napoléon）这一名字的后半部分。

⑬ 米勒（Johannes von Müller，1752—1809）：瑞士历史学家，曾担任普鲁士的撰史家，著有《瑞士联邦史》，被同时代人称为“德意志的修昔底德”。

⑭ 维兰德（Christoph Martin Wieland，1733—1813）：德国作家，1772年起在魏玛宫廷任卡尔·奥古斯特公爵的教师。

⑮ 第欧根尼（Diogenes）：古希腊犬儒学派哲学（主张禁欲主义的自我满足，放弃舒适环境）的代表人物。

⑯ 据希腊神话，阿喀琉斯（一译阿基里斯）出生后，其母握着他的脚踵将他的身体在冥河水中浸过，因此除未浸到水的脚踵外，他全身刀枪不入。后被阿波罗用箭射中脚踵而死。

⑰ 光明会：原文为erleuchtete Menschen（英译为Illuminates），应该就是Illuminatenorden，1776年由威斯豪普特（A. Weishaupt）在巴伐利亚成立的秘密组织，其宗旨是通过启蒙原则促进世界公民思想，反对君主制。歌德曾是光明会的成员。1785年起，光明会受到迫害并解散。1896年重新成立。1925年在柏林组成“世界光明联合会”（Weltbund der Illuminaten）。拿破仑怀疑刺客为光明会成员。

⑱ 莱蒂齐娅的全名为Maria Laetitia Ramolino-Bonaparte，故其签名中有字母M。

⑲ 拿破仑沿用王朝旧制：公主出生鸣礼炮21响，王子出生鸣礼炮101响，教堂亦按此数敲钟。

第四章　海

必须再一次消灭此人！……然则世间万事自有其规律，蚁多咬死象，在接二连三的灾祸打击下，最终连拿破仑也倒下了。

——歌德

1

幻想与数字　贸易战　西班牙困境　逃亡的国王们　家族阴谋　贝尔纳多特的胜利　子嗣的诅咒　幼子　第二位妻子　教皇　君命天授

在拿破仑的灵魂深处，数字与幻想、理智与梦想之间的斗争由来已久，而这斗争最终促使他作出抉择；这场内心冲突同时也决定了世界霸权的归属。

因为，恰好在此时，他的人生道路已达巅峰，他与欧洲最著名的哈布斯堡家族联姻，为此他背弃了与他相伴十余年的皇后，不过他也得到了一个合法的继承人，他那传奇般的皇朝也因此得以巩固，他成功地粉碎了各种阴谋，控制了所有的党派。如果说十一年前的马伦哥大捷确保了法国内部建设所需要的稳定的话，那么如今的他与那时一样，人生道路第一次变得如此自由顺畅。尽管英国还未被征服，但是俄国显得还很友好；尽管西班牙似乎尚未束手就擒，但是从意大利的里乔到挪威的哈默费斯特，欧洲的大部都已经与法国结盟，也就是说，它们都受制于法兰西。他可以无比从容地作出重大抉择，这也是拿破仑人生的最后一次。

假如他只是一个善于用数字理性计算的人，那么查理曼大帝留下的这片帝国就已足够他殚精竭虑的了；假如他仅仅只是一个幻想家，那么他将会像亚历山大大帝那样再一次去征服恒河，而英国将只是他攻占印度的现实借口。然而，他却集两种特点于一身，于是便产生了自我否定的危险。因为恰恰就是作为一个理性计算的人，他却忽略了一个高度现实，但又无法用数据精确演示的因素：西班牙与德国那些平民百姓的民族情绪。而这根本就不在这位终日思考着军团大炮的统帅的考虑范围之内，但正是这种情绪向他的想象力发出了挑战。

于是，在这具有决定意义的几年中，即在他有了子嗣之后，同时也在他再次作出战争的决定之前，他的心思总在这两种基本力量之间游移不定。而所有的一切都取决于行动时究竟哪一种心绪占了上风。幻想能否警示他愤怒的民族那里所潜藏的危险，而他精于计算的头脑能否告诫他远处潜伏的危机？一旦他在两种力量的作用下作出了错误的决定，那么后果将会怎样？那将意味着毁灭。

他感觉自己已经成熟。在那两种基本力量之上，有一个第三种力量，即一种宿命的意识正在他的内心滋长。而一些他从前并不知道，或是鲜有表达的话语，如今已经清晰明确："我觉得自己正在被推向一个我并不知晓的目标。然而，一旦我达到了那个目标，一旦那逼迫着我的使命完结，那么到时候一粒微小的原子就足以将我击倒。不过在那之前，没有什么人间的力量能够打败我。终结的日子已经为期不远了。"

日子的确已经屈指可数。从这几句谶语中我们似乎已经可以听出一种即将颠覆的预感，尽管那通向终结的路途依然笼罩在迷雾之中。现在的他正处在通向悲剧的道路上，其内心澄明的智慧之光已然晦暗不清。他甚至将远征俄国称为"第五幕"[①]，尽管他似乎并没有意识到这个词的言外之意。年轻时的语调又在新的和弦中响起。三十岁的拿破仑在尼罗河畔说："我已经到了万事的尽头。"而如今，四十三岁的他在参议院里宣称："所有这一切都将与我共存亡。我死之后，我的儿子对着40000法郎的年金或许就会心满意足。"

与此同时，他的激情却与日俱增！自从他认为由于自己天才的加速释放而耗尽了一切以来，自从埃及战争以来，他一直都受到宗教般信念的鼓舞，认为自己命中注定将成为第二个亚历山大大帝。而此时此刻，他第一次拥有足够的力量去实现它——难道要让数字去摧毁自己的梦想吗？对于统治世界而言，那些数字并不比梦想更有力。当宰相向他祝贺新年时，他似乎突然之间青春焕发，说道："为了能让您在今后的三十年里重复这一祝贺，我必须得更明智些才行。"

拿破仑从来都不会明智，但是他一直都很聪明。他发现商业战争对法国不利，于是便打破自己制定的禁令，颁发了许可证，允许从英国进口某些原料和染料；这一来是因为它们对法国来说不可或缺，二来是因为某些物品也是巴黎所需要的奢侈品。但是很快，这些许可证在所有国家成了像纸一样的大路货，以至于最后北海与波罗的海走私者开始进口殖民地产品并大发横财，而这些产品正是皇帝禁止其主要敌人经营销售的。什么？他这个最精明的欧洲人会被那帮走私贩子骗了？他宁愿马上就杜绝这种生意。于是，他命令手下向所有输入欧洲大陆的殖民地商品征收50%的关税，并将其收归国库。同时，他到处下令焚烧英国的棉纺织品，这也就给了成千上万的人非法牟取暴利的机会，所以尽管严刑在前，人们依然跃跃欲试。与西班牙人的游击战一样，从事贸易的人们就这样与皇帝展开周旋。

这同时也是场谕令之战。因为巴黎禁止买卖英国产品，所以伦敦便要求所有在封锁港口靠岸的中立国船只交纳高额许可税。巴黎则采取反报复措施，再次宣布将截击所有不顾禁令在伦敦或马耳他靠岸的中立国船只。但伦敦却让它的商船悬挂其他国家的旗帜在欧洲大陆靠港，于是巴黎就开始对地中海的所有中立商船进行彻底排查。美国禁止它的公民与欧洲大陆有任何贸易往来，甚至是私人交往。而法国皇帝却承诺，只要美国商人不再去英国港口，那么他们将获得各种类型的许可证：这就是扼杀海上贸易所造成的荒唐局面，而拿破仑竟想通过这些手段来控制海洋的自由。

拿破仑的希望上升了。英镑贬值，1英镑只能兑换17法郎，英国的银行业陷入危机；议会中的在野党反对继续进行战争。然而，拿破仑新的和平建议遭到了拒绝。西班牙局势的混乱，既是英国态度强硬的原因，也是其结果。

一直还有二十五万法国及其属国的部队驻扎在西班牙。人数上的优势却无法让他们将威灵顿统帅的三万英国人驱逐出去，这是因为在军官或僧侣领导下，到处潜藏的游击队不断向法国入侵者射击。皇帝和教皇之间的龃龉加强了僧侣们的影响。比利牛斯山脉北麓的法国儿童们被教育说，宝座之上的拿破仑乃是上帝的代表，而南麓的西班牙儿童却被告知，法国皇帝是魔鬼的化身，而每杀死一个法国人都会让上帝感到高兴。

在这样一个狂热的国度里，几乎没有什么正规军与法军对抗。拿破仑的将领们都有些不知所措，他们内部还互相倾轧。拿破仑将马塞纳派往葡萄牙，同时又收回了约瑟夫国王的四个行省。当约瑟夫亲自赶到巴黎，要求皇帝收回成命时，皇帝却宣称，他的兄长是自愿放弃这四个行省的。他将每个省分别交由一位将军管理，另外又派了一位元帅作为最高统帅统辖四省。他之所以这样坚决地推行古罗马的军事统治制度，是因为他对家族皇室，尤其是他的兄弟们的统治颇感失望。激烈的战斗，再加上饥馑与疾病，马塞纳被迫撤军。愤怒的皇帝将他召回。

拿破仑最终认识到自己的用武之地了吗？元帅们、军官们，特别是士兵们都在热切地企盼着他的到来。他很清楚这一点，但却没有采取行动。他是害怕被那个疯狂的民族暗杀？还是怕像那次他驻扎在阿斯托尔加时那样，国内会出现什么阴谋？在他正要着眼于整个帝国的时候，难道他要再次被这个南部的小角落拖住后腿吗？对他来说，西班牙根本不算什么！他最终选择了自己早年的老战友马尔蒙，派他去结束这一切。

他的弟弟，另一个国王路易也无咎退位。此前，拿破仑先是收回了莱茵河左岸的全部荷兰领土，并且要求在剩余的王国领土上取消对法国的关税。更糟的是，严格限制荷兰人对英贸易的举措大大激怒了这个以经商和航海著称的民族。他曾经希望，他的兄弟们能在他们所统治的王国里控制和打击这种民族情绪，但他大大低估了民众感情的力量，以及那两位被迫戴上王冠的国王的荣誉感。而上述两种因素其实原本可以通过派遣军事总督的办法解决，毕竟军人不必像国王那样因为担心王位今后的传承问题而有所顾忌。

路易再也无法忍受皇帝的压制，他让位给了次子，自己则连夜逃出王国，下落不明。拿破仑的密探找遍了整个欧洲，终于在奥地利发现了他。拿破仑尽管十分恼火，但到了这个地步，他也不得不承认自己应该比弟弟负更多的责任。因此，他并不准备给弟弟什么惩罚，还给他派去了自己的御医，因为那位忧郁的国王是以生病为借口让位的。拿破仑又写信告诉母亲，已经找到了路易，让她不要担心。但在信里他也写道："他的行为只有用疾病来解释才合情合理。您亲爱的儿子拿破仑。"

在这位欧洲的独裁者所寄出的无数信函中，上面这封信的措辞颇为与众不同。因为他习惯于在书信中表达自己强烈的意志，这常常会吓得收信人浑身发抖。此时，那位逃亡的国王终于松了一口气，他在格拉茨隐姓埋名，开始了平静的文学创作。他写了一部三卷本小说，题为《玛丽或爱情之烦恼》，里面描写了他那曾被皇帝横加干涉的爱情故事。约瑟夫也想步他的后尘，当他试图返回自己的宫殿隐居起来，而不想再做皇帝手中的傀儡国王时，他终于见识了皇帝的铁腕。拿破仑认为，与其让这位倾向民主的兄长在巴黎为所欲为，还不如让他做名义上的国王来得更安全。于是约瑟夫不得不重新过问战事，但他对此根本一窍不通，这又让皇帝更为恼火。

与此同时，家族中最轻狂的成员热罗姆和波丽娜正耽溺于风流韵事；缪拉和卡洛丽娜则心怀叵测，成天耍阴谋；至于爱丽莎，她阅兵狩猎的事情更是频频见诸报端。对于她的所作所为，皇帝尚可容忍，但对她好出风头的个性却深恶痛绝。皇帝在信中告诫她："托斯卡纳的女大公在做什么，欧洲根本没有人关心。"

此时，他还没有认识到家族里最危险的人对他的威胁。由于原瑞典国王和英国修好，所以拿破仑便迫使他把王位让给了他的一位叔父，并让其对英国宣战。这位忠心耿耿的新国王已经上了年纪，而且没有后代。他认为，再没有比选择皇帝的亲戚作为王位继承人更能取悦皇帝的了：约瑟夫的连襟贝尔纳多特，曾在瑞典属地波美拉尼亚进行的战争中善待瑞典战俘，于是在富歇的阴谋帮助下，他突然出人意料地被选为瑞典王储。皇帝觉得很难拒绝让一位法国将军去做外国王位继承人的建议。所以尽管这个人曾在雾月政变中险些将拿破仑推翻，现在又成为拿破仑过去恋人的丈夫，拿破仑却无法去反对他。"是个好军人，"皇帝粗声粗气地说道，"但缺乏统治才干。一个老雅各宾党人，和其他雅各宾派一样古怪，这种人恰恰是无法长久保持王位的……但我却不能去干涉，不为别的，仅仅为了对付英国，能把一位法国的将军捧上古斯塔夫王朝的宝座，那也是再好不过的事了……能甩开他，我很高兴。”

他真的如此放心吗？过去，他可总是把那些居心叵测的人放在巴黎，放在自己的眼皮底下的呀！

贝尔纳多特胜利了！不久之后，他终于也将戴上一顶王冠，而且根本无须为此去感谢他所痛恨的波拿巴！于是，他用一种酸溜溜的得意口吻写信给他昔日的统帅，表示身为瑞典的王储他可以提供士兵和武器，但却要皇帝为此付钱。皇帝微微一笑，他知道这字里行间潜藏的意思，却根本不作答复，只是让人写信告诉贝尔纳多特，他从来不和国王的继承人通信。皇帝的这位宿敌永远都不会忘记这番奚落。不出两年，贝尔纳多特将会为此，也为过去的一切进行报复！

拿破仑目睹自己辛苦构建的帝国大厦正到处蹿起火苗，内心非常苦涩。而这正是他对家族观念的偏执所引起的。他在亲信面前也并不隐瞒自己对亲属和贵族们的失望：“我原本就不该册封缪拉和我的兄弟们为国王。不过人总是不经一事不长一智！……也不应该把财产发还给逃亡贵族，而应该收归国有，然后给所有这些人只发放一点退休金就够了。我不喜欢那群旧制度的遗老们，他们轻浮的态度和我严肃的个性格格不入。我自己从未碰过别人的财产，只取了一些无主的产业。我应该只任命省长和总督。还有我的元帅们，他们中也有一些人竟然在梦想着什么伟大和独立。”

如今，他才终于认识到做皇帝的危险了！他所有的麻烦都在于他要保住自己的皇朝——这也就意味着，拿破仑的叛逆精神和天才思想（正是两者的结合造就了拿破仑的成功）从此要步入一条正统主义的中庸之路。他的烦恼同时也因为他的意志偶尔会变得软弱；在他坚强有力的时刻，他深信伟业和英明将永垂不朽，认为根本无须依靠血缘延续来达到流芳百世。啊，他的那些兄弟、妹夫和元帅们，那些借助于他的光环而炫耀腾达的人们，在不久之后将会造成怎样的恶果！就在他的光芒黯淡下去之时，他们却不自量力，妄图用他们从拿破仑那里反射过来的余光残辉去照耀欧洲！

将自己的好运传给儿子，这是拿破仑内心深处最大的幻想。儿子诞生后，他举行了盛大的招待会，所有的名流贵宾纷纷前来祝贺。前来觐见的人中也包括奥地利驻法大使施瓦岑贝格夫妇。施瓦岑贝格曾为法奥联姻出力不少。为了表达自己的感激之情，皇帝从上衣口袋里拿出一枚圣甲虫胸针递给施瓦岑贝格夫人，并表示："我是在古埃及法老王墓中发现这枚胸针的。我一直把它当作护身符带在身边。请您接受它：我已经不再需要它了。"

从一个迷信的天纵奇才嘴里竟然冒出如此可怕的言语，平常的拿破仑根本不会表现出如此足以亵渎神灵的傲慢。他认为儿子的出生令他万事大吉，从此免于一切危险。从现在开始，一切都会好起来，都必须好起来。护身符已经失去了存在的必要：他再也不需要它了。

以前他因为子息艰难而暂且将兄弟们册封为王作为替代，而如今，看到自己的亲生儿子降临人世，他认识到了自己的错误。相形之下，约瑟芬多年不孕的危害愈加明显。戎马倥偬，岁月蹉跎，太多的克制和自我否认，他做这一切原本都是为了让子嗣在他的体制中发挥重要的作用。但这个男孩却来得太迟了！按照拿破仑的人生节拍，二十二岁时还只是个尉官，三十四岁便已当上了皇帝，四十四岁方才得子的确是太晚了。他极其迅速地消耗着自己的宝贵精力，人生道路已经延续不了几年了，他已经无法亲眼看见自己的儿子真正接替他的位置了。

看，这是多么动人的景象：这个正在迅速衰老的男人，他把企盼已久的小家伙放在膝头抚弄，把自己的帽子戴在孩子头上；吃早饭时，他甚至允许孩子爬进书房去玩耍。若是当他正把一些小木棒摊在地板上，做着战争演练，计划着如何给西班牙的威灵顿以迎头痛击时，儿子又恰好被带到他这里——按照宫里的规矩，保姆不得跨过他房门的门槛——他便会亲自走到门口，把孩子接过来，放在地板上的木棒军队旁边，任凭他把整个"战场"搅得七零八落，他对儿子就像是对待自己一般溺爱。而后，他会放声大笑，在镜子面前扮起鬼脸，将他那把征服欧洲的军刀佩带在这个两岁孩子的身上。具有演员本能的拿破仑，此时已浑然不觉严肃和嬉戏的界限：就仿佛幻想变成了现实，而现实则变成了幻想。

他发觉，这个孩子"骄傲而又敏感，正如我所希望的那样……我的儿子既结实又健康。他的嗓门、嘴巴和眼睛都很像我……希望他将来会有出息"。只有在写给他的前妻约瑟芬的信中，他才会使用如此小市民气而又单纯的言语。他坚持要她维持过去那种亲密的口吻，并对她在离婚后的信中一直称呼他为"陛下"感到不满："你写给我的是封不近人情的信。我一直都是从前的我，我的感情依旧……我不想多说什么。请你先把我们二人的信比较一下吧。而后你就可以判断出，我们两人当中谁是更好的朋友，是你，还是我。”也许除了对那个他经常称作他的“妻子”的贝尔蒂埃外，他从未对别的活着的人说过如此率直坦诚的话。但是让他恼火的是，约瑟芬一直还是债台高筑。他认为，约瑟芬最好从她的300万年薪里省下一半，“这样，十年后，你就可以给你的孙子们攒上1 500万了……告诉我，现在你的身体又恢复了健康。听说，你现在健壮得就像一个好样的诺曼底农妇”。但是约瑟芬依然挥霍无度，他于是命令管理她财产的管家不得再给其付账，除非她的欠款都已经结清。

然而，他几乎再也没有看望过她，同时也疏远了其他昔日的女友，因为他对待婚姻的态度既像是个普通市民，又像个意大利人。而且，身为一国之君，他也愿意给他的臣民树立一个榜样。玛丽·路易丝倒是没有什么民族偏见，她那迟钝、脆弱而又随便的个性转眼之间就法国化了，所以夫妇二人相处得倒也颇为融洽。他经常抽时间陪她，当她学习骑马时，他便耐心地鞍前马后地跟着。拿破仑从来都不耐烦等人，而现在，当她用餐迟到时，他甚至也会等着她一起用餐。她并不怕他，她甚至顽皮地告诉她父亲的大使说，她感觉，拿破仑有一点点怕她。对法国皇帝而言，给维也纳的宫廷留下好印象是十分重要的；当他出于政治考虑需要在维也纳宣传妻子的幸福时，他把梅特涅带到了皇后那儿，让他亲眼看看皇后生活的美满。然后拿破仑便走开了，并把房门钥匙揣在兜里，一个小时以后才把两人放了出来，当时他还狡黠地笑着问梅特涅，现在是不是已经知道皇后很幸福了。

这些仅仅只是玩笑。但是在这个需要作出重要抉择的时期，拿破仑依然有这份闲情，表明他负担过重的内心有所放松。在那些日子里，玛丽·路易丝所作的唯一贡献就是，她的青春活力为他带来了一定的慰藉。

然而，婚姻并没有带来他所期望的政治局势的缓和。狡猾的奥地利，习惯于从联姻当中捞取好处，原本希望能够从法国得到几个省份作为聘礼，没想到却一无所获：弗兰茨皇帝因为小个子的科西嘉人加于自己的屈辱，内心受着煎熬。因为若是关上皇宫大门，自己仔细琢磨一下，对于所有人来说，这次通婚都是种耻辱，极大地伤害了皇室的尊严。为了让自己的正统思想获得一点安慰，他派人在托斯卡纳的旧档案中仔细搜寻拿破仑的祖先。

等到和女婿再次会面时，他告诉拿破仑，他家族的谱系可以追溯到11世纪的特雷维索。而第一任也是最后一任波拿巴却很巧妙地回答说：

“谢谢您，陛下，我宁愿做我家族的鲁道夫②。”

一个新贵皇帝竟如此出言不逊，着实刺痛了那位世袭君主的心。如果说不久后出现了这样的情形，奥地利皇帝需要作出决定，究竟是支持还是反对自己的女婿，那么届时像上述那样的奚落就会起到不可低估的作用了。后来，拿破仑也认识到了这一点，但却已为时过晚：“倘若我当时对那个笨蛋稍假颜色、好言奉承，我很可能会在莱比锡战场上给自己减少十万敌兵！”

然而，这位革命者却也会对那位正统帝王的某些作风赞不绝口。有一次，他看到妻子给她父亲写信时用的称呼是：“神圣的陛下，教皇祝福之皇帝”，他很认真地对这种用法大加褒奖。这时的他，私下里一定想起了亚历山大大帝，大帝曾宣称自己是主神朱庇特之子。

他的岳父，那位受教皇祝福的皇帝，因为教皇的问题，对拿破仑极为恼火。拿破仑不断加紧对教皇的控制，将他软禁在萨弗纳，为了逼教皇就范，他还撤走了教皇在罗马教教义方面的顾问，而且还拿走了他的文件。教会面临着分裂的危险。皇帝举行婚礼时就有十三位红衣主教没有到场，因为教皇拒不承认由费什宣布的拿破仑与约瑟芬的离婚有效。现在，他又派人把梵蒂冈的宗教档案箱搬到了巴黎，仿佛他真的已经把巴黎选作为基督教的首都了似的。他召开了一个会议，所有欧洲王国的主教都到会参加。他强颁谕令，取消教皇在与皇帝政见不同的情况下的神职人员任命权。最后，教皇也被迫在这道谕令上签了字。至少对于法国来说，这是有效的。

欧洲因为这个问题闹得沸沸扬扬，意见分歧很大。听说罗马教皇日子难过，俄国和波兰基本上感觉很高兴，而普鲁士和英国则感觉尚可以接受，当时最令人惊讶的是：意大利教皇属地的公民却宣布支持皇帝。这个小小的国度曾一度遭受统治者双重的剥削，现在却满怀感激地接受了《拿破仑法典》，接受了现代教育、理性的行政管理、积极有效的道路建设以及彭当沼泽地的排水工程。很早以前，这位革命之子曾将古罗马精神带回到巴黎，而如今，他又开始把巴黎新鲜的革命实践推广到罗马。就这样，拿破仑在两座名城之间架起了一座交流之桥。

这位被驱逐出教的皇帝千方百计地想要教皇受到惩罚。在刚吞并的荷兰,当他接见神职人员时,当着许多新教教徒的面,他责问那些主教:“你们信仰的是格里高利七世的宗教吗?我可不是。我所信奉的是耶稣基督的宗教。基督说过:把属于恺撒的东西交还给恺撒。按照这个教义,我也会把属于上帝的东西交还给上帝。我的权力乃是上天赐予!我手持尘世的利剑,并知道如何去使用它!这个皇位乃是上帝所设!并非是我自己把自己捧上了宝座,是上帝把我扶了上来!而你们这帮可怜鬼竟妄图顽抗?就因为罗马的神父把你们的君主驱逐出教,你们就不为他祈祷了吗?你们认为,我是那种会亲吻教皇脚趾的人吗?……懦夫们,你们得证明给我看,是耶稣基督确定教皇作为他的代表,并赋予他权力,让他将一位君王逐出教会的吗?……作个安分守己的好公民,在《教务专约》上签字吧!而您,省长先生,您应当采取措施,杜绝此类事件的再度发生!”

拿破仑有时竟会如此夸张地曲解自己内心的思想。他自己都不相信他盛怒之下咆哮出来的东西,而他私下也一直瞧不起这类官腔。不过,当初他当着罗马教皇的面自行戴上了皇冠,这皇冠毕竟还是多了一层君权神授的色彩。顶着这样的皇冠的拿破仑是不是有些尴尬呢?也许只有他自己知道。

2

世界征服计划　宿命之战　政治因素　表面缘由　威胁
欧罗巴合众国　未来蓝图

“请您告诉我,为什么斯特拉斯堡一带的盐价上涨了一分钱?”

如此质询过军务部长之后,拿破仑紧接着又给海军部长写了封信,让他在今后三年内建立两支强大的舰队,一支大西洋舰队,一支地中海舰队,后者用以对付西西里和埃及,前者则针对爱尔兰。西班牙战局一旦好转,1812年就要远征好望角,派六至八万军队进攻苏里南以及马提尼克岛,“避开敌军的巡洋舰”,把兵力均衡地分布在东西两个半球。

直到此时,就在拿破仑的幻想行将转变成冒险之际,这位一国之君精确的观察力仍然与他征服世界的狂热计划紧密地联系在一起。因为这一直是拿破仑的梦想；为了实现这个梦想，他的心中平生第一次升腾起强大的精神能量，不过这也是最后一次。

“有人想知道我们的前方在哪里？我们将先把欧洲战事作一个了断，而后我们将对付那些不及我们勇猛的劫掠者，作为劫掠者的劫掠者，从俨然取得支配地位的英国人手中夺下印度……在进攻阿克要塞之后，我一直跟自己说，亚历山大大帝当年都未能打过恒河，今天，我却必须要从欧洲的一端开始，占领印度，从后方打击英国……暂且设想一下，莫斯科已被拿下，沙皇已经妥协，或许被他的臣民杀死，可能出现一个新的、依赖于法国的朝廷——请您告诉我，在第比利斯援军的协助下，法国军队难道不能直捣恒河，并从那里一举摧毁整座英国贸易大厦吗？只需一役，法国就可以建立起西方的独立和海上的自由！”当时在场的一位目击者这样描述道：“他的眼睛里闪耀着异样的光彩，接着他又滔滔不绝地分析了冒险的理由、可能遇到的困难、解决问题的手段以及光明的前景。”

沙皇会妥协还是被杀？这个问题困扰了拿破仑整整一年，因为理性的计算和感性的预想都使他宁愿与亚历山大结友而不是树敌。俄罗斯战败，对拿破仑不会有任何好处；相反，他害怕被迫进行战争，一如既往地想要避免它；但前提条件是，沙皇会像先前承诺的那样与法结盟，并参与到最后的伟大战争中来。拿破仑一直都在关注着沙皇，却发现自己的种种暗示与启发越来越不起作用，于是便在给莱茵联盟一位君主的信中写下了这样一段惊人之语：“不管沙皇的意志如何，不管我的意志如何，也不管两国的利益如何，这场战争必将爆发。”

无论是作为执政还是皇帝，他还从未用这样的口吻来宣称，战争不可避免。正因为这场战争缺乏内在的理性必要性，所以他才只能将法皇与沙皇之间的战争归结于命运的安排。其实，早在涅曼河上的议和帐幕里，早在两位皇帝的握手之初，便已埋下了战争的种子。当他们把亲密交往发展为友谊的时候，这颗种子也在悄悄地萌发。而后，塔列朗的阴险外交又呵护了它的成长。当两位国君在埃尔富特相互拥抱的时候，他们已经明显地感觉到了盘绕在他们之间的毒蛇。两国未能结为秦晋之好，既不是偶然，也并非故意，那只是沙皇心中的不信任感使然。这种不信任感在沙皇心中总是挥散不去，而且很遗憾，它也得到了充分证明。两个想要瓜分欧洲的男人，都不愿将另一半领土拱手相让。无论他们当初的意图是多么真诚，这种意图却根本无法实现。两军对垒的日子最终不可避免地到来了。“他是唯一一个还对我构成威胁的人。我的对手年纪正轻，他的精力会与日俱增，而我却日渐衰弱。”正是这一令人黯然神伤的认识，驱使拿破仑不断前进。

其实，这种宿命的观点不难用政治上的因果关系来解释。

此前不久，皇帝曾要求沙皇唯其马首是瞻，扣押中立国船只，以便给英国“一个致命的打击”。沙皇很难表示同意，因为这将严重影响俄国的海上航运。他照旧只是没收被查获的违禁商品，但是，他也需要从中立国进口殖民地商品。既然东方的这个漏洞无法弥补，那么法皇就不得不加倍地警戒德意志沿海地区。他占领了魏泽河和易北河的入海口、自由汉萨同盟的各个城市以及汉诺威的一部分。对此他解释说：“这是根据实际情况的需要，为抗击英国人而采取的新的保障措施。”但与此同时，奥登堡公国也被吞并了，而那里的王储却是沙皇的近亲。

皇帝的强硬手段虽然是其新政策的必然结果，但它势必极大地激怒了沙皇，沙皇认为，这是对欧洲的打击和对《提尔西特条约》的破坏，因为该条约规定将保证奥登堡的主权和领土。他给欧洲诸强发去通函，抗议法国对俄国皇室的侮辱，而这一抗议已经形同宣战。在通函中，沙皇质问，如果他们签订的盟约得不到严格遵守的话，那么同盟的价值又何在？不过在通函的结尾部分，沙皇又强调，俄法同盟依然是牢固持久的。欧洲各国的宫廷为此窃笑不止。随后，他又颁布敕令，允许殖民地产品自由进入俄国，而对法国的产品，即葡萄酒和丝绸则课以重税。

圣彼得堡和巴黎的桌上都摊开着大幅地图。在哪里可以给对方制造麻烦呢？沙皇想要与土耳其议和，而皇帝则怂恿奥地利占领塞尔维亚，继而挺进摩尔达维亚和瓦拉西亚，并保证不加干预：这样就可以拖住沙皇。梅特涅点头同意，但却按兵不动。还有波兰！拿破仑不是已经将加里西亚并入华沙公国了吗？谁又能保证，他不会重建波兰王国呢？法国驻俄大使科兰古非常钦佩沙皇的为人，并且醉心于和平，所以他愿意为此担保。不过，皇帝却只准备私下承诺，而不愿公开保证。因为倘若俄法的龃龉最终导致战争的话，他还需要波兰做他攻打俄国的基地，所以他必须让波兰人满怀复国希望。也正因为如此，沙皇才会要求公开缔约，意在彻底打消波兰人的希望。

马塞纳在西班牙战败，皇帝再次变得疑虑重重。而此时归国的科兰古无疑又加深了这种疑虑。他详细描述了沙皇的和平愿望，甚至还极力为其辩护。拿破仑先是耐心地听他讲下去，而后详细地询问科兰古所知道的一切，他问了上千个问题，内容涉及方方面面，包括沙皇、俄国宫廷、宗教以及俄国的贵族和平民的情况。随后，他很亲热地拉了拉科兰古的耳朵，问道：

“你似乎是爱上他了？”

“我热爱和平。”

“我也是。但我决不愿听从任何摆布。从但泽撤兵？哼！接下去，也许我在美因茨阅兵还要征得沙皇的许可呢！……你真是个傻瓜。而我则是条老狐狸，我很清楚我的对手……我们必须有所行动，以防止那个俄罗斯大个子和他的游牧部落再次向南扩张……我将向北挺进，并在那里重建欧洲昔日的疆界。”

这些都是完全没有依据的理由、幌子和借口。科兰古向他转述了沙皇自己的话，希望能够警告拿破仑：“我将从他的教诲中获益，他是一位当之无愧的大师。我们将凭借我们这里的气候御敌，法国人并不像我们这样耐寒。只有皇帝亲临的地方，才会出现奇迹，但他是无法做到无处不在的。”听了这番话，拿破仑激动地在屋里来回走动。这次谈话持续了好几个小时。他无法驳倒科兰古，给出的都是含混暧昧的答复。在这一切背后，掩藏着的却是他种种宏大的幻想：

“一场胜仗将足以毁掉你的朋友亚历山大的所有美梦……他虚伪、野心勃勃，却又软弱无能，性格活像个希腊人。相信我，要挑起这场战争的人是他，不是我，他发动这场战争还有一个隐藏的目的……我们的分歧只是因为与奥地利的联姻，我没娶他的妹妹，他便恼羞成怒了。”而当科兰古提出反证时，他却说：“有关细节我已经忘记了。”——忘记了？这对拿破仑来说可是个新字眼。他感觉自己处于劣势，于是，这个一贯实事求是的人不得不竭力抹去对他不利的证据。

他改派了一位更强硬的大使前往俄国。当圣彼得堡提议，要将华沙与奥登堡交换时，皇帝提高了嗓音，整个大厅的人都可以听到，他威胁俄国大使说：“一个波兰的村庄都不要！”

但这种种的政治问题都只是命运采取的形式而已。他的头脑中闪现着怎样奇伟的计划，内心的愿望又是如何吞噬着他的灵魂，这些他宁愿透露给像富歇这样危险的敌人，却不愿讲给聪明的臣仆科兰古听。他一直摆脱不掉这个神父出身的雅各宾党人。此前一年，由于富歇明显与英国勾结，所以拿破仑撤销了他警务大臣的职务。但拿破仑仍像上次平息政变时一样，对他十分宽宏大量，又任命他为参议员，只是在给他的信中暴露了皇帝和奸细之间斗争的可怕："虽然我并不怀疑你的忠诚，我却不得不派人时刻监视你，对此我深感疲惫，而且我也根本没有义务这样做。"

虽然他罢免了富歇的职务，并下令监视这个曾经监视别人的人，但是拿破仑却离不开他，甚至还向他道出了内心最隐秘的事情：

> 我结婚之后，有人以为，狮子睡着了。但他们会亲眼看到，我到底睡没睡。我需要八十万大军，现在我得到了：整个欧洲都将被我踏在脚下。欧洲就像是个老太婆，有了八十万大军，我就可以任意摆布她……你自己不是也曾说过，你会听凭天才任意驰骋，因为在天才那里没有什么不可能？如果一股巨大的力量把我推到了世界独裁者的位置上，那我又有什么办法呢？你本人，以及其他批评我、想要让我变成一个温和君主的人，你们当初不都曾助了我一臂之力吗？我的使命尚未完成，我要做的事情才刚刚开始，而我希望把它做完。我们需要一部欧洲法典、一个欧洲上诉法庭、统一的货币、统一的度量衡，我们需要在整个欧洲推行统一的法律。我想将所有民族合而为一……这，公爵先生，就是唯一令我满意的解决办法。

说完之后，他突然命令富歇退下。

在这里，拿破仑非常明确地提出了建立欧罗巴合众国的构想。这样一个非常合理的计划产生于拿破仑超凡的想象力，而在回忆录里记录下它的却是一个宁愿破坏皇帝声誉的人。欧洲已不再是米兰和里沃利时代狭小的鼹鼠丘了，当时他还只是一个将军，在这个年轻的天才眼里，所有敌人都微不足道。而现在，十五年过去了，他成了皇帝、立法者、伟大的统帅，同时也是那个把他孕育出来的无政府主义的劲敌，而欧洲已然成了任其塑造的材料，他将借此塑造出美妙的形体。十五年间，他的精神所走过的路程是必要的：他所确立的目标向我们揭示的正是他想要看到的建设性结局，而通向这结局的道路却是血腥的，需要很多人不断作出牺牲。在他身后，是查理曼大帝统一欧洲的伟大设想；在他面前，正有许多新的形式不断涌现。而身处中间的这位恺撒大帝清楚地知道，精神终将战胜武力。他自己也曾说过，他企图利用八十万大军所建立的东西，有朝一日将会基于理性和内在必然性而自愿联合为一体：所有的民族合而为一。

"公爵先生，这就是唯一令我满意的解决办法。"

3

"只有我有钱" 压迫与镇压　愤怒的农民　普鲁士将如何
灵魂的火焰 "女孩子气的口角"

就在拿破仑往富歇耳朵里灌输种种设想的时候，亚历山大也正往塔列朗的口袋里灌输黄金，这笔钱他是要和富歇平分的。沙皇是在为塔列朗提供的信息付钱。是俄国使馆新任秘书涅谢尔罗德伯爵将这笔钱汇到法国银行的，银行应该会报告皇帝，俄国把这笔款项支付给谁了。月复一月，以这样简单的手段，俄国人知道了许多法国备战的情形，以及何时备战结束的消息。俄国偶尔会将贸易许可证作为酬劳送给塔列朗，凭借这个许可证，人们可以在俄国港口进口英国商品，因此他可以在巴黎把许可证卖个好价钱。每当这种时候，这个瘸腿魔鬼的脸上总会洋溢着幸福的笑容。

难道沙皇比皇帝更加富有？在俄法结盟之初，沙皇便封锁了国内市场，法国颇负盛名的埃尔佛葡萄酒因此就少了一个大主顾。而英国和西班牙早就已经不买法国酒了，法国工业面临萧条。然而，当财政部长主张和平，以便稳定混乱的财政状况时，皇帝却打断了他的话："恰恰相反！正因为财政混乱，我们才需要战争！"

但这种观点仅适用于过去：在拿破仑还是将军的时候，他曾从意大利给当时债台高筑的督政府输送钱款；作为第一执政和皇帝，他也总能从战争中大赚一笔。然而法国制定的封锁政策却是作茧自缚，自己反而成了最大的受害者。国家首次出现财政赤字，尽管尚不到5 000万。但是直到现在，皇帝依然拒绝发行国债，他说："这是不道德的，因为这是在给我们的子孙后代增加负担。"不过，他同意增收间接税和施行产品专卖政策。他期望通过俄法战争获得新的市场以及稳定的财政。这种意愿并非没有道理，只不过前提是，仗一定得打赢。

他神采飞扬地向商会介绍着自己的计划："英国的封锁更多的是让它自食其果，它倒教会了我们如何不用它的产品。几年之后，欧洲大陆的人民就将适应新的食谱了。不久以后，我就会有足够的甜菜糖，可以完全替代蔗糖。每年，我仅从我们国家的税收中动用九亿法郎，其中三亿我存在杜伊勒里宫的地窖里。现在的法兰西银行里存满了白银，而英格兰银行却一无所有。自从《提尔西特条约》签订以来，我就已获得了十亿法郎的赔款。奥地利破产了，英俄也将步它的后尘，只有我才有钱。"

但是没有人相信他的夸夸其谈。他越是为了他的世界征服计划加紧征兵，便越是注意国内的稳定，由此而加强的独裁统治便愈加使得民怨沸腾。在每个省份的每一个角落，任何牢骚、任何不满都会遭到迫害。三千多名罪犯未经审判便被投入监狱，而究其原因，不是"仇恨皇帝"，便是"坚持宗教观点"，再不就是"在私人信件中诋毁政府"。政府还设立了一个新的新闻检查机构，并且起了个古怪的名字"公共舆论局"，用来制造各种政治氛围。一家荷兰报社登出文章说，教皇有权将皇帝驱逐出教门，结果不仅报社被迫关门，连作者也被抓了起来。在某本书中，一段赞赏英国宪法的文字被删除，而另一本名为《波拿巴传》的书也不得不易名为《拿破仑大帝征战史》。

在思想受到严重压制的同时，这个国家也在不断地帝国化，甚至连蒙热、拉普拉斯、盖兰、热拉尔这样的学者名流以及其他出色的帝国艺术家们都接受了爵位。而当席勒的《强盗》的法文版在汉堡被禁止发行时，最后一批共和党人不由得回忆起二十年前的大革命时期，作者因为同一部戏剧而被赋予法国公民权时的情景。此时他们心中的感觉一定在啼笑皆非中带着淡淡的苦涩。

这些意识形态的东西又关皇帝什么事呢？此时的他正沉溺于扩张自身的势力，他的眼睛紧紧地盯住自己平生抱负的目标。现在，和当年与教皇斗争时一样，他忽视了自己留给公众的道德印象问题，这可是他以往十分重视的。以前，他每作出决定之前总要询问公众的意见，而他却交给公共舆论局去处理。"我干吗要理睬那些沙龙里的意见，还有那些饶舌者们的言论？我只知道一种意见，那就是农民们的意见！”农民们过去当然是他最忠实的支持者，因为他替他们保住了财产，免受革命的危害。但是现在，由于西班牙战场吞噬了越来越多士兵的生命，那些农民为保住最后一个儿子来经营祖产，最多时要缴纳8 000法郎才能免服兵役。因此，成千上万的青年逃亡他乡，过去人们都争先恐后地入伍参军，而如今，政府却不得不派出缉察队，依靠威胁其家人和所在乡镇的方式才能征到士兵。

这样的转变会不会让这位皇帝感到惊讶呢？对于那些从前在帝王们的桎梏下呻吟的农民来说，难道不正是这位波拿巴将军把革命思想传播给他们的吗？难道不正是这位第一执政和后来的皇帝在一系列战争中击退了帝王们的联合进攻的吗？在这些自卫反击的战争中，除了祖国的自由得到了捍卫之外，他还赢得了更多的东西，他在奥斯特利茨、耶拿和瓦格兰姆战役中从敌人手中夺取了大片土地；这些乃是他天才的成果，也激发了国民军建功立业的热情。即便是同英国的敌对与较量，法国人也能够理解。毕竟双方的不和与敌对已经延续了几百年了。但是，普罗旺斯的农民又怎么会懂得对西班牙和俄国发动战争的政治意义呢？皇帝也无法向他们解释关于建立欧罗巴合众国的事情。农民们眼睁睁地看着自己的儿子们被安达卢西亚的河水吞没，他们连那些河流的名字都还说不清。他们为了老来有个依靠，不得不付钱赎买。对此，他们当然怨愤难平。

当德国的农民奉本国国王的命令，作为“分遣队”去追随外国的皇帝征战南北时，他们又会作何感想呢？美因河谷里成千上万的农民被派往西班牙，热罗姆将三万威斯特法伦人派去戍卫奥得河，萨克森人则负责把守维斯杜拉河，符腾堡人和巴伐利亚人则不断拥向东方，因为“莱茵联盟的诸位君主们”——皇帝给其中的一位这样写道——“对于联合防御的态度如果让我产生哪怕一丁点怀疑的话，恕我坦白相告，他们就完蛋了。我宁要公开的敌人，也不要心怀叵测的朋友”。这是君主在用刺耳的声音训话。他对哈布斯堡皇室较有礼貌，他甚至承诺说，倘若一切顺利的话，奥地利可以获得西里西亚作为回报。

对于拿破仑来说，小国林立的德意志最适合用来进行他出于需要而不得不进行的交换和拉锯游戏了。南方三国的疆土和人民任由他交换和割让。由于欧仁将自己的王国让给了皇帝那个被封为“罗马王”的儿子，作为补偿,他立即被册封为临时拼凑起来的“法兰克福大公国”的大公。

普鲁士怎么办呢?留着它还有什么用?当年签署《提尔西特条约》的时候,拿破仑不就是为了取悦沙皇才留下它的吗?而现在,他已经想要消灭沙皇了。记录和报告显示,普鲁士应该在拿破仑对俄作战之前被瓦解掉。难道他不知道,早在一年以前,普鲁士就秘密与沙皇签订了协议,沙皇承诺将向它提供援助?无论如何,这位法国皇帝已经听够了道德联盟的论调,听够了大学里的声讨,听够了自由军团和反抗歌谣。当心!不要忘了西班牙的教训,不要真的以为“北部德意志人较为宽容和冷静”。比较聪明的做法是:在消灭普鲁士军队之前,先充分利用它。

忠心耿耿的沙恩霍斯特急切地告诉他懦弱的国王:现在一切迫在眉睫!然而在维也纳,梅特涅却欺骗了这位普鲁士将军。当沙恩霍斯特提议普奥结盟时,梅特涅直接劝他与俄国组成联盟。因为只有这位被梅特涅的虚情假意所欺骗的将军变成他的敌人,只有普鲁士成为奥地利的敌人,才能最终将西里西亚再度占为己有。在普鲁士内部,哈登堡一如既往地唯维也纳马首是瞻;至于普鲁士国王,他胆小怕事,而且认为拿破仑不可战胜,于是他决定与拿破仑结盟。可惜他决心下得太晚,没有得到任何有利于己的结盟条件。西里西亚和波兰早已驻扎重兵,普鲁士被重重包围:这种情况下,普鲁士当然只能得到附庸待遇,容忍他国军队横穿本国领土,听任法国征粮征物,东部的要塞也拱手让人,城堡辅助军团的指挥权也落在外国元帅的手上。梅特涅在给主子的信里兴高采烈地写道:“普鲁士已经一蹶难振了!”

但是,且慢! 1812年初,虽然从卡普亚到提尔西特的欧洲大陆都已纳入拿破仑的战旗之下,虽然他的手臂从费尼斯泰尔一直伸到了布科维纳,但他还是对自己的作战缺乏信心。据说,当着塞居尔伯爵的面,拿破仑拿着统计表格正进行演算,他突然跳了起来,大叫一声:“我还没准备好这次远征!我还需要三年的时间!”

但是,战争的机器已经运转起来,再也没有什么人能够阻止它。内心的渴望激励着拿破仑,他的全部发迹史以及往昔岁月的阴影都在推动着他不断前进。他建起了那么多的港湾,为的是能在恶劣的天气里找到避风的港口,结果他却又被推向了茫茫的大海,处身于始料未及的惊涛骇浪之中。从前的他一直在用政治家的理智掌控着前进的船舵,而现在,他却以一个伟大的冒险家的大胆与狂热将那轮舵紧紧抓在手里。“你难道没有看出，”他向弟弟嚷道，“当年是我的声誉使我登上了这个宝座。而维系这个皇位，还是要依靠我的声望。像我这样一个白手起家的人，是一刻都不能停步的。我必须永不停息地攀登，一旦停止，那就意味着毁灭。”

他的灵魂因激动而摇摆不定，心神极度不安。他既希望进行决战，又害怕这场战争。同往常一样，他抱着先礼后兵的态度给沙皇写了一封信，言辞仍颇为友善。同时，他会见了一名在巴黎进行间谍活动的俄国上校，他的言辞闪烁：“因为沙皇还很年轻，而我也还得活很长时间，所以我曾以为，我们之间友好的感情可以维护欧洲的和平与安定。我的感情依然如故。请你告诉他这些，并且加上这么几句：如果因为命运的安排，世界上最强大的两个国家为了一点女孩子气的口角而兵戎相见的话，我将像一名英勇的骑士一样全力以赴，既无仇恨也没有敌意。而且我还会建议，如果可能的话，我们二人在两军阵前共进早餐……我仍然希望，我们不要仅仅因为对一条缎带的颜色有意见分歧，便让成千上万的勇士血流成河！”

他之所以这样说，是为了打动亚历山大那略显女性化的天性，但是堂皇的辞令实际上掩饰的却是他自己内心的不安！作为旧时代的终结者，谁又能想到他会提出这样充满骑士精神的挑战！在这里，一个世界帝国向另外一个掷去了它用铁与血铸成的手套，一场血统和天才之间的伟大较量即将开始——而他，在做了二十年的梦之后，终于看到自己的梦从云端坠向地面，但他却故作轻松，将战争说成是女孩子间的口角，或是因为缎带的颜色而起的争执。然而事实上，它涉及的乃是整个世界的命运。

4

贝尔纳多特展翅　尴尬的盛宴　“太远了，陛下”
对敌人的过高估计　敌人在哪里　困境　“工于计算的人”
考察俘虏　四颗牙齿　“战争将持续三年”　小说
俄国荒原上的李尔王　咖啡与糖　“幸运之神犹如娼妓”

此时此刻，亚历山大又在想些什么呢？

被贵族疏远，被母亲责怪，寄托在索菲亚教母身上的希望已经落空，波兰的前途堪忧，他的对手一直扬言要解放波兰——发生在政治和宫廷生活上的这一切，都给了他足够的理由说服自己，冷淡拿破仑这个曾经的朋友。梅特涅曾断定，沙皇情绪转变的期限为五年。从《提尔西特条约》签订算起，现在恰好到期。虽然沙皇的性格略显神经质，行动易受情绪的支配，但这场战争也可以被他赋予崇高的意义。然而，他既缺乏远大的目标，也没有崇高的思想。他并不是为自由而战，因为他太像个沙皇了；也不是为世界霸权，因为他太脱离实际了；甚至也不是为了战败那位战神而博取英名。他只是受到一种难以捉摸的神秘主义的驱使，这种神秘主义的洪水，淹没了他昔日对那位提尔西特魔术师的好感。

政治上，他成功地实施了两个措施。其中的一个因为十分符合人性的特点，因此颇有成效。为了积蓄力量，他需要国家南北边界的平静，于是他设法使土耳其苏丹保持中立；与瑞典的外交则更加成功，双方结成了同盟。他与贝尔纳多特在俄国边境会晤；在那里，所有俄罗斯人的沙皇第二次倾倒在一个法国革命者的魅力之下。瑞典与俄国的利益有很多相通之处，瑞典正担心英国的报复，而且它希望得到挪威。但当时统治挪威的乃是亲法的丹麦，俄国承诺，只要瑞典为俄国提供战争援助，俄国就保证瑞典得到挪威。

但是，仅凭这些并不足以让贝尔纳多特如此心甘情愿：拿破仑当年虽然不情愿，贝尔纳多特还是当上了瑞典国王。但与那些靠着拿破仑的恩典而登基的其他国王一样，他对瑞典臣民的关怀也并不深切。而沙皇也是有想象力的；现在他已能大致预见到，如果他能获得同盟的援助，那么拿破仑不仅会失败，还会最终毁灭。因此，当拿破仑率领着有史以来最庞大的军队缓缓行进，企图吞掉俄国的时候，沙皇向拿破仑的这个宿敌许愿，答应帮助他登上法国王位。

这个夏天，两只敌对的雄鹰将要振翅翱翔，高空搏击。

在德累斯顿，皇帝邀请各国君主，参观阅兵典礼，就像四年前在埃尔富特一样。不过当年的来宾，如今却少了一位，就是他将与之交战的那位。不过，沙皇的位置被哈布斯堡的皇帝取代了。拿破仑和他过去只见过一次，就在奥斯特利茨战役的第二天。自那以后，获胜的法国皇帝两次占领了奥地利被迫放弃的首都。而后，胜利者迎娶了战败者的女儿，并把她带到了巴黎。

弗兰茨·约瑟夫·卡尔(1768—1835),神圣罗马帝国最后一任皇帝

此刻,玛丽·路易丝正坐在金碧辉煌的餐桌前,坐在丈夫和父亲之间,表面上看,一切都很和谐美满:拿破仑承诺与岳父结为盟友,把妻子任命为摄政王。但是,玛丽席间却傻乎乎地炫耀自己的首饰强于继母的,拿破仑如何禁止也无济于事。于是,巴黎的皇后因为他的阻止而啼哭不止,而维也纳的皇后也因为自己的珍珠小而泪流满面。两国之间原有的恩恩怨怨也发挥在家庭间的龃龉上,朝臣们不得不尽力掩饰。当大家举杯为维系着四个人的男孩的健康祝福时,两对夫妇才将各自的想法藏在了香槟酒里,但每个人都很清楚其他人的想法。

女婿与岳父初逢于12月份的奥斯特利茨的一间磨坊,又重逢于5月份的萨克森王宫。此后,他们便再也没有见过面。

与此同时,五十万大军正驻扎在哥尼斯堡与莱姆堡之间,他们的统帅则去了波森,他宣布“第二次波兰战争”开始。有关战争原因的官方说法是拿破仑想从沙皇手里把波兰夺过来,即最大限度地夺取领土,直至斯摩棱斯克。“在那里,或在明斯克,”他告诉亲信,“我将结束进军,然后在维尔纳过冬,组织立陶宛建国,让俄国人来养活我们。如果到那时还得不到和平,那我第二年就直捣敌人心脏地带,驻留在那里,直到沙皇屈服为止。”拿破仑的军队就是按这个计划部署的。让俄国人养活军队?他能从俄国那里得到什么呢?他了解这个陌生的国家的资源吗?

在古比宁,他曾垂询过一位普鲁士官员。他谈到了军队的面粉储备,他说,要把在德意志港口征集到的粮食运到科夫诺去。这时,拿破仑问:

“在科夫诺应该有足够的磨坊吧?”

“没有,陛下。那里的磨坊为数甚少。”

皇帝“很疑惑”地看着贝尔蒂埃。

这位最高统帅向他参谋长的这一瞥，是他在涅曼河对岸那陌生的旷野上即将经受的失望与幻灭的先兆。令他不安的不仅是缺少磨坊，而且是他竟然对此一无所知。整整一年，皇帝一直在为这次伟大的战争作准备：他从七个国家包括莱茵联盟调集军队、兵工厂、预备役、一千四百门火炮、攻城炮队、桥梁部队以及浮桥等，波罗的海沿岸的八座要塞被改用作仓库，成百上千的船只和数以千计的马车负责向前线运送面粉和小麦。负责运送的车辆中有一部分是牛车，到达目的地之后，牛即被宰杀：那些被迫上战场的士兵们何尝不是如此，先是洒尽血汗，而后悲惨地死去。可是谁曾想到，这个国家竟然没有磨坊？当然，他们可以建造磨坊，可这得付出多少人力和时间的代价呀！——况且，世事难料，前面还有多少个意外在等着他们呢？为十五万匹战马输送草料是不可能完成的任务，所以他才会一直等到6月份，等到青草已绿。但是，倘若俄国的草原连这一点都不能满足他，他该怎么办？

倘若军中士气低落，他又该怎么办？

边境上已经怨声四起。有人说，年轻的士兵经受不住长途跋涉，还有那令人难耐的炎热。早在德累斯顿，缪拉就提出请假，但未获批准。现在，在但泽，他和贝尔蒂埃、拉普与拿破仑一起用餐，每个人都在默默地想着心事。正在沉思着如何征服世界的皇帝突然问拉普：“从但泽到西班牙卡迪斯有多远？”拉普壮着胆子答道：“太远了，陛下！”这时，他们的君主发话了：

“我已经看出来了，我的先生们，你们都不想再打仗了。那不勒斯的国王想回他美丽的王国去。贝尔蒂埃宁愿在格洛斯—布罗斯打猎，而拉普则想回去享受巴黎丰富刺激的生活！”

元帅们都默不作声，因为事实正是如此。然而这样的情况，却是拿破仑以前从未经历过的。

到达涅曼河时，因为跨越俄罗斯边境对他而言具有无与伦比的象征意义，所以他第一个过河，策马狂奔，足足跑出了一英里，而后才慢慢地回到桥头。就像当年恺撒发动内战，断然越过罗马的界河卢比孔河一样，他也过河了，过得如此毅然决绝。在他的示意下，三支大军缓缓挺进波兰的腹地：主力军由他亲自指挥，第二支军队由欧仁指挥，第三支军队则由热罗姆带领。为什么把军队交给这个在战场上出尽洋相的门外汉？虽然有元老宿将做顾问，但拿破仑真的就如此放心吗？“这次我们可以冒这个险。敌军最多只有四十万。”

可敌人在哪儿呢？他们有两支军队，分别由巴克莱和巴格拉吉昂将军率领。他们在立陶宛的大后方，总兵力只有十七万人。拿破仑过高地估计敌人的兵力，这是个灾难性的错误，因为如果他不派出如此庞大的军队的话，那么部队的给养问题也许就根本不会成为问题。为什么他会如此重视人数上的优势呢？当年的波拿巴将军曾以四万人的兵力击败人数远胜于己的敌人，他使用的战术是各个击破。现在他却动用了如此庞大臃肿的军队，这暴露出他年事已高，醉心于权势，因而只知人数优势，却忽视了去振奋士气。难道里沃利时代的那位名帅已经风光不再了吗？

当然，他还是原来的他，因为即使是率领着这样一支庞大的军队，他依然想以突破的方式取胜。他的第一军团应该从提尔西特挺进维尔纳，截断两支俄军的联系，而后第二军团和第三军团便可将俄国人分而歼之。但是俄国辽阔无垠的土地削弱了他的影响。在如此长的战线上，拿破仑不可能出现在每一个地方，而他麾下的将领们又各自为战、互不通气——达武和缪拉差点决斗——但他们又都过分依赖于拿破仑。作为整个大军的神经中枢，所有行动都依赖于他的号令。他从未像此次战争这样，为缺乏快捷的通信工具而苦恼。因此，若是电报出现的话，它对拿破仑的帮助要远远大于对手。

两位俄军统帅深知自己势单力薄，不敢与法军正面交锋，在彼此没有商量的情况下，便一起向后撤军，以便能够在后方会合。这并非什么绝妙的战术，只不过是对优势兵力的恐惧和对拿破仑大名的敬畏使他们无意中作出了正确的决定。他们都是命运安排的棋子，命运决定事物时的高谋远略并非人力所能窥测。

但拿破仑却把这看作是个陷阱。他在维尔纳说：“如果巴克莱先生以为，我会尾随他直到伏尔加河，那他就大错特错了。我们会跟他到斯摩棱斯克和德维纳，在那儿打场胜仗就可以为我们的大军赢得一个立足点……如果今年我们就渡过德维纳河，无异于自讨苦吃。我将回到维尔纳过冬，然后让法兰西剧院派些话剧和歌剧演员过来。明年5月，我们将结束战争，除非今年冬天就可以实现和平。”

外面也传来了好消息：美国终于对英国宣战了，并且在海战上取得了一定的成果。伦敦主和的反对党势力也大为增加，而西班牙的战事进展也还顺利。前进！打个胜仗！

但敌军在哪儿呢？来到科夫诺，皇帝亲自带着一名军官寻找渡河的最佳地点——对岸连俄国人的影子都没有！他变得焦躁不安起来。由于没有遭到任何抵抗，部队向前推进的速度过快，而且战斗条件非常恶劣，一部分人马必须顶着暴雨和酷热，行进在十分糟糕的道路上，他们与后援部队之间的联系中断了。而一切的给养都是依靠后援部队提供的。在维尔纳，不久前还在那里的沙皇消失不见了。就在此时，消息传来，运送给养的车辆陷入泥沼，给养船只又在河里搁浅；另外，有一万匹马因为吃了毒草而倒毙。这些消息在军中不胫而走，于是士兵们便在所到的城市里到处劫掠，以至于后到的部队什么都找不到。

皇帝对这个国家的人民恩威并施，却无济于事。他痛恨劫掠，因为劫掠会导致骚乱。立陶宛人注意到，直到现在，他也没有给波兰人他所许诺的王国。与当年的伦巴第人不同，他们不相信拿破仑会解放他们，他们既不帮忙，也不提供任何东西，他们碰都不碰那些皇帝令人在巴黎印制了几百万张的假卢布。他们只祈祷。

怎么办？现在到了争取沙皇的时候了。“到现在为止所发生的一切，”拿破仑在给沙皇的信中写道，“与陛下的性格不相称，也与以往您对我所表示出的尊重不相称……就在我刚刚渡过涅曼河的时候，我曾想派一名副官到您这里来，一如我在以往历次战争前夕所做的那样。”但是因为沙皇拒绝接见他上次派出的使节，“我这才明白，此事与其他许多事情一样，须由万能的上帝来决定，他的权威是我所尊重的……所以，我只请求您相信我对您怀有的永志不渝的善意，除此之外，我别无心愿”。

在这封言不由衷的长信里，除了处境的尴尬和宿命的思想之外，没有一句是真的。在写这封信之前，他曾与一名被俘的俄国将军进行了交谈，请他转交此信。皇帝恫吓这个俄国人的方式颇有喜剧色彩，他说：“沙皇想从这场战争中得到什么？我没费一枪一弹便占领了他最美丽的行省，而我们两人都不知道究竟为何争执。”接着，他又依照自己惯常的做法，花了一个多小时的时间，不停地责问俄国军官：他们犯了哪些错误？为什么他们不守住维尔纳？就好像他是在给他派往西班牙的将军训话一样。“你们难道不感觉羞耻吗?”这是他在谈话中不断重复的话。他赞扬了波兰人视死如归的气概,而平时他总是对他们不屑一顾。他发誓说,他的兵力是沙皇的三倍,钱更是不可胜数,他能将战争打上三年:其实这些都是谎话,是他在伪装的愤怒中编出来的。那位俄国将军也将计就计,反过来吹嘘说,他们已经作好充足的准备,打上五年也不怕。这时,皇帝的坦诚劲却突然上来了,对着这位偶然被俘的将军直言相告,他这些话实际上是说给沙皇的,因为这位将军是肯定会向沙皇汇报的:

“我是个善于权衡的人。当年,在埃尔富特,我经过权衡确认,与俄国修好比和它翻脸更有好处。本来我们现在也可以如此……沙皇和我缔结和平协议时,整个俄国都反对;如今,沙皇向我开战,整个俄国却希望和平。像他这样高贵的人怎么能让那群目光短浅的人左右?……怎么能听从一个战争委员会的决定而发动战争?在我这里,如果我半夜两点想到一个好主意,那么一刻钟之后我就会把命令传达下去,而半小时以后,我的先遣部队已经在执行这个命令了。而你们呢?”拿破仑拿出一封从俄军指挥部截获的信说:“你可以拿着它,在归途中当作消遣读物……请你转告沙皇,我可以向他保证,现在有五十五万大军驻扎在维斯杜拉河的西岸。不过,我是个懂得权衡利弊的人,不会感情用事。现在我仍然愿意和他谈判。如果他和我的关系没有破裂的话,他的统治将会何等的辉煌荣耀!”

听了这番滔滔不绝的自白,俄国将军感到有些不安。然而,等到他和皇帝以及三位元帅共进晚餐时,他却突然发现别人对他的态度变得很傲慢,皇帝就像旅行者考察土著一样不停地盘问他:“你们有吉尔吉斯兵团吗?”

“没有,但我们已经在试编一些巴什吉尔和鞑靼兵团了,他们和吉尔吉斯人差不多。”

“听说,在维尔纳时,沙皇每天都和一位美丽的女士喝茶,她叫什么名字?”

“沙皇对所有的女士都很彬彬有礼。”

“听说施泰因男爵曾和沙皇同桌共餐?”

“所有高雅之士都在受邀之列。”

“他怎么能容忍施泰因这块石头[3]坐在他旁边!他难道真的以为那家

伙会喜欢他吗？天使和魔鬼难以为伍……莫斯科有多少居民？多少房屋？多少教堂？……怎么会有这么多？”

“因为我们的人民非常虔诚。”

“当今时代，人们已经不再虔诚。去莫斯科哪条路最近？”

“条条大路通罗马，陛下。您可以随意选择道路。查理十二[④]当年曾取道普尔塔瓦。”

听到这个恶意的回答，皇帝终于想到要改变话题了。可是聪明的将军已经发现了拿破仑的紧张情绪，他回圣彼得堡后一定会就此汇报的。

紧张的情绪与日俱增。皇帝急于交战，而俄军却避而不战。巴克莱想要和巴格拉吉昂会合，因此漫无目的地撤退；但巴格拉吉昂却没有来，因为他不知道自己面对的是热罗姆的军队，而误以为是法军的主力部队。巴格拉吉昂选择了撤退。热罗姆本可趁机追击，但行动过于迟缓，一直在苦等与其会师的达武只能眼看着敌人溜掉。皇帝一怒之下撤了弟弟的职，让他满腹委屈地回了卡塞尔，军队交给达武指挥。为时太晚！他对这个轻浮小子的偏爱，使他丧失了决战的良机。随着形势的日益严峻，皇帝加快了行军的速度；但越是加速行军，形势也就越发严峻。全军已无给养可言。俄军撤离时，实行坚壁清野，烧掉了所有的仓库。没有面包，没有蔬菜，除肉之外，法军一无所获。痢疾肆虐，马匹吃了房顶上的茸草，纷纷倒毙，尸体布满了道路。前进途中并无战斗，但据巴伐利亚的统帅估计，他的军团每天都要损失将近九百人。

巴黎又在说些什么呢？

消息少得惊人，就连皇后都不来信，仿佛信使已遭俘虏，邮路中断了。不过从杜伊勒里宫传来了消息，是皇太子的家庭教师汇报孩子状况的。拿破仑回信说：“我希望，不久后就能从你们那里听说，他最后的四颗牙都长全了。我已经答应保姆，给她所需要的一切。请你告诉她，让她放心。”

骄阳烘烤着大草原，皇帝就坐在那里，前面那些被焚毁的村庄他还尚未涉足，那里升腾着滚滚浓烟，在他身后，腐烂的尸体散发出污浊的臭气。饮食不习惯，天气炎热，他的胃痉挛复发了。马不能骑了，车子又走不了太远，所以他多半是在步行，身后跟着所有的参谋人员。此时推动他的只有一个念头：到哪里才能打上一仗？信使愈来愈少，即使偶有人来，在目前这样紧张不安的状态下，也没有什么能够引起他的注意。在帐篷里稍作休息时，他会在里面来回踱步。旁边沉默的秘书手中执笔，不再像往常那样发布命令、调动军队，而是忙于记录皇帝对于儿子四颗牙齿的关心。此时的罗马王正在数千英里之外冰冷的宫殿里，因为还缺四颗牙，他咬东西有些吃力。“我们马上就到魏特伯斯克了，那里离巴黎有多远呢？”

“太远了，陛下。”一个声音在回荡。

终于！我们找到他了！巴克莱就在前面，被缪拉截住了！有消息说，他们明天要撤到斯摩棱斯克去！时机到了！可恰恰在这个时候，皇帝病倒了，一时拿不定主意。他突然变得前所未有地慎重，他不想让疲惫的士兵们从劳累的急行军中马上投入到纷飞的战火里去。他变得前所未有地慎重，想集结更多的军队后再发动进攻，再打一次“奥斯特利茨战役”。于是他一直等到了天亮。

俄国人笑了。在弥漫四野的晨雾的掩护下，他们成功地撤退了——等到浓雾散去，俄军已经踪影全无。中午时皇帝搜查归来，他把宝剑扔在桌子上，嚷道：

“我就待在这里，我要集结部队。1812年的战争到此结束。”而当缪拉催促他继续前进时，他说：“1813年我要进军莫斯科，1814年占领圣彼得堡。战争将持续三年！”

必须整编混乱不堪的军队了！一仗未打，已经折损了三分之一的部队：这个广袤无垠的国家吞噬了他们。侧翼军团在哪里？麦克唐纳率领的普鲁士军队在哪里？施瓦岑贝格率领的奥地利军队又在哪里？没有确切的消息。太远了！这是个什么国家啊！如果不能打仗，那还能做什么呢？等待！在开罗，他有上百名学者相随，而且埃及是一个充满不解之谜的国度。一封简短的信说明了皇帝的情绪，自他当少尉以来，他还从未感到如此无聊和郁闷：

“请给我们寄几本消遣性的书来，”他的秘书给巴黎的图书馆长这样写道，“如果有很好的小说，无论新旧，只要皇帝还没有读过的，还有比较轻松的回忆录，都将受到我们的欢迎。我们现在很空闲，要填满这些空闲可不是件容易的事。”

你们不难想象现在拿破仑站在帐篷前的情景。他穿着那身旧的绿军装，吸着鼻烟，不时拿起望远镜观察远处的平原。一个士兵走过来，递给他一张纸条，他读过后把它放在一边。两个秘书站在帐篷的阴影里木然地向这边张望着，就像两只驯服的动物在等待驯兽者的指示。穿着土耳其式衣服的卢斯塔姆坐在一旁，只有他不曾感到天气的炎热。所有行动都瘫痪了，所有活动都中止了，既不能前进，也不能后退。突然，拿破仑冲着帐篷大叫："梅内瓦尔，快去弄几本小说来！"

终于有消息了：英国分别与沙皇和西班牙摄政缔结了条约。皇帝急得跳了起来：他从中看到了新的反法联盟，这甚至意味着对法国的包围！难道他真要躺在这里，等着欧洲奋起反抗他，或是等着欧洲入睡？前面就是斯摩棱斯克！两支俄军一定已在该城会合了！那边才是俄国的领土。在他们自己的土地上，俄军应该不会再像在波兰和立陶宛那样，转移物资，甚至是焚毁圣母的故城吧。如果能在斯摩棱斯克取胜，那他就可以随心所欲地进攻莫斯科或圣彼得堡了。拿破仑询问将领的意见，许多人都提出警告。"俄罗斯不会再牺牲任何城市了，"拿破仑说，"只有经过一场大战，亚历山大才会和我们谈判。我们连血都还没有流。我将找机会和俄国人作战，并且取胜。我一定要进逼圣城莫斯科！"

但是，当这场大战即将到来之时，他却来到了河的另一侧，因为他觉得，如果战斗在河的这一侧打响，那将是一场寻常之战，而不是他所需要的大战，俄军在战后完全可以安全撤离。是的，两支俄军终于会师了。他们决定有计划地撤退。疲惫的法军潮水般涌向城墙，却遭到了顽强抵抗。老兵们不由得想起了十三年前攻打阿克时的情景。最终，斯摩棱斯克陷落了，但它却是在一片火海中陷落的，胜利者只得到了一城的废墟。现在的皇帝是否开始意识到这个民族的精神力量了呢？他难道没有看到俄国人的情绪日益狂热？他们宁愿把古老神圣的宝贵财富付之一炬，也不愿把它们留给敌人。已经没有任何东西可供这支饱受饥饿之苦的军队劫掠了。

皇帝陷入了可怕的境地：就像荒野中的李尔王。权力在他身上碎裂，每一个神情都在空气中消散，远处响起的理智世界的嘲笑在旷野中回荡。必须作个了结了。必须给沙皇派去第二个使者，写信是没用的，上次从维尔纳写的信至今石沉大海。于是他又一次找来了一个被俘的俄国将军，他花了很长时间观察那个将军，然后突然说道：

> 你能给沙皇写封信吗？不能？但你总能把我说的话写信告诉你在总司令部的哥哥吧！要是你能告诉他，你见到了我，而且是我委托你给

他写信的，你就帮了我一个大忙。要是令兄本人能够面见沙皇，或者通过大公爵转告沙皇，我最大的愿望就是和平，那我将不胜感激……我们究竟为何要交战呢？当然，如果你们是英国人，那就另当别论了！俄国人和我无怨无仇。你们想要买到便宜的咖啡和食糖吗？没问题。我可以安排。但要是你们以为可以很轻易地击败我，那就要让你们的战争委员会仔细估量一下形势了。要是委员会认为稳操胜券，那就请选择你们的战场吧……否则我就要攻占莫斯科，而且不管我如何告诫我的军队，我都无法保证，莫斯科不会毁于战火。一个堂堂大国的首都落入敌人之手，就好像失节受辱的妇女……你意下如何：如果沙皇要媾和，总不会有人反对吧！

做尉官时，拿破仑很少求人；当了将军以后，他从不求人。这种事他根本不会，他只会下命令指挥别人。即使给国王写信，他也是用下命令的语气。十年以来，他只说过两次“请”字：第一次是他请教皇为他涂圣油，登基为皇帝；第二次，则是他请求奥地利皇帝把公主嫁给自己。可如今，他居然如此低声下气！当被俘的军官接过自己的佩剑时，他会作何感想呢？——这难道就是世界的主宰？他竟然会请求我这个微不足道的人，请求我和哥哥帮他的忙？事情怎么会到如此的地步？他难道没有别的信使可遣吗？难道真的只有咖啡和食糖才是祸根，造成几十万人阵亡于此？战争仿佛对弈，象棋大师向我们挑战，就好像这一切只是一场精彩的对局——谁会知道伟大的母亲俄罗斯在受苦受难！她含泪看着一座座城市化为焦土，看着圣像化为灰烬！

被俘的将军把给哥哥的信写好了，贝尔蒂埃审阅后，信被送出，依然没有回音。拿破仑怒不可遏：现在他作决定总是间歇性的，时而犹豫，时而果决。当拉普向他请示，军队到底是进是退时，他答道：“酒已斟满，势必尽饮。我将进军莫斯科……皇帝我已经当得够久了，现在我要再当一次将军！”在场的人都双目放光，他们仿佛又听到皇帝当年的铿锵之声！此时正值9月初。

在博罗迪诺附近神圣的草原上，巴克莱的继任者库图佐夫终于停止了撤退。双方势均力敌。这正是拿破仑所建议的对决。当夜无人入睡，因为明天，明天终于要开战了。金色的莫斯科将拜倒在我们脚下，一切的苦难终将成为过去。夜半时分，信使从巴黎赶来。拿破仑正俯身研究地图，问是否是紧急报告。秘书一声不响地递给他一份西班牙的公文：威灵顿在萨拉曼卡战役中取得了对马尔蒙的决定性胜利。皇帝读完报告，未加评论，继续研究地图。在欧洲的最东端，在欧亚两洲交界之处，几个小时以后，他将痛击俄国人。尽管在欧洲最南端，英国人获得了令人惊讶的胜利，但现在还不是考虑这些的时候。天将破晓，一如往日，今天的近卫军依然在高喊："皇帝万岁！"

他给他们看了他儿子的画像，这是信使昨夜从巴黎带过来的。他们站在那里，这些久经沙场的老兵，没有人知道法国在西班牙战败，他们只知道一个劲儿地赞美皇太子的美丽可爱。画像被送回帐篷，拿破仑突然像个诗人一样说道："收起来吧。孩子太小，不适合见到流血的战场。"

两军展开激战，重要的据点攻下又失守，然后又攻下，几度易手。近卫军高呼，要求皇帝像以往一样，让他们在莫斯科河畔参加决战。将军们要求他同意，亲信们也竭力劝说：拿破仑拒不下令。平生第一次他没有离开自己的位置。他在发烧，呼吸困难，咳嗽，双腿肿胀。坐在马上，他犹豫不决，派上近卫军似乎能够左右战局，但他却无法作出决断："明天要是还有恶战，我该怎么办？我还能派谁迎战？"到了晚上，俄军撤退。第二天检视战场，有七万人阵亡或重伤：比以往历次战斗都要惨烈。皇帝说道：

"幸运之神有如娼妓。我经常这么说。此刻，我更是深感如此。"

不过，通往莫斯科的道路终于被打通了。当初五十万大军进攻俄国，如今跟随他的只有十万余人。当拿破仑背向斜阳，登高远望的时候，他看到的是一座有着上千个圆顶建筑的城市，市中心小山上耸立着那座东方城堡——克里姆林宫。他凝视着眼前的城市，一无兴致，只感到疲惫。他低声说道："莫斯科！危机已过！"

5

莫斯科 大火 燃烧的街道 第三个信使 最后一封信
沙皇宫殿里的心情

"城市的钥匙在哪里？负责交接的市政官员在哪里？"

一下午，他就在等候城市的各种钥匙，而军队则从他身旁经过。无论在维也纳、米兰、马德里还是柏林，他都以胜利者的姿态经由城门入城。难道那些鞑靼人竟然不知道这一高贵的罗马风俗？没有任何动静。远处传来库图佐夫士兵嘈杂的声音，这支尚未被完全击败的军队正从城中撤退，他自己的军队则气势汹汹地拥进城来。俄军殿后与法军前哨几乎短兵相接。入城式静悄悄的，莫斯科已成一座空城。不过还有很多房屋，疲惫不堪的士兵们想道，我们可以找到食物，舒舒服服地睡上一觉。

在这令人不安的寂静中，皇帝和他的参谋部缓缓地纵马前行，目标是克里姆林宫。就在那里。所有的目光都饱含着无言的惊叹，打量着充满异国情调的宫墙。所有的门户均已洞开，但却没有一个人可以充作向导。金碧辉煌的厅堂宛如梦幻，孤独而又凄凉。他们走进一个大厅，窗子都钉上了木板，当士兵用枪托砸开木板时，皇帝才从华盖上认出，这是昔日沙皇的加冕厅。但是宝座被罩了起来。

此时此刻，一切皆已圆满，只欠和平。这就是他想要的和平吗？如今除了胜利，他一无所有。是谁骗取了胜利的果实？就是这片辽阔而又陌生的土地。十三年前是沙漠愚弄了他，如今则是这大草原。为什么他不仿照从前解放阿拉伯人的计划，也解放立陶宛的农奴以获得兵源和向导呢？假如他现在还这么做，并且将周围的农民召集进这座空城，和他们讲和，那么情况又会怎样？我们还是这里的主人，这个谜一样的帝国还可以满足我们许多的愿望。

夜深了，却毫无睡意。“为了放松一下，我们工作吧。”他对科兰古说。他打开波兰地图，说明为什么不在那里停留。而六周后，他将进入彼得堡。他拿出他的圣经——部队的花名册，每次出行他都会随身携带，即使和平时期也手不释卷。花名册告诉他还有多少兵力。看着一行行的数字，他的精神好转：“几周后我又可以在这里集结二十五万人。每个人都有住处。但是食物怎么办？城市四周全是沙漠。”

窗外突然亮了起来。着火了！不要紧，对此我们已经习惯，昨天就有几处地方起火。然而，传令兵、将军、信使突然络绎而至，同时报来数百条消息，全城到处起火。没错，这是有预谋的纵火，因为所有的水泵都不见了！这些疯子难道想亲手烧掉神圣的莫斯科？皇帝会怎么做？这段时间与皇帝在一起的塞居尔，向后世描述了当时的情景：

周遭的火势似乎也灼伤了皇帝的心灵。他忽而站起，忽而坐下，忽而快步穿过许多房间。他那短促激烈的行动证明，他正经受着可怕的精神折磨。他搁下紧急公文，突然又拿起来，又重新放下，然后他使劲推开窗户。从他胸中爆发出急促的呼喊：

“多么可怕的景象！他们自己放火毁城！这么多的宫殿！多么伟大的决定！谁又能料到！这都是些什么人啊！简直就是斯堪特人[5]！”

……突然传来消息说，克里姆林宫下埋有地雷。几个仆人吓得魂不附体，卫兵们则冷静候命。皇帝只是微微一笑，并不相信，他的步伐依然坚定有力。每扇窗前他都会停下来，观察那熊熊烈火正吞噬所有的桥梁和宫门。大火包围着他，围困着他。空气中满是烟雾和灰烬，秋分时节的狂风使得烈火更加肆虐。

这时缪拉和欧仁匆匆赶来，冲到皇帝面前，坚持要他离开。徒劳无益。终于成为沙皇皇宫主人的拿破仑，坚持己愿，不为烈火所动，突然有人喊道：“克里姆林宫起火了！”皇帝想要直面危险……

在火药库的塔楼里，人们抓到一名俄国宪兵。他被带到皇帝面前。俄国人供认，他是奉命在克里姆林宫放火的。皇帝做了一个异常愤怒和鄙夷的动作。俘虏被士兵拉到广场上处决了。这件事促使皇帝下定了决心。

我们匆忙从北楼梯下去，皇帝命令我们带他出城。但大火封住了宫门，根本找不到出路。最后我们在岩石间发现了一条通向莫斯科河的沟堑。从这条窄窄的通道，我们总算逃离了克里姆林宫。但这又如何呢？怎样才能渡过河去呢？士兵们被烟尘迷住了眼睛，被狂风遮住了耳朵，茫然不知身在何处，街道笼罩在滚滚浓烟之中。逃出这人间炼狱的唯一出路就是一条弯弯曲曲的街道，两侧的房屋已经开始燃烧。

皇帝不假思索地踏上了这条可怕的道路。他快步向前，从烧得噼啪作响的房梁和屋顶下穿过……灼人的炽热、过度消耗的空气、无法控制的烈火，让我们几乎透不过气来……向导迷了路，要不是第一军团的几名正在劫掠的士兵认出了皇帝，并带我们逃出火海，我们的生命肯定会就此戛然而止。

我们遇到了达武。他在莫斯科河边负了伤，却让人把他抬去，希望能够救出皇帝，不然就为皇帝殉死。他见到皇帝，惊喜万分，紧紧地抱住他。皇帝也非常感动，但仍保持着镇静，正是这份镇静让他在危险面前能够从容不迫。

拿破仑在郊外的一座宫殿里等待大火熄灭。第四天，他回到了克里姆林宫，那里并没有遭到大的损害。第五天，他已忍耐不住：他第三次写信给沙皇。虽然现在他已占领敌人的首都，心中却并不踏实。他与敌人的任何联系都被切断，他不得不再次求助于一名被俘的军官，这次是一名上尉，皇帝在加冕厅接见了他。他是否感到一种英雄式的荒诞呢？一名小小的军官，无权无名，却充当了神圣俄罗斯的代表。而在他面前，在著名的沙皇大厅里，却站着显赫的法兰西皇帝，令整个欧洲都为之颤抖的征服者。他与上尉攀谈、谈判、提条件，仿佛这里就是提尔西特，而上尉就是沙皇。

"我进行的是纯粹的政治性战争，"拿破仑强调说，"我这样做只是为了敦促沙皇履行我们之间的条约。假如我占领了伦敦，我不会迅速离去。但我将很快从这里撤离。如果沙皇想要和平，他就应该让我知道这一点……我将释放你，但有个条件，你得去彼得堡。沙皇会乐于接见一个莫斯科近况的目击者的，你要向他讲述这里的一切。"

"我不会被引见的，陛下。"

"你去拜托内廷大臣托尔斯泰，他是个正直的人。不然，你还可以命令内廷侍卫为你通报，或者，在沙皇每日散步的必经之地等候。"上尉浑身发冷，他感觉似乎要被收买去行刺沙皇。他什么也没有答应，期期艾艾地说不出话来。"好吧，我来写封信，请你将它转呈给沙皇。"这最后一封信函，竟要通过如此尴尬的方式从一位皇帝手中传到另一位手中，可谓是拿破仑致沙皇的三封信件中最为奇特的：

敬爱的皇兄……宏伟壮丽的莫斯科已不复存在……贵方的举动既可憎又无用。您想夺走我的给养吗？它们贮存在地窖里，大火烧不到那里。这里可是一座世界上最美丽的城市，人类用了几个世纪才建造出的不朽杰作，怎么能为了如此微不足道的目的而将它毁掉呢！……

> 出于人道，并为陛下的利益着想，我将接管这座俄军放弃的城市。市政当局和民兵团起码应当留守，维也纳两度失守时都是这样做的；在柏林和马德里也是如此；甚至当年苏瓦诺夫领军进驻米兰时，失去米兰的法国人也是这么做的……以您的高贵的思想和善良的心性，您不可能同意纵火焚城这样卑鄙的恶行，对于您这样伟大的统治者和俄罗斯这样伟大的民族而言，这实在有失体面。您的臣民只顾着搬走灭火设备，却抛下了一百五十尊大炮……我与陛下作战并非出于怨恨。如果在上次战役前后，您能有所表示的话，我本可以停止前进，我甚至希望，为了您的缘故而不去占领莫斯科……假如您尚感念与我旧日的友情，您就会善待此信。不管怎样，您总要感谢我告诉了您目前的情势。

这宛如是老师写给学生的信，写信者极度孤立，信中充满恼怒和怨恨，意在打动收信人：就好像极有节制的道德家在给流氓写信。其实全信的主旨只在“善待此信”这几个字，其中潜藏着写信人的目的和希望。它会起作用吗？

在彼得堡，敌军的推进、如此近距离的威胁、莫斯科的大火，这一切都使得人心惶惶。朝廷倾向于和谈。还有比这更好的时机吗？敌人日益狼狈，他们急于谋求谈判！鲁莽的康斯坦丁大公，甚至沙皇的母后——皇太后痛恨暴发户拿破仑，拒绝把女儿嫁给他，在提尔西特会谈后责骂沙皇长达数星期之久——都建议双方握手言和：现在正是时候！

但是沙皇不为所动。有两个人促使这位个性优柔的人保持坚定。一位是法国人贝尔纳多特，他们在芬兰再度会晤，贝尔纳多特坚定了沙皇的决心，他甚至还把帮助瑞典攻占挪威的俄国援军遣回给沙皇：贝尔纳多特的仇恨十分强烈，他下决心一定要消灭拿破仑；而且他又是如此地野心勃勃，想要得到沙皇承诺的法国王冠。

另一位是德意志人，他是这个民族在危亡关头，在其救亡斗争中所能孕育出来的精英。四年来，曾是帝国男爵的施泰因被拿破仑驱逐，背井离乡，四处流亡，如今成了沙皇的顾问。他在所有方面都是拿破仑的对头。现在他将与皇帝决一死战。

这一次，施泰因将获胜。

6

帝国男爵施泰因 双雄对比 施泰因的决定性影响
狮子的建议“您必须掉头” 桦木手杖

海因里希·弗里德里希·卡尔·冯·施泰因帝国男爵（1757—1831）

在许多国家里，十七年来，在那些奋起反抗拿破仑的才智之士当中，从来没有人能够像塔列朗和施泰因那样让皇帝如此头痛：前者用他阴险狡诈的天才瓦解了拿破仑的传奇意志，后者则用其内心强大的道德力量对抗拿破仑无道德的活力。施泰因体现着德意志人的良好品德，拿破仑则荟萃了意大利人的各种天赋。这二者并不排斥，而是相互补充，两种天赋可以在很大程度上相互理解。如果施泰因是法国人——就像卡尔诺——他也许会成为皇帝最得力的助手，荣誉感与务实精神会让他们很好地合作，相得益彰。

但是，这种惺惺相惜根本无法弥合他们之间强烈的疏远感。道不同难相为谋。因为拿破仑是个没有祖国意识的人，他可以在任何国家建功立业。他之所以重视法国人，只是因为他碰巧当上了法国皇帝。与之相比，施泰因却是全身心地为祖国而活，故土乃是他的力量源泉，他沉重而丰富的灵魂与机敏灵活等品质格格不入，而那正是拿破仑性格的重要部分。施泰因是位心中只有德意志和德意志人民的政治家，他希望同文同种的德意志人能够统一起来，即使这会违背某些弱小君主的意愿；而拿破仑则是心怀欧洲和欧洲人的政治家，他和施泰因一样都必须和那些君主作斗争，不过他的目的是为了统一欧洲。

作为一个独立的小国国君，施泰因的背后有他无数的先辈。在这同一块日耳曼的热土上，他们七百年来辛苦劳作，勤于治理。他离开父辈的城堡，为的是报效民族。他不信任并且蔑视德意志其他的诸侯，这些人将国土和自由拱手让人，将臣民乃至自己出卖给异族的征服者。拿破仑则来自破落的贵族家庭，没有故乡，早年被迫离开父亲的葡萄园。他和施泰因一样鄙视那些臣服于己的诸侯，而对少数不肯妥协的君主则暗暗钦佩。

看到欧洲那些君主复活堕落，拿破仑蔑视之余，还抱着取笑逗弄的心情。而施泰因则满心沉痛。君主们天生的无能，激发了那位暴发户对于自己天才的自信，但却动摇了生为骑士的施泰因的自尊。如果说科西嘉人通过自己的成功向世界大胆地证明，新时代已经来临，那么德意志人则通过自己在贵族阶层的遭遇悲哀地看到，旧时代已然崩溃。他打心眼儿里鄙视普鲁士国王，其程度并不亚于他对法国皇帝的憎恨。

因此，在皇帝宣布流放施泰因这件事上，实际体现了两个民族、两个阶级和两个时代的差异与矛盾。假如施泰因男爵是国王的话，他会比哈布斯堡、霍亨索伦或其他失败的王室更有尊严，更能代表正统信念，更能与那位大革命之子相抗衡。德意志民族捍卫正统信念的热忱，毫不亚于他们抗击拿破仑的斗志。撇开不伦瑞克亲王和几位较年轻的王子不算，施泰因是唯一一位在这个时代挽救德意志诸侯们的尊严与价值的人。

如今，他的伟大时刻到来了。当初皇帝在马德里宣布流放这位普鲁士大臣，现在他将首度因为这个举措而遭到对手的回击，不久之后，他的厄运也将因此铸成。正是由于当年的一纸敕令，施泰因才被迫投奔沙皇，并开始与他的敌人争夺沙皇的心。在沙皇犹豫不决时，最能使他坚定起来的，莫过于这位德意志流亡者的勇气和热忱，他能使沙皇倾听他的意见。远方的皇帝正因为察觉到了这种影响，所以才会在那位被俘的俄国将军面前恶意地诋毁他。他害怕施泰因。那是一位实干的理想主义者，一位无所畏惧的君主主义者：他必定能在关键时刻左右沙皇的意志。沙皇也是理想主义者，但缺乏决断，易受恫吓。施泰因深谙人情世故，知道沙皇隐约地渴望过上恪守道德法则的生活，所以就不时地谴责拿破仑无视道德、醉心独裁。他从不以扩张领土为由来引诱沙皇，而是劝导沙皇应当坚持原则，并希望以此在沙皇身上诱生出第一位现代君主，一位比德意志诸侯们更懂得保护君权世袭的现代君主。

在沙皇的朝廷里，德意志人是唯一诚恳进言、不谋私利的人；他是被无家无国可言的拿破仑驱逐出家园的人，他巴不得早日离开这个好客的避难所。沙皇深知，施泰因并非谋求高官显位之辈，而是个地位超然的外国人，其建议不掺杂任何个人利益。所以，在此次俄法战争期间，他对施泰因的信任超过许多亲法的大臣。或许他还听说了这个德意志人最近的妙语。莫斯科大火的消息传来时，施泰因在餐桌上举杯说道："有生以来，我的行囊已经丢弃过三四次，我们必须习惯将这些抛在脑后。既然我们固有一死，我们何不勇敢过活。"

他在莫斯科的敌人拿破仑很快也将如此行事，将过去的种种抛在脑后：他决定撤退。因为彼得堡那边杳无音信。浪费了五个星期——冬天日益迫近！皇帝在沉闷中等待着消息，他的神经和精力已经无法忍受如此阴郁的气氛。他向巴黎要的小说尚未送到，于是他就翻看在克里姆林宫内找到的东西。但他读得很少，他一反常态，延长了用餐时间。他的部下有时发现他饭后会长时间躺着，手里拿着书，却呆呆地盯着书的上方。

在一座被大火焚毁的城市里，没有事情需要安排，人们还能做什么呢？有一两个晚上，他让一个没有撤离的剧团为他表演法国戏剧。随后，统治者利用这段少有的假期，仔细推敲法兰西剧院的章程，并向巴黎下达了修改命令。另一半时间则花在发布军令上。这些命令看来绝不平庸，也断非出自一个疲惫的大脑，而是准确凝练，一如往日。但是，形势依然没有改观，储备耗尽，寒冬将至。10月中旬，他召开军事会议，虽然他明知眼下只有一条路可走。

达律建议，就地过冬，等候被解放的立陶宛运来补给，等到春天就进军彼得堡。皇帝沉思良久，然后说道：

"这是一个狮子的建议。但巴黎会怎么说？谁能估计离开巴黎六个月的影响？法国人不习惯我在国外，而普鲁士和奥地利则会趁机而动。"唯一能下的命令就是全军撤退！带什么战利品回巴黎呢？他命人把圣伊万教堂巨大的黄金十字架从城堡的拱顶上取下，准备把它安放在巴黎残废军人大教堂的顶上。但是对付沙皇这个虚伪的朋友，就没有更好的报复方式吗？

他下令把克里姆林宫炸掉。他是如此震怒，以至于三次在众人面前失态。

他在莫斯科城外驻足三个小时，等候爆炸的消息。大军从他面前拖拖拉拉地走过，军队的速度因为伤病人员和战利品的关系而大打折扣，士兵休息充分，但纪律松弛。最后，消息传来：爆炸失败。他沉默不语，但当拉普表达自己对严寒的忧虑时，他训斥道："今天是10月19日，你难道没看到天气有多好吗？你没看到我的幸运星吗？"

他以前从未说过类似的话，今天他却忧心忡忡。他知道，辎重会影响行军速度，但他不忍心禁止士兵带些东西回家。俄军已经包围了法军，他们最近甚至迫使缪拉的骑兵连退回城里。当初东进时，皇帝一心只想着打仗，而如今西退时，他不怕别的，只怕打仗："千万不要有事！"他只想尽快回到斯摩棱斯克，他想在那里过冬。

难道他事业的终点要和起点相呼应吗？像在埃及一样，大军行进，把辎重放在中间，还要时刻提防敌人的骚扰。有一次，幸亏部下沉着机警，皇帝才免于被俘。"哥萨克人！赶紧掉头！"拉普手指着灌木丛喊道。皇帝不听劝阻，于是这位副官抓住缰绳，把皇帝的坐骑转了回来："您必须掉头！"拿破仑生平从未听过有人这样跟他说话。他该怎么办？唯一理智的做法就是逃走。

但是皇帝岿然不动，他拔剑出鞘，拉普、贝尔蒂埃和科兰古也拔出剑来，他们站在路的左边，等着四十步外的哥萨克骑兵进攻。随从军官们掩护着皇帝，直到近卫军骑兵队赶到，驱走了哥萨克人。

此次遇险之后，新的念头闪过他的脑海。亚历山大会把他绑在凯旋的战车上吗？他让医生给他一剂毒药，放在脖子上挂着的黑色丝袋中，以便被俘时服用。这次袭击之后，所有俄国骑兵的目标都直指这个邪恶的异教徒的首级。俄军司令部颁发通缉令，上有皇帝的画像，命令所有军团司令密切注意俘虏中"每个身材矮小的人"，也许法国皇帝就在其中。

埃及的酷热曾夺去他上千士兵的生命，而俄罗斯的严寒则吞噬了近万名士兵。冰雪令战马倒毙，大炮被牢牢冻在地上，弹药车被炸，骑兵被迫步行，路上到处可见冻死的官兵。

最后到达斯摩棱斯克的士兵不超过五万，相当于原兵力的十分之一，物资储备已经耗尽，无法在此过冬。这支挨饿受冻的部队急忙继续撤退。成千上万的士兵扔掉了武器，连近卫军也意志涣散。这时，皇帝走到步兵中

拿破仑从俄国撤军

间，说道：

"你们看见了，我的部队无组织无纪律。这些丧失理智的家伙连自己的武器都不要了。如果你们以这种可耻行为为榜样，我们就毫无希望了。军队的未来就在你们身上！"说完，他就走到队伍的最前面，领着他们一起徒步前进。某位在路上巧遇他们的人这样描述道，那是一支毫无生气的队伍，由将军们领头，只有少数几个人骑马。就像是衣衫褴褛的鬼魂，大衣被烧得破破烂烂，瘦削，脸如土色，胡须板结，不言不语，弓腰驼背，他们是命运的囚徒。其后是神圣军团，由军官组成，多数人拄着杖，脚上缠着破羊皮。跟着他们的是骑兵卫队的幸存者。

现在来了三个步行的男人：右边是那不勒斯国王，他已顾不上那漂亮的孔雀羽毛装饰了；左边是意大利总督欧仁；中间的人最为矮小，拄着一根桦木杖，身穿波兰皮衣，头戴火狐皮帽，无言地穿行在俄罗斯的大地上。

7

巴黎政变　皇帝受惊　窃窃私语　别列西纳河　最后的公报
步行去华沙　拿破仑变成冒险者　"歌德先生好吗？"

巴黎在说什么呢？

他不知道。自从埃及以来，这是他第一次对巴黎的情况进行毫无根据的推测。他不知道，在他的首都发生了什么：他的心情躁动不安，就像旅人不知道在家的妻子是否对他不忠。他写信给在维尔纳的大臣马热："我已经两个多礼拜没有接到音信了，我对法国和西班牙发生的一切……一无所知……部队已经散架了，掉队的人越来越多，我们至少需要两周时间才能重新集结，但是时间从何而来！我们能守住维尔纳吗？但愿头一个礼拜敌人不来进攻！食物！食物！……在维尔纳不能有任何外国使节：军队目前的状态不宜观瞻。必须转移那里所有的使节。”

信使终于来了——但是皇帝为什么脸色发青？他从巴黎听到了什么可怕的消息？那里到底发生了什么，竟然比他在此地的亲身经历还要糟糕？当然，通过英国报纸、信件和流言，法兰西早已得知事实真相。不过皇帝的新闻公报却对此避而未提。部分巴黎人容易狂热，但也同样容易绝望，他们已经放弃皇帝，可怕的消息和恶意的讽刺传遍街头巷尾。且慢，这又是什么新闻？

有人策划了一场政变，但是失败了——但它揭示了怎样的背景！一名共和时代的将军，数年前因卷入一场阴谋而被捕，随后被送入疯人院。这位马勒将军利用缺少皇帝的消息和莫斯科大火引起的恐慌，逃出疯人院，与同谋伪造了一份内称皇帝已亡的电文。他们逮捕了警务大臣，成立临时政府，说服了国民卫队、部长们，甚至老将军们，直到最后，司令部两位勇敢的军官看穿了他们，抓住并捆住他们，然后在阳台上高呼“皇帝万岁”，这场闹剧才告结束。

在白雪覆盖的帐篷里，皇帝惊恐万分地翻看着这封信。它比最近法军在西班牙战败的消息还要糟糕。谋反者已被枪决，巴黎没有变化，整出滑稽戏以喜剧收场——然而有人竟成为巴黎警察的主人：然后有人就可能成为整个法国的主人？叛乱期间，华丽的马车不敢上街！而当一位老贵族询问何事发生时，一个工人笑道：“公民！皇帝已经死了！中午将宣布共和国成立！”皇帝震惊不已，任信纸从手中滑落，他对亲信说：

“那我的王朝呢？竟然没有人想到过我的妻子、我的儿子以及帝国的所有机构？！——我必须马上回巴黎！”

这幕插曲所暗示的危险闪电般在他脑中掠过：“嘲笑的工人，他代表的可是民众！为了民众，我宵衣旰食，日夜操劳，积数年之功才建立起这个皇朝；为了民众，我放弃了心爱的女人，迎娶公主，以便我的社稷有所继承，我的皇朝可以不朽——然而随便一个胆大妄为的军官、一个寂寂无名的家伙，只需大叫皇帝死了，民众就又开始嚷嚷公民和共和这类的话了？摄政王、皇储、参议院——这一切难道都不算数？人心真是无底洞！但我要给它加个底。我要按卡佩王朝[6]的成例，在生前就为皇储加冕——还要在巴黎召集忠诚的支持者！”

皇帝受到新的危险的刺激，重新牢牢地抓住统治权。“他脸色苍白。但神色从容。表面上看不出一丝痛苦或烦恼。”他的身体重又好转。现在部队已靠近别列西纳河。由于侧翼部队情况不妙，他把军队收缩得更加紧密，命令烧掉剩下的辎重，以便匀出马匹运载剩余的大炮。但愿河上的桥还在！他写道：“如果敌人占领桥头并把桥烧掉，我们无法过河，这将会是场灾难。”

第二天，大军到达河边：无桥，无船，两支兵力远超法军的俄国部队在对岸严阵以待。河面宽阔，两岸都是沼泽。还能从这里脱困吗？

这时，他想出奇计，就像当年做将军时常做的那样。他要为俄国人设下圈套，用佯攻诱开他们。他冷静地安排着一切：在他的近卫军当中，有一千八百名骑兵失去了坐骑，他们中只有一千一百人拥有武器。他把他们分成两营，然后命令烧毁所有兵团的鹰旗：在这千钧一发之际，拿破仑的荣誉感仍然十分强烈，他不能容忍作为荣誉象征的军旗落入敌手。午夜过后，他终于在营帐中躺下。迪罗克和达律以为他睡着了，就悄声谈论，认为可能大难临头。“政治犯”这几个字突然钻进了拿破仑的耳朵。他摸摸脖子上挂着的黑丝袋，坐起来说道：

“你们认为他们敢这么做？”

“我不相信敌人会宽大为怀。”很快镇定下来的达律回答。

“但是法兰西！法兰西会怎么做？”

达律顾左右而言他，但在拿破仑的追问下，他只好答道：“陛下，您最好尽快回巴黎，您在那儿也许会更好地拯救我们。”

“我在这儿成你们的累赘了吗？”

“是的，陛下。”

“你们不想做政治犯吧？”长时间的沉默。皇帝随后说道：“大臣们的报告都毁掉了吗？”

“您迄今未曾下达这个命令。”

“必须毁掉。全部毁掉。我们的处境极其艰难。”从莫斯科撤退到现在，已经几个星期过去了，这是皇帝第一次向亲信承认情况危急。他的语气就好像垂死的人在交代身后之事。不过，他的天性要比他的命运聪明很多：他很快就酣然入睡了。

第二天早上，他把敌人诱至河的下游，并用炮火将其击退。工兵们在浮冰上匆忙造好两座浮桥。大军渡河整整用去两天时间，包括涉水过河的骑兵，总共还剩下将近两万五千人。虽然时时刻刻面临被俘的危险，皇帝却一直等到最后一名士兵也过了河，才在第三天在其老卫队的簇拥下来到了对岸。其后仍然有掉队的士兵赶来，他们却在随后几天内死于冰雪和炮火之下。

在接下来的一周里，皇帝又两度遇到生命危险。哥萨克人再度袭击了他们，紧跟着就连法国人也想要他的命。12月5日，拉庇少校在皇帝的帐篷前鼓动普鲁士荣誉军团的军官们："先生们！现在是时候了！"他提出应由最年长的普鲁士上尉先刺死那个马穆鲁克仆人，然后就是他的主人。他们应该在德意志看过席勒的剧本《华伦斯坦》[7]吧？普鲁士人把行动又推还给法国人，拉庇却说，他对自己的手下不放心。这时科兰古走了出来，这些人的表情和手势让他起了疑心，他拍着手喊道："先生们，该出发了！"

皇帝对此一无所知，当晚他把元帅们召集起来："我更适合在杜伊勒里宫的宝座上讲话，而不是对一支被严寒摧毁的军队发号施令，皇座上的我更强大……如果我是波旁王室的人，生来就世袭王位，那我就更容易避免错误。"然后他与每个人单独会谈，倾听意见和建议，他恭维，他赞扬，他鼓励，他微笑，他逢迎：很显然，他是为了防止叛乱。

随后，他让欧仁宣读最新的公报，公报中第一次暗示了法军遭遇的灾难："有的人被大自然锻造得不够坚强，他们无法超脱于命运的无常变化，以致失去了平静和勇气，只想着不幸和失败。而有的人却面对一切危难凛然不惧，他们能够始终坚持自己的信念与斗志，并把新的困难视作是获取荣誉的新机遇。"

严寒似乎是兵败俄罗斯的唯一原因。"皇帝陛下的健康状况从未像现在这样良好。"

如此铿锵有力的语气。那位曾经的波拿巴将军又回来了，在命运与健康面前，他重新找回了昔日的语言。考虑到巴黎的老百姓已经数星期之久没有得到关于他现状的消息，所以他在公报的最后加上了一句，强调自己健康状况良好。尽管这个结尾略显突兀，但公报全文仍透露着一种英雄式的犬儒主义色彩，他也带着同样的态度结束了这次为期刚好半年的远征。他把军队的指挥权交给了缪拉，他将负责把剩余部队带回法国，其中只有九千名士兵还携有武器。

不过，这时也发生了点新鲜事儿：皇帝拥抱了所有在场的将军。这是骗子用以防止他们动摇忠心的最后一招呢，还是他真的抑制不住内心的冲动？那天晚上，每个人都感觉到了皇帝的心脏的跳动。

他和达律及科兰古一起登上雪橇，他们先出发了。但为安全起见，他用了秘书的名字：梅内瓦尔。这是他的第五个名字。第四个是拿破仑。

他们在波兰的雪地上疾行。他忽然让雪橇在一个十字路口停下。离此不远一定是瓦莱夫斯卡伯爵夫人的城堡，他意欲前往。拿破仑正处在逃离俄国的途中，满脑子都是震撼世界的计划，他之所以离开军队单独逃亡，是因为巴黎需要他，而他也需要巴黎——而此刻一个诗意的念头占据了他的心，那是对错失幸福生活的悔恨！但是，同伴急忙提醒他，他们现在孤身在外，只有两架雪橇，而哥萨克人正四处出没，这才让他断了念头。于是，他重新躺下，把皮大衣裹在身上，睡着了。

五天后，他让雪橇在华沙城外的桥边等候。中午，他与科兰古步行进城。谁要认出他来，他们只能拒不承认，说对方一定是见鬼了、发疯了。他把同伴派去了法国大使馆，而为了掩盖身份，他去了一家小旅馆。说来也巧，这个旅馆的名字偏偏叫作英伦旅馆。低矮的白色房间里面很冷，取暖用的木头都是新砍下来的，女仆怎么点也点不着。拿破仑只好穿着皮衣，戴着皮帽，蹬着皮靴。当他命人请来的两位波兰贵族进来的时候，正看见他在房间里不停走动，并且挥舞双臂以驱散寒气。两位贵族简直不敢相信自己的眼睛，而这个鬼魂却笑着对他们说：

> 我什么时候到华沙的？一周了？不，才两个小时。从伟大到可笑只有一步之遥。您好吗，斯坦尼斯拉斯先生？……危险？一点儿也不！紧张刺激能够让我活跃起来！我越受颠簸，我的感觉就越好。傀儡皇帝们尸位素餐在宫殿里肥胖，我却骑着老马在战争中发福……你们这边很担心吗？军队的情况棒极了！我仍然有十二万士兵！他们令俄国人望风披靡，敌人一直不敢和我们交战。部队将在维尔纳过冬。我还要返回巴黎，再集结三十万大军。六个月后我将重返涅曼河……
>
> 我身经百战！在马伦哥，在下午六点之前，我一直被敌人压着打，第二天我就成为整个意大利的主人。在埃斯林根，我一举成为奥地利

的主人，卡尔大公还以为可以阻挡我的前进。不过我没有料到，多瑙河水一夜间暴涨十六英尺。若非如此，哈布斯堡皇朝早完了。但上天注定我要娶他们的一位公主为妻！……

俄国的情况也是如此。天寒地冻，这不是我所能控制的。每天早晨都有报告，说夜间一万匹战马倒毙。真是幸福的远征！我们的诺曼底马不如俄国马耐寒，士兵也是如此……也许有人说，我在莫斯科待得太久，但那时天气很好，而我正等候和平的消息。这是一场伟大的政治戏剧！不入虎穴，焉得虎子。从伟大到可笑只有一步之遥！……谁能料到莫斯科的大火呢！……我的感觉从未这么好过，而如果魔鬼掐住了我的脖子，我也许感觉会更好！

一连两个小时，拿破仑就这样滔滔不绝地高谈阔论，他在遭受难以描述的巨大损失之后，想要表现出疯狂的勇气。

拿破仑成了冒险家。因为波兰人会把他的话到处传扬，所以他虚构了军队、严寒和战斗。事实上，军队早已不复存在，严寒夺走的只是残兵败将的生命，而战斗也从来没有发生过。他列举世界历史上的例子作比较，把刚刚结束的事情当作是过去很久的历史。他把失败归因于天意，还反复四次提到那句犬儒主义的伟大警句：从伟大到可笑只有一步之遥，借以避开种种批评的锋芒。对于这位伟大的现实主义者而言，整个世界，以及他对世界的所作所为，都已经开始变成了一出戏剧。在拿破仑时运不济之时，他也慢慢登上了高度讽刺的台阶。

两个波兰人没有从这一切中嗅到任何蛛丝马迹：他们一心只想着国家的债务，想要从这位依然伟大的人物手中得到钱款。直到天色已晚，拿破仑的悬河之谈才停顿下来，他给法国的国库司库下了一道急速支付600万的命令，以求换得波兰人的好感。两位波兰人向他鞠躬，祝他旅途愉快，用略带嘲讽的眼神注视着这位微服而行的旅客登上雪橇，向远处急驰而去。

日以继夜，夜以继日，他们急速西行，德国境内也白雪皑皑。日以继夜，夜以继日，他的脑海中萦绕着种种疑问、命令和构想——英国真的是不可战胜的吗？现在，英国可以在波罗的海自由贸易，英国货物同时还可以进入加迪斯港以及意大利以东的地中海国家。他必须放弃征服印度的计划，不过其他的计划绝不改变分毫！莱茵联盟还会像以前那样俯首帖耳吗？怎样解释在俄国的失败呢？这次惨败是无法长期掩饰下去的。在法国还能征到十二万士兵吗？明年的适龄青年必须提前征召。必须尽快与教皇媾和，还有西班牙人，后院不能起火。必须组建国民卫队，这可是大革命时期最成功的构想，这样我在三个月后就可以拥有一百万手持武器的公民了……

深夜。换马。他探出头去："我们在哪儿？"

"魏玛。陛下。"

"魏玛？公爵夫人好吗？还有歌德先生好吗？"

8

借口　正统主义的诅咒　皇朝的矛盾　运气来了
德意志精神　正义与悲剧

四十名官员鞠躬欢迎战败的主人回家。一看见这些他向来轻视的燕尾服们，他又重新确信，这些人既愚蠢又软弱，唯一的愿望就是受人统治。但他的目光随即触及这金笼子的墙壁，这位自由之子甘愿自我封闭在那里。他不知道巴黎人民已经厌倦和反感。而今的他已经全然不同于青年时代。那时的他能以惊人的坦率承认自己的错误，以图改进；现在的他却在那些低首弯腰的官员面前以恺撒自居，责备气候之神的暴虐。而直到昨天，他还自诩为欧洲的气象之神。

从华沙到巴黎的九天旅途中，他又把冒险家忐忑不安的心绪重新变成了皇帝自高自大的心理。尽管俄罗斯的冬天来得比往年都晚，他仍然如此总结此次失利："军队蒙受了巨大损失，这都是因为冬天来得太早……那不勒斯国王指挥不力，我一离开，他就完全不知所措……尽管如此，我依然保有三百营士兵，而且还没有从西班牙调回一个人。"

怎么会这样？他对他人的轻视竟然达到了如此荒诞的程度，他竟然对着几个月来已熟知内情的下属编造这样的谎言。不过朝臣们也自觉有罪，他们对10月发生的政变都负有责任，因为未能及早挫败它。皇帝虽然也受到良心谴责，却也很愿意扮演谴责者，人们在紧急关头竟然把皇后和皇储弃之不顾，这深深刺伤了他。在宫中第一次接见群臣时，他试图用意味深长的话语提点他们：

> 那些天赋人权的信徒们，他们应该对过去的一切负责。除了他们，还有谁会宣称造反也是一种权利？是谁为了讨好民众，给予他们无从运用的权力？是谁摧毁了人民对法律的尊重，鼓吹国民大会至上？那种国民大会根本没有遵循事物的本性，并且对于行政和法律一无所知！谁要想重建一个国家，就必须依照与之相反的原则。历史反映人心，我们必须通过历史探讨立法的利与弊……当我接手重建法兰西的事业时，我祈求上天假我以时间，因为一个人进行破坏，只需要一瞬间，但别人重建的时候，却必须花很长时间。国家需要有勇气的官员。老王已死，新王万岁：这是我们先辈们的格言。这句话使我们认识到君主制的优点。

要不是这段话中夹杂着关于历史和人心的妙语，人们一定会认为，这是奥地利的弗兰茨皇帝说的，而所有关于老式君主政体的教科书也一定会愿意用它来装点门面。为什么人们还要为此争斗不休呢？自从革命之子宣称皈依传统之日起，传统与变革间的分歧已然解决；因为无论王朝继承人姓波旁还是波拿巴，对照这两个家族的祖先，其实他们是何等的相似啊！与旧式君主的联姻所带来的厄运让问题更复杂化了，从而也损害了拿破仑的天才。

或许他自己也对此半信半疑？出征前，他曾异常坦率地向梅特涅解释自己的计划："立法机关听命于我，我所需要做的只是把立法大厅的钥匙放在口袋里。与其他许多国家相比，法兰西并不太适于施行民主……等我出征归来，我将把参议院和参政院变为上议院和下议院，大部分议员由我亲自任命。这样就产生一个真正的人民代表机构，其中只有富有经验的专业人士，而没有空头理论家。这样，法兰西就算遇到一个无能的君主——因为总会出现这类人——也会得到很好的治理，而君主只需要接受普通的王储教育就足够了。"

这些恺撒式的思想，显示出拿破仑既是一个君主主义者，也是一个怀疑主义者。当他在儿子的画像前对人夸耀说，他是世界上最漂亮的孩子时，虽然这位父亲马上就受到众人的恭维，但是他心里也很清楚，王朝可以延绵长久，而天才却转瞬即逝。拿破仑研究过所有国家王室衰亡的历史，他因此也预见到自己的血脉终将堕落，所以他才想要清除动摇分子，以巩固继承人的地位。正因为他认识到了君主制的矛盾，他才想建立自己的君主制度。

首先要做的就是，重新用武力来稳定他的王朝。现在他的那些形势计划何在？为实现它们，他曾驱使数十万人横扫整个欧洲大陆！那些漂亮的羊皮公事包何在？在里面的部队花名册上，在整齐划一的数字排列中，记载着无数青年的死刑判决，尽管少数杰出者赢得了元帅的权杖！老近卫军中只有四百人，近卫军骑兵队中只有八百人突破敌人防线回到了哥尼斯堡，还有数千散兵游勇分散在各处：除去外籍军团组成的侧翼部队，这些就是皇帝那支庞大的军队的剩余兵力。内伊元帅从俄国逃出，有如希腊悲剧中的英雄。当他到达普鲁士，找到第一处法军办事机构时，认识他的人都用怀疑的眼光看着他，纷纷猜测他到底是谁，而他的回答更是精彩："我是大军的殿后。"

必须组建新军，而且必须在几周内完成：1813年的适龄入伍人员只有十四万，剩下的人数向何处征集呢？皇帝有根魔杖，可以在需要兵源的时候找到他们。他只需通过一项新的法律，组织国民自卫军，然后从法国的属地征召八万士兵，再额外征召十万最高服役年限的士兵，同时提前一年招募明年的适龄青年：这样他就再次拥有了五十万人的武装。"法国人民，"他对普鲁士使节说，"唯我是从，而必要时我会把妇女也武装起来！"

凭着不屈不挠的意志，他又制造出无数机构，没有它们，他将无法进行战争。然而该怎么向民众解释这些非常措施呢？敌人还远在国境之外呢。

运气来了！这一年年底，普鲁士将军约克自作主张，与邻国俄罗斯缔结条约，宣布他的部队退出战争，恪守中立，并由此打开了德意志民族盼望已久的军事转变之门。这也正是皇帝所需要的，他可以利用这一事件煽动法国民众的情绪。盟国的背叛只让他缺少了两万兵力援助，他却借此在巴黎发表宣言，写信恫吓莱茵联盟的诸侯们：要不是因为约克背弃盟约，迫使他的军队撤退，他根本不需要他们的帮助。

果然：法兰西响应了他的征召，德意志的君主们，包括哈布斯堡皇朝在内,再次为他招兵筹款。其中某位甚至奴颜婢膝地说:“能够为皇帝提供赢取新的荣耀的机会,是一件幸福的事情。”普鲁士国王撤销了约克将军的职务,并对皇帝保证忠实于联盟,同时却向沙皇暗送秋波,并亲自去了波兰的布雷斯劳。就在普鲁士国王在法俄两位皇帝之间摇摆不定的时候,激昂的民族热情早已冲出普鲁士边界,激荡着青年、政治家和诗人们,他们威胁着要推翻这位软弱的国王。在波兰,代表沙皇与自己的祖国谈判的正是施泰因男爵,他负责在哥尼斯堡全权处理一切事务。

皇帝密切地关注着这一切。在一封通告中,他警告德意志诸侯们要提防某些人的阴谋,“那些人企图通过颠覆与革命改变德意志的形象。一旦这些人在莱茵联盟中成功地渗透了他们的思想,这些国家将会蒙受不可估量的痛苦”。

皇帝觉察到一种陌生的精神。似乎直到现在,皇帝才在德意志人那里发现与西班牙人一样的民族感。就在出征俄国前不久,这个民族对他而言似乎还不值得多加防备:“德意志既没有美洲那样广大的殖民地,也没有海洋,又没有数不清的要塞,更不像西班牙那样驻扎着很多英国人,因此没有什么好担心的。虽然德意志人和西班牙人一样懒散、怠惰、迷信、到处充斥着僧侣,但这些都不足虑。这是一个顺从、理智、冷静而且有耐性的民族,他们对任何不法活动都敬而远之。战争期间,没有一个我们的军人在德意志境内遭到谋杀,这样的民族还有什么可怕的呢!”

拿破仑关于德意志人的判断准确得令人惊奇,不过他也算错了一点:德意志人的浪漫。谁懂得这一点,谁就能理解和鼓动这个民族。当然,这个意大利人,以他热情洋溢的想象力,是很难把握那种安静的、没有激情的幻想的。拿破仑只知道,德意志人在感情上都是君主主义者,所以他认定,控制德意志君主就等于控制了德意志人民。

但德意志能算是一个民族吗?十年前,当神圣罗马帝国最后一个皇帝被迫退位之后,这个形式上的帝国已宣告终结。除了作为“形而上的观念”存在之外,它已经没有任何意义。德意志人将在不久之后暂时统一起来,只有短短的两年时光;然后,当法国人拿破仑战败,它们又重新四分五裂。一直到半个世纪之后,当他们受到另一个拿破仑的威胁时,他们才最终成为一个国家,不过仍然只是一部分得到统一[8]。拿破仑本人如此欠缺民族精神的意识，以至他从德意志诸侯们之间的争吵与相互嫉妒中得出结论，德意志民族将永久分裂。他却没有认识到，造成这些兄弟部族无法统一的唯一阻碍就在于这些家族势力间的相互猜忌。

然而历史决定时代的脉搏，有时也会违背天才的意志，尽管天才让历史变得生机勃勃，更添光彩。在这些年里，时代精神迂回曲折，绕过几个大弯，终于又重回了它的源头。当年，拿破仑以自由的名义打击君主王公并唤醒民众；如今，各国人民却以自由的名义，奋起反抗他这位法国皇帝。当然，这一伟大的宿命不免因许多卑微的愿望和小圈子的干扰而显得暧昧不清。不过，正统主义的力量并不在其列。他们正在集结，目的却是为了能在二十年后最终消灭反叛的精神。与这样唯一一位凭借自身力量登上皇位的君主相比，反法同盟那些年迈的君主们软弱、不团结、腐败，而且内中没有伟大的灵魂。

然而，西班牙和德意志的人民却迫使他们的君主奋起反抗，其正义性使这个篡位者悲剧式的结局得以平衡。这也许就是后世看到众多猎人万箭齐发、射杀雄狮时，感觉尚可忍受的原因吧。

9

焦虑的莱蒂齐娅 兄弟姐妹 教皇陛下永远正确 法兰西国王 第四幕心情

莱蒂齐娅满心忧郁地看着自己的儿子。他紧锁的眉头告诉她，他的心事重重。她又能帮他什么忙呢？帮他找可靠的人。她很清楚，方方面面的人都在出卖他，他需要他的兄弟，需要忠诚的心来支持他，即使他们的才智对他而言尚嫌不足。于是，她开始游说在远方的几个儿子，写信到伦敦和格拉茨，为他们的和解铺平道路。于是，在兄弟失和十年之后，有一天，野心勃勃的吕西安来信了，他表示随时听候拿破仑的差遣。

但是皇帝却不愿意承认，身为法国皇帝的他竟然也需要别人的帮助。尽管他认为吕西安是兄弟中最有能力的，但他也只想给予吕西安形式上的安置。他摆出帝王的派头，通过母亲作了回复：“请您以我的名义给他回信，他的信在我心中激起了共鸣。我想册封他为托斯卡纳国王，他应该统治佛罗伦萨，并使其重现美第奇时代的荣光，因为他热爱艺术。”完全是高高在上的姿态。路易表示，只要能够保证他的尊严，他也愿意为国尽力。他还随信附上最近的诗作，但这位前荷兰国王却接到了更加傲慢的回信：“你对我处境的设想大错特错。我有一百多万武装部队，还有2亿法郎的军费。荷兰还是法国的……不过，我仍然愿意以抚养你长大的父亲的心情接纳你。”

皇帝亲自把这封回信念给母亲听。她随即写了一封长长的附函，力图缓和皇帝信中的僵硬态度。她告诉路易，他的孩子们长得非常可爱，要他无论如何回巴黎来。“皇帝忘了把你的诗给我看。我会跟他要的，下一封信里再告诉你我的读后感。”

第二天，老夫人在政府机关报上看到一篇措辞严厉的文章，说那不勒斯国王应当召回他驻维也纳的使臣。她问这是什么意思，亲信吞吞吐吐地解释说，缪拉受了妻子的误导，与维也纳暗中勾结，现在这对夫妻在耍两面派的把戏。莱蒂齐娅严厉地警告了女儿。然后，她又通过长媳劝解约瑟夫，因为约瑟夫认为自己在西班牙战争中没有得到充分的支持。接着还要安慰被皇帝怒遣回家的热罗姆。最后，她又做奥坦丝的工作，因为她想阻止她的丈夫路易回巴黎。

就这样，这位已经六十五岁的老夫人，竭尽全力在儿子、女儿、儿媳、女婿之间斡旋调停。在她看来，这个家族的显赫富贵虽然为世人所艳羡，但其实带给他们自己的却只有不和、嫉妒、傲慢、放逐和背叛。她不由得想起了科西嘉岛，在那里，她的宗族总是团结一致抵御其他家族。她虽然年事已高，但却目光如炬，她看得很清楚，这个家族的气数将尽。

处于目前形势下的皇帝，根本不从感情角度考虑，而只是从政治的立场去处理这些事情。他很可能对自己说，缪拉和卡洛丽娜都是叛徒；但同时他也在考虑，我怎样才能取得缪拉军队的忠诚和支持呢？因此，他以和解的姿态写信给妹妹，让她通知丈夫，战争即将爆发，并要求调用军队。缪拉最终同意出兵，因为夫妇两人都以为，皇帝也许会再一次取得胜利，要是不妥协，将有立即被废黜的危险。但不管怎样，他们总想左右逢源，于是同时又与英国以及被他们驱逐的西西里国王签订了秘密协议，只要他们转变阵营，他们将得到相应的支持。

皇帝甚至愿意拉拢贝尔纳多特，尽管他认为此人与缪拉一样，既是亲戚又是叛徒。不过他却只愿意把波美拉尼亚作为结盟和胜利的奖赏。贝尔纳多特因此更愿意加入反法同盟。因为他想成为法国国王，而法国当然比波美拉尼亚更有价值。他特意选择与普鲁士结盟，而这是在柏林斯塔尔夫人的舞会上达成的。对皇帝的同仇敌忾让这些法国同胞以及受压迫的普鲁士人走到了一起。

在这紧张的几个星期里，皇帝想要拉拢的第三个敌人就是被囚的教皇。他把教皇请到枫丹白露，让忠于自己的主教们积极游说，随后又亲自争取，直到年迈的教皇让步。皇帝满怀激情地向教皇描述，一旦他把整个德意志重新天主教化，教会的势力将会有多么庞大！通过狡猾的手法和形式问题上的细微让步，他与教皇最终缔结了一项新的政教协定。这将在主要问题上确保他的胜利。他随即利用各种大型宗教庆典在所有属地内征召天主教士兵。教皇在签字一周后又想反悔，皇帝微笑着对他说："教皇陛下永远正确，绝对不会犯错。"

在这几周之内，和平的呼声一下子传遍了整个欧洲。教皇希望能够在波兰的维斯杜拉河畔签订和平协议，而梅特涅则希望在伦敦缔结和约。曾与拿破仑在维也纳美泉宫谈判的布伯纳伯爵来到巴黎，向他提出和平的建议，因为维也纳现在无兵可派，却又不能拒绝皇帝的要求。在这一年的2月份，法国若要求和平，和平完全可以实现。为什么最需要和平的人却偏偏提出不现实的条件呢？

十年来，由于他最初的胜利，一次又一次的战争基本上是强加在他头上的。现在，在他处境危急、日益孤立之际，早年对战争的渴望在他心中再次升腾。战无不胜之时，他并不追求战争；遭受挫败之后，他却渴望新的胜利。无论这位统帅如何希望修复因对俄战争而受损的荣誉，无论他如何渴望再一次目睹法国与他自己的声望重新熠熠生辉，这一切都只不过是他个人宿命的借口。实际上，他拒绝和平，并将在1813年的三次会议上重复这一举动，因为他本性中的所有因素都已活跃起来，"按照事物的天性"，他已被置于最后一条导致覆灭的路上，没人能够阻止。

前进！既然战争不可避免，同盟国便到处扩军备战。英国与瑞典、普鲁士结盟，沙皇为了拉拢普鲁士，放弃了对东普鲁士的要求。普鲁士号召全体德意志人起来反抗，奥地利同俄国停火，寻求与萨克森、巴伐利亚，甚至与热罗姆缔结协议。弗兰茨把军队撤回到克拉科夫，表面的理由是为皇帝的下一次远征积蓄力量。

“这是背弃盟约的第一步！”获悉此事后，皇帝禁不住嚷道。现在，他必须把剩余部队从维斯杜拉河撤到奥得河。在维也纳，他旧事重提，要将西里西亚交给奥地利，维也纳方面婉言表示谢绝。奥地利在这个过渡时期扮演的是武装调解人的角色。在所有国家整军就绪后，3月中旬，普鲁士对法宣战。当战争的第一个信号传到巴黎时，塔列朗在他公开的庇护所里笑道：“时候已到，拿破仑皇帝将成为法兰西国王。”

真是极有见地的妙语。说这话的人却根本不希望出现如此理性的局面——说到底，此时还有谁希望能够采取理智的行动呢！部队的军备和人心的准备都已走得太远，每个人都很清楚，最后的决战已经是箭在弦上：一切已经无可挽回。唯一能阻止它的人却又不愿这么做。他自己也是身不由己地被推向前进，而他早已疲惫不堪。种种新的迹象表明了这一点。

首先，他力求一切从简：“此后我出行，要完全不同于以往。尽量减少随行人员的数量，厨师和餐具都要少带，每餐只需三道菜……我也不想再带任何仆人，他们对我毫无用处。只要两副床具，用不着四副；只要两座帐篷，不用四座，等等。”同时，他命人制作一些小宫殿的建筑草图，“宫殿的舒适与华丽二者不可兼得，我更喜欢一座舒适的宫邸，周围是花园和庭院。我的房间必须通向花园……房间要一间朝南，一间朝北，以便交替使用。一切布置要像个富有的绅士……它应该是休息度假的行宫，或者是年老退休的居所”。

“人适合作战的时间不长，”1805年，正当事业巅峰的拿破仑这样说道，“我还可以打六年仗，然后就退役。”如今，对俄战争结束回国才四个月，他就又重返战场。当他在圣克卢宫院内登上马车出发时，人们看到的是一个沉默不语、思虑重重的拿破仑。在车上，他背靠椅垫，手压前额。突然，他对陪伺一旁的科兰古倾吐了他的痛苦：“又得离开亲爱的路易丝和可爱的孩子。我真羡慕我的帝国里最贫穷的农夫。在我这个年纪，他早已服完兵役，可以幸福地待在家里守着妻儿。唯独我，却被这神秘的命运一再地推向战场。”

再也无须仆从，他已日渐衰老，想在家与妻儿共享天伦之乐，现在距离他1805年确立的退役计划已经过去了七年：他的心里充满了人生之剧已届

第四幕的种种无奈,他的灵魂上笼罩着重重阴影,难道这些都只是征俄失败的后果吗？这些不正是导致新的失败的最内在的原因吗？这是一个早衰之人的心态。他病痛缠身,时常影响工作。他年过四旬,心中对凡俗生活的渴望正在膨胀,期盼尽早与家人一起安度人生的黄昏,而他却又无法像母亲和兄弟那样可以活到七八十岁。出征俄罗斯时,他曾在但泽的宴会上斥责将领们贪图安逸享乐,只顾着享受田园、狩猎和宫殿；如今,这些却成了他的心愿。他已经在工作上倾注了二十年光阴,对于一个以勤勤恳恳的蜜蜂为家族纹章标志的人来说,这些都是经过他深思熟虑的愿望。

然而,命运女神并不会无缘无故地垂青某人,让他少年得志、春风得意,受到青睐的人终将在老年为此付出代价。这个男人既然取得了如此辉煌的成就,他就很难指望现在可以安享成果。他曾向诸神挑战：现在,他们真的来了。

10

波拿巴将军“我的命星黯淡”迪罗克之死 小人 正统主义者
危险的兄弟们 伟大的会面“你们有多少国家？”帽子
悲剧性认识 奇妙的对局 犹豫“我的棋局乱了”

在美因茨第一次阅兵时,拿破仑发现只集结了十八万人,而不是他想要的三十万人。骑兵严重不足,由于时间仓促,装备也不齐全,最优良的大炮要么丢在了俄罗斯,要么正在西班牙服役。参谋部大大减员,救护和管理系统漏洞百出。皇帝看到了这些缺陷,但这支残缺的军队却让他回忆起往昔的辉煌和幸运。他回想起当年在戛纳和尼斯的日子,那是4月份,他接管了一支食不果腹、衣不蔽体的军队,率领他们越过高山,取得了胜利。如今,已是十七年过去了。往事在他心头翻滚,他抖擞精神,说出了那句豪迈但却不祥的话:“我将作为波拿巴将军来指挥这场战争。”

这是一个信号,这个信号既代表着奋进,又同时意味着放弃。带着这样的信号,他投入到第一场战斗中去。在卢岑,他比以往更加奋不顾身,战斗打响的第一天,他完全没有睡觉。第二天,当一切进展顺利时,他让人在马尔蒙军中铺上熊皮毯，倒头睡下。一小时后，人们把他唤醒，向他报告胜利，他翻身跃起，用嘲讽的语气说道："瞧，好事总在睡觉时发生！"

将军波拿巴的胜利尚未完全到手，作为政治家的皇帝已经跳出来大肆利用此次战果：他四处写信，宣扬这个消息，催促动摇不定的萨克森国王与他联合行动，对莱茵联盟的君主们谈及天意和武运，目的是坚定他们的信心。他派大臣到俄军前哨，唐突而又非正式地向沙皇提出用波兰换取普鲁士以及其他领土分割安排，以使沙皇软化。他甚至以异乎寻常的自夸口吻给弗兰茨皇帝写信："尽管我亲自指挥军队的所有行动，有时还突进到榴霰弹的射程范围内，却连一丁点儿意外都没有发生。"只有一个色厉内荏的人才会这么做、这么说。此后，命运的警示日益强烈。

虽然他不久后在鲍岑再次获胜，却未捉到任何俘虏。开战第二天，他又骑马来到火线上，依旧由科兰古和好友迪罗克陪同，后者十年来一直在战场上与他形影不离。他的身旁不断有人倒下，但他仍然纵马奔上一个小丘，副官尾随其后，烟尘飞扬，他身边一棵树被击断。他急驰而过。一位年轻军官追上他，结结巴巴地说："迪罗克大人阵亡了。"

"不可能！他刚刚还在我身边！"

"把树击断的那颗炮弹打中了大人。"——异常缓慢地，皇帝策马回营。他道：

"什么时候命运才会长眼睛？什么时候这一切才能了结？科兰古，我的雄鹰们再次获胜，可是我的命星却日渐黯淡。"

迪罗克并未当场阵亡。拿破仑看着垂死的同伴，真是可怕的景象。祝福，告别，两人都泪流满面。垂危的人呻吟着："我在德累斯顿就告诉过你会发生什么；这内心的呼声……给我鸦片……"

听着好友的语调，听着这个有些突然的称呼——"你"，听着一个蔑视死亡的人的最后请求——皇帝再也控制不住，他踉踉跄跄地走了出去。

在谷堆后的农夫小院旁，他停下脚步，又打量了一会好友倒下的地方，然后绕道走上一个土坡，近卫军就驻扎在那里，他们排成四方阵型，中央就是皇帝的营帐。当晚，他披着灰色大氅，闷闷不乐地坐在那里，他谛听着军营中的声响，卫兵们在做晚饭，他们的喧闹声从那边传来，狙击兵团的士兵在唱歌。5月的夜晚并不幽暗，燃烧的篝火在空气中跃动，两个被焚的村庄烈焰升腾，像是两支巨大的火炬。一个军官走了过来，欲言又止，看到他的神情，皇帝明白，迪罗克死了。

第二天，他命人买下一块土地，要在那里竖一块纪念碑。他写下题词："迪罗克将军，拿破仑皇帝的内廷大臣，不幸身中炮弹，光荣战死。他是在他的朋友拿破仑的臂弯中与世长辞的。"

作为波拿巴将军，从前的他是无暇顾及这些情感的。尽管内心在隐隐作痛，但却依然勇往直前，即使在他失去妻子的爱情时，也是如此。此刻他的任务应该是，长驱直入西里西亚，乘胜追击俄军并进入波兰，利用同盟国的疑虑，通过有效迅速的攻击迫使动摇的奥地利倒向自己。后来他承认，没有这样做是他一生中最大的错误。作为皇帝的顾虑再次牵制了作为将军的进取：从亲信寄自巴黎的信中，他读到的都是和平的呼声。而更为重要的是，"决定我行动的关键因素，是奥地利的战备和争取时间的愿望，它们使我中断了胜利的进程"。6月初，在西里西亚，他同意停火六个星期，这给了敌人充分的时间，让他们通过在赖兴巴赫和布拉格的两次会议彻底达成一致。

拿破仑难道真的不清楚那些德意志诸侯们内心的动摇吗？他对他们所有的人都了如指掌。"萨克森人和其他德意志人一样，都乐于效仿普鲁士人。国王忠于我，但我不信任他的军队。奥地利简直是无耻之尤。他们想用甜言蜜语把达尔马蒂亚和伊斯蒂利亚从我这里骗走……天底下再没有比维也纳宫廷更虚伪的东西了！假如今天我满足了奥地利的要求，那么明天它就会得寸进尺，向我要意大利和德意志。"此时，当拿破仑感觉到哈布斯堡统治者将会投向敌人阵营时，他才终于意识到自己在婚姻问题上犯了一个多么大的错误。这门亲事没有给他带来任何好处，却让他失去很多。他从自己富裕市民式的家庭观念出发，以为奥地利皇室也会顾念骨肉情分。于是，在他自由而又宽广的心灵里，我们再次听到了旧日那种对于世袭君主的蔑视的声音。他一再对亲信坦言他对世袭君主们的看法：

> 那些世袭君主毫无骨肉之情。弗兰茨皇帝对内阁的决议唯命是从，他女儿和外孙的利益不会让他有丝毫动摇。这些人血管里流的不是血，而是冷冰冰的政治！这些奉天承运且受我恩泽的君主啊，他们难

道不是十足的小人吗？我的宽大就是我的错误！在提尔西特，我完全可以把他们打得粉碎——但我当时太宽宏大度了。我本该吸取历史教训，这些腐败堕落的王朝根本不配得到人们的效忠和信赖！如今英国在用金钱收买他们……但是，作为政治家，我将证明我比那些从未离开过金丝笼的世袭国王伟大。

他的周围都是那些既不愿顺从他，又不敢反抗的君主，空气中充满了阴谋的味道，在这种情况下，叛徒就是他最好的亲信。

于是，他召见了富歇，对他说："您的朋友贝尔纳多特和梅特涅是我最危险的敌人。您的贝尔纳多特会让我们蒙受不可估量的损失，因为他会把我们的战略关键告诉敌人，并向他们讲解我们部队的战术……正统君主们的奉承冲昏了他的头脑。"这里我们再次听到了"正统"这个不起眼的小词，拿破仑身上一半的动力和不安都要归因于它所蕴含的神秘的力量。他提到正统君主就会不由自主地战栗。事实上，拿破仑对正统君主既蔑视又妒忌。不管他是在模仿他们，还是在羞辱他们，这个暴发户的内心总会被出身和门第问题所困扰。

欧洲各国民间的呼声一浪高过一浪，很快就压倒了君主们的空谈。拿破仑却对此不屑一顾，他只是幸灾乐祸地注视着各国内阁的频繁活动：英国在对普鲁士的援助问题上是如何的吝啬；沙皇亚历山大和弗兰茨皇帝如何在议论盟友普鲁士国王的懦弱；这位普鲁士国王害怕革命，解散了热情爱国的国民军，拒绝对臣属中最勇敢的沙恩霍斯特和最能干的施泰因委以重任，因领导公务，并且由于施莱尔马赫在一次讲话中勇敢地说出了人民的心声，将他解职放逐。皇帝交给富歇一项秘密使命，去参加布拉格会议，准确地说，就是去做间谍。

在此期间，尽管他通过两次胜利巩固了自己的地位，但在西班牙，约瑟夫的军队却被英国的威灵顿在维多利亚一役中打得落花流水，这位西班牙国王也仓皇出逃。当布拉格会议上的君主们得知英国可以直接进攻法国南部时，幸灾乐祸之余，他们的立场也更加坚决。皇帝把最好的将领留给了约瑟夫，现在听到惨败的消息后怒不可遏："他应该负全部责任！"他在给巴黎的信中写道："英国的报道说明，约瑟夫的指挥是多么的愚蠢幼稚！简直是闻所未闻！当然，他不是军人，但是负有责任。插手自己不熟悉的事物就是最大的错误……告诉国王，在我回国前不许见任何人……不然他在巴黎的寓所将成为阴谋的中心，那样我势必要将他逮捕，因为我已忍无可忍。我再也不会为了迁就那些既非军人，又非政治家的蠢货而损害我的事业了！”

他的哥哥也是他最亲近的一个人——而眼下，皇帝却认为约瑟夫待在巴黎的宫殿里比在马德里当国王还要可怕！拿破仑真的会吸取教训，从此让约瑟夫赋闲在家吗？绝对不会！因为即便是最小的热罗姆也重掌军权，当然也再次把事情搞得一团糟：他在给某位将军发布进军命令时声称，他是在遵照皇帝陛下的指示行事。等到拿破仑获悉此事时，却为时已晚：“你的行为，我不想再仔细描述了，总之我已经再也不能容忍了！如果你再假传谕旨，我将晓谕全军，你的命令将彻底失效……你的这种行径会打乱整个大军的挺进。这是地地道道的欺骗！”

随后不久，跟随他最久的一个战友朱诺疯了，他在伊利里亚吃了败仗，在狂乱中跳出窗外。因侵吞公款而一度被解职的布里昂，出任汉堡代办以后，再次因为贪污而被免职，“如果他敢再插手政务的话，我就下令逮捕他，并让他把在汉堡的赃款统统吐出来！”至于贝尔纳多特这个最无信义之徒，他已带领瑞典军队在波美拉尼亚登陆，挑唆盟友反抗，事实上他只是在利用他们。皇帝旧日的死敌莫罗将军也加入了敌对阵营。莫罗将军当初因谋反而被放逐美洲，现在已启程加入法国敌人的行列，他将与贝尔纳多特一起分享背叛祖国的声誉。

在这种形势下，皇帝似乎已经进退维谷。他过于审慎，以至无法充分利用既有的胜利；又过于倔强，不甘心接受媾和的全部条件。于是，他重新采用他的老一套方略，邀请梅特涅来德累斯顿，企图通过启发暗示的手法把梅特涅争取过来。这次会见是典型的拿破仑的方式，毫不间断地进行了九个小时。皇帝一无所获，后世却从中获益颇丰。

皇帝腰悬佩剑，腋夹帽子，站在房间中央等候着这位大臣。见面后，他首先礼貌性地问候了岳父，随即开始发动攻势：

“你们想要战争是吗？好，你们将会得到它。我在卢岑消灭了普鲁士人，在鲍岑打败了俄国人。你们是不是也想加入这个行列？很好。我们将在维也纳再次见面。人真是不可救药。我让弗兰茨皇帝三次重回宝座，允诺与他一世修好，与他的女儿结婚。那时我就对自己说，你在干一件蠢事，然而我还是那样做了，如今我很后悔。”

可以看出，他生来直率，不懂委婉。梅特涅本应是他极力争取的人，结果他对待这位岳父的使节，竟然比在奥斯特利茨胜利翌日对待弗兰茨皇帝还要直接粗鲁。梅特涅谈到世界和平，认为只有皇帝同意合理缩减自己的权力范围才有可能实现：华沙归还沙皇，伊利里亚还给奥地利，汉萨同盟城市自治，扩大普鲁士的领土。

克莱门斯·文策尔·冯·梅特涅（1773—1859）

“你们竟希望我自取其辱！我宁死也不放弃一寸土地！你们的世袭君主可以失败二十次，却依然可以安稳度日。我乃是幸运之子，我却无法做到这一点！我一旦不再强大，不再被人畏惧，我的权力便会随之消失……我在俄罗斯的严寒中虽然失去了一切，但是我的荣誉还在……现在我有了一支新的军队，您可以仔细看看，我将为您举行阅兵仪式！”在这里，我们又一次看到，在面对世袭君主时，他所表现出来的天才军人的骄傲，这就是波拿巴将军。而当梅特涅冒昧进言说，恰恰是法国的军队想要和平时，皇帝打断对方，以惊人的坦率说道：

“不是军队，而是我的将领们想要和平！其实，我已无将领可言，莫斯科的严寒让他们全都失魂落魄，在那里，连最勇敢的人都像孩子一样哭号。两周之前，我还可以实现和平；如今，两战皆胜之后，我就不能再言和了。”

“陛下，整个欧洲和您，”梅特涅答道，他准备向拿破仑摊牌，“将永远不会达成一致。您的和约从来都只是停火协定，胜也罢，败也罢，都只会促使您继续作战。这一次，整个欧洲都将与您为敌。”

皇帝纵声大笑：

“你们想组成联盟来毁灭我？同盟国先生们，你们到底有多少国家呢？

四个，五个，六个，二十个？多多益善！”随后他提醒梅特涅，别把德国计算在内，他的法国驻军已把那里的民众约束起来，而那里的诸侯们则因为害怕奥地利而亲法。拿破仑建议，在布拉格会谈期间，奥地利应严守武装中立，而梅特涅则坚持武装调解的立场。这些老式的外交辞令和手腕都只是为了掩饰两国间的裂痕。然后，他们又为双方军队的规模争论了一小时之久，双方都宣称掌握了对方兵力的准确情报。

“我有贵军的详细名单，”皇帝说，“大批的谍报人员被派往前线，他们甚至报告了你们军队里有多少名鼓手……不过我比任何人都明白这些情报的价值。我的推断建立在更精确的基础之上，我会进行精确的数学演算。最终说来，人们所拥有的不会超过他所能拥有的。”皇帝给这位奥地利大臣出示了奥地利部队的花名册，这些部队昨日还是他的盟军。他让梅特涅检查数字是否准确。然后，他花了几个小时不厌其烦地描述征俄战争。梅特涅提到皇帝的士兵过于年轻。当他问拿破仑，假如连这些孩子都战死沙场，他该怎么办时，皇帝突然怒不可遏，脸色发白，面容扭曲，他冲着梅特涅咆哮道：

“你又不是士兵！你根本就不知道，一名士兵心里想什么！我是在战场上长大的。对于我这样的人来说，一百万人的生命根本无关紧要！”他把帽子扔到角落里，此时他真的生气了：这番话击中了要害，这是他灵魂深处无法回避的真实。拿破仑是一个看到濒死的马匹都会脸色苍白的人，他不忍目睹任何人的死亡。在审阅部队花名册时，他却要把成千上万的人名从一栏移到另一栏，把阵亡者的名字勾掉，补上新兵的名字。这时的他对于一切都无动于衷，也必须无动于衷。战争不就是拼人命吗？战争的结局不就是累累白骨吗？拿破仑的内心被深深地刺痛了，他只是一个需要工具进行创作的工艺大师，不应该受到责备。不过现在，梅特涅很轻易就取得了道义上的胜利，他真希望全法国都能听见皇帝刚才的话。

“法国人没有理由抱怨，”平静下来的皇帝说道，“为了照顾他们，我牺牲了德意志人和波兰人。在俄国，我损失了三十万人，但其中只有十分之一是法国人！”说话间，他亲自拾起了自己的帽子，这样的事他肯定已经有十年没有做过了。此时他的行为理智，像个将军。但是，他突然又傲慢地走到奥地利人面前：

“我真是办了件蠢事，竟然娶了奥地利的公主……我本想将新与旧融合起来，让旧有的偏见适应于崭新的时代；事到如今，我才体会到自己犯了多大的错误！代价很可能就是我的宝座——但是，我会把整个世界都埋葬在它的废墟之下！”

在这句富有悲剧意味的自述中，会谈达到高潮，这同时也是战争与和平问题的转折点。正是对自己所犯错误的悔恨促使他抛掉一切理智，不顾后果，决心与力量三倍于己的同盟国交战。他像一个伟大的赌徒，自知犯了不可挽回的错误，却以魔鬼般的固执，更加决绝地孤注一掷：他要证明给自己看，尽管犯了错，他依然能够胜利。

送梅特涅出门时，拿破仑已经完全恢复了平静。他手扶门把说道：“你回国前，我们还能再见一面吧？”

“悉听您的吩咐，陛下。不过，我对完成使命已经不抱任何希望了。”皇帝注视着他，拍了拍他的肩膀：

“你知道将会发生什么吗？你们不会向我宣战！”

三天会谈结束之后，梅特涅将启程离去，但皇帝害怕决裂，于是又一次宣召他，请他清晨在花园里会见。两人在花园里来来回回散步：

“好了，不要装出一副委屈的表情了。”十分钟后，双方商定延长停火时限，并在布拉格作进一步会谈。一切都没有确定下来。在签署备忘录时，皇帝承认了岳父的武装中立地位，而那不过是参战的过渡形式而已。随后，拿破仑前往美因茨，去看望他的妻子，同时也是奥地利皇帝的女儿。他再次任命她在巴黎做摄政女王，但明令禁止她阅读某些方面的文件，因为“不能让某些细节污染了年轻女士的灵魂”。

如果这位哈布斯堡皇族的公主是位坚强的妻子，是个明智的女儿，那么此刻她就该前往维也纳，促成翁婿间的和解；事实上，除了性格不同，他们之间并没有其他障碍。她有一定的理解能力，就在几周前，皇帝还向她父亲保证，“她在摄政位置上的表现让我再满意不过了”。很难想象，在如此紧要的关头，拿破仑会向她隐瞒情势的危急。哪怕只为了确保她在法奥关系破裂之时站在法国一边，也应该告诉她一切。但这个愚蠢的女人竟然毫无动作，只惦记着向奥地利的亲戚们赠送贵重礼物，以资炫耀。

在布拉格，各国相互牵制。富歇到处搬弄是非，对他的主子为害不浅。贝尔纳多特与新结识的朋友来往甚密，为的是坚定他们的反法立场。当皇帝在最后一刻准备让步时，沙皇和普鲁士国王大为吃惊，他们迫使梅特涅提出更为苛刻的条件，因为他们认为，不能错过这样稍纵即逝的良机。皇帝一怒之下退出了会谈。停战协定结束的第二天，他就收到了岳父的宣战书。当然，在这段时间里，他自己的力量也得到了增强，但他已不再信任莱茵联盟，所以不得不派人监视他们派来的援军。他的部队驻扎在萨克森和西里西亚，与他正面对峙的是施瓦岑贝格统率的三支军队；布吕歇尔和贝尔纳多特分别统率一支部队，据守在西里西亚及其以北地区。与施瓦岑贝格在一起的还有莫罗，他刚从美洲赶来，而上一次离开德意志的时候，他还是法兰西的将军、德意志的征服者。

参战双方的人员组成真是奇妙无比：在法国皇帝的手下，三位德意志的国王在同一位德意志将军对阵，而这位将军不久前还作为皇帝的部下参加了俄国远征军；与拿破仑交战的则是两个法国人，其中的一位多年来一直受到拿破仑的提拔，如今他却率领着普鲁士军队对抗拿破仑，与其说这个人是保王党人，不如说他也是革命之子。只有布吕歇尔才是百分之百的敌人，他从未与皇帝并肩作战，也从未拥护过他的事业，而且七年前，他还是拿破仑的手下败将。唯一对皇帝有利的因素是敌方的三位君王，他们都在插手和干预施瓦岑贝格的军务，而这三位与西班牙国王约瑟夫一样，军事上完全是外行。

8月底，以德累斯顿大捷为契机，皇帝开始了新的征程。然而在第二天，当他本该乘胜追击并歼灭盟军部队时，剧烈的胃痉挛突然发作。整整一个小时，他怀疑被人下毒，斗志涣散，下令撤军而不是追击，并由此损失了一个军团。每天都追随其左右的达律认为，正是此事“导致了1813年的厄运”。在抗击死敌波拿巴的第一场战斗中，莫罗阵亡。这是个预兆吗？皇帝得知这个消息后，青年时代争强好胜的火焰再次点燃了他的斗志，他发自内心地喊道：“莫罗死了，我的吉星高照！”

但是与此同时，他的另一支部队却在卡茨巴赫河畔被布吕歇尔击败。政治家的考虑再次替代了将军的计算：我如何能分化对手？因此，他想放弃进军波希米亚，因为战局失利已经足以让奥地利人惊慌失措。他更愿意突然袭击柏林，这样可以把普鲁士人引出西里西亚。

然而，正如沙皇从前所说：奇迹只在皇帝亲临的地方发生。由于他的伟大计划屡屡受挫、士气不振、给养匮乏,侧翼部队的逃兵现象时有发生。他不得不频频视察出事的地方。由于他经常来回奔走,人们给他起了个"鲍岑信使"的绰号。同时军队的给养日益短缺,因为他们驻扎的区域过于狭小,士兵早已把当地吃喝一空。

尽管如此,他的兵力依然严重不足。因为1814年的适龄青年早已入伍,他被迫要求参议院征召1815年的适龄青年,就连年纪较大本该免于服役的人也在征召之列。当然也包括那些农民。而在开战之初,当他告别妻儿、哀叹自己命运的时候,他还曾经羡慕过那些农民,因为他们已经再也不用上战场了。但这些新增的部队何时能到?谁来训练他们,何时训练完毕? 9月底,他枉费心机地向岳父派去一名议和使者:他准备作出重大牺牲,"只要您愿意和谈"。但弗兰茨态度坚决,他现在终于在莱茵联盟中成功地打开了一个缺口:他说服了巴伐利亚国王脱离皇帝。当皇帝看到压顶的乌云越来越沉时,这个忧心忡忡的棋手对他的老战友说出了他从不愿承认的话:

"马尔蒙,我的棋局乱了。"

这番供述表明,皇帝已经雄风不再。

11

大战开始 战争进行中 战败 歌德的总结 德意志的评论

杜本草原上坐落着一座萨克森城堡,也就是杜本堡。某日清晨,皇帝坐在里面,正在拟订作战计划,准备进军柏林,先击退贝尔纳多特,然后再进攻布吕歇尔,用突然袭击的战术彻底打乱敌人的部署。

这时,一群将军求见,他走出房间迎向他们。他知道他们的来意:亲信们早向他汇报过将领们日益增长的不满情绪,他们只想在莱茵河边安度一冬。内伊元帅不久前向他报告说,"我已不再是我军队的统帅"。来访者中的一个壮着胆子,吞吞吐吐地提出种种站不住脚的理由,随后有人附和,所有的人都点头表示同意:他们以最恭顺的态度请示放弃进军柏林,而转向莱比锡。

皇帝默默地听着他们的劝说,内心却在想——我的权力消失了吗?最后他答道:"巴伐利亚的脱离已经迫在眉睫。向莱比锡进军意味着向后退,这会令我们的士兵感到绝望。我要考虑一下。”他独自在房间里待了一整天，不许任何人靠近，蹲在地图前面。科兰古守在外面，留神倾听里面的动静，却只听到古堡外10月的大风吹得窗子嘎嘎作响。最后他被召进房间。皇帝在屋内来回踱步，似乎是在自言自语：“法国人受不了挫折。”接着，科兰古看见他陷入了沉思当中。

第二天，他宣布向莱比锡进军：那天是10月15日。行动，命令，高昂的情绪在到处激荡。在与马尔蒙谈论哈布斯堡统治者最近采取的行动时，他得出结论：“我喜欢信守诺言、有荣誉感的人，不喜欢那种按所谓良心办事、恪尽职守的人……弗兰茨皇帝做了他认为有利于臣民的事，他是尽职尽责的——但不是个有荣誉感的人。”

翌日，欧洲大会战打响了。皇帝以十八万士兵迎战同盟国的三十万大军。直到傍晚，他才取得局部胜利。第二天清晨，贝尔纳多特的援军到了，皇帝看到情况不妙，意欲撤退，却下不了决心，怕给人战败的印象。他再次尝试通过谈判寻求出路。他让被俘的梅尔费特将军向弗兰茨皇帝转达他的停火建议，将军在发誓后，宝剑得到归还。

“我将撤回到萨尔河另一侧，俄国人和普鲁士人撤回到易北河彼岸，你们奥地利撤至波希米亚，萨克森应保持中立。”此时，拿破仑重新变得兴致勃勃，仿佛是在向敌人透露自己对新欧洲的设想：汉诺威还给英国，北海沿岸辟为自由区。莱茵联盟成员国只要愿意，都可以退出；承认波兰、西班牙、荷兰的独立，只有意大利不能交给奥地利。“您去吧！您肩负着伟大的和平使命。如果命运帮忙，您将获得一个伟大民族的拥戴。一旦我们的和平愿望遭到拒绝，我们也懂得如何自卫！”

将军惊愕地离去，而这个消息对弗兰茨来说简直难以置信。什么？拿破仑皇帝在战争过程中竟然提出愿意放弃半个欧洲，并让一个俘虏转达他的意见？我们没想到，他竟然如此孱弱。

另一方面，皇帝急切地等待着梅尔费特回来，为此，他一直等到深夜都没有发布任何命令。他花了很长的时间谈论亲属、妻子和孩子。突然，胃病发作，他脸色惨白，靠着营帐慢慢坐倒，人们要去请医生。

“不！所有人都在看着我的帐篷！只要我在这儿，每个人都会坚守岗位。”

“请躺下,陛下!”

“不! 我宁可站着死去!”

“叫医生吧,陛下!”

“我说过了,不行。我可以下令一个生病的士兵入院治疗,可谁能命令我呢?”难受的时刻过去了。“我好点了。注意,不要让任何人进帐篷。”

半小时后,他开始下达命令,然而不是撤军,而是让部队向莱比锡靠拢;现在他的兵力只有敌军的一半。

第二天,他停在一座磨坊旁。敌人从三面围攻他的部队。中间乱作一团:贝尔纳多特说服了萨克森军队倒戈,他们把炮口对准了法国人。“无耻!”皇帝喊道。周围回荡着一片怒骂声。忠于皇帝的萨克森军官都折断了自己的佩剑。近卫军中的一个龙骑兵驱马回转:“我们一定要干掉那帮混蛋! 我们法国人还在这里! 皇帝万岁!”整个近卫军都跟着他冲了出去,一名年轻的军官夺得一面萨克森鹰旗,他策马回奔,想把鹰旗交给皇帝,却因伤倒在了地上。

“真是法兰西的好男儿!”皇帝轻声说道。

战役持续了两天,他损失了六万士兵。他战败了,但是,即便是德国的评论家也认为:“反法同盟并未取得与其优势兵力相称的压倒性胜利。”

当潮水般的大军穿过莱比锡城败退时,皇帝向贝尔蒂埃口授了撤军命令。“有人给他搬来一条木凳,”一个目击者写道,“他坐在上面打盹,筋疲力尽,两手张开,无力地放在膝间。将军们情绪低落,站在篝火旁沉默不语。不远处,军队正在行进。”

第二天早上,追击的敌军蜂拥而至,街上秩序大乱。匆忙中一座桥被过早地炸掉了,负责殿后的部队被迫投降,一位元帅泅水过河,侥幸逃脱,另一位元帅不幸淹死,部分将领受伤被俘。麦克唐纳带队等候与奥热罗会师,当他们相遇时,奥热罗嘲笑道:“您以为我会这么傻,白白让自己在莱比锡郊外被杀? 我绝不会为了个疯子去送死!”

这是我们第一次看到,拿破仑早年的战友开始对皇帝的胜利和荣誉漠不关心,而只希望能够苟且偷生。作为士兵,这样做无可厚非;但身为法兰西元帅,却是很不体面的,因为临危不惧才是为将之道。同一天,拿破仑青年时代的另一位战友写信给皇帝,埋怨他的战绩在前一天的战报中被忽视了。那天,他独自坚守阵地达十个小时之久,这个功劳却被记在了另一个人

奥古斯特·德·马尔蒙(1774—1852)

名下。“此生我从未像这次这样对您尽忠尽力……陛下,我实在受不了在这样的时刻竟然被忘却和忽视。”信的署名是:马尔蒙。

两个老战友在同一天的言论实际上也是日后变故的先兆:马尔蒙和奥热罗将在关键时刻背叛他。

还是在同一天,数英里外,歌德坐在魏玛的寓所中,拿破仑的画像突然从墙上掉了下来,诗人听到了莱比锡的阵阵炮声,皇帝败北的第一道消息迅速传来。虽然盟军将领谁也无法断言,不久之后拿破仑会不会收拾残兵重振旗鼓,虽然歌德自己在几个月前也曾宣称拿破仑不可战胜,但此时此刻,诗人已经预感到了真正的命运。法军撤退那天,他写下了慷慨的诗句,就仿佛这一切发生在几百年前,已经成了不朽的传奇:

王者的胸中勇气激荡,
他毫不犹豫,欣然踏上
通向宝座的艰辛之路,
明知险阻,却无所畏惧。
闪闪的金冠也是千钧重担,
他无心估算;果断而又镇静,
他把它放在天才的头上,满心欢喜,
轻松自如,仿佛头顶花冠,
这正是你的作为。
无论天高路远,
你都能从容夺取,
无论前路荆棘密布,
你均能明辨、思索和认识……

欢乐的日子向你召唤，
众口齐呼你名，一切从此改变……
你峭然挺立，无论预感如何，
无论敌人如何猖狂，
无论战争，抑或死亡……
世人惊愕、议论、胡乱猜疑——
他们要的只是一场游戏……
这个卑劣世界，向我们索取
财富、恩惠，甚至是地位，
即使你与所亲之人同荣同贵，
整个王国却才是他的梦寐。
这位也曾如此！——大声宣告吧！
他们把你的一生四处传扬。
举世之人，无论是谁，
幸运终有尽，末日会来临。

与此同时，哲学家谢林写道："我不相信拿破仑的末日就在眼前。假如我的估计正确，他将躲过此次劫难；即使他众叛亲离，他还会活着，尝尽命运的苦酒。"紧接着，巴伐利亚宣布倒戈，加入同盟。另一位哲学家黑格尔写道："纽伦堡的群氓欢迎奥地利人入城，其欢呼之状，令人齿冷……再没有比市民的思想和行为更无耻的东西了。"

三位伟大的德国思想家对莱比锡大会战分别说出了自己的感想。

然而，末日还远未来临！皇帝一边撤退、一边战斗，取得了不少胜利。缪拉在埃尔富特向皇帝辞行，他必须回到自己的王国去。皇帝批准了，他说："到明年5月，我在莱茵河畔会有二十五万军队！"他的头脑、智力和想象力依然宏大，依然以十万为单位计算着一切。在美因茨，伤寒突然流行。他迅速把剩余部队撤到莱茵河对岸。撤退时，他经常每天从凌晨三四点钟一直工作到深夜十一点。

同时，挺进中的盟军总部里挤满了背离拿破仑的君主王公们。一切都被忘记和宽恕。只有一个人一针见血地指出："您怎么看待这些可怜虫的行径？……他们不配享受这样的礼遇！……这些君主王公都是窝囊废，他们的行为实在有辱他们所享受的荣耀生活……他们所谓的主权，不过是妄自尊大、寻欢作乐、权欲熏心。为了保住这样的主权，他们却牺牲了无数臣民的鲜血。”

这就是德意志男爵施泰因对德意志诸侯们所作的盖棺定论。

12

火炉旁的莱蒂齐娅　约瑟夫的宫殿　“一切都面临崩溃”　法兰西的天然边界　革命的界河　盲目的兄弟

莱蒂齐娅坐在火炉旁，手里拿着儿子从美因茨寄来的信，那是拿破仑对她为路易求情的答复。信里提出的条件她并不在意，让她着急的是这样一句话，里面暗示了他命运的逆转：“目前的情况是，整个欧洲群起反对我，我忧虑重重。”她从未提醒过他警惕危险，因为她的骄傲不允许她这样做，他们母子都太矜持了。不过，她经常向亲信吐露她的担忧：“但愿这一切能长久。”她从不为自己的不幸烦恼，她只是担心儿女们。她经常问自己：如果灾祸降临，有谁会来帮助他们呢？皇帝还可以依靠谁呢？

现在，当他回来时，她痛苦地看到，祸起萧墙，背叛竟然在子女中间发生。缪拉一直听命于聪明的卡洛丽娜，他与英国签订了停战协议，并同奥地利结盟。爱丽莎聘请了富歇作为贴身顾问，他对皇帝的妹妹说：“现在挽救我们大家的唯一办法就是皇帝的死。”富歇要一直等到皇帝垮台后才会回到巴黎。而爱丽莎在写给母亲的信中却只询问，巴黎冬天要举行什么样的舞会。路易不顾禁令，未经允许就回到巴黎，因为他在奥地利再也待不下去了。他极力反对拿破仑将他驱逐到距巴黎四十英里以外的地方，直到母亲出面调停，兄弟两人才见了一面，结果只会使他们的关系更加疏远。热罗姆将他的国家和人民弃置不顾，化装逃出卡塞尔。约瑟夫不顾二弟的一再请求，坚决拒绝接受守卫巴黎的任务。吕西安依然耿耿于怀，隔岸观望。

这就是他的兄弟姐妹的真实写照，这就是皇帝十年来苦心孤诣、力图让他们成为皇朝柱石的同胞骨肉。而他的母亲一直都最钟爱这个受苦最多的儿子，面对这样的情形，她又会是怎样的心情！

在莫尔枫丹却仍是一片欢声笑语：那里有约瑟夫，这个失去了国土的西班牙国王；坐在他旁边的是热罗姆的王后，情形与约瑟夫类似，她的父亲已转投敌方；前西班牙宗教审判庭的大法官正在做弥撒；还有两位来自印度的主教；失去了宫廷的德意志、西班牙和意大利的廷臣们——真是金碧辉煌而又高雅华贵的社交场合。他们就如同一群看客，正等着一出戏剧的落幕，等待着剧中的演员步入客厅。其中只有一个人从危机中看到了希望，她就是贝尔纳多特太太，约瑟夫的妻妹，二十年前被皇帝遗弃的女人。她知道，她的丈夫作为盟军的统帅已率部队抵达莱茵河。她在幻想，不久之后，在巴黎圣母院，贝尔纳多特就会把约瑟芬的后冠戴在自己美丽的褐色卷发上。

在这座乡间别墅里，正进行着种种针对拿破仑的阴谋，而别墅的主人约瑟夫对此了解甚少。他本人并不是阴谋家，他只是贪图安逸、爱慕浮华。皇帝终于认识到这一点，但为时太晚，他对亲信罗德雷说：

> 这是我的一大错误，我原以为，建立皇朝，我需要我的兄弟。但是事实上，没有他们反倒更安全。我的皇朝本就诞生在风暴之中，它的发展只需要依赖事物的天性。只要有皇后就足够了……过去的一年风平浪静，但只要约瑟夫住在巴黎，就会鸡犬不宁……他忘不了自己是家里的长子，还有比这更荒唐的事吗？又不是继承先父的葡萄园！……他感兴趣的是女人、房产、家具，他喜欢打野兔，要不就是和女人玩捉迷藏。但是我却对什么都不感兴趣，无论是女人，还是房产，我只对儿子比较关心。

因此，在形势紧迫的那几个星期里，他的偏执狂倾向日益显著。可以看出，对他而言，其余的一切，包括朝廷，都只是一场游戏。除了内心的一种激情之外，一切都无关紧要，当然，他的儿子除外。

他当机立断，决定将西班牙王位归还给费迪南国王。此外，他还同意释放费迪南，前提是西班牙议会必须批准这个条约。这是塔列朗提出的建议，他现在重新被召进了杜伊勒里宫。这个叛徒的目的是为了让西班牙议会拖延时间，以便牵制住法国南部的军队，从而削减法国，并有利于盟国。约瑟夫提出抗议。

“我现在的处境不允许我再考虑统治任何国外领地。”皇帝给他的信中这样写道，“如果缔结和约能让我维持住法国旧日的疆界的话，我就已经深感幸运了。周围的一切都面临崩溃的危险。我的军队已被摧毁，损失难以弥补。荷兰已经丢了，而意大利也快保不住了……比利时和莱茵省的情况不容乐观，西班牙的边境已落入敌手。在这么危急的时候，我怎么还会考虑国外的王位！”当警察总监建议让精锐的国民自卫军留守巴黎时，拿破仑反驳道：“谁能保证他们会忠于我？难道我会把这么庞大的兵力放在我身后吗？”

绝望！这是形容他现在心情的最合适的两个字。家庭、盟友以及自己的首都，对于他来说都不再可靠。莱比锡战役之后，他的情绪彻底变了。邮政大臣拉法莱特伯爵是巴黎最诚实可靠的一个人，拿破仑现在晚上经常在卧室里接见他。有一天，拿破仑站在壁炉旁，伸手烤着火，伯爵发现皇帝的情绪异常低落。拉法莱特是个敢于进言的人，他建议拿破仑媾和，并劝他警惕法国人的善变。但当他进而提到说，波旁王室可能会继承皇帝的衣钵时，拿破仑听后默不作声，转身离开火炉，躺在床上。几分钟后，拉法莱特走近床边，发现拿破仑已经睡着了。

这样健康的反应乃是勇气重振的迹象。此时的拿破仑已预感到危难的来临，他的垮台就在旦夕之间——但当人们提到，被他取而代之的波旁王室如今又有可能复辟时，他的神经已经不耐烦了。这对他来说是个最最无聊的话题：他睡着了。

他醒来时精神振奋。他认识到北方诸省对波旁王室的同情是个危险的信号。他注意到公债跌落到50法郎，法兰西银行的股票也仅及原价的一半。还有，他不顾反对试图建立的新国民自卫军，却迟迟不能落实。因此，他欣然接受了盟国在法兰克福会议上提出的建议。正如他所期望的，反法同盟内部并不团结。作为政治家，梅特涅认为最好不要占领巴黎。俄国沙皇则是位浪漫主义者，想炸掉杜伊勒里宫，以报莫斯科之仇。最终，奥地利的意见获胜。给法国的建议是：该国应保持其天然疆界，即以莱茵河、阿尔卑斯山和比利牛斯山为界。皇帝如释重负，他立刻就接受了法兰克福的建议，马雷甚至已经拟好了给盟国的回函。

突然，他改变了主意。为什么？也许是议会里的反对意见激怒了他。在那里，议员们终于表现出了勇气："我们再也不会批准军备预算，除非政府同意军费只用于防御。皇帝必须保证贯彻一切保障自由的法律。"全场爆发出雷鸣般的掌声。议会敢于批评拿破仑，这是十五年来的第一次。皇帝异常愤怒，带着对一切议会的憎恨，他禁止印发这些议员的发言，并且解散议会。元旦这天，他召见了几名议会代表，严厉斥责他们：

"皇位不过是块覆盖着锦缎的木头而已。只有我代表人民，我就是国家。如果法兰西想另外制定一部宪法，那就请另找一个皇帝吧。你们认为我很狂妄？那是因为我有这样的勇气，法兰西能有今天的规模都要归功于我。"这番话的口吻让人不由得联想起了太阳王路易十四。随后，拿破仑又当面恐吓这些议员说，要对他们实施秘密监控。

同一天，布吕歇尔渡过了莱茵河。

就这样，经过了二十年的努力，经历了六次大战之后，欧洲各国勉强团结在一起。以这位普鲁士元帅为代表，古老的帝制思想跨越了革命的界河。与此同时，在革命的发祥地，现代思想的继承者却在驱散现代思想的代言人，并威胁要剥夺他们的自由。同样颠倒的逻辑也作用在两个不同世界的宣言上。在巴黎圣母院，人们二十年来听到的只有感恩之声，而现在，人们第一次不得不为法军的胜利祈祷。而在反法同盟方面，多少年来只听说，法军的胜利乃是他们被征服民族获得解放的先声，而现在，他们却向被征服的法国公开强调，他们乃是法国的"解放者"。

正统主义者最终从他们伟大的敌人那里学会了作战和宣传的技巧。如今他们终于利用这些打败了强敌，而这一切只能归因于他们的优势兵力，以及一个民族的疲惫：在经历了二十年的辉煌荣耀之后，法国除了休息之外别无他求。

盟方最初因为要求过多而处于劣势。因为他们只愿意承认法国1792年的边境。拿破仑决定中断和谈，他亲临前线，尽管困难重重，他仍想巩固阵地。他的精神重新振作。当一位虔诚的伯爵劝他让皇后及其侍从女官去吻圣徒热纳维埃夫的遗骨时，拿破仑大笑道："那里根本不缺祷告的人。我会打赢的。"

但在这样的危急关头，他能把首都托付给谁呢？谁能得到他完全的信任呢？

约瑟夫！约瑟夫对战争一窍不通，而且姑息了很多皇帝的敌人，现在竟成了法兰西的中将和巴黎总督。这个家庭和约充分暴露了皇帝的孤立，他对下属缺乏信任，而只执着于家族感情。在出发前，他冷酷地责令兄长在两件事中作出选择：公开宣布自己是摄政皇后的朋友，或者被逐出巴黎。“只要我活着，你就可以在那里平静地生活。如果我死了，你就会被处决或者被囚禁。在那里，你对于我，对于家人，对于法兰西都毫无用处，但最起码对我不会有任何损失。你选择吧。个人感情，无论是友善还是敌对，都一无用处，也不合时宜。”

这是一个为挽救皇位而苦战者的语气。他已经考虑到了死亡，于是焚烧了许多重要文件，妥善安排了私生子的生活。小莱昂得到一笔固定年金，波兰女伯爵的儿子得到了一大笔不动产。至于合法子嗣，他已经快三岁了，拿破仑抱着他向国民自卫军的军官们告别：“我现在将我的至爱托付给你们。你们一定要对他负责。”他再一次嘱咐约瑟夫要保持坚定，并再一次任命皇后为他们儿子的国家摄政。第二天早晨，他离开了巴黎。

直到一年多以后，几经曲折与漂泊，他才回到了这座城市。

13

战争的运气　250个人　构想与警示《安德洛玛刻》强烈的冲动
朋友的背叛　寻死　三个人　塞纳河畔

没过多久，他被击败。

最初的战斗还算顺利。在布里埃纳，他迫使布吕歇尔撤退。他冒着生命危险亲临前线，有时甚至需要拔剑自卫。他想起了那棵树，他就站在树下并且认出了那棵树。“我十二岁时曾经在这树下读塔索的著作。”他又回到了自己梦想开始的地方，这真是一次浪漫的邂逅。在这样的时刻，他的历史使命感高涨到了传奇的境界。

紧接着，布吕歇尔在拉罗蒂埃打了胜仗，直接威胁巴黎。皇帝的力量似乎已被摧毁。科兰古写信恳求他作出妥协，马雷当面也这样劝他。一开始，拿破仑并未理会马雷的劝说，他心不在焉地翻着一本孟德斯鸠的著作，然后指着书中一段对马雷说："请您把这个大声读一下！"马雷读道："我所知道的最崇高的事莫过于当代某位君王的决定，他宁可葬身于王座的废墟之下，也不愿接受国王所不应听从的建议。"

"但我知道比这更崇高的事情！"马雷喊道，"那就是您应该牺牲自己的荣誉，去填平那深渊，否则法兰西将与您一同被埋葬。"

"好吧，"皇帝说道，"媾和吧。科兰古可以去和谈，并在和约上签字，我将承担这一耻辱。但是，千万不要让我亲自口授这一屈辱的文件。"马雷写信告诉待在夏蒂荣的科兰古，与对方重开和谈。科兰古吓了一跳，请求皇帝给予明确的指示。与此同时，皇帝又改变了主意，他写信给巴黎的约瑟夫："你一定要勇敢地守卫所有城门！架起两门大炮，然后让国民自卫军负责镇守……每一个城门都要配备手枪队士兵50名，鸟枪队士兵100名，长矛队士兵100名，这样每个城门就可有250名士兵把守。"

富有的国王变成了乞丐！仅仅六个月以前，甚至三个月前，拿破仑还可以在250后面添三个零。但如今，在盟国部队的重重包围之下，他却只能依靠两尊大炮和100支鸟枪来守卫巴黎！他可能已经认识到这一点，因为当天晚上他看起来意志消沉，马雷成功地劝说他口授媾和条件：比利时和莱茵河左岸恢复自由，放弃意大利；波拿巴时期与拿破仑时代所夺取的一切都要归还。这样他就能保住巴黎和那块覆盖着锦缎的木头。他说明天再签字。一想到他大笔一挥就要把浴血奋战得来的一切拱手让人，所有钟爱他的人的心情都异常沉重。

但是命运放过了他！夜间的最新消息表明，敌人的处境比昨天更糟。于是，这位战神的想象力再次活跃起来。第二天早上，当马雷手持文件前来请皇帝签字时，发现他正站在地图前，丝毫没有留意大臣的到来，马雷只听见皇帝急匆匆说的两句话：

"现在完全是另一码事了！我能打败布吕歇尔！"就在这时，约瑟夫的信到了，信中说巴黎危急。拿破仑在发布军令的间隙，口授了答复，这是抱着必死决心的人说出的斩钉截铁的誓言：

> 如果巴黎被占领，那么我也将结束我的生命……我曾命令你采取

一切必要的措施来保护皇后、罗马王和我们的家族……我有权寻求家人的帮助，因为在过去我也帮了他们很多次。

如果塔列朗认为，在任何情况下皇后都应留在巴黎，那这就已经是个阴谋了。不要相信他！我和他已经打了十六年的交道了，给了他不少恩宠，但自从幸运之神不再眷顾我们家族，他就毋庸置疑地成了我们最大的敌人。请务必牢记我的劝告！我对世事的了解胜过年轻的一辈！如果我战败而死，你会是第一个知道的人……我认为，母后可以待在威斯特法伦王后那里。但看在上帝的分上，千万不要让皇后和罗马王落入敌人的手里！这样一来，奥地利将会对战争失去兴趣，并且会把皇后带回维也纳。英俄两国就会获得主导权，迫使法国听从他们的意志，而我们的事业就完了。

也许几天之后我会讲和……有史以来，还从未发生过君主在不设防城市被俘的事情。只要我还活着，人们就必须服从我。如果我死了，为了整个法国的荣誉，也不能让皇储和摄政皇后被敌军俘虏，而应该集合最后的兵士，撤退到最偏远的乡野。否则人们会说，是我把儿子的帝位葬送掉了。

想一想腓力五世的王后[9]说过的话吧！……如果他们两个人都落入敌手，那么你和所有的反叛者也都会遭到同样的下场。我宁愿儿子被杀，也不愿看到他成为奥地利亲王在维也纳长大。我每次看《安德洛玛刻》[10]一剧，总忍不住悲叹阿斯堤阿那克斯[11]的命运。幸而他的父亲先死一步，不用目睹这一惨事。我将这视为真幸。你不了解法国人民！这类大事的后果不堪设想！

这个被追逐的人紧张得喘不过气来，心脏狂跳不已。自从青年时代以来，他如今第一次看到死亡或崩溃如此近在眼前，实际上可能两者都已经迫在眉睫。当他命令约瑟夫为两种情况都作好准备时，构成他性格的两种禀赋又搅在一起，并且都迸发出火花：他擅长计算的天性使他预见到了，一旦奥地利对战争失去野心，将会造成的可怕后果；但是他对亲人命运的设想又激励了他的斗志。要是他明天阵亡了，这封信会表明，他英雄般的想象力最后迸发出来的依然是名誉与光荣。但今天却一如往日，拿破仑依旧将自己的命运与过去的历史相对照，正是历史上那些满怀激情的先辈激励了他的一生，驱使他走入伟大人物的行列。

这封信里交织着冰与火，既有政治家的冷静思索，又有诗人的万丈豪情。也只有这样的情怀，才配得上拿破仑这样的伟人，配得上他的毁灭。

而且，直到最后他仍然是位伟大的军事统帅。他把他残余的军队一分为二，发挥雄才大略，以一半兵力大胆进攻，击败了布吕歇尔。从尚波拜到蒙特罗，九天之内打了六仗，部队狂飙突进的气势，丝毫不减波拿巴将军当年的雄风。不过，这些战场全都是在法国本土，只此一点事实就说明了当前的一切。而在以前，他的胜利从来都是被冠以外国地名的。在蒙特罗，他再一次充任炮兵，像当年在土伦那样亲自调炮。他喊道："前进！同志们！打死我的炮弹还没造出来呢！"

于是布吕歇尔被击败。现在该轮到施瓦岑贝格了！但是奥地利人害怕自己的英名受损，决心避免决战。他直接写信给贝尔蒂埃，建议在夏蒂荣签署停火协议。皇帝读到此信，信心倍增。他甚至亲笔写信给约瑟夫，纸上洋溢着信念、机敏和勇气：

> 你已和我妻子谈过波旁家族的事了，请尽量注意避免这类话题。我不想生活在妻子的庇护之下。那只会给她造成坏的印象，并且恶化我们的关系……我并不想赢得巴黎人的恭维，因为我不是舞台上的戏子……而且，真正代表巴黎的并不是那狂热的三千个人，他们只能制造噪声。当然，解释为何不该征兵，要比实际去征兵容易得多……我拥抱你！

多少年来，他都不曾在信尾写上这样的话了！自马伦哥之役之后，他对任何一个兄弟，或任何一位将领，都再没有用过这样的结尾了。而且很遗憾，约瑟夫既是兄弟又是将领。他的心在猛烈地跳动，将自己的意志贯彻在兄弟和将领身上的想法一直激励着他。第二天，警察总监萨瓦利向他汇报说，有人向各国君主递交请愿书，并且提到了摄政、人们的恐惧以及充斥在巴黎内部的种种阴谋。而拿破仑的回信则更加激烈，说明他内心有着很强的冲动：

你们应该了解，我依然是当年瓦格兰姆和奥斯特利茨大捷时的那个人！我不能容忍国内有任何阴谋……我告诉你，如果有人擅自递交针对政府的请愿书的话，我一定会把约瑟夫国王以及所有签字人员统统逮捕……我不需要什么民众领袖！我自己就是最大的护民官！

与此同时，盟国方面则在争吵：沙皇提出由一位俄国总督接管巴黎，直到法国选择贝尔纳多特或别人做国王为止；奥地利则只坚持波旁王朝复辟；施瓦岑贝格要求立即讲和，他不想参战，只愿保持“一种军事姿态”；但重振旗鼓的布吕歇尔却一个劲儿地高喊“前进！”，而且真的已经开始向前挺进了。当盟方再次提出建议，要求法国保持天然疆界时，皇帝勃然大怒，说道：“我很生气，这种建议简直就是对我的侮辱。”有人提醒他，敌人的兵力是他的三倍，而他却非常豪迈地答道：“我有五万人，加上我自己就等于十五万人。”

此时正是3月初，他准备再次向布吕歇尔发动进攻，但为了与另一半军队联合作战，他必须选出最优秀的代理人。而在这样生死攸关的时刻，他选择了他最早的伙伴：马尔蒙。

但是，反叛情绪不断高涨。早在去年秋天，在杜本堡时拿破仑就已经领教过了。入冬后，在他的兄弟身边，反叛情绪又得到发展，现在已经演变成了战场上的叛变。马尔蒙，在活着的人当中，他是第一个投奔拿破仑的，恰恰也是第一个背叛他的。欧迪诺和麦克唐纳在奥布河畔的巴尔之战中失利，而马尔蒙当时正驻扎在拉昂，他摆摆样子却不参战，甚至把大炮闲置在城内的空地上，因而导致他的君主丧失了取胜的机会，甚至听任部队在自己的营地里遭受敌人袭击。贝尔蒂埃说：“其实皇帝一刀杀了他也不过分，但皇帝太宠信他了，虽然表面上骂了他一通，但还是让他统帅大军。”

这也很自然，在这样生死存亡的关头，除了年轻时的伙伴他还能相信谁呢？但马尔蒙并不是唯一受他姑息的叛臣。在意大利里沃利同他并肩作战的奥热罗竟也开始向奥地利人暗送秋波，擅离职守。但他所受到的责备也是不痛不痒，拿破仑用昔日战友的口吻给他写信，虽然这腔调他早已不太习惯：

什么？六个小时的休息时间你还嫌不够？……你的理由太让我伤

心了，奥热罗！你会没有钱，没有马？我命令你，在接到信的十二个小时内奔赴战场。如果你还是当年加斯蒂里昂时代的奥热罗的话，你就可以继续统军。但要是你觉得自己年过花甲，难以胜任，你就把指挥权交给你军中年龄最大的将军。国家正处于危难之中！……哪怕枪林弹雨，你也应该奋勇争先！我们大家都必须全副武装，拿出1793年那种不顾一切的勇气来。只要法国士兵看到你军帽上的羽毛在前方飘扬，他们将追随你到任何你想去的地方。

我们又一次看到了波拿巴将军的英勇气概。落日的余晖，丝毫不逊色于旭日东升的光芒。

由于马尔蒙的后撤，皇帝在奥布河畔的阿尔西孤立无援，只剩下数千兵力与敌人的大军周旋。失败在所难免。当战斗进入高潮时，一阵旋风刮过战场，上千名龙骑兵惊慌失措，转身逃逸，口中还喊道："哥萨克人！"就在这时，皇帝策马跃前阻拦："龙骑兵们！回去！你们逃跑，但我要留下？！"他拔剑冲向敌阵，只有参谋人员和近卫兵追随着他。六千哥萨克骑兵终于逃跑了。这是多年以来他第一次率领骑兵进行攻击。他的战马被击中了，他又换了一匹继续战斗。贝尔蒂埃报告说："很显然，皇帝想战死疆场。"

但是，求死却不能死：与恺撒、克伦威尔和腓特烈大帝一样，拿破仑注定不会拥有那样痛快的、英雄般的死亡方式。像他们这样的人不仅是军事统帅，还必须完成作为民族领袖的使命，即使有时他们必须同自己的民族对抗。从此以后，他经受的打击越来越多，而每一次都具有其象征意义。

不过，如果人们最终离弃了这个蔑视人类者，又有谁会感到奇怪呢？他把手下的士兵封为王侯，这些人爱惜爵位，而不愿战死沙场，这又有什么好惊讶的呢？一位天潢贵胄的公主，被迫下嫁一个暴发户，而一旦暴发户垮台，她立刻抛弃了他，选择重新回到哈布斯堡娘家，这又有什么可大惊小怪的呢？他过分信赖的兄弟们，一旦大难临头都只顾自己，却忘了他这个最大的恩人，这也根本不足为奇！

他在给妻子的最后几封信中，恳求她给她父亲写信，她很勉强地同意了。她没有像祖辈玛丽亚·特蕾西娅[12]那样拼命呼吁，她那冷冰冰的信件反倒给了她的父皇和梅特涅足够的暗示。盟军总部得到消息，英军已在波尔多登陆，那里已经竖起了波旁王朝的旗帜。皇帝写给皇后的一封信又被截获，信里说他决定把军队撤到马恩河一带。盟军已获得了充分的情报，大家一致同意：进军巴黎。

在这紧要关头，陷入重围的拿破仑还有最后一个大胆的计划：他可以将农民武装起来作为战时后备军。这些农民一定乐意听从他的调遣，因为他们非常痛恨那些入侵的外国人。但是，消息传来，马尔蒙再次被击败，正与莫蒂埃一起向巴黎撤退。皇帝焦急万分，就像听到自己后院起火一样，急匆匆奔赴巴黎，而将军队的指挥权交给贝尔蒂埃，只带着卫队策马回奔。最后，他抛下一切，同科兰古登上驿车，日夜兼程，一心希望还能来得及把大权夺回来。多少次凯旋之时，他不都是这样驱车穿过首都的城门的吗？每一次，他的思绪都围绕着这样的问题：巴黎在说什么？我如何弄清楚一切的情况？而这一次，他的脑海里只萦绕着一个疑问：我将帝国的安危托付给了三个人：摄政皇后、巴黎总督约瑟夫和最强大军团的统帅马尔蒙。他们能坚持到我回来吗？

深夜。换马。一名军官带着一队士兵走来。军官报告说："我们奉莫蒂埃将军之命，在为撤退的军队寻找宿营地。"

皇帝急忙问道："军队现在正在撤退？皇后在哪儿？约瑟夫国王在哪儿？"

"皇后昨天已携罗马王逃往布鲁瓦，约瑟夫国王今天也离开了巴黎。"

"马尔蒙在哪里？"

"我不知道，陛下。"

皇帝额头冒出了冷汗，他的嘴唇神经质地抽搐着，他为这些消息所震惊。他突然下令："前进！明天卫队就能赶到！国民自卫军还站在我这边。只要进入巴黎城，不成功，则成仁！"

科兰古费尽周折才让皇帝打消了这个疯狂的念头。皇帝下令让马尔蒙的军队在埃松河对岸布防。然后，他转身对科兰古说："你马上赶去巴黎！停止和谈！我被出卖了！我全权委托你！我就在这里等你！目标并不远。前进！"

他只要驱车几百步，就可以看见塞纳河水。什么在那里闪闪发光？原来是敌军警戒用的烽火，他们前哨的士兵正在河对岸做饭唱歌，而对岸的皇帝,却只能和两辆驿车及几个仆人一起伫立在黑暗中。

他下令掉转车头,朝着枫丹白露慢慢驶去。

14

沙皇在巴黎　塔列朗主政　马尔蒙背叛　坚决反对波旁家族
让位给儿子　叛徒的危害　法国青年　疲惫的元帅们
彻底退位　继任者窃取财宝　从容不迫　向近卫军告别
军旗之吻　“干掉他!”　狂欢节

第二天早晨,塔列朗坐在自己宫殿的卧室里,仆人正为他梳洗打扮。这个革命时代的政治家,头上却依然戴着洛可可风格的假发:忽然门开了,等不及仆人通报,俄国伯爵涅歇尔罗德就急匆匆地走了进来,他是来问候这位老朋友的。按照塔列朗的说法,当时这位伯爵从头到脚都敷着香粉。两小时之后,沙皇就以贵宾身份,住进了他的密友塔列朗的府邸,因为他害怕爱丽舍宫会有炸弹。拿破仑的这位大臣,六年来不辞劳苦、为之奔走的时刻终于来到了,一切的努力都没有白费。笑逐颜开的胜利者们握手言欢,心中都油然而生强烈的道义感:正义终于获得了胜利!

经过漫长的努力,时隔二十二年之后,巴黎的城门终于向正统君主们敞开。这是他们的伟大时刻:他们是骑马入城的。一小队波旁党人为他们的解放者欢呼喝彩,圣日耳曼区的贵族们夹道欢迎。但是巴黎的其他城区却仍一片静寂。一位目击者写道,居民们都在静静地等待,明天的统治者究竟是拿破仑,还是波旁王朝的路易十八。

怯懦的约瑟夫仓皇出逃,而且尽管皇帝曾经发出警告,他却没有把塔列朗带走,让这个最聪明也最危险的敌人留在了巴黎。从这以后,皇帝失败的命运就已经注定。因为拿破仑的失败并不在于民众的反抗,而盟国的四位君主对于他的命运从来都没有达成过一致。他是被不忠的臣仆和叛变的朋友合力摧毁的。而他们又都受到一个“臣仆”兼“朋友”的人指使。因为依靠着沙皇的支持,塔列朗在其后的十天里成了人们的精神领袖。现在这个八面玲珑的人物正春风得意地施展本领呢。

昨天，他又接待了一位客人。无论如何，塔列朗并不憎恨皇帝，但自从拿破仑败象初露之后，他就抛弃了他的主子，为的是能让自己往上爬。他并不想对一个囚徒施加报复，而且他也没有理由这样做。但是，如果能让这个扰乱和平的人彻底消失，也可以省去他很多麻烦。因此，他重金收买了一个叫毛布莱的人，此人是波旁时代的军官，曾干过不光彩的勾当——让他“去枫丹白露执行一项重要任务”。但这个冒险者却在最后一刻害怕了，只袭击了热罗姆勇敢的夫人，并抢走了她的首饰，并没有伤害拿破仑的性命。与此同时，布吕歇尔也曾主动派遣小分队，明令他们干掉拿破仑，但也无功而返。

“法国到底需要什么？”沙皇问这位饱经世故的主教。塔列朗一直以来就蓄谋要让波旁王朝复辟，但是他却反问沙皇，他是否有合适的建议。沙皇犹豫地说了“贝尔纳多特”的名字。塔列朗微笑着答道：“法国再也不需要军人了。如果我们需要的话，我们就会保留现在这一位。他是世界上最出色的军人。换成别人处在他的位置上，恐怕连一百个追随者都不会有。”这番话是他当着获胜的沙皇的面说的。枫丹白露宫里的皇帝，在目前的处境下，根本不能想象从这样的人的嘴里竟能说出如此推崇的话。

第二天，塔列朗召集参议院举行会议，该立法机构批准了皇帝必须退位的决议。所有的人都表示赞成。科兰古是唯一替拿破仑辩护的人，并且想把沙皇争取过来。沙皇多愁善感的心真的被触动了，昔日老友的形象在他心中浮现。他动摇了，并承诺，他将在其他盟国那里尽力为罗马王保住皇位。

但是，正当无权无勇的科兰古试图说服游移不定的沙皇，以便挽救波拿巴家族之时，4月3日，塔列朗已把马尔蒙元帅请来，他在塞纳河对岸还有一万两千名士兵。在这一时刻，这可是一支不可忽视的力量，因为盟军主力还没有进入巴黎。

拿破仑最亲密的战友就坐在那里，他是最早跟随拿破仑的军官，他的对面就是最早侍奉皇帝的大臣。外交家正同军人冷静地分析局势，而军人根本无须动员，他早已厌倦了这一切。早在三年前的西班牙，他的信仰就已经动摇了。他在想：“难道我应该和一个死人一起前进？老王已死，新王当立！当年在军官学校的时候，我们都是保王党。他的失败就是波旁家族有权复辟的证明。如今的选择：是被迫支撑即将倾覆的旧墙，还是主动站在旧王朝宝座的旁边。当初的效忠誓言？已经取消了。友谊呢？就在不久前，他还为了拉翁的事情骂了我一通呢！”在塔列朗的建议下，马尔蒙给盟军的统帅施瓦岑贝格写了封信：

“经参议院决定，法国军队与人民已经解除了向拿破仑效忠的义务。我愿促成人民与军队间的谅解，以避免内战。”以此为借口，皇帝最早的元帅毁掉了皇帝。后来他又以爱国主义为理由来为自己辩护，这是所有叛徒一贯的可耻作风。奥热罗紧随其后，发表声明，背叛了皇帝。

就在塔列朗争取马尔蒙的时候，皇帝正在枫丹白露检阅卫队。他向他们喊道：“我们绝对不允许流亡分子的白色帽徽在巴黎出现！……几天之后，我们就向巴黎的敌人进攻！”兴奋的军官们挥舞着剑：“进攻巴黎！皇帝万岁！”拿破仑向他们挥手，面带笑容，在最后几个身穿绣花大氅的大臣们的簇拥下，轻快地走上台阶。

没过不久，一辆马车进了院子。彻夜未眠的科兰古走下马车，脸色苍白地来到皇帝面前。贝尔蒂埃问他：“喂，亲爱的朋友，情况怎么样了？”科兰古并未答话，因为他不喜欢贝尔蒂埃说话的腔调。难道连最亲近的人也打算离开吗？他发现皇帝正忙于工作。

“他们到底要我怎么样？”皇帝急切地问道。

“您要是想为儿子保住皇位，必须作出重大的牺牲。”

“这就是说，他们拒绝和我谈判。他们想把我变成任人宰割的奴隶，他们这是要拿我杀一儆百，警告所有靠天才统治人类、使世袭帝王不寒而栗的人！”

这正是当年波拿巴将军的铿锵之声！之前皇帝一直在检阅近卫军、翻阅最后的士兵花名册、研究地图，这一切都让他的情绪高涨、勇气倍增。而现在，科兰古给他带来了沙皇提出的最温和的要求：拿破仑必须让位给罗马王，然后再讨论摄政的事情。然后，他又提到了波旁王朝复辟的可能性。皇帝当时就跳了起来：

“他们疯了！波旁家族竟然回法国！他们连一年都支持不住。全国九成的民众无法容忍，我的士兵也不会为他们效忠。二十年来，他们一直靠着外国人的施舍过活，而且公然与祖国的基本原则相对抗。参议院的成员，要么当年曾亲自将国王送上断头台，要么就是那些弑君者的儿子。而我！我是新来的，没有任何仇恨需要报复，我的工作只是建设……他们可以从我的垮台中捞取好处，可以放逐我和我的家人，但是让波旁王朝回来——休想！”

他的丰功伟绩在脑海中一幕幕闪过，像一首狂想曲。他心里充满了对他所继任、如今又将接替他的那个家族的蔑视。然后，他又露出了军人本色："他们要我退位。但这样能确保皇位属于我儿子吗？我还有五万军队。我的人要追随我向巴黎进军！取得胜利之后，再让法国人民作出选择。如果到那时法国人民要我走，我就会离开。"我们看到，作为政治家，他已决定让位给儿子；但作为军人，他依然想为自己保留一切。

但是，就在军队的士气与自豪感大增的时候，元帅们却心怀不满。虽然他们还不知道马尔蒙的背叛，但他们都有同样的想法，只要不让他们太难堪，他们都愿意解除对拿破仑的效忠。将领们这种与士兵截然相反的情绪，可以说恰恰是对拿破仑称帝后加官晋爵、把将军册封为元帅这一做法的惩罚。第二天，他们团结一致，拿破仑最早册封的元帅们，内伊、麦克唐纳、欧迪诺和勒费弗尔等，都尽可能用最谦卑的姿态，婉转地向他陈述退位的好处。

看这里！皇帝将地图指给他们看，上面又密密麻麻地插满了彩色的小针。他向他们指出，敌人处于不利的位置，并详细列举了己方的实力。枉费心机！将领们一年前在杜本堡表现出来的想法，现在已坚定百倍，而且与皇帝背道而驰。他默默地示意他们退下，这时他想出了一个对策。他把所有的兵力计算了一下，情况还不错。因此，有条件的退位至多不过意味着停战或拖延，这样就可以争取时间。

在会见元帅几小时之后，他召见科兰古，指着桌上他亲笔写的文件说："这是我的退位诏书，把它带到巴黎去。"

科兰古读道：

"因为盟国已宣布，拿破仑是欧洲大陆通往和平道路上的唯一障碍，因此拿破仑皇帝宣布，为了忠实于自己的誓言，为了保障祖国的利益，以及与祖国利益密不可分的皇太子的权利、皇后摄政的权利和帝国法律，他本人愿意退位，离开法国，甚至牺牲他的生命。"

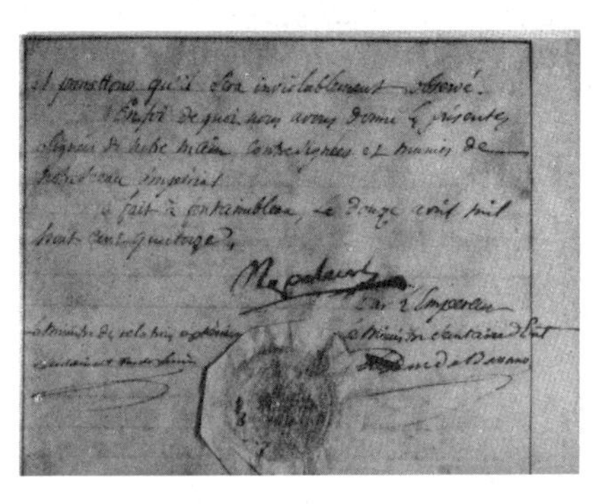
Napoléon
Par l'Empereur

拿破仑退位诏书手迹

多么巧妙的文体！标准的外交

文件，用词谨慎，造句考究，含义却又模棱两可，完全是旧式外交家的风格，根本不是拿破仑的文风。科兰古因为使命重大，请示加派两名元帅一同前往。

“你可以带马尔蒙和内伊去，”然后皇帝补充道，“马尔蒙是与我相处最久的战友。”

“马尔蒙不在这里。”

“那就带麦克唐纳去。”

三个小时后，时值深夜，三位全权代表在爱丽舍宫与盟国君臣谈判。但大部分谈判都是在科兰古与沙皇之间进行的。科兰古坚称，全法国人民都由衷地反对波旁王朝复辟，这给对方造成了一定的印象，因此谈判持续了很长时间。忽然，有人用俄语宣读了一则通告，法国人听不懂。沙皇就说：“先生们，你们所依靠的无非是贵国军队对帝国制度不可动摇的忠心。不过我刚接到消息说，你们的先遣部队第六军团已经背离了皇帝，他们已投奔我方。”

同盟国方面轻松了很多。他们要求皇帝立即无条件退位。与此同时，皇帝从枫丹白露接二连三地送信给科兰古：

“如果他们拒绝与我协商，那这又怎么称得上是个条约呢！……我命令你将我的退位诏书拿回来！……我不会签署任何条约！”

第二天早晨六点钟，皇帝正与贝尔蒂埃一起工作，一名上尉求见，他是莫蒂埃的副官。

“有什么消息？”

“第六军团已向敌方投降，现在正向巴黎挺进！”——皇帝抓住他的胳膊，死命摇动：

“马尔蒙？你肯定吗？士兵知道他们被带往哪里吗？”

“他们是在夜里被带向奥地利军营的。他们得到的命令是，他们在向敌人进军。”

“想从我手里拉走军队，他们得用骗术才行！出发时你见到马尔蒙了吗？”

“没有，陛下！”

“骑兵也走了吗？”

“是的，以密集队形出发的。”

“莫蒂埃呢？”

“他派我向您报告，他的部队无论生死都将对您效忠到底。他在等候陛下的命令。青年近卫军已经作好准备，随时为您捐躯。整个法国的年轻人都作好了准备！”

拿破仑走近这位年轻的军官，望着他的眼睛，和蔼地把手顺着军官肩章的流苏滑下，好像要触摸他的肩膀。日渐衰老的拿破仑又一次得到了法国青年的支持。

当科兰古将敌方的新要求带回来时，只有麦克唐纳同他在一起。

“内伊去哪儿了？”皇帝问。

沉默。停顿许久。然后他知道了新的条件。他被深深地刺伤了。放弃皇朝！那可是他十多年来一直追求的目标！

“我的退位都不能满足他们的野心。难道非要我签字把妻儿的权利也剥夺吗？我办不到。我用我的功业为他们赢得了皇位！”这种似是而非的想法已经在他头脑中根深蒂固，以至于他都感觉不到它的存在。然后，他把自己的兵力又计算了一下：

“我这里有两万五千人，我可以很快从意大利调一万八千人，絮歇那里有一万五千人，而苏尔特还有四万人。我要打下去！我的位置就在战场上。”

剩下的部队还是支持他的，但疲惫的将领们却只想回到自己的宫殿，市民们也盼望着和平的日子。为什么他不亲自统率近卫军呢？因为他如今只想到利用元帅，封建皇朝的气氛把他与基层的忠实者隔绝开来。

他们又来了。他们警告他，甚至连贝尔蒂埃也表示附和，说枫丹白露很容易受到包围。他静静地听着，神情严肃而庄重，然后他突然问他们，是否愿意同他一起向卢瓦尔河进军，也可以去意大利，他们在那里可以和欧仁的军队会师。这建议的背后实际上隐藏着这个冒险家的全新计划。但是，站在他面前的都是元帅们，都是法国人，他们谈到了内战的可能性，都劝他退位。他们为他争取到了厄尔巴岛作为居留地。现在他最好迅速作出决定。他让他们退下，然后说道：

“这些人都没有良心，没有感情！我的失败主要不是时运不济，而是战友们的忘恩负义。真是无耻。现在一切都完了。”

外面，客厅里满是朝臣和贵族，大家都在轻声交谈，就好像在某个国王的灵床前一样。所有人都在等待皇帝签字。皇帝对此心知肚明,不让任何人进来,他要让他们一直等到天亮。经过一夜痛苦的煎熬,谈判代表们发现皇帝穿着睡衣坐在壁炉前,心灰意冷,令人怜悯。

他们给他带来了夜里在巴黎签署的文件。他将得到厄尔巴岛和200万法郎的年金,可以保有皇帝头衔以及四百名卫兵。塔列朗曾警告盟国,不能把这头凶猛的狮子放在如此靠近法国的地方。他建议把他流放到科孚岛,甚至是圣赫勒拿岛。富歇则不想让皇帝从高处缓慢下落,他要加速这一过程。于是,在一封措辞巧妙的信中,富歇建议皇帝直接去美国,在那里作为一名自由的公民,重新开始他新的生活——距离欧洲海岸越远越好。

这一切都令皇帝感到心寒。这时候,他注意到了一些不一样的东西,那就是麦克唐纳的忠贞不渝。他暗地里将这位将军同那些忘恩负义的家伙作了比较,他觉得对此人的赏赐还不够。在即将签字的时候,他感到很过意不去,他说:

“我一直没有充分地赏赐过你。现在我却无能为力。你把塞利姆苏丹送给我的宝剑拿去吧,留作纪念。”所有人都在等他签字,他却叫人把那把镶金的土耳其弯刀拿来,并深情地拥抱了这位将军。然后他签署了退位诏书:

> 因为盟国已宣布,拿破仑是欧洲大陆通往和平道路上的唯一障碍,因此拿破仑皇帝恪守自己的誓言,宣布他本人及其后嗣放弃法兰西和意大利的王位。为了保障法国的利益,他愿意作出任何牺牲,包括他的生命。

终于如愿以偿!所有的人都松了一口气。将军和大臣们都离开了枫丹白露,只有大臣马雷留了下来。所有人都匆忙赶往巴黎,就连贝尔蒂埃都投入了临时政府的怀抱。塔列朗和富歇共掌大权。

不过,皇帝在宫中又住了九天,但他也并不孤单。他的周围是忠贞不贰的近卫军,人数依然有两万五千。还会有其他人吗?他的兄弟们早已溜之大吉。约瑟芬在马尔梅松做什么呢?她痛哭流涕,并发誓要追随废帝。但是随后,她却又殷勤地接待了拿破仑的征服者,并作出种种哀痛之状让人怜惜。沙皇则想做风流的骑士,拜倒在前皇后的石榴裙下。但是她的女儿奥坦丝却很冷淡。沙皇一走，她就立即赶到枫丹白露，与皇帝待在一起，直到他离去。

开始的时候，他母亲陪着他住，但是为了她的安全考虑，他劝她与热罗姆离开这里。他们以后会团聚的。当皇后与莱蒂齐娅告别时，她说了一些礼貌的客套话，并祝她婆婆安好，但是老太太却把玛丽·路易丝看透了，知道她在乎的只有安全与享受。于是她对这位哈布斯堡的公主说："这完全取决于你和你未来的所作所为。"

皇帝写了很多信，派了很多信使，却没有得到妻儿的只言片语。虽然他自己已经对土地和金钱不感兴趣了，但还是不停地为妻子的利益打算。根据条约，她将成为帕尔马的女大公，而他则写信劝她再另外对托斯卡纳提出要求，至少也要得到靠近厄尔巴岛的某些地区，这样便于夫妻间联系。他写信告诉她，路上最好在何处停留，御医会给她建议，哪里的温泉对于她的健康有利。她应该随身带上她个人的珠宝。然后他又给内廷总管写信说，所有不属于他和皇后的钻石都应该归还，因为它们属于法国。

这期间，政府已委托代理人前往杜伊勒里宫，奉命搜索皇帝的财宝。所有的金子和有价证券、总价值约1.5亿法郎的个人财产都被查封，其实就是被强行窃取，因为这些都是拿破仑十四年来从自己的薪俸中节省出来的。所有的银器，所有的个人物品，从金质鼻烟盒到上面绣有"N"字样的手帕都被统统拿走。搜查令的签字者之一就是塔列朗。昨天拿破仑还是欧洲最富有的皇帝，今天却只能带着300万法郎流放厄尔巴岛了。

他的情绪很平静。还有什么可以让他失望的事情呢？吕西安在他退位的第二天就给教皇写信，被册封为罗马的一个亲王。在最近的几周里，富歇布下了阴谋之网。在他的唆使下，缪拉进军罗马，并把部队开进托斯卡纳，入侵他的妻姐爱丽莎的领地。与以前一样，他再次受到妻子卡洛丽娜的挑唆，再次与英国相勾结，使得英国占领了托斯卡纳。爱丽莎因为错误地估计了形势，在最后关头下错了赌注，仍然效忠于皇帝。她在妹妹的军队入侵之前被迫出逃，然后在山间的小旅店里生了一个孩子，最后在博洛尼亚被奥地利人俘虏。家人中只有热罗姆夫妇表现较好，没有做什么难堪的事情。

最后几天是在不祥的沉寂中度过的。要是有辆马车驶入庭院，大家都会竖起耳朵：是不是有人来向拿破仑道别？除了那些来处理事务的人以外，再没有其他人。就在拿破仑出发的前几天，一天晚上，来了一位戴着面纱罩的贵妇人，没有人认识她，她也就没有得到召见。瓦莱夫斯卡夫人等了整整一夜，第二天早晨她留下一封信。他派人去找她，但她已离开了。他写了封信：

“玛丽！……你的感情深深地打动了我，这些真情实在无愧于你那美好的灵魂和善良的心地……请带着爱恋思念我！永远不要怀疑我！ N.”

自从皇帝重新获得了心灵上的平静以后，他又鼓起了勇气，他不是还有一个岛吗？那里不是可以成为他的用武之地吗？谁知道将来会发生什么事呢！科西嘉不也只是地中海的一个小岛吗？他专门随身带了一本专业书籍，研究厄尔巴岛的地理和统计资料：“那儿空气清新，居民诚实可靠。希望我亲爱的路易丝能喜欢这个地方。”他挑选了四百名士兵，所有的人都希望追随他，即使抛妻弃子也在所不惜。他们当中很多人，从二十二年前他在土伦做上尉时就开始跟随他，从开罗到莫斯科，前后经历了大小六十次战役。

他的情绪又高涨起来。他与内廷大臣讨论天命，谈到在最近的几次战役中他是如何的九死一生。随后，他补充道：

“轻生乃是怯懦的表现。用这种方式躲避责任，就如同一个赌光了财产的人，我实在看不出有什么伟大之处……自杀有悖于我的原则，也和我在世界上所处的地位不相符。”他们在阳台上默默地走来走去，然后他微笑着补充道：“我们私下里说：活着的鼓手也比死了的国王有价值！”

一切手续业已办妥，陪他前往厄尔巴岛的四位盟国专员已经到了。当天下午出发。他很平静地写了封信给妻子，把出发的事情告诉她。信的结尾处是这样写的：“再见了，亲爱的路易丝。请相信你丈夫的勇气、镇静和对你的爱情。N.”——末了，他又加了一句：“给小罗马王一个吻！”

启程似乎应该很简单，因为没有人来送行。

不对。老近卫军在院中集合成方队等候着他。当他走下台阶，千百双眼睛都在注视着他：现在他必须说几句话。但是该说什么呢？二十年来，他一直都是在战役前或胜利后对他们训话：激励他们或者感谢他们。现在虽然没有获胜，但他还是要为过去的上百次战斗感谢他们。他走上前去。“皇帝万岁！”士兵高喊。他走到士兵当中，说道：

“我的老卫队士兵们！我向你们告别。二十年来，我一直陪伴你们走在光荣的道路上。在最近的这些岁月里，你们一如我们全盛时期那样，始终是勇敢和忠诚的模范……但是那样就会变成内战。为了祖国的利益，我已经牺牲了我的一切利益。我要离去了……但是你们，我的朋友，还要继续为法兰西效忠。过去我唯一想到的就是法兰西的幸福。现在，我把愿望寄托在你们身上。不要为我的命运惋惜，我之所以决定活下去，那也是为了你们的光荣。我准备将我们过去共同取得的伟大成就写下来。别了，我的孩子们！我想把你们所有的人紧贴在我的心坎上。至少让我吻一下你们的军旗吧！"

一位将军擎着军旗走上前去。拿破仑拥抱了他，然后亲吻了军旗。"再一次别了，我的老伙伴！"他登上了马车。"皇帝万岁！"他的车渐渐远去……

那些身经百战的士兵们站在那里，哭得像群孩子。他们的父亲走了。他从未对他们说过如此动情的话。古罗马式的庄严与激情，公告中那些热情的形象，所有的比喻，所有的慷慨激昂，都与战争的狂热一起随风消散。这个皇帝说话像个统帅，这个统帅说话像个队长：话语不多，非常简洁，语调中透着男人的刚毅。他亲吻着军旗，那是一个无与伦比的动人姿态：他从来没有做过这个动作。近卫军的战士们会把伟大的皇帝，也就是他们的队长的话讲给孙子们听，孙辈们再把这些讲给他们的孙子听，就这样一直传到今天。

告别近卫军

他就是在这样的军人氛围中长大成人的。谁知道，他刚刚离此远去，便遇到了暴民的袭击。近卫军士兵的哭泣声还没有消失多久，他就听到了喧嚷、叫喊和咒骂。车队飞快地穿过普罗旺斯，车外人们雷鸣般的叫骂声冲进他的耳朵："打倒暴君！杀死他这个无赖！"在乡间换马时，愤怒的妇女们围着车子向他尖声喊叫，向马车扔石头，他们强迫车夫喊："国王万岁！"在一个村子里，群众在绞刑架上挂了一个稻草人，身上披着类似拿破仑的军装，上面涂满了污泥和血块。他们高喊："打死杀人犯！"车子不得不加速赶路，旅行变成了逃窜，这是拿破仑有生以来第一次逃跑。

皇帝呆呆地看着，听着。这些不正是当年飞奔车旁，争相目睹皇帝风采的那些人吗？他们这些人，农民和市民，也就是书面上所说的人民。当初他们看见他的时候，不都是把法国的伟大归功于他吗？对，就是他们。当年他第一次进驻巴黎时，万众欢呼，迎接这位胜利者。那个时候他就以藐视人类的先见之明，预料到了今天所经历的一切。他蜷缩在车子的角落里，默默地坐着，面色苍白。每到一个停留地，盟国的专员都会跳下车来掩护他。难道他真能无动于衷地忍受这一切吗？他会拔剑自卫吗？如今他已没有佩剑。穿着市民的深色便服，他还可以离开法国，但绝不能穿绿色军装。他过去仅有一次类似的经历。那是在雾月十九日，激进分子向他挥舞着拳头，那时并没有拔出剑来；那时，和现在一样，他面对暴民束手无策，因为他的职业和天赋都无法胜任击退或是说服暴民的工作。他并不是什么护民官，他是一个皇帝。他只擅长于发号施令，他也只适合统率军队。在他的字典里，奋起斗争就意味着一场战争。

运动！空气！在一条寂静的街道上，他命令车子停下，把拉车马卸下一匹。他在圆帽上加了一个大大的白色帽徽，然后骑着马赶在前头，他的仆人尾随其后。他一直骑到埃克斯城，在离城不远处停下，走进路旁的一家小店，自称是英国上校坎贝尔。这是他的第六个化名。

在桌前伺候的是一个普罗旺斯的女孩，她喋喋不休地说道："人们要在他出海之前干掉他！"他频频点头，对她所有的话都表示附和："当然，当然！"当他与仆人单独在一起时，他把头靠在仆人的肩上打了个盹，因为他已经两夜没合眼了。倒头就睡：仁慈的大自然，你赐给你最伟大的战士的是一件多么美好的礼物啊！当他醒来时，不久前的叫喊声和群情汹汹的景象重新浮上心头，他打了个冷战，轻声说道：

"不行，再也不回来了！在厄尔巴岛我将比以往任何时候都幸福。今后我要致力于科学研究工作。再也不要任何欧洲的王冠了。你也看见了人民的真面目。难道我不应该鄙视人类吗？"

当马车抵达旅店时，鉴于路上的遭遇，他换了一身服装。因为时间紧迫，他穿上了奥地利将军的制服，那是科勒专员的制服。再戴上普鲁士上校特鲁赫塞斯的军帽，外面披上俄国专员苏万洛夫的大衣。集三个盟国专员的衣帽于一身，穿着这样狂欢节式的装束，皇帝就像个落荒的小丑：拿破仑就是这样离开他的国家的。

终于到弗雷瑞斯了！这是他从埃及回来时登陆的港口。那时他是败军之将，丧失了法国的全部战船，本应受到军事法庭的审判，可是他却受到缺少领袖的民众的热烈欢迎，因为人们对他在意大利取得的辉煌胜利还记忆犹新。那一次，他一路上不知道经过了多少万众欢呼的场面才来到巴黎。而这一次，他逆向从原路南下，却充满风险，几乎被石块打伤，最后只能依靠伪装才能逃命。一个国家获得了重生，一个民族赢得了荣耀，转眼已是十五年过去了！十五年间，欧洲纷争不断，墓中士兵的尸体早已腐烂，英雄凯旋接受人民的欢呼，平民成为元帅，由酒馆走进了宫殿；对于胜利的民族，有人拥护，有人反抗，人们的精神受到了极大的冲击——而一个来自地中海小岛的外国人，凭借着无比自信的鲁莽和大胆，将那顶金叶皇冠，戴在了自己的头上。

15

活力与小岛　内在积累　神秘的国王　母亲的宴会　熔炉
浪漫的相会　内心的倦怠　儿子的画像　奇异的装束
波旁国王　总结历史　维也纳的争吵　会议的信息　筹划
“听从命运对你的安排吧”　启程

科西嘉岛多么大啊！它的山又是多么的高！巴斯蒂亚是一个良港，用望远镜可以看到港口的炮台。如果有人从东面进攻——

每当厄尔巴岛的统治者骑马登上山丘，故国家园的剪影就会呈现在他眼前。隔海望去，那边的一切都比这边的大。面积大四十倍，而人口也是厄尔巴的十倍。所有的数字他都一清二楚。在他看来，厄尔巴岛只不过是一个鼹鼠丘。

5月，一个晴朗的早晨，他在登陆时，受到了费拉约港的农民和市民代表的欢迎。他们腼腆地向新的统治者致敬问好。令他们吃惊的是，他并没有接受为他举行的欢迎宴会，而是跳上马去视察岛上的防御工事。从第二天开始，这个沉寂了许久的小岛终于忙碌起来，命令源源不断地传达下来：皮亚诺萨要增修两座炮台，防波堤必须延长，所有的路况都必须改善。当四百名步兵登陆时，小岛上的居民目瞪口呆地看着他们，就好像突然来了一个外族部落。没过多久，他又新建了一个外籍部队，把他们组成一支国民自卫军，兵力得到很大加强——现在拿破仑又拥有了一支千余人的军队。不久他又有了一支小舰队。为了什么？为了给国民自卫军提供保障。然后他又成立了一个参政院，由贝特朗和德鲁奥这两位陪同他流放的将军以及十二名当地居民组成。拿破仑本人是参政院主席。他们在一起讨论如何改进铁矿和盐井。你们岛上没种桑树吗？在里昂，养蚕非常赚钱。如果法国政府向我们征收关税，那我们就把商品卖到意大利去。

节约！我们太穷了，而法国方面又无意支付所许诺的年金。这所白房子比家乡阿雅克修的老房子还小，而且太过简陋，但没有进行修缮的钱。“宫廷总管贝特朗”开列了一张关于褥垫床具的清单，他的主人指出了其中的错误，因为他把所有的财产都牢牢记在脑子里了。

这个永不知疲倦的人统治着小岛，管理着微型军队，经营着迷你房子。难道他就丝毫没有意识到这样单调生活的可笑之处吗？丝毫没有！在厄尔巴岛上，他精神抖擞，身康体健，全身心地投入到崭新的事业中去。他意识到，吸引他工作的并不是民众。发布命令、实行建设、改造人民，这一切都受到他艺术家式的灵魂的驱使。但是人们并不易于改造，他的建设也难以完成，人们并不是任人揉捏的黏土，即使他们被战胜了，他们的反抗却还在继续。他只能采取强制措施，强迫和征服人的灵魂，发布命令，提出意见，不断警惕，不断改造。总之一句话，就是要不断加强统治来完成使命。他从来都不是半吊子和暴发户，因此，他今天推动这个小轮子，与当年推动整个地球时一样认认真真、兢兢业业。

没过多久，岛上的大部分工作都已步入轨道，他却觉得自己有些倦怠懒散，即便是在研究数学时也是如此。这迫使他开始重新考虑自己的处境。

他写道：“要使自己习惯于沉思的生活并不难，只要你本身有足够的积累。我在书房里勤奋工作。当我走出室外，看到我的老卫兵们，这是一种幸福的感觉……那些世袭的国王们，一旦被废黜，就必须忍受极度的痛苦，因为奢华场面和宫廷典礼已经成了他们生活不可或缺的要素。而我从来都是一个军人，成为皇帝纯属偶然。因此各种场面和典礼对我来说都是负担。只有战争和军营才适合我。回首我伟大的过去，我唯一觉得愧对的就是我的士兵们。在我的珍宝当中，有两套别人留给我的法国军服，这是我最宝贵的财产。”

这是一个神秘国王的真情流露。人们不相信他的话吗？在这个小人国里，他还煞有介事地保持着他的皇朝。欧洲会取笑他吗？欧洲不久以后就开始怀疑岛上有什么秘密。多少年以前，当他还是位年轻将军时，便凭着与生俱来的尊严赢得了世袭贵族的尊敬。今天，他依然可以震慑那些想嘲笑他的来访者。人人都赞赏这位孤独者天性简朴。他虽然身居陋室，却仍然保持着“皇帝陛下”的尊称。他居住在岛上，既无宫殿设施，也无朝廷大臣。围绕他的只有功勋的光环。

这次回归故里也带给他心灵的慰藉，因为厄尔巴岛也属于意大利。农民们用他的母语回答他的问题。生他养他的地中海，海岸静静的小岛，这一切难道不会勾起他的童年回忆吗？五针松、无花果和悬崖峭壁，葡萄园里的白色平房，船帆和渔网，家族的高贵和礼拜堂里戴着的头巾：所有这一切都像温柔的手将他拉回到童年的美好时光。他那饱经风雨激荡的神经终于获得了片刻的放松。在这几个月中，皇帝逐渐恢复了健康。有时候，眼前的一切会让他感觉恍惚来到了童年的幻境，做了一次梦幻般的旅行。只有当他审视老卫队士兵时，他才真正体会到，从科西嘉到厄尔巴，这中间确实发生了很多事情。

“皇帝在岛上过得非常满意，”他的某位陪同曾经写道，“他似乎已经忘记了过去。布置他的房间花了他很多时间。他正在寻找地方盖乡间别墅。我们骑马、坐车、划船，玩得不亦乐乎。”

因为他有的是时间，又必须节俭，于是他就事必躬亲，不放过任何微小的细节。过去在杜伊勒里宫时，他就亲自开列衣物清单。来到厄尔巴岛，他对贝特朗说：“我的衣服管理一团糟，有一部分还没有开箱，也没有做上记号。请你传令下去，把所有的衣服都放进衣橱，任何人领取宫中物品，都必须填写收条。房间里缺少普通的椅子，请你派人去比萨挑一个样品来，每把不得超过5法郎。”

欧洲得知此事后，大笑不已。后人也为拿破仑如此的节制简朴而感到震惊。

仅有一次，人们听到了一声短暂的叹息。当时是在傍晚，他站在山上，俯视着他的全部领土。他说道：“我们必须承认，这个岛实在太小了。”就像是远处轰鸣的雷声，这句话道出了一个人的命运。他的想象力如此宏大雄奇，却被局限在欧洲的狭小范围内，禁锢在19世纪普通民众的智力水平上，其内心的苦闷可想而知。

夏天的时候，他的母亲来了。只有她一个人对拿破仑目前的处境感到高兴。现在，她的儿子再也不会受到暗杀或者战争的威胁了。这里平和安谧，温暖如春，几乎和科西嘉一样美丽。与他朝夕相处，使她重温了昔日的天伦之乐。她的到来非常及时。因为她一个人就省下了数百万的家财，她给儿子带来了他所需要的东西。当他接到她的钱款时，我们不难想象母子相视而笑的情景。在他的命名纪念日那天，她为他准备了一个小型的乡间宴会。

过去在巴黎，她曾亲历过十余次的拿破仑命名纪念日：残废军人荣养院里发射礼炮和焰火，弥撒与宫殿，参议院议员和大臣们、宫廷官员和外国使节都云集在杜伊勒里宫。到了晚上，宾客满堂，音乐声中，来回穿梭的都是法国各界名流，珠光宝气，美女如云。燃放的焰火照亮了8月的夜空，上千盏小灯组成一个巨大的字母“N”。围绕在莱蒂齐娅身旁的都是她所生的帝王们。她静静地站在那里，雍容而又高贵。她情不自禁地想起了那句古老的警句：“但愿这一切能长久！”今天的她却兴高采烈，甚至把这里的快乐气氛与故乡阿雅克修小城相提并论。今天她第一次想道：“我们现在做得很不错。”

在罗马时，莱蒂齐娅曾经平复了许多因为意气用事而引起的心灵创伤。教皇已返回罗马，并且原谅了昔日敌人的母亲。满朝的官员，甚至包括她的科西嘉秘书在内，统统都投奔到复辟的波旁王朝那边去了。对此，她并不感到惊讶，因为她早就预感到了。只有她的女儿卡洛丽娜，她拒不接见。

另一个女儿波丽娜却得到了母亲的宠爱。她性格开朗，一向是这个家庭中最可爱的成员，而且聪明过人，对王冠不感兴趣，只喜爱钻石和情郎。她搬到岛上来，与母亲一起为哥哥排忧解闷。她还带来了大量的趣闻轶事。

他几乎没有任何他兄弟的音讯。有一次，吕西安来了封信。他能向被放逐的兄长提什么建议呢？他在罗马过着亲王的豪华生活，他会慷慨地送给拿破仑金钱吗？他会利用其影响去为兄长奔走吗？教皇新近册封的这位“加尼诺亲王”在信中到底写了什么？他现在经营冶炼厂，而厄尔巴岛有铁矿，正好可以供他的熔炉冶炼。他请求哥哥给他矿砂。想当初，王冠和黄金他都可以拒绝不要。而现在，他哥哥手里只拥有铁矿，他却想大加利用。也许他自认为是一个诗人，喜欢创作熔炉炼铁的滑稽戏吧。这不是很好吗？至少还有人想到他。还有谁会给他写信呢？

约瑟芬去世了。在拿破仑离开巴黎的几周之后，她死在了马尔梅松。谁也不知道她在给拿破仑的信中写了什么，只知道她留下了高达300万法郎的债务，拿破仑得替他偿还。奥坦丝已经和丈夫分手。她被封为女公爵，就在她们母女曾经统治过的宫殿里，对着波旁家族大献殷勤。小莱昂，有一段时间曾与莱蒂齐娅住在罗马，据说长得很像他的父亲，很勇敢，也很顽皮。这就是他所知道的有关家人的全部情况。

一艘英国船载来了一位贵妇，她就是那晚前往枫丹白露的匿名女士。在栗子树下的营帐里，皇帝接见了瓦莱夫斯卡伯爵夫人。两天两夜，他们难舍难分。拿破仑只是在发布命令时才出来一下。而那个四岁的小男孩，身穿波兰民族服装，正在草地上与老卫队士兵玩耍。皇帝打算让伯爵夫人留在自己身边，却又怕妻子路易丝借此拒不前来。他一直还对妻子抱有幻想，所以，他在哈布斯堡公主的祭坛前，再一次牺牲了自己的幸福。她走了以后，她的船遇到了风暴，拿破仑得知后坐立不安，直到她从里窝诺捎来消息，他才放下心来。

人世间的事真是奇妙！这位四十五岁的男子，用魔力将不同的时代与风俗紧密地联结在一起。他现在是地中海一个小岛上的国王，他的爱人渡海过来看他。他们最后一次相会是在维也纳美泉宫的皇家宫殿里。那时他还是那个国家的敌人，如今他再次成了该国的敌人。从同一座宫殿里，他还把另外一个女人带到了巴黎并娶她为妻，如今她早已把他抛弃。他的私生子出生在波兰境内的一座孤独的城堡里，现在却在南方的树下玩耍，身穿异国的服饰，那是皇帝曾经许诺要解放的国家。谁能相信所有这一切都是在短短五年之内发生的呢？这些变故的发生本应该需要一百年时间。那用传奇之线编织而成的网哟，谁知道捕捉上来的是不是那传说中的金鱼？也许以后，人们会把这一切当成一个美丽的传说：一千年前，一位伟大的皇帝被放逐到一个岛上，一个悲伤的美丽女子，从遥远的国度跋涉重洋，给他带来了他们的儿子。

事实上，妻儿都已离拿破仑远去。失去亲人与失去权力，对他来说都同样残酷，前者对他的打击甚至更深，因为他用非常保守的市民意识去看待婚姻。即使是在最后一次穿越法国的伤心之旅途中，他也还是一如既往地给玛丽·路易丝写信。来到岛上以后，他还为她准备了住处，并且亲自设计了一套新居。但是他一直没有得到答复。他于是认为，信被人中途扣留了。最后他只得请求托斯卡纳大公替他转达消息，因为“我希望殿下还能对我保留一点友情，尽管近来发生的一些事情使许多人的本质发生了改变……在这种情况下，我还想请求您友善对待这个小岛，岛民一直抱着敬爱殿下的心情，就像托斯卡纳一样”。唉，一个小岛的统治者，手下臣民不过两万，竟然用这种口吻给大公写信。大公当然置之不理。

当拿破仑意识到世态炎凉、人心难测之后，他昔日的抗争精神再度升腾。要不是为了妻子，他才不会写出如此奴颜婢膝的信来。在遭到冷遇之后，周围的人们终于放心了，因为他们又一次听到了他那铿锵有力的声音：“这些帝王们，当初毕恭毕敬地向我派遣使节，把亲生女儿送到我的床上，并称我为‘兄弟’。现在他们却骂我为篡权者。他们啐不到我本人，就啐我的画像。他们彻底糟蹋了帝王的威严。皇帝的称号算什么！如果我除此之外别无他物遗留于世，后人一定会耻笑我的……在古希腊罗马时代，战败者的孩子都被掳走，征服者在庆贺胜利举行入城式的时候，就会让他们在前面游街示众。”

拿破仑·弗兰茨·波拿巴（1811—1832）

当拿破仑得知，在那混乱而又可耻的一天，他四岁的儿子曾经激烈地拒绝离开父亲的皇宫时，他又会作何感想呢？当小罗马王第一次看到他的外祖父时，天真地说道：“我见到了奥地利皇帝，他长得并不好看。”而这正是拿破仑所希望避免的。这个男孩注定要遭到阿斯提阿那克斯的命运。虽然他很受宠爱，但他可能已意识到，他再也不能提到父亲的名字了。虽然他被象征性地命名为“拿破仑·弗兰茨”，这个名字与他身上流着的血一样，都体现着两个敌对世界并不幸福的结合。但是很快，“拿破仑”这个名字就被弃而不用。他就像是一只可怜的小布谷鸟，寄居在哈布斯堡的巢穴里面，理所当然地只能保留“弗兰茨”这个名字。后来，当皇后的秘书离开维也纳，前来向皇后辞行时，孩子将他拉到窗角，匆匆地向他低声说道：“请告诉我父亲，我非常爱他！”

有个叫奈普堡的微不足道的奥地利军官，他载入史册的唯一原因就是他进入了一位哈布斯堡公主的卧室，而这位公主若不是因为嫁给了拿破仑，也同样会名不见经传。当拿破仑得知此事时，他又会作何感想呢？命运的打击令他陷入了无比的痛苦之中。看到拿破仑在儿子的画像前哭泣，亲信们无不倍感同情。

好在波丽娜来了，她风姿依旧，情绪良好。为了逗拿破仑开心，她故意模仿岛上那些裁缝和鞋匠受皇帝垂询时的神情和动作。皇帝每周都会接待一些岛上的居民，询问他们有多少孩子，要不要建一个医院等等。随着时光的流逝，越来越多的意大利人拜访这座小岛。如果有人带着有力的推荐信，皇帝就会接见他们，这些人中有历史学家、诗人、贵族，甚至还有英国人。他们一谈就是几个小时，当然只谈往事，只字不提未来。他喜欢听来访的客人咒骂奥地利卷土重来，在意大利又恢复了统治。但是有些阴谋家希望拿破仑能够去意大利领导他们起事，这时拿破仑就会把他们打发回家。因为他的心思一直牵挂着另一个海岸，现在正慢慢形成相关的计划。

巴黎在说什么呢？

时至今日，这对他来说依然是最最重要的问题。一周两次的报纸，外加来访的客人，都给他带来了法国的消息，也让他开始考虑新的可能性。但是，不要以为拿破仑开始其新的纪元，都是按照早已确定的计划。实际上，在厄尔巴岛登陆之时，他甚至不知道是否会离开这座小岛。但是莫斯科失败之后，他已经变成了一个冒险家。正是冒险家通常的直觉使他振作起来。“活着的马夫也比死了的国王有价值！”慢慢地，随着情况的变化，他开始制订计划，又予以否定；重新制订，再加以修改。计划的着眼点就是巴黎和维也纳的情况。

巴黎对波旁王室有什么议论？按照国王们的惯例说法，拿破仑刚走，波旁王室就“光复”了首都。拿破仑时代制定了严格的新闻检查制度，报纸上因此满纸谎言，但远在小岛上的他还是了解到了真相：当时是四个人挤在一辆小车上来到巴黎的。爱讥讽的巴黎人这下终于找到取笑的对象了。国王就坐在马车上,装束很奇特,便装,但上面却缀着硕大的肩章。肥胖的国王有三个下巴颏儿,他向好奇的群众微笑致意。他身旁坐着一位面容憔悴的贵妇,那是安古勒默女公爵,她回首往事,泪水打湿了她的双眼。对面坐的是年迈的孔代亲王以及波旁公爵。他们穿的是年轻人从未见过的旧王朝的制服。这辆马车,载回了二十二年后终于复活的鬼魂,护驾的是神情不悦的拿破仑皇帝的近卫军。他们布满弹孔的军服证明,在路易十六与路易十八的马车一出一进之间,曾经发生了多么波澜壮阔的斗争。

皇帝急切地问起他皇位继任者的生活习惯。他欣喜地听说,路易十八未加任何改动就住进了他的皇宫。路易十八看上去并无王者风范。按照当时一个德国人的描述,路易十八"非常肥胖,胖得几乎连路都走不动。他脚穿黑缎靴,两手都要扶拐杖,即使一根草都会把他绊倒。他身穿蓝色长袍,上有红色翻领,挂着老式的金质肩章"。诸如此类的描述让皇帝度过了非常愉快的一个小时。十二年来,英国报刊一直发表种种漫画,讽刺拿破仑在波旁王宫中的军人习气。现在英国一手扶植起来的正统国王,却成了一幅道地的国王讽刺画。路易十八又做了哪些取悦人民的事情呢?

他颁发了一部宪法?真遗憾。但不久有消息传来,这件国王恩赐的礼物只停留在纸上。昔日的不平等、等级特权——当今国王的哥哥就曾经为此被送上了断头台——现在又全都悄无声息地从后门溜了进来。贵族不服兵役,出身卑微者无法跻身高位,新贵族遭到轻视。路易十八是个老好人,做事很理智,但他却一切都听从他弟弟,性格阴郁的阿图瓦伯爵的指使。伯爵的左右都是报仇心切的流亡贵族。他们要求归还大革命中被没收的财产,但是现有法律保障实际所有者的权利。国王为了安抚他们,就册封他们为贵族院议员,并赐给他们大量年金。

怎么会这样?教会再度掌权?僧侣们与旧贵族沆瀣一气,他们利用地狱焚身恫吓垂死之人,迫使他们立下对财产原主人有利的遗嘱。虽然新宪法保障宗教自由,但礼拜日街道两边却百业停顿,否则就会受到处罚。宗教仪式的游行又出现在大街上。有一个生活浪漫的女演员受到很多巴黎人的喜爱,但她死后教会却拒绝为其施行天主教葬礼,因而引发了复辟之后的第一次暴动。

没过多久,民众就开始意识到那些外国解放者给他们带来的"好处"。

被放逐的皇帝怀着极大的兴致观看了一幅漫画：路易十八骑马跟在一个哥萨克兵的后面，踏着法国人的尸首进入法国。威灵顿曾在西班牙击败了法国军队，所以当他以英国公使的身份在巴黎闲逛时，人们都用憎恶的眼光看着他。新政府对成千上万的退伍军人又做了些什么呢？军官仅拿到一半薪水。拒不信奉天主教的人就会被开除。与此形成强烈反差的是，由贵族子弟组成的新皇家卫队却待遇优厚。贵族的军官学校重新开办，而荣誉团军官的孤儿则受到安古勒默女公爵的庇护，新旧政权在这些事情上倒是出现了融合的趋势……失望的情绪在法国逐渐升级，其速度之快连拿破仑也始料不及。

不过，在厄尔巴岛上盛行的并不是雅各宾式的论调。拿破仑从未放弃他的政体主张，虽然他也承认自己的错误："法国需要贵族统治。但是，要建立这样的统治，人们需要时间和传统。我册封了很多亲王和公爵，赐给他们土地和财产，但是由于他们贫贱的出身，我无法将他们改造成真正的贵族。所以，我就让他们与旧贵族家庭通婚。如果上天能给我所需要的二十年，去把法国建成伟大的国家的话，我可以做很多事情。可惜命运不从人愿。"

总的说来，他像是一个棋手，在棋局之后，坦率地承认了导致他失败的错误。他甚至不分对象地承认自己的失误。他对那些陌生的英国人说，在德累斯顿时他就应该议和。当英国人问他为什么不在夏蒂荣议和时，他傲然答道：

> 我不能做有辱法国尊严的和议。在我当政期间，比利时就是法国的一部分。那些被我占领的国家，我可以推出去。但是难道让我退回到原来波旁王朝的疆界？休想！……我天生就是一个军人。但突然间，我发现自己已置身于大革命之中。国王的宝座空出来了，而我只不过坐上去而已，能保持多久就保持多久。而现在，现在我又和当初一样，恢复了一个军人的身份……当人们看到别人的痛苦之后，只有胆小鬼才会去害怕那些痛苦。

熟谙拿破仑秉性的人都可以从这样的心态中看出，他仍然没有被打倒。令人惊讶的是，他现在可以完全自由地谈论往事。在厄尔巴岛上，他从未表现出篡改自己历史的企图。不过，在最初的几个月里，他以为他的事业已经走到了尽头，再也不想搞什么暴力侵袭，而更多地考虑去英国做一名名誉法官。“假如我去了英国，人们会对付我吗？他们会不会向我扔石子？伦敦的暴民倒是个危险的因素。”与他交谈的英国人都向他保证，英国是好客的国家。他会记住这一点的。

促使他采取行动的第一个因素是维也纳会议。四位君主联合起来对付一个共和国，历经十年终于消灭了它；五位君主，如今结成同盟，聚集在一起，以求建立欧洲新秩序；他们已不需要再提防任何真正的敌人。但四个半胜利者（波旁王朝只算半个）的同盟很快就因为内在的嫉妒而分崩离析。为什么呢？沙皇不是要把整个波兰都据为己有吗？而普鲁士不是对萨克森垂涎已久吗？但是，加里西亚怎么办？波旁家族的亲戚萨克森国王怎么办？裂痕出现了。会议开始三个月后，时值新年，联盟宣告破裂。同样是这些大臣和君主们，不久前他们还在一起举行了一系列的活动庆祝胜利，现在开始了相互欺骗：哈布斯堡与英、法两国结盟，为的是对抗俄国和普鲁士。而在不久前，双方还在一起并肩战斗。

按照施泰因男爵的描述，梅特涅的轻浮、懒散、虚荣和阴险的天性支配了全局。“那些善良的、获胜的君主们被他玩弄于股掌之上，”一个萨克森贵族从维也纳写信说，“普鲁士国王看上去总是满腔愤怒……丹麦国王颇具善意，有时也很机敏……巴伐利亚国王却像一个粗俗的、性情乖戾的车夫……巴登大公长得高大、黝黑、心无城府、身体结实……魏玛的老公爵还和以往一样，生活无拘无束。”

厄尔巴岛上的流放者一直关注着一切，心中的希望不断地升腾。他认为，一旦会议破裂，我的机会就来了！从那时起，他经常得到一些秘密情报，尤其是忠实的马雷向他汇报了维也纳的情况。这次会议恰似一艘张灯结彩的游船，摇晃着，漂浮着，上下颠簸。在所有人忙于策划阴谋或庆祝胜利之际，有一个人却坐在瞭望台上担心地注视着一切。拿破仑的死对头塔列朗保持着很高的警惕性。他在意大利的里窝诺安排有间谍，他们负责记录并汇报每一艘去往厄尔巴岛的船只以及乘客名单。

两个宿敌就这样隔着群山和大海，透过外交文件，注视着对方，监视着对方。全世界云集维也纳的目的，似乎只是为了衬托两位大师的棋战，看他们如何一争雄长。他们两个人是否还记得雾月十八日前夕的那个深夜：他们正策划政变，却都被街上的马蹄声吓得脸色惨白，以为有人要来逮捕他们？

有一点是确定无疑的，那就是塔列朗再次证明了他善于识人的眼光。他认为缪拉也是个危险的人物，于是他建议把拿破仑与缪拉都送到亚速尔群岛去，那里距离欧洲大陆足有五百英里……但是他贪财的毛病却最终阻挠了计划的实行。缪拉也是个诡计多端的人。在维也纳会议上，他孤立无援，为了保住自己的王国，他答应用高价购买塔列朗在贝尼凡特的封地，因而让塔列朗放弃了该计划，并另想新招：他想绑架皇帝。但在里窝诺的间谍报告说，只有收买统率拿破仑船队的四大舰长中的一个，这件事才有可能成功。

当拿破仑获悉类似的阴谋后，科西嘉人那冒险家的血液再次涌上了心头。他命人加强岛上的防御工事，并且训练炮兵练习投掷手榴弹。“我是军人，随时准备着被枪决。但我决不愿再被人流放。他们首先要问问我的堡垒答不答应！”但是他们并没有来。在维也纳，人们又达成了谅解，会议破裂的趋势也有所减弱。但是在法国，人们的不满情绪却日渐高涨。所有这些都促使皇帝作出了决定。他的想法是：

如果维也纳会议达成了和平协议，所有的条约都得到签署，那么敌人就会再次组成严密的阵线。而现在他们的联盟却并不稳固，一加冲击，便会土崩瓦解。法国人对波旁家族议论纷纷，巴黎正在嘲笑他们，而作为他们的保护人，同盟国遭到了人们的一致痛恨。上百个迹象表明，以前的军队依然忠于他们的皇帝。波旁家族的人个个胆小如鼠，一定会逃走。一旦我再次坐稳了位置，他们就会把我的儿子送回家来。

他不停地筹划、计算，他从未像现在这样冷静地筹划过。虽然他对数字计算非常精细，但他最后还是需要依靠心理因素。他对亲信说：“我打算依靠突然袭击。面对一个勇猛的行动，人的精神会变得不知所措。面对重大新闻，所有人都会感到震惊。”他接着补充道：“是我造成了法国的不幸。我必须挽救它。”

2月底的时候，他召见宫廷司库，问他：“你还有很多钱吗？价值100万法郎的黄金有多重？价值100法郎的黄金有多重？装满书的箱子又会有多重？……你拿几个箱子来，把所有的金子都装进去，上面盖上我的书。我的仆人会将书交给你。辞退当地的仆人，装好他们的行李，付好工资。一切都要秘密进行。”

这个人非常惊慌地跑到德鲁奥将军那里；他们相互望着，谁也没有说话。第二天，拿破仑下令，所有的船只都不得离港。他静静地准备着一切，就像当年远征埃及，只不过规模要小得多。

在启程的前一天傍晚，他还在与夫人们玩纸牌。但没过多久，他就起身离开，走进花园，却没有出来。据他的母亲回忆说，她是在无花果树下找到他的。迟疑了片刻之后，他把手放在她的额头，动情地说道：

“我要告诉您一切。不要让任何人知道，包括波丽娜在内。”然后他用昔日的口吻，就好像对贝尔蒂埃说话一样：“我通知您，我将在明天夜里动身离开这里。”

“去哪儿？”

“巴黎。”停顿了片刻，他又说道，“我想听听您的意见。”

母亲的心瞬间停止了跳动。半年以来的平静、安全和天伦之乐，所有的一切都结束了。但她是那个要强的莱蒂齐娅，也是个聪明的母亲。她知道，没有人能够改变儿子既定的想法，而担心的话只会影响他的决心。于是她说道：

“听从命运对你的安排吧。上帝不会让你中毒而亡，或者碌碌无为、寿终正寝。他的意旨也许就是要你拿着剑战死疆场。愿圣母玛利亚保佑你！”

岛上最后一晚，皇帝把所有部门都召集起来，向他们宣布他即将离开。“我在这里生活得非常满意。为了表示我对你们的信任，我决定把母亲和妹妹留在这里。我也把我异常珍视的这个国家托付给你们。”总督和市长表示深感遗憾。所有的一切都好像是在为一位贵宾送行，就仿佛这位贵宾在美丽的小岛上修养了几个月之后，回去的时间已经到了。

拿破仑离开厄尔巴岛

然后，他登上船。晨曦中，七艘小帆船载着一千名士兵和几尊大炮，向法国海岸驶去。他站在指挥台上。远处是他曾经平静居住过的厄尔巴岛，还有他曾寻求飞黄腾达的科西嘉岛。它们的轮廓渐渐地消失了。透过3月第一天的晨雾，戛纳与尼斯的海岸线逐渐变得清晰起来。这时，皇帝心里正在想：

“最坏的结果是什么？失败和死亡。最好的结局是什么？整个欧洲？不要再想欧洲了！欧洲合众国的梦想已经化成泡影。一百万法国人民和其他欧洲民族都还没有准备好。我必须为法国制定一部宪法，与议院一起制定预算。独裁的时代已经过去了。何况我们现在还没有到巴黎呢。军队会有什么反应呢？”

一位年已四十五岁的人，他所拥有的更多是过去，而不是未来。虽然思想有很强的时代色彩，但他的年龄已不足以掀起一场惊天动地的风暴。不过，他也没有老到必须垂死挣扎的地步。在勇敢与放弃的矛盾心情中，拿破仑又一次靠近了熟悉的海岸。

16

千人队伍 “你们认出我了吗？” 宣告 内伊元帅 “必须安于现状” 新的纲领 进军巴黎 玛丽·路易丝的背叛 寄希望于哈布斯堡 盲目

群山齐鸣！山谷回荡！他的千名士兵在戛纳港集结成的队伍就这样经过了一座又一座的阿尔卑斯山村。热情的群众夹道欢迎。这些老近卫军沿着历史的大路前进，无忧无喜，坚若磐石。这些农民是大山的儿子，他们在很久以前在同一个村落里曾经见到过这个人。那时候，他还是一位个子瘦小、名不见经传的将军。他帮助他们解除了一支纪律涣散的军队的压迫，又率军翻越阿尔卑斯山脉，走向胜利。他们是最早目睹他创造奇迹的人们，从那以后他们就一直都引以为傲，认为皇帝是从他们的村子里发迹的——而现在，这个人又回来了！这一千多人的队伍一定有什么魔力，就像是先知或救世主在行进。

他们从山里面走了出来，妇女和孩子跟在后面。有人编唱了反对国王的歌曲。在很多小城里，有些鲁莽的人还强迫市议员迎接新的客人。走了五十多英里了,他遇到的除了农民还是农民。

这一切拿破仑已经预料到了。他绝对不会取道埃克斯和阿维尼翁,那里可是保王党势力强大的省份。现在他宁愿把手里为数不多的大炮丢弃在白雪覆盖的山间小径上,以便尽快抵达多芬内。那里的农民在大革命时期曾经从政府手中得到了原本属于贵族的土地,他们痛恨国王、僧侣和流亡贵族,因为事隔二十五年之后,这些人竟然还敢对土地所有权提出异议。难道大革命不是保护穷人利益的吗?难道大革命不是农民和无产者发动的吗?第一执政从来没有拿走他们任何东西,当了皇帝以后也只不过征走了他们的儿子。在他们缓慢而且固执的头脑里,皇帝一直都是自己人。可是现在国王又跑回来了,还有人开始跟他们争夺土地。

农民因为幸福出现了逆转而变得心事重重。他们自发地跑过来迎接皇帝。十五年前的情形也是如此,在埃及征服者坐小船登陆之后,整个法国南部都将他当作救世主一样来欢迎。而现在,短短的十个月间究竟发生了什么,使得那些诅咒他、唾骂他的人这样兴高采烈地欢迎他?他逃走的时候经过的是另一片地区。而且,在整个国家面临灾难时,总要有一个承担责任的替罪羊。民众对他的怨恨,就像他的失败一样非常短暂。而对他的信赖,却像他的不世威名一样天长地久。

最先遭遇的军队会怎么对待我们呢?在离别之际,他曾亲自嘱咐他们要对祖国效忠,而祖国即是国王。他们现在戴着波旁王朝的白色帽徽,拿着国王的军饷,从贵族的军官嘴里听说的都是他们昔日领袖的罪恶形象。有谁会支持他呢?一切均依赖于他的影响力和说服力。当他从海岸向内陆进发时,心里忐忑不安。他离开戛纳时,看到了左边的昂蒂布炮台。也许他已认出那座围着栅栏的高塔,当年罗伯斯庇尔垮台后他一度被囚禁在那里。如果他明天无法像从前那样,用他的神情和演讲来吸引军队,那么波旁王朝也许就会把他关在这样的塔里,欧洲也会把他逼入这样的绝境。

在格勒诺布尔附近的拉缪尔,他遇到了第一支国王的军队!他们奉命彻底消灭他,军官们已经宣誓效忠国王,就如同他们当年向皇帝宣誓一样。现在他们下令进攻。难道必须发生流血的内战吗?这正是他一生竭力避免的事情!难道这条公路就要变成战场吗?他跳下马,从队伍中走了出来,向前又走了十步，向他们喊道：

“第五军团的士兵们！你们认出我了吗？如果你们当中有人想杀掉皇帝，那就尽管动手吧！”说着，他就敞开了他的灰大衣。

可怕的寂静。会发生什么呢？

那边的确是我们的弟兄！他也的确是我们的将军！在山头上，在营地里，在烈火旁，我们曾经在多少次战斗中目睹过他的身影！难道人性与旧情还不足以推翻新近立下的誓言吗？士兵们高喊：“皇帝万岁！”近卫军回应：“皇帝万岁！”军官们相互看了看，然后高呼：“皇帝万岁！”紧接着两支队伍的士兵会合在一起，他们将军帽挂在刺刀尖上，他们宁愿让波旁王朝的蓝色制服多几个洞。一小时之后，领袖身后由一千人变成了两千人。

在格勒诺布尔公路上的这次遭遇，在这千钧一发之际，他的呼喊，他的目光，都具有决定性的意义。这个男人通过自己的实际行动赢回了领导权，这个中年战士再次凭借自己的眼神、自己的话语挽救了自己的生命，重新获得了权力和国家。就这样，他来到了格勒诺布尔，发表宣言以表明他的思想：

> 法国人民！……巴黎沦陷以后，我的心碎了，但我的精神却从未动摇……我的生命属于你们，并将再次为你们服务。在我放逐期间，我听到了你们痛苦的申述和呼唤……你们责备我酣睡太久，说我为了个人的安逸牺牲了祖国的利益。冲破了重重危险，经过了跋山涉水，我——又回来了。现在，我来到你们中间，来要回属于我的权利，那也是你们的权利。
>
> 士兵们！我们没有失败！……是马尔蒙的叛变让首都落入敌手，从而动摇了我们的军队……如今我来了。你们的将军，通过全民投票而登基的皇帝，深受你们拥戴的领袖，现在又回到了你们身边。请团结在他周围！重新戴上三色的帽徽，那是我们胜利时代的标志。举起你们的鹰旗吧，无论在乌尔姆与奥斯特利茨，在耶拿、艾劳与弗里德兰，在爱克米尔与瓦格兰姆，还是在斯摩棱斯克与莫斯科河，在卢岑与蒙特米莱，它都曾陪伴着你们一路走过，让它再次高高飘扬吧！……你们及子女的财产、地位和名誉所面对的最大敌人，就是那些外国人强加给你们的王公贵族……胜利将在风暴中指引我们前进，我们的鹰旗将飞过一

个又一个的教堂尖塔，一直飞到巴黎圣母院！

皇帝万岁！格勒诺布尔的驻军高举着旧日皇帝的鹰旗投奔过来。有七千人追随他进军里昂。里昂也被争取过来。曾侍奉过路易国王的马塞纳，从马赛赶来向皇帝宣誓效忠。

“内伊在哪儿？”尴尬的沉默。“跟国王在一起？”

他了解到了巴黎军事委员会的情况。这可怕的消息传来时，胖国王和弱小的朝臣们坐在那里瑟瑟发抖。十五年以来，政府公报一直替拿破仑说谎，现在却在替国王说谎，它宣布皇帝已死。就在大家商讨采取何种行动时，老迈的孔代公爵走进来，问国王是否可以亲自去主持复活节前一天的礼拜四洗脚礼。国王正在给军队写公告。坐在他身边的那个人就是他的得力助手，也就是波旁军队的真正统帅，他是谁呢？他叫什么名字？

他就是内伊元帅。当他从俄国撤退时，与队伍失去了联系，似乎失踪了。拿破仑焦急地喊道：“内伊失踪了！我情愿把杜伊勒里宫地窖里的两亿黄金统统拿出来，来换取他的生还！”而现在，内伊却与路易国王的全权代表一同从绿色桌子旁边站起，嘴里骂着什么，发誓要消灭他的老上司。但是当他注意到群众的呼声越来越高涨时，他转向了，他的部队又戴上了三色帽徽。在贝桑松举行会见之前，他让人向皇帝表示，他将为自己的行为写一份书面辩解。但皇帝对此并不在意，他说：“请转告他，我依然爱他，明天我还会拥抱他。”

多么巧妙的一招啊！他虽然原谅了内伊，但却一直让他惴惴不安。第二天，内伊结结巴巴地说：“我爱您，陛下，但是作为祖国的儿子，我被迫在那头肥猪面前委曲求全并接受圣路易十字勋章。您如果不回来，我们也要把他赶走。”

真有意思！他是多么的容易动摇，他的脸色又是多么的苍白！皇帝问话时，心头掠过这样的想法。

阿图瓦伯爵已经逃走。就在他逃走的那天早晨，近卫军还在马上宣誓，要与他同生共死。但到了中午，他们就投奔到皇帝的麾下了。皇帝并不欣赏这种行径，他对这部分近卫军敬而远之。不过，有一个人却始终忠于波旁王室，他一直护送他们到达安全地点。拿破仑召见了这个士兵，并亲自给他颁发了荣誉团的勋章。

但是，变化真大啊！在他向首都进军途中，前来投诚的士兵就像滚雪球一样越来越多，但他的发言却越来越平易祥和。每到一个城市，他都对市议员和市民说："战争已经结束。现在要的是和平和自由！必须捍卫革命的基本原则不被流亡分子损害。必须信守与欧洲签订的各项协议。法国将重新赢得荣耀，但却无须战争。我们必须安于成为最有声望的国家，而不是去征服其他国家。"

人民体会到讲话中的新色彩了吗？如果回答是肯定的，那么他们会相信他的真诚吗？人们对此能够满足吗？无须战争就可以赢得荣耀吗？在行军途中，他遇到了一个旧相识，是个高级官员。在对着意识愚昧的市民与想法单纯的军官反复言说之后，他总算找到了一个聪明的听众，拿破仑向他进行了政治上的解释：

> 民众的精神已经发生了改变。以前人们只考虑荣誉和名声，今天却更注重自由。那时我曾给他们带来了荣耀，而今天我也不会控制他们得到自由。当权力建立在一部良好的宪法之上时，人们将充分享有自由……但是不能有无政府主义！那将会让我们退回到混乱的共和时代，那时候每个人都肆意干涉政治。我只要保留正当统治所必需的权力即可。

在这句略显天真的结束语中，存在一个新问题。他已经明确地展开了这个问题，他决心亲自巩固他所开创的民主的基本理念。只有一点与雾月十八日政变时相同：不要政党政治！当有人建议他宽恕变节者时，他回答说："不，我不想给他们写信。他们会以为我要向他们承诺什么。杜伊勒里宫的情形怎么样？"

"一切都原封未动。甚至连鹰旗都没有换。"听到这个，拿破仑很高兴，情绪好转，他笑道：

"他们可能以为那是装饰用的。现在剧院在上演什么？塔尔玛还好吗？您去过宫廷吗？我听说，波旁王室外表很像暴发户，既不知道如何说话，也不知道如何行止。"

他非常好奇，喜欢幸灾乐祸，又迫切渴望巴黎的气氛。过去他长期受人嘲弄，现在他也试图用嘲笑进行报复。有人告诉他国王的财政紧张，还给他看了一枚20法郎的硬币。

“你看到没有？他们又刻上了‘上帝保佑国王’这几个字。当时我让人刻的字可是‘上帝保佑法兰西’。这句话被他们去掉了。他们总是这样：只为自己，不为法兰西。”然后他在三分钟内询问了二十个人。当他听说奥坦丝被封为女公爵时，他很平淡地说：

“她应该称自己为波拿巴夫人。这个称呼比其他任何称呼都更宝贵。”

他的话里具有新时代的气息。假如他真的称自己为波拿巴、颁布宪法、给予人民自由，假如他真的只保留正当统治所必需的权力，那么他现在就可以成为法兰西国王。那么，在他统一欧洲的企图失败之后，在吸取了被放逐的教训之后，他仍然可以成为奉天承运的现代君主的幸福典范。他一直都是根据形势的变化而进行统治的。如今，他再度当权，在光芒万丈的太阳逐渐接近地平线之际，他仍将证明自己的王者风范。道路是敞开的。

通往巴黎的道路同样是敞开的。国王走了，大多数人都支持皇帝。如果还有谁担心与国王的残余部队正面交锋的话，那实在是高估了他们的实力。就在皇帝离首都还有四十小时路程的时候，王室的最后一支近卫军也已逃离巴黎。皇帝的军队虽然追上了国王，但却让他逃到港口去了，只截下了国王的六十车银子以及大炮。几乎一半的法国人望着国王肥胖的背影哈哈大笑：当初他在外国军队的护送下，由英国来到巴黎；而如今却在本国军队的追赶下，又灰溜溜地从巴黎逃回到英国。

巴黎一片寂静。这个城市早已学会了顺从，而忘记了如何自主行动。在皇帝从登陆到抵达首都所花费的二十天里，新闻界这支温度计记录下了如下的刻度：

“恶魔已从放逐地逃脱”——“科西嘉狼人在戛纳登陆”——“老虎在加浦出现，已派兵阻截，亡命徒遁入深山”——“怪物利用阴谋，竟已到达格勒诺布尔”——“暴君进入里昂，恐怖笼罩一切”——“波拿巴急速前进，但他永远进不了巴黎”——“明天拿破仑就会兵临城下”——“皇帝陛下抵达枫丹白露”。

最终，皇帝的部队兵不血刃就控制了巴黎，皇帝重新踏上了十三个月前被迫离开的杜伊勒里宫的台阶，而流亡贵族已经随国王一起逃走了。一切都悄无声息。他意识到了这一点，仔细倾听周围的舆论。他说："他们让我进来，正如他们让别人离开！"

此刻，他经历了第一次失望！向巴黎的进军过程太完美了，后来他将这段时间称为他生命中最辉煌的一段。但在这座最终决定其命运的城市里，在这座他一直曲意逢迎的城市里，在这座他从未真正征服的城市里，他却遭遇了道德上的抵抗。这座城市就如同一个让他苦苦追求的美丽女子，虽然她已经与新朋友路易分道扬镳，但她对拿破仑却已变得无动于衷，似乎他们之间太多的激情已经让她失去了爱的力量。但不管怎样，既然已经走到了这一步，他必须有所行动。

他转向维也纳，看看那边有什么表示。

在拿破仑戛纳登陆后的第八天，筹办庆典的梅特涅凌晨三点上床，六点的时候被一个信差唤醒。信封上的地址是：热那亚总领事馆。他非常生气，把信扔在一边，几个小时后才展开信笺读道："英国专员坎贝尔适才过来询问，是否有人在热那亚见到过拿破仑。他已经从厄尔巴岛消失了。"

晴天霹雳！昨天还在尔虞我诈的人们今天又在生死关头成了朋友。一再背弃誓言的他们，又重新信誓旦旦。第一个想到宣布拿破仑不受法律保护的人是施泰因男爵，因为五年以前他曾被拿破仑宣布为非法。大家讨论了这个问题，但与拿破仑有姻亲关系的哈布斯堡皇朝却拿不定主意，他们想先征求玛丽·路易丝的意见。她与丈夫相亲相爱四年之久，从未向她父亲或女友说过一句怨言。她又有什么可以抱怨的呢？拿破仑百依百顺，满足了她的一切要求。她受到他的宠爱，既富且贵。他是最可靠的好丈夫，他们夫妇二人一同陪儿子嬉戏。她会替他说话吗？

这个奥地利军官的情妇竟拿起笔来，愉快地向维也纳会议写了正式声明：她与拿破仑不再有任何关系，她将自己置于盟国的保护之下。这就是她对当年难产时拿破仑选择保住母亲性命的报答！在他妻子都投了他的反对票之后，拿破仑被宣布为非法："同盟各国宣布，拿破仑·波拿巴已将自己置于一切民法与社会关系的束缚之外，成为世界和平的敌人与破坏者。他将受到公众的普遍制裁。"

拿破仑不为所动。类似的情况他已经历三次了：当年他与家人都曾被逐出科西嘉；在圣克卢的花厅，有人也曾向他喊过同样的话；教皇也曾把他驱逐出教。但这三重诅咒都无法穿透他的铠甲，他对诅咒似乎是免疫的。但是这第四道咒语却将他击垮了。

他继续寄希望于哈布斯堡家族。他宣布召开帝国大会，并使用法国洛林王朝的词汇，称这次大会为五月校场大会。他还想在那里为皇后和儿子加冕。他想借此确保得到奥地利的支持，于是，他给妻子写信说：

"我是法兰西的主宰！全国人民和军队都备受鼓舞。除了所谓的国王逃到英国去了……我期盼你和儿子4月份回来。"皇朝思想在他头脑中已经根深蒂固。

就连他最自然的情感也被抑制了，因为他已将它出售给了旧世界。他向刚刚将他逐出法外的岳父写信："在命运召我重返国都的这一时刻，我的最大愿望，即是与我妻儿重逢，他们是我的最爱。"接着他提到了他的妻子，说她肯定也怀着同样强烈的思念。"我的一切努力，都是为了巩固我的帝位，这是全体人民赋予我的，现在又把它重新交给了我。我要把它建立在不可动摇的基础之上，然后在将来的某一天留给我的儿子……为了实现这一重大而又神圣的目的，持久的和平乃是必需的先决条件。因此，我心中最为向往的，莫过于与所有的国家和平相处。"

这是崇高还是可笑？拿破仑放弃了战争，放弃了征服欧洲，他只想保有法国，这是真心话。战胜了拿破仑的那些君主们，又结成了新的联盟，宣布他被剥夺了所有权利，并不受任何法律保护。这项判决由弗兰茨皇帝在维也纳亲自签署，并且得到了他的女儿的明确授权。在他上次失败之后，她就离他而去，放弃了她曾发誓履行到底的摄政权，劫走了孩子，投入了另一个男人的怀抱，并且与他生活在一起。所有这一切皇帝都心知肚明。但是，他并没有与曾推翻他、令他失望的一切一刀两断，并以此开创一个崭新的纪元，相反，他一味盲目地向推翻他的新皇朝的旧皇朝乞求友谊和亲缘关系。

正是这则禁令，正是这则剥夺权利的判决，它们将拿破仑第二次推向毁灭的深渊。

17

诱鼠者 拉普 铁笼子 帝国双奸 贡斯当入阁 民主认识 “我们必须忘记” 忧虑 悲哀的困境 刺向独裁者心头的尖刀

冒险家摇身一变成了诱鼠者[13]!

波旁王朝很聪明,它把所有有才干的人都邀请入朝为其服务。一旦国王的赞歌奏响,人们都会心悦诚服地跟随在国王的身后。现在,拿破仑突然回来了,有几个人犹豫不决,不知何去何从,他们只能静观事态的发展。从来只知发号施令,不会笼络人心的拿破仑,这时把诱鼠笛放在了自己的唇边。他知道,现在该是需要暗示和微笑的时候了。那些立场坚定、与皇帝一起遭到流放的人,例如马雷、达武、科兰古,仅在与皇帝握手之间便官复原职。

拿破仑知道那些忘恩负义者归附波旁王朝之后的所作所为,根据其具体言行予以接纳。他把他们都算作是他原来的阵营。文武官员与朝臣权贵又都成群结队地来参加朝会。一个旧贵族伯爵也来凑热闹。当年拿破仑曾把他从放逐中召回,封为参议员,但波旁复辟时,他又投奔了国王。这时拿破仑走近他,这位伯爵却两眼望天,似乎是说他很抱歉,但他的行为是受上帝不可思议的意志所支配的。皇帝笑了。两人都没说一句话,但从此这位伯爵再也没在宫中出现过。但是当马尔蒙手下的某个将军在他面前结结巴巴地试图辩解时,拿破仑却不笑了。这位将军曾在马尔蒙元帅决定叛变的作战会议上作过关键性发言。拿破仑斥责他道:“你要我做什么呢?你难道没看出来,我根本不认识你!”

欧迪诺来了,二十年以来,他一直是波拿巴的好伙伴,后来也是皇帝的得力干将,现在他又回来了。“你知道吗,欧迪诺?洛林人像对上帝一样崇拜你,就在去年,还有二十万农民愿意为你赴汤蹈火。而现在我却要反过来保护你,免得这些农民伤害你。”

拉普也来了。他犹豫了很久,即使到了今天,站在皇帝面前的他还不是很确定。“你让我等了好久。难道你真的想与我开战吗?”

拉普是阿尔萨斯人,有一半的德意志血统,因此他更多考虑的是自己的职责，而不是如何讨人喜欢。“陛下，我的职责约束了我，我被逼无奈。”

“活见鬼！士兵们不应该服从你的命令，你们阿尔萨斯人应该用石头砸你。”

拉普很较真，他说：“陛下，您不得不承认，当时的处境很困难。您已经退位，离开法国，劝我们为国王效忠，而您现在却又回来了……”

“你经常来这里吗？他们对你怎么样？是不是一开始先恭维你，然后再把你从门口扔出去？当然了，这是你们的命运……你看过夏多布里昂的小册子了吗？我在战场上真的像个懦夫吗？有人抱怨说我有野心，那是因为他们找不到别的借口。假如一个人日夜为野心所驱使，那他会像我这样胖吗？……我的将军，我要重复一遍，我们必须为法国效力！这样我们才不会愧对我们的祖先。”

他用这种鲜明而又动人的姿态，同这位勇敢正派的将军争辩，但拉普也不甘示弱，说道：“您得承认，尊敬的陛下，德累斯顿战役后没有议和，是一个错误。您根本不理会我关于德意志民众情绪的报告。”皇帝急忙辩解道：

“你根本就不清楚和谈意味着什么。”突然间他改变了语气，仿佛两人身在军营里一样，虽然这种语气用在宫廷会面的严肃场合不太合适，但却打动了拉普的心。“还是说你害怕进行新的战争？十五年来你可一直都是我的副官。从埃及回来的时候，你还只是普通一兵。我把你栽培成人。今天你可以提任何要求，我都会满足你……你在莫斯科的表现我永远也不会忘记。在但泽你立下了赫赫战功。内伊和你，你们都属于不可多得的有坚强品格的人才。”突然，皇帝拥抱了他，把他吻了又吻，然后拉着拉普的小胡子说道：

“什么？难道埃及和奥斯特利茨战场上的勇士之一——你，也要离我而去吗？将来我和普鲁士人及俄罗斯人谈判的时候，你负责统率莱茵兵团。我希望你能在两个月后去斯特拉斯堡迎接我的妻儿。从今天起，你就是我的副官。”

“遵命，陛下。”

皇帝在德意志境内看过《华伦斯坦》这出戏吗？还记得在波兰的刺客吗？他一定要把拉普留在身边，此人忠实可靠，而且非常勇敢。在所有的军官中，他负伤最多。他之所以投奔国王，主要是出于责任感，而利诱对他并不会起作用。不到一刻钟，他不仅又成了皇帝的人，而且还承担起皇帝副官这一军队领导职务。按照他的理解,皇帝目前身边最缺乏的莫过于别人的忠诚。

内伊的情况比较复杂。虽然他从拿破仑回来的第一天就开始为他效力,但是良心上的谴责让他难以入睡。过了一段时间,他极度不安地来到主子面前,语无伦次地说道:"陛下,您也许已经听说,在我去贝桑松之前,在那次国王的作战会议上,就是在这个杜伊勒里宫里,我曾答应国王……"

"答应什么?"

"把您装进铁笼子,带到他的御座前。"

皇帝愣了一下,然后说道:"胡说八道!军人不该有这样的想法。"

"您误会了,陛下。"这位元帅急切地说道,"请您听我把话说完。我确实说过这样的话,不错,但我隐藏了我的真实想法——"

皇帝被激怒了,内伊赶紧退下,两个月以后才重返战场。这些钢铁般的军人经历着责任与感情之间的冲突与折磨,他们的坚强意志已经消磨殆尽,他们痛苦得几乎要发疯。曾侍奉路易国王的贝尔蒂埃,他也经历了这样的折磨。

"这个笨伯!"皇帝还是用以前宠爱的口吻提到这个总参谋长,"他是个不错的人。我只要求他穿上国王卫队的制服来见我!"皇帝回到巴黎后,贝尔蒂埃却整夜在府邸里跑来跑去,最后,像朱诺一样,纵身从阳台上跳下,没有捐躯沙场,却死在了地面的碎石上。

前进!我们不能耽搁!还缺谁呢?啊,斯塔尔夫人又露面了?他的这位老对手给他写信表示:她很钦佩他的行为。如果他能把法国欠她父亲的200万法郎归还给她的话,那么她的笔将只为法国辩护。真遗憾!仅仅因为这一句话,这位勇敢的女性就使自己在历史上的美名受损了。而她的对手故意恶作剧地告诉她说,他被她的话打动了,但很可惜,他现在并不富有,无法满足她的要求。

接下来还有谁?马尔蒙?奥热罗?他们被皇帝宣布剥夺公民权,因为他们将国家出卖给敌国——还有,塔列朗终于,终于也受到了相同的对待!从维也纳到巴黎,再从巴黎到维也纳,两人互相向对方投掷致命的闪电,击毁了他们之间长达十八年之久的充满敌意的友谊。两个人私下里的想法却很冷静:"真可惜,这么聪明的人竟然为敌方效力。"

“帝国双奸”中的另外一个人呢？富歇又回来了。他再次被任命为警务部长，但他却把这一职务当成继续背叛主子的机会。他是这样提到皇帝的：“他又回来了，我们谁也不愿他回来。现在我们要密切地监视他的一举一动……他回来以后比他离开之前还要张扬，但我估计，他连三个月都坚持不了。”在此期间，他与梅特涅保持着联系，但是警务部长也有仇人，拿破仑以前的谍报人员将此事揭发给皇帝。皇帝怒骂他道：“你是个叛徒。”拉法莱特当时正在门外等候召见，他从半掩的门外听到这些话。“如果你一心想要出卖我，为什么还同意做我的警务部长！我知道你通过巴塞尔某银行官员与梅特涅通信！我可以绞死你，全世界都会赞同这一点。”但是富歇的回答却没有被记录下来！

富歇的职位归功于他的过激思想，这一思想是他在罗伯斯庇尔时期形成的。为了吸引民主人士，皇帝需要他加入内阁。但富歇不仅将主子出卖给梅特涅，而且将梅特涅出卖给极端主义分子：他想建立一个共和国，当然以他自己为首。还有卡尔诺，作为一个比拿破仑更反对国王的人，他自督政府时代以来，第一次加入内阁。

不过，作为精神领袖，皇帝却将他的一个宿敌邦雅曼·贡斯当争取了过来。此人是老牌民主主义者，也是斯塔尔夫人的朋友，就在皇帝回到巴黎前不久，他还在报纸上大肆攻击拿破仑，把他比作是当年的匈奴王阿提拉和成吉思汗。现在，拿破仑表示要施行议会统治，所以他需要这批1813年的民主派人士。于是，他马上召见了已经十五年未曾谋面的贡斯当。皇帝与他一起对目前的形势与发展作了高屋建瓴的分析。贡斯当记录了与皇帝的这次会见，足足有四个印刷页。这份记录清晰精当地显示了政治家拿破仑的最后转变，以及造成其转变的所有现实政治原因。

邦雅曼·贡斯当（1767—1830）

人民再次要求讲坛和集会。他们并不是一直有这样的要求。在我上台时，他们都拜倒在我的脚下……我所使用的权力，远不及国家实际赋予我的那样多。现如今，一切都发生了改变。人们对宪法、选举以及言论自由的呼声再次成为时尚，但这只是少数人的要求而已。大多数人要求的仍然只是我，我这个人……我不仅是士兵们的皇帝，而且也是无产者和农民的皇帝……所以，尽管发生了许多事情，人民还是又回到了我身边。我对他们很严格，从来不去讨好他们，但是他们仍然会高呼："皇帝万岁！"因为我们休戚与共，已经浑然一体……

而贵族却不同。他们拥进我的前厅，向我乞求所有的官位……但是我们之间绝对没有共同利益。马匹在骑士面前俯首帖耳，那是因为它训练有素，但我仍能感觉到它在颤抖……我曾努力建立一个世界帝国，为此我需要无限的权力。有谁处在我这个位置上不想要这样的权力呢！不正是这个世界鼓励我这样做的吗？君主和臣仆都跪倒在我的权杖之下……但如果我只想统治法国一个国家的话，那么，制定一部宪法会更好些。

告诉我你的观点！言论自由、选举自由、责任内阁、出版自由？……这一切我都想实现，特别是出版自由。压制出版自由的做法是荒唐的……我是人民的皇帝。假如人民真想要自由，我一定会给他们……我不再是一个征服者，也不会再成为一个征服者了。我深知，什么可能，什么不可能。我的使命就是重建法国，并成立一个符合民意的政府。

尽管我对自由敬而远之，但我并不恨它。我理解它，我正是在这一思想的熏陶下长大的。我十五年来的辛苦已经付诸东流，若要重新开始，我需要二十年的时间，而且再牺牲两百万人。我需要和平，但我只能通过战胜别人来获得它。我不想让您产生错误的幻想，我预见到会发生一场可怕的战争。为了进行这次战争，我需要人民的支持。作为交换，人民就会要求自由。好吧，他们应该享有自由……我的处境有了新的变化。我也会慢慢变老。我已经四十五岁，不再是三十岁了。立宪国王的清闲生活很适合我。而且，我的儿子也会赞同。

这就是拿破仑皇帝从厄尔巴岛回来后的基本想法，他只想成为法国国王。他的这些想法是真实的，而且目的很纯洁，这从他的动机的现实性中可以得到证明。在我们面前的，并不是一个假装回心转意的人，也不是一个在与上帝对话后变成圣人的英雄。他只是一个根据情况调整统治的人，一个遵从公众意见的人。他意识到，一个新的时代已经来临。纵然这个时代并不是由他亲自开创的，但至少，正是他的失败使这个时代的到来成为可能。拿破仑感到，在经历了一个天才的独裁统治之后，任何国家都不会再重新回到世袭君主的独裁统治之下。如果革命的精神化作一座石像，那么在石像倒塌之后，人们只有利用它原有的废墟才能建造一个新的结构与秩序，地基会更宽阔，上面的尖顶会更小些。老实说，即使革命之子变成了暴君，也不能由一个号称君权神授的世袭帝王来接替他。能够取而代之的只能是民主。

因此，现在皇帝反对流亡贵族的态度比以前更坚决。他没收了他们的财产，解散了国王卫队。在他政治生涯的末期，他才做了执政之初就该做的事情：他取消了封建爵位，从而摆脱了旧贵族，他们的假意逢迎曾经为害不小。通过各种谕令，他让革命精神重新焕发出新的光彩，甚至让他过去的十一年的统治都为之失色。他向各部门发布了下列文告：

“我今天之所以回来，与我当年从埃及回国一样都基于相同的理由，因为祖国的情况日趋恶化……我不想再发动战争，我们必须忘记，我们曾经称霸世界……那时，我所追求的目标是建立庞大的欧罗巴合众国，因此我忽略了许多国内建设，而正是国内建设才能使国民的自由得到充分的保证。现在，我所要的无非就是法国的和平稳定，让私有财产受到保护，同时保障思想交流的自由，因为君主乃是国家的第一公仆。”听众中有许多人，在一年前的那个灾难时刻，曾从同一张嘴里听到过：“我就是国家。”虽然如此，他们还是将信任寄托在由贡斯当起草的新宪法上。

当宪法完成时，上面的“宪法附加条款”却让他们大吃一惊。民主派人士扪心自问，难道我们又一次被欺骗了吗？同时，他们从维也纳听说：各国向拿破仑宣战，但不伤害法国。这是一个信号！二十年来，全国上下都在说我们寻求和平，现在终于实现了和平。难道拿破仑又要这样断送和平吗？一位参政员对皇帝说：“我再不能对您隐瞒了，女人们已经公开宣称以您为敌，这些反对者在法国是很危险的。”没有人愿意应征入伍，他原想征召二十五万人，但实际响应他号召的却只有六十人。

盟国的宣战决定只表达了各国君王的意愿，却并不代表各国人民的心情。因为他们与法国人民一样需要的是和平。至于剥夺拿破仑各项权利的决定，与其说是政治姿态，不如说是面子问题，是哈布斯堡渴望报复的举动，但这决议却从根本上损毁了拿破仑的权力。法国人民一开始还是支持他的，但当各大国都表示反对他时，人民也不再愿为他作任何的牺牲。在他抵达巴黎之初，公债曾经一度上扬，如今却又开始下跌。

皇帝惊慌失措。他曾询问一个亲信有关征兵的事情，亲信回答道："陛下绝不会孤军奋战。"这时，皇帝轻声说道："恐怕这种情况离我不远了。"

人们发现他不再像以前那样活跃，他变得更胖了，面容松弛。他需要泡长时间的热水浴，而且睡得很多。一个亲信写道："他忧心忡忡，他讲话时的自信，还有威严的语调都消失不见了。"

仅仅四周以前，就在他刚刚回到巴黎的时候，他还显得神采奕奕，富有生气。这种突如其来的倒退从何而来呢？

首先是由于他对夫人的失望。从维也纳给拉法莱特寄来一封半匿名信，落到了他的手里。信里叙述了玛丽·路易丝对皇帝的嘲讽、她与奈普堡的热恋。在光线暗淡的房间里，皇帝拿着信蹲坐在火炉旁，沉默不语。信中提到了一些可耻的细节。

曾奉命陪伴皇后去奥地利的秘书梅内瓦尔从维也纳回来了。在那动荡不安的几个星期里，他注意到，皇帝常常坐在沙发上，陷入沉思之中。在回来的当天，一连几个小时，加上第二天的半天，他一直在向拿破仑详细汇报他在维也纳观察到的一切。皇帝说话时，"沉静中透露出强烈的痛苦，他的意志如此消沉，深深地触动了旁观的我。我发现他已对胜利不再抱有信心。重返巴黎之时，一路支撑他的那种对运气的信心如今似乎已经不复存在"。他要求梅内瓦尔把小罗马王的每一个细微之处都讲给他听。然后在5月的那一天，年事日高的皇帝孤独地在花园徘徊，他只能从一个陌生人的嘴里了解，他儿子的模样是像他的父亲还是更像他的外祖父。

所有的这一切都令他心情沉重。然而更为悲哀的是，这一切又重新造成了其内心的冲突。现在他要做一个民主派，以适应时代精神的要求。虽然他要求民主和自由的意愿非常良好，但外界的威胁却让他两处受挫。假如欧洲没有人帮助路易十八，拿破仑也许会安心在法国旧有的疆界内进行统治，让人民享有他曾许诺的自由。但是那些大国，虽然他们已经没有什么领土可以收复，因为他们已把大革命以后失去的东西重新拿了回来，但是，他们还是要进行战争，因为欧洲这个风暴之角吹出的风，已经威胁到他们世袭的王位。只要他们的波旁表兄还站在英国海岸上，从英吉利海峡隔海眺望他的祖辈所统治的国家，这些君王们就一日无法安睡。

在维也纳会议作出决议之后，拿破仑看到了战争的威胁正在临近，他从未像现在这样感觉如此迫不得已。面对生平最严重的危机，他从未像现在这样迫切需要快速与明确的独裁统治。他也从未像现在这样感觉必须控制舆论。但是恰恰在这一时刻，所有人都渴望安定，他却被迫扩军备战。正是在这一时刻，他想给人民自由，但他的行动却处处受阻。正统主义君主与这位天才之间的斗争重又燃起。当年的斗争曾使他自己变成了正统主义者，并且戴上了皇冠；而如今，他已经不想再做正统君主，一切却为时已晚，战争又向他逼近。就在他重返自由的时候，他却遭受了最后的失败。

就这样，一场伟大的革新在犹豫地走了几步之后就戛然而止。对于宪法的附加条款，就像以前的其他重大法令一样，他把它留给了“拥有最高权力的人民”去决定，付诸全民公决。

尽管如此，贡斯当所创制出来的六十七条宪法条文还是包含了所有新颖的民主因素。它比英国宪章还要进步，成为整个19世纪的楷模：不得随意撤换任何法官；非经法律手续，不得拘捕或放逐任何人；宗教信仰自由；出版自由；立法机关变为下议院，参议院变为上议院，取消以前参议院的特权；议事公开化；两院都可以制定法律，否决预算；内阁成员须向议会负责；法律解释权属于议会。

都是前所未有的新权利，每一条都是刺向独裁者心头的尖刀。除了两点拿破仑全部同意。在与贡斯当激烈辩论之后，他将他自己的两点方案付诸实施。第一，关于贵族的世袭问题。在获得了一至两次军事胜利之后，贵族后嗣即可获得这个特权。第二，拿破仑拥有没收权，因为“要是没有这个权利，我将无力对抗党派。我又不是天使，只是一个普通人，不能听任他人攻击而不予以适当的惩处”。

这两点与“附加条款”这个词一样都起了极坏的负面影响。因为他不能容忍别人和他争论，而只同意诉诸空洞的民众投票，就像他从前要当终身执政和皇帝时所做的那样。民主人士开始口出怨言。没人意识到，这位领袖最近的这项工作为法国后世带来了多么大的积极影响。当年举行全民公决时，他曾得到四百万张票。而这次却只有五个城区参与了投票，绝大多数的公民对此保持缄默。

有几个勇敢的人起来反对。其中一个是诚实的卡尔诺。他说："人民并不喜欢您的附加条款，它绝对不会被人民所接受。请您答应我，修改它们吧！我必须向您说实话，因为您和我们的命运都有赖于您的宽容。"他的话正气凛然，但也是拿破仑从未经历过的。自从波拿巴做中尉以来，还没有人与他这样说过话。他做了一个不大情愿的动作。卡尔诺继续说道："陛下，我的话也许会让您吃惊，但事实确实是这样，您必须在人民的意愿前表现出宽容。"

这位老兵回答道："敌军已经逼近。首先我需要别人的帮助将他们赶走，然后我才能有时间考虑自由的事情。"但这些对于他来说都是不可能的！虽然他深切地意识到了新时代的要求，他还是不知道如何与人民代表进行协商。

拿破仑只知道发号施令！

18

郊外草地 恺撒的马车 警告 速度 计算失误 病痛与活力
滑铁卢

一个春光明媚的早晨，巴黎郊外的草地上人山人海，就像举行盛大节日一样热闹。整个城市万人空巷，都拥往五月大校场，因为新老军队都将汇聚在那里。三色旗飘扬在主席台上，六百名下议院议员和数百名上议院贵族正等候皇帝，他要在迎战盟军前宣誓忠于新宪法。两三年来第一次，这个世界大都市里面的人们终于拥有了一个尽情欢乐的机会，在路易十八国王统治的时候，人人都生活单调，终日虔诚礼拜。

现在，皇帝一行已经出城，从远处就可以听到喇叭声。每个人都翘首以待今天的主角，希望目睹他身着戎装的风采，因为几天之后，皇帝将会重新率领他的部队为了皇位和国家而战。巴黎一直盛传，皇帝会穿着以前的那套绿色制服，人们最喜欢他的这身装束。

但是，展现在人们面前的却是另外一番景象！

首先出场的是荣誉团，后面是鹰旗和各色旗子，接着是身穿彩衣的传令官和宫廷侍从，简直是童话中的景象。再后面是八匹骏马拉着的皇帝加冕车。里边坐着的人身穿白绸华服，头戴鸵鸟翎帽，外披加冕斗篷：一个金碧辉煌的孤家寡人。这难道就是皇帝？

群众都怔住了。他们本想在今天与他亲近，没想到却看到这样一场表演，他们都被这位恺撒拒人于千里之外的态度吓呆了。华丽的车队缓缓驶过，车上只有一个人，他的妻子与孩子都没有陪在身边，这个中年男子的孤寂委实令人心碎。

在盛大的弥撒典礼之后，新议会的议长走到皇帝跟前。他的声音在旷野中回荡："我们相信您的誓言，议员们将会明智地修改法律，使之与宪法符合。"这也就意味着，事情并没有结束，人们需要的不仅仅是宪法的附加条款。然后这位公民号召人民作战并争取胜利，希望军队早日凯旋。

皇帝不得不强作欢颜。他让人宣布了新宪法，并向它宣誓。然后他让士兵为之欢呼，但他们却几乎认不出他们高高在上的君主。他们想要见到的是那套绿色军装，他们希望看到他们的英雄佩戴三色的帽徽，而不是黄金和羽毛。欢呼声听起来并不够热烈，一个目击者写道："这并不是奥斯特利茨和瓦格兰姆的欢呼。皇帝应该已经注意这一点了。"

一周后，他宣布召开议会。在发言中，他尽量避免提及在五月大校场大会上造成民众不满的事情。下院承诺将全力保护国家。但是，"即使是获胜的统治者，也不能利用他的意志使国家超出自卫的限度"。上院的代表在他们演说中也发出类似的警告："法国政府不能因胜利而偏离正轨。"拿破仑站在那里，缄默不语，但却气得浑身发抖。他恨不得把他们统统赶走，但是却连指责他们说谎都不能。

吕西安也成了参议员。他终于同他哥哥联合起来。一见面，一握手，兄弟俩又和好如初。这是他有生以来第一次被称为亲王和殿下。他服侍皇帝左右，进行演讲，甚至到科学院作报告，并接受了大量金钱。路易因病不能

奥坦丝·德·博阿内尔(1783—1837)

前来。热罗姆表示随时候命。奥坦丝在皇宫代行皇后的职责,她的儿子对于没有儿子的皇帝来说重新变得重要:拿破仑带着侄儿们站在阳台上,向法国人民表示他还有继承人。冥冥中,命运似乎又跟拿破仑的皇朝幻想开了一个玩笑,一切的幻想注定要以悲剧结局。

有一天,皇帝与奥坦丝驱车前往马尔梅松,然后独自一人走进约瑟芬病逝的房间,最后又默默地走了出来。

明天他将要奔赴战场。他暗自祈祷,希望这是他的最后一次战争。事实果然如此。

皇帝将作战计划透露给卡尔诺,卡尔诺力劝他等援军到齐再说,因为现在军队力量还太薄弱。而7月底以前,俄军和奥军都到达不了指定地点。因为盟军未到,所以英国和普鲁士也不敢贸然发动进攻。因此,在接下来的六个星期里,他可以使军队数量翻一番,将法国变为军营,在巴黎的开阔地点加筑防御工事。皇帝摇摇头,说道:

“这一切我都知道,但我需要一场干净漂亮的大胜仗!”

他深知,现在他所有的一切都面临着极大的危险。他准备先发制人。但是,这位数字大师却并没有耐心积蓄力量,而是仓促应战。“我需要一场伟大的胜利。”这不正是一个被击败的冠军急于扳平的心理吗?事实也许如此,但是,在沦落的恺撒之外,他还拥有一个将军的回忆:用小兵团作战,没有预备队,行动必须迅速敏捷,这是他自从青年时代起就再也没有冒过的风险了。他的计划是这样的:不给四个对手会师的时间,将两个眼前的敌人各个击破。这就是一直浮现在他脑海中的想法。在沙勒罗瓦,拿破仑皇帝对阵普鲁士和英国军队。他所要做的事情,与当年名不见经传的波拿巴将军在米莱齐末对阵奥地利和意大利时所做的一样。他生命的最后一战与最初一战何其相似啊。

但是,在过去的二十年里,欧洲所有的统帅都已对这位战争大师的战术了如指掌,而他却在这二十年里过度消耗了自己,有了灯枯油尽的迹象。他此次进军的速度虽仍快得惊人,但已远不如以前了。如同前几次的战事一样,他的优柔寡断成了勇气的最大阻碍。他占领了沙勒罗瓦之后,第二天却没有乘胜追击布吕歇尔。他将一半的队伍拨给内伊,让他向布鲁塞尔方向进军去对付英军。当天下午,当他得知面对的是普鲁士的全部军队时,他吓了一跳,急忙命人召回内伊元帅。他写道:“法国的命运掌握在您的手中。”拿破仑要求内伊停止前进,并且马上包抄敌军,但是已经太迟了。内伊已经在瓜特布拉与威灵顿展开战斗,他只能调出一个军团,但却把这一部分人马派到了毫无用处的地方,而他自己却因为兵力的减少而被英军击退。

而在同一天,拿破仑却仅凭另一半军队在里尼打了一个胜仗。这是他的最后一次胜利。布吕歇尔的坐骑受伤,他从上面摔了下来,据报已经失踪。格耐森奥临危不惧,竭尽全力挽救了这次撤退,并通知盟军第二天可在瓦弗会合。皇帝在取得胜利的当天并未乘胜追击。要不是我们知道拿破仑已经过早衰老,并且身体欠佳的话,我们一定会惊讶于他的迟钝。后来他才派格鲁希率领三万人去追击普鲁士军队,但已为时太晚。他不相信普军能够迅速重整旗鼓,不相信他们在遭受重创之后还能与英国军队会合。他只相信,既然昨天他能够单独打败普军,那么明天他将能够击败与友军断绝联系的英军,他的七万人马足够了。他却没估计到格耐森奥的冷静与布吕歇尔的顽强。

这是他第一次低估了对手。在弗里德兰,在阿斯佩恩,在拉昂,他都没有被击败过。即使在对俄一战也是如此。而在莱比锡和奥布河畔的阿克西,他失败了,但那是因为他的兵力有限,却遭到几个大国的夹击,敌人的军队占有压倒性的优势。直到今天,也没有任何一个国家的统帅能够说:“我打败了拿破仑。”

现在,他对自己胜利的期望过高,而对敌军估计又过低。平生第一次,他没有对准焦点,以致他的计算忽略了一点。这并不是因为他太骄傲,而且到了今天这个地步,他也不会将军队的指挥权交给没有任何经验的亲属。如果他将格鲁希的部队留在身边,敌人的实力不会超过他很多。但是,决战的过程表明,计算的失误并不是他战败的主要原因。

如果读者熟悉本书前面所列举的其他命运上的原因,那么他会得出结论,他失败的最终原因是,他年事已高。

他的行动因病痛而受到牵扯，以至于他在滑铁卢战役的那天早晨没有及时发动进攻。6月中旬的凌晨四点钟，太阳已经出现在地平线上。如果普鲁士的军队可以在连日大雨后的泥路上行军的话，那么久经考验的法国军队一定也能做到，因为拿破仑的身边都是久战沙场的老兵。但是他一直等到中午，说是为了把大炮放置在更坚硬的土地上。想当年的耶拿战役，趁着10月清晨浓浓的雾色，拿破仑身先士卒，鼓励士兵，早晨第一时间发动进攻，敌人被从睡梦中惊醒。而今天，他竟然一直等到中午。

这被耽搁的半天时间彻底摧垮了他。他骑马登上一座小山丘，这座山丘的名字却不吉利，竟然叫"美好的同盟"。他将部队分成三个部分，沿着前线纵马奔驰，向士兵发表铿锵有力的演说。他要冲破敌人的防线，直捣布鲁塞尔。他的口袋中已经装好了告比利时人民书，他只不过耽误了半天时间而已。

到了下午，在战斗的中段，有消息传来，普鲁士的比洛军团正在挺进。皇帝顿时脸色发白，他立即下令给格鲁希：撤回来！格鲁希会接到命令吗？即使命令传到了，那么敌军会那么轻易被他摆脱掉吗？接下来的这一个小时将决定所有的一切：必须在普鲁士赶来之前将英国军队击败。拿破仑用骑兵向英军的中央阵地发动猛烈进攻，但英军岿然不动。是否需要使用老近卫军士兵？不，时机还不成熟。比洛的军队已经开始射击。不惜一切代价都要保证退路的畅通；否则，那将意味着灭顶之灾。英军已被消灭了一半，时间是下午五点。这时候如果派上老近卫军迎战，也许还可以杀出一条道路，因为这时威灵顿给普鲁士送去的信上说："除非贵军继续前进，并且毫不间断地进攻，否则我们将会失败。"现在正是老近卫军出击的最佳时刻。但是由于皇帝过于谨慎，在这关键的时刻他又退缩了。他以为对面普军的第二军团已经开始进攻了。

可怕的决定！一个天才赌徒下了最后的赌注，但恰恰是今天，他不能输。直到晚上七点钟，他才让最后的五千名老近卫军士兵发起进攻，但剩下的却只有绝望。皇帝万岁！

这种喊声曾经震撼了半个欧洲。那是不是已经非常久远的往事了？这种喊声在过去的十年中发挥了神奇的力量，伴随着不可思议的回声响彻了整个大陆！但是，又有什么是永不改变的呢？难道马伦哥胜利时的鹰旗能永远飘扬吗？这喊声会随着太阳的陨落而失去它神奇的力量吗？明天这声音将会成为绝响。

普鲁士的第二军团向老近卫军猛烈炮击，他们不得不后退，但是敌人的优势兵力还在不断地增加。八点的时候，普军的第三军团出现，十二万盟军在进攻人数只有其一半的法军。战败的法军四处逃窜。波拿巴将军在他战争生涯的最后一刻，第一次目睹了他的军队溃逃的景象。在英军枪林弹雨中疾驰了一个小时后，皇帝来到了残余的两个法军方阵中。当方阵也被攻破的时候，在两名骑马的步兵的保护下，他穿过田野飞奔而去。强忍着身体的痛楚，他不停地策马前行，直到次日清晨五点，他才在一辆破车里休息了几个小时。

他气馁了吗？

恰恰相反！巴黎在说些什么？这个念头一直在支撑着他前进。他再也不敢像去年那样反复斟酌战争的可能性，例如在拉昂和苏瓦松集结队伍，或自行退守一座堡垒。现在的他一心只想着巴黎，那是他力量再生的源泉。他在心里计算着："我还可以动员到十五万的人马，加上国民自卫军就是三十万人，足够阻止敌军前进的了。"他给巴黎发出了最后一项命令，结束语是："勇敢！坚定！"

两天以后，他又回到了爱丽舍宫。整个战役只是一场梦吗？九天之内，他失去了打了九年仗才赢得的帝国。

19

议会反对拿破仑　要求退位的呼声　工人的皇帝　拿破仑二世
富歇　马尔梅松的梦　熟悉的炮声　四处碰壁　去美国
新的疑惑　犹豫不决　还是美国　提米斯托克里斯

还没有失败！

在内阁和国会之间出现了意见分歧。他和他的兄弟以及大臣们一起议事。他就坐在那里，虽然心力交瘁，但还在咬紧牙关坚持。他会提出什么样的建议呢？与议会携手合作吗？恰恰相反，他要求独裁。在全民族面临危机的时刻，他需要行动的完全自由，当然是暂时的。有人指出说，议会已不再信任他。然后，吕西安站起身来，他年轻气盛，督促皇帝解散议会，宣布巴黎进入紧急状态，运用一切的武力，集结所有的队伍。只有如此，法国才能得救！

他静静地听着。十六年前的雾月十九日，在圣克卢宫，正是这个吕西安，提出了同样的建议，用简短的演说就将他哥哥从危难中解救出来。后来，他把二哥抬得过高，超出了他的本意。皇帝赞同他的提议，但他并没有马上采取行动，而只是倾听其他人的意见。军务大臣达武拒绝将残余部队交给皇帝。在他们争论之时，从议院传来消息，宣布议会将长期开会，任何宣布解散议会的企图均将被视为叛国罪。敢于尝试的人必定遭到弹劾。老拉法耶特在讲坛上高呼："我看到只有一个人阻碍我们得到和平。如果他走掉，和平就实现了。"

这就是人民的呼声吗？城市里一片寂静。这只不过是被解放的民主派的呼声而已。同时，这也是社会的呼声，这个社会热爱变革，但承受不了挫折。上院也进行了投票，内容与下院类似。人们提出要求：皇帝应该出席议会。他为什么不这样做呢？谁敢公然站出来反对他呢？他后来这样说道："我本应该那样做，但是我已经疲惫不堪。我本应该解散议会，但我缺乏这样做的勇气。我也只不过是一名普通人。一想起雾月十九日发生的事，我就不寒而栗。"

现在人们要求内阁大臣们出席议会。但是皇帝却禁止他们去。得到的答复是，如果他不让大臣们参加议会，那么他将被罢黜。直到这时，他才让步。吕西安和其他部长受他的委托到下院去游说，说皇帝已组成了议和委员会。但是两院都喊道："各大国绝对不会与他谈判！他们已经剥夺了他的各项权利。他必须退位！如果他拒绝，我们就罢免他！"

在会议进行期间，皇帝与贡斯当正在花园里不安地踱来踱去。最后，他终于迸发出激情，而疲惫不堪终于离他而去，他滔滔不绝地说道：

> 处于危难之中的不是我个人，而是整个法国。人们想到我退位的后果了吗？军队的士兵都围绕在我的左右。他们以为用意识形态就可以对付人们信念的普遍涣散吗？如果他们在我刚刚登陆时就把我踢回去，我还可以理解。但是今天，敌人距离巴黎还不到二十五英里，他们

> 却嚷嚷着要推翻政府，他们必定会为此付出代价。如果两周以前他们拒绝我，那还算得上是勇敢的行为；但如今，我已经成为敌军攻击的一部分，也是人们应该起来进行保护的法国的一部分。牺牲我，法国一定会遭殃。罢免我的并不是什么自由，而是滑铁卢战役，是人们的恐惧心理！我还会继续充当军队的统帅。如果我损失掉一部分兵力，我还可以很快用工人加以补充，他们将随时响应，奋起反抗。

这时，两人听到大街上传来了喊声："皇帝万岁！"这最后一批为拿破仑欢呼呐喊的人是谁呢？是圣安东尼区的工人们，在他们最困难的时候，拿破仑并没有忘记他们。对于他们来说，受到压迫与获得自由并没有什么差别，因为对他们来说，平等就意味着自由。现在他们来了，就站在花园的墙外面，宫廷花园的栅栏把他们与革命之子隔开，就像从前他们与国王之间的距离一样。皇帝把自己关在了樊笼里，而工人们的喊声透过栏杆传了过来："独裁！国民自卫军！皇帝万岁！"

他对贡斯当说道："看到了吗？我从未给过这些人任何荣誉和褒奖，他们为什么还要感激我呢！是我让他们饱尝贫困之苦。是本能让他们来到我身边。如果我愿意的话，一个小时之内，反叛的议会就会被解散……我只需说一句话，所有反对我的议员都将被杀掉。但是仅仅为了我一个人，这个代价未免太昂贵了。血不应该在巴黎流淌。"

这种近乎正义的自我抑制，这种对暴力的彻底否定，就如同十六年前的雾月十九日一样，他拒绝在最后关头使用武力。但是，当时他的谨慎可以说是政治家的明智，不愿在事业开创之初就使自己的名声受损。然而，他今天却谨慎得有些过分，这与他目前冒险家的身份不相符合。不过，他不愿意使用刺刀去解散议会，倒说明他对新的时代有着清醒的认识：时代潮流要求多一些自由，少一些暴力。

与此同时，两院举行秘密会议。吕西安带来了皇帝的谕旨。议员们表示愿意进一步磋商。有几位议员礼貌地指出，退位乃是拯救法国所需要的牺牲。诚实的卡尔诺登上讲坛，在这不幸的时刻，他几乎是单枪匹马为皇帝辩护。想当年，在所有人都拜倒在同一位皇帝的脚下时，他也是唯一一个敢于公开抨击他的人。这时，西哀士也出来替皇帝说话，他说话时俨然像个罗马人:“拿破仑吃了一次败仗……让我们先帮助他将那些野蛮人从我们的国家赶出去,因为没有第二个人能胜任这个工作。如果成功之后,他还想独裁,我们就绞死他。但是今天,我们必须与他并肩作战!”

拉法耶特再次跳上讲坛,他说:“你们难道忘了,我们的孩子和兄弟的尸骨都埋在哪里了吗?在非洲,在塔古斯河畔,在维斯杜拉河边,在俄国的冰雪中,两百万人就这样成为这个与整个欧洲为敌的人的牺牲品。我们已经受够了!”整个会议一直开到第二天凌晨三点钟。议会作出决定,拿破仑必须退位。

皇帝犹豫了。清晨,在内阁的大厅里,他情绪激动地在亲信面前走来走去,嘲讽雅各宾党人,预见到将来会出现一个督政府。这时,宫廷总监受两院的委托前来谒见,他期期艾艾,但最终还是把议会的决议宣读了出来:如果拿破仑拒不退位,那么议会将会宣布剥夺他的各项权利。萨瓦里和科兰古也进来了,所有人都请求他退位。甚至连吕西安也放弃了。皇帝说:

“长期以来,我使他们习惯了辉煌的胜利,如今他们连一天的挫折都承受不了。不知法国今后将会如何?”然后,他轻声地补充道:“我已经竭尽所能了。”

说完这足以说明一切的话之后,中午,他口授了告全体人民书:他决定作出牺牲,他的政治生命宣告结束。他宣布他的儿子为拿破仑二世,两院须成立摄政团辅佐幼主。他的这番话是向谁口述的呢?在他的亲信中,还有谁能握起如此沉重的笔,把他的这段话记录下来呢?

是吕西安。他的这个弟弟,多年以来一直在海峡对岸的敌人那边满心妒忌地盯着这个首都和这个皇位。若不是因为他是诗人,他可能早就已经在自己的左右笼络了一批不满者,他甚至可以趁现在这个机会让自己上台。虽然当不了拿破仑二世,但至少还可以成为第二个波拿巴,这也很不错。现在吕西安坐在那里,他现在也已经年过四十,他这一生也曾经雄心勃勃,渴望战斗与辉煌,但他却逐渐安于过艺术鉴赏家和赞助人的生活。他做了整整四个星期的帝国亲王,将兄长的退位诏书记录下来,嘴角带着一丝不易察觉的微笑。这一次仍然是口授,这一次他只不过是一个帮手,但这一次他却满心伤感,这伤感冲淡了两人多年的龃龉。

因为,实际上很多事情都是旧事重演。与当年一样,议会方面又喊出,剥夺他的所有权利！五个以前被他罢免的督政官重新走马上任。他们自称为临时政府。他们投票决定，他们当中谁担任督政府主席一职：是谁能够将权力直接从拿破仑的手中夺过来呢？是谁自己投票选自己为主席的呢？

富歇！

不过议会的情绪已经趋于平静。那些昨天还恨不得杀死拿破仑的人，今天却派了一个代表团对他表示感谢。面对着这些彬彬有礼的先生们，皇帝说道："我现在担心，如果国家无主，事情不会朝好的方向发展。我希望法国不要忘记，我退位的唯一目的就是国家的福祉和我的儿子。只有在我的皇朝统治之下，法国才会自由和幸福。"

就在他说这番话的时候，富歇等人已经在考虑让奥尔良波旁王族旁支，或是不伦瑞克家族的一员，甚至是萨克森国王来继任拿破仑皇位的可能性。因为这五位先生被委任组织政府，而不是摄政团，所以富歇在他的公告中只使用"国家"一词，而对所谓的"拿破仑二世"则只字未提。所有的这一切皇帝都注意到了，但他只是缄默不语。渐渐地，皇朝的念头已经消失，他曾经奋斗半生就为了这个皇朝。但现在，这个梦想在他眼前已经远不可及了。拉法莱特晚上来看他时，他已经在浴缸里浸泡好几个小时了。

"您问我要去哪里？为什么不去美国呢？"

"因为莫罗去过那里。"这个回答在皇帝看来太过感情用事。因为他非常认真地考虑过将美洲作为避难所，并向政府要过一艘战舰。但是政府却只想要他快点离开巴黎，因为又有大量的群众拥向爱丽舍宫，要求独裁。他将很多文件烧毁，随后去了马尔梅松。

在这座约瑟芬的庄园里，他像在梦境中一样度过了两天的时光。最后一批忠于他的人都陪伴在他的身旁：他的母亲、奥坦丝、科兰古、拉法莱特、吕西安，还有约瑟夫。但当他问有谁愿意与他同行时，众人却闪烁其词。他的母亲愿意陪他去，但他认为母亲年事已高，风险太大。拉法莱特有一个未成年的女儿，而且妻子将要生产，他可能以后再赶来。德鲁奥，曾随他一起流放厄尔巴岛，但现在在法国有事抽不开身。昨天还答应和他同去的秘书，可他的母亲双目失明，要求他不要离开。"你说的有道理。留下来陪你的母亲吧。"皇帝说完，转身走开了。

波丽娜在他上次出征之前曾要把首饰珠宝送给他；而现在，奥坦丝把一条钻石项链送给他，这是对皇帝多年来对她的赏赐的一种回赠，但却也符合他那充满幻想的生活。他下令给奥坦丝100万法郎，但是谁也不知道这笔钱是否能够兑现。吕西安和欧仁也得到一笔钱，他还给小莱昂及他的母亲留了一笔钱，数额依然达到数十万。

所有这一切都悄无声息地进行，就好像一个人正在缓慢地衰老。对前几周发生的事情他只字不提，只谈论一些过去的事情，大多数话题都离不开约瑟芬。“我已经答应富歇离开法国了，我将在今晚就动身启程。我对于自己，对于法国，对于巴黎都已感到厌倦了。请你们作好出发的准备吧！”

到哪里去呢？大家都在猜测着，考虑着，甚至连他写的告士兵书都显得阴气森森：

> 士兵们！……即使我不在法国了，但我的心仍然与你们在一起。我熟知每一个军团的士兵。无论谁取得了胜利，我都会对你们的勇气鼓掌喝彩。在未来的日子里，你们要效忠我们的祖国。而听从我的安排就是这一行为的表现。如果我真的能受到你们的爱戴的话，那么我是因为热爱我们共同的祖国母亲而得到你们的挚爱的。再来一次冲锋，盟国就会被粉碎！拿破仑将从你们发动的攻击上辨认出你们。请为法国人的荣誉和自由而战吧！将你们二十年来的优良作风一直保持下去，你们将是不可战胜的！

政府禁止发布这则公告。其实，即使这则公告被发表，也不会带来多大的危害。没有人能像他这样置身于历史之外，他谈到自己时就像谈一个和自己毫不相干的人。他的精神似乎已经脱离肉体了。

突然，他大吃一惊。熟悉的声音在他耳边响起：炮声从圣丹尼平原传到这里，敌军正逼近巴黎。军官和士兵们惊慌失措，他们又重新聚集在一起，将这个消息告诉给皇帝，七嘴八舌就像是到处乱射的子弹。他立即从心灵的沉醉中清醒过来。敌人有两个纵队？那就应当分而歼之。清晨，熟悉的炮声似乎让他恢复了青春，他写信给五个督政官，俨然像昔日的波拿巴将军在给他们写信一样：

我请求担任军队的主帅。士兵一看到我就会重振勇气，向敌人冲锋，狠狠地惩罚他们。作为将军、士兵和一名普通的公民，我向你们宣誓，一旦我们取得胜利，我将自动辞去统帅的职位，绝不会耽误一个小时。我发誓只为法国而战，绝不是为了我自己。

不可能在这番话之后，他还无法战胜敌人，除非他在最后的冲锋中阵亡。正是在这死亡笼罩的气氛中，他写出了这封伟大的信。现在，拿破仑由所剩无几的军官们陪伴，心神不安地在花园里静候消息。

富歇扬眉吐气的时刻终于到了：对于昔日他所憎恶的主子，他都不屑于写一封回信。心急如焚的皇帝，渴望拿起武器整装出征，自他成年以后，他还从未如此请求过别人的许可。他急切地从送信人口中询问情况，答复很简单：皇帝如果认为政府成员个个都是傻瓜，竟会考虑他的建议，那他实在是犯了一个错误。他们只要求他尽快离开。皇帝转过身去，然后他说道："我早就该让人把他吊死，现在我只能把这个麻烦留给波旁家族了。"

他身着便装，迅速收拾好行装。他让奥坦丝把她送他的项链缝进黑绸带里。有几分钟，科西嘉岛的形象出现在他的脑海里：可以让吕西安出任该岛总督。他的母亲眼睛发亮，认为这是个好主意。但他知道这个计划行不通，美国是他唯一可以去的地方。现在缺的就是他三天来一直要求的战舰。所有的人都感觉到，对他的自由的威胁正与时俱增，多待一个小时，他被囚禁的危险就多增加一分。据说威灵顿要求把拿破仑交出来，而在议会内部支持该意见的议员不断增多。拉法莱特要求皇帝马上动身，但他执意不从。

"没有政府对舰长下的命令，我不能出发。"

"陛下，为什么不能呢？让船起锚，向水手们许诺优厚的报酬，如果舰长拒绝的话，可以让他上岸。富歇肯定已经答应要把您转交给盟国方面了。"

"那你就去一趟海军大臣那边。"这位国务委员驱车赶到德克雷家。他已经上了床，懒洋洋地说道：

"你还是去找富歇吧。我无能为力。"但根本找不到富歇。凌晨一点钟，拉法莱特返回马尔梅松。皇帝被叫醒，起床，仍然认为美国还是他最好的去处，但他还是犹豫不决。他说："在那边他们会发给我土地，或者我可以买一座庄园，亲自耕作。我将终老于那块人类的发祥地。我将以田产和畜牧为生。”

他的秘书问道：“如果那里的人要将您交出来该怎么办呢？”

“那我就去墨西哥。那里的爱国人士会拥戴我为他们的首领。”

“那里的领袖会反对您的。”

“如果这样的话，我将离开他们，到南美去，到加拉加斯去。我如果不喜欢那里，还可以去布宜诺斯艾利斯或者加利福尼亚。总之，我要渡过大西洋，直到我找到一个避难所为止。在那儿，我可以保证免受同类的迫害。”

“陛下，如果英国人抓到您，那该如何是好？”

“我必须得冒一次险。英国政府虽然一无是处，但这个民族却是伟大、高贵而且慷慨的。他们会对我以礼相待。而且，我别无选择。难道我能在这儿像个傻瓜一样等着威灵顿来抓我吗？难道要我像昔日的约翰王[14]一样被人拉着在伦敦街头示众吗？既然在这里我已经派不上用场，那我就必须离开。其他的事情交给命运去安排吧。”

“陛下，您不应该逃跑。”

“逃跑？你这是什么意思？”他向秘书投去一个“询问中带着自豪的眼神”。

“英国人肯定已经作好准备了，要来抓您。既使您失败了，也一定要尽量寻求一种让人值得回忆的高贵的方式。”

“像汉尼拔一样自杀吗？这种事情还是留给那些软弱和精神不正常的人去做吧！无论前面还有什么等待着我，我都绝不会亲手将我的生命缩短一天。”

“陛下，我并不是这个意思。要是您为了整个法国，而把您的自由和生命交给法国的敌人：那才是您拿破仑大帝该有的行动。”

“非常好。但是……我把该自己交给谁呢？交给布吕歇尔还是威灵顿？他们都不是各自政府的全权代表。他们只会把我当成俘虏，然后任意处置我和法国。”

“或许可以给沙皇？”

“你不了解俄国人。我要把这件事再考虑一下。我个人作出一点牺牲并不要紧，问题在于，我的牺牲是否对法国有益。”

从这段过于人性化的对话中，我们可以看出，拿破仑身上的政治家因素正在逐渐消失。在这里，我们看到的是一位迫切地在世界每一个角落找寻新的航线的冒险家。在这里，我们看到的是一位没有祖国，没有一寸土地，一直在船上任凭海风和暴雨吹打，一个勇敢的、不怕死的海盗。是的，不怕死。他用坚决的态度又一次将自杀的想法排除。他对于前途所抱有的单纯的现实主义的想法，在瞬息万变之际，仍然显示出了科西嘉岛上传统的大无畏精神，这是何等不可征服的生命力呀！

现在他该动身了。最后一个与皇帝单独交谈的是他的母亲。但是一个士兵匆匆忙忙进来，不顾任何人的阻拦，这个士兵就是塔尔玛。在内心的呼唤与对悲剧人物的热爱的驱使下，塔尔玛前来目睹伟大人物的动人告别，他感觉自己必须在场。他要把母子诀别这一幕所表现出来的高贵的朴素用悲剧的形式搬上舞台。随后，皇帝请年轻的将军古尔高，一位浮躁的理想主义者上了他的马车。还有在厄尔巴岛就陪伴皇帝的贝特朗夫妇以及另外的两个陪同。他们驱车前往罗什福尔港，希望能够在那里找到一艘军舰。对于一个逃亡者来说，他的速度太慢了。他总是不停地回头张望，耳朵在倾听，还希望在最后一刻会有人召他回巴黎。途中他们遇到了两支向北行进的军队，他停了下来，士兵们向他欢呼。他与部队的将军们进行协商，是否在不反对政府的前提下向巴黎进军。协商中断，拿破仑继续远行，经过漫长的旅途最后终于看到了大西洋。约瑟夫站在那里，他敦促拿破仑租一艘向美洲运烧酒的双桅船。皇帝化名米尔隆，这是他的第七个名字了。这个名字勾起了他对另一条海岸的回忆。他又想起了那岛屿众多的地中海、科西嘉，还有意大利。他眼前又浮现出一个年轻、个子矮小的将军形象，长长的头发，冷静而灰蓝色的双眸。他想起了阿尔科桥，那里决定了一个人以及国家的命运。年轻的副官米尔隆用身体掩护住将军，自己却永远地离开了这个世界。正是这悲壮的死亡令他名垂青史——这时，拿破仑重新踌躇满志，相信一个新的时代将会展现在这个能干的天才面前。在海的对岸，在新的地带，在无人居住的草原上，这个冒险家会再度跨上战马，以他的地产和畜牧为生，或者前往墨西哥，做叛军的首领！

然而，上帝却智高一筹！

他要给这个伟大的生命一个前所未有的结局，让其生命的悲剧色彩发挥到极致。现在,他的内心深处那种冒险家的冲动再次被上帝抑制。疑虑、协商和动摇再次占据了他的心灵,在他作出最后决定之前,又耽误了整整十天。

皇帝驶往一个小岛。他们想要订购两艘渔船,每艘渔船都配有一根桅杆,这样就可以骗过英国人,但是他却拒绝这样做。两艘美国的船只作好了准备。他们还曾经计划使用一艘丹麦的单桅帆船。海军训练学校的热血青年打算用通讯艇把他带走。十六个海军实习生可以在深夜把他带出港去。他们坐在一间小屋里,同皇帝的新亲信拉斯卡斯激烈地讨论了这个计划。皇帝冷静地权衡着为他制订的冒险计划,把计划的细微之处反复思考。多数人主张,他应该回到军队,因为南方的部队会支持他,局势比较乐观,但是他却坚决地反对这个意见。

"我绝对不想成为国家内战的导火索。我也将不再参与政治。我需要安静的生活,我需要的是美洲。"

但是他的自尊心却又不允许他伪装潜逃。

这期间有消息说,波旁家族又一次在盟军的支持下踏上了祖国的土地。海上又有一艘英国巡洋舰"贝勒罗芬号"挡住了去路。皇帝错过了机会。现在他在考虑:重返巴黎的道路已经被封锁了,港口也被封住。我难道要像海盗一样让他们抓走,然后囚禁在伦敦吗?二十年来,英国一直是我的敌人。法国人认为,英国是伟大而又优秀的民族。我不是曾经做过皇帝吗?自古以来,对待战败的敌人表示出骑士风度,不正是举世钦佩的举动吗?在科西嘉,谁要是违背了好客之道,会被杀死的。

突然,他给一个亲信下命令,口述了一封致英国摄政王的信:

> 摄政王殿下!鉴于内有党派纷争之患,外有欧洲列强与我为敌,我决意结束我的政治生涯,并一如提米斯托克里斯[15],投奔贵国,寻一安身立命之所。望贵国法律保护为盼。殿下当不会令我失望,因我的敌人之中,以殿下为最强大、最守信且又最宽厚者也。拿破仑。

一共八行,用了三个形容词最高级来表达尊敬,有礼有节,不卑不亢,颇有君王气度。但是其中有一句话,让我们明了了促使拿破仑采取此种行动的激情。这就是提米斯托克里斯。这个词事实上意味着,他完全是在假设敌人会给予他道义上的保证。在这个世纪,在拥有了如此丰富的经历之后,拿破仑竟然还梦想英国会像古波斯国王薛西斯[16]对待雅典的提米斯托克里斯一样,把他当作贵宾欢迎。对于历史对比的过分自信,让他作出了事业中最后一个重大决定,就像年轻时,自信让他采取了事业的最初一个决定——投奔保利一样。正是这自信导致了他最后的毁灭。

第二天,拉斯卡斯把信转交给了"贝勒罗芬号"的舰长,并与其商谈拿破仑在船上的接待。作为一名军人,同时也作为一名英国人,这位舰长是正直可信的。他的上司英国海军大将并没有参加谈判,但他早已奉命抓捕这名逃亡者。从国家法角度来说,这样做是可行的。因为英国也在维也纳签署了宣布拿破仑不受法律保护的决议,但是无可争议的事实是,作为一舰之长,梅特兰已为客人的自由作了担保。他说:"拿破仑将在英国受到一切适当的待遇。我们英国一向是宽大而民主的。"

昔日的欧洲之主登上了敌人的战船,对于这一具有历史意义的事件,双方达成的却仅仅只是口头协议,并没有文字记录。不过,这并不是拿破仑心血来潮的决定,而是磋商了许多天的结果。这并不是仓促冒险的决定,而是一系列逻辑推论的结果。拿破仑过去二十年的亲身经验表明,口头协议不可信,书面协议更可靠。但是在他采取这最后的关键一步时,却并没有签字,也没有盖章和交换书面材料,因为实际上,他没有时间等待伦敦方面的答复。他所信任的,并不是一个小小舰长的口头诺言,而是他此举的道义效应。这就是为什么,他会在登上战舰之前,给那个国家的摄政王写了上述那封英雄般的信件。

然后,拿破仑身着制服,登上了英国战舰的甲板。

在英国军舰上　无助的人　现代薛西斯的答复　"永久的耻辱"
再见,欧罗巴

舰长梅特兰站在甲板上。拿破仑向他脱帽致敬,这个动作他以前在君主们面前都不经常做。他就站在这海天之间,大声说道:

“我来到这里，是为了将自己置于贵国国王和法律的保护之下。”随后，他让舰上的军官一一作自我介绍，询问他们曾经参加过的战役。舰长显然是混淆了法文中“陛下”和“先生”两个发音很接近的词的含义，他称呼拿破仑为“先生”。拿破仑自豪地接受了这一称谓。接着，拿破仑用他评论历史的超然态度，评论起了英国和法国的海军。他认为，英国海军更清洁，也更能干。然后他又和舰长争论起了历次海战后海军惯常的惩罚措施。最后，他转而谈起了整体性的问题：

“其实我真不明白，为什么你们的战舰能够那么轻易地击败我们的舰船。你们那些漂亮的战舰以前都是我们的。法国军舰在任何方面都比英国同类军舰要结实。而且法国军舰装备的大炮更多，附件更完整，人数上也占有优势。”

“先生，我已经向您解释过了。我们的水手比你们的更有经验。”

听到这话，拿破仑连眼睛都没有眨一下。双方进行的是严格的学术交谈，他们还谈到了对方的造船艺术。舰长说：“您当初要是乘法国舰艇逃亡，那您将会亲自领教我们射击得有多准多狠。”

没有争吵，没有怨言。这里站着的是一个赌输了的赌徒。皇帝否认的只有一点，那就是两艘装有几尊24磅重炮的法国快艇，竟然打不过一艘装有74尊大炮的“贝勒罗芬号”。舰长证明了法舰不可能打败英舰。随后，拿破仑检阅了船上的火炮，赞扬他所看到的一切，不时也提出一些批评。舰长后来对部下说，他对皇帝丰富的专业知识表示钦佩。

战舰驶向了茫茫的海洋。

在此期间，正统主义的大臣和君王们正在讨论对策。这群人中没有一个有伟大胸襟和胆识，能够在欧洲和在历史面前做一个伟大的姿态。船只离港的十天之后，“贝勒罗芬号”在普利茅斯港停泊下来。那是一个7月的早晨，港口的水面上停泊着数以千计的小船，上面都是想一睹被囚雄狮的风采的人。因为伦敦方面还未作出最后决定，所以任何人都不得与这艘船有所接触。而船上的水手们却经历了一生中伟大的一天：因为他们每天都可以看到这个伟大人物。如果他们可以用法语回话的话，他还会与他们攀谈。岸上、小船上引颈而望的群众数以千计，二十年来，他们耳闻目睹的都是对这个人的谩骂和讽刺。他们的行动都是基于同样的心理：这样的怪物一定要一睹为快!

拿破仑一直待在船舱里,他并不想使自己任人观赏。而且这种情况也不会持续太久,他很快就可以登陆,然后重获自由了。但是到了最后,他还是想呼吸一些新鲜空气,于是他走上台阶,登上了尾楼。他站在那里,一个被打败的伟大敌人,他仍穿着那套举世闻名的军装,显得那样无依无靠。刹那间,无数双眼睛汇聚在他身上,他简直要被这炽热的目光所烧毁。

这是一个表情凝重、神色难以捉摸的人,此刻他仿佛被钉在了英国人的耻辱柱上,他在痛苦中仍然透射出一种不屈的尊严。这时,突然发生了意想不到的事情:成千上万的人都向他脱帽致意。拿破仑放眼望去,小船上、军舰上、海港内,一片人的海洋,所有的人都向他脱帽致敬。他并没有感到惊讶。但只有一个人例外,那就是依然戴着三角帽的舰长。虽然狭隘的舰长在船上并没有给予皇帝足够的敬意,而全体英国人民似乎都愿意重新补偿他。

在这动人的一刻,大不列颠民族表达了他们对这位伟大人物的仲裁。他们是清白的,虽然不久之后,一个陷害皇帝的罪名将会落在他们头上。拿破仑默默地等待了三天三夜。第四天,英国军官进入拿破仑的船舱,他们并没有带来摄政王的答复,而是将英国政府的决定转交给他。英国政府写道:

"如果英国政府给予波拿巴将军在此扰乱欧洲和平的机会,那将违背政府对于英国及其盟国应尽的义务。因此,限制他个人的自由是非常必要的。"他将被遣送到圣赫勒拿岛上去,那里有益于他的健康,而且与世隔绝。他可以带上三名军官、一名医生和十二名仆人。

这就是现代波斯国王薛西斯对现代提米斯托克里斯所作的答复。

据说,拿破仑当时"将文件放在桌子上,停了片刻,开始强烈抗议"。

> 难道船上就一点公正也没有吗?我又不是战俘!……我是自愿登上这艘船的,为的是寻求你们的保护,我有权要求得到相应的客人的礼遇。我上船时,三色旗还高高地悬挂在罗什福尔和波尔多。我本来可以重返军队,或者藏身于忠于我的民众之间,过几年隐居生活。
>
> 除此之外,我是以私人名义来到贵国的。我曾经问过你们一艘军舰的舰长,是否可以把我和我的随从带往英国。他告诉我说,他曾奉有政府命令可以这样做。如果我上当受骗落入陷阱,那么贵国政府做的

太不光彩，有辱于你们的国旗……在圣赫勒拿岛，我不出三个月就会死掉。我习惯于每天骑马往返三十英里。在世界尽头的那块小礁石上，我能做什么呢？我不去！……你们政府如果想杀我，在这里动手也是一样的。我本来给了你们摄政王一个机会，让他和他的政府的历史写下最光辉的一页。我是你们国家最大的敌人，我将自己置于你们的保护之下，这是我给你们的最高荣誉……你们今天的所作所为，将使大不列颠民族蒙受永久的耻辱！

在他所提出的抗议以及后来的书面抗议中，最关键的一点是它所激起的道义上的愤慨。国际法只被稍稍涉及，因为他要求的是一个英雄的权利。这些都是在那个小小的船舱里，当英国军官把这个判决他命运的通告拿给他时，他在盛怒之下说的话。而英国军官把它记录下来，并传给了后人。虽然是脱口而出的话，但却颇富历史意义，其中有几句甚至成了为后世传诵的佳句。一个灵魂就这样被伤害了，不是因为他失去了自由，而是因为他的伟大人格并未得到世人的认可。

因此，在获悉判决后的最初一刻，他就已经明白了自己的命运。而在百年之后，后世所有研究他的人都未必能够深入地阐释清楚这一点。现代提米斯托克里斯感到自己被出卖了。正统君主中又有一位没有抓住机会完成一生中最伟大的善举。他们都缺乏想象力，只知道挥舞自己软弱无力却又残忍的拳头，摧毁落入他们手中的伟大人物。

但是，在这铁拳政治的残暴压力下，他们试图摧毁的那个人的精神却直冲云霄。他在承受命运的折磨之时，获得了一种自我克制的力量，让他在无可奈何的时候依然挺立不倒，这就是坚忍。他用不屈的意志承受着不公正。在他提出口头抗议之后，他又在普利茅斯忍受了十天的屈辱。英国人拿走了他的行李和金钱，而他却镇定自若地默默看着。

终于，甲板上传来了起锚时拉动铁链的声音。拿破仑和他的随从被送上了“诺森伯兰号”。船只在两艘军舰的护卫下，缓缓从港口驶出，离海岸越来越远。那是8月的一个清晨，拿破仑最后一次透过薄雾，凝望法国的海岸。他熟悉这些海岸，可是这现在又关他什么事呢？他感兴趣的是在更远的东部，那是巴黎，那是他热烈向往的城市，但是，巴黎却将他拒之门外。

晚上，他曾统治过的欧洲已经消失在视野中。远处只有漆黑的海水和辽阔的海洋，那是他从未统治过的世界。如同当初出征埃及一样，他站在船头，既没有回头，也没有向前张望，他仰头注视着天上的星辰。他正在寻找那个属于他的星座。

一个伟大的传奇结束了。

译注：

① 在西方传统戏剧中，第五幕即是最后一幕。

② 哈布斯堡王朝的创立者，弗兰茨皇帝的先祖。拿破仑的意思是说他宁愿做波拿巴王朝的开国之君。

③ 德文中施泰因（Stein）的意思即石头。

④ 瑞典国王，1697—1718年在位，1709年在普尔塔瓦为俄军所败。这个俘虏是在暗示拿破仑会重蹈查理十二失败的覆辙。

⑤ 古代住在黑海以北，即南俄罗斯草原上的游牧民族。

⑥ 法国封建王朝，起止时间为987—1328年。

⑦《华伦斯坦》（1799）三部曲以德国17世纪三十年战争为题材，剧中主人公华伦斯坦是个真实的历史人物，作者席勒在他身上寄托了德意志民族统一的诉求，并指出了他失败的原因。

⑧ 1870年的普法战争使德意志最终统一，但是同为日耳曼民族的奥地利却被排除在外。

⑨ 伊莎贝尔·德·法内西奥（1692—1766），西班牙国王腓力五世的王后，曾长期左右西班牙政局。目前的西班牙王室就是她的后裔。

⑩ 法国作家拉辛的悲剧。描写特洛伊英雄赫克托尔的妻子安德洛玛刻和儿子在城破之后被阿喀琉斯的儿子作为俘虏带走，而安德洛玛刻为了保护儿子而与阿喀琉斯之子展开周旋。

⑪ 特洛伊王子，赫克托尔和安德洛玛刻所生之子。特洛伊城破，被希腊人从城上摔下而死。拿破仑此处暗指一旦自己战败，罗马王可能会遭遇的命运。

⑫ 玛丽亚·特蕾西娅（Maria Theresia）为神圣罗马帝国查理六世的独生女。因其女子身份引发奥地利皇位继承战争和七年战争。情况危急时，她曾怀抱幼子，吁求臣民支援皇室。她的孙子即奥地利弗兰茨皇帝。

⑬ 中世纪传说，有一个捕鼠人来到鼠患严重的哈默尔恩市，用笛子诱出了城中所有的老鼠，后因为报酬问题，又用笛子拐走了城中所有的孩子。

⑭ 法国国王，1350—1364年在位。英法百年战争期间被俘，被押往伦敦，后死于伦敦。

⑮ 提米斯托克里斯（约公元前528—前462）：古代雅典的政治家和统帅。拿破仑在信中提及提米斯托克里斯，有人十分赞赏，但也有历史学家指出，比喻不当。提米斯托克里斯早在和平时期就与波斯密谋反对雅典，后被发觉，于是投奔波斯，因变节而受赏，不可取。拿破仑的情况完全是另一回事。

⑯ 波斯国王，当年友好地接待了前去投奔的雅典政治家提米斯托克里斯。

第五章　岩

末日审判到来之时，英雄拿破仑最终站在上帝的王座之前。魔鬼条陈波拿巴家族的斑斑罪状。圣父抑或圣子从王座上大声呵斥：莫用此般德意志教授的口吻，在神的双耳边聒噪不休。只有敢于向他发起进攻，才能将他送入地狱。

——歌德

1

肉体　神经

原本平耀似镜的海面陡然上涌。一名男子立在岩石上，双手背在身后，凝视海面。这是一种深深的寂寞感。

远处看去，这是一个肥胖的短腿男人，不知道年龄，穿着件绿色外套，上面饰着他几乎从不离身的荣誉军团星章，手里拿着三角帽。大脑袋，秃顶，后脑上却有浓密的褐色头发，无一丝灰发。有力的双肩托着粗短的颈项。面廓似乎已经石化，泛出淡黄色，仿佛古希腊经受风雨侵袭的大理石雕塑，却没有一丝皱纹。这面庞具有某种古典气质，却被那臃肿的下巴破坏殆尽。常人看来，只有鼻子、牙齿和手称得上美。他的牙齿一颗没掉。在戎马倥偬的岁月中，他一直精心地保护着双手。为此他总是用铅笔来批阅文件，而不用墨水。

圣赫勒拿岛上的拿破仑

医生对他的情况略有所知：脉搏从未超过六十二，胸部丰满，一如女性，体毛稀疏，阴部有如童子。他对自己的身体了如指掌，为了合理分配体力，他曾仔细研究过生命这一战场。

“我从未听到过自己的心跳，直似我没有心脏。”他半带戏谑地说。中庸之道是他成功的秘诀。“大自然赐予我两项宝贵的本领：随时入梦，适度饮食……偏食的人吃的东西种类很少，可是对于喜欢吃的东西却毫不节制。暴饮暴食会使人生病，而吃得少却不会。”在他的生命中，长年征战与内阁议事相交替，使他在呼吸室内空气的日子里，也常常误以为在骑马或乘船出行。“水、空气和清洁是我的药库中最主要的药剂。”

凭借着训练有素的强壮体魄，他能连续乘坐一百个小时的马车，从提尔西特往德累斯顿，在到达时依旧精神抖擞；也能够马不停蹄从维也纳前往西梅林，在那里用早餐，晚上则回到美泉宫继续工作；他甚至能在五小时内纵马狂奔八十英里，从巴利亚多利德前往布尔戈斯。他能在连续骑马行军穿越波兰之后，于午夜抵达华沙，并于翌日清晨七点接见新政府的官员。他还有许多诸如此类的怪异行为，用以恢复体力的平衡：长期伏案办公之后，他会驱马狂奔六十英里或者打上整整一天的猎。而在精疲力竭之后，他又会在房里待上整整二十四小时。他认为，是他充沛的精力救了他的命。他对梅特涅说：“死亡有时是缺乏精力造成的。昨天我从马车上重重地摔了下来，在落地的一瞬间，我以为一切都结束了。但我依然利用这点时间给自己鼓劲：我不能死。换了其他任何人，估计都难逃一死。”

肌肉发达却神经脆弱。他已经习惯于发号施令，也因此不能受一丝一毫的限制。无论是外套还是鞋子，只要他感觉到有一丝束缚，就会立即脱下，并给他的仆人一记耳光。当他必须穿朝服时，仆人们都会小心翼翼地注意给他穿衣时他的眼光所透露出来的暗示。如果他在思索（他什么时候不思索呢？），他就会推开早餐，踢开椅子，来回走动，时或自言自语，时或大声发出命令。他的手迹无非是一连串手部剧烈痉挛的产物，有些类似于速记，但依然无法跟得上思想。其中的许多地方，即便是经过数百年的揣摩依然无法释读。他无法忍受油漆和胶水的味道，常用香水来掩盖异味。当他的神经疲惫不堪的时候，他就通过热水浴来恢复。对英作战之际，他与四名秘书一起工作了三天三夜，然后又在浴盆里泡上了六个小时，其间还不忘口授命令。他以为，这种神经质和他体内缓慢流淌的血液正好构成两个极端，“以我这样的神经结构，如若不是体内的血液流淌缓慢，则必有发疯之虞”。

关于他患有癫痫病的说法，实为无稽之谈。他的同学中没有一人能回忆出他犯病的情况，这从反面否定了这一说法。须知，癫痫病一定会在孩提时代有所征兆。更进一步说，拿破仑的一生世所瞩目，那么，证明他患有癫痫病的材料本该很多，可事实却大相径庭。仅有的几个目击者的证词也模糊不清，其可信度自然大为可疑。

只要他身体健康，他就能经受一切紧张与不安。年近四十之时，拿破仑第一次感受到胃病的烦扰。当时的人们将此笼统地称为癌症。无疑，胃病来自遗传。战争岁月的最后三年，每到紧要关头，胃痉挛就会来扯他的后腿。如果不是由于胃病发作，即便是在当时如此艰难的条件之下，也决不至于影响到他的勇气和决心，而他的衰败史也许将要重写。

2

三种动力　自信　自负　纯真　不慕虚荣　谁令他赞叹　感恩

主宰这一躯体的灵魂有三种动力：

自信、精力、想象力。

“我不同于常人，道德和习俗的规范对我没有约束力。”他用这些冰冷的词句肯定了一个“我”，而他青少年时期的第一篇政治论文也是用这个“我”开始的，不慕虚荣，表达出一个三十岁人的坦白。“只有我，并经由我的地位，才能确知什么是统治，”他任执政时说道，“我深信，当今之世，除我而外，无人能治理法国。如果我死了，那将是这个民族的巨大不幸。”他平时极少说这些话，即便说，也只对亲信。而这却表明他正用一种自然科学家的冷静在关注着拿破仑现象。侵俄战争失败后，有人问他，在法国还有谁会庇佑他，他回答说："我的名字。"

同时代的人和后人常会将这种基本感觉认为是野心。事实上，常人的野心和拿破仑自信心的差别就好像是一个躁动不安的动物和雄鹰的差别。而在自然规律中，雄鹰的飞行轨迹总是一条不断升高的螺线。而拿破仑的追求则既非出于躁动又非出于嫉妒：那只是由于天性使然。他任执政时对挚友罗德雷解释道：

> 我没有任何野心，即便有，那也是与生俱来的，且与我的存在息息相关，一如我血管中涌动的血液一般。可是这种野心从未教唆我超越我的同侪。我既不必想着如何去满足它，也不必思索如何去压制它。这种野心并不会成为引领我前进的动力，它总是与环境和理想相得益彰。

正是理想和环境迫使这位年轻的将军萌生这一念头：他是重建法国之人。正是出于这一使命感，他曾对罗德雷说道："环境已经变了。我而今是开国者，而不是掘墓人。"另有一次，他谈到诗人高乃依，其实指的就是他自己："他于何处赢得了古典的伟大？从他自己？抑或从他的心灵？很好。红衣主教阁下，您知道这是什么吗？这就是天才。您看，天才是来自上苍的火焰，却很少能找到与之契合的脑袋……高乃依就是洞悉世界的一个人。"红衣主教指出，诗人并未看见过上苍的火焰，他又如何认识它呢？皇帝轻蔑地回答道："正因如此，我才认为他是一个伟人！"

他向世界暗示他是天才，一如歌德曾经做过的那样。

权力意志深深植根于他的内心深处，而这种意志，既非一种追求，也非一种思索，而只是一种本能。他将兴趣视作普通事业的钥匙，而治人的意志则是一种最最强烈的激情。他这样描述天才的迸发："我热爱权力，没错，但是以艺术家的身份爱它，正如音乐家热爱他的小提琴，是为了用它奏出和谐的音乐。"

这就是他天生爱发号施令的原因。"不管在什么地方，我要么主宰一切，要么一言不发。"他还应该加上一句"要么谈判"，因为他一生中四分之一的时间都用于谈判。一位年仅二十七岁的年轻将军就能让所有接触过他的人心生敬佩,而这也表明他的历史就是从那时开始的。他从不知顺从,其君临天下的气质是与生俱来的,犹如牛犊一出娘胎就会站立和行走一样。因为他天生是一个指挥官,因此完全不知求情为何物;还因为他比任何人都会发号施令,所以也从不指望他人的恩赐。

他的自信力带给他一种天然的威严。而正统的贵族对此感到震惊和愤怒,因为在他们看来,只有拥有高贵血统且有教养的人才配得上这种威严。他少时的同学将他视为战场之王,并也能感受到他那高处不胜寒的寂寞。所有的战友在谈论起他时,发自肺腑的敬意便油然而生。他的一位好友这样写道:“只要他讲话,人们都会侧耳聆听,因为他总能说得头头是道;一旦他缄默,也会令人充满敬畏之情。没有人会试图打破这片沉寂,这并非是因为害怕他发脾气,而是由于大家都能觉察到我们和他之间横亘着一种伟大的思想,这思想占据了他的心灵,令人不敢与他狎昵。”这在拿破仑最初几年的军旅生活中表现得尤为明显,而军营中的气氛一般是很轻松随便的。有一次,他和朋友及女伴在马尔梅松边休闲边闲聊。其间,他很认真地说道:“我从没觉得有什么东西可笑。权力也从不可笑。”

拿破仑善于分析人性,可以说是那个时代最伟大的心理学家;他了解自己的一切禀性,并逐步将这些本能扩展成原则。“帝王之道,”他有一次教导弟弟荷兰国王路易时说,“在于具有帝王的威严而不是随意赐予……帝王享有的爱戴,必须是一种博大的爱,伴随着民众的敬重、畏惧和仰慕。人民若称他为‘好好先生’,也就给他的统治判了死刑。”他自己所赢得的爱戴与敬畏,收到了最强烈的实效。

尽管如此,这种带有些许隔阂的威严并非矫揉造作,而是显得极其自然。这种自然的威严随着岁月的流逝和成就的堆积而逐渐增长,且毫无僵化之感。他的诙谐自嘲,即他天性中的坦白,都显现在他的手势和话语中,显现在他充沛的精力里面,他经常借此重现自己激情洋溢的演讲。他曾对此作出深刻总结:“一个真正的伟人总能不断超越已有的成就。”他对自己成就的前因后果了如指掌,却总在亲友面前付之一笑,许多人都提到过这一点。从军人粗犷的笑声到嘴角优雅的笑意,他的一切表情均意味深长。

在加冕的前夜,他说:“能和帝王们称兄道弟,这个结果有趣吗?”另有一次,当他派遣大使去圣彼得堡时,他嘱咐说:“我们的俄国皇兄喜爱奢华和游宴。那你就尽管为他的钱找些发泄的地方吧。”有时他的自然和率直违反了礼节，令权贵们尴尬不已。他在德累斯顿和众王聚会的宴席上开口说道：“当我还是一个不起眼的中尉时……”举座惊愕，所有人都低头看自己面前的盘子。他清了清嗓子，又继续说道：“当我有幸成为瓦朗斯第二炮兵团的中尉时……”还有一回在提尔西特，他与沙皇同桌而坐，勤奋好学的他隔着桌子直截了当地问道：“您每年的糖税收入有多少？”据宫廷书信记载，这问题使得所有在座的人狼狈不堪。为什么呢？因为他像一个大商人一样直接使用钱这个字眼；而帝王们只会索取钱财，却能从不提钱字。

他不慕虚荣，自信让他在任何时刻都不讳言自己的错误。终其一生，他常说：明天他就可能吃败仗。到每个营地，他都会向好友或专家征询意见。他经常即兴演讲，此中总是吐露出一种不吐不快的迫切感。马尔蒙是当之无愧的见证人，他在被皇帝公开谴责为叛徒之后很久才完成了自己的回忆录。他这样描述道：“拿破仑具有极其强烈的正义感。但凡没有第三者在场，即便前来诉苦的人说错了话，或者表示出不恰当的情绪，他都不介意。他不等对方开口就会考虑他们的请求。他对人类的弱点充满同情，不愿面对悲哀的目光。在合适的时间和场合，人们可以对他直抒胸臆。他总是愿听真话。虽然他不一定接受，但听真话本身并无任何妨碍。”

他洞察献媚者的动机，把他们晾在一边。毫无政治价值的谄媚姿态只会激起他的愤怒：“我连一条渔船都不能保证安全出海，你又怎能设计出法国鹰撕碎英国豹的图案！毁了它，再也别让我看见这种破玩意！”

与之相反，他会将直陈真相之人牢记在心。他赞扬攻击过他的夏多布里昂，在他任执政期间，每次参院会议之后，他总是邀请敢于直刺他的人共同进餐。一名被俘的俄国将军告诉他莫斯科大火的真实情况，他先是大怒，把将军赶走，然后又命人把他唤回，并握着他的手说：“你是一位真正的勇士！”梅于尔捉弄过他，用自己的近作冒充意大利的歌剧奏给皇帝听，从而赢得赞誉；帕西罗也耍过同样的花招，他悄悄把拿破仑讨厌的西玛罗萨的作品借入自己的作品，使拿破仑击节称赞。后来拿破仑得悉内幕之后，也仅是一笑置之。

斯塔尔夫人大肆宣扬欧洲自由，因而折磨了他长达十五年之久。他禁毁了她的书，并将其驱逐出境，就连在对俄作战时也不放过她，称她为挑动巴黎沙龙反叛的主力；事与愿违，他的畏惧反倒提高了这个政敌的声誉，从他的一些私人信件中，可以看出这一点。

在巴伐利亚军官名册中，他发现一个以前军团战友的名字，那是一个铁杆的保皇派。他任命这位故友为自己的侍从官。他们已经十四年未曾谋面，如今却在战场上相见。当这位故交前来报到之时，拿破仑同他并肩离开人群，下马后坐到一块石头上。那人要为他牵马，拿破仑说道："不必，这不是你的事。"一个仆人过来牵走了马。皇帝开门见山地说道："你有一次在贝尚桑的尉官席上，将餐巾扔在桌上，大声嚷道：'我绝不和一个雅各宾党军官同桌进餐！'今天就让我们将这笔旧账一笔勾销吧。"随后他招手唤来随从道："看，这就是军校中出类拔萃的人物！我们曾经一起解过方程。"紧接着他步入正题："你的弹药充足吗？装备如何？什么时候能一切准备就绪？"

拿破仑一生中最不寻常的经历，也许要归功于1813年魏玛首相冯·米勒在埃尔富特直犯盛怒之下的拿破仑。两名枢密官用密码通信，被法军前哨截获，通信者也遭逮捕，米勒被召来。此时，正值拿破仑怒火冲天，扬言要火烧耶拿城，并枪毙那两名枢密官。米勒强烈地抗辩道："不，陛下，您不能犯下这样的暴行！您不能给自己的声誉涂上洗抹不去的污点。不能让无辜者流血！"万分激动的德国人不由自主逼近皇帝。皇帝心中一凛，手掌紧握剑柄。这时米勒才被同伴拉回。沉默片刻之后，拿破仑说道："你很大胆，但我认为你是一位不错的朋友。贝尔蒂埃将再次调查此事。"后来，那两名枢密官被释放了。

这一幕又一次展示了拿破仑天生的尊严，这种尊严历经风雨，不受屈辱。但倘若被一支毒箭击中，它也会颤抖抽搐：荣誉感是自信心最薄弱的软肋。

"如果法国人民期待从我这里能获得某些好处的话，"他任执政时说，"就必须容忍我的弱点。而我最大的弱点就是不能忍受屈辱。"他说过一句掷地有声的话："我可杀而不可辱。"布里昂说过，拿破仑早年从不相信法律和道德，但却笃信荣誉。这足以弥补他缺乏道德的基本观念。这种荣誉感对他的本性所施加的力量使他完全不同于文艺复兴时代的佣兵首领，而由于种种原因，我们也绝不能将他和那些人等量齐观。布里昂曾是他多年的挚友并长期担任他的秘书，可由于卷入受贿丑闻，被他决然从身边赶走。多年之后他依然不批准布里昂进入荣誉军团:“一个唯利是图的小人可以拥有金钱,却不配拥有荣誉。”当国王热罗姆的汇票遭拒付时,拿破仑训斥他说:“卖掉你的钻石、银盘、家具、马匹,务必偿清债务!荣誉至高无上!”

在这一点上他是如此敏感。多年前,一位公证人曾劝约瑟芬不要嫁给这个品行恶劣的人。在他加冕之后,便将这名公证人召来,以恢复自己在他心中的名誉。在放逐圣赫勒拿岛的途中,他想起当年在布里埃纳上学时一位瞧不起他的德国老师:“我只想知道,波利先生有没有看到我的出息。”

他崇尚荣誉,也同样推崇良好的社会风气:“当政者最糟糕的,莫过于不道德,这种不道德将有伤风化,毒害社会。”他之所以重视道德,并不仅仅因为波旁王朝和督政官们的前车之鉴,更是由于他天生的气质,是他尊严的要求。从未有人听说军人拿破仑说过或开心地听过一个猥亵不堪的笑话。在他任执政之后,便立即禁止约瑟芬与她昔日的风流女友继续来往。多年之后,他闻悉约瑟芬再次接见了塔丽昂夫人,便写信责备她道:“我不想听任何的开脱。她带着八个私生子嫁给了一个可怜虫,我现在比过去更瞧不起她。过去她还不失为一个可爱的妇人,现在就是一个庸俗婊子。”

塔列朗与女友同居多年,拿破仑命令他要么娶其为妻,要么在二十四小时内辞职。他封贝尔蒂埃为伯爵,但提出相似的附加条件:“你的风流史拖得够久了。你现在五十岁,可望活到八十岁,这三十年留给你过合法的婚姻生活。”革命掀起了铸造裸体神像的时尚,拿破仑反对这一潮流。人们要在公开场合竖起一座女水神像,并让水从她的乳房中喷出。他命令将这些有伤风化的“奶妈”移走,命令中说:“女水神应是处女之身。”他从不让自己的女友到处招摇,他给她们很多钱,却不会去提升她们的地位。他同任何一个中产阶级都不一样,提倡夫妇共卧一床:“这对于共同生活至关重要,能加强对丈夫的影响,保证他的忠诚,促进亲密和道德感。夫妇终夜共眠便绝不会形同陌路。只要我保持这一习惯,约瑟芬就会熟悉我的心思。”

他自负的终极形式是报恩。这并非普通的仁慈,而是自觉不凡的骄傲。凡是有恩于他的人,他必回以厚报。在任何情况下他都绝不愿欠下人情。这正是他足以自豪的政治原则:他绝不利用任何党派,也就不会因此受到任何约束。我们无须以浪漫的眼光看待这些。事实上,他掌权之后,任用的不仅仅是他少年时代的朋友和军校的同学。他请在布里埃纳军校做过校长的一位神父退休后担任马尔梅松的图书管理员，实际上那里一本书也没有。当年学校的门卫成了他乡间别墅的看门人。他做炮兵中尉时追求过的一位贵族小姐在十六年后有求于他，拿破仑帮助了她，给了她的兄弟一份差事，还附上一封彬彬有礼的回信。他在遗嘱中提到很多对他有滴水之恩的故交。

在他与乔治娜分手多年后，当他得知她经济拮据时，不等她开口相求，便给了她一大笔钱。

以上都是些金钱或物质上的回馈。而涉及爱情时，比如对于约瑟芬，他的报恩方式又有所不同。他的宿敌马尔蒙在此处说得极为明确，拿破仑"有一颗感恩、仁慈，甚至可说重感情的心"。在举行加冕典礼时，他对罗德雷说："我怎么能为了青云直上就抛弃这个糟糠之妻呢？我首先要做一个正直的人。"不久后，他在给约瑟芬的信中说："对我来说，忘恩负义是人类最大的弱点。"

3

革命 过渡 正统化这一缺陷 贵族的强烈影响 爱人
法国人的怀疑 历史感"我是一个罗马皇帝" 棋手 荣耀

拿破仑摇摆于革命和正统之间，其真正原因乃是他的自负。拿破仑的发迹依靠的完全是自身的才能，他也因此而看不起一切依靠出身门第的纨绔子弟，但如果旁人确有成就的话，他也会对他人的自负表示尊重。可实际上，他又不能做到平等地对待他人。出于自负，他必须坚持唯才是举，然而他又必须要顾及大多数。他必须支持人人平等，同时又关怀个人利益。这些矛盾不可避免地导致了一种悲剧性的冲突。

对他而言，最革命的莫过于他用以进行生存斗争的两种武器：精神和剑。"为什么法国军队所向披靡？因为贵族军官逃亡了，而士官取而代之，升为将军。由士官统帅的军队是人民的军队，因为士官们来自民间。"多年来拿破仑一直拒绝将荣誉军团的大十字勋章颁给梅特涅和施瓦岑贝格。直到有一天施瓦岑贝格住宅起火，两人拼命救火，才得到这一殊荣。他的弟弟荷兰国王肆意颁授勋章，他禁止受勋者在巴黎佩戴，并让手下将备忘录寄给了弟弟：

> 我们怎么能随意滥发功勋章呢，并且还是发给不认识的人？此人也许不久就会被发现是一个十足的无赖。花点时间来看清你左右的人！颁发勋章不同于外出打猎，心血来潮的兴致不能决定一切。发勋的首要标准是有杰出的功勋……你还没有资格用你的肖像来授勋。

他的自负使他淡化门第的限制。一次，几个溜须拍马之辈请他追封他的意大利先祖，他将此叱之为愚蠢。有一次在维也纳，梅特涅把编好的托斯卡纳·波拿巴家族的世系表拿给他看，他说："把这破玩意给我拿走。"他下令在国家公报中作出如下声明："波拿巴家族之源起，一言以蔽之：雾月十八。世人时沐皇恩，奈何以探究祖先源起为报？"有人曾为此与他争论，他激动地嚷道："我无法容忍把我视同国王，这是一种侮辱！"

后来，他的思想发生转变，冲突也愈演愈烈。"我要做帝王们的布鲁图，做共和国的恺撒。"这段话含意模糊。"我不知何为贵族，只知我放走了一批贱民；我也不知何为贱民，只知我扶植了一批贵族。"其含意则昭然若揭。"塔西佗受到赞扬是因为他使暴君畏惧人民，而这对人民来说却是糟糕透顶。"这句话的含意无比清晰。

面对一个这样的灵魂，谁也不会轻信那些肤浅的流言，说信奉自由只是拿破仑夺权的假面具，一旦掌权就立即过河拆桥，将这张假面具弃如敝屣。这里涉及拿破仑的内心斗争，这也许是这个完美之人所面对的唯一问题；而这个问题却困扰了他一生。

"我来自人民，和民众血脉相连……贵族则始终冷酷无情，不知宽恕为何物。"这番话显示出他的本性，但他并未就此止步。他成了真正的天才政治家，这是因为他并非一个纯粹的理论家，并且同时也不得不压抑住自己与生俱来的同情心。然而，具有嘲讽意味的是，向来唯功是赏的他也会将荣誉军团绶带挂在他小儿子的摇篮上。此外，当西班牙废帝称他为皇兄时，他让塔列朗转告说：他得称我为陛下。这些弱点引人注目，但毕竟只是表面上的。他能认识到自己的弱点，有时还能克服它。有一次，他需要派一个人前往埃尔富特布置帝王会议时，他犹豫不决，不知道应该派欧仁还是老贵族塔列朗前去。突然，他果断地说道："我何必在意旁人如何指摘。我告诉他们，我无所谓。"

真正成问题的是皇位继承的来源和法律程序："称我为篡位者是滑天下之大稽，我只是登上了路易无法保住的王位。如果我是他，无论革命给人们的精神带来多大的进步，也会全力阻止它的爆发……我的力量来自我的好运，我同我的帝国同为后来人。"在得出这一略显混乱的结论之后，他又进一步予以发挥。"我不允许毁谤我的前任，"他在给弟弟路易的信中说道，"从克洛维[①]时代到公安委员会期间所发生的一切均由我负责，任何对于历届政府的恶意诋毁都将被视作是对我个人的攻击。"

为了维护正统王权，他的自负陷入了一种自相矛盾的境地。他几乎要滑落到君权神授的观念之中，竟要对旧君王的行为负责！而正是旧王的退位为他扫清了道路。

地位和身份问题困扰了他一生。奥斯特利茨战役获胜的那天晚上，奥俄军旗、俘获的敌将和敌军文件源源不断地被送来，但一看到巴黎的信使进来，他便抛开一切。他把所有来自巴黎的公函都放到一边，只拣出其中一封充满流言蜚语的信件。写信的妇人说，圣日耳曼富人区的弗隆德人最近发誓，再不入朝觐见了。他恼怒地咆哮道："这些人自以为能斗得过我吗？好吧，失势的贵族先生们，让我们走着瞧，走着瞧！"这发生在奥斯特利茨胜利之夜！

一厢情愿地追求一个女子却屡遭拒绝，最终由爱转恨。拿破仑世袭罔替之梦与此相仿。为了赢得传统的精神，他不惜一切代价！此事发生前不久的一个晚上，他把罗德雷从客厅带到台球室，击球开始之后，开门见山地说："你们参议院没有贵族情结，对帝制也缺乏忠诚。"

"陛下，它只忠于您一个人。"

"这非我所欲。它应当服从我的衣钵，无论是谁承袭了它。这件皇袍必须足以保障穿衣人的安全。这就是你们所缺乏的贵族精神，你们这些理论家！"

这番话谈论的正是皇位世袭的问题。继承权问题的直接后果是拿破仑的第二次婚姻悲剧性的失败。拿破仑有两件事情永远也无法解决：子嗣与出身。因此，他要求正统王室和他联姻，以期一次性地解决子嗣与出身两大难题。他其实并非平民，而是一名贵族。谁又能反对他给自己这样的定位呢？

“我的处境特殊，谱系研究者试图将我的家谱回溯到洪荒时代。而有些人则认为我出身卑贱。两者均有偏差。波拿巴家族虽不显赫，但确系科西嘉岛上的名门望族。即便是在最低限度上，也比妄图羞辱我的纨绔子弟高贵。”

这是一个十六岁的年轻人的口吻。在军校和巴黎的住宿学校，一小撮贵族子弟经常拿拿破仑开涮。而被奚落后的拿破仑在自己的信件与文章中写下了上述词句。这些恶少当年给予他的羞辱在他的记忆中挥之不去。如果没有这样的经历，政权的合法性、宫廷、婚姻、他以及欧洲的命运也许都会展示出完全不一样的图景。

他的自负，既表现在与法国的斗争中，也表现在与贵族的斗争中。他对于两者均只有部分的认同。他虽然是贵族，却并非真正的上层贵族，因而导致他对贵族这一阶层始终抱着批判的态度。从表面上看，他虽然也是法国人，但却没有法国血统，所以他对法国人也心存反感。他虽然征服了两者，却对其中任何一方都无法放心。

在法国，他取得了巨大的成就，远胜于他对于血统取得的成就。由于拿破仑不是真正的法国人，所以法国也并非他的合法妻子，而仅仅只是一个情人。他知道这一点：他追求她并献身于她，最后却又抛弃了她。“我只有一种爱情，一个情人，她就是法兰西。我和她同床共枕。她从未对我不忠。她为我抛洒热血，奉献财产。如果我需要五十万人，她会立刻毫无保留地呈上！”当他责备这个情人时，那正好证明了他的深情中满是嫉妒。他对待她是“恩威并用”，他顺着她的性情，满足她的一切愿望。与其他任何人相比，他更知道如何用虚名和幻想来迷惑她。因此，她对他嫣然而笑，迎接他凯旋，并把孩子托付给他。

可是两人之间的相互指摘和妒忌从未有片刻停息。谁都想操控对方。听听这位专制的情人所说的：“我发誓，我做的一切都是为了法国！假如我没有给她更多的自由，那完全是因为她已经不需要了！”他站在客厅中央，高声向在座的客人说话，并用锐利的目光扫视每个人。对于亲信，他的言语更加刻薄：“本性难移的高卢人！仍是那么轻浮、那么爱慕虚荣！什么时候他们能用真正的自豪感取而代之呢？”

而法国人对他也同样心存疑惑。拿破仑在给他弟弟路易的信中写道："登基以来，你已经忘了你曾经是法国人。你曾绞尽脑汁，试图使自己相信自己其实是荷兰人。外国的环境很合你的口味，但它终究是陌生的。"而法国人同样可以将这段话回敬给拿破仑自己。罗德雷谈到拿破仑时说："他弄错了，他们对他并没有对拉法耶特那样热情，尽管后者并未给他们出谋划策。从根本上说，他们赞赏他，敬佩他，仅仅只是因为他对他们有用。"

这种关系最终只落下个悲剧性的收尾。当他对她不再有用时，这个情人抛弃了他。

他自负的最高体现，也以悲剧收场。"我希望来生能成为自己的子嗣，读一读一个高乃依般的诗人对我的感受和评价。"从少年时代到流放岁月，从出生之岛到弃世之岛，他的自负依托于攀比青史留名之人。如果没有这种历史情结，没有这种他视为唯一正确的哲学观，他的事业将会有很大不同，甚至有可能成为泡影。他政治上卓尔不凡的统筹观来自历史和想象。历史纯粹是理性，而想象纯粹是情感。历史给了他肆意飞翔的支点，因为在他所处的时代，他是无与伦比的。而只有在历史的洪流中，他才能找到一些堪与自己比肩的人物或借鉴，以此来指导自己的前进。以恺撒为榜样，这位中尉开始了他的腾飞之路。在罗什福尔的港口，他曾经过于自信能够达到提米斯托克里斯曾经的高度，可最终梦想破灭。

在他的一生中，有许多关于古代和现代的评论。其中实际上表明了他自己对现实的态度。为什么他反对塔西佗和夏多布里昂？他为什么要谴责刺杀恺撒？因为他要为对当甘的判决而辩护。任执政期间，他曾试图写一些有关罗马史的片段，而目的仅仅是为了证明"恺撒从未有过当国王的念头。他之所以会被刺杀，只是因为他想联合各党派以重建秩序"。他还提到，恺撒是在元老院被刺杀的，当时的元老院中，有四十名庞培分子是他的敌人。拿破仑借此暗示，他必须清理自己的参议院，而他也确实这样做了。

按照罗马风格，他设计了八块刻有自己显赫成就的石碑并安装在凯旋门上。碑文中只记载了一些历史事件，并无任何自我吹嘘之处。然而，石碑的设计依然展现出他对历史的自负。他邀请世界各国的修史者和作者，与他们促膝长谈，以期通过他们流芳百世。当他觉得自己的画像过分逼真时，他便说，阿佩勒从不给亚历山大画坐像，因此，大卫也应该给自己画一幅

“身骑骏马，神态自若”的戎装像。在腓特烈大帝的书斋中签发军令，在无忧宫宴请腓特烈大帝的传记作家，在伦巴第参观奥古斯都门，在埃及观赏庞培柱并在其上刻下阵亡将士的姓名，在马德里和莫斯科研究腓力和叶卡捷林娜的起居习惯：以上种种一切，并非纯粹是兴趣使然。他是在体会英雄的时刻，得到的是真正的奖赏；以上一切，曾是他早年的梦想，而现在他与他们终于可同日而语了。

他不断地谱写自己的历史。随着岁月的流逝，这位年轻的将军曾用命令所记录下的最初胜利逐渐成为历史，而他则用艺术家的手法专注于未来的每一次远征与战役，以期流芳百世。当人们献上意大利王冠之时，他回顾了自己五年来神话般的成就：“几年后，在尼罗河岸我们得知我们的全部事业都毁于一旦，我们感受着这一种极度的痛苦。但感谢军队不屈的斗志，我们又回到了米兰，而意大利却以为我们依旧驻扎在红海海岸。”在此期间，他已当着世人的面践踏了法国的宪法，亚平宁山中的每一个牧人都知道他已从埃及返回。

在与教皇的较量中，他给欧仁写了一封长信，让其抄送教皇。他自己写道：“只有居鲁士和查理曼大帝堪与拿破仑比肩。”在他事业的巅峰，他对奥地利公使说：

> 你别搞错了，我可是一位罗马皇帝，恺撒的苗裔。夏多布里昂拿我与提比略[②]相提并论，而他的辖区只不过是从罗马到卡布里而已。他可真敢想啊！图拉真、奥勒留[③]，他们的情形则大不相同，他们自强不息，通过个人努力改变了旧有的世界。你没觉得我的统治与戴克里先[④]的政权何其相似吗？普天之下，皆是王臣。在一个崇尚武功的国家中，文治却毫无纰漏……恺撒是天生的，并非教育而成。

这既非公开宣言，也非政治信件，更无撄宁人心之意。这是沙龙里的悄悄话，没有目的，没有伪装，有的只是一个纯洁自负的灵魂。

在功成名就之际，他对自己的历史感越发客观，就如同一个出于兴趣而不是利益要赢棋的棋手一般。他会和被击败的对手共同探讨，找出他们的错误，分析自己的谋略如何高出一筹。面对被俘或求和的敌方将领，他会

说:“你其实应该如此这般,这将使你处于有利地位,那会是绝妙的一步。”在瓦格兰姆大捷之后,他对巴布纳伯爵说:

“我相信,你的坚强超乎想象。你的打击非常猛烈。你估计我的实力如何?……你显然情报灵通。你愿意参观一下我的部队吗?……不想?那你最好看一下我在这幅地图上的布阵……埃斯林大捷就在眼前时,我犯下了错误。现在,我已经得到了应有的惩罚。”

只有一件事令拿破仑终生无法释怀——滑铁卢。在圣赫勒拿岛,一个英国军医斗胆问他,英国人民想听听他如何评价威灵顿,他沉默不语。

荣誉是他自负的最高目标,基本上也是唯一目标。他的所有精力都指向这一目标。他的自我意识、历史感、荣誉感、尊严、少时的梦想、青年的筹划、壮年的事业和被囚的不安。后世变成一个巨大的幻影,塞满了他的想象。他所追求的是得到拉丁语中的“光荣”,而不是法语中的“胜利”。前者流芳百世,而后者仅福泽当世。虽明知难逃一死,却在内心深处依然渴求永生。“虚度一生,无所作为,不如永不出生。”

首先,他修改了加冕誓言,宣誓不仅要保护法国的疆土和福祉,还要为了人民的荣耀而进行统治。在诺曼底亨利时代的一处古战场上,他让人竖起一根石柱,上面镌刻道:“伟人们热爱与其相配的荣誉。”腓特烈大帝的剑对他“比普鲁士国王全部家当都要宝贵”。但他并不是仅想着在沙场上流芳百世。一次,他打算为失业者建造住所。在给主管大臣命令的结尾处写道:“为官一任,当造福一方,泽及后世。而非来也空空,去也空空,令后人无踪可寻。”他退位之前,拒不接受在放弃部分领土的条件下签署和约,正是赢得了这些土地才成就了他的荣誉。在他弃世之前,他打了一个比方,含义模糊,尽显孤寂,正如他的命运:

> 对荣誉的爱犹如一座桥梁,魔鬼曾试图通过这座桥梁越过混沌,到达天堂。荣誉联系着过去与未来,而一条深渊则横亘在荣誉和过去未来之间。我留给我儿子的,除了我的名字,什么也没有。

4

计算 速度 记忆 勤奋 环境 真怒 假怒

精力是构成他本质的第二要素。从什么地方能够看出这一点呢？

最先展现的是计算。这与天才的闪现完全无关，而只是反复衡量、考虑和屏弃。

“在筹备一次战役时，我会与自己辩论，以期驳倒自己。在制订作战方案时，则唯恐失之谨慎，总是将一切危险和意外作最坏的考虑。表面的兴高采烈无法掩饰内心的紧张。而我则似一个即将临盆的孕妇。”这就是艺术家进行创作时的心绪。他有一次以一种玩世不恭的语气向罗德雷讲述自己的谨慎：

> 我不停地工作，作最周密的思考。如果说我对每件事情的始末均了如指掌且应付裕如，那只是因为在它们到来之前，我就已进行了充分的估量。即便是微不足道的细节，也被详加考虑。这就使得我对即将发生的一切心中有数。并非是先知在我耳边诉知启示，将预言和破解之法传授给我，而是因为无论是在用餐还是在剧院，甚至是在深夜，我也会突然醒来，继续工作。

这种持续的思考沉淀为一种他称之为事物灵魂的东西——精确性，这种精确性具有一种无与伦比的穿透力，能帮助他洞悉一切。数字化思维是他成功的部分原因，而拿破仑则将此归功于他的数学天赋。他头脑中的信息没有不重要的。成千上万的细节汇集成整个世界的架构。如果一名将领写信说，命令得已执行，他就会打回这个报告：他需要知道所有细节。事无巨细，他事必躬亲。他在写给驻意大利的欧仁的信中说：

> 你怎么能分发3747000份牛肉呢？……我能大致算出所需干菜、酒、盐和酒精的总数。我希望能按照军队的编制计算数量。我已经损耗了50%甚至70%的军饷……你怎么能允许他们一次算出1371000捆

干草来呢？这足够12000匹马吃！你知道我可只有7000匹马。办公费用高得离谱：四个月要118000法郎，那相当于一年400000法郎！这笔钱足够管理整个意大利了！

这只是其中一个例子。他的信札中，有成千上万份诸如此类发自战场或政府机构的信件，均由他口授，再分发出去。若有人只想从他的信札中寻找理想与激情，难免会大感失望。他在对意作战时，不忘写信回国，让手下以德意志爱国者的口吻伪造一封信，谈论奥地利政治，并在德国境内分发传阅。在征战途中，他给那不勒斯国王缪拉去信，教他如何在舞会、剧院中才能做到举止得体，应邀请谁，婉拒谁。筹备埃尔富特会议之时，他忽然想到应有一个人负责向风流大公们介绍女演员。他认为数字即生活的概括，其最有力的证明，见于下面一段对社会生活的看法："每个家庭应生养六个孩子。平均说来，其中三个会夭折。剩下的有两个将接替其父母，最后一个可为国服务。"他思维的精确竟可笑到如此程度。

展现他超人精力的第三个方面是速度。有几次，他在命令下亲手写道：行动起来！普鲁士国王曾生动地谈到这一点：只要看他骑马，"他总是驱马狂奔，从不管身后是否有人坠马"。但拿破仑实干的能力远比他骑马高明，行动之前总要经过深思熟虑。即便能从容作出决定，他也宣称："分秒必争。"在他的直觉中，吾生有涯，而任重道远。这种观念驱策他必须全速前行。要达到事业的顶点，他的速度似乎始终太慢。一次作战期间，他写信给贝尔纳多特："由于你，我浪费了整整一天的光阴，世界的命运也许就会因为这一天而改变。"

他不知疲倦地工作，也同样忙坏了他的属下。撇开战争不谈，有时对于一般政府需要扯上几个月的皮才能给予解决的事务，他也催促他们速战速决。他只给塔列朗几个小时，用以起草对俄协约。他要向各国大使和执政解释他为何再婚，文件必须在"当日"完成。他曾经用了一个晚上思考如何美化巴黎。翌日清晨，他问内务大臣："十年之内，我要让巴黎的人口达到两百万。我要为这个城市做些既伟大又有益的事。您有何建议？"

"陛下，那就必须建造完美的供水系统。"大臣提出如何将乌克河的河水引入巴黎。

“这个建议很好。把G叫来，叫他明天送五百人去拉维莱特，动手修运河。”

他的另一种武器是他的记忆力。“我对自己的处境了如指掌。我无法记住诗词的格律，却能对军队的部署如数家珍。”这是一种实用的记忆力。虽说他的发音有些糟糕，但他能说出所有重要地名以及所有征战过的国家。据邮政大臣说，皇帝能随口说出某段路程的长度，而他却得查阅资料。有一次，拿破仑从布伦营地返回，遇上了一队迷路的士兵。他查问了他们的番号以及出发地和出发时间，然后指着一个方向说道：“应该向那个方向去。你们营今晚将驻扎在H。”而此刻，正有二十万大军在此地集结。

他记忆的技巧是将头脑分为若干储忆箱。“当我想中断一件事情的时候，就关上一个箱子，打开另外一个箱子。这样就不会变得杂乱无章。如果要睡觉，我就关上所有箱子，如此便能安然入梦。”

许多暴发户钟爱星星、守护神、圣贤、野兽等图徽，可拿破仑一个也看不上。他为自己选择了蜜蜂作为徽记，并重新强调说，天才就是勤奋，不懈追求，不停工作，以期拥有一切。然而有些浪漫主义的观点却以一种悠闲的口吻在使用这个词。他说：天才就是勤奋，实际指的是，勤奋只是要素之一。工作是他生命的一切，他就是为此而生的。即便他死后什么也没有留下，即便他的事业全被毁灭，他的勤奋和荣誉也会给后世的青年以无穷的激励。

抛开其他人不谈，他任第一执政时的好友罗德雷写道：“他能连续工作十八小时来处理一件事情或接连处理好几起事件。我从未见他的头脑有片刻松懈。即或身心疲惫，或剧烈运动，抑或是盛怒之下，他都绝不会停止思考。他从不会因这件事而对那件事分心。埃及战事的胜负无法干扰起草民法典的会议。他总是全神贯注地做一件事，绝不会为将要做的事而分散对当前必须做的事的关注。他会极其固执地推开此时此刻无关紧要的事，留待合适的时间再行处理。”

他剥削了许多属下的健康和青春，因为他用自己的标准要求他们，而这是他们力所不逮的。他半夜里把私人秘书召来，让其和他一起工作，直至凌晨四点。七点时，这位秘书又有了新的任务，直到九点。共同工作时，一个口授，一个笔录。用餐时，他叫来两个人的饭，在办公桌的一角就餐。而若在战场上，他会与副官一同坐在界石上进餐。任执政时，他间或会在晚间六点召开会议，并一直持续到翌日清晨五点。在美泉宫逗留的三个月内，发出的公函多达435封，用去了整整400页4开大纸。这还只是有关政务和管理的行政信函。除此之外，他还下达了无数口头命令，写下了大量的私人信件。

以上就是他精力的主要表现形式，也是他赖以征服世界的资本。他能将它们任意组合。在他的计划与命令中，他偏爱"在当前的情况下"这一短语。他从不拘泥于任何条条框框，随时准备根据情况修改计划，借由重组来操控局势微变。他兼有钢铁般的意志和灵活的智慧。他能将自己的意志强加于人，同时又能够使其灵活地适应外部的环境。

> 一个船长的弱点在于他不敢强行进港，而宁愿在公海上被人追逐——这一点，再加上其他一些缺点，使我未能改变世界的面目。若能攻克阿克，就能向亚莱坡快速推进，有望得到基督徒、德鲁兹人和亚美尼亚人的帮助，快速抵达幼发拉底河，其后便能直达印度，将新体制运用于世界各地。

在历史上，这番话能否站住脚，值得怀疑。但他自己对此毫不怀疑，而这也正表明了他务实的精神。在这个由数字组成的世界中，他认为一切都可归因于当局者的所有举动。任何人的哪怕一丁点失职都会对整个形势形成无法预计的影响。因此他总是因时论事，根据情况制定对策。然而，他并不将自己的成就仅归功于这一点，而认为时势造英雄。他宣称，在路易十四年代，他至多只能做一名杜伦纳一样的元帅。

拿破仑的精力极少被感情左右。他的自信与尊严是他自我控制的根源。他总能泰然自若地面对突发事件。"所谓的大事，对我来说早已司空见惯。因此从旁人口中得知它们发生的一刹那，我总是无所感觉。然而，一个小时之后我会慢慢感觉到痛苦。"这种经历使得他显得处乱不惊，远远超出人们的预料，也超出他自己的预期。奥坦丝的儿子夭折后，他劝她节哀顺变："人生就是受苦受难，但勇者不懈抗争，最终主宰自我。"

然而他有时也会大发脾气。这种怒气源于他的自信、敏感以及创造力的急躁。他需要成千上万的人来帮助他完成伟业。说他对使节或大臣拳打脚踢的流言纯属空穴来风。然而贝尔蒂埃由于言语不当招惹得他大发脾气，却是真实可信的。受塔列朗这个魔鬼的教唆，贝尔蒂埃在皇宫跪请执政称帝。听者眼中喷火，嘴唇抽搐，用拳头抵着贝尔蒂埃的喉结，一直把他逼到墙边，咆哮道："是谁唆使你如此直触我？！你要再敢说类似的话，我绝不轻饶！"

即便在盛怒之下，他依然能进行清醒的推断。他的心中马上一片雪亮：贝尔蒂埃这样的好好先生只怕想不出这样的主意。这一幕在心理学意义上显得极为独特。

他也间或似一介武夫，既神经质又粗暴。他会把没办法合拢的窗户扯下来扔到街上；他会鞭打仆人；他会边口述信件边咒骂收信人，当然秘书绝不会原样照写。盛怒之下，就算是主教监督在他面前也要吃瘪："你们中的哪一位把主教这头蠢牛领到这里来的？"

长期外出的一位主教监督向他报到。

"你这个贱坯去哪儿了？"

"在家里。"

"你明知你那个主教是个混蛋，怎么还敢离开这么久！"

更重要的是，为了达到某种政治目的，他有时会佯装发怒。有时，他会在事后说出真相。"你以为我真的发火了？"有一次，他在华沙说道，"那你可就错了。我从未让愤怒超过限度。"一天，他一边与小侄子嬉戏，一边和宫女们聊天，心绪颇佳。此时有人来说，英国大使求见。刹那之间，他的脸色大变，甚至有些发白，如同演戏一般。他大步走向使者，当着众人的面，发了一个钟头脾气。他讨厌使者打搅了他，便借此发泄对英国的不满。愤怒的面具、动作和言语不过是些政治手腕而已。

众多的例子使很多目击者相信，他好发脾气。塔列朗的看法一针见血："这个魔鬼骗了我们大家。他的把戏就是他的情绪。因为他懂得如何用它来做戏，尽管其中也许真就掺杂着某些真实的情感！"

他的权力和神经质般的荣誉感本该与有仇必报相得益彰，然而他内心的自制和冷漠却使得他不爱报复。他对对手或叛徒的惩罚从未越轨。即便讨厌某人，也只是将他放逐了事。而对败军之敌，无论大小，一律释放。这充分显示了他的骑士精神。

接见巴登使臣时有这样一幕：使臣为不伦瑞克公爵请求补偿，这一要求被皇帝愤然拒绝。据说,这并非因为该公爵挑唆普鲁士对法宣战,而是因为早在1792年攻打法国时,他在科布伦茨发表的那次著名演说,声称他一旦攻克巴黎,一定会把该城化为灰烬。那时的拿破仑不过是个中尉。“这座城市怎么得罪他了?”二十年后的皇帝嚷道,“必须一雪前耻!”

5

勇气 人性 兵法 将军和国王 最前线一律平等
“战争是时代的错误”

作为征服者,拿破仑的精力最是显而易见。有别于一般的军人,这种精力主要表现在精神层面上。“我绝少拔剑,我是用双眼,而不是武器夺取胜利。”要了解这一境界的精髓,不必懂得他战争艺术的新形式。他的生命在战前、战后和作战期间所呈现出的各种形态才是唯一重要的。也正是在这个方面他是独一无二的。

勇气是军人力量的源泉,在拿破仑身上的表现也独具特色。无论是在前期还是在后期的战役中,他均表现得无比英勇。然而,他却依然认为,没有能始终视死如归的军人。不过,这种胆怯应该成为制服对手的手段。他认为,当今之世只有他才具备“凌晨两点的勇敢”,即一种泰山压顶而面不改色的勇气。这需要非凡的镇定与果敢。与之相对,他瞧不起个人逞骑士之勇,斥之为食人族的勇气。“既然你们已参加过马伦哥和奥斯特利茨两大战役,就根本无须再表明你们的勇敢。女人多变。幸运也同样无常。回到营地,我们将再次成为战友!”

这位军队的统帅善于区分人道与冷酷。他曾经在书房里对梅特涅说:“一将功成万骨枯。”同样是他,在战场上又会万分痛心地说道:“如果各国君王能亲见此景,也许他们将不会向往战争与征服。”另有一次,他在给约瑟芬的信中写道:“这里血流漂橹,尸横遍野。这是战争的另一面。任何亲眼看见此情此景的人,都会倍感痛苦。”此时,理智与情感彼此交织。他以工作的职责为自己辩护:“不能冷眼看待战争之人,必定会将更多的无辜者送上这片刑场。”而这为他所不齿。为了最伟大的目标:整个欧洲值得他牺牲一百万生命。为了最渺小的目标：在攻占一桥一堡时，必须力保损失最少。“若最多只需牺牲两人，却由于指挥的无知葬送了十条性命，那么指挥官要对其他的八条生命负责。”

他所参与的战争，全部出于政治需要，但绝非心存恨意。所以战斗结束，敌人也就消失了。他在美泉宫中写道：“听说乐堡岛上有一万八千名战俘正在挨饿，这可真是耸人听闻。这简直毫无人性，不可原谅。请你立刻送去两万份面包，再送同等数量的面粉去面包房。”停战后心存嫉恨的蒂罗尔人仍在残杀法国士兵，这使他出离愤怒，下令道：“至少洗劫六个大型村落并付之一炬……好让山地居民终生铭记对他们的报复。”

他视战争为艺术，而且是“最重要的艺术，无所不包”。他以艺术家的眼光，宣称这种艺术乃是无法传授的：“你们以为读过若米尼的兵书就知道如何指挥作战了吗？……我打了六十多场仗，所学到的唯一东西就是：我什么也没有学到。恺撒在最后一役和第一役中所用的战术并无差别。”这是一个地地道道的艺术家。他是该领域的权威，然而却在给出定义时自相矛盾。西班牙战役结束后，他告诫一位将军：“战争的胜负主要取决于战略计算的能力，物资力量的多寡与之相比甚至不值一提。”另有一次，他又认为优势兵力或高昂士气才是取胜的关键，有时他甚至说灵感决定胜负：“胜负悬于一线。一个突发的念头便足以扭转战局。双方按照不同的方案行军接近对手、相互试探、交锋、进入决战。此时，灵感的火花突然闪现，一支小小的后备队开始清扫整个战场！”

他认为，经过初次交锋之后，人们立刻就能知道决战的场面。这样的论断既理智，同时也不乏艺术气质。“那个场景只会持续一刻钟……在每次战役中，最勇敢的士兵在此刻都会心生怯意。只需稍加鼓舞，略加劝解，就可重新鼓起他们的勇气。”他就是通过此种鼓动赢得了一些战争的胜利，因为他的演讲只有对士兵才最有效果。他质朴，所以士兵理解他。他甚至说“战争艺术是简单的，如同一切美好的事物”。他似乎将战争看成艺术中最高级的形式。“军队就是共济会……而我则是它的总管。”

他的个人魅力来自发迹，每个士兵都熟悉他的这段历史。作为一个年轻将领，他懂得如何依靠文官。作为皇帝，他还可怜那些不懂得依靠文官的敌人。另一方面，他认识到纸上谈兵的危险。他在给约瑟夫的信中说：“如果国王御驾亲征，士兵将会觉得没有统帅。他们向国王欢呼致敬，似乎他们面对的只是检阅军队的王后。如果国王自己不是帅才，就应将军权完全交给自己的元帅。”

他是欧洲唯一出身行伍的帝王。从青年时代起，他就熟悉军队中的所有细节和军官心理。他自豪地说：“在战场上没有我做不了的事。装火药，操作器械，放炮。”当然，他只在必要时才亲自动手。有本书提到一则比较浪漫的故事：有一次，他在巡夜时换下了一个睡着的哨兵。对此，他笑着说：“这是老百姓杜撰出来的，或是律师凭空臆造的。士兵们可不敢自己承认出过这种事。”

在军队中，他主张绝对平等。在这一点上他始终忠于革命。他奉行无功不受爵。尽管他破例提升了自己的兄弟，但他依然像训斥中尉一样训斥他的国王弟弟们。一次，热罗姆从西里西亚送来一份报告，他回复道：“顺便提一句，我觉得你的遣词造句过于文绉绉了。这在战争中完全是多余的。我们现在要求的是精确、肯定和扼要。”约瑟夫在布伦大摆王公架子，站在索尔上将身边接见军官。拿破仑责备他说：“在军队中，任何人都不能僭越最高统帅。阅军期间，只能由将军，而不是亲王设宴。阅军时，一个皇家上校终究也还只是个上校。军纪无例外。军队是个整体，统帅之权不能僭越。你的责任只不过是管好自己的部下。”

但是，统帅在医疗上和普通士兵享受同等的待遇。在艾劳一役中，法国损兵折将。他却不允许一名军医对一位受伤的将军区别对待：“你的病人是所有的伤员，而不仅仅是一个将军。”有位德意志军官说，每次战役结束，他都会亲临前线看望伤员，让人把他们小心翼翼地抬上担架。“如果他能挺过来，我们就又少损失一个。”

在所有的日记中，我们都能读到他在军营中和士兵聚集在营火前，关心他们的伙食，对士兵们的回答时而开怀大笑。有时他们会对他推心置腹，一吐胸中的烦闷，或是以“你”相称。这并不是故作亲切、拉拢属下，而是一种父子温情。他称他们为“我的孩子们”，而他们叫他“我们的小队长”，意思是实际指挥官。一个老步兵想重回军队服役，拿破仑在写给他的信中说：“亲爱的同志，来信业已收到。你无须追述当年之勇。你是军中最勇敢的士兵。我很想再见到你。军务大臣会给你安排好一切。”

他从不让人预知他的作战计划，而在论功行赏时，下层兵士的意见则是极其重要的参考。在一次战役之后，他常会召集一些军官和士兵，让他们围成一圈，逐个发表意见。他会询问谁作战最勇敢，并当场给予奖励，亲手颁发鹰章。“军官提名，士兵核准，皇帝批准。”目击者塞居尔这样描述。

是的，拿破仑酷爱战争，但仅仅是因为这是一门艺术，一如他热爱权力。一个旅行者告诉他，中国有一座岛，岛上没有任何武器。他笑了笑，表示不相信：“什么？他们肯定有武器！”

“没有，陛下。”

“总该有长矛，或者至少应有弓箭？”

“这两样都没有。”

“总该有匕首吧！”

“也没有。”

“那里的人怎么打仗呢？”

“那座岛上从来没有发生过战争。”

“什么！没有战争？！”在旅行者听来，这个岛的存在似乎激怒了皇帝。他身体里的军人血液令他产生如此反应。

然而，他也看到一个和平时代正悄然而至，他也许不会喜欢这个时代，但他肯定预见到了它的到来。他认为运筹胜于蛮干。这使得他成为新时代的第一士兵，也使得他远超过同时代的统帅。著名雕塑家卡诺瓦曾为他雕塑造像，为他摆出一副极具威胁的架势，他轻蔑地说：“难道他以为我的成就是靠拳头获得的吗？”除此之外，他还曾就统帅超越士兵之处给过一个定义。任执政时，他曾在参议院中说道：

统帅高明在哪里？他具有独特的思维：眼光、计算、决断、口才和洞悉人性。这一切也是治理天下的要素……只需要有足够的体力和勇气，任何士兵都可以征服天下……而今，无论何地，暴力都已让位于道义。得天下者拜倒在治天下者面前。我清楚地知道为什么我作为一个军队的统帅，同时拥有科学院院士头衔：连最年轻的鼓手都能知道我想干什么。

后来他说得更明白：

> 战争是时代的错误。总有一天，胜利将不再依靠大炮和刺刀……谁想破坏欧洲的和平，谁就将挑起内战。

这就是统帅拿破仑的话。

6

蔑视人类的人　心理学家　问题与谈话　金钱　将军的爱恨　巨大成功　坦诚　反动政治　关于德国人　反大众

拿破仑的精力主要用来与人斗，他几乎不与天斗不与地争。每次与天斗，他都以失败告终。一般说来，他只驱使人们为他征服山川和土地。作为一名艺术家，他在人这种实体上殚精竭虑，消耗了全部的精力和想象力。他只能通过治理人来完成自己的伟业。没有任何人能征服更多人。他不仅使军队和人民俯首称臣，同时也征服了卓尔不群的精英。

瞧不起人是他的方法，荣誉和金钱是他的手段。自信心和经验使他深信：每个人的行动都是从利益出发的。享乐、占有欲和荣损与共的家族观念使人好利。虚荣、嫉妒和野心使人好名。他没有出世超俗的动机，有的只是现实的手段。他的自负有时过于锋芒毕露而蒙上追名逐利的色彩，也实在是违反他的本意。他企图以名利引诱他人，殊不知自己的人格竟散发出更强烈的吸引力。歌德说："拿破仑生活在理想之中，自己却不能意识到这一点。他矢口否认理想，却又不满任何现实，而致力于实现自己的理念。"

然而，与歌德相同，拿破仑不赞成梅菲斯特人性本恶的观点。他说，"大多数人心中既有善因也有恶缘；有英雄之气，也有懦夫之质。这就是人的本性。教育和环境不过是后天因素"，目的仅仅只是确保本性不受诱惑。二十年来，他每天都要使用上百次这类对人心的认知。善于利用人的这种天性，成为他成功的首要条件。在所使用的手段中，最得心应手的便是人心。

“我最爱分析……‘为什么’和‘怎么样’，这些问题非常有用，人们经常会要用到它们。”犹如一名冷静而又理智的精神病医生，他能使用一切手段来探知他人的所有心理特点，特别精于相面术。他喜欢骂人，因为“通过他们的反应，我能摸清他们的灵魂”。用手套敲打心脏不会有任何回音，可是如果用锤子击打，就会有极大的回响。初次见到他的人，总会为他的眼睛着魔。

讲话和提问，拿破仑借此在心中对各种人分门别类，还不时进行补充。他的问题穷根究底，完全不顾对方是否尴尬、迷惘甚至胆怯。有时他竟会越问越幼稚。无人交谈的时候，他就学习。在圣赫勒拿岛上，他有一次与一名医生同桌而坐，让我们看看他是如何有效地利用这二十分钟的。

“您的船上有多少人患肝炎？多少人害痢疾？在英国挂号费多少？一名军医拿多少退休金？……什么是死亡，如何定义？灵魂何时离开躯体？躯体何时有灵魂？”

他的另外一个方法是讲话。他的一名亲信称，讲话，或者说一言堂，是皇帝唯一的真正乐趣。而这种乐趣则要归功于他的地位。我们见过不少实干家，但没有人能像他那般能说会道！他总是一个人直面这个世界，因此他必须口若悬河，以给世界打上自己的烙印。他与人交谈经常达到五或八个钟头，有时甚至达到十或十一个小时。而且大部分时间都是他一人在说。此外，他语速极快，带有外国口音。这一切都显得意大利味更重，而罗马味更少。不过他很少用手势，通常将双手背在身后。只在激动时他的双手才会分开，大有气吞天下之势。

对属下，他就是个挥霍无度的东方君主，巨赏厚赐毫不皱眉。但在个人开销上，他却异常节俭。任执政时，他说：“打了这么多次仗，无论你是否情愿，必定会有一点财产。我的退休金约为8万至10万法郎。城里和乡间各有一所房子。别的我也不需要了。一旦我对法兰西不满或是法兰西对我不满，我便可毫无后顾之忧地退隐……但我身边的每个人都是小偷，大臣们意志薄弱。他们一定已聚敛了大批财富……可能怎么办呢？国家日渐腐败。历来如此：媳妇熬成婆，便把令来行……你知道，你们为建造杜伊勒里宫找我要多少钱吗？两百万……必须削减到八十万。我的身边全是些无赖。”

“连年征战，”罗德雷答道，“肯定比这些内贼耗钱。”

“正因如此，我必须严格控制内务上的支出。”

这段话就是一个三十岁的国家首脑对金钱的看法：他个人无欲无求，也抱怨周围的人贪污和讲排场；坦言自己发了战争财，又大骂经办人是个骗子，因为后者为装修宫殿索要两百万，而他自己其实一分钱也不愿花。革命滋生了腐败。在贪污成风的情况下，他与军需商和发战争财的人作斗争。但当他通过严刑峻法扫清这些之后，他又开始给有功将领以巨额退役金，有人甚至拿到一年一百万。任执政期间，他扫清了国家的蠹虫，可后来他又以厚赏增加了国家的负担。

有些人则凭借与他的关系而非直接通过他赚钱。他对塔列朗说："如果有一天我变得一文不名，可就得来找您了。说实话，您从我这儿捞了多少？"

"我并不富有，陛下，但我全部都由您支配。"

拿破仑的待人方式与诸多因素有关。若欲探究其中的种种诀窍，需要分为几组进行讨论。

将军和元帅最易就范，他们有无穷的机会立功，并因此得到他的赏赐。他用钱达到双重目的：为自己增光添彩，控制那些强力的军官。他乐于见到这些似乎没见过钱的军人大肆挥霍，以致债台高筑，然后又向他寻求帮助：他引导他们因挥霍走向贫穷，再迫使他们从贫穷回到挥霍。同时，在军务上他们只需依附于他。全部决断均来自他一人。他很少给他的将军们施展才华的机会。在战报中，他也会在最合适的时间和地点给出最合适的奖赏，目的就是为了挑起将领们的虚荣和嫉妒。

这导致他们对拿破仑既爱又恨。而这种感情反而将他们牢牢拴住，比纯粹的热爱效果要好。真正死忠于拿破仑的也许唯有贝尔蒂埃和迪罗克。他曾把他们的爱比作孩子对父母的爱和小狗对主人的爱。内伊将自己比作上膛的步枪，能在皇帝需要的时候射向需要的方向。拿破仑只信赖同他一道白手起家的战友。在他的回忆录中，他为他们专辟了一个荣誉榜。他赞许德塞的冷静沉着；莫罗是本能多于天赋；拉纳起初勇猛多于指挥，但后来两者逐渐变得平衡；克莱贝尔追求荣誉是出于享受；马塞纳只有在火线上才能迸发力量；缪拉"毫无思想，却威猛无俦！他既是蠢瓜，也是英雄"！他们每个人都见识过拿破仑的怒火，然而拿破仑却不愿抛弃这些旧时的同伴。马尔蒙由于输掉了瓦格兰姆之役，被拿破仑骂得狗血喷头。然而仅一刻钟后,他又被任命为元帅。

有时,他会流露出对尘世的厌倦。“我甚至会怀疑自己的战友,这让我感到极其痛苦。因此我会使出浑身解数摆脱这种情绪。”事实上,他悉知一切。拉纳之死令他极度伤感,但却并不像报刊刊载出来的那样,说出过那些感人肺腑的悼词。他非常信赖梅特涅,对他说道:“拉纳恨我。当我听说,他在重伤之后呼唤我的名字时,我便知道,他必死无疑。他呼唤我的名字,就像无神论者在临终前呼喊上帝。”

青少年时代的友谊根本不足以使这些将军们免受最高统帅的责骂。只要他们做了蠢事或心存畏怯,他便像教训孩子一般对他们破口大骂。他在给朱诺的信中写道:“你的荒唐前无古人……你对你的军事职责缺乏正确的认识,我真看不出这会是你!”他在给伦巴第的一名将军的信中写道:“在你的指挥下,人们缺乏诚信,有的只是贪婪。可直到今天,我才认识到你原来是个懦夫。给我从军队里滚出去,别再让我看见你!”在西班牙战场上,一名将军投降了敌军。半年后,他居然胆敢在阅兵时出现在拿破仑面前。拿破仑一见到他就怒不可遏,据说连续臭骂了他一个小时:“我们可以交出城堡。战争中的幸运之神不可捉摸,因此我们也可能失败。我们也可能被俘,也许这件事明天就会在我身上应验。但我们不能放弃荣誉!先生,军人的天职是在战场上作战,而不是投降。投降者应该拉出去毙了……军人必须懂得献身。我们不都必将被死亡所折磨吗?对你来说,投降就是犯罪。作为将军,这是一项愚蠢的举动;作为士兵,则是怯懦的;而作为法国人,你玷污了这一荣誉!”

他的坦诚也令当时的外交家震惊不已,要知道拿破仑可是谁也不信的。“与耍弄手腕相比,有人情味和打明牌能给外交带来更多的好处。旧时外交家的那些伎俩已经山穷水尽,而他们的那些猫腻也早就尽人皆知……与玩弄手腕相比,自曝其弱并不显得更糟糕。”

在对英战争再次爆发之前,他向英国使节分析道,他需要多少年能使法国得以挑战英国的海上霸权,他又能在多短的时间内扩军至四十万。在美泉宫,他对奥地利谈判代表说:“这就是我的最后通牒。如果你们能赢,那么我提出的条件对你们也会更有利;可如果我赢了,条件无疑将会更苛刻。我所要的仅仅是和平。”

若想对外国的大使施压,他就会仔细斟酌每个细节。正是出于这个原因,他极力迎合哈布斯堡皇朝的传统。在他生日宴会那天,使节们站成半圆形,他走到梅特涅面前说:“大使先生,贵国皇帝到底想要干什么?他不会想让我上维也纳去吧?”他借此恫吓奥地利大使,并公开向全欧示威。可两天后,当梅特涅私人来谒时,皇帝却说:“我们不必再扮演法国皇帝和奥地利大使的角色了。又不是在众目睽睽之下交谈,我们也不必用那些外交辞令来作粉饰了。”

在缔结第一次对奥和约之前,为了防止对方讨价还价,他没有在美泉宫接见败军之将艾尔兹大公,而是把会面安排在狩猎场的一间小屋内。“我会在那里待上两小时,一个小时吃饭,另一小时则谈论战争并互致敬意。”任第一执政期间,他有一次接见科本佐伯爵。他亲自将杜伊勒里宫布置了一下:写字台放在角上,撤走椅子,这样主宾双方便只能坐到沙发上;只点一盏灯,没有吊灯,尽管这时已经是晚上了。奥地利伯爵在塔列朗带领下走进房间,此时,他的面前一片漆黑。门与执政之间有一大段距离,因此他几乎无法看清执政的位置。而尴尬的是,他还必须坐到主人为他安排的座位上去。

他对付王公贵族的手腕更绝。他偏爱在自己的府邸接见他们。事实上,在他处于权力顶峰的那些年,他从未主动拜访过他们。在提尔西特,他只做了两天客人,就反客为主。在德累斯顿,他虽为萨克森国王的客人,却时时以主人自居。他绝不和王后们往来。普鲁士王后路易丝假惺惺地请求他维护公平,此时他建议她先坐下,“因为这是转悲为喜最有效的办法。一旦坐下,悲剧就会变成喜剧”!

他在和人民打交道时显得手段拙劣。对法国人和意大利人还算凑合。任执政时,他曾在参议院会议中说:“我的政策就是按照大多数人的意愿来统治。我以为,这就是所谓尊重人民主权。为了结束在旺代的战争,我成了天主教徒;在埃及我成了土耳其人;为了争取意大利人的支持,我成了极端教权主义者。如果我来统治犹太人,会下令重建所罗门的庙宇。正因如此,我会在圣多明哥的解放区谈论自由,而在奴隶区维持奴隶制。”

他的政策在波兰比在黑人共和国要成功。他试图用宴会和演说赢得波兰。他对付犹太人最拿手。犹太人通过革命取得了平等地位,他们中的一些人在莱茵河地区放高利贷,盘剥人民。拿破仑清楚他们经商的天赋,并未下逐客令。他想起了他们的习俗,下令在巴黎召开了犹太人的最高层会议,并让他们自行决定。须知，这种会议已经中断了数个世纪。最后，这个犹太人的权威机构宣布放高利贷为有罪。在西班牙，他却铸成大错，没有看到其中的危险，而是建议约瑟夫“以暴易暴，以悦民众”。

最让拿破仑惊奇的是德意志人。在他们身上，他看到了自己缺少的一切，而他所有的，又是德意志人没有的。因此，在他叱咤风云的那些岁月里，他对德意志人始终敬畏参半。他们令他感到害怕。他到达埃尔富特后，试图通过戏剧对德意志的大公们施加影响。他命令剧院经理不要上演喜剧，“莱茵河那边没有人看得懂喜剧。但可以上演高乃依的《西拿》，那部戏趣味盎然，里面还有一个场景，用以展现王室的仁慈，一定会获得很好的效果”。接着他开始引用《西拿》的台词，但他记得不真确，雷穆纠正道：“天赐神座，授之于王。承天之福，惠赐下民。回溯过往，公正无私；眺启未来，自由不羁。履此王位，无愆无咎；王之所为，天之所佑。”

“棒极了！”皇帝喊了起来，“给那些冥顽不灵的德国佬看再合适没有了。至今他们还在谈论当甘公爵之死！我们应该帮助他们拓宽道德视野。这对于思想抑郁的人很有好处。在德国这种人数不胜数。”此时，他似乎在谈论一窍不通的德国音乐，可实际上他指的是德国哲学。可不管是哪一种，都让他既敬且畏。他喜欢的其实是意大利的咏叹调和伏尔泰的智慧。他说：“康德过于晦涩。”出于这种观点，他未能料到，如此迟钝的一个民族也会迸发出激情。

这种误解也许源于民族隔阂。他在意大利北部非常成功，因为那时他年轻，思想单纯，同情被压迫者，因而成为革命的先锋。成为独裁者后，他却不再向别的民族传递革命的火种。然而他的立足点始终是人民大众。“统治以民为本，而不是考虑是否会令某某先生满意……圣人高瞻远瞩，超越一切党派。因为加入党派就意味着变成奴隶。”他说是这么说，可做起来又是另外的样子。

法国人民对他十分敬畏，这种情绪绵延达十年之久。然而，一旦当他受挫，怀疑也由此而生。“统治者面对民众应充满威严，”他说，“而不是曲意逢迎。否则的话，一旦承诺不能兑现，群众会觉得受到了愚弄。你问我为什么恫吓人民？目的就是避免所恫吓的事真的发生！”

但这种恫吓逐渐背离他的天性，也违反群众的本能。他无法用金钱和荣誉去引诱他们，而只能向他们展示皇冠和加冕、宫殿、大排场和王孙子弟。

但是人民感到与他日益疏远，在这一点上，他们没有被欺骗。

巴黎的群众听说，皇帝不许亨利王在戏中说“我战栗”而只能说“我哆嗦”。因为国王虽然不过是一个人，虽然也会战栗，却不能承认。于是他们对拿破仑大加嘲讽。可是，他们却不知道，皇帝曾告诉塔尔玛如何扮演恺撒：

> 恺撒曾发表长篇演说反对帝制，其中说道：“皇位令我不屑一顾。”可惜言与愿违。他之所以这么说，是因为罗马人正在背后看着他。他要他们相信，他厌恶当皇帝。可实际上这一直是他的目标。因此，这段台词不要念得那么信誓旦旦。

宗教和戏剧同为他麻痹群众的工具。任执政期间，他在参议院精神饱满地说道：“宗教对我来说并不神秘，它只是一种社会秩序。它把平等和上天联系起来，以免穷人屠杀富人。宗教和接种疫苗有相似的功效：它能满足我们对神奇世界的好奇，保护我们不受欺骗，因为牧师们比卡格李托、康德和所有德意志的梦想家有价值得多。没有财产分配的不均，就没有社会；而没有宗教，则不能维持这种不均。穷人忍饥挨饿以至冻死街头，他们只能梦想还存在更高一级的权力，只能希望在永恒的世界里，将会有另外一种秩序。”

尽管他懂得这些，也采取了多种救危扶困的措施，但他始终无法摆脱被视为暴民、暴徒的命运。从王公到民众，他对人类的蔑视既无增加也无减少。他只是利用民众，正如他利用其他的阶级。他说：“改变世界的道路不在于对领袖施加影响，而在于发动群众。前者只能造就阴谋家，也就只配拥有二流业绩，后者则能改造世界。”民主成为他与人民的问题。他对于议会制度并无任何建设性的意见，有的只是批评：

> 共和这种国家形式能够能振奋精神，且含有伟大事物的萌芽。但正因其伟大，因此迟早会走向灭亡。因为为了统一权力，它必需使用暴力，而暴力则会导致独裁或贵族制。这是最糟糕的专制。罗马、威尼斯、英国，包括法国都提供了非常好的例证。如果共和国想有所成就，那么中央权力就必须依赖议会中永久性的多数……唯有通过腐败才能

实现这一点，而腐败是民族之癌，也是中央权力手中最可怕的武器。自由主义者创建了君主立宪政体。这是一种折中的好办法，自有其优点，但必须由普选选出人民大会，才能有效地限制君权。

拿破仑看到了19世纪应当面临的所有问题，但他不能理解成就他历史的社会问题。

7

幻想 欧洲 欧罗巴合众国

想象力是拿破仑本性的第三因素，也是他自信与精力的源泉。他的幻想和他精密的天性不断斗争，最终毁灭了这一矛盾的载体。想象力将诗人与政治家融为一体，这使得他既能了解别人也能了解自己。这就是他的识人和待人之秘。而这些又与他的精力交互作用。为了分析的需要，如果想要将一个活生生的人的各种性格特点概括到一个体系之中，常常便不得不掐掉这根线头，接上其他的线头。

“我不知道我会做些什么。一切目的都有赖于事物自身。我没有什么主观意志，只是听凭事物自由发展……人越伟大，就越不能有自己的意志。人们总是依赖于事件和环境。”这些话写在他给他夫人的信中，表现出他清晰的想象力。因为只有敢于幻想的人，才会不受任何体制和原则的束缚，参与到时代的运动中来，任心灵自由翱翔，在前进中创造自我。在这个意义上，他的发迹并非只是一种偶然的结果，而是恰恰相反：他总会事先算定所有细节；而他的雄心壮志却是环境和发展的结果，是一种突如其来的结果。“一个实干家看不起任何理论。他的行为就像一位几何学家，不是为了沿着事先画好的直线前进，而仅仅是为了不丧失方向。”

这种方向是作为政治家的基本思想，也只有既富于想象又精于计算的人才能做到。欧洲，是他最热切的梦想、最冷静的计算，也是他的政治目标、希望和雄心。他只能通过武力来实现这一梦想，因为欧洲的第一个共和国屡次遭到各国君主的猛烈攻击。我们已经看到，他如何热切地向往和平，然而他的军人本性上的缺陷又无法容忍这一点。他使用了错误的方式，这一点可用时代、环境和性格作出解释。无论如何，这不会抹杀他天才的高瞻远瞩。就在他逝世一百年后，更多的政治家为着一个大国家的目标而努力。

欧洲有3 000万法国人，1 500万西班牙人，1 500万意大利人，3 000万德意志人……我要为每个民族建成一个简单而统一的民族国家……若果如此，那么我们也许将有机会贯彻统一的法律、基本准则、思想感情以及观点和利益……然后就有可能以美利坚合众国或希腊城邦联盟为模板创建欧罗巴合众国……多么兴盛、强大、繁荣的未来啊！……法国已经实现统一，而西班牙的统一却还遥遥无期。统一意大利要花费我二十年的时光，而德意志则更加需要耐心。我必须简化那些古怪的宪法。我将如统一我们的政党一样，为统一欧洲各国的利益作准备……我不会将各民族的怨言放在心上，结果会使他们最终拥戴我……欧洲真的将成为一个民族。每个人都会觉得是在自己的祖国内部进行旅游……这是大势所趋。或迟或早，这样的联合终将到来。这是不可逆转的潮流。现有体系消亡之后，我相信，唯有谋求民族间的联合才能使欧洲处于均势。

这里指的并非是借助独裁加强各民族间的融合，也非是狂热的兄弟友爱。这里指的仅仅是有共同的利益并因此而联合。19世纪，各个民族忙于建立国家，从而为融合创造条件。而20世纪，则开始实现拿破仑的理想。

8

毫无感情　感情奔放　财产　女奴隶

他思维清晰，因而得以很好地支配自己的精力和想象力。尽管他不愿承认，他依然爱多恨少。而战时，他的同情心与此决然相反：他可以牺牲一百万人而无动于衷，而一个流血的士兵就足以刺痛他的心。他的幻想需要依赖大众。有一次，约瑟夫说："我是唯一关怀您的人。"他回答道："错。

我要五亿人都爱我。”这冰冷的话语犹如火山喷发。他儿时的老师早已听见它发出的隆隆之声。

为了治理好各民族，他把一切会令他分心的活动都抛开，剩下的就唯有偏执狂了。甚至在戏剧里，他也不赞成插入爱情故事。因为“就悲剧而言，爱情只能成为主题，而不能是题材……在拉辛的时代，它是生活的全部内容。这种事情只能发生在碌碌无为的社会中”。如果这种感情侵扰到他，他就会努力摆脱：

> “我没有时间像其他人那样为爱情而烦恼……人类的所有行为均出自两种动机：趋利和避害。相信我，爱情既愚蠢又盲目……我从不爱任何人，连我的兄弟也不例外——对约瑟夫也许有一点，但那只是出于习惯，也由于他是我哥哥。我也爱迪罗克。他既严肃又果断。我想他可能就没流过泪……多愁善感那是女人的事！男人们应该心如铁石，意志坚定，否则就不要搞战争和政治。”另有一次，他说：“除了达律，我没有朋友。他既冷酷又无情，和我正相仿。”后来在圣赫勒拿，他说：“五十岁的人不会再有爱情……我已心如铁石。我从未真正爱过一个人，也许对约瑟芬有那么一点，可是那时我才二十七岁。我赞同加桑的观点，他有一次对我说，他对生活的爱还不足以让他想要改变生活。”

总是有些腼腆，又总是会突然道歉，口气中经常带着“也许”、“有点”等字眼。——但就是这个人，说道：“无论是感情上还是行动上，我都是自己的奴隶。因为我以为，心灵远高于头脑。”在这里，他指的是感情比思想更重要，而这感情实际上就是他的想象力。

一个自视如此之高的人更易于陷入嫉妒，而不是爱情。他最初给约瑟芬写的信件表示，他当时正妒火中烧。若干年后任执政的某一天，他视察正在兴建的塞纳河大桥。此时，为了给对面驶来的车辆让路，他和随从闪在了一边：车里坐的伊波利特曾是他的情敌。那已是多年前的旧事了。随着时光的流逝，一切都过去并得到谅解。从未有人在他面前提起过这个名字。而这次偶然的机会却让他们擦肩而过。拿破仑脸色苍白，心神不宁，过了许久才恢复平静。

除此之外，他还具有一种仁慈，尽管这非他所愿，也和他自己的言论相抵触。在意大利战场上，他看到一条狗坐在阵亡的主人尸体边哀吠。"这可怜的家伙看上去像是在寻求帮助或找人复仇。我被这条狗的苦痛深深打动。在那一刻，我一定会宽恕求饶的敌人。也正是在那一刻，我明白了，为什么阿喀琉斯会将赫克托尔的尸体交还给哭泣的普里阿摩斯。[5]这就是人，性情变幻无方。我将我的士兵派上战场，内心却无动于衷。我看着他们前进，却不曾流下一滴眼泪。他们中数以千计的人将一去不返。可是一只狗的哀吠却让我的心颤抖。"

在他的许多信件中，都可以读到情真意切的话语。他给康巴雷斯写信道："听说你生病了，我感到非常不安。希望你尽快康复。如果你不吃药的话，身体也许会好得多……无论如何，你还是应该尽早康复。即便是为了我们的友谊，你也要康复。"他在给科维萨的信中写道："亲爱的医生，我希望你能去探望一下大法官和拉西佩德：其中的一个已经病了一周，我怕江湖医生会送了他的命。另外一个有个体弱多病的妻子。请你去给他们看看病并治好他们。请你一定要救一位名人和一位我亲爱的人的命。"

薛尼长年写文章抨击他，而在他穷困潦倒之时却得到了皇帝的接纳和保护。卡尔诺是皇帝数十年的政敌。皇帝得知他债台高筑之后，不仅为他偿清了借款，甚至都懒得看文契。同时，他让人算出卡尔诺作为现役将军应领的薪金，并一次性付给他一大笔退休金。在卡尔诺表示愿意为这笔钱做点事的时候，他让他写一篇军事论文，免得卡尔诺违背自己的意愿，不得不为敌人服务。

在百日王朝期间，他让人匿名给陷入困窘的一些波旁亲王一大笔钱。有一次，他的秘书困得睡着了，而他却精神抖擞，又恰巧自己无甚可做，于是，他便翻阅了一下求助者的信，并在每封信旁边批上他们应得退休金的数量。他曾经生气地发誓要枪毙几百名军官，事后却又让他们留在了自己的职位上，可最终这些军官都背叛了他。他曾命令幼弟热罗姆离婚，但他很快又担心自己过于严厉。在他下达了略带威胁的命令后，赶快写信给他母亲，让她给热罗姆写封信，"请您也和他的姊妹说说，让他们去信劝劝他。因为我一旦下达判决，就无可更改，那他的一生就完了"。

他要求他的少数几位朋友绝对效忠于他。在遭放逐时，他曾对蒙托隆说过如下一段话，这充分表现了拿破仑以自我为中心的性格："我把你视作自己的儿子。我相信，你只爱我一个。若非如此，你就根本不爱我。我的感情告诉我，我们的天性绝不允许我们同时爱上数人。在这一点上，人们往往自欺欺人。就连对自己的孩子，他们也无法不厚此薄彼。至少对我来说，我会热爱和尊敬我所信赖的人，而他们也只能将最热烈的爱回报给我。我无法与人分享这种爱。分享有如利刃一般刺入我的胸膛。我天生敏感，精神上的毒药对我的损害比砒霜还要厉害。"

当然，他讨厌西方的妇女启蒙运动。他虽没去过东方，但却无限向往东方，因为"上天命令女人做我们的奴隶。只有当我们产生出妇女启蒙这样的怪异念头之后，她们才敢于声称是我们的主人……若是有一个女子能给我们积极的影响，则至少有一百个女子会带领我们走向愚昧……男女平等，真是一个荒谬绝伦的想法！女人是我们的财产，而不是相反。因为是女人给我们传宗接代，而不是我们给她们生儿育女。女人是我们的财产，就如开花结果的树木由园丁独占……男女地位有别，这并非歧视。每个性别都有优点和义务。尊敬的女士们，你们既有美貌也有魅力，但必须依附于男人"。

不信邪　自然观　命运　迷信　生与死　孤独

终其一生，拿破仑关于造物主的思考一直都困扰着他的想象力。让这位统治者无法释怀的是，传说中居然曾经有人统治过全人类。他当然没有将自己看作神，一切神化他能力的传说，他都一笑置之。但确有一种力量是不可驾驭的，无论称之为上帝、命运或是死亡。自信又怎能超然物外呢？

首先必须屏弃一切教条。"我坚信，无论是在哪个时代，都有许多人自诩为先知或弥赛亚并因此而被处死，耶稣只不过是他们中的一位。与《新约》相比，我个人更倾向《旧约》。我在《旧约》中找到了一个出类拔萃之人：摩西……而且我怎能接受一种瞧不起苏格拉底和柏拉图的宗教呢？我不相信有什么赏罚分明的神。因为我看到老实人倒霉，流氓却活得很快活。塔列朗会在床上安详死去……如果一个神父只是试图用地狱的恐惧使我就范，那我又怎能保证自己的独立呢？一个流氓在这样的职位上将拥有多大权力啊！在歌剧中，后台的灯光师岂非能根据自己的喜好利用手中的灯光来摆布舞台上的赫拉克勒斯？”

在这一点上，他始终如一。他从小就不做弥撒。终其一生，他都拒绝做任何形式的内心忏悔。他拒不承认自己完成过任何神迹，而是将之归因于健全的人类理性、果敢、综合、知人善用以及想象。这样一个人当然不会相信《圣经》中的任何神迹。他以一名后勤军官的逻辑断言，两百万人汲摩西泉止渴乃是无稽之谈。

对末日审判的恐惧，对他来说就如天书一般。道德只有和政治相联系时才会被他提及。只有到他在圣赫勒拿岛最后的日子里，有一天晚上，他对亲信说道：“此时此地我们是多么幸运啊！我可以向上帝倾诉内心的苦闷，并且期待他会赐予我幸运和幸福！难道我竟没有这样的权利吗？我创下了无与伦比的业绩，却未犯下一宗罪行。我可以昂首走向上帝的审判桌并期待他的判词。我从未萌发过谋杀的念头。”

因此，即便在逆境中，他也从未动摇。在去世前五年，他说，他死时用不着神父。人之将死，其行也真。这说明他冷酷的心始终如一。

与之相反，他关于上帝创世的想法却是不断变化的。一如他逐渐从革命派变成正统派，从唯物主义者变成有神论者。但这两种变化并非是转折，而只是基础的拓宽。他自己也从未否认过这种变化。终其一生，这种自然的天性一直伴随着他：“狩猎时，我让人把鹿剖开，发现它的内部结构和人相同。人不过仅比狗或树更高级一些。在生物链中，植物位于开端，而人类位于结尾。”那时，皇帝既不了解歌德的形态学，也未读过拉玛克的著作。他甚至拒绝接见后者。

他关于心理—物理方面的推断则更有趣味。有一次在圣赫勒拿岛过圣诞节，他提出如下怀疑：“上帝居然允许一个统治者随心所欲，将成千上万的人送上战场，就是为了送他们去死。这样荒谬的事情实在是太难让人理解了！……儿童的灵魂在哪里？疯子的灵魂又在何处？……什么是电？什么又是电学和磁学？大自然的奥秘就在这里。我倾向于这种假设，即人是这些流体和空气的产物。脑子吸进流体与空气，而在死后又将其放归自然，这样它们就能再被其他人的脑子吸收。”发表了这段歌德式的思想后，他似乎也被自己吓了一跳，因为此时他突然停了下来。然后，犹如一个军人面对一群军人，他说道："啊，亲爱的古尔戈，如果我们真死了，那还是死了算了。"

伴随着这种怀疑论的是他不断发展的有神论，虽然他对后者少有赞词。拉普拉斯不相信上帝，皇帝对他说："你应该比任何人都更乐于承认上帝的存在，因为你对造物主所创造的奇迹有着更深刻的了解。如果我们的肉眼无法看见上帝，那只是上帝不愿让我们拥有如此宽泛的知识。"另有一次他说："我们相信上帝，因为我们身边的一切都在昭示他的存在。"在圣赫勒拿岛，他说："我从未怀疑过上帝的存在。即便我的理智无法认识他，我的内心也能感受到他。我的身心总是与这种感觉相一致。"

这样一个灵魂要怎样才能和命运对抗呢？他的自信绝不允许任何人击败他，那么能够击败他的就只有命运。并非失败之后他才有这样的感觉。命运和他相伴终生，正如其他人为了生存下去需要敬畏、忠诚和信仰一般。他带着对命运的信仰，开始了他英雄般的征服。在其鼎盛之时，他感觉身披铠甲，"我的灵魂是大理石做的，闪电也无法毁灭它，甚至不能起一点作用"。另有一次，他诗意地说道："如果我们头上的天塌了，我们用的矛尖便足以把它撑住！"

然而这种反抗的时刻极其罕见。大多数时候，他都听从命运的安排。他的成百上千句话都证明了这一点。例如："万事皆有定。我们的时日是上天安排好的，没人能让时间逗留……谁也无法逃避命运。"他对魏玛公爵夫人说："相信我，冥冥上天操纵一切。我只不过是它的工具。"他对冯·米勒说："其实万物皆有联系，而一只看不见的手以一种不为人知的方式操控着它们。我的伟大只不过是因为吉星高照。"

在所有这些话语中，对上帝存在的认知和依赖于上帝的感情似乎融合成对自身使命的自豪。从他的身上放射出先知的光芒。可他对于自己钢铁般的精力实在是过于自负，以致掩盖了这一光芒。

拿破仑并不像其他人相信上帝或护身符一样相信自己的星座。他甚至不能容忍别人通过强调他的好运来抹杀他的功绩。因此，他远没有他这类人那样迷信。路易丝犹豫不决，不知是否该将一把名贵的刀献给他，他一把抓过刀来，说道："这破玩意儿也就能切切面包！"他曾经责备约瑟芬找人算命，可事后又好奇地询问算命人都说了些什么。他希望把签订《普莱斯堡和约》

的日期推迟几天，这样就恰好能与恢复使用旧历的那天重合。他并没有下令这么做，却是用令人大感意外的措辞：“这将会让我很高兴。”在施瓦岑贝格去世时，他如释重负。因为他第二次结婚的那天，施瓦岑贝格的官邸起火。这被他视作不祥之兆。现在施瓦岑贝格死了，他心里的阴霾也就消除了。

在他叱咤风云的二十年中，撇开这些小事，他从未出于迷信而做出、推迟乃至修改决议。与之相反，他又很乐意使用星座和命运等字眼，以期达到某些政治目的和修辞目的。由于他想以命运之神的形象出现在欧洲，因此他特别喜欢寻找容易被左右的对象，例如沙皇：“命运要我们做什么我们就做什么，事物无可更改地向何处发展，我们就向何处前进。唯有如此才是明智和实际的。”他的思想游离于几个相似的概念之间：命运、环境和机遇。虽然他觉得这些概念难以捉摸，但他相信能用精确的数字提前计算出战争的胜率。“在这一点上我们可不能犯糊涂。一个极其微小的差错就可能改变一切……对于寻常人来说，概率只是一个谜。但对于不同寻常的人，概率将会成为现实。”

有时他将一切都混为一谈：才能、命运和权力。下面这句话显示出他是一个精力旺盛的宿命论者：“我的运气、我的天才和我的卫队能保佑我不被谋杀。”

在这句以男子汉的生命所作的宣言中，他在生与死之间大步向前。

在一出现代悲剧中，他高度赞扬对一个男人的刻画，因为他愿意去死，可却又认为这个描写并不自然：“人一定想要活下去，也一定想要了解死亡。”这就是为什么他从小和自杀行为进行斗争。先是在作文中，后来在日常命令中，再后来就是三令五申地提出如下观点：“自杀就是懦弱，尤其是在困境中自杀。”曾经一度传说他在第一次逊位后企图自杀。可据史料记载，这纯属空穴来风。少数记载也是来自二手材料，因而均不可靠。最最重要的回忆录对此只字未提。在最后几次战役中，拿破仑曾试图战死疆场，但他从未有服毒自杀的想法。

在枫丹白露，或是在滑铁卢战役之后，他确实对人生感到厌倦，但这并非是他厌世的全部。在他十六岁的日记中，在他三十岁从开罗写给哥哥的信中，厌世的情绪均有所流露。但这些情绪在他精力日益高涨时便销声匿迹了。拿破仑天生就不会享福。即便如此，在他的事业达到顶峰之时，也曾有过满足。然而他也有疑惑的时刻：

他在卢梭的墓前说："如果此人不曾来到人间，也许对于法国的安宁更为有益。"

"为什么，执政？"

"他为大革命作好了准备。"

"您不埋怨革命者吧？"

"未来会告诉我们，如果我和卢梭均未降生，是否会对世界的和平更为有益。"

这些怀疑逐渐消失了。然而无法驱走的是那魔鬼般的孤独感。在他盘旋而上时，这种孤独感将他领向更冷漠的大气层。"有时，我呼唤危险。有时，我又觉得生活难以忍受。"对他来说海是陌生的，因为它是他的敌人。他只在一个地方才能找到他自己：沙漠对他来说是无限的象征。沙漠展现出一种至高无上的空虚。千万片影像破碎之后，展现在他眼前的便只有这种空虚。

他会独自坐在包厢中倾听悲剧。此时，他便彻底从他的思想中解脱出来了。甚至可以说，他的幸福无过于此。

唯有悲剧才能引起他内心的共鸣，因为他比平常人付出的爱要少，所以注定要忍受悲剧性的寂寞。这是他为自负付出的代价。"生活无所谓幸福，当然也就无所谓不幸，"他有一次说道，"幸福者的生活犹如银色夜空上的黑色星星，而不幸者的生活则是闪烁在黑色夜空中上的银色星星。"然而，最能体现他孤寂内心的并非是这英雄般的图画，他在日常生活中所发出的尘世的回音更能体现这一痛苦的心情。

"科兰古，你不能理解这里发生的事吗？我找来的这些人就只知道享福。这帮可怜虫不明白，为了获得人所渴望的安宁就必须战斗。你说我？你指的是我也有皇宫、老婆、孩子？难道我每天不是全力以赴乃至身心疲惫吗？难道我不是将我生命中的每一天都奉献给我的祖国了吗？"

他将生命奉献给了事业，而他的事业就是他的祖国。在岛上，他曾有一次说道："我一生一直在用我的双肩背负着世界。这项工作实在有点累人。"他说这话时，略带抱怨之情却极尽讽刺之能。

死火山 致命的气候 长林 车辆 杠头 宫廷内讧 虚荣 最忠诚的人

几千年前的一次火山爆发造就了这座岛,从海中耸立起的一块黑黢黢的岩体。这座岛地势陡峭,直入云霄。岩浆冷凝形成黑色的峭壁。深沟嵯峨令人望而生畏。对于初次乘船来此的人,港口上的深沟嵯峨看上去像地狱之门。天然的黑色围墙尽显大自然鬼斧神工之能事。除了架在岩间的大炮,找不出一丝人类的足迹。踏上这片土地,地面在脚下吱吱作响。这是地震的遗迹,脚下是冷凝的岩浆。这是一条死亡之路。

这座死火山在大西洋中,距欧洲约两千英里,距非洲约一千英里,其上布满了英国大炮。这就是圣赫勒拿岛。在岛上即便是无尽的生命也会像埃斯库罗斯的悲剧那样终结。可由于世纪复古者的虚伪、英国寡头们的狡诈以及岛上总督的刻薄,这座岛成了一出悲剧的舞台。

农夫的辛勤劳作和东印度公司的经营有方,将这座小岛造就成一块美丽之地。数以百计的战舰不断运来泥土、建筑材料及木材。可是若非不得已,没有人愿意长期待在这座岩岛上。岛上大约一千两百名黑奴和中国人,用以服侍在这儿只住上几年的五百个白人。

没有谁能够长期待在岛上。在这儿,从来就没有人能活到六十岁,能活到五十岁的也是凤毛麟角,因为岛上气候异常糟糕。地处潮湿的热带,赤道的酷热总与大暴雨秤不离砣。刚才还湿热难当,仅仅一个钟头之后便下起瓢泼大雨。刚才还热得汗流浃背,突然到来的东南信风便会让皮肤急速冷却。岩石还会留住信风所带来的水汽。暴晒一天之后,如果想在晚上外出散步,立即会感到心慌气闷。要是在这儿住上一年,一定会患上痢疾、眩晕、发烧、呕吐、心悸等病。而其中最可怕的就要算肝炎病。每次新的一批海军将士前来换防,总要死上几百人。船只只得下海,继续前行。岛上的移民均患有不同程度的疾病。如果他们不能在岛上仅有的四五个避风所找到住处的话,全家就得搬走。

岛上居民会告诉你,此岛最不适合居住的地方是一块寒冷的平地,海拔五百多米,孤零零地向风而立。雾气缭绕,终年潮湿。那里稀稀疏疏长着几棵橡胶树。由于信风的侵袭,它们长得歪歪斜斜,随风而动。人们把这片地带称为死亡之林,也称为长林。英国人选中此处是为了确保能杀死患病之敌。这不是非常时期匆匆选出的临时避难所,也并不是事先就决定好了要给一位皇帝居住的,而是皇帝在岛上环境不那么恶劣的地方健康地住过一段时间后,重新给他另外建造的。

五十年来,长林一直是座马厩,直到此时才被改建成住人的地方。黑奴和木匠连马粪都懒得清除就开始铺木地板。皇帝住进去不久,地板朽坏,臭水上溢。他只得搬到另一个屋子去。皇帝及其随从的住所是用牛圈、洗衣房和马厩改建的。其中六个房间归他使用。他的卧室位于阴暗狭窄的角落。墙纸已经硝化,闻得见厨房的味道。他似乎又回到了三十年前在瓦朗斯当中尉时的咖啡店。可是,在那里他的书是干燥的,而在这儿他的书发霉了。餐厅安了一扇玻璃门用以透光。客厅里摆放着一套红木家具,只是有些虫蛀。仆人居住的阁楼经常漏雨,足以游泳。他们的屋顶铺着油毡。

皇帝住在两个房间里。每个房间均长四米,宽三米,高两米半。卧室的地毯已经破损不堪,挂着的窗帘也很薄。此外还有壁炉、油漆过的木椅、两张小桌子、五斗橱和沙发。书房里只有一张桌子和几把椅子。粗糙的书架上堆放着满满的书籍。旁边有张床,因为他有时晚上会失眠,会在这里来回踱步。卧室里还有一些他随身带来的小东西:一张曾经在奥斯特利茨用过的行军床、一盏银灯及一个银制的脸盆。

老鼠给这些房间甚至整座房子增添了许多生气。它们咬死小鸡,啃病马的腿,啮贝特朗将军的手。甚至当皇帝去取自己的三角帽时,它们还会从里面蹦出来。

除了这些老鼠之外,屋子里还有些其他的什么人呢?

三位伯爵、一位男爵连同各自的家属。他们都是军官或是宫中贵妇。还有两个仆人、皇帝的一些侍从及其家属:初来时差不多有四十人。六年之后,拿破仑去世时,就只剩下不到一半了。

拉斯卡斯和他年幼的儿子只在这里待了一年。他是侯爵也是流亡客,比皇帝年长,是富堡区的富家子弟。直到百日王朝被封为伯爵,他才成为拿破仑的亲信。他处事老练,曾写过几本地理书。他早就预见到自己日记的价值,知道它将给自己带来数以百万计的收入。他比皇帝矮,与皇帝一样瘦。他有修养,性格也好,随时听候差遣。在皇帝流放期间,他是最好的伙伴和秘书。他给皇帝讲巴黎人讥刺他的笑话。这给这场悲剧增添了某些喜剧效果。他教皇帝英文,从而扩大了皇帝的读书范围。他们也会在房中用英文交换意见。此时,他总是把皇帝的错误标出。最后,他却以种种借口离开了皇帝。这给皇帝最后四年的生活留下了一个巨大的空隙。这一空隙始终无人能补上。

贝特朗曾做过伊里利亚总督,他对皇帝虽也忠心不贰,但是性子过于急躁。他自视甚高,不愿意为皇帝的口述作笔录。其他方面倒还凑合,只是有些怕老婆。他的漂亮太太是个混血儿,有一半英国血统和一个年轻贵族的头脑。她打一开始就不愿随皇帝去流放。在普利茅斯,她就曾试图投水自尽。最初几天,她思念巴黎,缅怀青春,还与敌人过从甚密。一天吃饭时,皇帝看见她的座位空着,便说他的房子不是旅馆。贝特朗觉得受到了侮辱,第二天便没露面。皇帝也很沮丧,无心进食,低声说道:"在长林这里不尊重我要比在巴黎不尊重我更使我觉得痛苦。"

古尔戈让人难以忍受。这位青年将领作为副官参加了最后几次战役。出于忠诚,他追随皇帝来到了这座岛上。可惜他的这种激情消退得过于迅速了。他在岛上住了几周以后,便碰到一个俊俏的女人。他在日记中写道:"啊,自由,为什么我成了个囚犯?"他对于皇帝非常有用,因为皇帝可以与他讨论战略:他精通地图和数学。但是古尔戈没有一天觉得自在:交际圈子过于狭小,这使得他天生的虚荣和嫉妒不断膨胀。皇帝来到此岛之后发生了一系列的荒诞事。他就是主要制造者。他现在就是一只咬人的狗,事事都要和拉斯卡斯抢。皇帝的调停也毫无效果,只是依靠命令才制止了一次决斗:"你们来到这里的目的是安慰我。你们应该成为兄弟。我不是还在这儿关心你们吗?难道你们不知道别人的眼睛正盯着你们看吗?"

在这座岩岛上皇帝学会了忍耐,主要是宽容古尔戈。他经常像父亲一般劝他和同伴和睦相处。他许诺将把一个富有的科西嘉侄女嫁给古尔戈为妻。他像对待儿子一样,把他派到一个小城去参加节庆:"你会碰到施蒂姆男爵夫人和罗威女士。你这个年龄的人应该与漂亮女人来往,这样晚上你会做个好梦。第二天清晨,便可以精力充沛地投入工作。现在我们来谈谈对俄之战，由你来进行总策划！”他说这话时，就像是一个来自地狱的巨人。可是到第二天，古尔戈又觉得被轻视了，因为一个随从在画集体画时，把他身上的衣服画成了便装。几天后他又提醒皇帝，在布里埃纳附近曾经有个哥萨克人想刺杀皇帝，是他将那人砍翻，从而救了皇帝一命。可拿破仑却装作早已记不得此事。这让古尔戈十分生气，说这事曾经是全巴黎的热门话题。皇帝笑了笑，说道：“你的确是个勇士，但却太孩子气了。”

拉斯卡斯的仆人偷了古尔戈的钻石十字架，为了息事宁人，皇帝就把十字架放在自己的口袋里，亲自交还给古尔戈，还说是自己拿的。古尔戈又抱怨说钱太少，连自己的母亲都养不活。此时，皇帝突然向他咆哮道：

“将军，我们现在是在一条船上。因为钱太少而当逃兵，简直就是个懦夫。我可什么也不欠你！如果你还留在法国的话，可能早就被处决了，因为你也参加了1815年的那场战役！”拿破仑很少如此宣泄内心的感情。拿破仑曾跟他说过，他可以随时离去。但紧接着皇帝又会把争论转到大炮、炮车和炮弹上。第二天皇帝说：

“古尔戈，你摆什么脸色！洗个冷水澡吧，这很管用。不要想入非非！否则会发疯的。就像多瑙河，在它的源头，我们便能一跃而过。我若死了，剩下的就只有你们了，我并没有家庭。我虽不像以前那么富有，但还拿得出几百万。除此之外，你们还可以保留我的手稿。我心里清楚你们的功绩，但我希望，你们在这里能使我快乐而不是哭丧着脸，令我更加悲伤。尤其是当我夜里醒来时，看看眼前，想想过去，你们以为我就很舒服吗？”

在餐桌上听到这段可怕的话语，大家都一言不发，浑身发抖。大家都觉得，像火山喷发一样，将有一种巨大的回声，从这个房间，从这幢房子，从这座岛上，传到欧洲的海岸去。阴谋与敌对沉寂了几天，但一周之后，它们又已在新的事情上突然爆发出来。两年后古尔戈再也不堪忍受这种辛苦。他开始和英国人交朋友。当他离开皇帝，离开圣赫勒拿岛时，他手上拿的是岛上总督，也就是皇帝的死对头，写给他的推荐信。

蒙托隆伯爵是最忠心的。十岁时，他便跟波拿巴上尉学数学。后来他又追随拿破仑参加了四十多场战役，并常常出入宫廷。在拿破仑去世之后几十年，他仍对波拿巴家族忠贞不贰。他在这个岛上陪伴拿破仑度过了六年。后来，他又陪拿破仑的侄儿拿破仑三世在另一个堡垒里面过了六年。

可惜的是他的太太同贝特朗伯爵夫人彼此不对付。她竟在公开场合宣称，贝特朗的孩子发育不良，因为他母亲的乳汁太稀了。

贝特朗夫人算定，拿破仑二世登基之时，她的长子肯定会变成大元帅。宫廷中的人彼此相互猜忌，因为在拿破仑一世被囚荒岛期间，贝特朗是“大元帅”，蒙托隆负责管理厨房，古尔戈则管理马厩。他们的工作加在一起也要不了两个小时，因此一天便显得更加漫长。到了最后，在这个用木板和毛毡建成的宫殿里，大家竟然只以书面方式进行交流，因为超过250法郎就足以挑起争端。最后，蒙托隆夫人也带着她的孩子离开了皇帝和岩石岛。

谁是真正的忠诚，发自内心的忠诚呢？

是三个仆从：一个叫马尔尚，是一名内侍，服侍皇帝已有四年；两个科西嘉人，皇帝离开法国时仓促之间将他们带了来。这样，他的出生之岛与终结之岛就联系在了一起。他们从未想过里通英国人，即便英国人想从他们这里打听点消息。齐普里尼有他特殊的原因：当年他还是个下士的时候，就从卡普里岛总督的手中夺得了该岛，而当时那个岛的总督就是现在圣赫勒拿岛的总督。桑蒂尼间或请假，外出打鸟，但不久人们便知道，他是想先枪杀那个“魔鬼总督”然后自杀。

皇帝一气之下禁止他外出打鸟。因为全欧洲所有的人都会将这笔账算在他的头上。桑蒂尼离开房间后，皇帝却骄傲地想：“我们科西嘉人都是好样的！”

11

羞辱　束缚　看守　恶魔　碰撞“跨过我的尸体”

一个瘦瘦的中年人，烦躁不安，红头发，满脸雀斑，脸颊上有块褐色胎记，喉结凸出，双眼上长着淡黄色的眉毛，从不正眼看人，身着英军制服：他就是这个监狱的看守。

他住在乡间别墅里，四周环绕着岛上最古老而豪华的花园。别墅建在岛上最安全的地方。他第一次拜访过皇帝之后，皇帝说：“长相猥琐！真是一副奴才相，活生生一个威尼斯警察。他看我的眼神，活像一只掉进陷阱的猎狗,也许,他就是杀我的刽子手。”

被囚者对赫德森·罗威爵士极其厌恶,但这并非是由于他总督的地位。皇帝同一些英国军官和海军将领们都相处得很好。而罗威就是英国的富歇,他在意大利时曾是特务头子。他也正是凭借这一点接下了这项非常微妙的工作。欧洲的和平取决于他的警惕,这一点毋庸置疑。在欧洲人们更喜欢能睡上个安稳觉,而不稀罕发生什么大事。因此部分公众认为他应该残暴。

英国的报纸将这个囚犯与伦敦的小偷相提并论。这引起了极大的轰动。英国一家最有名的杂志指摘他是杀死雅法俘虏的刽子手,他的妹妹们都是娼妇,缪拉不过是个跑堂的。英国还通过了一项法案,规定凡是企图救走拿破仑的,将被判死刑。行刑之前将被剥夺一切宗教上的安慰。摄政王曾馈赠给拿破仑几支鸟枪,也被认为有损其名誉。只有辉格党和上院中的两位议员的抗议能给大英帝国的名誉以些许补偿。他们是苏塞克斯公爵和霍兰爵士,霍兰夫人还给皇帝送了些书和水果。还有一名贵妇,以前曾打算组织一支娘子军来和他对抗,现在却在伦敦勇敢地为他说话。一位著名的英国律师写了二十一篇文章,证明在议和之后拘禁拿破仑为非法。在历史上,托马斯·莫尔和拜伦爵士也维护了英国的脸面。德意志对罗威的抨击经年不绝,从而也就拯救了自己的名声。

总督将整座岛都变成了监狱。他定下二十四条禁令,所有在此停靠的船只,如胆敢违反,将予以严惩。街上到处贴着通告,严禁与法国人来往。没有通行许可,任何人不得靠近长林。囚犯的一举一动都受到望远镜的严密监视。六年来,英国军官们目不转睛地盯着这块巴掌大的地方,他们唯一的发现就是房顶的壁虎。信号旗将消息源源不断送至总督处:波拿巴将军越过四英里边界了。他有人陪同。他孤身一人。有一面蓝旗只备紧急之用,即报告:波拿巴将军失踪了。但这面旗从未被使用过。

离长林四英里有一道围墙,五十步一哨。晚上,他们会紧围拿破仑的住所。晚上九点之后,如果贝特朗被召见的话,必须由两名刺刀出鞘的士兵押着他去。根据规定,他们的刺刀“必须指向这个法国人的胸膛”。

三十年来皇帝已经习惯于骑马的生活了。可现在若无英国军官陪同,他不得越界一步。即便有他们陪同,他的活动范围也只有八英里。他抗议道:“我并非讨厌红色军装,而喜欢别色军装。经受了战火的洗礼之后,所有的军人都会变得相似。但我决不承认自己是囚犯。”刚来的那段时间，他心情不错，一次，曾同古尔戈避开英国人，纵马闯入一个农夫的花园。他向农夫说：“别跟别人说，我今天来过这里。”后来，他又打算骑马外出，便命人备马。可他一看到陪同的英国军官，便兴味索然，于是收回成命，重新回到自己的屋子。

由于缺少户外活动，他的健康状况越来越差，并因此加速了他的死亡。仅仅是气候就足以弄死他了。由于缺少运动，他两腿肿胀。若是总督举行宴会，他会几周都无法喝到新鲜的水和牛奶。他的胃病越来越严重。他想要一张宽一点的床，但屋子太小了，放不开。他只得将沙发挪到行军床的边上。

他和他的侍从们的钱全部被总督扣住不发。他写往法国的信件也被扣压。万般无奈之下，他只得拍卖自己的银器。总督通过信号旗得知这一消息后，便一边禁止居民去买，一边派人低价收购。半年后，总督从报上得知欧洲对他的行径大加批评，便怒火中烧，又增加了更为苛刻的限制条款。他甚至给囚犯们送去变质的肉和发酸的酒。

罗威就像民间故事书中的恶棍，总是想方设法来折磨这名囚犯。滑铁卢战役周年纪念时，他故意在长林举行盛大的游行。他还曾叫皇帝来庆祝摄政王的生日。有一次他把皇帝叫来“见见劳顿的夫人”。当邮局给他寄来讽刺拿破仑的新作后，他会把它们送给皇帝的侍从。有一个崇拜者曾经寄来一尊罗马王的半身像，他便予以没收，说里面可能会藏有信件。他扣留了皇帝写给摄政王探听妻儿消息的信。有一名维也纳旅客曾经见过小王子，总督也不许他拜访长林。最后，由于女看守的恻隐之心和仆人们的忠诚，这个孩子的一束头发辗转送到了皇帝的手上。罗威知悉此事后，立即通过一份详细的报告向国内叙述这件事情的危险性。他说有人企图放走这个囚犯。

最开始的时候，这个看守也来看几次囚犯。待他走后，皇帝下令：“把那杯咖啡倒了，刚才那个家伙离它太近了。”从一开始，罗威就绞尽脑汁，想让皇帝快点辞世。皇帝精力不济时，他就会把皇帝最信赖的英国医生调走。这名医生除了向他汇报医务之外，对其他的事三缄其口。正因如此，总督不得不提防着他。长林和整个岛上分布着无数暗哨。他们起初只是监视这些将军，到了后来竟然互相监视起来。不久，一张阴谋网就包围了这座小小的房子。而在房子里面还有另外一张网，这张嫉妒之网当年在杜伊勒里宫尽人皆知。

第三年，那个叫奥马拉的英国医生向伦敦汇报说，岛上气候恶劣，住处潮湿，而病人又缺乏运动，且饱受凌辱，因此皇帝的肝病急剧恶化。“他的病没有进一步加剧，已是奇迹。病人一定是以极大的精力与病痛作斗争，并且很注意保护身体，从不纵欲过度。”这一报告被呈送英国外相，估计也被呈送摄政王。尽管如此，皇帝仍被继续关押在此，度过了人生的剩下三年，而没有被迁往亚速尔群岛或其他条件更好的地方。这是一种典型的不仁不义，而罗威只是一个执行者而已。

他的一份官方报告中的词句可以揭露出他恶劣的政治手法：“我会作出安排，让他能够重新骑马。否则他会死于中风。若果如此，我们将会无比难堪。我认为他最好是死于一种慢性病。如此一来，我们的医生就能证明他是自然死亡的了。”

初来乍到，皇帝就草拟了一篇长达十二页的正式抗议书。它罗列了各种抗议的理由。他把它秘密地抄在一块绸缎上，希望能将它设法寄到欧洲去。在这份抗议书中，他强调自己拒绝被称为“波拿巴将军”，因为这等于说否认他的民选执政官和皇帝的地位。他也建议双方彼此妥协，用迪罗克或米尔隆来称呼他。这是他已经去世的两位副官的名字。但是英国拒绝给予他这种“帝王特权”，而总督甚至试图将他原来姓氏Buonaparte（波拿巴）中的“u”再送给他[6]。

这样，在使用了七个不同的名字以后，第八个名字使他回到了起点。这可真算得上一出讽刺性悲剧。

不久冲突爆发了。这个囚犯的嗜战愿望被再度激发。以前，他很少用言语来发泄怒火，因为那时的他只需要将愤怒的对象干掉了事。长林也有信号体系，即便不如旗语那样明了。总督靠近围墙时，皇帝就会急忙走进屋子，以拒绝总督的探访。然而有一次，他们俩还是在花园中不期而遇。总督说他开销太大，必须削减。这时军人脾气一下子从皇帝心里窜了出来：

“你真够胆跟我扯这些鸡毛蒜皮的事！你不过是个看监狱的！你只够格带领土匪和逃兵！我知道英国所有名将的名字。据我所知，你不过是布吕歇尔的一个秘书，一个没带过正规军的土匪上尉。别再给我送吃的了！我可以同53团的勇士一起进餐。没人会拒绝和一个老兵共餐！你想怎么整我请随便，但你拿我的心没辙！在这个岩岛上，我的心仍像从前那样高贵，就像当初整个欧洲都对我俯首帖耳。你既野蛮，花招又多，而且无恶不作。如果你有胆量或接到命令，你会把我毒死！”

总督一声没吭，转身上马，飞奔而去。皇帝抚今追昔，未置一语，似乎他已将那个总督干掉了。过后，他说：“我竟然会发这种火。若是还在杜伊勒里宫，我一定羞愧难当。”

此后总督依然严密监视这些囚犯，并为一切鸡毛蒜皮的小事与随从们交涉。可他从此未能再见到皇帝。一天他前来拜访，遭到拒绝之后依然固执己见：他必须亲眼证实将军还在岛上。仆人禀告了他的主人。这时总督透过门缝听见皇帝嚷道：

“告诉他，只要他愿意，他可以把砍头用的斧子带来。可他若想进来，须得跨过我的尸体。把我的手枪给我！”

直到拿破仑躺在停尸床上，总督才终于证实了他确实还在岛上。

12

日程 读物 书柜 回忆录 造假 来访者 三呼万岁

消磨时光 马来人多比亚斯 皇帝与奴隶

皇帝尽量晚起，用以打发白天的时光。他一按铃，马尔尚就会进来。他问一下天气情况，披上晨衣，头上戴着一顶红色的马德拉斯小帽。他晚上睡觉就戴着这顶帽子，它同他曾经梦想的穆斯林头巾非常相像。他先洗个冷水澡，然后擦干身子，可惜却没有香水了。接着，奥密拉医生会来看他。他们用意大利语交谈，有时，皇帝会从他口中听到一些岛上发生的荒诞事。喝咖啡时有时没糖。邮船送报纸来了吗？没有。就算挤一点，还是可以游泳嘛。一会儿，古尔戈来为皇帝的口述作笔录。我们如今在哪儿？在金字塔旁吗？皇帝在房间里来回走动，桌上铺着一张埃及地图。

要是古尔戈在，皇帝会与他共用早餐。他们会谈论如何防守炮火的攻击。下午，皇帝在卧室里，躺在旧沙发上读书。在科西嘉岛上的祖宅中肯定要比这里惬意万分。他读的是几本报纸的合订本。看累了，就放下书，望着伊沙贝为他的妻儿画的像。画的旁边有一个木书架，涂有白漆，上面摆着两座鹰雕，雕塑之上有两盏小灯。这是他从圣克卢宫带来的。两座鹰雕之间是他儿子的大理石胸像。在镜子的镶边上挂着他儿子的四幅小画像。除此之外，还有一幅约瑟芬的画像，一只在里沃利战役中使用过的金表，表链是玛丽·路易丝的金色发辫做成的，挂在墙纸上。旁边还摆着腓特烈大帝的银质闹钟。这个小小的卧室就是他一生的缩影。

他穿戴整齐出席正餐。上身是一件旧绿上衣，戴着荣誉勋章，脚上穿着白袜子，鞋上盘着金色纽扣。侍从们身着巴黎式金制服。屋里有些发霉味，桌上摆放着塞普斯瓷器餐具，上面绘着拿破仑指挥的一些战役。除此之外，还有几只玻璃球，上面站着雄鹰。齐普里尼为他切肉，服侍得极为周到。间或用简单的话语交谈一下。谈论的大多关于巴黎的物价，有时也会谨慎地谈到王权的代价。饭后，大家都到客厅读高乃依的剧本，可反反复复总是那么几出。皇帝的感情过于丰富，往往适得其反。有些人会打瞌睡。此时，皇帝会说："夫人，你睡着了！"或"古尔戈，醒醒！"

"遵命，陛下。"

有时他会同贝特朗下棋或是同蒙托隆打牌。之后就该散席了。

"几点了？"

"十一点，陛下。"

"又一次战胜了时间，日子又少了一天。"

就这样度过过了两千多个日日夜夜。而他花在意大利、埃及和帝国上的时间，也不过是其中一半。

打发时间最好的方法是读书和口述。二十五年来，他一直没空读书。以前，他曾批阅了一个图书馆的书。现在他读些什么呢？

他小时候没读过的书。那时世界之门对他紧闭着。他避开那些盖棺定论，而是注意搜集原始材料。他是一个实用主义者。而现在在他身后，世界之门又关上了。他开始重新审视这些材料。他是一个持怀疑论的哲学家。以前，他关心历史。可现在他研究诗人，特别是那些与他命运相似的人。他创作了一部英雄史诗，同时也试图在别的英雄史诗中寻找自己。

其中最重要的一本是《伊利亚特》。有时，他会高声诵读至深夜。"我现在终于能理解荷马了，他同摩西一样，是时代的产物。他是诗人、演说家、历史学家、立法者、地理学家、神学家……令人惊异的是，那些英雄行为粗暴，却思想崇高。”这样，拿破仑在荷马的著作中找到了慰藉。他不大喜欢奥德赛。他以为，那不过是个冒险故事，而他自己比一个冒险家强太多了。他欣赏索福克勒斯的《俄狄浦斯》，这是一个有关放逐的悲剧。埃斯库罗斯的悲剧《阿伽门农》、弥尔顿的《失乐园》以及《圣经》也很合他的脾胃。高乃依和拉辛以法国的笔调描写古代英雄，三十年来这些英雄一直是他的榜样。《西拿》和《费洛克太特》他百读不厌。大西洋海涛澎湃，令他想起了莪相。他读的是意大利文译本。此外，他还读一些讽刺欧洲社会生活的作品，如莫里哀的著作。他在帕托斯曾对此不屑一顾。他还读过博马舍的《费加罗》和《塞维利亚的理发师》。最后，他还特别喜欢读新出版的回忆录或小册子，特别是那些反对他的。

装着书箱的船只靠岸之时，是拿破仑最快活的日子。他渐渐搜集了三千多本书，把它们布置进光秃而又潮湿的图书馆。可惜的是，他读书一目十行，一个钟头就能浏览完一本书。这样，他的仆人总得忙着把他一天前刚从书架上拿下来的书拿走，因为他读完一本书，或是懒得看某本书，就随手往地上一扔。

刚开始时，他还是保持以前的速度。三十年来，无论做什么事，他都要比别人快上好几倍。可他忘了，现在还是悠着点好。否则，这个囚犯唯一的工作只怕也很快就要结束了。

第一次告别自卫军时，他曾许诺会在厄尔巴岛记下他们的事迹。但他只不过将这视作消遣时日的一个办法。何况第一次流放时，他并未动手写。而今，在第二次流放的头几年，他就口授了自己的回忆录。就像其他事情一样，这件事也是因为一时的冲动。他读了几本小册子，上面歪曲了他1815年在戛纳登陆的细节。他给奥密拉讲述了当时的真实情况。他来回走动，边走边讲，边讲还边向蒙托隆示意，让他记下自己从厄尔巴岛回来的那一段。档案远在两千多英里之外，他的手头也没有任何文献可以参考。他是凭借精准的记忆和旁人难及的冲动，口述了百日王朝的故事。讲着讲着，他突然停了下来。这一切有什么用呢？

有一次，来自下院的一则消息让他激动不已。他一连口述了十四个钟头，中间不曾休息。这可把笔录者给累趴下了，中间换了好几次人。皇帝笑他们不顶用，仍继续口述。有时他晚上失眠，就会让人把蒙托隆喊来，记录下他最近的回忆。

他最喜欢讲述的是他早期的胜利史。他周围的人常常建议道："陛下，您也许可以回忆一下在意大利、埃及以及做执政的事情。"皇帝开始回忆：谁也没意识到，皇帝本人更没意识到，他回忆这些事就像是在谈论三十年战争。他当年用自己的智慧与激情取得了一切。他的思想遍及世界的每个角落。他的命令传达至军队的每一门机械和战场上的每一名士兵。他只用了几周时间口述他1796年至1799年间指挥的战役。他总是来回踱步，全神贯注。门板开关的声音、人们谈话的声音，让笔录者备受折磨，而皇帝却一无所感。他的叙说过程明确，语言简练。说到情绪激动之处，呼吸会变得粗重又急促。

记完阿克勒战役后，拉斯卡斯高声嚷道："这比《伊利亚特》还要精彩！"皇帝做了个鬼脸，笑道："嘿！你还以为是在宫里啊！我就是把这章改上二十遍也未必满意。"他说这番话只不过是想讽刺一下那些溜须拍马的人，因为他从没打算要修改它。仅当别人将记下的稿子念给他听时，他才稍作修改。

但对于滑铁卢之战，他却口授了多遍。尽管他能冷静地对待历史，但他还是不能理解这场决定他命运的战役，所以他总是试图找到新的表达方法。几个英国军官同情他的际遇，答应帮他把手稿偷偷运回欧洲，于是他对滑铁卢这一段进行了多次修改，目的就是要在欧洲贬低英国人的胜利。但是，"这项工作总让我痛心疾首"。

在这些书中，免不了有一些错误。这倒不能一概归因于记忆，而是因为拿破仑想要强化自己的历史地位。和恺撒的著作相比，这些错误根本算不上多，更算不上严重。他说，任中尉期间，自己曾解决过某一问题，并因此获得了里昂科学院的金牌，这帮助他母亲渡过了经济上的难关。他在讲述战争时，如在马伦哥战役中，会将下属的功勋记在自己头上。对俄战争之前，沙皇曾试图与他订立条约，共同瓜分欧洲。在这些叙述中，只有几个人的性格被扭曲，基本史实还是大致不误的。他以自己的英雄将发生过的事理想化了。从今天的角度来看，这样做对他来说得不偿失。他可以描述自己飞黄腾达的历史，却无法捏造事实。他在前期攻无不克，这就引出一个必然结果：抬高自己、贬低他人。尽管如此，这部回忆录基本只记载了这位统帅叱咤风云的一面，对于全面了解拿破仑没有什么意义。人们还必须参考那些随他放逐、记录下与他谈话内容的人的回忆录。

不久，皇帝对口述的兴致逐渐消失。他本打算叙述1800年的那次持续了数周的战役。计划将在几周后开始口述，但他后来取消了口授，并把这项任务交给了古尔戈，命他搜集俄罗斯战役的材料。这位亲历过1812年战役的将军，却坐下来读一本英国人而非俄国人写的书。而此时，皇帝和他之间的距离只有三个房间，可以向他提供全部细节！

拿破仑几乎总是从现实到理想，而非从理想到现实。听到一则来自巴黎的消息后，他会口述应对方法，措辞得当，并会制订一系列的财政计划。从这个岩岛，从这座小屋，他回应着外界的声音。然而这声音并非是在呼唤他，而他的回答也逐渐消失在空气中。他曾经想写一本兵法，但后来还是作罢了。他解释道："那些将军打了败仗一定会说，他们是因为使用了我的兵法才失败的。我可以教育出顶尖的将军，只要我真的去教的话，因为我可是一个不错的教授，但我绝不会把我的兵法写成书。"他从不相信有系统的学说，他这个人非常感性，只认实际。在他读的书中曾经碰到过一个问题，他便让古尔戈计算一个小型灭火器可装多少水，因为他想用这种东西做武器来对付火药。

聚会或拜访也可以打发白天的时间。英国的旅游者、学者和殖民地的显要，他都会予以接见。他们回到欧洲后，都会称赞他思维犀利。拿破仑也希望能有这样的效果。例如，拉斯卡斯回到欧洲后发表了自己的日记，激起了全欧洲对他的新的关注。

"你们也许会抱怨天下人负我！而我自己则绝不归咎旁人！"他还补充了一句意味深远的话："要么我说了算，要么我什么也不说。"

这些拜访者间或会给他讲些趣事。一名英国海军上将，他的军舰在滑铁卢战役中就曾停靠在法国海岸。他告诉皇帝，由于布吕歇尔的援军未到，威灵顿已命令所有的英军上船。事后，侍从们告诉拿破仑，这些敌国将领拜见过他之后，离开的时候均无比兴奋。此时，拿破仑会以革命者的口吻说："这些人显然和我们是一伙的。他们来自英国的第三等级，是那些傲慢贵族的天然敌人。"

全体士兵都向着他。在岛上登陆后，有些英国水兵会上岸休息一两天，夜里会到处逛悠，找机会接近他，突然来到他的面前，手里拿着花，结结巴巴地说不出话来。他会拍拍他们的肩膀。驻军换防时，他会接见全体官兵，就仿佛他们是法国军队，而他是他们的指挥官。这些士兵排成半圆形，皇帝问他们：服役多久了？受过多少次伤？他还说："我很欣赏你们53团，我期待能听到你们的好消息。宾汉将军，这些勇敢的士兵们要走了，您肯定很难过。为了安慰您，您太太一定会为您生个小宾汉。"士兵们笑了，将军的脸红了。次日舰艇启航时，士兵们向这个囚犯忠心地欢呼了三次。三个月之后，这件趣事传遍了整个欧洲。

有一次，他看到一个上尉胸前佩戴着一枚勋章，他用手拈起来，读道："维多利亚胜利纪念。"他将其放下，走向旁边的客人。

英国的各个盟国在岛上都有代表。这样做不过是为了满足各自君主的好奇心。皇帝拒绝接见他们，于是这四位先生在这个荒凉的小岛上一待就是几年，但始终无法见皇帝一面。要知道，这可是他们待在这里的唯一目的。出于无聊，他们也决定成立自己的阴谋中心。只有一位法国的侯爵先生被允许与皇帝的侍从来往，他奉路易十八之命，来监视这个危险的前任。通过他，皇帝可以得到最近出版的杂志，皇帝会做一些摘录。作为回报，皇帝也借书给他。波旁的一位公爵遇刺，消息传来，波拿巴将军通过贵族出身的贝特朗伯爵向这位侯爵致唁，这真是万分滑稽。

皇帝有时会情绪不错，也会找些别的事来打发时间。他曾经花了整整一个晚上，翻阅了帝国的年谱。当他合上书时，就像童话里神奇的补锅匠："这个帝国曾多么美好啊！在我的治下，曾有8 300万人民，超过了欧洲人口的一半！"一天晚上，他与拉斯卡斯聊着年轻时的事，他们不时开怀大笑。皇帝兴致高昂，让人拿来香槟，不知不觉就到了十一点。皇帝满意地说："时间可过得真快。多么美好的时光！亲爱的伙伴，今天我可真高兴，就到这里吧。"

这番话，比任何一种怨言都令人心酸。

他也会把七岁的小蒙托隆放在膝上，给他讲拉封丹的关于狼和羊的寓言。这个孩子对这个故事不是很懂，常把羊、狼和陛下混为一谈，这样会给皇帝带来半个钟头愉快的时光。又有一次，皇帝在吃完饭后在屋里来回踱步，一边笑，一边哼着一首意大利小调。因为他刚刚读到，路易国王总是称他为布拿巴（Buonaparte）先生。

他晚上失眠的时候，就让拉斯卡斯给他讲富堡区的历史，或者他会对古尔戈说："让我们交流一下罗曼史吧！在女人身上，我从没花过什么时间。否则她们就会反过来控制我。"他若在洗澡时觉得无聊，就会向古尔戈证明，水对于物体的浮力等于物体排开的水的重量。还有一次，他和仆人们用手肘倚着客厅的门量身高。

有时他早晨起来不穿外衣，也不出屋，而是将这两件事留到下午做。有一天晚上非常热，直到半夜他才进屋，他说他刚打了一次胜仗，因为他熬过了这个小时。一天，他爬梯子上了随从们住的阁楼，因为他听说，这个地方布置得井井有条。他让人将衣橱打开，吃惊地发现，他竟然有那么多衣服。他摸了摸任执政时穿的衣服，这套衣服是里昂市赠给他的；又看了看瓦格兰姆战役中用的马刺、马伦哥战役时穿的大衣。看过以后，他一言未发，又从梯子上爬了下去。

他在绝望中挣扎，期望能打发这些时间。难道竟没有人能走近他的心灵吗？

有。在这个岛上有一名奴隶最合皇帝的脾胃。他叫多比亚斯，是个马来人，遭人绑架后被贩卖到这个岛上。皇帝经常看见他在花园里劳作，有时还会在路上遇见他。皇帝总不停地打量他，每次都要给他一个金币。每次，这个马来人都会用洋泾浜式的英语对他表示感谢："好心的先生。"

"这个可怜虫。"皇帝对他的随从说，他似乎是借助上帝创造出的这个有色生灵来暗示自己的境遇，"这个可怜虫别妻弃子，背井离乡，被贩为奴，世上还有什么能比这邪恶？如果是船长一个人干的，那么这个混蛋可真该死。如果是一船人干的，他们却可以逍遥法外。法以诛过，可又法不责众。约瑟的兄弟下不了狠心杀死约瑟，而犹大却出卖了他的主人。"

后来，又有一次碰上这个奴隶，他说道："人就是一架可怜的机器！只是外在的皮囊各异，灵魂也不相类。谁要是看不到这点，就会犯许多错误。如果多比亚斯是布鲁图，他也许早就自尽了。如果他是伊索，现在可能已经是总督了。如果他是一名虔诚的基督徒，或许会为他的枷锁祈福。但是，他只是可怜的多比亚斯，因此他只能这样一副模样，卑躬屈膝，低头干活。"

他们继续向前走，皇帝说："当然，多比亚斯和理查德国王之间的差距何止十万八千里。可是对他犯下的罪行却并不因为他的微不足道而减少多少。他也有自己的家庭、朋友,也有自己的生活。把他卖为奴隶,直到他死,这种罪恶万无可恕!”突然,皇帝站定,盯着拉斯卡斯说道:

“从你的眼神中我能看出你的心思:他并不是这岛上唯一的一个。”拉斯卡斯点点头。此时的皇帝突然像年轻了起来,一边向前走,一边激动地大声嚷道:“这种比较毫无道理。是的,他们对我们的迫害更加隐蔽,我们成了高贵的受害者……全世界都看着我们!我们为不朽的事业献身!千百万人为我们哭泣,祖国为我们叹息,荣誉为我们哭泣。为了反抗上天的压迫,我们在这里进行着斗争……厄运也会带来英雄之气和英雄之名。如果我死在皇位上,临死前还大权独揽,那么在许多人眼中,我会成为一个谜。而今,这一切伪装都被剥下。由于我的不幸,大家都能看到一个赤裸裸的我,他们也就可以对我进行评价了。”

后来,皇帝把这个奴隶从他的主人手上买了下来,并想送他回故乡,送他回自己的家园,可总督却不同意。他说:“波拿巴将军显然是想赢得这个岛上的有色人种,妄想在这里建立一个圣多明哥那样的黑人共和国。”

于是,多比亚斯,这个马来人,一个囚禁在荒岛上的奴隶,折射出皇帝的影子。

13

母亲的呼唤 行星的轨迹 车辆的命运 最后的愿望
脱逃计划 殉难的代价 震撼

“我已垂垂老矣。我不知道,两千英里的旅途我是否还能挺得住。但没关系。就算在抵达目的地后死去,至少也死在了你的身边。”

这一声音来自世界,它被带到了圣赫勒拿岛。这是皇帝的母亲写给他的第一封信。皇帝读了又读。这封信寄出后过了一年他才收到。然而,各国都禁止他的母亲来探望他。谁都知道这位老太太有可能会带给他自由。皇帝的全家都被逐出法国,她也第二次回不了科西嘉岛。第一次是因为那里陷入了动乱,而这一次却是因为她的儿子在欧洲的失败。之后的岁月中,她一直住在罗马。在那儿教皇给了她强有力的道德支持。她一直在设法让她的儿子迁往一个更健康的地方。虽然俄国沙皇同意了,但哈布斯堡和英国却下定决心要置他于死地。没人能够改变这一切。他们还不许他的母亲和兄弟姐妹往岛上寄钱。

各国君主在亚琛聚会时,她给他们写了封信:“一个母亲正心如槁木,意如死灰。她一直希望各位的聚会能使这位母亲获得重生。这次大会不可能不谈论拿破仑皇帝被囚之事。你们的宽容、权力和对于往事的追忆,一定会促使你们给一位君王以自由,借此以显示你们对他的友谊。我祈求上帝,也祈求你们,因为你们是上帝在尘世的代表。国家利益总有个度,而后世的子孙在给我们作出评价时,将倍加赞赏那些大度的胜利者。”

这封信如泥牛入海。

不久皇帝听说,这些国王诬陷他母亲在科西嘉岛上策划阴谋。他们说她拿出了百万巨款并踏遍了整个法国。就连教皇也派了自己的秘书去看望这位老夫人,顺便调查此事。她对来人说道:“请你转告教皇,也顺便告诉那些国王,如果我真有他们所说的百万巨款,我才不会用它们去收买人心呢,因为他向来就得人心。我宁愿用这些钱来装备一支舰队,把我的儿子从岛上救出来,不再让他遭受不公正的待遇。”

这番回答真是铿锵有力。做儿子的读到母亲的这段话,内心将是多么的自豪与骄傲啊!不过他母亲送一名奥地利贵族回家时的抱怨,他却没听到:“为什么我的儿媳还在意大利四处晃荡,而不想着去圣赫勒拿岛陪她的丈夫!”

那么,其他的行星又在围着哪个太阳旋转呢?报纸把他们的命运带给了这个囚犯。

吕西安和约瑟夫去了美洲,后来热罗姆也去了。在那边,他们又获得了外国的爵位。西班牙革命者拥戴他们的前国王约瑟夫为墨西哥国王。这让拿破仑兴奋不已:

“约瑟夫一定会拒绝。他太懂得享受了,绝不愿再为王冠所累。以这种方式解决西属美洲问题对英国来说实在是幸运。如果约瑟夫做了墨西哥国王,一定会同法国和西班牙决裂。对于我来说有百益而无一害。他爱我,所以一定会以武力迫使英国改变对我的态度。可惜他决计不会接受。”被囚的前几年他就这样看着机会来了又去。

他其余的兄弟姐妹都默默无闻，只有热罗姆活得久。拿破仑三世当政期间，他又重新出入宫廷。拿破仑很少收到他们的来信。卡洛丽娜曾向母亲要钱，被母亲断然拒绝："我的一切都属于皇帝，因为这一切都是他赐予我的。"给吕西安的信中，她写道："一个废王摆排场，只会遭人耻笑。戒指对手指只有装饰作用。脱去戒指之后，手指还在。"就像当初在马尔梅松时那样，奥坦丝和波丽娜又上演了一出喜剧。

另有些消息让他心神不宁：贝尔纳多特做了国王，德西蕾——拿破仑年轻时的恋人戴上了后冠。她目睹了第二帝国的建立。瓦莱夫斯卡在丈夫死后，又嫁了一个法国贵族。皇帝表示理解。想想她的遭遇，再想想他为她儿子所做的一切，他放心地说道："她一定很有钱。"可是当缺心眼的古尔戈说，皇帝曾每月给她一万法郎时，皇帝红了脸，尴尬地问道："你从哪知道的？"

缪拉国王和内伊元帅被枪决了。皇帝将他们的命运视为一个军人的必然归宿。他只是埋怨缪拉居然傻到在卡拉布里亚登陆。然而他的话语之中却没有任何对命运的抱怨。即使是对在波旁王朝下八面玲珑的马尔蒙，皇帝的评价依然客观："我埋怨马尔蒙是因为我爱他。他并不坏，他们对他动之以情，让他以为他将拯救他的祖国。由此，他才做出如此不合情理的事。对他来说，自杀也许比当叛徒是个更好的结果。然而人性毕竟是脆弱的。"

可正是这个马尔蒙，压制一切有利于这个囚犯的举措。全国对于波旁王朝的不满日益增加。流亡贵族和新兴贵族毫无贡献却身居要职。黎歇留差不多在国外流亡了一辈子，对法国恨之入骨，现在却成为商界显要。自由的斗士拉法耶特成了无产阶级领袖，正在为革命作准备。他在俱乐部和学校积聚力量，并在军队里寻找"未来人物"以期推翻依赖外国势力扶植才得以上台的波旁王朝。一些激进的省份想要挂起三色旗并拥立拿破仑二世。正是这个马尔蒙，这个波拿巴的老战友，镇压了这次起义，并借此当上了大臣。

皇帝聚精会神地读着消息。他读到，国王如何解散了议会。议会中有一些人拥护奥尔良派，还有一些人则倾向于拿破仑。他们的首领都被处决了。波旁王朝最可倚赖的人究竟是谁呢？国王最喜欢把谁叫作"我亲爱的儿子"？一个科西嘉的小个子，曾为谋生做过莱蒂齐娅的秘书，却终日无所事事。这一切都发生在皇帝的身体还算健康的头几年中。这使得拿破仑心中重燃希望,开始思索一次新革命的契机。

他叫道:"命运真是无情,它竟把我关在这里!谁将站出来领导一切?谁又会来保护绞刑架下那成千上万的牺牲者呢?"他一个人待了很久,第二天却慷慨激昂地谈到了厄尔巴岛。不久以后的某一天,有几艘外国船只进入了大家的视野,英国的舰艇跟了上去。海上升起一阵烟雾,开火了。大家数着炮声,不知发生了什么事。皇帝马上让人去打探。虽然最后什么也没打听到,但是皇帝对此却充满希望。另有一天,他说:"我们对于孩子而言,究竟是什么样的人?我除了给出一个例证,实在不能提供更多的东西了。如果我在美洲,除了自己的花园,我什么也不关心。"

然而他是死也不会去美洲的。他承认:"如果我去了美洲,和约瑟夫在一起,而不是在这里受难,那么就再也不会有人惦记我了。我的事业也就完蛋了。这就是人。也许我还能再活十五年。但我注定只能死在这儿,除非法国召唤我回去。"

这些希望并非不切实际。基于这种考虑,英国人将守卫从两百人增加到三千人,就是为了看住他一个人。这笔军费每年高达800万法郎。尽管如此,也并非无懈可击。岛上所有士兵都站在他这边。有一次,六名来自里约热内卢的英国军官被捕,因为他们企图用一种类似潜水艇的装置帮助皇帝脱身。还有一次,两位船长前往印度。他们在此靠岸后,向皇帝献计逃离此岛。拿破仑仔细地听了他们的建议,但最后还是回绝了。有一天,皇帝正与古尔戈一道工作,蒙托隆闯了进来。他搞到了一张通行证,还有一个小时的有效期。这需要皇帝当机立断。后来蒙托隆回忆道:"曾有人提出可将皇帝偷偷带往美洲,只需要支付区区100万法郎,并且可以到岸后再付款,只要皇帝点个头就行了。可惜在这里不方便进一步说明此计划的种种细节,否则就会危及策划者的安全。此人对皇帝极为忠诚,我也向他表示由衷的感谢。皇帝听完我的话,想了好一会儿。他在屋子里不停地踱步,不置一语。其间他不时向古尔戈提问,并询问我的意见,但他自己却并不发表意见。最后他只说了一句话:'算了吧!'"

那时,他被囚还不到一年,身体状况良好,尚欲有所作为,可却被一个强有力的政府和一个总督所折磨。但有英国军官相助,他依然有机会逃走。这次冒险对于这个惯于冒险的人来说不值一哂。他站在那儿,讲着自己年轻时的事。可就在他的生命即将结束之际,一个朋友突然出现在他面前,提出一项并不虚无缥缈的计划。他沉默片刻,又问上几句,接着又沉默半晌。"算了吧。"可是这究竟是为什么呢?

当时,法国局势动荡。这是他决定留下的原因。人民的情绪将发生根本的变化,对这一点他极为自信。后来,有一艘船一边向港口驶来,一边发出信号。他对他的亲信说:"这艘船也许就会给我们带来好消息,会接我们回去。如果摄政王死了,年轻的英国女王会召我回英国。她一直不赞成把我送到圣赫勒拿岛来。"后来,巴黎再次爆发了暴动。人们议论纷纷,以为法国会召回皇帝。皇帝自己也这么认为,可却又说:

"他们要我回去做些什么呢?我还能再打仗吗?我已垂垂老矣,力有不逮。我还能继续追求荣誉吗?我什么荣誉不曾有过!……可为了我的儿子,我最好还是留在这儿。如果耶稣不是死在十字架上,也就不是上帝之子。我的死将会帮助我的儿子重新夺回王位,只要他能活着。"

拿破仑对自己的王朝有着深厚的感情。在他的成年阶段,建立家族王朝的这种感情要远远超过他建功立业、四处冒险、渴求闻达的心。

他虽然满怀期望,也带有某种视死如归的英雄气概,却不能掩盖他心中的失落。他沮丧、绝望。屋子里发生的鸡毛蒜皮的小事都会使他情绪波动。有一次,贝特朗发起脾气来,没有来吃饭。这让皇帝一整天情绪低落:"我知道,我现在是垮了台。但这种感觉却是你们中的一个给我的。哎。"拉斯卡斯打算从中调解,他又会说:"不必了。我不需要。我不过是随便说说,现在早就忘了。就当这事没发生过。"在这种情况下,如果有人想看他,他一定拒绝:"告诉他们,死人不会客。"每天晚上都会有邮件例行到达。有时这些邮件也会引发他的不快。有时他晚上会在房里不出来,不时叫几个人进去,没说上两句话,又会打发他走。

谁的房间应该先装修?这个问题会引发蒙托隆和古尔戈之间的唇枪舌剑。皇帝只得出面调停。蒙托隆太太哭了,皇帝会建议下下棋,吃吃饭,念一念《圣经》中的《以斯帖记》。有时也会有些滑稽的场面:一头牛跑掉了,皇帝龙颜大怒。古尔戈吃着闷饭。丢了牛,这事得找他。皇帝生气也让他心里不舒服。饭后,皇帝谈到了伊斯兰教及其优点,一会儿又扯到基督教的三位一体。在离开客厅时,他尽量掩盖怒气,只是小声嘀咕着:"莫斯科!

五十万人……”

有时，前一天晚上皇帝的情绪还很好，可第二天早晨古尔戈来作记录时，却发现皇帝情绪低落。“他们是如何教育我的儿子的？他们会不会教他恨自己的父亲？想想都可怕。”而拉斯卡斯记完关于滑铁卢之战这一章后，曾惋惜千古业绩，功亏一篑。皇帝则不置一词，而是用一种“幽远的语调”对拉斯卡斯的儿子说：“我的孩子，去把《在奥立斯的伊斐妮亚》拿来。我们现在用得上。”或者，他会命人朗读拉辛的《安德洛玛刻》。这会使他想起被迫退位之前，他的亲信给他的忠告。拉辛在诗中写道：

> 我亲至我儿被囚之所，
> 虽只一刻却已涕泪交流！
> 赫克托尔与特洛伊仅此遗我！
> 愿主许我日见一面。

读到这里，皇帝总会大声说道：

“够了，让我一个人静一静！”

14

礼节与模仿 恐怖的一刻 “请您想想他们的负担” 持犁的皇帝

消遣越来越少，而无聊越来越甚。备受摧残的心也就越来越痛苦。这部多音组的乐器越来越难以驾驭，而不和谐也越来越显露出来。

他曾是皇帝。虽然现在他的臣下不足半打，而敌人又肆意诋毁，可他怎能因此而放弃皇位呢？为了抗议被称为将军，抗议非法拘禁，起初他出游时，仍摆出皇家排场：由六匹马拉车，侍从身着戎装，分随两旁以护驾。他的臣下觐见他时均身着朝服。他不发问，无人敢开口。在花园里散步时，他不示意，无人敢接近。客人来访，必须经由一个穿长靴佩利剑的副官通报。有一次，古尔戈在蒙托隆夫人进来时站了起来，皇帝指责这有违礼节。

同时，他又嘲笑这一切，戏称古尔戈为“我的赛马饲养场总管”。他也会在桌边说道：“我受了教皇的涂油礼，已经是主教了。所以我可以行使授职权，让你们成为神父！”他翻阅过《贰臣传》之后，便经常用其中的人物来嘲笑自己所处的这个小社会。此时，古尔戈竟冲口道，皇帝也应列入本书。皇帝问道：“哦，为什么呢？”

“因为您开始拥护共和，后来却做了皇帝。”

“你说得对……但最好的共和就是帝国！”

三王来朝节时，他让人为孩子们烤了一个蛋糕，封小拿破仑·贝特朗为国王。有人对他说岛上的肉很贵，要40苏。他笑道：“扯淡。你应该这样回答：我们付出的可不止一顶王冠啊！”

皇帝从未像今天这样克制自我。贝特朗曾给总督呈送一份抗议，抱怨该岛无视于“皇帝的存在”。而总督却回复说，他压根不知道这岛上有皇帝。拿破仑心平气和地读完了全文。读完后，他命人备马。可古尔戈却答道，他三天没看见马了。钉马掌的师傅说，得支付三个拿破仑币，才能取马。皇帝听后，未置一语。到了第二天，他却对古尔戈火冒三丈：“你为什么要羞辱我！为什么要谈到和铁匠的那笔账！”这一刻着实可怕。前一天，他以超人的忍耐力将怒火压制住，可越想越生气，感到自尊被彻底践踏，最终还是发作了出来。这名副官本身就是一副臭脾气，而他的这番话对皇帝的影响，不亚于当年奥地利的背叛。

有时，这个军人，这个南方佬也生出复仇的念头。有一次送上餐桌的肉令人作呕，他只是说：“我个人是受得了的。但我敢断定，总有一天，也总有一个人会将我们所遭的罪公之于世，让那些罪魁祸首遗臭万年。”

他的尊严在心中不断增长。他也想借此来平衡自己天生的叛逆。他说：“在这儿，我如同生活在重负之下。这种负担将弹簧压紧，但未压坏。懂得隐忍就真正掌握了理性，也就标志着灵魂的真正胜利。”这个男人就是以这条原则为准绳来约束自己的。他说：“不幸也是有好处的。它教给我们以真理……现在我能像一个哲学家一样审视过去。”

现在他也能够心平气和地看待眼前。在他初来岛上的前几周，有一次他与一位美丽的英国少妇散步。他们闲聊着各种话题，谈气候对肌肤的伤害,谈莪相,谈种植园。说着说着有几个黑奴抬着沉重的箱子从他们身旁走过,少妇斥责道:“滚开!”

这时皇帝说道:

“夫人,请您想想他们的负担!”

这让那位夫人狼狈不已。来圣赫勒拿岛之前,拿破仑·波拿巴可说不出这种话。

他有时会在总督面前摆摆自己的皇帝派头。可他现在的一切生活却非常节俭,不能与皇帝相提并论,甚至还比不上当中尉的时候。有段时间,食物缺乏,只能吃菜豆。可皇帝却吃得有滋有味,还不停地夸厨师烧得好。

“在巴黎,我一天消费12法郎:一直待在阅览室里,只午饭需要一个半法郎。晚上去剧院,要最便宜的座位。每月20法郎。只用一名仆人,结交身份相似的人。不管怎样,都可以快乐地生活。襁褓之中,我母亲摇着摇篮,唱着歌曲,歌词并未向我指出未来。我相信,‘波拿巴先生’会像‘拿破仑皇帝’一样幸福。生活中的一切都是相对的。”

有一次,奥密拉医生突然晕了过去。醒来时,发现照顾自己的不是侍从,而是皇帝。皇帝扶他上床,解开衬衫领口,跪在他身边,给他灌醋。皇帝的科西嘉仆人齐普里尼垂危之际,皇帝问医生,自己去看望他,能否唤回他的生命。

“他将激动而死。”医生答道。

“那还是算了。”

他为打牌设立了一笔基金。这些钱是为谁而设的呢?是为了给这岛上的一个美丽的女奴赎身。有一天晚上,侍从们看到他坐在灯下,慢慢地、小心地装订手稿。

有时他从梦中醒来后,会轻晃栏杆。他突然说道:“我希望,他们把我送到一个荒岛上去,让我可以选出两千名士兵并配以枪炮。在那里,我能够建立一个辉煌的殖民地。它将成为全世界的榜样,也是我的养老之所。在那里,无须费尽心思,思索如何与陈腐的思想进行斗争。”此后,他竟真的筹划起来,并口授具体计划:建立如此一个殖民地需要多少钱财,必须有哪些储备。

然而,这样一个雕塑家的愿望却是遥不可及的。与这奇想并存的是他英雄式的朴素。初到岛上，一天他与拉斯卡斯骑马闲逛，没有陪同。“当我们来到一片耕地边，皇帝跳下马，从农民手中接过犁。他用极快的速度犁了一条既直且长的垄沟。他一言未发。只在犁完后，让我给了那个农民一个拿破仑币。然后，我们重又上马前行。”

一个高尚的时刻！他以幽默的举动平生唯一一次拿起了犁。他将其弄好，又犁出了一条笔直的垄沟，既快且好。而这一切，尽在无言之中。虽然被英国送到了这座小岛上，但他所做的一切依然精细。这位全欧的皇帝给了这片小岛以神圣的赐福。百年之后，他所耕耘过的土地上，作物繁茂，硕果累累，就如被他耕种过的欧洲大地的缩影。当时，那个农夫站在一边惊愕地注视着一切的发生，手中捏着那枚拿破仑金币。事后，他将其传给了他的孙子。他要让自己的孙子知道，那个陌生人虽然双手细嫩，不似自己的祖先满手是茧，可握犁的姿式却显得相当内行，丝毫不逊于自己的祖先。

15

“没有人需要为我的垮台负责” 认识所有错误 王朝的自我批判
华盛顿 无赖还是英雄 总结 苏格拉底

“我的失败是咎由自取。我就是自己最大的敌人，是自己命运的始作俑者。”

这是拿破仑被放逐以来最深刻的反省。这表明，他已从中年时期的恺撒式幻想中清醒过来。如果他是虔诚的基督徒，他可望在岩岛上通过这个忏悔而赎罪。可他天生就不信自己对上帝负有使命。他只相信对自己的责任。所以，这段话只表明一名伟人在和自己的命运算总账，同时也表现出他极端的自负。他始终不承认这世上还有什么能比他更强。只有拿破仑才能击败拿破仑。

这话并非只是一时的感慨。在他统治的末年，他多次跟亲信谈起犯下的错误。现在，来到了这个岛上，反省便越来越多。有些太过分，有些太冷酷。并且，幻想和现实交织在一起。这就像一名忏悔者的心声：“闭上眼睛，当年的错误便历历在目。这真是一场噩梦！”或者：“我的欲望太多了……

弓满易折，我过于信任自己的好运。”

与此相反，他能很冷静地讲述自己的用人不当。他最终同意了当年一些极具洞察力的观察家所得出的观点。下面这段话理解起来并不需要过多的说明：

“我认为弗兰茨皇帝是个好人，但他实在笨得可以。他成了梅特涅摧毁我的工具……我应该留住塔列朗。让我感到痛心的是他居然收下了外国人的贿赂。我本该派个人监视他！只要示之以利，他便会尽忠于我。留住了他，我现在也许还稳坐皇位……如果富尔顿和他的汽船真的管用，我也许已成了世界之王！可是那些笨蛋学究却瞧不起电这类发明。可电和汽的确蕴藏着巨大的能量！”

他后悔在提尔西特时保留了普鲁士霍亨索伦王朝；他后悔在1812年过早渡过了涅曼河，那时西班牙战争还没有结束；他后悔没能听从卡尔诺的劝告，过早进行最终决战；他后悔在滑铁卢战役中，没有及时派近卫军去增援。而他尤为后悔的是：垮台之后他投靠了英国，而不是投靠沙皇或是逃亡美国。每当听到法国爆发危机，他就后悔没有去美国：

> 在美国，我可使法国免受外侮与内乱。我随时能够回国，这就足以威慑一切。在美国，我可以建立新法兰西帝国的中心。一年之后我就可扯起六万人。那是一个理想的避难所。在那片广袤无垠的土地上，人们可以自由自在地生活。心情抑郁之时，我可以骑上骏马，纵横驰骋数百里，游历于自然之间，隐身于万物之中。在欧洲，我实在太有名了，与每个国家都有着这样那样的麻烦。我可以通过化妆或逃亡来到美国，但这两种方式会让我威信扫地。我最希望的是能有一次危机。此时，法国会视我为救命的稻草。这就是为什么我在马尔梅松和罗什福尔逗留了很长时间。我现在被囚于此，就是由上面这些想法造成的。

这就是他最成熟的反省。但他一生中犯下的错误太多，所以后果也极其复杂，根本无法对每个错误寻根溯源。唯一可以断定的是，在罗什福尔的最后决定导致了无法改变的流放生涯。他的脑子里还不断想着其他可能。他一会儿幻想在美洲建国，一会儿幻想纵马驰骋。拿破仑以爱国来为自己的错误进行辩解。看到这些，人们便不难理解人心难测了。

建立王朝的思想是他自我批判最犀利的一部分。在帝国晚期，他曾向几个亲信作过一些暗示，可如今看来，为时已晚：

> 治家上，我是个胆小鬼。只要他们坚持，他们就能得到。这铸就了大错！如果我的兄弟们能够管好我交给他们的人民，我们早就统治世界了！……我不像成吉思汗那么走运，他有四个儿子帮他忙。如果我封哪个兄弟为王，他们会以为是上帝赐予他们王权。他们正是中了这种毒！他不再是我的代表，而成了我的一个新敌人。他不想帮我，只想独立。我成了他们的绊脚石。他们很快都成了货真价实的国王，在我的保护下，他们尝到了统治的滋味。可担子却只让我一个人挑。这群可怜虫！一旦我垮台，他们自然也就要丢掉王位。

他的忏悔到此为止。不管如何反省，他从未后悔称帝。他多次回到他基本的社会思想："在革命与复古的斗争中，我是天然的斡旋者。我的帝国既有利于统治者又有利于大众。我的目标是实现欧洲的社会复兴，可惜功亏一篑。"他以一个国王的立场认为缪拉不该杀。他认为，国王应向民众表明，他们不受自己所创制的法律制裁。虽然路易十六的死为拿破仑称帝扫清了道路，但他依然谴责篡弑行为。他这么做不是因为波旁王朝称职，而是因为他感到延续性也很重要。

他不会对欧洲的历史条件形成错误的判断。他虽然曾经梦想在美洲或在一个乌托邦式的小岛上建立一个王国。但他知道这种事绝不可能发生在欧洲。他一直认为，现实总要立足过去着眼未来。他从不主张彻底摧毁、另起炉灶，而只愿意着力挖掘旧有形式的潜力，为新的事物制造生存空间。他从来不想创建全新事物，因此他绝不会放弃原有形式，而是以之不断为新思想创造活动空间。他只想拓展，不想舍弃。他能切实地感受到，在如此稳固的基础上他最终能取得怎样的成就。"我当权时，人们想我成为华盛顿，说得轻巧！在美洲也许我可以，因为那里在历史上没有帝制。而在法国，我只能做众王之中的华盛顿王。"

这就是他真正的想法。他讨厌代表皇帝的紫色，他也一定不会把它们带到美国去。华盛顿当年就拒绝自己部下称帝的建议。既不是无产者，也不是王公贵族，他只不过来自一个破落的士族家庭，处于阶级的夹缝中。有一次，他与英国人谈论英国，显示出天真的阶级意识和对继承权的完全信赖。最后他用一段令人吃惊的话攻击了英国贵族：

> 一个国家不是指一小撮贵族或寡头，而是指全体人民。当然，暴徒一旦掌权，便会为自己正名，称自己为人民；可他们一旦失败，人们就会找几个当替罪羊，把他们绞死，并称他们是强盗、暴徒。世道历来如此：成王败寇。一切由战争说了算。

读了伏尔泰的《恺撒之死》后，他说年轻时自己也曾想写一本《恺撒传》。有个人说了句双关语，说皇帝已经写过了。皇帝冲着他笑道："谁，我？可怜的孩子！是的，若是我完全成功的话！只有一点不错：恺撒的运气和我一样差，他最后被人刺杀了。"

除了反省，他还经常评价自己的所作所为。历史感是他本质中的一支基本力量，帮助他客观而又清晰地认识自己。这一点恐怕是前无古人的。拉斯卡斯说，皇帝评论自己这一生，就如评论三百年前发生的事。蒙托隆伯爵夫人也激动地说："我感觉置身于另一个世界，在听死人说话。"

他坚决否认那些莫须有的罪行：在雅法投毒、处死当甘公爵。有一天他突然给一个英国船医讲述了当甘事件的全过程。作为执政，他随时可能被暗杀。所以他必须反击。有一次他想了解奥密拉医生对他持何种见解。这个医生对他很忠诚，但始终能保持自己的独立性。他们坐在一起，喝着葡萄酒，他突然问道：

"认识我以前，你以为我是个怎样的人？尽管说！"

奥密拉说，那时他以为他是一个为达目的不择手段的恶棍。

拿破仑说："我就知道会是这样！很多法国人也这么想。他们会想：他的确是凭自己的能力爬上了名利的顶峰，但却是踩着别人的尸体。"接下来他会极力为自己辩解。

一天晚上，他又失眠了。脑中思绪纷繁。他派人把蒙托隆叫来，帮他把这些思绪记录下来。他说自己一心向往和平，无论战前还是捷后，他都首选和谈。他对比英法两国的革命:"克伦威尔盛年之时已遂平生之志,可他靠的是狡诈和伪善。而拿破仑少年得志,靠的是自己的实干,他的荣誉是一步一个脚印得来的。我曾踩着谁的尸体前进?谁敢说在我这个位置能做得比我好?面临相同的困难,有哪个时代会要求取得业绩的时候不带一丁点的副作用?我相信,一个普通人要达到这样的高度却不犯下一桩罪行,史上绝无仅有。我就是死也不会改变这种观点。"

的确发生了些出乎意料的事。他用了六年的清闲时间来概括自己的一生。他没有把失败的责任推到他人身上,没有因自己的不幸而让对人类的痛恨积塞胸臆。流放期间,他的正义感日渐增长。他一生都认为人性本贪,欲壑难填,最终成了一名谨慎的分析家。他由当政者变为了哲学家。拿破仑变得宽容了。

现在他声称,人性之中,知恩图报比忘恩负义更多一些。只是人们施恩帮助别人之时,总是期求更多的回报。拉斯卡斯说,他现在最严厉的责备无过于沉默。他甚至会替叛徒开脱。他说奥热罗、贝尔蒂埃居于高位,却力有未逮。他原谅了他的兄弟们。从这些评价可以看出,他心胸开阔。读读下面这段话,会让人以为身陷囹圄的苏格拉底正发表演说:

> 正确评价一个人是困难的……他们能认清自己吗?那些背弃我的人,在得意之际从未想过会离我而去。最后的考验已经超出了人类的理智。实际上他们只是见死不救,却并未落井下石。与圣彼得不认耶稣全然不同。也许他们已为此流下了忏悔的眼泪。世上有谁的朋友和支持者比我的还多?谁能比我更受人爱戴?……我的命运本来可能比这要糟糕得多!

16

普罗米修斯 欧洲"拿破仑宝藏"最幸福的时刻 奇迹的闪光

侍从们也写日记,这一点皇帝是知道的。他还读过其中的一本,但未置一语。他是一名现实主义者,会用这种眼光来估量这些记载价值几何。他告诉他们，在他死后，出版这些日记能赚到多少钱。然而他估价低了。谁记录下了他口授的这部分回忆录，谁就可以拥有这一部分。他还正确地预见到，这些侍从的日记对于后人研究拿破仑有着巨大价值。

他惯于口述，遣词造句极费斟酌，这也使得笔录变得容易。这都无形中提升了这些文献的价值。总结这些思想也让他超然物外。对于历史的热爱驱使他作出这些综述。这种热情绝不逊于他对于后世的关照。

有时会一连五天见不着他人。不读不写，不想未来。这五天之中，他会回顾自己的一生。他的灵魂会受到震动。在这一百个小时里，思想的光芒将无所不窥。如此彻底的反省真是前无古人。这比在奥斯特利茨、在参议院还要紧张得多：现在，他觉得自己就是被缚的普罗米修斯。他想造福于人类，却又不是上帝，只能困于岩石之上，独自呻吟。他不过是一个小矮个，穿着一件绿色的陈旧外套。二十年来，他一心想实现这些梦想，现在却只能把它们封装在概念之中。这样一来，他既创造了自己的一生，又亲自给它作出了注解。

他得到了一本书，里面收集了他所有的宣言和政令。他读着读着，突然把书扔在一边，在屋里来回踱步，一边还对拉斯卡斯说道：

“未来的历史学家都会站在我这边。事实胜于雄辩。是我填平了无政府主义这个无底洞，是我结束了混乱与动荡，是我清理了革命的污秽，使人民变得高贵，强化了王权。我唯才是举，唯功是赏，赏罚分明，泽及全欧……看看这一切，哪个历史学家会不为我辩护？……要反对我的专制？他会证明，当时必须独裁。说我反对自由？他会证明，无政府主义的威胁依然很大。说我好战？他会证明，我始终是被侵略者。说我谋求称霸世界？他会证明，这只是一种环境的巧合。说我狼子野心？不错，我确有野心，还很大，但却无比崇高：建立一个理性的国度，使个人才尽其用，享受一切。也许历史学家该惋惜的是这种野心竟然未能实现。”沉默片刻，他总结道：“亲爱的，这短短一席话蕴涵着我整个一生。”

这就是他的自我辩解。可无论何时何地，从未有人听他炫耀自己的武功。六年流放生涯中，他从未夸奖过波拿巴元帅如何了得。每次总结成就，他总说：

我的英名并不是四十次胜仗堆积出来的，也并非因为各国君王必

> 须屈从于我的意志。滑铁卢一役就足以将这些一笔勾销。最后一幕让人忘却第一幕。青史留名的是我的法典、参议院的会议记录以及我与大臣们的通信。我的法典简明却更完备。我设立的学校和创立的教育方法培养出新的一代。在我的治下，犯罪减少，而在英国却不断上升……我想建立一种欧洲体系，颁布一部欧洲法典，设立一个欧洲法院，使全欧成为一个统一的国家！

有一次他从一份英国报纸上读到：拿破仑藏匿了巨额财富。他突然站了起来，向旁边的人说道：

> 你们想看看拿破仑有多少财产吗？是的，太多了，但谁都能看见。安特卫普和弗拉兴的不冻港足可停泊世界上最大的船队；敦刻尔克、勒阿弗尔和尼斯的水利工程；瑟尔堡的巨型码头；威尼斯的海港；安特卫普到阿姆斯特丹、美因茨到梅斯、波尔多到贝杨的大道；穿越辛普隆、塞尼切山、科尼切和日内瓦山的山道，这些山道使得阿尔卑斯山四通八达。上述所有的建筑都超越了古罗马时代的成就。除此之外，还有从比利牛斯山通往阿尔卑斯山、从帕尔马到斯培西亚、从萨瓦诺到皮埃蒙特的道路；巴黎市内的大桥以及萨瓦、图尔、里昂的桥梁……沟通莱茵河和罗纳河的运河、蓬蒂纳沼泽的排水系统……重建被毁的大教堂；创建各类新工业；修建新的卢浮宫、货栈、街道、巴黎的供水工程、码头等……重建里昂的纺织业；建立了四百多个蔗糖加工厂；花费5 000万法郎翻修各处宫殿，私人出资6 000万法郎装修各个宫殿；用300万法郎从柏林的犹太商人手中赎回了仅有的一枚王冠钻石；建立了拿破仑博物馆，并通过购买或签订和约收藏了大量珍品；耗资数百万扶植农业和养马业：这些全是拿破仑的财产，数以十亿计，且将流芳万古。这是不容诋毁的丰碑。历史将会再次强调：这些成就是在穷兵黩武的年代中取得的，而且没借过一分钱的债！

在大西洋的这座小岛上，在自己的陋室中，他在捍卫自己的功绩。他的记忆将自己的功业混为一团：大道，蔗糖加工厂，王冠钻石，天主教堂！他预见到，历史将会怎样批判自己——同时，也充分认清了自己的价值。尽管过去一个世纪以后，后世才认识到，确如他自己所言，这样的一名统帅绝不能被滑铁卢之役一笔抹杀。

一天，晚饭后谈起了私人问题。侍从中有一个喜欢多事的，问他一生中何时最幸福。在场的都开始猜。他说，他对于结婚生子很满意，“但却谈不上幸福，仅仅是满意而已”。

“任第一执政时呢？”

“当时我对于自己还缺乏自信。”

“加冕时呢？”

“我想，还在提尔西特时，我就认识到命运无常。普鲁士—艾劳战争给了我警示。尽管如此我赢了。我口授了和谈条件，沙皇和普鲁士王都向我大献殷勤。哦，不，这还不是最美妙的时候。最美妙的是在意大利取得了初期的一连串胜利。人们围着我高呼‘自由万岁’，那时我才二十六岁，已经看到自己将有怎样的出息。我看到整个世界被我踏在脚下，我仿佛升到了空中。”

突然他停了下来，轻声哼唱起一首意大利歌曲，然后站起身说：“十点了，该睡了。”

想想以前的赫赫功绩，再看看如今关于幸福的对话，就可以知道这种比较是何等苍白！他只有在事业中才能找到生命的真谛。幸福就体现在成功里。回首往事，他偶尔也会对某个瞬间说：停留一下吧！可同时他又会对这个瞬间产生怀疑，怀疑自己只是感到“满意”，而并非觉得幸福。最后他的耳边回响起山呼万岁的声音，仿佛他又回到了青年时代，又开始向上高飞。而如今，热带的阳光残照他生命的末年，荣誉再一次浮现在他的眼前：这就是这位古典主义信徒一心追求的东西。

年轻时在科西嘉岛上，他就感受到荣誉的魔力。在这流放之岛，他依然对之俯首听命。使他名满天下的正是他的赫赫武功。他曾问，在巴黎是否有人不知道他。其实他所想问的不是巴黎，而是全世界。拉斯卡斯告诉他，在威尔士杳无人烟的山谷里，就连一个牧童也会向人打听第一执政的近况。中国人将他同帖木儿[7]相提并论。这些会使他暂时忘记在岛上的羞辱和无聊，专心享受他最幸福的时刻。往往报纸上的一则小事就能使他心神激荡：

反动派完蛋了！什么都摧毁不了真理。它在我们的壮举中闪耀。以前的污点已被荣誉之水荡涤殆尽。真理将永垂不朽……它可用来装饰我们的桂冠，为世人所拥护，为条约所推崇，它将变得妇孺皆知……它将统治整个世界，成为世界人民的信仰和道德。不管人们怎么说，这个新的时代已经深深地印上了我的烙印。我点下了第一把火，无论是敌是友，都将齐聚我的麾下，将我视为它的首要代表。即便我死了，我仍将是全体人民的权力太阳。我的名字将成为他们斗争的口号、希望的标志！

然而这种英雄情感却没有好的下场。政治上他过高地估计了自我牺牲的价值，这救不了他的王朝。他并没有看到这最后一幕对于人们的影响。他只看见了一个军人的死。在最后的战役中，他但求一死。他搜索自己的历史，以期选出一个最合适的时机结束自己的生命。他在谈话中经常提到这一点，就像一位剧作家在思考自己戏剧的高潮："我应该死在莫斯科，如此便可永保英名。上天若能在克里姆林宫给我一枪，将是多大的恩赐啊！我的王朝将统治一切。历史将把我与亚历山大大帝和恺撒等量齐观。可现在，我却什么都不是。"有时他又会想，在胜利到来之前死去，也许将对后世产生更为深远的影响："死在博罗迪诺也许会好些。那样我的死便可比肩亚历山大。死在滑铁卢也不赖。死在德累斯顿也许更好。不，还是死在滑铁卢好！这将赢得人民的爱戴与哀悼！"

一次，他总结了自己的一生：

"一言以蔽之：我的一生就像一首情节丰富、以悲剧收尾的叙事诗！"

17

浮士德　园丁　严寒与酷暑　科西嘉再次浮现　没有祖国　忠诚的背叛

旭日东升，屋里的人仍在酣憩。门口站着一个人，白色上衣，红色拖鞋，一顶宽边帽，一手拿着铁锹，一手摇晃着铃铛，催促屋里的人起来上工。按照计划,他们要修筑围墙、拓展沟渠、填海造田。门开了,帐篷也开了。大家从四处聚拢。他们手中拿着铁锹、钉耙和斧头,按照主人的计划,开始大展拳脚。

他俨然一个百岁高龄的浮士德。

这是他生命的最后一年。无论发生什么事,他已经铁了心要留在岛上。没有人帮助他绿化这个岛。他争执了一年,要求屡屡遭拒。最后他决定自己建一座花园。要有一道半圆形的墙来遮阴挡风,同时也可阻挡那些看守的视线。他还挖了好几个蓄水池来积蓄雨水。在墙的内侧培土、种花,还栽了二十四株大树,有桃树、橘树,窗前还有棵橡树。他在西班牙战争期间结识了一些英国炮兵。他们连同他的老朋友为他从好望角运来了树种。中国园丁、印度苦力、法国仆人、英国马夫都来帮手。医生、蒙托隆和贝特朗也一块来帮忙。值勤的英国士兵走过来时,看见皇帝正从御厨大臣手中接过一块草皮,仔细铺好。拿破仑深知必须善待外国士兵。因此,他对于这些移植过的草坪也格外照顾,还亲自浇水。

工程历时七个月完工。这座小花园虽然建造得匆忙,但仍不失为一个奇迹。连总督的女儿也曾偷偷地跑来看过。这是拿破仑创造的最后奇迹。

他知道自己时日无多,所以他想在剩下的日子里过得舒坦些。时常可以听见他吟诵伏尔泰的诗句:“复睹巴黎?此生无望。”他将今年的生日视作最后一个生日。他给小孩子们赠送礼物。“他们围着他坐在桌子旁边,他就像是整个家族的族长冲着每个人微笑。”

已经整整四年了。这年秋天,他第一次越过边界,骑马做了最远、也是最后一次郊游。

现在,只有夜里失眠时,他才会偶尔口授一些东西。他评论蒂累纳、腓特烈、恺撒指挥的战役,评论伏尔泰的《穆罕默德》、维吉尔的《伊内特》。他甚至对自杀也有自己的见解。他最好的秘书古尔戈和拉斯卡斯早已离岛回欧。有时他会持续敲击走廊的门,一敲就是一刻钟,还不时望望海鸥和云霞。他再也不用望远镜去找帆船了,他只是在等死。

法国再次爆发了反对波旁王朝的政变。这是由军队发动的,涉及面极广。消息传来,他却毫不激动。他生命的最后半年中,两次拒绝了逃离。他说:“我必须死在这里。这是天意。如果去美国,要么被杀,要么被忘。只有殉道才能够拯救我的皇朝。所以我将留在圣赫勒拿岛上。”

他已然病入膏肓。他的父亲死于肝病。三十多岁时，他就预感到，他会像他父亲一样。岛上的气候过于恶劣，即便是一个肝脏正常的人也会饱受其苦，更何况是他。他的肝病不断恶化。他说，他的胃火辣辣地疼。病痛发作起来，他会满处打滚。他感觉胃如刀割，浑身发冷，就算放上六块敷布替他热敷，他还是觉得不暖和。他感觉内如火烤，体表却无比冰凉：这与他的身体和灵魂的关系何其相似。

他密切关注自己的病情，琢磨其意义。不向他讲明药效，他坚决不吃。他有时会呻吟道："我已恋上了床，给我皇位我也不换。我怎会变得如此可悲？我向来不怎么睡觉，而今却整日昏沉。就连睁个眼也得费尽九牛二虎之力。我曾同时向四个秘书口授不同的事情。那时我才是拿破仑。"他的感情时而洋溢，时而嘲讽。仆人告诉他，天空中出现了一颗彗星。他说："那就是恺撒死前的征兆。"医生告诉他，根本没有彗星。他又说："没有彗星也会死人。"

他的医生是个科西嘉人，叫安东马尔基。和总督吵了一架后，皇帝有一年没有医生。他母亲最终给他弄来了一个医生、两个神父、一个仆人和一个厨子。多年隔绝之后，皇帝终于得到了他母亲的一些消息。有一次他简短地概括了母亲对他的意义："无论现在还是过去，我的一切源自我的母亲。她教给我基本原则，教我养成工作的习惯。"

而今，这个孤独的病人身边有五个科西嘉人。真正顶用的只有两个：仆人和厨子。两个神父一个年老耳聋，行动不便，口齿不清；另一个刚从神学院毕业，一无知识二无教养。而那个年轻的医生则狂妄而浅薄。可看看自己的老乡，会勾起皇帝对故土的回忆。他以前一心想做一个法国人，所以一直压抑着对故乡的感情。现在，这种乡土情结终于复苏。拿破仑生是意大利人，死也是意大利人。

现在他常说意大利语。就是讲法语也会掺进一些意大利语。某天，他读到有一个议员攻击他，说科西嘉人连给古罗马人做奴隶都不配，可法国人竟然从他们中选出了自己的领袖。他认为这是对科西嘉人的巨大认同："连古罗马人都知道，科西嘉人不可奴役。而且，科西嘉地处法兰西与意大利之间，作为两国统治者的出生地再合适也没有了。"

一夜之间，科西嘉又成了他的祖国。"啊，医生，科西嘉美丽的天空在哪里？我多么想飞回那里。那里的人民一定张开双臂欢迎我。那里曾是我的家啊。你认为同盟国能在科西嘉左右我吗？你知道我们这些山民，既勇敢又自负！岛上的一谷一溪我都熟悉！”他表示，以前他虽然从未关心过自己的出生之岛，可现在，他想当着全法国的面对故乡有所表示。然而不幸被囚于此让他未能如愿。他谈到岛民伟大的精神，谈到他们血脉中凝聚下来的有仇必报和推崇荣誉，他还谈到保利。“那里一切都好，就连土也是香的。我就是闭上眼睛也认得出来。别的地方我找不到这种感觉……唉，我出生的房子已不是我的了，我没了故乡，也没了祖国。”

这个魂灵在失去了祖国之后终于认识到了这一点，可惜太晚、太过痛苦，也太过间接了。或者他说得太晚了。海水的这端击打着圣赫勒拿岛的岩石，那端撞击着科西嘉岛的礁石。而今，他的情感成为联系这两座岛屿的纽带。他一再否认科西嘉是他的故乡。而圣赫勒拿岛却属于他的敌人。它虽然位于法国境内，周围的海域也属法国，但是他却从未征服过这个国家。

那个科西嘉医生并不十分同情皇帝。他不相信拿破仑病起来真那么痛。他以为皇帝无论做什么都一定隐藏有某种政治动机，皇帝只是想借此返回欧洲。尤为过分的是，他居然在皇帝发病时擅离职守。当初皇帝为了达到一些政治目的曾经称病，现在不得不自食其果。在他行将就木之际，他的这位老乡却以为这种痛苦纯属做作。两人之间严重不合。病人想赶走这位医生。他给总督写信，要求把安东马尔基送回欧洲。总督对此极为高兴，这意味着他的胜利。他正好坐收渔人之利。拿破仑去世前四周，这个看守又想闯进来看看他。这个刺激对拿破仑的病情大大不利。

忠信之人日渐减少，仿佛是在印证他蔑视人类的观点。他生命的最后几周里，这名囚犯眼睁睁看着他的四个仆人和年老的神父返回欧洲。另外两个病了，剩下的两名副官也在考虑归期：蒙托隆与夫人通信谈论寻找替身的事。贝特朗在其家人的逼迫下，决定放弃陪伴皇帝，返回法国。为了留住他，蒙托隆告诉他，皇帝说自己身患重病，并非是为了左右他的决定。贝特朗最终宣称留下，皇帝听了极为高兴，身体也有了点起色。只有一个人从没想过离开皇帝，那就是仆人马尔尚。皇帝对他说：“再这么下去，就只有你和我留在这儿了。你会继续照顾我，直到我死。你还得帮我合上双眼。”

一次，他最忠实的朋友突然吐露出心中的隐私，这让他着实难受。在一次争论中，贝特朗嚷道："废黜路易十六之后，如果国民大会拥立奥尔良公爵，那将是我平生最惬意的一天。"皇帝一言未发，但后来痛苦地说道："贝特朗可是我一手提拔起来的，现在却反过来怪我！"

随着体力日衰，他很想找些精神上的依靠，他有生以来第一次请求他的亲戚帮忙。他口述了一份关于自己病情的通报寄给了他最喜欢的波丽娜，其中写道："皇帝殷切希望殿下能将此详情告知英国的当权者，他最终无依无靠地死在了这可怕的岛上。他的垂死挣扎十分凄惨。"

4月中旬，即死前的三周，皇帝让人把门锁上，向蒙托隆口述他的遗嘱。写完之后蒙托隆又将遗嘱向其重述一遍，因为只有经他亲手书写才能免遭怀疑。皇帝坐着写了五个钟头，出了一身的冷汗。这是一份显示了政治家的伟大和人类的情感的文献，这份文件是对他一生的概括。

18

遗嘱 作为继承人的士兵 遗赠 作为继承人的儿子 姓名的命运
政治遗嘱 敦促谅解 未来国王的使命 欧罗巴合众国

他在遗嘱中宣称自己信奉罗马天主教，他生于此环境，重建了它并将永远守护它，可他的内心从来不曾接受它的教义。接着，他又想到英雄之墓的荣耀。他虽非法国人，却被全法国选为法国人。他也以法国的口吻写道："我希望能把我的骨灰安葬在塞纳河畔，安葬在法国人民中间。我是如此地热爱你们。"

他接着想到了自己的儿子。他将身后的所有希望都寄托在儿子身上。他希望儿子能将权力、财富、训示集于一身。他向他的"爱妻"保证，他对她的爱始终未变。他希望她能将儿子视为心头肉。虽然他的儿子现在是奥地利王子，但他不应忘记自己是法国人。他绝不能成为一个暴徒压迫欧洲人民的工具。首先要防范的暴徒就是这个孩子的外公。

接着是对敌人的致命一击："我过早地死去，始作俑者就是英国的独裁者和他们雇用的杀手。"他又用保民官的口吻煽动道："英国人民会为我复仇的。"在这一部分的结尾，他说他的失败原因是"马尔蒙、奥热罗、塔列朗和拉法耶特的背叛，当时法国其实不乏支持者”。他又补充道：“我宽恕他们。”可是，这句话虽听上去基督味十足，却闪动着挑衅的光芒：“祈愿未来的法国能像我一样宽恕他们。”

然后他用一种贵族式的文体来感谢他亲爱的母亲和兄弟姊妹，感谢他们多年以来对他的关怀。他原谅了路易的诽谤，这些毁谤曾结集出版。接下来是他的财产处置。

十四年来，他省吃俭用，节省了内务府的不少开销。这些构成了他的基本遗产。他还自掏腰包，为王宫购置了首饰、家具、银器。他在意大利也有财产，总价超过2亿法郎。他强调说，什么法律也不能没收这笔财产。有许多官兵参加了1792年至1815年的战役并得以生还，这笔财产的一半将分配给他们。分配的标准就是他们服役时的薪级。另一半则分给那些备受侵害的省市。这一举动将使新政府备受道德的谴责，因为当年他退位时，波旁王朝没收了他的钱和物。这也可以加强军队和人民对他的好感。他同时希望这能对他的皇朝产生积极的影响，就如安东尼公布了恺撒遗嘱所产生的效果。

接着他列出了九十七名受赠人。他想了十天，敲定了这份名单。“他一直在想谁该受益。每天他都回忆谁曾服侍过他。这笔钱大约有2 000万法郎。他觉得这笔钱比前面的内务府收入要可靠。其中有600万现金是他离开巴黎时存起来的。

谁是受赠人呢？

蒙托隆获得200万法郎，贝特朗和仆人马尔尚各50万法郎。马尔尚虽是仆人，却被拿破仑称为朋友。这种事情绝无仅有。拿破仑补充说道，他希望马尔尚能与他的老近卫军军官联姻。他指定马尔尚、贝特朗和蒙托隆为遗嘱执行人，并命令他们在文件的每一页上都盖上章。拿破仑手写的最后文件上便有四个人的盖章：皇帝的鹰章，两位旧贵族伯爵的印章，还有一名普通老百姓的签名，因为皇帝极其信任他，所以他将负责执行皇帝最终的意愿。“他为我服务，但纯粹是朋友式的。”

凡是在圣赫勒拿岛上服侍过他的，都将得到一部分财产。几个医生也有份儿，他们中有一人被皇帝称为自己见过的最有德行的一人。然后他将剩下的另外一半分成10万法郎一份，分赠给关系亲密的将领、秘书、两名作家、厄尔巴岛卫队、阵亡将领的遗孤。还包括马夫、仆人、传令官、猎人、一名埃及领骑官、看门人、图书管理员、科西嘉世交的后代和他的奶妈的后裔。他虽然过去多次接济过他的奶妈,但她却总是容易陷入困窘。还有他当年在奥克斯诺学习时一位老师的子孙,土伦战役中的统帅之后。有一位议员为了他能进行土伦计划而与整个参议院作对。阵亡副官米尔隆曾为了掩护他而牺牲。为了纪念他,皇帝用这个名字来给一艘船命名,并让人用这个名字称呼自己。他们的子孙也在受赠之列。还有一个下属曾被指控计划谋杀威灵顿而后又被无罪释放。皇帝曾这样评述道:"他完全有权杀了那个寡头。因为威灵顿把我送到圣赫勒拿岛上来,企图借英国利益置我于死地。他如果真杀了威灵顿,也可以用法国利益来为自己开脱。"

他用革命的呐喊结束了受赠者的名单。在给执行人的命令中他还罗列了下列物品:俄罗斯的孔雀石家具,巴黎市赠送的金质餐具,波丽娜用钱在厄尔巴岛上置办下的产业,存在威尼斯、价值500万法郎的水银,威尼斯大主教遗赠给皇帝的财产,藏在马尔梅松的黄金与珠宝,这笔钱没有赠给约瑟芬,也许还能被找到。这是一个国王也是一个冒险家幻想出来的财产清单。

他将一盏小银灯赠给母亲。这盏灯伴随他在圣赫勒拿岛上度过了六年的不眠之夜。他的兄弟姐妹都得到了馈赠。他提到了约瑟夫和吕西安,好像彼此之间从未有过龃龉。每人可以得到一件绣花的披风、一件上衣和一条裤子。而在生前拿破仑送给他哥哥的是一顶王冠,并许诺将会送另外一顶给他的弟弟。

拿破仑主要的继承人还是他的儿子。首先,他的儿子将继承所有的武器、马鞍、马刺、纹章、书籍、衣物、行军床。在清单的最后他补上了一句庄严的话:"我希望他能将这笔小小的遗赠视若珍宝,以此纪念他众口传颂的父亲。"这份清单还包括两条睡裤和两只枕头套,以及"我在奥斯特利茨的佩剑,在乌尔姆、艾劳、弗里德兰、吕堡、莫斯科、蒙特米瑞用过的金质旅行箱,1815年3月20日在杜伊勒里宫路易十八的桌子上找到的四个匣子。我的闹钟是腓特烈大帝曾经用过的,我从波茨坦把它带到了这里,放在第三个匣子里。一件蓝色大衣,那是我在马伦哥时期穿的。还有我任第一执政时的佩剑和荣誉军团的绶带。"每一项物品之后他都会指定一名亲信亲自保管。他儿子年满十六岁便可以接受这些东西。

他要求马尔尚保存他的头发，请人做成手链，加上金质锁扣，送给他母亲、兄弟姐妹和皇后。接下来的一句话尤为感人："稍大一点的手链由我儿子保存。"他搜肠刮肚，思索哪些东西可能令自己的儿子感兴趣："回忆我将成为他生命的荣耀。人们将为他提供一切条件，以方便他实现这一目标。如蒙幸运恩赐，他可望重登皇位。所以遗嘱执行人有义务向他解释，对于我那些年长的军官、士兵和忠实的侍从，他究竟欠他们些什么。"事实上这些人为了见到他儿子真是无所不用其极，并竭尽全力想让他儿子明白事情真相和其中关系。小拿破仑稍大点以后，他的母亲和兄弟姐妹应写信告诉他，他父亲的军官和仆人的孩子们愿意服侍他。他的母亲应通过一些珍贵的遗物向他的儿子展示自己，例如通过她的画像、拿破仑父亲的画像或是一些珠宝，来帮助他儿子重塑对祖父母的记忆。

他便以如此朴素的情感结束了自己的一生。他还用如此煽情的语言提到了祖父母。然而接下来的一句话却隐藏着一道深渊："一旦我的儿子成年，且没有什么不便，他就必须恢复拿破仑这个名字。"

他为他唯一合法的继承者作了周到的安排，最后在第37款中有几行这样的话：他希望小莱昂从事文职，亚历山大·瓦莱夫斯基成为军官，为法国效力。但是他没有想到，他的婚生子夭折几十年后，浪荡而不务正业的小莱昂作为一个厨娘的丈夫在美国结束了他的一生。而瓦莱夫斯基伯爵后来却做了部长，主导着法国的命运。他面庞清秀，表现出天生的聪慧，也向人们展示他是何人的爱情结晶。

他还写了另外一份遗嘱给他的合法继承人。在他弃世前两周的一天夜里，他把蒙托隆叫来。在最后几周中后者尽心尽力地伺候着他。蒙托隆回忆道："我走进去，他端坐在床上，双目炯炯，我真怕他烧坏了。"皇帝对他说道："没事。我和贝特朗谈过，执行人该对我儿子说些什么……我还是想再给他些建议！你记一下。"

接下来的这份政治遗嘱长达十二页。其中没有一个字涉及战争，有的只是和平。他提到了欧洲，从中可以看出由他肇始的19世纪全部思潮。这也是他对后代统治的展望，就如同他在亲自统治。他批判了自己的事业，但极为自豪。他渴望建立新的政体，并对20世纪发出警示。他从这个岛上向欧洲呼吁，呼吁各民族团结起来，增进各民族间的理解，在自由、平等、文化、才智和贸易方面达成谅解。而这一切都源于生命垂危的拿破仑,源于一个不眠之夜。那时,他还发着高烧。

我的儿子不该想报仇之事。他得从我的死中得到教训。和平统治应该成为他努力的目标。如无必要,不得模仿我而重启战端,否则便是愚孝。重走我走过的路就等于否定我的一切……同一个世纪,不要将同样的事做上两次。过去我出于不得已动用武力,以期征服欧洲,而今,却必须说服它……我的新思想已经在法国和欧洲生根。这些新思想不可能再倒退回去。但愿我的儿子能收获我播下的种子……

英国人为了粉饰自己的罪过有可能帮助我的儿子返回法国。但为了和睦英国必须不顾一切,照顾到它的商业利益。这种无奈会有两种结果,对英作战或与英国瓜分世界贸易。目前只有后者可行。法国在今后很长一段时间,外交比内政重要得多。我给我的儿子以足够的力量与同情,他一定能凭借高贵而互谅的外交继续我的事业。

……我的儿子绝不能借助外国势力夺得皇位。他不能为了统治而统治,而应该争取后世的赞扬。他应当竭力接近我的家族。我的母亲具有古典美德……若治理有方,法兰西民族是世界上最容易统治的民族,思维敏捷而透彻,能迅速区分敌友。但一定要顺着他们的脾性,否则的话他们的思想会变得不安分,会引起骚乱,诱发暴动……

他要蔑视一切政党,只接近民众。除开叛国贼,他必须尽弃前嫌。他应唯才是举,唯功是赏。

在法国,高贵的人也许无甚影响。依赖于他们无异于沙地建房。在法国,唯有依靠民众才能有所成就。

……我从来都是依靠民众。我做出了一个极好的榜样,建立起了一个政府,照顾到各个阶层人民的利益……民族利益的分裂会导致内战。天然不可分的东西便绝不能分,否则便将毁灭它。我并不重视宪法,但基本原则应是普选。

我所提拔的贵族对我的儿子没什么用。

我的独裁是不得已。有许多权力我并不想要,但人们总会强加给我……对我的儿子来说情形会有所改观。他的权力将引发争论,他事先就应当估计到人们要求自由的愿望。君主不应为了统治而统治，而是要启蒙民智、传播道德和富足。空头支票起不到任何帮助。

……两种同样有力的热情鼓舞着法国人民，它们看来似乎相互矛盾，但确系同源，即爱自由、爱荣誉。政府行使绝对公正才能满足这两种愿望。为政并不需要完善的理论，而只需因时因地有所作为。人们必须清楚，必须服从需求、追寻利益。

出版自由应成为政府手中的强有力的辅助工具。政府可以借此到处传播健康的观点和正确的原则。忽视出版自由，无异于临渊酣睡……要么疏导，要么压制，否则就会危及自身。

我的儿子应具有新思想，并应继承通过胜利所致力的事业：将欧洲统一为不可分的联邦。

欧洲的巨变无可避免。要制止这一转变，无异于精卫填海。唯有积极参与，方能够成就众人共同的心愿和希望。

我儿子的地位将是困难的症结。环境所迫，我可以动用武力来解决某些问题，可我的儿子只能寻求大家的一致赞同才能解决它们。要是我1812年击败俄国，将可一劳永逸地解决未来一百年的和平问题和民族矛盾。现在，人们必须自己去做了。今后对于重要问题起决定作用的不是北方，而是地中海沿岸。这一地区各国的野心很好满足。文明国家为了获取幸福只需付出一小块土地。君主们应该明白，欧洲不应当是国际仇恨的策源地。

消除偏见，扩大利益，加强贸易，没有哪个国家能垄断贸易。

你们灌输给我儿子的一切将起不到任何作用，除非他的本性中没有燃起任何神圣的火焰，心中对善没有任何向往。只要他有那么一丁点，就将使他成就大业。我希望，他为他的决定感到荣耀。

如果他们不让你们去维也纳……

遗嘱至此戛然而止：就像先知在叙述神谕时突然辞世。这个垂死之人在病榻上还不忘教育他那可怜的儿子，他的这番训示在一百年后依然可以教育欧洲。今天有哪些国家问题，如何解决，这个天才已经给出了答案。

19

梦境 正式死亡 死亡辩白 最后困窘 公开的数字 最后命令 长逝

思想一泻千里之后，创造的源泉枯竭了。美妙的梦境浮现在眼前。命运似乎要让他安乐地死去。完成遗嘱后，他躺在那里，无痛无忧，希望的云彩环绕着他。

> 如果我死了，你们都能返回欧洲，你们可以重新见到你们的妻子，而我将会在天堂与勇士们重逢。他们会向我走来。达武、迪罗克、内伊、缪拉、马塞纳、贝尔蒂埃，我们一起谈论共同开创的事业。我给他们讲述我后来的际遇。看到我，他们一定会重燃昔日的热情，回想往日的荣誉。然后我们会同西庇阿、汉尼拔、恺撒、腓特烈谈论我们的战争。这是无比惬意之事！世上的人若看到这么多杰出的将帅会聚于此，一定吓得够呛！

这就是一个垂死之人的奇思妙想。关于他生活的对话数以千计，可那些都不能如此真切地反映出他灵魂的天真。此时，这个灵魂似乎半梦半醒：他孩子似的描绘出一个英雄的世界，他的将领们与古罗马的将领们待在一起。他生活在天堂似的田园中，这里到处都谈论着大炮。谈话之际，那个英国医生走进了房间，拿破仑最终是同意接受这个医生的治疗的。

就在此刻，他内心的笛声突然中断，鼓声则再次响起。政治家回到了现实。他像平时一样，立即换了一副腔调，中间没有任何过渡或准备，发表了对自己正式死亡的观点。

> 靠近些，贝特朗，你把我说的逐字逐句地翻给这位先生听。有些人想要我死，他们做到了。我投奔英国人民，希望托庇于英国了却残生。然而他们竟践踏了国际法，公然给我套上锁镣……英国说服了各国君

主，于是大家看到了世上最骇人听闻的一幕，我孑然一身，被四个强国大肆攻击。在这岩石岛上，你们是怎样对待我的！但凡能折磨我，你们无所不用其极！……你们处心积虑，要慢慢将我折磨致死。那个无耻的总督就是你们的大臣们派来的，他就是杀害我的刽子手！就算是死，我也要像高傲的威尼斯共和国那样！我能遗赠给英国王室的就是杀我的刽子手这个头衔！

发泄完后他倒在了枕头上。医生站在那里，不知所措。皇帝的亲信也惶恐不安。这算什么？结语、抗议还是咒骂？这不过是政治行为！晚上，他让人给他念汉尼拔的征战录。

第二天，4月21日，距他去世还有两周。他让人把科西嘉神父叫来。自从神父来岛后，他每个星期天都做弥撒。但除此之外他与这个神父不相往来。此时，他说：

“你知道什么是停灵会堂吗？你以前主持过这种会堂吗？没有？那你现在就主持我的吧。”然后拿破仑给他讲了一些细节：“我死后，你要在我床边设置祭坛，按常礼给我做弥撒，直到我入土。”

晚上，神父和他待了快一个小时。因为神父带的神器不齐，这一个小时他只是和皇帝随便聊聊，而没有听他的忏悔。无论现在还是过去，四十年来皇帝从未吃过圣餐。

病人的身体完全垮了。他几周都没有刮过胡子了，面颊深陷，脸色黝黑。现在他让人把床搬到了客厅，因为他的卧室太窄了。胃疼会让他抽搐不止。不疼的时候，他会想该把什么赠给谁。有时他也会打个盹，梦见几个女人出现在他面前，可却没有玛丽·路易丝。“我看到了亲爱的约瑟芬，可她不愿拥抱我……她没有变，依然那么爱我。她说我们马上会重逢，再也不分开了。她向我保证——你看到她了吗？”就像梦见那些将军一样，这次的幻觉来自孩子的天堂，童话的国度。

病情若稍好些，他会让人读最近的报纸。报上若有人攻击他，有时会令他情绪激动。他令人把遗嘱拿来，费力地扯掉封印，一言不发，用颤抖的手写道：

我下令逮捕当甘公爵并把他送上法庭：因为这对法国人民的安全、利益和荣誉十分必要。阿托斯伯爵供认，他那时在巴黎豢养了六十名刺客。

就像两个幽灵相对而视：一个是已死的波旁王朝，一个是将死的波拿巴。

4月27日，他又让人取来遗嘱，费力地重新盖章。他让人重新给箱子和柜子里的东西列清单，把重要文件装入信封，亲手给每个信封写上说明。在此期间他不停地呕吐、发抖，他让在场的所有人都盖上章，核对包裹清单。他对英国是如此不放心！

还有什么要做的吗？床上的还有一些东西没处理。“我的身体差极了，没时间了，得赶快做完。”这是什么？奥坦丝的钻石项链，她出入杜伊勒里宫的宴会时，它在她的脖子上放射出耀眼的光芒。拿破仑快要离开马尔梅松的时候，她亲手把它缝在他的腰带上。现在他把这串项链送给了他的仆人马尔尚。还有一个金质鼻烟壶，上面没有任何图案。他费力地用小刀在上面刻下一个“N”，把它送给了医生，并说道：

“我明确要求解剖我的尸体。特别要认真检查胃。我认为我和父亲死于同样的病。请路易将我父亲的死亡报告寄来，你可以与你的检查结果比较一下。如此，便可以使我的儿子不会患上这种病。请你告诉他如何预防，至少要让他免受我所受的痛苦。”

肝病折磨了他六年，他也就骂了六年岛上的天气。几天前他还在指责英国故意借此天气杀害他。但若进行尸体解剖，便有可能否定他的阴谋论。是的，他知道。但这一切都是为了他的儿子。他希望被解剖，是为了儿子能避免患上这一家族病。

都准备好了吗？可以开始了吗？等等，还得给英国当局写一份正式通知。他口述了下面这封信：

“总督先生！由于长期病魔缠身，拿破仑皇帝于 × 日龙御宾天！兹告此事……望贵国政府将其遗体运回欧洲及安排随从返欧。预为见告。——蒙托隆伯爵，签字。”

拿破仑一生口述过六万多封政治信函。这封信通告了他的死亡却没填写死亡日期。也许这是他一生最出色的通告了。谁能料想，一个人身经大小六十多次战役，屡受死亡威胁，临死之际依然能如此镇定、好整以暇呢？他一生惯于发号施令，可这些文字却让他的生命在结束时转了一个奇异的弯。只希望这封令人毛骨悚然的信不是他的最后一封信。

这的确并非他的最后一封信。4月29日，高烧一夜之后他又口述了两份文件，一是如何利用凡尔赛宫，一是改组国民军。但这两份文件却没有收件人：写给军务大臣或工程大臣。这两份文件的标题分别是“第一梦想”和“第二梦想”。然后他说：“我此刻感觉很棒，我能连着骑上十五英里马。”可第二天他就浑身发冷、不省人事。这样又熬了五天，终于驾崩。

然而拿破仑·波拿巴没那么容易了账。最后的五天里他曾一度回过神来，赶紧下达命令，发表意见：

“一旦我失去知觉，绝不能让英国医生进来……你们要忠于我，绝不能损害我的名誉。我全部的法律和行为都基于最严格的原则。然而形势严峻，我无法宽以治国，只能留待后人了。可其后变故迭出。弓满易折。我本想引进自由体制，可惜却无缘在法国推行。但全国人民都了解我的本意是好的。他们热爱我的名字，欢庆我的胜利。你们也得这么做！遵守我的原则，维护我的名誉！”

他的思想依然围绕着他的事业。这是一个垂死的雕刻家，眼神凄怆，目力之所及，尽是断章残篇。他用尽最后一丝气力道出他的本意。

第二天他又开始幻想新的东西：在科西嘉岛上的少年时代。此时他间或会想起他的儿子。他想象他在科西嘉岛上的产业。忠实的马尔尚精确地记录下这段话：

“阿雅克修的房产及附属建筑、盐场附近的两幢房屋和花园、在阿雅克修的所有产业，这些全都留给我的儿子。这将使他每年获得5万法郎的收入。我留给他……”

这是拿破仑的最后命令。他曾征服了半个世界，后来却又失去了它。临死前他一直发着高烧，科西嘉岛上他母亲的那幢房子和他的儿子又出现在他面前。他原本想留给儿子的遗产是这半个世界。为使儿子免于潦倒，他将他并不拥有的房子留给了儿子。随后他的思想又从亲情转回，他又成了一名军人，驰骋在意大利战场上，那是他的第一次战役。早年故友在他身旁飞奔。他叫道：

“德塞！马塞纳！这关系到胜利！快！前进！我们胜利了……”

第二天神父不请自来。他从长袍下拿出不愿让人见到的神器，他要求与行将就木的病人单独在一起。一会儿，他出来了，说道：“我为他举行了临终涂油礼。可他的胃无法享用圣餐！”

可怕的最后一夜，凌晨皇帝在高烧中呓语道：“……法兰西……陆军统帅……”

这是他最后的遗言。

稍后他突然爆发出惊人的力量，一跃而起，一把拉过守护着他的蒙托隆，死死抱住他，在地上滚作一团。他抱得太紧，蒙托隆既叫不出声，也无法脱身。阿香波听到动静，冲了进来，救下了蒙托隆。谁也不知道在这最后的一战中皇帝想掐死哪个敌人。

这以后的一整天他安静地躺着，呼吸均匀。他曾表示要喝水，但却无法下咽。人们只能把浸了醋的海绵放在他的嘴边。屋外，雨雾笼罩。屋内，一名旧贵族伯爵和一个平民守护在奥斯特利茨行军床边。

五点刚过，东南信风呼啸而至。房前新栽的两棵树被连根拔起。

同时，病床上的人寒热交织。看不到痛苦，两眼圆睁，目光呆滞，似乎是在沉思，喉咙里发出呼噜呼噜的响声。热带的太阳沉入大海之时，他的心脏停止了跳动。

20

收场　硕果累累　复活

中午耀眼的阳光下，工作室的解剖台上躺着拿破仑的尸体，上面血迹斑斑。五名英国医生、三名英国军官和三个法国人围绕着解剖台。那个科西嘉医生解剖了尸体，取出皇帝的肝，像是给学生作演示，解释道：“请看，胃的溃烂部分覆在肝上。先生们，能得出什么结论呢？圣赫勒拿岛的气候加剧了胃病，导致了皇帝的早逝。”

投票表决：英国对法国。多数人认为他的内脏完好，而这个科西嘉医生能用手指穿过溃烂的胃壁。写检验报告。

皇帝的遗体上涂上防腐香料，上面覆盖上马伦哥战役穿的镶金大衣。全体英国守军自愿列队前来吊唁。所有见过遗体的人都说他的表情安详而宁静。加冕之时，他的仪表颇似古罗马的皇帝，现在却恢复了少年的消瘦。英国拒绝将遗体运回欧洲。于是在一处幽谷挖了一个墓穴，旁边有两处泉水，水边各有一株柳树。下葬时，按照英国将军的礼仪，鸣放了三声礼炮。旗帜在风中唰唰作响，上面绘制的图案却是用来纪念英国在西班牙的胜利。总督是此岛的主人，他声称他已宽恕了皇帝。

人们从大炮的基座上卸下六块石板盖上墓穴。可这位昔日炮兵军官的墓还差一块石板，因为再也找不到相似的石板了。人们只好从一幢新房子的灶上拆下三片瓦来代替。总督不许在墓碑上只刻“拿破仑”，而必须刻“拿破仑·波拿巴”，因此墓碑上一直没有刻字。长林的家具都被拍卖光了。房子被一个农夫买下，用作磨坊。而皇帝住了六年的两个房间又恢复了原来的用途，成了牛栏与猪圈。

英国只做了一件尊重死者的事：在墓旁设立岗哨。英国哨兵轮番守卫了十九年，直到死了的皇帝被运回巴黎。

现在，一切都回到了欧洲。

在伦敦的大街上，总督被拉斯卡斯的儿子用鞭子一顿狂揍，落荒而逃，不知所终。对于拿破仑要负全责的部长，郁郁寡欢，最终割脉自杀。一夜之间，全英国都对圣赫勒拿岛口诛笔伐。

科西嘉医生去了意大利，吕西安拒绝见他。在帕尔马，玛丽·路易丝也拒绝见他。他最终在剧院的包厢中才见到她。在罗马他见到了莱蒂齐娅·波拿巴。他用了整整三天的时间给她讲岛上发生的一切。他把银灯交给她，便返回科西嘉岛。莱蒂齐娅坐在壁炉旁，为次子拿破里奥尼而哭泣。

她又活了十五年，比她的女儿爱丽莎和波丽娜活得都长。直到谢世，波丽娜的手中还拿着那面镜子。她也死于几个孙子、三位教皇之后。她半身瘫痪，双目失明，总是坐着，对着皇帝的半身像。不变的只有她的精神和悲哀。

她像一个女王，在自己的宫中接待一切忠于皇帝的人。她的仆人还穿着拿破仑的朝服。她的车子也刻着拿破仑的纹章。这些衣服和车子后无来者。她有时也会听到维也纳，听到她孙子的消息，但她从不许这个孙子来看

她。她的小孙子二十一岁就死了。到了这个时候，玛丽·路易丝才给她写信。她没有回信。最后，她被准许回家，但她拒绝了，因为她的孩子们还没获得同样的权利。

皇帝死后九年，波旁王朝垮台，奥尔良派取而代之。新国王意识到了波拿巴派的强大，下令在旺多姆圆柱上重新竖起十五年前被拆除的拿破仑像。热罗姆将这一消息告诉了患病的母亲。她的健康状况立即好转，并能下床走动。她走进很久未曾涉足的客厅，失明的双目寻找着皇帝的半身像，喃喃自语：

"皇帝又站在了巴黎的中心！"

译注：

① 克洛维：法兰克王国的建立者，墨洛温王朝的奠基人。墨洛温一词就来自其家族所属半神话性家族的创始人。

② 提比略·格拉古：罗马贵族，公元前133年当选保民官，开始进行土地改革，但遭到当时保守贵族的强烈反对。后因其举动有独裁之嫌，给保守的元老采取暴力提供了口实，在谋求连任过程中被杀害。九年后，他的弟弟盖约·格拉古继承了他的事业，但遭到同样的命运。

③ 涅尔瓦（96—98）、图拉真（98—117）、哈德良（117—138）、安东尼·庇护（138—161）、马可·奥勒留（161—180）并称"五贤帝"，在他们的统治下，罗马帝国盛极一时。尤其是在图拉真时代，罗马帝国的疆域达到最大。

④ 五贤帝之后，罗马走向衰亡。但284年，皇帝同时也是杰出的军事家戴克里先开始重组帝国。这是罗马中兴的开端。

⑤ 阿喀琉斯和赫克托尔分别是希腊和特洛伊军中最勇敢的人。阿喀琉斯由于和希腊主帅阿伽门农闹矛盾，曾一度离开希腊军队，这导致了他最要好的朋友被赫克托尔杀害。在得知好

友被害的消息以后，他重新披挂并为好友复了仇。但在普里阿摩斯的眼泪面前，阿喀琉斯动了恻隐之心，将赫克托尔的尸体还给了他的父亲。

⑥ “波拿巴”一词原为Buonaparte，带有意大利色彩。开始对意作战后拿破仑去掉了其中的字母u，使其不再像意大利语（见本书第二章第1节）。

⑦ 帖木儿（1336—1405），西方史学家以帖木儿帝国为成吉思汗帝国之再现。他可能因脚部略有缺陷而被称为Timour Lenk或Tamerlan，就是跛子的意思。1397—1403年，帖木儿横扫整个小亚细亚半岛后，达到了他事业的顶峰。他本可迅速横扫欧洲，可此时，中国遭靖难之变。消息传到小亚细亚，帖木儿立即决定放过手下败将土耳其和埃及，回师中亚，去准备他的中国远征。只有征服蒙古和中国，他才能名正言顺地成为全蒙古的大汗。可就在此时，他却一命呜呼。在他死后，帝国迅速解体。事详《新元史·帖木儿传》。

后　记

描写一个人的生平或一个时代的历史，是两件在意图和技巧方面都不相同的事。有人曾试图把两者结合起来，结果枉费心机。普鲁塔克放弃了后者，卡莱尔[①]放弃了前者，两位大师因此幸运地达到了自己的目标。从根本上说，普鲁塔克的榜样尚未发现效仿者——自他以后，还没有人把依据严格的史实为伟人立传作为自己坚定的任务。

这一工作并不属于历史学家的研究范围，因为探寻真相需要的才能不同于描写。有的作家采用了自由的表达，将历史人物戏剧化，有的陷入了"历史小说"这一误区。正如歌德和拿破仑所说，这样做只会把一切都搅乱。

当一个人的人生里程碑不是由著作，而是由行为构成时，为他写传最为困难。恺撒、腓特烈大帝和拿破仑都是靠战场的胜利称霸天下的，但恰恰是这些战役对后世显得越来越陌生：法萨卢斯战役[②]、罗斯巴赫战役[③]、奥斯特利茨战役，如今只对军事院校还有些历史意义。如果这三人只是军事统帅，他们对后世所产生的精神上的吸引力，便不会超过克拉苏[④]、赛德利茨[⑤]和马塞纳。是政治天才使他们卓尔不凡。因为当政治家处于事业的顶峰时，他们承载着人类的命运。天才和性格的交汇处，便是探究伟人心灵的传记作家关注的焦点。

本书试图描写拿破仑的内心历程。由于他政治生涯的每一步都体现出他的个性，因此，他作为国家缔造者和立法者的思想，他在革命与正统间的态度，以及他对社会、对欧洲问题的看法，便成了描述的重要对象。我们觉得，拿破仑历次战役的经过，欧洲各国当时的局势，它们之间如气候般无常的联合和敌对,都是无足轻重的。

那些信件和可信的谈话录中记录的他与兄弟和妻子的冲突,他每一个感到忧郁或自豪的时刻,他的怒不可遏和面如死灰,他对朋友或敌人的手腕和善行,他对将军和女人们所说的每一句话,似乎比马伦哥战役的作战计划、《吕内维尔和约》或封锁欧洲大陆的细节重要得多。我们在学校里学到的关于拿破仑的知识,在本书中被压缩至最低程度;而学校里没有讲到的内容,在本书中则作了详细的描写。法国传记作家热衷于拿破仑的秘史,本书则并不局限于此,而是更多着力于再现拿破仑在公、私两方面的完整形象,再现他作为人的一面。同一天内的国家大事和儿女情长,往往在同一页里加以叙述,因为它们来源相同且相互影响;何况,内心的纷乱对重大计划的影响,往往超过任何谋略。

拿破仑的形象,与和他打交道的国家(不管这个国家是敌是友)并无多少关系。在本书中,这一形象既未被视为奇迹,也未被肢解成概念。在他生平的素描中,作者力图把握他内心的种种状态,因为这些状态自然而然地促成他的崛起,并最终导致他身陷圣赫勒拿岛的结局。不断地探索拿破仑的内心世界,从他内心的情感出发解释他的决断与顾虑、行为与痛苦、幻想与计算——这条情感的长链既是描述的手段,也是描述的目的。

为此,对其他人,甚至各位将军的描写都退居幕后。限于一册书的篇幅,作者不得不放弃那些无法揭示传主内心世界的内容。

要想描绘如此丰富的人生,必须跟上它的节奏。在此过程中,作者必须依赖传主的自述,不嫌其烦地让他自己来说话。因为一个人自己的陈述往往是最好的;即便当他出错或说谎时,也是在向了解真相的后人坦露自己。然而,作者必须忘记自己是了解结局的。只有置身于当时的情景来描写当时的感受,而不是根据结局感叹命运,方能使作品具有紧张的悬念。

作者便是这样设身处地地体会拿破仑心中的感受的。在本书的结尾,读者才看到一次超然物外的冷静分析——只有在引擎停下来后,我们才能去研究它。

这样的描写由于生动形象,容易使人误以为作品是虚构的。为了避免这一点,传记作者必须始终忠于史实。谁若相信事件的内在逻辑性而排斥偶然性,就不会篡改任何细节,不会歪曲某个日期或某份文件——虽然出于修辞上的原因,本书作者常对日期或文件略而不提。

除了内心独白,本书没有一个句子是虚构的。作者希望这本传记得到歌德对布里昂的《回忆录》那样的评价:“记者、史学家和诗人带给拿破仑的种种光环和幻象,在此书揭示的可怕事实前统统消失了。但英雄并未因此而变得渺小,反而显得更高大了。我们从中看到,真实的事物拥有多么强大的优势,如果你敢于把它说出来的话。”这首由命运创作的史诗,耽于幻想的人无从领会,只有热爱真实的人才能一窥究竟。

拿破仑用其一生写就的悲剧可谓千年不遇,理应再现给读者。一个人凭借自信与勇气、激情与想象、勤奋与意志,究竟能达到怎样的高度?拿破仑给出了这个问题的答案。今天,在这个革命的时代,机会又展现在能人志士的面前。欧洲的热血青年恐怕找不出比拿破仑更好的榜样、更大的教训了。在所有西方人中,拿破仑带给世界的震荡最为强烈,他也为此付出了巨大的代价。

埃米尔·路德维希

译注:

① 卡莱尔(Thomas Carlyle,1795—1881):苏格兰散文作家和历史学家。

② 法萨卢斯战役:公元前48年8月9日,恺撒在法萨卢斯一战中出奇制胜,以寡敌众,彻底击败主要对手庞培。庞培溃逃埃及,后被托勒密国王的部将杀死。

③ 罗斯巴赫战役:1757年11月5日,普鲁士腓特烈大帝的军队在罗斯巴赫大败奥地利军队。

④ 克拉苏:此处指古罗马政治家克拉苏的儿子普布利乌斯·克拉苏(Publius Licinius Crassus),恺撒手下著名将领,于公元前57年平定了相当于今诺曼底和布列塔尼的广大地区。

⑤ 赛德利茨(Friedrich Wilhelm von Seydlitz,1721—1773):普鲁士腓特烈大帝手下著名将领,在普奥七年战争中任骑兵总指挥,取得了罗斯巴赫等战役的胜利。

拿破仑年表

第一章

1769　8月15日,拿破仑出生。
1779　进入布里埃纳军校学习。
1784　进入巴黎军官学校。
1785　以少尉军衔毕业。
1789　重返科西嘉。
1791　4月：在瓦朗斯任中尉。
　　10月：返回科西嘉。
1792　在阿雅克修发动政变。逃亡。
1793　上尉。攻占土伦。
1794　2月：准将。
　　8月：被捕。
1795　6月：进入军务部。
　　10月：镇压巴黎起义。
　　内防军统帅。
1796　3月2日：成为意大利方面军指挥。
　　3月6日：与约瑟芬·博阿尔内结婚。

第二章

1796/1797　米莱西莫、卡斯蒂廖内、阿科拉、利沃里、曼图亚战役。
1797　在芒泰贝洛宫。
　　《坎波福米奥和约》。
1798　在巴黎待至5月。

5月19日：动身前往埃及。
金字塔战役。

1799 雅法、阿克、阿布基尔。
10月7日：抵达法国。
11月9日：雾月十八日政变。
12月24日：第一执政。

第三章

1800 6月14日：马伦哥战役。
12月24日：保王党暗杀拿破仑未遂。

1801 《吕内维尔和约》。
与教皇庇护七世达成协议。

1802 与英国缔结和约。
终身执政。

1804 3月21日：处决当甘公爵。
5月18日：法兰西帝国。
12月2日：加冕为皇帝。

1805 10月：特拉发加海战。
11月：占领维也纳。
12月2日：奥斯特利茨战役。
《普莱斯堡和约》。

1806 莱茵联盟。约瑟夫：那不勒斯国王。
路易：荷兰国王。
10月14日：耶拿战役，奥尔施丹特大捷。
柏林。颁布敕令。

1807 法军与俄军在普鲁士的艾劳和弗里德兰发生激战。
7月9日：《提尔西特条约》。
热罗姆：威斯特法伦国王。

1808 罗马。马德里。约瑟夫：西班牙国王。
缪拉：那不勒斯国王。

1809 被教皇革出教会。阿斯佩恩战役。
埃斯林。瓦格拉姆。维也纳。

1810 1月：离婚。
4月：与玛丽·路易丝结婚。

1811 3月20日：皇太子降生。

第四章

1812 斯摩棱斯克战役。莫斯科战役。
12月：返回巴黎。

1813 4月：卢岑战役。包岑战役。
7月：德累斯顿战役。
10月16日—19日：莱比锡战役。

1814 布里埃纳、拉罗蒂埃、尚波贝尔、蒙特罗、拉昂战役。
4月6日：在枫丹白露签署退位诏书。
4月20日：前往厄尔巴岛。

1815 2月26日：离开厄尔巴岛。
3月13日：同盟国宣布拿破

仑不受法律保护。

3月20日：返回巴黎。

6月：滑铁卢战役。

6月23日：再次退位。

7月13日：致函英国摄政王。

7月31日：宣布囚禁拿破仑。

第五章

1815 10月17日：抵达圣赫勒拿岛。

1821 5月5日：逝世。